손해사정 이론과 실무

제3보험

崔詠湨

도서출판 청람

머리말

상해·질병보험약관에 대한 해설과 최신사례가 반영된 교재입니다.

이 교재는 다음과 같은 목적으로 활용하기 위한 것입니다.

① 대학교의 제3보험 수업교재

② 손해사정실무자를 위한 참고서

③ 신체손해사정사 수험교재

2006년에 처음으로 세상에 나왔던 교재가 15년간 매년 개정되면서도 여전히 대중의 관심을 받는다는 사실은 개인적으로 큰 감사의 이유가 됩니다. 그동안 만나왔던 학생들과 실무자들께 깊이 감사드립니다.

이 교재를 활용하는 분들에게 많은 도움이 되기를 바랍니다.

2020년 3월

崔 詠 淏

차 례

제1편 | 제3보험의 기초이론 · 보통약관

Contents

제2편 | 상해보험 · 질병보험 특별약관

Contents

제3편 | 질병·상해보험의 사망보험금과 후유장해보험금

제4편 | 실손의료보험, 간병보험, 그 외의 보험들

1 편

제3보험의 기초이론 · 보통약관

| 제1편 제3보험의 기초이론 · 보통약관 |

001 제3보험의 의의와 종류

I 의의

사람의 질병·상해 또는 이에 따른 간병에 관한 보험을 제3보험(the type 3 insurance)이라고 한다. 제3보험은 사람(피보험자)의 신체에 관한 보험사고를 대상으로 하므로 인보험으로 분류된다. 인보험은 손해사정의 절차 없이 약정된 보험금을 지급(정액보장방식)하지만 제3보험은 의료비, 치료비, 특별비용 등과 같이 실제 소요되는 비용을 보상하는 방식(손해보상방식)으로도 보험금 지급이 가능하므로 손해보험의 성격도 함께 가진다. 그러므로 보험업법상 제3보험은 생명보험·손해보험과는 구분되는 독립된 보험종목으로 규정되어 있다(보험업법 제2조).

II 보험업법에 의한 구분

1. 상해보험

상해보험(accident insurance)은 사람의 신체에 입은 상해에 대하여 입원, 수술 등의 치료에 소요되는 의료비용 및 상해의 결과에 따른 사망, 후유장해의 위험에 관한 보험이다(보험업감독규정 별표1). 상법은 상해보험에 대하여 인보험의 일종으로서 규정하고 있다(상법 제737조).

2. 질병보험

질병보험(sickness insurance)은 사람의 질병 또는 질병으로 인한 입원·수술, 의료비용, 후유장해 등의 위험(질병으로 인한 사망을 제외한다)에 관한 보험이다(보험업감독규정 별표1). 보험업법은 질병으로 인한 사망을 생명보험의 고유한 분야로 보고 있다. 다만, 별도의 요건을 갖추는 경우[1] 제3보험에서도 질병사망특별약관의 형태로 운영이 가능하다.

3. 간병보험

간병보험(long-term care insurance)은 치매 또는 일상생활장해 등 타인의 간병을 필요로 하는 상태 및 이로 인한 치료 등의 위험에 관한 보험이다(보험업감독규정 별표1).

손해사정사 기출문제 39회(2016년)

보험업법상 손해보험업의 보험종목 전부를 취급하는 손해보험회사가 질병을 원인으로 하는 사망을 제3보험의 특약의 형식으로 "담보할 수 있는 요건"을 모두 기술하시오. (6점)

Ⅲ 실무상 구분

1. 보험상품의 구분

손해보험 실무상 "제3보험"이라는 명칭은 사용하지 않고, 질병보험, 상해보험, 간병보험, 어린이보험, 실손의료보험(또는 건강보험) 등으로 구분하고 있다. 특히 제3보험계약 중에서 3년 이상의 보험계약인 경우에는 장기손해보험으로 구분하여 질병 · 상해 · 간병 · 실손의료비보험으로 세분화하였으며, 3년 미만의 보험계약의 경우에는 여행보험(국내, 해외, 해외장기체류)을 포함하여 특종보험의 일종으로 구분하고 있다.

1) 다음 각호의 요건을 충족하는 보험에 한한다.
1. 보험만기는 80세 이하일 것
2. 보험금액의 한도는 개인당 2억원 이내일 것
3. 만기시에 지급하는 환급금은 납입보험료 합계액의 범위 내일 것(보장성 보험을 말한다)

2. 보험업감독업무시행세칙 별표14, 부표2 「보험의 종류」

대분류		중분류	소분류	분류기준
특종	상해	상해		급격하고 우연한 사고로 피보험자의 신체에 상해를 입은 경우의 손해보장
		여행	국내여행	국내여행 중 상해를 입은 경우의 손해보장
			해외여행	해외여행 중 상해를 입은 경우의 손해보장
			해외연수생	장기체류의 해외연수생(유학생)이 체류 중 상해를 입은 경우의 손해보장
		기타		상기분류 이외의 상해보험종목
	질병			피보험자가 질병으로 인하여 치료함에 따른 손해보장
	종합	가계성		개인의 재물손해, 신체손해 및 손해배상책임 보장 중 두 가지 이상의 손해보장
		기업성		기업의 재물손해, 손해배상책임 및 구성원의 신체손해보장 중 두 가지 이상의 손해보장
장기		장기화재		장기손해보험 중 화재로 인한 재물에 생긴 손해보장
		장기종합		장기손해보험 중 재물손해, 신체손해, 배상책임손해, 비용 발생으로 인한 금전적 손해보장 중 두 가지 이상의 손해보장
		장기상해		장기손해보험 중 신체의 상해로 인한 손해보장
		장기질병		장기손해보험 중 질병에 걸리거나 질병으로 인한 입원, 수술 등의 손해보장
		장기간병		장기손해보험 중 활동불능 또는 인식불명 등 타인의 간병을 필요로 하는 상태 및 이로 인한 손해보장
		장기비용		장기손해보험 중 비용발생으로 인한 금전적 손해보장
		장기기타		상해, 질병, 간병 보장 중 두 가지 이상의 손해보장

002 제3보험의 특수한 성질

I 피보험이익

1. 인보험의 피보험이익

사람의 가치나 신체(인보험사고의 대상, 보험사고의 객체)를 금전으로 산정하는 것은 어렵기 때문에 인보험에서는 피보험이익을 인정하지 않는다. 피보험이익(보험계약의 목적)은 금전으로 산정할 수 있는 이익(이해관계)으로 제한되기 때문이다(상법 제668조). 인보험에는 손해의 개념도 존재하지 않으므로 보험자가 지급하는 보험금 지급액이 손해액을 넘을 수 없도록 하는 손해보상의 원칙(principle of indemnity, 이득금지의 원칙)도 적용하지 않는다.

2. 제3보험의 피보험이익

제3보험은 인보험으로 분류되므로 피보험이익의 개념이 인정되지 않는다. 그러나 제3보험 중에서 의료비, 치료비, 특별비용 등 비용보상 방식의 보험(실손의료비보험, 여행보험, 상해보험 등)에서는 피보험자에게 발생한 손해액과 보험자의 보험금지급에 따른 이익의 존재유무를 확인할 수 있고, 이에 따른 도덕적 위험의 발생가능성을 배제할 수 없다. 그러므로 상법에서는 상해보험의 경우 당사자 간의 약정으로 보험자대위(청구권 대위)가 가능하도록 하였으며(상법 제729조), 제3보험 상품의 일부는 약관에서 중복보험 통지조항이나 비례보상책임 조항을 두고 있다(상법 제672조의 준용).

Ⅱ 제3보험의 보험사고

1. 보험사고의 대상

보험자는 보험계약에서 구체적으로 정한 대상(보험의 목적, exposure)에 발생한 보험사고에 대하여 책임을 진다. 이러한 보험사고의 대상은 보험자가 보상해야 할 범위와 한계가 되는데, 손해보험에서의 보험사고의 대상은 피보험자의 재화·재산 등이며 제3보험에서의 보험사고의 대상은 사람(인보험계약에서의 피보험자)이다.

2. 보험사고의 특징

보험사고(the event insured against, accident)는 보험자의 책임을 구체화시키는 조건이 되는 위험으로서, 불확정한 사고(상법 제638조) 또는 보험사고(상법 제665조, 제644조)로 표현한다. 이러한 보험사고는 불확정성(계약당사자의 주관적 우연성)과 발생가능성(상법 제644조), 그리고 범위의 한정성을 요건으로 한다.

특히 보험사고의 불확정성에 대하여 볼 때 손해보험은 보험사고의 발생 여부·시기·방법 등이 모두 불확정한 반면, 인보험은 보험사고(사망 또는 생존)의 발생시기만 불확정하고 나머지는 확정되어 있다. 제3보험은 인보험에 속함에도 불구하고 상해·질병·간병과 같은 보험사고의 특징은 손해보험과 같다.

3. 고의·중과실사고

1) 제3보험에서의 고의·중과실사고

보험사고가 보험계약자 또는 피보험자나 보험수익자의 고의 또는 중대한 과실로 인하여 생긴 때에는 보험자는 보험금액을 지급할 책임이 없다(상법 제659조 제1항). 그러나 사망보험과 상해보험의 경우에는 중대한 과실로 인한 사고에 대하여도 보험자의 보험금지급책임을 인정한다(상법 제732조의2, 제739조). 제3보험은 인보험으로 분류되므로 보험계약자 등의 중대한 과실로 발생한 보험사고에 대하여는 보험금 지급책임을 부담하는 것이 일반적이다.

2) 중과실사고와 관련된 약관조항

기존의 손해보험의 상해보험 특별약관(상해입원일당특약, 상해장기간병특약)에서는 음주 · 무면허 상태에서의 운전 중 사고를 면책하는 규정을 두고 있었으나 대법원에서 음주 · 무면허 사고를 중대한 과실로 인한 사고로 해석(89다카1759)한 이후에 해당 조항을 삭제하였다. 그러나 형사합의금 보장 특별약관이나 벌금보장 특별약관 등 장기손해보험의 비용손해를 보상하는 특별약관의 경우에는 지금도 음주 · 무면허 상태에서의 운전 중 사고를 면책하고 있으며, 중과실사고로 해석할 여지가 있는 알코올중독이나 과도한 음주 등을 면책조항으로 두고 있는 약관[2]도 여전히 판매되고 있다. 해당 보험의 특성상 고도의 위험성이 있는 중과실사고를 담보할 경우에 보험계약이 악용될 수 있기 때문이다.

III 보험금 지급방식

1. 급부의 지급방식

제3보험은 일반적인 보험계약과 마찬가지로 현금으로 보험금을 지급하는 것이 일반적이다. 그러나 일부의 제3보험 상품에서는 암검진서비스의 제공, 간병인서비스의 제공과 같은 현물서비스를 보험금으로 지급하기도 한다. 이후 2015년에는 간병, 치매, 호스피스, 장례서비스, 일상생활지원서비스 등의 현물서비스를 제공하는 건강종합보험이 도입될 예정이다.

2. 정액보장과 실손보상방식

제3보험의 보험금 지급방식은 정액보장과 실손보상방식이 혼재되어 있다. 제3보험 중에서 상해 · 질병으로 인한 사망보험금, 질병의 진단보험금, 골절 · 수술 등의 진단금이 순수정액보장방식에 해당하며, 상해 · 질병으로 인한 후유장해보험금, 입원일당보험금 등이 준정액보장방식이다.

제3보험은 피보험이익의 개념이 인정되지 않으므로 원칙적으로는 손해보상의 원칙이

2) 근로자 과로사 특별약관에서는 과도한 음주를 면책사유로 두고 있다. 질병입원일당 특별약관에서는 성병이나 알코올중독을 면책사유로 두고 있으며, 질병특정고도장해 특별약관, 중증치매 · 활동불능 간병 특별약관에서는 알코올중독을 면책사유로 두고 있다.

적용되지 않으나 실손의료비보험, 여행보험, 상해보험 등의 비용보상적 성격의 보험에서는 보험금 지급에 따른 이득이 발생한 경우에 보험이 악용될 여지가 있으므로 손해보상방식을 적용하고 있다.

003 제3보험계약의 성립과 회사의 보장

I 제3보험계약의 승낙

1. 승낙

제3보험계약에서는 보험계약자가 청약을 하는데, 보험모집인이나 전화·홈쇼핑 광고 등의 청약의 유인(invitation of offer)에 의한 경우가 대부분이다. 제3보험 실무상으로 보험자는 계약자 또는 피보험자에 의하여 자필서명된 보험계약청약서, 보험설계사 등의 보고서 그리고 필요한 경우 피보험자에 대한 건강진단결과에 의하여 피보험자가 보험가입 적격자라고 인정되는 경우에는 청약을 승낙한다. 청약에 대한 승낙(acceptance)의 의사표시는 보험증권의 교부에 의하는 것이 보통이다.

2. 승낙의 간주

보험자는 계약의 청약을 받고 제1회 보험료를 받은 경우에 청약을 접수한 날, 건강진단을 받은 계약의 경우에는 진단일(재진단의 경우에는 최종 진단일)부터 30일 이내에 계약자에게 승낙하거나 거절의 통지를 하여야 한다(발신주의). 이 경우 청약일 또는 진단일로부터 30일 이내에 계약자에게 거절의 통지를 하지 아니하면 승낙된 것으로 본다(승낙의제, 상법 제638조의2 ②).

Ⅱ 승낙의 거절, 조건부 승낙

1. 승낙의 거절

보험자는 피보험자가 계약에 적합하지 아니한 경우에 승낙을 거절할 수 있다. 보험자가 제1회 보험료를 받고 승낙을 거절하는 경우에는 거절통지와 함께 받은 금액을 계약자에게 반환하여야 한다. 이 경우에는 보험료를 받은 기간에 대하여 해당 계약의 공시이율+1%를 연단위 복리로 계산한 금액을 더하여 지급한다. 다만, 신용카드로 납입한 계약의 승낙을 거절한 경우에는 이자를 지급하지 않고 신용카드의 매출을 취소한다.

2. 조건부 승낙

보험자는 각 위험요소가 위험보장에 영향을 미치는 정도에 따라 보험가입금액 제한, 일부보장 제외, 보험금 삭감, 보험료 할인·할증 등의 조건을 부과하여 계약을 인수(승낙)할 수 있다. 청약의 내용에 조건을 붙여서 승낙한 경우에는 기존 청약을 거절함과 동시에 새로운 청약을 한 것으로 간주하므로(민법 제534조), 보험계약자가 해당 조건에 동의(계약자의 승낙)하였을 때에 계약이 성립한다.

실무상 보험자는 "특별조건부 특별약관", "특정부위질병 부담보 특별약관"을 부가하여 조건부 승낙한다. 이러한 특별약관들의 조항을 해석함에 있어서 분쟁을 없애기 위해 현행 약관(2018년 10월 시행)에서는 "회사가 제2항에 따라 일부보장 제외 조건을 붙여 승낙하였더라도 청약일로부터 5년(갱신형 계약의 경우에는 최초 청약일로부터 5년)이 지나는 동안 보장이 제외되는 질병으로 추가 진단(단순 건강검진 제외) 또는 치료 사실이 없을 경우, 청약일로부터 5년이 지난 이후에는 이 약관에 따라 보장합니다"라는 조항을 신설하였다.

Ⅲ 제1회 보험료 및 회사의 보장개시

보험회사는 계약의 청약을 승낙(계약의 성립)하고 제1회 보험료를 받은 때(계약의 효력발생)부터 약관이 정한 바에 따라 보장을 한다. 보험회사가 청약과 함께 제1회 보험료를 받은 후 승낙한 경우에도 제1회 보험료를 받은 때부터 보장이 개시된다.

1. 제1회 보험료의 납입과 보장개시

제1회 보험료의 납입은 보험자의 책임개시요건(보험료 선급의 원칙)이다. 그러므로 보험자는 제1회 보험료의 납입 이후에 발생한 보험사고에 대하여 보험금 지급책임을 진다. 보험료의 수금방법은 계약자의 편의에 따라 계약자의 직접 납입, 자동이체 납입, 신용카드 납입 등 금융회사를 통한 납입 또는 회사의 방문수금 등으로 하며, 보험자가 보험료를 영수할 경우에는 영수증을 교부한다(보험업감독업무시행세칙 표준사업방법서).

2. 보험료 납입의 방법과 보장개시

제1회 보험료를 현금으로 납입하였다면 납입한 시기에 보장이 개시된다. 어음이나 수표로 납입하였다면 보장개시에 대한 논란(교부시기 혹은 결제시기)이 있으나 보험업계의 관행과 판례를 검토해볼 때 보험자는 어음·수표의 교부시부터 책임을 부담하여야 한다고 해석해야 할 것이다. 한편, 제3보험 보통약관은 신용카드나 자동이체로 보험료를 납입하는 경우 제1회 보험료의 납입에 한하여 자동이체신청 및 신용카드매출 승인에 필요한 정보를 제공한 때를 보험료의 영수시점으로 인정한다.

보험대리점이 보험계약자에 대하여 보험료 대납약정을 하였다면 그 대납을 약정한 때에 보험료 지급이 있는 것으로 본다. 다만 현행 보험법에서는 보험료의 대납을 특별이익의 제공으로 보고 금지하고 있다.

Ⅳ 보장개시의 예외

1. 특정시각의 적용

손해보험에서 판매하던 기존 약관(2010.4.1 이전)의 경우에는 보장개시의 시기로 제1회 보험료의 납입과 함께 16시(증권발행 표준시를 기준으로 한다)를 규정하고 있었다. 손해보험의 재보험출재의 필요성을 반영한 규정이었으나, 제3보험의 특성상 생명보험과 유사하게 재보험출재의 시급성이 크게 문제되지 않는다는 점을 반영하여 특정시각을 기준으로 한 책임개시조항을 삭제하였다.

2. 부담보기간의 적용

피보험자의 건강상태가 보험자가 정한 위험기준(표준체)에 부합하지 않을 경우에 특정 부위 및 질병에 대하여 일정기간(통상 1~5년, 보험기간 전체) 보장에서 제외한다는 조건으로 보험계약을 체결할 수 있다(특정부위 및 질병부담보 특약). 이 경우 부담보기간에 따라 일정시점 이후로 책임개시일이 정해진다.

3. 대기기간의 적용

제3보험 특별약관(암보험, CI보험, 치매특약 등)에서는 질병진단의 확인이나 도덕적 위험을 배제하기 위한 목적으로 책임개시일을 일정시점 이후로 미루는 조항(대기기간조항, waiting period clause)을 두고 있다. 만일 계약일 이후 대기기간 중에 암 등으로 진단확정된 경우에는 계약을 무효로 한다.

V 승낙 전 사고담보

제3보험 보통약관은 "회사가 청약과 함께 제1회 보험료를 받고 청약을 승낙하기 전에 보험금 지급사유가 발생하였을 때에도 보장개시일부터 약관이 정하는 바에 따라 보장을 합니다"라고 정하고 있다. 승낙 전 사고담보 규정을 약관에 반영한 것이다(상법 제638조의2 ③).

VI 승낙 전 사고담보의 제한

승낙 전 사고담보에도 불구하고 청약을 거절할 사유가 있으면 책임을 부담하지 않는다(상법 제638조의2 ③). 여기서 청약을 거절할 사유란 부보가능성이 없는 경우를 말하는 것으로서, 그 거절사유의 존재에 대한 입증책임은 보험자에게 있다. 보통약관에서는 거절사유에 대하여 다음과 같이 정하고 있다.

1. 청약당시 알린 내용이 사고에 영향을 미친 경우

보통약관상 계약 전 알릴의무의 규정에 의하여 계약자 또는 피보험자가 보험자에게 알린 내용 또는 건강진단 내용이 보험금 지급사유의 발생에 영향을 미쳤음을 보험자가 증명하는 경우에는 승낙 전 사고에 대하여 책임지지 않는다.

이 조항의 취지는 크게 두 가지로 볼 수 있다. 첫째, 피보험자가 알린 질병 등의 내용이 승낙 전의 사고에 영향을 미쳤다면 청약과 사고가 매우 근접한 경우로서 청약 당시에 이미 사고의 원인이 발생된 것으로 볼 수 있기 때문이다(상법 제644조의 법리를 유추적용). 둘째, 피보험자가 알린 내용(예를 들어 청약당시에 암으로 진단된 사실)이 보험자의 청약거절사유에 해당하는 경우에 오히려 승낙 전 사고담보제도를 통해 보험이 악용될 수 있기 때문이다(도덕적 위험의 배제).

2. 계약 전 알릴의무 위반에 해당하는 경우

보통약관상 계약 전 알릴의무의 위반효과를 준용하여 회사가 보장을 하지 않는 경우에는 승낙 전 사고를 담보하지 않는다. 계약 전 알릴의무를 위반한 경우에는 계약이 성립되었다고 해도 그 위반사실과 보험사고 간의 인과관계에 따라 보험금 지급책임을 부담하지 않을 수 있으므로 승낙 전 사고담보의 경우에도 이를 준용한 것이다.

3. 진단을 받지 않은 경우

진단계약에서 보험금 지급사유 발생시까지 진단을 받지 아니한 경우에는 승낙전 사고를 담보하지 않는다. 보험계약의 피보험자가 신체검사를 받아야 하는 경우에 그 검사를 받지 아니한 때에는 보험자가 책임을 부담하지 않는다(상법 제638조의2 제3항 본문)는 상법내용을 반영한 것이다.

한편, 2014년 4월 1일 이후의 보통약관은 "다만, 진단계약에서 진단을 받지 않은 경우라도 상해(재해)로 보험금 지급사유가 발생하는 경우에는 보장을 해드립니다"라고 정하고 있다. 진단계약은 질병을 대상으로 보장을 제한하기 위하여 진단을 받는 것이므로 질병과 무관한 상해(또는 재해)의 경우에도 보장이 제한되는 것은 불합리하다는 견해가 반영된 것이다.

Ⅶ 생명보험약관에 추가되는 승낙전 사고담보의 제한사유

생명보험에서 판매하는 제3보험상품의 경우 대부분의 약관에 직업·직종별로 보험가입금액의 한도를 정하고 있다. 따라서 계약시에 그 한도액을 초과하여 청약을 하고 청약을 승낙하기 전에 보험금 지급사유가 발생한 경우에는 그 초과 청약금액에 대하여 보장을 하지 않도록 정하고 있다. 승낙전 사고담보규정에 의해 직업·직종별 한도규정이 적용되지 않는 불합리함을 막기 위해서이다.

손해사정사 기출문제 41회(2018년)

「제1회 보험료 및 회사의 보장개시」 조항에 "회사가 청약과 함께 제1회 보험료를 받고 청약을 승낙하기 전에 보험금 지급사유가 발생하였을 때에도 보장개시일부터 이 약관이 정하는 바에 따라 보장을 합니다"라고 규정하고 있다. 이 조항에도 불구하고 "보장하지 않는 경우"를 모두 기술하시오. (7점)

004 제3보험 보통약관상 청약의 철회

I 청약철회제도

1. 의의

청약의 의사표시가 상대방에게 도달한 이후에는 청약을 철회할 수 없고(민법 제527조, 계약의 청약과 구속력), 철회에 따른 위약금이나 손해배상 책임을 부담하여야 한다. 그러나 보험계약은 보험자가 약관을 일방적으로 작성하므로 계약자가 그 내용을 정확히 이해하지 못한 상황에서 청약을 하는 경우가 많고, 보험모집인의 일방적인 권유에 의하여 충동적으로 청약을 하는 경우도 있으므로 계약자에게 숙고할 수 있는 시간을 줄 필요가 있다. 즉, 청약의 철회제도(cooling-off system)는 소비자의 손해배상을 면제하면서 의사표시 철회의 기회를 부여하는 대표적인 소비자보호제도이다.

2. 법적 성질

철회(revocation)란 계약의 성립 이전에 아직 발생하지 않은 효력의 발생가능성을 장래를 향하여 소멸시키는 일방적인 의사표시(형성권)로 정의된다.

Ⅱ 청약철회의 요건

1. 보험증권을 받은 날로부터 15일

일반보험계약자[3]는 보험증권을 받은 날부터 15일(15일보다 긴 기간으로 약정한 경우에는 그 기간) 이내에 그 청약을 철회할 수 있다. 해당 기간 이내라면 청약의 의사표시에 아무런 하자가 없음에도 불구하고 철회가 가능하다.

보험증권을 받은 날로부터 15일이란 증권수령일을 제외한 15일을 말한다(민법 제157조, 초일불산입). 예를 들어 2월 1일에 보험증권을 수령하였다면 2월 16일까지가 청약철회가 가능한 날이다. 보험증권을 받은 날에 대하여 보험계약자와 보험자 사이에 다툼이 있다면 보험회사가 이를 증명해야 한다.

2. 청약철회의 금지

1) 자발적인 청약으로 간주되는 경우

계약자가 충분히 고려하여 자발적으로 청약한 것이 명백한 행위에 있어서는 청약철회 제도로 보호할 필요가 없다. 그러므로 기업 담당자의 충분한 고려 이후에 복리후생제도로 이용되는 단체(취급)계약이나 보험계약자가 자진하여 건강진단절차를 요구하는 청약(건강진단계약)은 청약철회를 인정하지 않는다. 건강진단계약의 청약철회를 인정하는 경우에는 계약자가 건강진단만을 목적으로 보험계약을 악용할 여지가 있으므로 청약의 철회를 인정하지 않는 것이다.

2) 청약을 한 날부터 30일을 초과한 계약

청약의 철회는 청약의 의사표시에 대한 고려의 시간을 주기 위한 것이므로 청약을 한 날부터 30일을 충분한 고려의 시간으로 보고 그 이후에는 청약의 철회를 인정하지 않는다.

한편, 청약 이후 30일이 지나도록 보험자가 승낙하지 않았다면 상법 제638조의2에 의

3) 청약철회는 보험업법상 일반보험계약자에게만 적용된다. 그러므로 전문보험계약자는 청약을 철회할 수 없다. 표준약관상 전문보험계약자란 보험계약에 관한 전문성, 자산규모 등에 비추어 보험계약의 내용을 이해하고 이행할 능력이 있는 자로서 보험업법 제2조(정의), 보험업법시행령 제6조의2(전문보험계약자의 범위 등) 또는 보험업감독규정 제1-4조의2(전문보험계약자의 범위)에서 정한 국가, 한국은행, 대통령령으로 정하는 금융기관, 주권상장법인, 지방자치단체, 단체보험계약자 등의 전문보험계약자를 말한다.

하여 승낙된 것으로 간주된다.

3) 보험기간이 1년 미만인 계약

보험기간이 1년 미만인 계약(단기보험, e.g. 여행보험)에 대하여는 청약의 철회를 인정하지 않는다(보험업법시행령 제48조의2 ①). 보험기간이 매우 짧은 보험에서 청약의 철회를 인정한다면 계약자는 보험료의 납입이 없이도 상당기간 보험의 혜택을 받을 수 있게 되어 보험계약을 악용할 여지가 있기 때문이다.

Ⅲ 청약철회의 방법

약관상 청약의 철회에 대한 방법을 제한하지는 않지만, 일반적으로 청약서 부본에 내용을 기재하여 제출하는 방식으로 이루어진다. 보험업법은 청약철회의 방법으로 서면제출과 통신수단을 이용하는 방법 중 어느 하나의 방법으로 해야 한다고 정하고 있다(보험업법시행령 제48조의2).

Ⅳ 청약철회의 효과

청약이 철회되면 계약이 체결되지 않은 상태로 되거나 이미 성립한 계약이 해소되어 계약의 효과는 발생하지 않는다. 이에 따라 제3보험 보통약관에서는 다음과 같은 효과를 정하고 있다.

1. 납입한 보험료의 반환

계약자가 청약을 철회한 때에는 보험자는 청약의 철회를 접수한 날부터 3일 이내에 이미 납입한 보험료를 계약자에게 반환한다. 보험료 반환 외에 별도의 이자지급은 없으나 반환기일을 넘긴 경우에 한하여 그 반환기일의 다음날부터 반환일까지의 기간에 대하여 해당 계약의 보험계약대출이율을 연단위 복리로 계산한 금액을 더하여 지급한다.

계약자가 제1회 보험료를 신용카드로 납입한 계약의 청약을 철회하는 경우에 회사는 신용카드의 매출을 취소하며 이자를 더하여 지급하지 아니한다.

2. 손해배상청구의 금지

보험자는 계약자의 청약의 철회에 따른 손해배상 또는 위약금 등 금전의 지급을 보험계약자에게 청구할 수 없다.

3. 보험사고 발생 후 청약철회

제3보험계약은 청약과 함께 제1회 보험료를 납입하는 것이 일반적이므로 보험자는 계약자가 청약을 할 때부터 승낙전 사고담보의 규정(상법 제638조의2 ③)에 따라 보험사고에 대한 보험금지급책임을 부담한다. 또한 청약의 철회는 계약의 성립 이후에도 가능하므로 계약의 성립 전후를 불문하고 보험사고 이후의 청약의 철회를 인정할 것인지가 문제가 된다. 만일 보험계약자가 승낙전 사고담보에 따라 보험금을 수령한 이후에 청약철회권을 행사하는 것을 인정한다면 신의칙(민법 제2조)에 반할뿐만 아니라 보험계약이 악용될 여지가 있기 때문이다.

이러한 문제를 반영하여 개정된 제3보험 약관(2010년 4월 1일)에서는 청약을 철회할 당시에 이미 보험금 지급사유가 발생하였으나 계약자가 그 보험금 지급사유의 발생사실을 알지 못한 경우에 한하여 청약철회의 효력이 발생하지 않는다고 정하였다. 한편, 계약자가 보험금 지급사유의 발생을 알면서도 청약철회를 하는 경우에는 청약철회를 인정한다.

손해사정사 기출문제 37회(2014년)

(질병・상해보험 표준약관 「제4관 보험계약의 성립과 유지」 "청약의 철회" 조항 중 ① 청약철회기간 및 청약철회를 제한하는 계약 유형, ② 청약철회 접수시 보험회사가 약관에서 정한 유형별 업무처리 내용을 각각 기술하시오(개정 보험업법 2014년 7월 15일 시행기준). (10점)

V 관련 사례의 검토

청약의 철회 **청약철회 가능한 날, 청약철회와 이자지급**

- 계약자 · 피보험자 홍길동은 2014년 7월 20일에 설계사 장길산의 권유로 A손해보험사의 실손의료보험(15년 만기)을 가입하였다. 홍길동은 계약당시에 자동이체정보를 제공하였고, 보험자는 2014년 7월 23일에 홍길동의 통장에서 1회 보험료를 이체하였다. 홍길동이 A손해보험사로부터 보험증권을 받은 시점은 2014년 7월 25일이다.
- 홍길동은 2014년 7월 31일에 내용증명(우편발송)의 방법으로 청약철회를 하였고, 해당 내용증명이 2014년 8월 2일에 A손해보험사의 본점직원에게 접수되었으며, A손해보험은 2014년 8월 8일에 납입보험료를 반환하였다.

[2014년 7 ~ 8월 달력]

일	월	화	수	목	금	토
15	16	17	18	19	20	21
22	23	24	25	26	27	28
29	30	31	8/1	2	3	4
5	6	7	8	9	10	11
12	13	14	15	16	17	18

1. 청약철회 가능 여부

개정 이후 보험증권 수령일로부터 15일 이내에 철회가 가능하며, 기간에 대한 별도의 규정이 없으므로 "준거법" 조항에 의거하여 민법일반원칙(초일불산입)을 적용한다. 그러므로 계약자는 8월 9일까지 청약의 철회가 가능하다.

2. 청약철회와 이자

개정 이후 청약철회에 따른 기납입보험료의 반환은 "철회의 접수일로부터 3일" 이내에 해야 한다. 보험자의 접수일은 8월 2일이므로 8월 5일까지가 지급기일이다. 단, 민법일반원칙에 의하여 기간의 말일이 토요일 또는 공휴일인 경우에는 다음날에 만료하므로 8월 6일이 지급기일이다. 그러므로 8월 7일부터 지급지체에 따른 지급지연이자를 지급하여야 한다.

005 제3보험 보통약관상 계약의 무효

I 의의

제3보험은 인보험으로 분류되므로 상법 인보험편에서의 계약의 무효(상법 제731조, 제732조)가 그대로 적용된다. 또한 제3보험계약의 주요 내용(보험료, 인수기준, 담보기준 등)이 피보험자의 나이를 기준으로 결정되는 점을 고려하여 보험나이(보험가입연령)에 대한 무효규정을 함께 두고 있다.

II 타인의 생명보험계약의 무효

1. 서면동의 없는 계약의 무효

타인의 생명보험계약이란 보험계약자가 타인을 피보험자로 하여 체결하는 생명보험계약이며(상법 제731조), 상해보험에서도 이를 준용하고 있다(상법 제739조). 타인의 생명보험을 제한 없이 인정할 경우에는 보험이 도박목적으로 악용되거나 보험금을 목적으로 고의로 피보험자를 살해할 우려가 있으므로 상법은 피보험자의 서면동의를 계약의 효력발생요건으로 정하고 있다(상법 제731조). 그러므로 타인의 사망을 보험금 지급사유로 하는 계약에서 계약을 체결할 때까지 피보험자의 서면에 의한 동의를 얻지 아니한 경우에는 계약을 무효로 한다.

2. 단체계약에서의 서면동의

단체가 규약에 따라 구성원의 전부 또는 일부를 피보험자로 하는 계약을 체결하는 경우에는 피보험자의 서면동의가 없다고 해도 계약을 무효로 하지 않는다. 단체보험은 상법 제731조를 적용하지 않고 개별적인 피보험자의 동의 없이도 계약을 체결할 수 있다

(상법 제735조의3 제1항). 다만, 보험계약자인 단체가 보험계약자 또는 그 상속인이 아닌 자를 보험수익자로 지정하는 경우(e.g. 단체가 자신을 보험수익자로 지정하는 경우)에는 단체의 규약에 명시적으로 정하지 아니하는 한 피보험자의 서면동의를 받아야 한다(개정상법 제735조의2 제3항 신설).

단체보험이란 일정한 단체에 소속된 피보험자들을 일괄하여 보험의 목적(보험사고의 객체)으로 취급하는 계약으로서 단체 구성원의 복지를 목적으로 체결되는 것이 일반적이므로 도박이나 투기의 위험이 적지만 개정상법은 단체보험에서 단체의 구성원인 피보험자의 서면 동의를 받도록 함으로써 유족의 이익과 더불어 단체구성원의 이익을 보호하고 있다.

Ⅲ 15세 미만자, 심신상실자, 심신박약자를 피보험자로 한 사망보험계약

1. 15세 미만자, 심신상실자의 사망보험계약의 무효

15세 미만자, 심신상실자의 사망을 보험금 지급사유로 한 보험계약은 동의의 유무와 관계없이 항상 무효이다(상법 제732조, 확정적 무효). 사회적 약자를 보호하는 한편 보험제도의 악용을 막기 위한 것이다.

이때 15세 미만자의 연령계산은 제3보험 보통약관에서 정하는 보험나이 규정에도 불구하고 실제 만 나이를 기준으로 한다. 심신상실자라 함은 의식은 있으나 장애의 정도가 심하여 자신의 행위 결과를 합리적으로 판단할 능력을 갖지 못한 사람을 말한다(제3보험 보통약관 용어해설).

2. 심신박약자의 사망보험계약 무효

심신박약자라 함은 심신상실의 상태까지는 이르지 않았으나 마음이나 정신의 장애로 인하여 사물을 변별할 능력이나 의사를 결정할 능력이 미약한 사람을 말한다(제3보험 보통약관 용어해설). 심신박약자의 사망을 보험금 지급사유로 한 보험계약은 원칙적으로 무효이다(상법 제732조).

2015년에 시행된 개정상법에 의하면 의사능력있는 심신박약자의 사망보험계약을 유효로 한다. 장애인 및 그들 가족의 경제적 곤란을 방지하기 위한 것이다. 그러므로 2015년 3월 12일(3월 12일을 포함) 이후에 계약이 체결되었다면 "심신박약자가 계약을 체결한 경우 또는 심신박약자가 소속 단체의 규약에 따라 단체보험의 피보험자가 될 때에 의사능력이 있는 경우"에 유효한 계약이 된다.

3. 상해보험에서의 적용

15세 미만자・심신상실자・심신박약자의 상해 및 질병보험계약은 유효하다(상법 제739조, 상법 제732조의 적용배제). 이들도 상해보험계약을 통해 경제적 지출의 감소(의료비 보상)의 혜택을 받을 필요가 있을 뿐만 아니라 상해보험계약은 주로 피보험자 본인을 위하여 체결되므로 사망보험계약에 비하여 도덕적 위험이 적기 때문이다.

그러나 15세 미만자・심신상실자・심신박약자의 상해사망보험계약은 무효이다. 상법 제732조에서 규정하는 사망보험은 사망의 원인을 묻지 않으므로 상해사망이든 질병사망이든 모두 사망보험에 해당하기 때문이다. 즉, 상해 및 질병으로 인한 생명침해(사망)의 경우에도 상법 제732조가 배제되는 것은 아니다.

Ⅳ 보험나이의 미달 및 초과

1. 보험나이를 기준으로 하는 계약의 무효

법률행위에 하자가 있을 경우에 그 하자(흠결)가 무효 또는 취소의 원인이 될 수 있다. 이에 따라 제3보험 보통약관에서는 계약을 체결할 때 계약에서 정한 피보험자의 나이에 미달되었거나 초과되었을 경우에는 계약을 무효로 하고 있다. 제3보험에서 피보험자의 나이는 보험료, 인수결정, 보험가입금액의 결정 등에 중요한 영향을 미치는 위험요소이므로 보험나이의 착오를 무효사유로 정한 것이다.

2. 유동적 무효

계약당시에 계약에서 정한 피보험자의 나이에 미달이 있음에도 불구하고 회사가 나이의 착오를 발견하였을 때 피보험자가 이미 계약나이에 도달한 경우에는 계약을 무효로 하지 않는다. 보험계약 이후에 피보험자가 계약나이가 된 경우에는 보험자가 계약상의 이익을 유지할 수 있기 때문이다.

보통약관의 내용에 의하면 피보험자가 계약나이가 된 것(하자의 치유)을 정지조건이 성취된 것으로(민법 제147조 제3항) 간주하는 것과 같다.[4] 그러므로 그 시점에서 무효인 계약이 확정적으로 유효하게 되며(장래효), 계약당시로 소급하여 유효가 되는 것은 아니다.

V 계약무효의 효과

계약의 무효에 해당하면 보험계약 당사자가 의도한 법률행위의 효력이 처음부터 발생하지 않은 것으로 된다(보험계약의 불성립). 따라서 보험계약을 기초로 한 보험료의 납입이나 보험금의 지급이 있었다면 이를 원상회복하여야 한다(민법 제741조).

1. 보험료 반환

1) 보험자가 선의인 경우

계약의 무효사유에 해당하고 보험자가 그 사실을 알지 못한 경우라면 부당이득의 선의의 수익자 규정(민법 제741조, 제748조 ①, 현존이익의 반환)에 의한다. 즉, 보험자는 보험계약자가 그동안 납입한 보험료(기납입보험료)를 환불하여야 한다.

2) 보험자가 악의인 경우

보험자(회사)의 고의 또는 과실로 인하여 계약이 무효로 된 경우와 보험자(회사)가 승낙 전에 무효임을 알았거나 알 수 있었음에도 불구하고 보험료를 반환하지 않은 경우에는 보험료를 납입한 날의 다음날부터 반환일까지의 기간에 대하여 보험자(회사)는 해당 계약의 보험계약대출이율을 연단위 복리로 계산한 금액을 더하여 환불하여야 한다. 부당이득을 취한 악의의 수익자의 규정(민법 제748조 ②)에 의하여 보험자가 받은 이익에 이자를 붙여 반환하도록 정한 것이다.

4) 혹은 무효행위의 추인의 법리(민법 제139조)를 유추적용한 것으로 해석할 수도 있다.

3) 보험계약자가 악의인 경우

약관에서 정하지는 않았으나 상법에서는 보험계약의 무효가 보험계약자·피보험자·보험수익자의 악의 또는 중과실에 의한 경우에는 보험자가 경과기간에 대한 보험료 청구권을 가진다고 정하고 있으므로 보험자가 기납입보험료(엄밀히 말하면 경과보험료)를 환불하지 않아도 된다(상법 제648조, 민법 제748조의 특칙성격).

2. 보험금의 환수

보통약관에서 별도로 정한 바 없으나 보험자가 무효인 보험계약을 근거로 보험금을 지급하였다면 보험자는 보험계약자에게 지급한 보험금을 환수한다. 이러한 경우에도 부당이득의 반환법리(민법 제741조, 제748조)를 적용한다.

3. 보험업법 제102조의 적용

계약의 무효사유가 보험자 등의 귀책사유로 인한 경우에는 보험계약상의 의무가 아닌 보험업법에 따른 손해배상책임의무를 부담하게 되므로 손해사정 담당자는 약관 및 법규를 정확히 적용하여야 한다.

손해사정사 기출문제 37회(2014년)

질병·상해보험 표준약관 「제4관 보험계약의 성립과 유지」 "계약의 무효" 조항 중 계약이 무효가 되는 3가지를 약술하시오. (5점)

VI 특별약관에서의 무효규정

암보험이나 CI보험, 그리고 어린이보험 등에서도 무효규정을 두고 있다. 암보험이나 CI보험은 책임개시일 이전에 암이나 CI진단을 받은 경우에 계약을 무효로 하고 있으며, 치매특약의 경우에도 계약일 이후 2년이 되기 전에 치매진단을 받은 경우에 계약을 무효로 한다. 어린이보험 태아가입 특별약관에서도 계약체결 이후에 태아가 유산 또는 사산에 의해 출생하지 못한 경우에는 계약을 무효로 하고 있다.

006 보험나이

I 제3보험 보통약관상 보험나이

제3보험에서 피보험자의 나이는 보험료를 정하는 중요한 요소가 되거나 계약의 인수기준이 되기도 하므로 보험자가 정한 위험측정의 기준(보험적용나이)으로 나이를 계산할 수 있도록 보통약관에서 정하고 있다.

II 보험나이의 계산

제3보험계약에서의 피보험자의 나이는 보험나이를 기준으로 한다. 보험나이는 계약일 현재 피보험자의 실제 만 나이[5]를 기준으로 6개월 미만의 끝수는 버리고 6개월 이상의 끝수는 1년으로 하여 계산하며, 이후 매년 계약 해당일에 나이가 증가하는 것으로 한다.

예를 들어 생년월일이 1988년 6월 4일인 피보험자가 2012년 2월 15일에 보험계약을 체결한 경우의 보험나이는 24세가 되며,[6] 2013년 2월 15일에 25세가 된다.

III 강행법규의 준수

15세 미만자를 피보험자로 하여 사망을 보험사고로 하는 계약은 무효이다(상법 제732조). 이때 15세를 정하는 기준은 보험나이가 아니라 계약일 현재의 실제 만 나이를 기준으로 한다.

5) 실제 만 나이는 주민등록상의 생년월일을 기준으로 한다.
6) 2012년 2월 15일 − 1988년 6월 4일 = 23년 8월 11일 = 24세

Ⅳ 보험나이 부실고지의 효과

1. 보험금 및 보험료의 변경 등

계약자 등이 피보험자의 나이를 착오로 잘못 알려서(부실고지) 피보험자의 나이 또는 성별에 관한 기재사항이 사실과 다른 경우에는 정정된 나이 또는 성별에 해당하는 보험금 및 보험료로 변경한다(이 경우 계약자 또는 피보험자의 변경에 준하여 처리된다, 표준사업방법서).

구체적으로 보면 회사가 나이의 착오를 발견하였을 때 피보험자의 보험나이가 보험의 가입요건에 맞지 않는 경우에는 보험나이의 미달 및 초과에 따른 계약의 무효를 적용하고, 보험나이가 보험의 가입요건 범위 내의 경우에는 계약을 유효로 하면서 보험금 및 보험료를 변경하게 되는 것이다.

2. 고지의무 위반과의 관계

피보험자의 성별과 나이는 제3보험계약에서 위험을 반영하는 중요한 요소로서 청약서상에서 기입하여야 하는 사항(주민등록번호를 기재한다)이다. 그러므로 계약자 등이 피보험자의 나이나 성별을 잘못 알린 것에 대하여 고지의무를 위반(상법 제651조)한 것으로 해석할 여지도 있다.

그러나 보통약관에서는 성별과 나이의 착오에 대하여 계약무효를 적용하거나 보험료·보험금 조정으로 해결하고 있으므로 피보험자의 성별 또는 나이의 착오에 대하여는 고지의무 위반을 적용하지 않는다.

007 약관교부 및 설명의무 등

I 약관교부 및 설명의무

보험계약은 보험자가 일방적으로 작성한 약관에 의하므로 보험계약자가 그 자세한 내용을 모르는 상태에서 계약을 체결할 경우에는 불이익을 받을 가능성이 있다. 따라서 계약의 성립과정에서 보험자가 계약자에게 약관을 교부하고 그 약관의 중요한 내용을 설명해야 하는 의무를 정하고 있다(상법 제638조의3, 약관의 규제에 관한 법률 제3조, 보험업법 제95조의2 · 제97조).

보험자는 계약자가 청약할 때에 계약자에게 약관의 중요한 내용을 설명하여야 하며, 청약 후에 지체없이 약관 및 계약자 보관용 청약서(청약서 부본)를 전달하여야 한다.[7]

1. 중요한 내용의 설명

보험자는 약관의 중요한 내용을 구체적이고 상세하게 설명하여야 한다(98다59842, 97다4494 판결 등). 계약자의 이해관계에 중대한 영향력을 미치면서 계약체결에 영향을 미치는 사항이 중요한 내용이 된다.

제3보험과 관련하여 중요한 내용으로서 설명의무의 대상이 된다고 본 것은 오토바이 운전자의 보험금 지급을 제한하는 내용, 암보험 면책기간 등이며, 보험업법시행령 및 보험업감독규정에서는 알려야 할 중요한 내용을 구체적으로 정하고 있다.

2. 약관과 청약서 부본의 전달

상법은 약관의 전달만 정하고 있으나 제3보험 보통약관에서는 약관뿐만 아니라 청약서 부본을 함께 전달하도록 정하고 있다. 보험청약서에는 보험계약의 기본내용과 함께

7) 실무에서는 약관 및 청약서의 전달, 약관의 중요한 내용의 설명, 청약서 자필서명의무를 3대 기본 지키기로 부르며, 보험모집종사자의 모집행위시의 준수기준으로 삼고 있다.

계약 전 알릴의무사항(질문표), 청약철회에 관한 사항 및 표준약관의 주요 내용이 기재되어 있고, 제1회 보험료 영수증의 역할을 함께하므로 일반계약에서의 청약서에 비하여 그 중요성이 크다. 따라서 계약자가 계약의 내용을 미리 알고 청약할 수 있도록 청약서 부본의 전달의무를 함께 규정한 것이다.

한편, 계약자가 동의하는 경우 약관 및 계약자보관용 청약서 등을 광기록매체(CD, DVD 등), 전자우편 등 전자적 방법으로 송부할 수 있으며, 계약자 또는 그 대리인이 약관 및 계약자보관용 청약서 등을 수신하였을 때에는 해당 문서를 전달한 것으로 본다.

Ⅱ 통신판매계약의 약관교부 및 설명의무

통신판매계약의 경우에는 계약자의 동의를 얻어 인터넷, 전화를 이용하여 약관의 설명의무를 이행할 수 있다.

1. 인터넷을 통한 계약에서의 약관의 전달과 설명

인터넷 홈페이지에서 약관 및 그 설명문(약관의 중요한 내용을 알 수 있도록 설명한 문서)을 읽거나 내려 받게 하는 방법으로 설명의무를 이행할 수 있다. 이 경우 계약자가 이를 읽거나 내려 받은 것을 확인한 때에 당해 약관을 전달하고 그 중요한 내용을 설명한 것으로 본다.

실무적으로는 인터넷 홈페이지에 약관의 주요 내용을 표시하고, 약관의 중요내용에 대하여 별도의 확인과정을 거치는 경우에 한하여 계약체결의 절차가 진행되는 방식으로 계약자에게 약관의 설명의무를 이행하고 있다.

2. 전화를 이용한 계약에서의 약관의 설명

전화를 이용하여 청약내용, 보험료납입, 보험기간, 계약 전 알릴의무, 약관의 중요한 내용 등 계약을 체결하는 데 필요한 사항을 질문 또는 설명하는 방법으로 설명의무를 이행할 수 있다. 이 경우 계약자의 답변과 확인내용을 음성녹음함으로써 약관의 중요한 내용을 설명한 것으로 본다.

Ⅲ 계약자의 자필서명

1. 일반적인 계약에서의 자필서명

계약체결시 계약자가 청약서에 자필서명(날인(도장을 찍음) 및 전자서명법 제2조 제10호의 규정에 의한 공인인증기관이 인증한 전자서명을 포함한다)을 하지 아니한 때에는 계약자에게 약관의 교부·설명의무와 동일한 내용의 계약자 취소권이 발생한다. 보험모집인이 실적을 위해 계약자의 승인없이 임의로 계약을 체결하는 것(작성계약, 무권대리에 의한 계약)을 방지하고, 계약자의 자필서명을 통해 완전한 보험판매를 유도하기 위한 것이다.

2. 전화를 이용한 계약의 자필서명 생략

전화를 이용하여 계약을 체결하는 경우 계약자·피보험자 및 보험수익자가 동일한 계약이거나 계약자·피보험자가 동일하고 보험수익자가 계약자의 법정상속인인 계약일 경우에 한하여 자필서명을 생략할 수 있다.

이 경우 약관의 중요한 내용 등에 대한 답변과 확인 등의 음성녹음 내용을 문서화한 확인서를 계약자에게 교부함으로써 계약자보관용 청약서(청약서 부본)를 전달한 것으로 본다.

Ⅳ 설명의무 등의 위반에 따른 효과

1. 계약자 취소권

보험자가 약관 및 계약자보관용 청약서(청약서 부본)를 청약할 때에 계약자에게 전달하지 아니하거나 약관의 중요한 내용을 설명하지 아니한 때 또는 계약자가 청약서에 자필서명(날인(도장을 찍음) 및 전자서명법 제2조 제2호에 따른 전자서명 또는 동법 제2조 제3호에 따른 공인전자서명을 포함한다)을 하지 않은 때에는 계약자는 청약일부터 3개월 이내에 계약을 취소할 수 있다.

취소한 법률행위는 처음부터 무효인 것으로 간주되므로(민법 제141조) 이행하지 않은 부분은 이행할 필요가 없고, 이미 이행한 부분(보험료의 지급 등)에 대해서는 부당이득반환과 손해배상문제를 고려하여야 한다.

1) 납입보험료와 이자의 지급

계약이 취소된 경우에는 회사는 계약자에게 이미 납입한 보험료를 반환하며, 보험료를 받은 기간에 대하여 보험계약대출 이율을 연단위 복리로 계산한 금액을 더하여 지급한다. 보험자의 귀책사유로 계약이 취소된 것이므로 악의의 수익자의 부당이득반환법리(민법 제748조 ②)를 적용하여 이자를 붙여 반환하는 것이다.

2) 보험사고 발생 후 계약자 취소권

보험자의 보험금지급책임이 발생하여 계약자가 보험금을 수령한 후에 취소권을 행사하는 경우에는 이미 지급한 보험금을 환수하여야 한다. 계약이 처음부터 체결되지 않은 것으로 간주되기 때문이다(민법 제141조).

2. 실손의료보험의 계약자 취소권

2016년 개정된 실손의료보험 표준약관은 중복계약 확인 또는 비례보상 설명을 미이행으로 인한 불완전 판매로 실손의료보험에 중복가입한 경우에 계약자가 가입일로 5년 내에 계약을 취소할 수 있도록 정하였다(기납입보험료에 연체이자를 더하여 환급받는다).

3. 과태료 등의 부과

약관의 교부・설명의무를 이행하지 않은 때에는 보험업법의 규정(보험업법 제95조의2, 제97조)을 함께 위반한 것이 되므로 금융위원회는 과징금과 과태료를 부과할 수 있다(보험업법 제196조 ②, 제209조 ②③).

4. 손해배상의 청구

계약의 취소로 인하여 보험계약자에게 손해가 생긴 경우에 계약자는 그 취소의 원인을 제공한 보험모집인 등에게 손해의 배상을 청구할 수 있으며(민법 제748조 ②), 보험업법(보험업법 제102조, 모집을 위탁한 보험회사의 배상책임)에 의하여 보험회사에게 손해배상을 청구할 수도 있다.

5. 약관규제법의 적용

보험자가 약관의 교부 · 설명의무에 위반하여 보험계약을 체결한 때에는 약관규제법(약관규제법 제3조 ④)이 함께 적용되어 당해 약관 조항을 보험계약의 내용으로 주장할 수 없다(97다4494, 2001다14917, 2006다87453 판결 등). 그러므로 보험자가 이 의무를 위반하여 보험계약을 체결한 때에는 보험계약자가 약관에 규정된 고지의무를 위반하였다 하더라도 이를 이유로 보험계약을 해지할 수는 없다(97다47255, 96다53324 판결 등). 또한 보험자가 약관조항을 잘못 설명한 경우 설명한 대로 효력이 발생한다. 이처럼 대법원은 상법(제638조의2)과 약관규제법(제3조)을 모두 적용하도록 하는 견해(중첩적용설)를 일관되게 유지하고 있다.

008 계약 전 알릴의무와 의무위반의 효과

I 계약 전 알릴의무

1. 의무의 내용

제3보험 보통약관 「계약 전 알릴의무」는 “계약자 또는 피보험자는 청약할 때(진단계약의 경우에는 건강진단할 때를 말한다) 청약서에서 질문한 사항에 대하여 알고 있는 사실을 반드시 사실대로 알려야(이하 ‘계약 전 알릴의무’라 하며, 상법상 ‘고지의무’와 같습니다) 합니다”라고 정하고 있다. 이 의무를 보험계약자 등의 고지의무(disclosure and representat ion, 상법 제651조)라 하며, 우리 약관에서는 계약 전 알릴의무라고 정하고 있다.

2. 의무 위반의 요건

보험계약에 있어 고지의무 위반이 성립하기 위해서는 중요한 사항에 관한 불고지 또는 부실고지가 있어야 하고, 고지의무자에게 고의 또는 중대한 과실이 있어야 한다.

3. 관련 사례의 검토

갑상선 결절 **고지의무 위반 여부, 2011다54631 판결**

- M화재보험의 보험설계사 甲은 보험계약자 乙(피보험자의 이모)과 보험계약을 체결하는 과정에서 丙을 피보험자로 하는 암진단보험을 가입하였음. 보험계약의 체결일은 2007년 6월 29일임.
  - 가입 당시에 甲은 계약자 乙에게 청약서에서 정하고 있는 “계약 전 알릴의무사항”을 작성하도록 하였음.
  - 그 질문사항 중에는 피고가 “최근 3개월 이내에 의사로부터의 진찰, 검사를 통하여 진단을 받았거나 그 결과로 치료, 입원, 수술, 투약을 받은 사실이 있습니까?”라는 항목이 있고, 이에 대하여 계약자 乙은 “예”와 “아니오” 중 택일하도록 되어 있는 답변란의 ‘아니오’ 부분에 표기를 하여 교부하였음.

- 청약서의 말미에는 보험계약자와 피보험자가 각각 "자필서명"을 하도록 되어 있었지만, 보험설계사 甲은 계약자 乙로부터만 서명을 받고 피보험자인 丙으로부터는 자필로 서명을 받거나 기재된 질문사항에 대하여 따로 확인하지는 않았음.
- ■ 피보험자 丙은 2007년 9월 28일 초음파 유도 미세침흡인검사를 시행한 결과 의사로부터 갑상선암이라는 사실을 고지받고 수술권유에 의하여 갑상선 전절제술을 시행하였음. 이후 조직검사결과 2007년 10월 5일에 확정진단되었음. 丙은 2007년 11월 5일에 M화재보험에 대하여 암진단보험금을 청구함.
- ■ M화재보험의 손해사정결과 피보험자 丙은 2007년 6월 12일에 갑상선결절로 진단받았음을 확인함.

1) 타인의 서면동의 없는 계약무효 여부

이 보험계약은 타인을 피보험자로 하는 인보험계약으로서 피보험자의 서면동의가 없이 체결된 계약에 해당하지만, 피보험자의 사망을 보험사고로 하는 사망보험이 아닌 질병진단보험에 해당하므로 상법 제731조가 적용되지 않는다.

2) 암면책기간 이내의 사고 여부

암진단보험약관에 의하면 피보험자가 계약일로부터 암에 대한 보장개시일의 전일 이전에 암으로 진단확정되는 경우 보험계약은 무효라고 규정되어 있다. 이 보험계약의 보장개시일은 보험계약일로부터 90일이 경과한 2007년 9월 27일이고, 미세침흡인검사결과일은 9월 28일 그리고 조직검사에 의한 확정진단일은 2007년 10월 5일이므로 보험계약의 무효가 적용되지 않는다.

3) 고지의무 위반 여부

보험계약 당시에 보험계약자 또는 피보험자가 고의 또는 중대한 과실로 인하여 중요한 사항을 고지하지 아니하거나 부실의 고지를 한 때에는 보험자는 일정기간 안에 그 계약을 해지할 수 있다(상법 제651조). 여기서 중대한 과실이란 현저한 부주의로 중요한 사항의 존재를 몰랐거나 중요성 판단을 잘못하여 그 사실이 고지하여야 할 중요한 사항임을 알지 못한 것을 의미한다 할 것이고, 그와 같은 과실이 있는지 여부는 보험계약의 내용, 고지하여야 할 사실의 중요도, 보험계약의 체결에 이르게 된 경위, 보험자와 피보험자 사이의 관계 등 제반 사정을 참작하여 사회통념에 비추어 개별적 · 구체적으로 판단하여야 하고, 그에 관한 증명책임은 고지의무 위반을 이유로 보험계약을 해지하고자 하는 보험자에게 있다.

특히 피보험자와 보험계약자가 다른 경우에 피보험자 본인이 아니면 정확하게 알 수 없는 개인적 신상이나 신체상태 등에 관한 사항은 보험계약자도 이미 그 사실을 알고 있었다거나 피보험자와의 관계 등으로 보아 당연히 알았을 것이라고 보이는 등의 특별한 사정이 없는 한, 보험계약자가 피보험자에게 적극적으로 확인하여 고지하는 등의 조치를 취하지 아니하였다는 것만으로 바로 중대한 과실이 있다고 할 것은 아니다. 더구나 보험계약서의 형식이 보험계약자와 피보험자가 각각 별도로 보험자에게 중요사항을 고지하도록 되어 있고, 나아가 피보험자 본인의 신상에 관한 질문에 대하여 "예"와 "아니오" 중에서 택일하는 방식으로 고지하도록 되어 있다면 그 경우 보험계약자가 "아니오"로 표기하여 답변하였더라도 이는 그러한 사실의 부존재를 확인하는 것이 아니라 사실 여부를 알지 못한다는 의미로 답하였을 가능성도 배제할 수 없는 것이므로, 그러한 표기사실만으로 쉽게 고의 또는 중대한 과실로 고지의무를 위반한 경우에 해당한다고 단정할 것은 아니다.

Ⅱ 계약 전 알릴의무 위반의 효과 : 해지

1. 해지의 통지

고지의무 위반이 있으면 보험사고 발생 전후를 불문하고 보험자는 보험계약을 해지할 수 있다. 이러한 해지권은 보험자가 고지의무 위반사실을 입증하고 고지의무자에게 이를 통지함으로써 행사한다(상법 제651조). 우리 약관에서는 계약 전 알릴의무 위반사실과 계약 전 알릴의무사항이 중요한 사항에 해당되는 사유를 서면으로 계약자에게 알려야 하며, 이 경우 "반대증거가 있는 경우 이의를 제기할 수 있다"라는 문구를 함께 알리도록 정하고 있다.

2. 해지의 효과

계약 전 알릴의무 위반으로 인하여 계약을 해지하였을 때에는 해지환급금을 계약자에게 지급한다. 기존 약관(2010.4.1 이전)에서는 면책에 따른 계약자의 불만을 해소하려는 의도에서 기납입보험료를 환급하는 경우가 있었으나 오히려 계약자 측의 도덕적 해이를 유발시킨다는 지적을 반영하여 해당 조항을 변경한 것이다.

III 해지권 행사의 제한

우리 약관은 분쟁을 방지하고 보험자와 계약자 측의 합리적인 이익조정을 가능하게 하고자 해지권 제한사유를 명확히 정하고 있다.

1. 보험자의 악의 · 과실

"보험자가 계약당시에 그 사실을 알았거나 과실로 알지 못했을 때"에는 해지권이 제한된다. 상법의 규정(상법 제651조 단서)을 수정하여 적용한 조항이다.

2. 제척기간의 경과

우리 약관은 "회사가 그 사실을 안 날부터 1개월 이상 지났거나 또는 제1회 보험료를 받은 때부터 보험금 지급사유가 발생하지 않고 2년(진단계약의 경우 질병에 대하여는 1년)이 지났을 때 그리고 계약을 체결한 날부터 3년이 지났을 때"를 해지권 제한사유로 정하고 있다. 약관상 1개월, 2년, 3년의 기간은 소멸시효가 아닌 제척기간이므로 중단 · 정지되지 않으며 기간이 만료하면 권리는 당연히 소멸한다.

1) 회사가 안 날

보험자가 고지의무 위반사실을 안 날로부터 1개월이 지나면 해지권을 행사할 수 없다. 여기서 "안 날"이란 보험계약 체결권이 있는 보험자 또는 그 대리인의 안 날을 말한다. 예를 들어 보험자가 위탁관계에 있는 손해사정회사에게 사고조사업무를 위탁한 경우에 손해사정회사가 조사에 따른 알릴의무 위반사실을 알게 된 날을 의미하는 것이 아니라 그 조사결과(보고서)가 보험자에게 도달한 때(통보받은 때)가 곧 보험회사가 그 사실을 안 날이다(대구지방법원 2003가합12087 판결, 서울중앙지방법원 2002가단354504 판결).

또한 여기서 "안 날"이란 단순히 의심할 만한 사유가 발생한 날을 기준으로 하지 않으며, 알릴의무 위반 사실을 확실하게 알게 된 때를 기준으로 한다.

2) 보험금 지급사유

약관상 "보험금지급사유가 발생하지 아니하고"의 의미는 해당 보험계약에서 정하고 있는 보험금지급사유를 모두 포함하는 개념이다. 따라서 보험자가 제1회 보험료를 받은 이후 사망·후유장해·진단·입원 등의 보험금지급사유가 발생하였다면 2년이 경과하더라도 해지권을 행사할 수 있다.

3. 건강진단서 사본 등으로 승낙한 경우

우리 약관에서는 "보험자가 피보험자의 건강상태를 판단할 수 있는 기초자료(건강진단서 사본 등)에 따라 승낙한 경우에 건강진단서 사본 등에 명기되어 있는 사항으로 보험금 지급사유가 발생하였을 때(계약자 또는 피보험자가 회사에 제출한 기초자료의 내용 중 중요사항을 고의로 사실과 다르게 작성한 때에는 계약을 해지할 수 있습니다)"를 해지권 제한사유로 하면서 계약자 측의 신뢰를 보호하고 있다.

여기서 기초자료란 직장 또는 개인이 실시한 건강진단서 사본 등을 의미하는 것이다(2004다31814 판결), 만일 기초자료의 중요사항이 사실과 다르다면 고지위반을 이유로 해지가 가능하며, 기초자료에 기재되지 않은 사항(예를 들어 피보험자의 직업)과 관련한 고지위반을 이유로도 해지할 수 있다.

4. 보험모집자의 임의기재 등

우리 약관에서는 "보험설계사 등이 계약자 또는 피보험자에게 고지할 기회를 주지 않았거나 계약자 또는 피보험자가 사실대로 고지하는 것을 방해한 경우, 계약자 또는 피보험자에게 사실대로 고지하지 않게 하였거나 부실한 고지를 권유했을 때. 다만, 보험설계사 등의 행위가 없었다 하더라도 계약자 또는 피보험자가 사실대로 고지하지 않거나 부실한 고지를 했다고 인정되는 경우에는 계약을 해지할 수 있습니다"라고 정하고 있다. 예를 들어 보험설계사가 모집실적을 위하여 청약서상의 질문표에 대하여 임의기재한 경우에는 보험자가 해지권을 행사할 수 없다. 다만, 보험계약자의 부탁으로 설계사가 질문표의 작성을 대행하였다면 임의기재가 아니므로 보험자는 해지권을 행사할 수 있다(93가합3084 판결).

다만, 보험계약자 측의 고지위반이 명백한 경우에도 보험자의 해지권을 제한받는 것은 불합리하므로 우리 약관에서는 보험설계사 등의 행위가 없었다 하더라도 계약자 또는 피보험자가 사실대로 고지하지 않거나 부실한 고지를 했다고 인정되는 경우에는 보험자가 해지권을 행사할 수 있도록 정하고 있다.

> 손해사정사 기출문제 33회(2010년)
>
> 2010년 4월 1일 시행 생명보험 및 질병 · 상해보험 표준약관상 규정된 "계약 전 알릴의무위반으로 인한 보험회사의 해지권 행사의 제한사유"에 대하여 약술하시오. (10점)

Ⅳ 계약 전 알릴의무 위반의 효과

1. 보험금 지급책임

계약 전 알릴의무 위반과 보험사고 사이의 인과관계가 있다면 보험자는 보험금 지급책임을 면한다. 이때 인과관계를 조금이라도 엿볼 수 있는 여지가 있으면 보험금 지급책임을 부담하지 않는다(97다33089, 93다52082 판결).[8]

2. 인과관계에 대한 입증책임

보험계약자가 고지의무의 위반사실과 보험사고의 발생사이의 인과관계가 부존재한다고 입증하는 경우에 보험자는 보험금지급책임을 면할 수 없다(상법 제655조 후단). 즉, 인과관계가 부존재한다는 점에 관한 주장 및 입증책임은 보험계약자 측에 있다(95다25268 판결).

상법의 규정에도 불구하고 기존의 생명보험약관에서는 "알릴의무를 위반한 사실이 보험금 지급사유 발생에 영향을 미쳤음을 보험자가 증명하지 못한 경우에는 보험금을 지급한다(입증책임 전환조항)"라고 정하고 있었으며, 2018년 11월 6일 이후 판매된 제3보험의 상품에서도 이 조항을 그대로 반영하고 있다.

8) 분쟁조정 제2009-75호, 갑상선 초음파 검사결과 갑상선 결절 진단(보험계약 4개월 전)을 받고 6개월 후에 초음파 검사를 받도록 권유받은 것은 알려야 할 중요한 사항이며, 보험계약 6개월 후 갑상선암 진단받은 경우 인과관계를 조금이라도 엿볼 수 있는 여지가 있다면 보험자는 보험금 지급의무를 부담하지 않는다.

V 타보험가입사실에 대한 고지의무 위반

피보험자는 다른 보험회사(우체국보험 및 각종 공제계약 판매사 포함)에 생명보험, 손해보험, 제3보험 또는 각종 공제계약을 가입한 사실을 알려야 한다. 타보험가입사실은 원칙적으로 인수거절사항이다.

현행 약관(2010.4.1 이후)은 "보험자가 다른 보험가입내역에 대한 계약 전 알릴의무 위반을 이유로 계약을 해지하거나 보험금 지급을 거절하지 아니한다"라고 정하고 있다.

VI 생명보험에서의 계약 전 알릴의무 위반의 효과 : 보장의 제한

생명보험약관에서는 청약서에 피보험자의 직업 또는 직종별로 보험가입금액의 한도액이 명시되어 있음에도 직업·직종을 속이고 그 한도액을 초과하여 청약한 경우에 이러한 계약 전 알릴의무 위반에 해당하는 사실로 보험사고가 생긴 것으로 증명되는 때에 한하여 청약서상의 직업 및 위험등급별 보험가입금액 범위로 보장을 제한한다.

다만, 애당초 인수거절사유가 되는 직업이었거나 오토바이운전 등의 고지의무 위반의 경우 또는 그 외의 질병·취미 등의 고지사항에 대한 알릴의무 위반이었다면 손해보험과 마찬가지로 인과관계를 요건으로 하여 보험금 지급책임을 면한다.

009 계약 전 알릴의무사항

보험업감독업무 시행세칙 표준사업방법서 [2010.4.21, 2016.3.30]

계약 전 알릴의무사항

- 피보험자(보험대상자)에 관한 다음 사항은 회사가 보험계약의 청약을 심사하고 인수하는데 필요한 자료이므로 보험계약자 및 피보험자는 아래 질문들에 대해 사실대로 알려야 하며 직접 작성하시기 바랍니다.
- 만약 아래 질문들에 대하여 사실대로 알리지 않거나 사실과 다르게 알린 경우에는 보험가입이 거절될 수 있으며, 특히 질문 1번~11번에 대하여 알린 내용이 "중요한 사항"에 해당하는 경우 회사는 보험약관에 따라 이 보험계약을 일방적으로 해지할 수 있고, 이미 보험사고가 발생하였더라도 보험금 지급을 거절하는 등 보장이 제한될 수 있습니다.
- 반면, 보험설계사 등이 보험계약자 또는 피보험자에게 고지할 기회를 주지 않았거나 사실대로 고지하는 것을 방해하는 등의 경우에는 보험계약을 해지하거나 보장을 제한할 수 없습니다.

"중요한 사항"이란 회사가 그 사실을 알았더라면 보험계약의 청약을 거절하거나 보험가입금액 한도 제한, 일부보장 제외, 보험금 삭감, 보험료 할증과 같이 조건부로 인수하는 등 계약인수에 영향을 미치는 사항을 말합니다.

현재 및 과거의 질병

1. 최근 3개월 이내에 의사로부터 진찰 또는 검사(건강검진 포함)를 통하여 다음과 같은 의료행위를 받은 사실이 있습니까? (예, 아니오)

   1) 질병확정진단　　2) 질병의심소견　　3) 치료
   4) 입원　　5) 수술(제왕절개 포함)　　6) 투약

※ 질병의심소견이란 의사로부터 진단서 또는 소견서를 발급받은 경우를 말합니다.
※ 투약이란 의사가 환자에게 약을 처방하는 행위를 말하는 것으로 실제로 약을 구입하지 않았어도 기재해야 합니다.

2. 최근 3개월 이내에 마약을 사용하거나 혈압강하제, 신경안정제, 수면제, 각성제(흥분제), 진통제 등 약물을 상시 복용한 사실이 있습니까? (예, 아니오)

※ 혈압강하제란 혈압을 내리게 하는 의약품을 말합니다.
※ 각성제란 신경계를 흥분시켜 잠이 오는 것을 억제하는 의약품을 말합니다.

3. 최근 1년 이내에 의사로부터 진찰 또는 검사를 통하여 추가검사(재검사)를 받은 사실이 있습니까? (예, 아니오)

4. 최근 5년 이내에 의사로부터 진찰 또는 검사를 통하여 다음과 같은 의료행위를 받은 사실이 있습니까? (예, 아니오)
   1) 입원　　　　　　　　　　　　　　2) 수술(제왕절개 포함)
   3) 계속하여 7일 이상 치료　　　　　4) 계속하여 30일 이상 투약

※ 여기서 "계속하여"란 같은 원인으로 치료 시작후 완료일까지 실제 치료, 투약 받은 일수를 말합니다.

5. 최근 5년 이내에 아래 10대질병으로 의사로부터 진찰 또는 검사를 통하여 다음과 같은 의료행위를 받은 사실이 있습니까? (예, 아니오)
   1) 질병확정진단　　　2) 치료　　　3) 입원
   4) 수술　　　　　　　5) 투약

〈10대질병〉
① 암 ② 백혈병 ③ 고혈압 ④ 협심증 ⑤ 심근경색 ⑥ 심장판막증
⑦ 간경화증 ⑧ 뇌졸중증(뇌출혈, 뇌경색) ⑨ 당뇨병 ⑩ 에이즈(AIDS) 및 HIV 보균

※ 1번~5번까지 "예"인 경우 병명, 치료기간, 치료내용, 치료병원, 재발경험, 완치 여부를 기재하여 주십시오.

6. (여성의 경우) 현재 임신 중입니까? (예, 아니오)
   ("예" 인 경우　　　　　개월)

현재의 장애상태

(기능적 장애)

7. 8. 〈삭제. 2018.7.10〉[9]

외부 환경

9. 귀하의 직업은 무엇입니까?
   1) 근무처
   2) 근무지역
   3) 업종
   4) 취급하는 업무(구체적으로 기재하여 주십시오)

[9] 삭제된 부분
7) 현재 눈, 코, 귀, 언어, 씹는 기능, 정신 또는 신경기능에 장애가 있습니까? (예, 아니오)
8) 현재 팔, 다리, 손(손가락 포함), 발(발가락 포함), 척추에 손실 또는 변형으로 인한 외관상 신체의 장애가 있습니까? (예, 아니오)

10-1. 현재 운전을 하고 있습니까? (예, 아니오)

10-2. "예"인 경우 운전 차종 (,)

1) 승용차(영업용) 2) 승용차(자가용)
3) 승합차(영업용) 4) 승합차(자가용)
5) 화물차(영업용) 6) 화물차(자가용)
7) 오토바이(50cc 미만 포함)(영업용) 8) 오토바이(50cc 미만 포함)(자가용)
9) 건설기계 10) 농기계
11) 기타( )

※ 기타에 해당하는 경우 차종을 구체적으로 기재하고, 둘 이상의 차량을 운전하거나 하나의 차량을 둘 이상의 목적으로 사용하는 경우 해당되는 사항을 모두 기재하십시오.

11. 최근 1년 이내에 다음과 같은 취미를 자주 반복적으로 하고 있거나 관련 자격증을 가지고 있습니까? (예, 아니오)

(빈도 : 년간/월간 회)
(자격증 명칭 :)

1) 스쿠버다이빙 2) 행글라이딩, 패러글라이딩
3) 스카이다이빙 4) 수상스키
5) 자동차, 오토바이 경주 6) 번지점프
7) 빙벽, 암벽등반 8) 제트스키
9) 래프팅

12. 부업 또는 겸업, 계절적으로 종사하는 업무가 있습니까?
(예, 아니오)
("예"인 경우 자세히 기술하여 주십시오)

13. 향후 3개월 이내에 다음과 같은 해외위험지역으로 출국할 예정이 있습니까? (예, 아니오)

전쟁지역, 미개척지(열대·한대), 등반산악지대

("예"인 경우 기간 : 지역 : 목적 :)

14. 월소득(계약자 기준)
월소득 – 월평균( )만원

15. 음주 : 음주횟수(주 회), 음주량(소주 기준 1회 병)

16. 흡연 : 현재 흡연 여부(예, 아니오), 흡연량(1일 개피), 흡연기간(현재부터 과거 년간)

17. 체격 : 키( )㎝, 몸무게( )kg

18. 다른 보험회사(우체국보험 및 각종 공제계약 판매사 포함)에 생명보험, 손해보험, 제3보험 또는 각종 공제계약을 가입하고 있습니까?

회사명	건수	보험료(월)

년 월 일 ○ ○ ○ ○ 보험주식회사 귀중

I 계약 전 알림의무사항의 구성

보험감독업무시행세칙상 "계약 전 알림의무사항"에서는 인수거절뿐만 아니라 계약 전 알림의무 위반으로 해지가 가능한 사항과 인수거절만 될 수 있는 사항을 구분하여 표시하고 있다. 보험자가 중요한 사항이 아님에도 불구하고 질문표에 기재된 사항이라는 이유만으로 계약 전 알림의무 위반으로 인한 해지권을 행사하는 것을 방지하기 위한 것이다.

II 계약 전 알림의무 위반이 될 수 있는 사항

계약자가 다음의 사항에 대하여 사실대로 알리지 않거나 사실과 다르게 알린 경우에는 보험가입이 거절될 수 있으며, 그 내용이 중요한 사항에 해당하는 경우에는 약관상 계약 전 알림의무 위반의 효과에 의해 계약이 해지되거나 보장이 제한될 수 있다.

예를 들어 피보험자가 청약 이전 3개월 이내에 10일간 감기치료를 받은 사실은 고지사항이지만, 이 사실이 특정질병의 발생에 직접 영향을 미치지 아니한 것으로 판정되는 등 "중요한 사항(material facts)"에 해당하지 않는다면 해지할 수 없다.

1. 현재 및 과거의 질병

피보험자의 최근 3개월 이내의 증상·질병, 최근 1년 또는 5년 이내의 진찰·검사 등이 고지사항이 된다. 이러한 고지사항 중 어느 하나에 해당되는 경우에는 병명, 치료기간, 치료내용, 치료병원, 재발경험, 완치 여부를 함께 기재하여야 한다.

1) 최근 3개월 이내의 증상 · 질병 등

계약자의 청약 전에 보험사고가 이미 발생한 사정을 고려하고 청약당시에 피보험자에게 증상이 있는 상태에서 질병이나 상해로 치료 중인 경우를 배제하기 위하여 질문표에서는 피보험자의 최근 3개월 이내의 진료기록을 묻고 있다.

그러므로 피보험자가 최근 3개월 이내에 의사로부터 진찰 또는 검사를 통하여 질병확정진단, 질병의심소견, 치료 · 입원 · 수술, 투약한 사실이 있다면 고지사항이 된다. 이 경우 의사의 진찰에는 문진, 건강검진 등이 포함되며, 질병의심소견은 진단서 · 소견서를 발급받은 경우에 한하여 고지사항이 된다.

한편, 감기나 염좌, 충치치료 등의 일과성 경증이라고 해서 고지사항에서 제외되는 것은 아니며, 치료 · 입원 · 투약한 사실이 있다면 검사결과 "정상"으로 판정된 경우라고 해서 고지사항에서 당연히 제외되는 것은 아니다.

2) 최근 3개월 이내의 약물상시복용

청약당시에 피보험자가 약물을 상시복용한 경우에는 피보험자에게 의학치료를 요하는 중대한 자각증상의 병증이 있었다고 추정될 수 있고, 약물중독에 해당할 수도 있으므로 피보험자가 마약을 사용하거나 혈압강하제, 신경안정제, 수면제, 각성제(흥분제), 진통제 등 약물을 상시복용한 경우에는 의사의 진찰 · 검사 여부와는 무관하게 고지사항이 된다. 상시복용의 정의에 대하여 약관에서 자세히 정하지는 않았으나, 그 의미상 1회 · 2회 정도 임시로 약물을 복용한 것은 제외하는 개념이다.

3) 최근 1년 이내의 추가검사

일반적으로 질병 등의 진단 이후에 추가검사(재검사)를 받는 경우에는 해당 질병의 합병증이나 추가질병의 발생위험이 높은 경우로 추정되므로 최근 1년 이내에 의사로부터 진찰 또는 검사를 통하여 추가검사를 받은 사실은 고지사항이 된다.

4) 최근 5년 이내의 진찰 · 검사 등

질문표에서는 최근 5년 이내에 의사로부터 진찰 또는 검사를 통하여 입원, 수술(제왕절개 포함), 계속하여 7일 이상 치료, 계속하여 30일 이상 투약한 사실을 고지사항으로 하고 있다. 청약 이전에 진단된 질병이 완치되지 않고 치료 중인 상태를 위험상태에 반영하기 위한 것이다. 일반적으로 질병의 치료를 받고 5년 동안 재발하지 않는 경우에는 완치된 것으로 보기 때문에 5년을 기간으로 한정하였다.

한편, 단 하루의 입원, 한 번의 수술치료도 고지사항이 되며, 계속하여 7일이라는 의미는 연속하는 날을 말하는 것이 아니라 동일 질병 또는 원인으로 치료 시작 후 완료일까지 실제 치료, 투약받은 일수를 말한다. 예를 들어 요통으로 5년 이내에 7일 이상 통원하여 치료받았거나 통틀어 30일 이상 투약 처방받았다면 고지사항이 된다.

5) 최근 5년 이내의 주요 질병

최근 5년 이내에 10대질병[10]으로 의사로부터 진찰 또는 검사를 통하여 질병확정진단, 치료, 입원, 수술, 투약한 경우에는 단 하루만 입원하였거나 단 한 번의 치료를 받은 경우라고 해도 고지사항이 된다. 또한 치료 후 "정상"으로 판정되었다고 해도 치료사실이 있었다면 고지사항이 된다. 10대질병은 완치가 어렵고 재발의 위험이 높으며, 사람의 건강·생명에 미치는 악영향이 크기 때문이다.

6) 임신

피보험자의 임신은 그 반대의 경우에 비하여 위험사정이 변동한 것이므로 고지사항이 된다. 이 경우 임신기간, 태아보험의 경우에는 태아의 이상에 관한 진단을 받은 사실을 구체적으로 알려야 한다.

손해사정사 **기출문제** 30회(2007년)

질병보험청약서상 고지해야 할 중요사항 중 건강상태 관련사항을 기술하시오. (10점)

2. 청약일 현재의 장애상태

기존에는 피보험자에게 기능적 장애나 신체적 장애가 있다면 고지해야만 했다. 이 경우 장애자의 등록 여부는 묻지 않고 실질적인 장애만으로도 고지의 대상이 되었다.[11] 그러나 이 조항은 장애인에 대한 차별 등의 사유로 2018년부터 삭제되었다.

10) 실손의료보험에 한하여 "11) 직장 또는 항문 관련 질환(치질, 치루(누공), 치열(찢어짐), 항문 농양(고름집), 직장 또는 항문탈출, 항문출혈, 항문궤양)" 조항을 추가하고 있다.

11) 기능적 장애로 피보험자의 눈, 코, 귀, 언어, 씹는 기능, 정신 또는 신경기능을 묻고 있었으며, 피보험자의 신체적 장애로 팔, 다리, 손(손가락 포함), 발(발가락 포함), 척추에 손실 또는 변형으로 인한 외관상 신체의 장애를 묻고 있었다.

3. 외부환경

피보험자가 위험한 직업 · 직종에 있거나 오토바이 등을 운전하는 등의 위험한 환경에 노출된 경우, 또는 위험한 취미활동을 반복하는 경우에는 이에 따른 상해의 위험이 높아지므로 이 사항들은 보험자가 피보험자의 보험가입적격성을 판단하는 중요한 사항이 된다.

1) 피보험자의 직업

피보험자의 근무처, 근무지역, 업종, 취급하는 업무를 구체적으로 기재하여야 한다. 이 경우 위험직업 · 직종에 해당하는 경우에는 보험인수가 거절되거나 보장이 제한된다. 한편, 피보험자가 직업을 사실대로 알리고 보험자가 피보험자의 직업적인 위험을 알면서도 보험계약을 인수하였다면 이후 피보험자의 직업을 이유로 계약을 해지하거나 보험금 지급을 거절할 수 없다.

2) 운전 여부 및 차종

피보험자가 운전하는 경우에는 영업용과 자가용을 구분하여 승용차, 승합차, 화물차, 오토바이(50cc 미만 포함) 등 어느 사항에 해당하는지 고지해야 한다. 특히 오토바이를 운전하는 경우에는 그 위험이 크기 때문에 인수거절 또는 보장이 제한되거나 「이륜자동차 운전 중 상해 부담보 특별약관」을 부가하여 인수하는 것이 일반적이다.

3) 위험한 취미 또는 자격증

피보험자가 최근 1년 이내에 스쿠버다이빙, 행글라이딩 · 패러글라이딩, 스카이다이빙, 수상스키, 자동차 · 오토바이 경주, 번지점프, 빙벽 · 암벽등반, 제트스키, 래프팅과 같은 취미를 자주 반복적으로 하고 있거나 관련 자격증을 가지고 있는 경우에는 취미의 빈도와 자격증 명칭을 고지하여야 한다.

Ⅲ 인수가 거절될 수 있는 사항

1. 부업 · 월소득 · 체격 등

피보험자에게 부업 또는 겸업업무가 있거나 향후 3개월 이내에 전쟁지역, 미개척지 등의 해외위험지역으로 출국할 예정인 경우 고지사항이 된다. 또한 피보험자의 월소득, 음주(음주량), 흡연(흡연량, 흡연기간), 키 · 몸무게도 고지사항이다.

이 사항들은 보험계약 성립 후 해지권에는 직접적인 영향을 미치지 않지만, 보험계약에 따라서 가입이 거절될 수 있는 사항이다.

2. 타보험가입사실

피보험자는 다른 보험회사(우체국보험 및 각종 공제계약 포함)에 생명보험, 손해보험, 제3보험 또는 각종 공제계약을 가입한 사실을 알려야 한다. 타보험가입사실은 원칙적으로 인수거절사항에 불과하고 계약 전 알릴의무 위반으로 해석할 수 없다.

손해사정사 기출문제 40회(2017년)

피보험자 김행복은 2017년 6월 20일 넘어지는 상해사고로 K정형외과의원에서 외래치료 1회를 받고, 30만원의 실손통원의료비(급여 본인부담금 10만원, 비급여 20만원)를 청구하였다. 아래의 제 조건을 읽고 질문에 답하시오. (20점)

※ 단, 아래의 문제 (1)~(3)은 실손의료보험 표준약관을 준용함.

※ 비급여 : 「국민건강보험법」 또는 「의료급여법」에서 정한 의료급여 절차를 거쳤지만 급여항목이 발생하지 않은 경우로 「국민건강보험법」 또는 「의료급여법」에 다른 비급여항목 포함)

〈보험가입내역〉

보험종목	피보험자	보험기간	가입금액	비고
실손의료보험 (표준형)	김행복	2017.1.2 ~ 2036.1.2	입원 : 5,000만원 통원 : 외래 1회당 20만원 처방 : 1건당 10만원	자기부담률 (20%)

〈과거 치료내용〉

① 2010.1.1 : 갑상선암 완치

② 2011.3.1~2011.3.7 : 자궁근종으로 입원

③ 2012.8.2~2012.8.16 : 심장판막증으로 입원 및 수술

④ 2013.6.2~2013.7.3 : 기관지염으로 계속하여 6회 치료
⑤ 2014.12.1~2014.12.3 : 기관지염으로 입원
⑥ 2016.8.2 : 검사상 고지혈증 의심 소견
⑦ 2016.9.2 : 고지혈증 추가검사
⑧ 2016.12.5 : 검진상 이상소견이 발생하여 당뇨병 확정진단을 받고 치료를 받음

〈질문사항〉

(1) 보험회사는 청구내역을 심사하던 중 김행복이 계약 전 치료사실을 회사에 알리지 않고 보험에 가입한 것을 알게 되었다. 위 ①~⑧ 치료항목 중 알려야 할 대상이 되는 치료항목에 번호를 쓰고, 그에 해당하는 청약서상 질문사항을 기술하시오. (5점)
* 단, 위 청약서의 질문표는 표준사업방법서에서 정한 계약 전 알릴의무사항을 준용함

(2) 상기 보험계약이 계약 전 알릴의무 위반으로 인해 2017년 7월 1일 해지되었다고 가정할 때, 외래 치료비 지급 여부와 지급금액을 구하고, 이에 적용되는 상법 조항을 기술하시오. (10점)

(3) 만약 상기 계약이 진단계약인 경우 김행복이 보험가입을 위해 2016년 12월 5일 확정진단 받은 당뇨병을 숨길 목적으로 당뇨약을 복용하고 보험회사의 진단절차를 통과받았다면 실손의료보험 표준약관에서 적용되는 약관 조항을 기술하시오. (5점)

Ⅰ. 청약서상 질문사항

과거 치료내용 중에서 ③은 청약서상의 최근 5년간의 주요 질병에 해당하며, ⑤는 최근 5년간의 입원에 해당한다. ⑦은 최근 1년 이내 추가검사로서 청약서상의 질문사항에 해당하며 ⑧은 최근 3개월 이내 확정진단이므로 청약서상에서 고지해야 할 사항에 해당한다.

Ⅱ. 계약 전 알릴의무의 위반

본 사례에서는 계약 전 알릴의무의 위반으로 상법 제651조와 제655조에 의하여 보험자가 해지권을 행사하였다. 다만, 보험금이 청구된 상해사고는 계약 전 알릴의무의 위반과 인과관계가 없는 사고이므로 보험금을 지급하여야 한다. 표준형 실손의료비이므로 보험회사는 다음과 같이 20만원을 보험금으로 지급한다.

보상인정 의료비 30만원－max[1만원, (30만원×20%)]＝24만원

보상액 min[20만원 한도, 24만원]＝20만원

Ⅲ. 약물사용으로 진단통과

약물사용으로 진단절차를 통과한 경우는 사기에 의한 계약에 해당하므로 보험회사는 취소권을 행사할 수 있으며, 당뇨를 숨긴 사실은 계약 전 알릴의무 위반에 해당하여 보험회사가 해지권을 행사할 수 있다. 보험회사는 둘 중에 하나에 대한 권리를 선택하여 행사할 수 있다.

010 사기에 의한 계약과 보험자의 취소권

I 사기에 의한 계약

제3보험 보통약관「사기에 의한 계약」은 "계약자 또는 피보험자가 대리진단, 약물사용을 수단으로 진단절차를 통과하거나 진단서 위·변조 또는 청약일 이전에 암 또는 인간면역결핍바이러스(HIV) 감염의 진단확정을 받은 후 이를 숨기고 가입하는 등 사기에 의하여 계약이 성립되었음을 회사가 증명하는 경우에는 계약일부터 5년 이내(사기사실을 안 날부터 1개월 이내)에 계약을 취소할 수 있습니다"라고 정하고 있다.

1. 사기에 대한 해석의 범위

약관에서 예시하고 있는 사기란 계약자·피보험자가 대리진단, 약물복용을 수단으로 진단절차를 통과하거나 진단서 위·변조 또는 청약일 이전에 암 또는 에이즈의 진단확정을 받은 후 이를 숨기고 가입하는 등의 사실을 말한다.

실무에서는 "가입하는 등"의 해석에 대한 분쟁의 소지가 있다. 이 경우 면책약관의 해석원칙인 제한적 엄격해석의 원칙과 달리 볼 내용은 아니므로 앞에서 열거한 대리진단, 진단서 위·변조, 암·에이즈 진단을 숨기는 행위와 유사한 행위로 볼 수 있다면 사기에 의한 계약이 된다.

2. 취소권 행사의 제척기간

민법상 취소권은 추인할 수 있는 날로부터 3년 내에, 법률행위를 한 날로부터 10년 내에 행사하여야 하지만(민법 제146조) 우리 약관은 계약일로부터 5년, 사기 사실을 안 날로부터는 1개월 이내로 제척기간을 축소하고 있다. 여기서 계약일이란 청약과 함께 제1회 보험료를 납입한 시점을 말한다.[12)]

3. 입증책임

입증책임의 일반원칙에 따라서 보험계약자 측의 사기를 주장하는 보험자가 입증책임을 진다(같은 취지, 71다2045 판결). 그러므로 우리 약관에서는 보험자가 계약자의 사기를 "증명하는 경우"에 한하여 취소권을 행사할 수 있다고 정하고 있다.

손해사정사 기출문제 38회(2015년)

다음은 「질병 · 상해보험 표준약관」에 관한 내용이다. 아래 질문에 답하시오. (15점)

(1) 사기에 의하여 계약이 성립되었음을 회사가 증명하는 경우에는 계약일로부터 5년 이내(사기사실을 안 날부터 1개월 이내)에 계약을 취소할 수 있다. 약관에 규정된 "계약취소사유"를 모두 기술하시오. (4점)

II 관련 사례의 검토

분쟁조정 제2011-17호 사기에 의한 계약 등

- 보험계약자는 보험자와 아래와 같이 보험계약을 체결하였음

보험종류	계약자	피보험자	계약일자	암 진단명(진단일자)	사망일자
① 어린이보험	갑	정	2005.2.14	T-세포 림프종(2005.1)	2009.12.22
② 변액유니버셜	병	정	2007.3.29	급성골수성백혈병(2009.11)	

- 2003.8 : 프랑스 파리로 유학(당시 초등학교 6학년)
- 2005.1.4 : 프랑스병원에서 T-cell lymphoma 진단
- 2005.1 ~ 2005.7 : 프랑스병원에서 상기 진단명으로 입원치료
- 2005.2.14 : 어린이보험계약 체결(과거 병력을 알리지 않음)
- 2005.6.22 : 고용량항암치료 및 자가말초혈액조혈모세포이식수술
- 2007.3.29 : 변액유니버셜종신보험계약 체결(과거 병력을 알리지 않음)
- 2009.11.21 : 백혈병 의심(**연합외과, 제3기관으로 전원의뢰)
- 2009.11.21 ~ 12.22 : 급성골수성백혈병 입원(**대병원)
- 2009.12.22 : 급성골수성백혈병으로 사망(**대병원)
- 2010.1.21 : 신청인, 급성골수성백혈병 관련 보험금 청구

12) 【보장개시일】 회사가 보장을 개시하는 날로서 계약이 성립되고 제1회 보험료를 받은 날을 말하나, 회사가 승낙하기 전이라도 청약과 함께 제1회 보험료를 받은 경우에는 제1회 보험료를 받은 날을 말합니다. 또한, 보장개시일을 계약일로 봅니다.

> • 2010.2.18 : 「사기에 의한 계약」 조항에 의한 취소권 통보가 신청인에게 도달
> ■ 분쟁금액 : 192,830,000원
> ① 어린이보험 : 91,670,000원
> – 주계약(일반사망보험금) : 25,000,000원
> – 암보장특약 : 65,800,000원(고액암진단 6천만원, 암입원 580만원)
> – 입원보장특약 : 870,000원
> ② 변액유니버셜보험 : 101,160,000원
> – 주계약(일반사망보험금) : 100,000,000원
> – 입원특약 : 1,160,000원

1. 계약 전 알릴의무 위반에 따른 보험계약 해지 여부

제3보험 청약서상의 「계약 전 알릴의무사항」에서는 "최근 5년 이내에 다음과 같은 병명(암, 백혈병, 당뇨병, 협심증, 심근경색, 심장판막증, 간경화증, 고혈압, 뇌졸중, 간염, 에이즈)으로 의사로부터 진찰·검사를 통하여 진단을 받았거나 치료, 투약, 입원, 수술, 정밀검사를 받은 적이 있습니까?, 또는 최근 5년 이내에 의사로부터 진찰·검사를 받고 그 결과 입원, 수술, 정밀검사(심전도, 방사선, 건강진단, 조직검사 등)를 받았거나 계속하여 7일 이상 치료 또는 30일 이상 투약받은 적이 있습니까?"라고 질문하고 있다.

계약자는 이를 회사에 알리지 아니하고 보험계약을 체결하였으므로 이러한 사실이 당해 보험약관에서 정한 계약 전 알릴의무의 위반에 해당한다. 다만, 보험자가 그 사유를 알게 된 2010년에는 보험계약 해지권 제한사유의 경과기간이 지났으므로 보험자는 위 각각의 보험계약을 해지할 수는 없다.

2. 사기에 의한 계약과 취소 여부

보험계약 체결시 그 중요한 사항에 관한 보험계약자의 고지의무 위반이 당해 보험약관에서 정하고 있는 계약취소권의 행사제한에 해당하는 경우에는 보험자가 상법의 규정에 의하여 계약을 해지할 수 있음은 물론 민법의 일반원칙에 따라 그 보험계약을 취소할 수 있으며(대법원 91다1165 판결 등), 제3보험 약관은 책임개시일부터 5년 이내(사기사실을 안 날로부터는 1개월 이내)에 계약을 취소할 수 있도록 정하고 있다.

피보험자가 2005년 1월 4일 프랑스 소재의 병원에서 T-cell lymphoma(T-세포림프종)으로 진단확정을 받았음에도 계약체결 당시에 이를 보험자에게 알리지 않은 것은 약관상 "청

약일 이전에 암 또는 에이즈의 진단확정을 받은 후 이를 숨기고 가입하는 등의 뚜렷한 사기의사"에 해당한다. 그러므로 위 각각의 보험계약에 대한 취소가능 기간을 정함에 있어 책임개시일부터 5년 이내의 기간을 정할 때 어린이보험의 경우 2010년 2월 14일, 변액유니버셜종신보험의 경우 2012년 3월 29일 이내에는 보험계약의 취소권을 행사할 수 있다.

다만, 계약의 취소를 통보하여 신청인에게 도달한 시점(별다른 약정이 없는 한 상대방 있는 의사표시의 효력발생은 그 통지가 도달된 때로부터 효력이 발생한다)은 2010년 2월 18일로 어린이보험의 경우 보험계약 취소권 행사기간인 5년을 경과하였으므로 보험자는 어린이보험계약에 대하여 취소할 수 없다.

3. 보험사고의 객관적 확정의 효과(상법 제644조) 적용 여부

암 진단의 확정 및 그와 같이 확진이 된 암을 직접적인 원인으로 한 사망을 보험사고의 하나로 하는 보험계약에서 피보험자가 보험계약일 이전에 암 진단이 확정되어 있는 경우에는 보험계약을 무효로 한다는 약관 조항은 상법 제644조의 규정취지에 따른 것이라고 할 것이므로 상법 제644조의 규정취지나 보험계약은 원칙적으로 보험가입자의 선의를 전제로 한다.

다만, T-세포림프종과 급성골수성백혈병과의 의적인과관계는 직접 인과관계에 있지 않으며, T-세포림프종의 치료로 사용한 항암제가 골수세포의 DNA에 돌연변이 등을 일으켜 이에 의해 2차적으로 급성골수성백혈병이 발병할 수 있으나, T-세포림프종의 치료에 많이 사용되는 약제에 의한 급성백혈병의 발생가능성을 약 3% 내외 정도로 보고 있음을 전제로 할 때 피보험자의 사망원인이 된 급성골수성백혈병과 보험가입 이전 진단받은 T-세포림프종을 동일한 질병으로 단정지을 수 없다. 그러므로 이 변액보험계약에 있어 보험사고가 객관적으로 확정되었다고 보기 어렵다.

4. 어린이 암보장 특약의 무효 여부

어린이보험계약은 2005년 2월 14일 체결되었고, 동 보험계약의 암보장특약약관에서 정한 책임개시일 이전인 2005년 1월 4일 T-세포림프종으로 진단받았고, 이후 2005년 7월까지 프랑스 소재의 병원에서 입원을 하며 항암치료를 받았으므로 암보장특약의 무효사유에 해당한다.

5. 사례의 해결

이 건 계약취소권 행사기간이 경과한 어린이보험계약의 주계약 및 입원보장특약에서 담보하고 있는 일반사망보험금과 입원급여금에 대하여만 보험자가 보험금 지급책임을 부담한다.

어린이보험계약의 암보장특약은 암에 대한 책임개시일 이전 암진단을 받았으므로 동 특약을 무효로 하고, 변액유니버셜종신보험계약은 동 보험계약의 청약일 이전 암 진단을 받은 후 계약취소권의 행사기간을 경과하지 않았음이 명백하므로 보험계약을 취소함이 타당하다.

011 상해보험계약 후 알릴의무

I 상해보험계약 후 알릴의무

1. 의의 및 취지

계약자 또는 피보험자는 보험기간 중에 피보험자가 그 직업 또는 직무를 변경(자가용 운전자가 영업용 운전자로 직업 또는 직무를 변경하는 등의 경우를 포함한다)하거나 이륜자동차 또는 원동기장치 자전거를 계속적으로 사용하게 된 경우에는 지체없이 보험자에게 알려야 한다(통지의무). 상법상 위험변경증가의 통지의무를 제3보험의 특성에 맞게 약관에서 수정하여 정한 것이다(상법 제652조 제1항).

이 의무는 보험자가 보험료의 기초가 되는 위험상태의 변경을 인식하여 위험의 변경·증가에 대비할 수 있도록 하고, 위험단체를 유지하기 위한 것이다.

2. 알려야 할 사항(2018년 3월 개정)

우리 약관은 직업·직무의 변경 등이 있으면 그 사실을 보험자에게 통지하도록 하고 있다. 구체적으로는 ① 보험증권 등에 기재된 직업[13] 또는 직무가 변경된 경우,[14] ② 보험증권 등에 기재된 피보험자의 운전 목적이 변경된 경우(e.g. 자가용에서 영업용으로 변경), ③ 보험증권 등에 기재된 피보험자의 운전 여부가 변경된 경우, ④ 이륜자동차 또는 원동기 자전거를 계속적으로 사용하게 된 경우에 그 사실을 우편, 전화, 방문 등의 방법으로 지체없이 보험자에게 알려야 한다.

상법과 다르게 우리 약관에서는 직업·직무 등의 변경과 관련된 위험의 증가·감소를 불문하고 항상 통지를 유도하고 있다. 직업·직무의 변경으로 위험이 감소한 경우에 차

---

13) 직업이란 ① 생계유지 등을 위하여 일정한 기간 동안(e.g. 6개월 이상) 계속하여 종사하는 일이나 이에 해당하지 않는 경우에는 ② 개인의 사회적 신분에 따르는 위치나 자리를 말한다(e.g. 학생, 미취학아동, 무직 등). 직무란 직책이나 직업상 책임을 지고 담당하여 맡은 일을 말한다.

14) ① 현재의 직업 또는 직무가 변경된 경우, ② 직업이 없는 자가 취직한 경우, ③ 현재의 직업을 그만둔 경우

액보험료의 반환청구권이 있음을 알리기 위해서이다.

손해사정사 기출문제 42회(2019년)

「상해보험의 계약 후 알릴의무(2018.3.2 개정)」 조항에서 계약자 또는 피보험자는 피보험자에게 변경내용이 발생할 경우 지체 없이 회사에 알리도록 규정하고 있는데 "회사에 알려야 할 피보험자의 변경사항"을 모두 쓰시오. (6점)

Ⅱ 계약 후 알릴의무와 관련된 효과

1. 계약의 변경

보험자는 계약 후 통지사항으로 인하여 위험의 변동이 발생한 경우에는 계약내용을 변경할 수 있다. 위험변경에 따른 계약변경은 ① 위험변경사항의 통지, ② 계약자, 피보험자의 계약변경사항 확인 후 청약, ③ 계약변경사항 인수심사, ④ 정산금액 처리, ⑤ 계약변경 완료의 절차를 따른다.

위험이 감소된 경우 보험자는 보험료를 감액하면서 정산금액을 환급하며, 위험이 증가된 경우에는 보험료의 증액 및 정산금액의 추가납입을 요구할 수 있다. 만일 추가납입이 미납된 경우에 위험변경과 관련하여 발생된 사고에 대해서는 변경 전 요율의 변경 후 요율의 비율에 따라 보험금을 삭감하여 지급한다.

2. 계약의 해지

피보험자가 계약 후 알릴의무를 이행하지 아니하였을 때에 보험자는 손해의 발생 여부에 관계없이 계약을 해지할 수 있다(상법 제652조, 제655조). 우리 약관에서도 계약자 또는 피보험자의 고의 또는 중대한 과실로 통지하지 않았을 경우에 계약을 해지할 수 있도록 정하고 있다.

통지의무위반에 따른 계약의 해지와 보험금 지급 여부는 별도의 문제이므로 계약의 해지가 보험금 지급사유 발생 후에 이루어졌다고 해도 보험금(또는 삭감된 보험금)은 지급된다.

3. 보험금의 감액

상법은 통지의무 위반의 효과로 보험금 면책을 정하고 있으나 우리 약관은 보험금 감액조항을 두고 있다. 그러므로 계약자 또는 피보험자가 고의 또는 중과실로 직업 또는 직무의 변경사실을 회사에 알리지 아니하였을 경우 변경 후 요율이 변경전 요율보다 높을 때에는 보험자는 그 사실을 안 날부터 1개월 이내에 계약자 또는 피보험자 보험금이 감액됨을 통보하고 이에 따라 보험금을 지급한다. 구체적으로는 피보험자의 직업 또는 직무가 변경되기 전에 적용된 보험료율(변경 전 요율)의 직업 또는 직무가 변경된 후에 적용해야 할 보험료율(변경 후 요율)에 대한 비율에 따라 보험금을 삭감하여 지급한다.

보험자가 보험금을 삭감하려면 해당 보험금 지급사유가 위험의 변경과 관련되어 있어야 한다. 그러므로 증가된 위험과 관련없이 발생된 보험사고에 대해서는 보험금을 삭감하지 않고 지급한다.

4. 제척기간의 경과

계약자 또는 피보험자가 직업 또는 직무의 변경사실을 보험자에게 알리지 아니하였을 경우 변경 후 요율이 변경 전 요율보다 높을 때에는 보험자는 그 사실을 안 날부터 1개월 이내에 계약을 해지할 수 있다. 여기서 "안 날"이란 보험자 또는 그 대리인의 안 날을 말한다.

5. 입증책임

위험의 현저한 변경 또는 증가에 대한 입증책임은 그 사유를 들어 보험계약의 해지를 주장하는 보험자에게 있다(95다52505 판결).

Ⅲ 관련 문제

손해보험약관은 보험가입 당시에 일률적으로 이륜자동차 부담보 특별약관을 부가하는 경우가 일반적인데, 이 특별약관이 부가되면 계약 이후 피보험자의 이륜자동차 등의 사용에 대한 통지 여부와 관련 없이 피보험자의 이륜자동차 등의 소유·사용·관리에 따른 위험을 면책할 수 있게 된다.

손해사정사 **기출문제** 40회(2017년)

질병·상해보험 표준약관상 "상해보험 계약 후 알릴의무 위반의 효과"에 대하여 약술하시오. (10점)

012 계약 후 알릴의무 위반과 보험금 감액의 쟁점

I 담보별 보험요율의 적용

직업・직무의 변경에 따른 보험요율은 담보의 특성에 따라 달리 구분되어 있다. 즉, 위험등급이 1등급에서 3등급으로 변경한 경우에 사망・후유장해・입원일당・실손의료비 등의 담보에 따라 변경 전 요율과 변경 후 요율이 다르다.

예를 들어 교사(위험등급 1급)인 피보험자가 보험계약 후에 택시기사(위험등급 3급)가 된 경우에 택시운전 중의 상해사고로 30%의 후유장해(보험가입금액 1억원)가 되고, 20일간 입원한 경우(보험가입금액, 1일당 2만원)라면 각 담보별 보험요율을 적용하여 보험금을 지급한다.[15]

15) 담보별 보험요율의 적용사례

1. 피보험자 갑의 보험계약사항

상해후유장해특약 : 보험가입금액 1억원, 상해입원일당 특약 : 보험가입금액, 1일당 2만원

계약당시 : 교사(위험등급 1급), 보험계약 후에 택시기사(위험등급 3급)로 직업변경

위험등급	상해사망	상해후유장해	상해입원일당
1등급	0.00050	0.002	0.55
2등급	0.00065	0.004	0.83
3등급	0.00150	0.006	1.10

2. 손해 및 사고사항

피보험자 갑은 택시운전 중에 교통사고로 척추체의 30% 후유장해로 진단되었고 20일간 입원하였다.

3. 보험금 지급액의 결정

$$후유장해보험금 = [1억원 \times 30\%] \times \frac{0.002}{0.006} = 1천만원$$

$$입원일당보험금 = [2만원 \times 20일] \times \frac{0.55}{1.10} = 20만원$$

Ⅱ 보험가입금액 한도와 보험금 감액

가입 후 알릴의무 위반에 따라 보험금을 감액하는 경우에 후유장해나 입원일당과 같은 정액담보인 경우에는 보험가입금액을 기준으로 감액하므로 보험가입금액의 한도가 문제되지 않지만, 실손의료비의 경우에는 보상대상의료비(손해액)를 기준으로 보험금을 감액하므로 보험가입금액 한도를 어떻게 적용할지가 문제가 된다.

1. 보험가입금액 한도를 기준으로 감액한다는 견해

피보험자가 직업・직무변경 후에도 동일한 보험가입금액 한도를 보장받기 위해서는 추가보험료를 납입하여야 했음에도 불구하고 변경 전 보험료를 납입하던 중에 사고가 발생하였으므로 보험가입금액 한도를 고려하여 감액해야 한다는 견해이다. 이에 따르면 보험자의 지급보험금은 다음과 같이 결정된다.

$$\text{지급보험금} = \min[\text{보상대상의료비}, \text{보험가입금액}] \times \frac{\text{변경전 보험요율}}{\text{변경후 보험요율}}$$

2. 손해액을 기준으로 감액한다는 견해

일반적으로 보험가입금액은 보험금액 결정의 최종단계에서 적용하고 있으므로 직업・직무변경시에도 달리 볼 이유가 없고, 보험가입금액 한도를 기준으로 감액한다면 보험계약자에게 너무 가혹하다는 견해이다. 보험자는 보험금 감액 외에도 해지권을 행사할 수 있기 때문이다. 이 방법은 손해보험의 보상실무 및 이론상 가장 일반적인 방법으로서 보험자의 지급보험금은 다음과 같이 결정된다.

$$\text{지급보험금} = \min\left[\text{보상대상의료비} \times \frac{\text{변경전 보험요율}}{\text{변경후 보험요율}}, \text{보험가입금액}\right]$$

3. 검토

보상대상의료비에 요율변경비율을 반영한 금액이 보험가입금액의 한도보다 적은 경우에는 어떠한 견해를 취하든 보상액은 동일하다. 그러나 보상대상의료비에 요율변경비율을 반영한 금액이 보험가입금액의 한도보다 큰 경우에는 견해에 따라 보험금 지급액의 차이가 발생하므로 문제가 된다.

손해액을 기준으로 감액하는 견해는 손해보험의 일반적인 보상방식과 같다. 그러나 손해의 개념이 없는 정액형 담보에서는 보험가입금액을 기준으로 감액할 수 있다는 점과 무엇보다 피보험자의 가입 후 알릴의무 위반이 있었음에도 피보험자가 보험가입금액 한도 전액을 보상받는 경우에는 위험단체의 균형(위험의 동질성)을 해치고 선의의 다수계약자에게 피해를 입힌다는 점을 고려해보면 보험가입금액한도를 기준으로 감액하는 견해도 타당하다.

손해사정사 기출문제 28회(2005년)

甲은 사무직으로 근무시 A보험사에 상해보험을 가입하였다. 그 후 甲은 다니던 회사를 그만두고 공사현장에 취업하여 1개월째 공사장 인부로 근무하던 중 상해를 당하였고, 입원치료 후 후유장해 진단을 받았다(1차사고). 그런데 얼마 후 甲은 가족들과 집안정리를 하던 중 넘어져 부상을 입고 다시 입원치료 후 퇴원하였다(2차사고). 아래의 계약 및 손해사항을 참고하여 A보험사의 사고별 지급보험금을 산출하시오. 단, 甲은 부주의로 2차사고시까지 보험사에 직업변경 사실을 알리지 않았다. (20점)

〈계약사항〉
- 보험기간 : 2004.10.1 ~ 2005.10.1
- 사망후유장해 가입금액 : 1억원
- 의료비 가입금액 : 2백만원
- 계약시의 적용요율 : 0.3%
- 직업변경시의 적용요율 : 0.5%

〈손해사항〉
- 1차사고
  - 사고일자 : 2004.11.1
  - 입원치료기간 : 2004.11.1 ~ 2004.11.10
  - 본인부담치료비 : 2백만원
  - 후유장해 진단일 : 2005.3.1
  - 장해진단율 : 20%
- 2차사고
  - 사고일자 : 2004.12.1
  - 입원치료기간 : 2004.12.1 ~ 2004.12.15
  - 본인부담치료비 : 1백만원

단, 1・2차사고 모두 전액 국민건강보험을 적용받는 것으로 하고 관련 약관상 "보상하지 아니하는 손해"에 해당하는 비용항목은 불포함된 것으로 한다.

가. 계약상 의무불이행에 따른 책임범위의 결정

1) 통지의무 위반

상해보험의 손해보험약관에서는 계약자 또는 피보험자에게 계약 후 피보험자의 직업 또는 직무를 변경하거나 이륜자동차 또는 원동기자동차를 직접 사용하게 된 경우에는 지체 없이 서면으로 회사에 알려야 할 의무를 지우고 있으며, 이를 "가입 후 알릴의무(통지의무)"라고 한다.

보험가입 이후에 직업이 변경하였고, 해당 변경내용은 사무직에서 일용직으로의 변경, 즉 위험이 증가한 경우에 해당함에도 보험회사에 이를 알리지 않았으므로 피보험자는 동 의무를 위반하였다.

2) 통지의무 위반의 효과

통지의무 위반시 보험자는 해당 사실을 안 날로 1개월 내에 보험계약을 해지하거나 보험료의 증액을 청구할 수 있다. 만일, 보험회사가 사고발생 후 위반사실을 알게 된 경우에는 보험사고와 위험변경 사이에 인과관계가 있는 경우에 한하여 보험금을 삭감지급한 후 계약을 해지할 수 있다.

나. 사례의 적용

1) 1차사고

피보험자의 보험사고(인부로 근무 중 상해)와 통지의무 위반 사이에 인과관계가 있으므로 약관에 따라 보험금을 삭감지급한다.

2) 2차사고

피보험자의 보험사고(집안정리 중 상해)와 통지의무 위반 사이에 인과관계가 없다고 할 수 있으므로 약관에 따른 보험금을 전액지급한다. 또한 보험사는 위반사실을 안 날로 1월 내에 해당 보험계약을 해지할 수 있다.

다. 지급보험금

1) 1차사고

"가입 후 알릴의무 위반"에 따라 보험금을 삭감(보험가입 전·후 요율에 따른 비례보상)한다.

- 후유장해 : 1억원 × 20% = 2천만원
- 의료비 : min[200, 200] = 2백만원[16]
- 비례보상 후 지급보험금 : (2천 + 2백) × 0.3/0.5 = 13,200,000원

2) 2차사고

"가입 후 알릴의무 위반"과 보험사고 사이에 인과관계가 없으므로 약관에 따른 보험금을 전액지급한다.

- 의료비 : min[200, 100] = 100만원

손해사정사 기출문제 42회(2019년)

아래의 조건을 참고하여 A, B보험사의 지급보험금을 산출하시오.(판단근거를 제시할 것) (14점)

〈계약사항〉

보험사	보험종목	계약자 및 피보험자	보험기간	가입금액 (담보내용)
A	장기상해보험	김안심 (女, 57세)	2015.5.11 ~ 2030.5.11	상해사망 1억원
B	장기종합보험		2016.7.15 ~ 2026.7.15	상해사망 1억원

※ 정상유지 계약임(계약성립 과정상의 보험회사 측 귀책사유 없음)

〈청구사항〉

- 피보험자는 2019년 7월 16일 23시경 본인이 종업원으로 일하고 있는 甲식당 주방에서 쓰러져 사망한 채로 발견되어 사망수익자가 2019년 7월 30일 A, B보험사에 보험금을 청구함

16) 2003.10.1~2009.9.30에 체결된 실손의료보험은 피보험자 본인부담금액의 100%를 보상한다. 2009년 10월 1일 이후의 실손보험에서 피보험자의 본인부담금액이 적용된다.

〈직업 관련 사항〉
- 피보험자는 A, B보험사에 보험 가입시 직업을 전업주부로 고지함
- 전업주부였던 피보험자는 2016년 1월 1일부터 甲식당에서 종업원으로 사고일까지 계속 근무함
- A보험사에 직업변경 사실을 알리지 않음
- 보험요율 : 1급 요율(0.1%), 2급 요율(0.2%), 3급 요율(0.3%)
- 직업급수 : 전업주부(1급), 식당종업원(2급), 이륜차배달원(3급)

〈경찰수사결과〉
- 피보험자는 사망하기 전까지 평소 지병 및 근황에 특이점이 없었고, CCTV 확인결과 2019년 7월 16일 16시경 음식점 주방에서 미끄러져 넘어지는 것이 확인되었으며, 부검결과 두부손상으로 인한 외인사로 확인되어 자살 및 타살 혐의점이 없어 내사 종결됨

라. 담보 여부의 검토

낙상사고는 급격하고도 우연한 외래사고에 해당하므로 상해사망보험약관의 담보하는 사유이다.

마. A보험회사의 책임액

A보험회사의 경우에는 계약 후 알릴의무 위반에 해당하므로 알릴의무 위반의 효과를 반영하여 감액지급 여부를 검토한다. 해당 사고는 직업 또는 직무의 변경과 관련되어 있으므로 보험금지급액을 감액한다.

$$1억원 \times \frac{0.1}{0.2} = 5천만원$$

바. B보험회사의 책임액

근무처, 업종, 업무와 같은 직업은 계약 전 알릴사항에 해당하고, B보험회사에 계약당시에 이를 알리지 않았으므로 계약 전의 알릴의무 위반에 해당한다. 다만 해지권 제척기간이 지난 상태이므로 보험금을 면책할 수 없다. 그러므로 보험금 1억원을 지급한다.

013 제3보험의 보험금 지급사유

I 보험금의 지급사유

1. 보험금 지급책임

손해보험의 보험자가 보험계약에 따른 보험금 지급책임을 부담하기 위해서는 보험기간 이내에 보험사고(peril)가 발생하고 그 결과 손해(loss)가 발생하여야 한다. 그러나 인보험인 제3보험은 일반적인 손해보험과는 달리 보험사고(예를 들어 상해・질병)와 손해(예를 들어 사망・후유장해・진단 등)의 구분이 용이하지 않고, 그 원인과 결과 사이에 장기간이 소요될 수 있으므로 보험금의 지급사유(예를 들어 상해로 인한 후유장해)라는 하나의 연속된 개념으로 보험금 지급책임이 발생된다고 표현하고 있다.

2. 보통약관상 보험금의 지급사유

제3보험 보통약관 「보험금의 지급사유」는 "회사는 피보험자에게 다음 중 어느 하나의 사유가 발생한 경우에는 보험수익자에게 약정한 보험금을 지급합니다"라고 하면서 사망보험금, 후유장해보험금, 입원・간병보험금 등을 보험금 지급사유로 정하고 있다.

그러므로 보험자가 보험금 지급책임을 부담하기 위해서는 피보험자에게 ① 보험기간 중에, ② 질병・상해의, ③ 직접결과로써, ④ 사망, 후유장해가 발생하여야 한다.

Ⅱ 보험기간 이내

1. 보험기간 이내의 사고 등

보험자는 보험금 지급사유가 보험기간 이내에 발생한 경우에 한하여 보험금 지급책임을 진다. 여기서 보험기간(policy period, 책임기간)은 보험자가 보험금 지급책임을 지는 기간이며, 보험계약자 입장에서는 보장을 받을 수 있는 기간을 말한다. 제3보험약관은 일반적으로 상해・질병사고(peril)와 그 결과로 발생하는 보험금 지급사유(사망・후유장해진단 등) 모두가 보험기간 이내에 발생할 것을 요건으로 한다.

2. 보험기간 이전 사고(peril)의 담보

실손의료보험은 상해나 질병이 반드시 보험기간 이내에 발생할 것을 요건으로 하지 않는다. 즉, 보험기간 이전에 발생한 상해(peril)라고 해도 보험기간 이내에 치료(보험금 지급사유)한 경우에는 보험금을 지급하며, 계약 전 알릴의무에 해당하는 질병이 아닌 이상 보험기간 이전의 질병을 보험기간 이내에 치료한 경우에도 보험금을 지급한다.

3. 위험특성을 고려한 보험기간의 연장

보험사고(상해・질병)와 그 결과(사망, 후유장해 등) 사이에 일련의 관계가 지속되는 특성을 지닌 위험을 담보하는 경우에는 보험계약기간이 종료하더라도 일정기간 동안 보험기간(책임기간)을 연장하는 조항을 두고 있다.

예를 들어 후유장해의 진단은 계약의 효력이 없어진 경우에도 사고일(상해발생일 또는 질병의 진단확정일)로부터 2년(10년 미만인 계약은 1년)을 책임기간으로 정하고 있으며, 실손의료보험의 경우에도 계속된 치료비에 한하여 계약기간 만료일로부터 180일을 책임기간으로 정하고 있다. 입원관련 보험금에서 계약기간이 만료하였어도 사고일로부터 180일 동안 책임을 부담하며, 여행보험에서도 도착이 지연된 경우에 24시간 자동연장조항을 통하여 책임을 연장하고 있다.

Ⅲ 질병 · 상해(보험금 지급사유 원인사고)의 발생

보험기간 중에 피보험자에게 상해 · 질병이 발생하여야 한다. 이처럼 제3보험에서 보험금 지급사유의 조건이 되는 사고 혹은 원인(peril, 담보위험)은 대부분 상해 · 질병이다. 예를 들어 상해사망보험은 상해만을 원인으로 하며, 질병후유장해보험은 질병만을 원인으로 한다. 간병보험은 상해 또는 질병을 원인으로 한다.

1. 상해사고

보험기간 중에 발생한 급격하고도 우연한 외래의 사고를 상해라고 한다. 그러므로 피보험자의 상해사망 · 상해후유장해 등이 보험금 지급사유로 인정되기 위해서는 급격하고도 우연한 외래의 사고에서 비롯되어야 한다. 이러한 급격 · 우연 · 외래의 요건은 상해의 필수요건으로서 이 중 하나라도 만족하지 못하면 상해사고로 볼 수 없다.

2. 질병사고

피보험자의 질병진단금이나 질병사망, 질병후유장해 등이 보험금 지급사유로 인정되기 위해서는 보험기간 중에 질병으로 진단확정되어야 한다. 약관에서 별도로 정의하지 않았으나 질병이란 신체에 내재하는 원인에서 비롯된 것을 의미하며, 실무적으로는 한국표준질병 · 사인분류상 질병코드(A00-R99)에 해당하면 질병으로 본다.

Ⅳ 인과관계

보험자가 보험금 지급책임을 부담하기 위해서는 보험금 지급사유의 원인이 되는 상해 혹은 질병이 보험금 지급사유라는 사망 혹은 후유장해 등의 결과에 직접적인 영향을 미쳐야 한다. 우리 약관에서는 "직접결과로써", "결과로써" 또는 "사고와의 인과관계"라고 표현하고 있다.

1. 상당인과관계

어떠한 조건이 보험금 지급사유라는 결과를 가져오는지 판단할 때에는 주로 상당인과관계설(적당조건설)을 따른다. 예를 들어 에어컨에 노출된 저체온상태와 같은 특정한 조건이 사망이라는 결과를 가져왔을 때, 통상 그 경우뿐만 아니라 다른 일반적인 경우에도 동일한 결과를 가져온다고 판단되는 경우에는 상당인과관계가 있다고 판단한다(절충적 상당인과관계설).

한편, 민사분쟁에서의 인과관계는 의학적·자연과학적 인과관계가 아니라 사회적·법적 인과관계이므로 그 인과관계가 반드시 의학적·자연과학적으로 명백히 증명되어야 하는 것은 아니고, 보험사고와 보험금 지급사유라는 결과 사이에 상당인과관계가 있으면 된다.

2. 둘 이상의 원인이 결과를 가져온 경우

1) 근인설

상당인과관계가 있는 둘 이상의 원인이 함께 보험금 지급사유(예를 들어 사망)라는 결과를 가져온 경우에는 그 중에서 유력한·주요한(dominant) 혹은 효과적인(effective) 것을 그 원인으로 한다(근인설). 제3보험에서 둘 이상의 원인은 주로 상해와 질병을 말한다. 예를 들어 간질발작(질병)으로 도로에 넘어지면서 지나가던 자동차에 치여(상해) 사망한 경우에는 사망에 유력한 영향을 미친 자동차에 치인 사고(상해)를 원인으로 볼 수 있다.

2) 기여도의 적용

상당인과관계가 있는 둘 이상의 원인이 함께 보험금 지급사유(예를 들어 후유장해)라는 결과를 가져온 경우에, 둘 중 하나만을 원인으로 하지 않고 각 원인이 결과에 영향을 미친 정도를 반영하는 것이 실무의 견해이다(비율분담설). 예를 들어 사람의 노화에 따라 나타나는 퇴행성 병변이나 기왕의 질병(기왕증)이 자동차사고(상해)와 함께 영향을 미쳐서 후유장해로 진단(보험금 지급사유, 상해후유장해)된 경우에 사고의 기여도를 감안하여 보험금액을 감액하는 방식을 말한다(한정지급).

3) 기여도와 관련한 약관조항

대법원 판례의 태도에 의하면, 상해와 질병의 경합으로 사고의 기여도를 감안하여 보험금을 공제하기 위해서는 약관에 이와 관련한 내용(한정지급조항)이 있어야 하며, 이러한 규정을 두지 않은 경우에는 보험계약에서 약정한 보험가입금액 전액을 지급하여야 한다(전부지급).

통합 후유장해분류표(2005.4.1)에서는 손해보험과 생명보험의 척추체 장해에 대하여만 사고 기여도를 명시적으로 적용하고 있었으나 해석상 다른 부위의 후유장해보험금의 결정에 있어서 기여도의 적용을 완전히 배제할 이유가 없으므로 개정 후유장해분류표(2016.개정예정)에서는 다른 부위에도 기여도를 적용할 수 있다고 명시하였다.

> **손해사정사 기출문제** 30회(2007년)
>
> 상해보험에서 특정한 상황이 보상하는 손해에 중대하게 영향을 미친 때에는 보험회사는 그 영향이 없었던 때에 상당하는 금액을 결정하여 지급하는데, 여기서 말하는 특정한 상황에 대하여 기술하시오. (10점)

3. 담보위험과 부담보위험의 경합

담보위험과 부담보위험(혹은 면책위험)이 모두 보험금 지급사유의 발생에 상당인과관계가 있는 원인일 경우에 부담보위험이 보험사고 발생의 유일하거나 결정적인 원인이 아닌 이상 보험자는 보험금 지급책임을 면하기 어렵다. 즉, 상해사고 이외에 질병 기타 기왕증이 공동의 원인이 되어 사망이나 후유장해가 된 경우라고 해도 상해사고와 사망·후유장해와의 인과관계가 인정되기만 한다면 상해사망보험금을 지급하게 된다.

V 보험금 지급사유의 발생

피보험자가 상해 또는 질병의 결과로 사망으로 진단되거나, 후유장해진단, 질병 등의 진단, 수술, 의료기관의 치료를 받아야 한다. 이러한 보험금 지급사유는 보험기간 이내의 진단·치료 등에 한하여 인정된다.

Ⅵ 계약상 의무불이행

보험기간 내에 보험사고가 발생하여 그 결과 보험금 지급사유가 되었다고 해도 계약자・피보험자가 계약 전 알릴의무와 상해보험의 계약 후 알릴의무를 이행하지 않은 경우에는 보험자는 계약의 해지권을 행사할 수 있으며, 보험금 지급책임을 면하게 된다.

다만, 보험자가 항상 보험금 지급책임을 면하는 것이 아니라 의무의 위반사실과 보험사고 사이에 인과관계가 있는 경우에 한한다. 이 경우의 인과관계는 상당인과관계설에 의한다.

014 보험금 지급에 관한 세부규정 : 보험금액의 합의

I 보험금 지급에 관한 세부규정

제3보험 보통약관 「보험금 지급에 관한 세부규정」은 사망보험금, 후유장해보험금, 질병관련 보험금의 지급에 관한 공통적인 세부규정을 두고 있다.[17]

II 보험금액의 결정과 합의·판정

1. 제3보험에서의 합의와 그 효력

정액형 급부가 대부분인 제3보험에서 당사자 사이에 합의는 흔치 않지만 후유장해보험금액의 결정이나 약관상 모호한 질병의 진단금 결정의 경우에 합의하는 경우가 있다. 합의는 민법상 화해계약에 해당한다. 화해는 당사자가 상호양보하여 당사자 간의 분쟁을 종지할 것을 약정함으로써 그 효력이 생긴다(민법 제731조).

2. 보험수익자와 보험자가 합의에 도달하지 못하는 경우

1) 합의에 도달하지 못하는 경우

제3보험 보통약관 「보험금 지급에 관한 세부규정」은 "보험수익자와 회사가 제3조(보험금의 지급사유)의 보험금 지급사유에 대해 합의하지 못할 때는 보험수익자와 회사가 함께 제3자를 정하고 그 제3자의 의견에 따를 수 있습니다"라고 정하고 있다.[18] 그러므로 후유장해뿐만 아니라 모든 보험금 지급사유에 대해 이 조항을 적용할 수 있으며, 판정신청

17) 보험금 지급에 관한 세부규정에 대하여는 각각의 보험금과 관련한 장에서 자세히 설명하겠다.

18) 감독기관은 의료분쟁이 발생하지 않도록 보험회사의 의료자문 현황을 공시하고 있으며, 제3의료기관 자문절차에 대한 설명을 의무화하고 자문내용을 보험계약자에게 제공하는 한편, 전문의학회를 통해 자문을 받을 수 있는 절차를 마련 중이다.

및 합의의 주체는 보험수익자이다.

2) 제3의 의료기관의 판정

제3보험 보통약관은 "제3자는 의료법 제3조(의료기관)에 규정한 종합병원 소속 전문의 중에 정하며, 보험금 지급사유 판정에 드는 의료비용은 회사가 전액 부담합니다"라고 정하고 있다. 보험금 지급에 관한 분쟁이 발생하여 제3의 의료기관에서 판정(혹은 재판정)하는 비용은 손해사정비용으로 인식하여 전액 보험자가 부담하는 것이다.

손해사정사 기출문제 40회(2017년)

「보험금 지급에 관한 세부규정」 조항 중 "보험수익자와 회사가 보험금 지급사유에 대해 합의하지 못할 때"에 약관에서 정하고 있는 내용을 기술하시오. (5점)

015 손 · 생보사 공통의 보험금을 지급하지 아니하는 사유

I 보험금을 지급하지 아니하는 사유

보험자는 계약자 측의 고의에 의하여 보험금 지급사유가 발생한 때에는 보험금을 지급하지 아니한다(면책사유, 보험금 부지급사유). 고의는 손해보험회사의 질병 · 상해보험과 생명보험회사의 보통약관에서 공통적으로 정하는 면책사유이다.

II 고의의 개념

고의란 일정한 결과가 발생하리라는 것을 알면서(의도성) 감히 이를 행하는 심리상태를 말한다. 이때 결과의 발생을 확신하면서 행위를 감행하는 것을 확정적 고의라고 하며, 결과의 발생을 인식하면서 그 행위를 용인하는 것을 미필적 고의로 구분하는데, 보험실무상 적어도 미필적 고의가 있다면 고의로 본다. 한편, 사망이나 후유장해 등을 의도한 경우에 고의사고에 해당하는 것이며, 반드시 보험금을 노린 의도가 있어야만 고의사고가 되는 것은 아니다.

III 피보험자의 고의면책

제3보험 보통약관은 "피보험자가 고의로 자신을 해친 경우"를 보험금 부지급사유로 하면서 "다만, 피보험자가 심신상실 등으로 자유로운 의사결정을 할 수 없는 상태에서 자신을 해친 경우에는 보험금을 지급합니다"라고 정하고 있다.

1. 피보험자의 고의

피보험자의 고의사고는 보험금의 지급사유가 되지 않는다. 피보험자의 고의는 주로 사망보험에서 문제가 되지만, 후유장해, 입원, 수술 등의 모든 보험금 지급사유에서도 공통적인 면책사유이다. 예를 들어 피보험자가 고의로 장해를 발생시키거나 고의로 상해·질병을 발생시켜 의료기관의 치료를 받는 경우를 포함하는 것이다.

2. 피보험자의 자살

피보험자의 고의사고 중에서 가장 문제가 되는 것은 상해사망보험에서의 자살이다. 자살이란 스스로 자기의 목숨을 끊어 사망의 결과를 발생하도록 하는 행위로서 고의를 전제로 한다. 즉, 피보험자의 자살은 우연성이 없으므로 상해·질병보험의 보험사고가 될 수 없다.[19] 또한 피보험자의 자살을 면책하는 이유는 우연성을 인정할 수 없는 자살에서 발생하는 손해를 타인에게 전가하는 것과 사행목적의 보험금 취득을 막기 위함이다.

면책사유인 자살에 대한 입증책임은 보험자에게 있는데, 이 경우 보험자가 면책하려면 자살이 어느 정도 확실하게 추정되는 정도(일응의 추정)로서는 충분하지 않고, 자살이 아닐 가능성에 대하여 합리적인 의심이 들지 않을 만큼 명백한 주위 정황사실을 증명(엄격한 증명)하여야 한다. 관련 판례와 실무사례를 검토해볼 때 자살의 동기로 추정되는 경제·사회·육체적 여건(부도, 이혼, 건강문제 등), 자살로 추정되는 사고당시의 증거(상황), 자살의 의사를 분명히 밝힌 유서가 명백하게 입증된다면 자살로 인정될 가능성이 높다.

3. 피보험자의 범죄행위·폭력행위

범죄행위(형법위반행위)·폭력행위는 사망이나 상해를 초래할 위험이 높은 행위로서, 피보험자가 그 결과를 인식하면서 스스로 위험에 노출된다는 점에서 자살과 유사한 고의적인 행위(피보험자가 스스로를 해친 행위)에 해당한다. 특히 보험계약에서 피보험자의 범죄행위를 담보하는 것은 공서양속에 반하는 행위로서 무효로 볼 수도 있다(민법 제103조).

약관에서 면책사유로 명시하고 있지는 않지만 범죄·폭력행위는 보험사고의 요건을 갖추지 못한 행위(고의성, 공서양속에 반하는 행위)이므로 상해사고로 인정될 수 없다. 다만, 범

19) 다만, 사망의 원인을 묻지 않는 사망보험에서는 계약일로부터 2년이 경과하여 자살한 경우에 사망보험금을 지급한다. 사망보험의 유족을 보호하기 위한 취지의 규정이다.

죄 · 폭력행위가 고의 아닌 과실 · 중과실로 해석될 수 있는 경우(예를 들어 경범죄나 음주 후 단순 폭력행위)에는 상해사고로 인정될 수 있다.

4. 피보험자의 정당행위, 정당방위 등

형법의 위반이 있었으나 그 행위의 정당성(상당성)이 인정되어 위법성을 조각하는 사유에 해당한다면 그 행위는 범죄행위에 해당하지 않는다. 이러한 행위는 대표적으로 정당행위(형법 제20조), 정당방위(형법 제21조), 긴급피난(형법 제22조)이 있다. 이들 행위는 범죄행위가 아니므로 면책대상은 아니지만 대부분 피보험자의 의도에 의한 행위(고의적인 행위)이므로 상해사고로 볼 수 있는지가 문제가 된다.

생각건대 이 행위들은 사회적으로도 상당하고 정당한 행위로 인식되는 행위이며, 법률에 위반하는 행위도 아니므로 보험에서 달리 인식할 이유는 없을 것이다. 예를 들어 피보험자가 아이를 구하기 위해 화재현장에 뛰어들어(정당행위) 사망한 경우에 보험자가 그 행위의 고의성을 이유로 상해보험금을 지급하지 않는다면 서로 돕는다는 상부상조의 원리를 핵심으로 하는 보험제도의 성격을 잊은 채 단순히 약관의 문구만을 해석하였다는 비판을 면하기 어렵다.

5. 피보험자의 의사무능력 상태에서의 사망담보

피보험자가 의사무능력 상태(의도가 없는 상태)에서 스스로를 사망에 이르게 한 경우(자사, 自死) 등은 고의사고에 해당하지 않으므로 면책되지 않는다. 때문에 우리 약관에서는 "피보험자가 심신상실 등으로 자유로운 의사결정을 할 수 없는 상태에서 자신을 해친 경우에는 보험금을 지급한다(상해사망에 해당한다)"라고 정하고 있다.

여기서 심신상실이라 함은 의식은 있으나 그 장애의 상태가 심하여 자신의 행위결과를 합리적으로 판단할 능력이 없는 상태(제3보험 보통약관 용어해설 참고) 또는 의사결정능력이나 판단능력이 결여되거나 극히 미약하여 고의가 없는 상태(2004가단4563 판결)를 말하는 것이다. 따라서 단순한 정신병 등의 질환이나 치료경력만으로 심신상실의 상태라고 일률적으로 볼 수는 없다. 오히려 증상이 미미한 정신질환자나 술에 몹시 취한상태(명정상태)에 있는 자도 발작적으로 자유로운 의사결정을 할 수 없는 상태로 될 수 있으며, 심신상실자라고 해도 일시적인 자유의사에 의하여 생명을 끊었다면 자살(고의)에 해당할 수 있는 것이다.

한편, 피보험자가 스스로를 사망에 이르게 한 것이 심신상실 등으로 자유로운 의사결정을 할 수 없는 상태에서 발생하였다는 입증책임은 보험금청구권자가 부담하며(2001가합76576 판결), 이 경우에는 정신질환의 발병시기, 신체·정신적 심리상황뿐 아니라 여러 정황(나이, 자살동기, 자살방법, 장소 등)을 종합적으로 고려해야 한다(2005다70540, 70557 판결).

6. 우울증 상태에서의 자살담보 여부

우울증이란 우울한 기분에 빠져 의욕을 상실한 채 무능감·고립감·허무감·죄책감·자살충동 등에 사로잡히는 일종의 정신질환으로서 한국표준질병·사인분류표상 정신 및 행동장애(F00-F99)로 분류되는데, 손해사정 실무에서 문제가 되는 것은 피보험자가 우울증(depression)을 진단받은 이후에 자살한 경우이다.

우울증으로 인한 자살이 계획적으로 이루어진 경우라면 피보험자의 고의에 해당하므로 상해사망보험금의 지급사유가 아니며, 우울증으로 병원치료를 받았다는 사실이 곧 피보험자가 심신상실로 자유로운 의사결정을 할 수 없는 상태에 있었다는 증거가 되는 것도 아니다. 그러나 우울증으로 인한 자살이 피보험자의 심신상실 등으로 자유로운 의사결정을 할 수 없는 상태(의사능력이 결여되고, 고의가 없는 상태)에서의 자살로 해석되는 경우라면 상해사망에 해당한다. 다만, 이 경우에는 상세분류기준을 반영한 우울증 질환의 정도, 치료기간, 담당의사의 소견 등을 종합적으로 검토하여야 할 것이다.

손해사정사 기출문제 42회(2019년)

아래의 제 조건을 참고하여 질문에 답하시오.

〈계약사항〉

보험사	계약자 및 피보험자	보험기간	보험종목(특별약관)	가입금액(보장내용)
A	심건강 (45세)	2017.1.1~ 2027.1.1	장기상해 (질병사망특약)	상해사망 : 1억원 질병사망 : 5천만원
B		2019.1.1~ 2029.1.1	장기상해 (질병사망특약)	상해사망 : 2억원 질병사망 : 1억원

※ 유효한 정상유지 계약이며, 질병사망담보는 제3보험의 특별약관임

〈청구사항〉

피보험자 심건강 씨는 2019년 6월 30일 21시경 다발성골절 등을 선행사인으로 사망하여 2019

년 7월 15일 배우자(수익자)는 사망보험금을 청구함.

〈손해사정내용〉

1. 기본조사내용

직업사항	3년 전부터 사무직으로 종사하고 있음
병력사항	2016년 4월 1일 "마음편한정신건강의학과"에서 "우울증"으로 진단받고, 사망시까지 매월 1회 통원 및 투약치료를 지속적으로 받아오고 있었음(가입시 각 보험사에 치료사실을 알린 바 없음)

2. 사망원인(경찰수사 결과)

[사례1] 우울증 치료를 받는 현실을 비관하여 배우자에게 "먼저 가서 미안하다"라는 내용의 유서를 남기고 자신의 아파트 15층 옥상에서 스스로 뛰어내려 사망

[사례2] 유서를 남긴 사실이 없이 평소 치료받던 우울증이 원인이 되어 고도의 심신상실 상태에서 자신의 아파트 15층 옥상에서 스스로 뛰어내려 사망

(1) "사망원인-[사례1]"에 따라 손해사정을 할 경우 보험사별로 지급보험금을 산출하시오. (판단근거를 제시할 것) (10점)

(2) "사망 원인-[사례2]"에 따라 손해사정을 할 경우 보험사별 지급보험금을 산출하시오. (판단근거를 제시할 것) (10점)

가. 사례1의 적용

1) 사례의 검토 : 자살

단순한 우울증의 치료 중이었고 유서를 남겼으므로 판례 및 실무의 일반적인 견해에 따라 피보험자의 고의사고로서 보험금 지급책임이 발생하지 않는다고 해석한다.

2) A보험사의 담보 여부

가입일로 5년 이내에 우울증으로 진단되어 계속하여 7일 이상 치료받았고 이를 알리지 않았으므로 계약 전 알릴의무 위반에 해당한다. 그러나 보험금 지급사유가 발생하지 않고 2년이 지났으므로 알릴의무 위반을 이유로 계약을 해지할 수는 없다.

① 상해사망담보 : 피보험자의 고의에 의한 사고로서 면책이다. 또한 중대사유로 인한 해지에도 해당하므로 보험계약자에게 해지환급금을 지급한다.

② 질병사망담보 : 고의사고로서 면책이며 중대사유로 인한 해지에도 해당한다. 이 사

고는 본질적으로 상해사고의 성격을 가진다. 그러므로 질병보험약관에서 정하지 않은 상해를 원인으로 사망한 것으로 볼 수 있다. 약관에서 정하지 않은 사유로 사망한 경우에는 책임준비금을 지급하지만 동시에 중대사유에 의한 해지사유에도 해당할 경우에는 해지환급금을 지급한다.

3) B보험사의 담보 여부

B보험사의 경우에도 피보험자의 고의로 해석하여 A보험사와 마찬가지로 처리할 수 있다.

나. 사례2의 적용

1) 사례의 검토 : 자사

고도의 심신상실 상태, 즉 피보험자의 심신상실 등으로 자유로운 의사결정을 할 수 없는 상태에서 사망한 것이므로 우연성을 갖춘 것으로 보고 상해사망으로 처리한다.

2) A보험사의 담보 여부

① 상해사망담보 : 상해사망에 해당하므로 사망보험금 1억원에 대한 지급책임을 부담한다.

② 질병사망담보 : 상해사망이므로 약관에서 정하지 않은 사유로 사망한 것에 해당한다. 그러므로 보험계약자에게 책임준비금을 지급한다.

3) B보험사의 담보 여부

해지권 제척기간인 2년이 아직 경과하지 않은 상태에서의 계약 전 알릴의무 위반에 해당하므로 계약 전 알릴의무 위반의 효과를 적용할 수 있다.

① 상해사망담보 : 상해사망특약에서 볼 때 이번 사고는 계약 전 알릴의무 위반과 인과관계가 있는 사고로 해석할 수 있으므로 보험금을 지급하지 않고 계약을 해지할 수 있다. 그러므로 해지환급금을 계약자에게 지급한다.

② 질병사망담보 : 질병사망특약에서는 보험금 지급사유에 해당하지 않으나 계약 전 알릴의무 위반을 이유로 해지할 수 있다. 그러므로 해지환급금을 계약자에게 지급한다.

Ⅳ 보험수익자의 고의면책

1. 보험수익자

보험수익자(beneficiary)란 보험사고 발생시 보험금청구권을 가지는 자를 말한다. 그러므로 보험수익자는 보험계약당시에 보험금을 지급받을 자로 특정된 자뿐만 아니라 추상적·유동적으로 지정된 자(예를 들어 상속인, 배우자 등)가 포함된다(2005다55817 판결).

기존의 보통약관에서는 보험수익자를 "보험금을 받는 자"로 정의하고 있었는데, 현행(2014.4.1 이후) 보통약관은 보험수익자를 "보험금 지급사유가 발생하는 때에 회사에 보험금을 청구하여 받을 수 있는 사람"이라고 정의하고 있다. 그러므로 상속에 따라 보험금을 받을 자도 보험수익자에 포함될 수 있다. 예를 들어 상해사망보험의 피보험자가 수익자를 자신으로 정한 경우에는 피보험자의 상속인이 보험금을 받을 자가 된다.

2. 보험수익자의 고의

보험수익자의 고의로 인한 사고는 면책된다. 보험수익자가 스스로 보험금을 취득하고자 피보험자를 해친 것이므로 신의성실에 반하기 때문이다. 다만, 그 보험수익자가 보험금의 일부를 받는 자인 경우에는 선량한 다른 보험수익자를 보호한다. 이에 따라서 우리 약관에서는 고의인 보험수익자에 해당하는 보험금을 제외한 나머지 보험금을 다른 보험수익자에게 지급하도록 정하고 있다. 각 보험수익자의 보험금 청구권은 개별·독립적이라고 보기 때문이다.

한편, 선량한 다른 보험수익자가 미성년자이고, 고의인 보험수익자가 그들의 친권자인 경우에는 보험수익자의 고의에도 불구하고 보험금을 수령하게 되는 불합리한 결과가 발생할 수 있다. 이러한 경우에 손해사정 담당자는 친권상실(민법 제924조) 여부를 확인한 이후에 보험금을 지급하여야 할 것이다.

V 계약자의 고의면책

보험계약자의 고의사고는 계약당사자의 신의성실위반에 해당하므로 면책이다. 만일 보험계약자가 당초부터 보험금의 부당편취 목적으로 보험계약을 체결하였다면 선량한 풍속 기타 사회질서에 위반하는 계약이므로 무효로 된다(99다49064 판결).

VI 고의면책의 당사자 확대

제3보험의 선지급서비스 특별약관에서는 지정대리청구인의 고의로 인하여 보험금 지급사유(피보험자의 여명기간이 6개월 이내로 진단)가 발생한 경우에는 보험금을 지급하지 않는다고 정하고 있다. 지정대리청구인은 보험수익자의 대리인의 지위에서 보험금을 청구하는 자이므로 약관에서 지정대리청구인의 고의면책조항을 두지 않았어도 보험자는 면책을 주장할 수 있으나 분쟁방지 및 도덕적 위험의 방지목적에서 주의적 조항을 둔 것이다.

손해사정사 **기출문제** 28회(2005년), 29회(2006년)

상해보험 표준약관상 "보상하지 아니하는 손해"에 대하여 설명하시오. (10점)

만 22세인 홍길동이 군입대를 1개월 앞둔 2006년 2월 5일 직장 동료들과 회식을 마치고 동료들과 헤어졌으나 3일 후 오후 4시경 헤어진 장소에서 4km 떨어진 강에서 경찰에 의하여 익사체로 발견되었다. 홍길동이 피보험자로 유효하게 가입 중인 상해보험의 표준약관상 면·부책 판단을 위한 주요 조사항목을 5가지 이상 약술하시오. (15점)

VII 고의사고와 해지

제3보험의 계약자, 피보험자, 고의사고로 인하여 보험사고가 발생한 경우에는 "중대사유로 인한 해지" 조항에 해당한다. 그러므로 보험자는 그 사실을 안 날로부터 1개월 내에 해당 계약을 해지할 수 있다.

016 손해보험 보통약관상 보험금을 지급하지 아니하는 사유

Ⅰ 손해보험 상해·질병보험 보통약관의 보험금 부지급사유

손해보험의 보험자는 앞에서 정한 고의사고 외에도 피보험자의 임신 등 전쟁 등에 의하여 보험금 지급사유가 발생한 때에는 보험금을 지급하지 아니한다.

Ⅱ 피보험자의 임신·출산(제왕절개 포함)·산후기 면책

상해사고나 질병사고의 공통점 중에 하나는 신체에 손상을 가져온다는 것이다. 그러나 임신·출산 등은 피보험자 신체의 건강상태를 나쁘게 한다거나 손상을 가져온다고는 볼 수 없으므로 질병도 아니고 상해도 아니다. 더군다나 임신은 피보험자의 동의·예측의 결과이며, 출산이나 유산 등은 임신의 자연적 결과이므로 보험사고의 우연성을 만족하지도 못한다. 그러므로 우리 약관에서는 임신·출산 등을 질병·상해보험의 공통면책사유로 하고 있다.

다만, 피보험자의 임신·출산 등이 상해·질병으로 인한 경우에는 보험금을 지급하여야 할 것이다. 예를 들어 피보험자가 의도하지 않았던 범죄의 결과로 임신하여 낙태수술을 하게 되었거나 임신 중인 피보험자가 교통사고·암 등으로 조기출산, 인공중절수술 등을 하는 경우에는 사고의 우연성이나 신체의 손상이라는 요건을 갖추게 되기 때문이다. 그러므로 우리 약관에서는 "보험자가 보장하는 보험금 지급사유로 인한 경우에는 보험금을 지급합니다"라고 정하고 있다.

Ⅲ 전쟁, 외국의 무력행사, 혁명, 내란, 사변, 폭동 면책

우리 상법은 전쟁 기타의 변란을 면책사유로 하고 있으며(상법 제660조, 임의규정), 우리 손해보험약관은 전쟁 기타의 변란을 전쟁, 무력행사, 혁명 등으로 구분하여 면책사유로 정하고 있다.[20]

우리 약관에서는 전쟁 등에 대하여 구체적으로 정한 바 없다. 그러므로 통상 일반적으로 이해하는 의미로 해석하며 사회통념에 따라야 할 것이다. 한편, 전쟁 등의 장소를 국내에 한하지 않았으므로 피보험자가 외국에서 전쟁 등을 이유로 질병・상해사고를 당했다면 면책사유가 된다.

20) 생명보험의 제3보험약관은 계약자・피보험자・수익자의 고의 외에 다른 면책사유(부지급사유)를 정하지 않고 있고, 재해분류표에서 제외사항으로 두고 있을 뿐이다. 즉, 생명보험의 재해분류표에는 전쟁(Y36)이 포함되어 있으므로 전쟁은 원칙적으로 생명보험 상해보험의 보험금 지급대상이다. 한편, 기존 생명보험약관에서는 전쟁의 경우 금융위원회의 인가를 받아 보험금을 감액할 수 있다고 하였으나 법적 근거가 없는 조항으로서 삭제되었다.

017 면책사항 관련 사례의 검토 : 의료과실

분쟁조정사례 **분쟁조정 제2011-28호, 제2008-27호 의료과실**

〈보험계약〉
피보험자 갑은 2008월 11월 24일에 질병사망의 경우 2,500만원, 상해사망에 해당하는 경우에는 1억원을 지급하는 내용으로 손해보험의 상해보험에 가입하였다.

〈사고 및 조사내용〉
피보험자 갑은 2009년 2월 12일 등산 중 넘어지는 사고로 요추염좌, 급성기관지염 진단으로 A병원에서 입원치료하였고, 2월 13일 입원 중 호흡곤란이 시작되어 2월 15일 심인성 쇼크, 급성심근경색으로 사망하였다. A병원에서 2009년 2월 16일 발급한 사망진단서에 따르면 피보험자의 사망종류는 "병사"로 기재되어 있고, 직접사망원인은 "심인성 쇼크", 중간 선행사인으로는 "급성심근경색"으로 기재되어 있다.
피보험자의 가족은 A병원을 상대로 주치의의 과실을 주장하며 소송을 제기하여 1심에서 80% 배상책임(의료과실)을 받은 후 항소 중에 60%를 지급받는 조건으로 합의하였다. 해당 의료분쟁의 판결내용에 따르면 주치의가 주의의무를 게을리 한 채 심근경색 진단에 필요한 추가검사 시행 없이 급성기관지염에 필요한 치료만을 시행하여 피보험자가 결국 사망에 이르게 된 것으로 보고 의료과실을 인정하고 있다.

〈보험금 청구사항〉
보험금 청구권자는 "사랑니 발치중 의료사고"를 상해사고로 인정한 분쟁조정사례를 근거로 상해사망보험금을 청구하였다. 상해사망보험금의 지급 여부에 대하여 논하라.

I 사례의 검토

본 사례는 피보험자 갑의 사망이 상해사망에 해당하는지 결정하는 문제로서, 특히 의사의 의료과실을 상해사망으로 인정할지 판단하는 것이 주된 쟁점이 된다. 이에 대하여 상해사고로서의 요건을 검토한 후에 보상하지 아니하는 손해에 대하여 추가적으로 검토하면서 본 사례의 의료과실이 상해사고에 해당하는지 논하겠다.

Ⅱ 상해요건에 해당하는지 여부 : 외래성을 중심으로

1. 약관상 상해의 정의와 요건

손해보험의 약관규정에 따르면 "피보험자의 보험기간 중 급격하고도 우연한 외래의 사고"를 보상하는 손해로 규정하고 있다. 우리 판례상 급격함에 대하여 "돌발적 사태"로 정의하며, 우연성에 대하여는 "피보험자가 주관적으로 원인 또는 결과를 예견할 수 없는 상태'로 정의한다. 또한 "외래의 사고"라 함은 상해 또는 사망의 원인이 피보험자의 신체적 결함, 즉 질병이나 체질적 요인 등에 기인한 것이 아닌 외부적 요인에 의해 초래된 모든 것을 의미한다(대법원 2010다12241 판결).

2. 사례에의 적용

이 사례에서의 사망진단서에 의하면 사망의 원인이 "병사"로 되어 있고, 그 원인인 중간선행사인과 직접사망원인 또한 "급성심근경색", "심인성 쇼크"로 진단되었으므로 사망원인의 외부적인 요소를 찾기 힘들다.

Ⅲ 보상하지 아니하는 손해에 해당하는지 여부

2010년 4월 1일 이전약관에서는 "피보험자의 질병"을 원인으로 하는 손해를 보상하지 않은 손해로 명시하였으며, 2010년 4월 1일 이후의 경우에도 "피보험자의 질병"은 그 성질상 상해의 원인인 외래적 요건을 만족할 수 없다. 이 사례는 보상하지 아니하는 손해인 "질병"에 의한 것이므로 상해보험금의 지급사유가 되기 어렵다.

Ⅳ 의료과실이 상해에 해당하는지 여부

1. 의료과실이 상해로 인정될 수 있는 경우

2010년 4월 1일 이전약관에서는 "의료처치"를 보상하지 아니하는 손해로 정하고 있다. 의료처치 단계에서 피보험자의 동의가 있었기 때문이다. 그럼에도 불구하고 "명백히 가시적으로 인식할 수 있는 외부에 있는 사고"에 기인하는(98나130, 98다28114 판결) 의료과실의 경우에는 상해사고로 볼 수 있다.[21]

2. 이 사례의 의료과실에 대한 검토

이 사례는 심근경색과 관련하여 수술 또는 의료처치를 하다가 피보험자의 사망이라는 상해사고가 발생한 것이 아니라 어떠한 외부적 작용없이 주치의의 주의의무 위반 및 부작위 등에 기인한 의료과실로 피보험자가 사망한 것이므로, 이러한 의료과실까지 보험약관에서 규정하고 있는 "외래의 사고"로 인정하기 어렵고, 위 판례에서 판시한 바 있는 외래의 사고 의미, 즉 "명백히 가시적으로 인식할 수 있는 사고"에도 해당된다고 보기 어렵다.

Ⅴ 입증책임

이 사례의 사고가 상해사고에 해당한다는 입증책임은 보험금을 청구하는 자가 부담한다.

21) 분쟁조정 제2008-27호 : 신청인이 입은 설신경 손상은 정상적인 사랑니 발치 행위로 인한 것이라기보다는 사랑니 발치과정에서 의료사고로 인해 발생한 것으로 신청인이 예측할 수 있었다고 보기는 어려우며, 사랑니 발치를 담당한 의사도 동 사고가 의료사고임을 인정하고 있는 점을 고려할 때, 동 사고는 위 판례에서 말하는 우연한 사고로 상해사고에 해당된다 할 것이다. 또한 당해보험 보통약관 제14조 제1항 제7호 단서에 의하면 회사가 부담하는 상해로 인한 경우에는 보상하는 것으로 규정하고 있는데, 위에서 본 바와 같이 동 사고가 상해사고에 해당하는 이상 신청인이 C대학교 치과병원 및 D대학교 치과병원에서 의료처치를 받은 것은 의료사고로 인해 발생한 상해를 치료하기 위한 것으로 볼 수 있는바, 동 단서에 의해 보상책임이 발생한다 할 것이다.

Ⅵ 사례의 해결

앞에서 검토한 바와 같이 이 사례의 사망은 질병을 원인으로 한 것이다. 또한 보험금 청구권자가 주장하는 "사랑니 발치중 의료사고"와 관련한 분쟁사례는 피보험자의 상해가 "사랑니 발치중 의료사고"라는 외부적 작용에서 비롯된 경우이지만, 앞서 살펴본 바와 같이 이 사례는 외부적 작용과 무관하며, 오히려 주치의의 주의의무 위반에 의한 질병(심근경색)의 자연적 경과로 피보험자가 사망에 이르게 된 것으로 보이므로 "사고의 외래성"이라는 요건을 충족하지 못한 경우에 해당된다. 그러므로 보험회사는 질병사망보험금에 해당하는 2,500만원에 대한 보험금 지급책임만을 부담한다.

018 손해보험 상해보험에서의 열거행위 면책사유

Ⅰ 손해보험 상해보험에서의 보험금을 지급하지 아니하는 사유

손해보험의 제3보험 보통약관에서는 "회사는 다른 약정이 없으면 피보험자가 직업, 직무 또는 동호회 활동목적으로 아래에 열거된 행위로 인하여 제3조(보험금의 지급사유)의 상해 관련 보험금 지급사유가 발생한 때에는 해당 보험금을 지급하지 않습니다"라고 정하고 있다.

이 규정은 열거된 행위에 대해서 면책하므로 행위면책규정이라고 하며, 별도의 특약(다른 약정)을 통해서 담보가 가능하므로 상대적 면책사유로 구분하기도 한다.

Ⅱ 직업·직무 또는 동호회 활동목적

피보험자가 직업・직무 또는 동호회 활동목적인 경우에 한하여 면책한다. 직업・직무 또는 동호회 활동목적이 아닌 일시적 행위는 보상하는 것이다. 보험자가 면책하기 위해서는 직업・직무 또는 동호회 활동목적에 대한 객관적 증거, 예를 들어 동호회 활동내역이나 회원명부, 직업・직무가 명시된 문서화된 증명서 등을 첨부하여야 한다.

Ⅲ 열거된 행위로 인하여

약관에서 열거된 행위로 인하여 상해관련 보험금 지급사유가 발생한 경우에는 보험금을 지급하지 아니한다. 기존 약관(2011년 4월 이전)에서는 열거된 "행위를 하는 동안"이었으나 현재의 약관은 "행위로 인하여"로 변경되었다.

기존 약관에서 "행위를 하는 동안"이란 행위 그 자체가 행해지고 있는 사이를 말하므로 행위를 준비하던 중의 행위(준비운동)는 보상의 대상이 되었다. 그러나 현재의 약관은 "행위로 인하여"로 개정되었으므로 면책의 범위가 보다 확대되었다고 볼 수 있다.

Ⅳ 열거된 행위

다음에 열거된 행위에 한하여 보상하지 아니한다. 그러므로 열거된 행위가 아닌 이상 그 행위가 상해위험을 현저하게 높인다고 해도 보험자는 이 조항을 이유로 면책을 주장할 수 없다.

1. 전문등반 등

전문등반(전문적인 등산용구를 사용하여 암벽 또는 빙벽을 오르내리거나 특수한 기술, 경험, 사전훈련을 필요로 하는 등반을 말한다), 글라이더 조종, 스카이다이빙, 스쿠버다이빙, 행글라이딩, 수상보트, 패러글라이딩은 열거행위로서 면책된다.

2010년 4월 이전 보통약관에서는 행글라이딩 이외에도 면책범위를 확장하는 "기타 이와 유사한 활동" 조항이 있었으나 개정에 따라 해당 조항이 삭제되었다. 그러므로 수상스키, 패러글라이딩 등 행글라이딩과 유사한 위험한 활동이라고 해도 열거한 행위가 아니므로 면책할 수 없었다.

2. 모터보트, 자동차 등의 경기 등

모터보트, 자동차 또는 오토바이에 의한 경기,[22] 시범, 흥행(이를 위한 연습을 포함한다) 또는 시운전(다만, 공용도로상에서 시운전을 하는 동안 지급사유가 발생한 경우에는 보장한다)은 열거행위로서 면책된다.

시범이나 시운전 등은 신차의 성능시험이나 수리 후의 테스트 운전을 말하며, 경기나 흥행 등을 포함하여 이들의 운행목적이 일반의 운행목적과는 상당한 차이가 있으므로 일반적인 상해위험집단의 동질성을 유지하기 위한 것이다.

22) 다수의 참가자를 모집하여 행하는 로드레이스, 서커스, 오토레이싱 등을 말한다. 다만, 한패끼리의 도로상의 경주는 경기에 포함되지 않는다.

3. 직무상 선박탑승

선박승무원, 어부, 사공, 그 밖에 선박에 탑승하는 것을 직무로 하는 사람이 직무상 선박에 탑승하고 있는 동안의 상해사고에 대하여는 면책된다. 그러므로 선박에 탑승하는 것을 직무로 하는 자라고 해도 직무와 무관하게 선박을 단순 교통수단으로 이용하던 중에 발생한 사고로 인한 손해는 담보한다.

019 만기환급금 등

I 만기환급금

1. 만기환급금 지급사유

보험자는 계약자가 보험료를 완납하고 보험기간이 끝난 때에는 만기환급금을 보험수익자에게 지급한다. 이 경우 보험계약대출금과 이자가 있다면 해당 금액을 차감한 후에 만기환급금을 지급한다.

일반적으로 만기환급금(maturity repayment)은 보험계약기간이 만료되었을 때에 지급되는 금액을 말한다. 약관에 따라서 기납입보험료 전액 혹은 일부를 만기환급금으로 하거나 약관에서 정하여진 금액, 책임준비금 등을 만기환급금으로 할 수도 있다.

2. 만기환급금의 지급기일과 이자

보험자는 계약자 및 보험수익자의 청구에 의하여 만기환급금을 지급하는 경우 청구일부터 3영업일 이내에 지급하여야 한다. 또한 보험자는 만기환급금의 지급시기가 되면 지급시기 7일 이전에 그 사유와 지급할 금액을 계약자 또는 보험수익자에게 알려야 하며, 지급사유가 발생한 날의 다음날부터 청구일까지의 기간에 대하여는 공시이율의 50%(1년 초과기간은 1%, 알리지 않은 경우 공시이율)를 이자로 지급한다.

Ⅱ 피보험자가 보장하지 않는 원인으로 사망한 경우의 지급금액

피보험자가 해당 보험약관에서 보장하지 않는 원인으로 사망한 경우에는 더 이상 보험자의 보험금 지급책임이 발생할 여지가 없으므로 계약의 해지사유가 된다. 이 경우 일반적으로 피보험자의 사망당시까지 보험자가 보험료 및 책임준비금 산출방법서에서 정하는 방법에 따라 적립한 책임준비금을 지급한다.

그러나 피보험자의 사망이 보험계약자 · 수익자 · 피보험자의 고의에 의한 경우에는 중대사유에 의한 해지조항을 적용받으므로 책임준비금을 지급하지 않고, 해지환급금을 계약자에게 지급한다.

Ⅲ 해지환급금

계약이 해지된 경우에는 보험료 및 책임준비금 산출방법서에 따라 계산한 해지환급금을 지급한다. 이 경우에도 중도인출금이나 자동대출납입 등이 있다면 이를 공제한 이후의 금액을 지급한다. 해지환급금은 청구를 접수한 날부터 3영업일 이내에 지급하여야 한다.

한편, 해지환급금은 계약의 중요한 내용이면서 금액과 관련한 분쟁이 많으므로 보험자는 경과기간별 해지환급금에 관한 표를 계약자에게 제공해야 한다.

Ⅳ 보험계약대출

1. 보험계약대출과 상환

보험계약자는 해당 계약의 해지환급금 범위 내에서 회사가 정한 방법에 따라 대출(보험계약대출)을 받을 수 있다. 그러나 순수보장성보험 등 보험상품의 종류에 따라 보험계약대출이 제한될 수도 있다.

계약자는 보험계약대출금과 그 이자를 언제든지 상환할 수 있으며 상환하지 않은 때에는 회사는 보험금, 해지환급금 등의 지급사유가 발생한 날에 지급금에서 보험계약대출의 원금과 이자를 차감할 수 있다. 한편, 제2회 이후의 보험료 납입연체로 계약이 해지되는 때에는 즉시 해지환급금에서 보험계약대출의 원금과 이자를 차감한다.

2. 보험수익자에 대한 통지

보험자는 보험수익자에게 보험계약대출 사실을 통지할 수 있다. 타인을 위한 보험계약의 수익자를 보호하려는 취지이다.

V 배당금의 지급

계약자에게 배당금을 지급하기로 정한 경우에 보험자는 금융감독원장이 정하는 방법에 따라 회사가 결정한 배당금을 계약자에게 지급한다. 또한 배당금 지급이 결정되었을 때에는 그 내역을 계약자에게 알려야 한다.

020 제3보험의 보험금 등의 청구권 소멸시효

I 보험금청구권의 소멸시효

보험금청구권은 3년의 소멸시효가 적용된다(개정상법 제662조, 보통약관 제39조 소멸시효). 소멸시효 기산점에 관하여는 상법과 약관상 언급이 없으므로 소멸시효는 권리를 행사할 수 있는 때로부터 진행한다고 규정한 민법(제166조 제1항)을 따르게 된다. 이에 대하여 법원은 보험사고발생시점(보험사고발생시설)과 보험금청구권자의 객관적 인식가능성(보험사고요지시설)을 병행하여 보험청구권의 소멸시효기산점을 정하고 있다.

II 보험금 종류별 보험금청구권 소멸시효

1. 진단일 · 선고일 기준

사망보험금, 질병진단보험금 등은 사망진단일, 질병진단일로부터 소멸시효가 진행한다. 다만, 사망보험금 중에서 실종선고 · 인정사망을 사망에 포함하는 경우에는 실종선고일 또는 인정사망 선고일로부터 소멸시효가 진행한다.

2. 판정일 기준

후유장해보험금은 후유장해의 판정일로부터 소멸시효가 진행한다. 이 경우의 판정일이란 영구 · 한시장해로 고정된 때를 말하며, 상해사고일 · 질병의 진단일로부터 180일이 되도록 후유장해가 확정되지 않는 경우에는 180일이 되는 날(약관에서 장해시기를 별도로 정한 경우에는 그 날)을 말한다. 또한 후유장해등급표상의 후유장해에 해당하기만 하면 되는 것이지, 그 중 어느 수준의 후유장해에 해당할지를 확정될 때까지 기다려 그 권리를 행사할 수 있는 것은 아니다(2002나4382 판결). 예를 들어 척추의 영구장해로 진단된 경우에 피보험자는 일반장해진단서를 제출하여 보험금을 청구할 수 있으므로 그 이후에 약관에 의한 후유장해 지급률이 결정된 날이 소멸시효의 기산점이 아니라 영구장해로 진단되었던 시점이 소멸시효의 기산일이 된다.

3. 입원일 · 수술일 기준

실손의료비보험이나 상해·질병의 입원일당보장보험 등은 실제 치료개시일 혹은 입원일로부터 소멸시효가 진행하며, 수술을 보장하는 보험은 수술일로부터 소멸시효가 진행한다.

III 해지환급금청구권 등의 소멸시효

보험료반환청구권, 해지환급금청구권, 배당금청구권, 책임준비금반환청구권, 만기환급금청구권은 3년의 소멸시효가 적용된다(개정상법 제662조, 보통약관 제39조 소멸시효). 이 경우에도 소멸시효는 권리를 행사할 수 있는 때로부터 진행(민법 제166조 제1항)하므로 해지환급금·배당금 등의 반환청구권은 그 반환사유가 발생한 때로부터 소멸시효가 진행한다.

021 보험금 등의 지급절차

I 보험금 지급사유의 통지

상법상 보험계약자 등이 사고발생을 통지하기 전까지는 보험자는 보험금지급의무의 이행지체 상태에 빠지지 않으며, 보험계약자 등이 통지의무를 해태함으로써 손해가 증가된 때에는 보험자는 그 증가된 손해를 보상할 책임이 없다(상법 제657조 제2항).

이와 관련하여 기존의 손해보험약관(2010.4.1 이전, 장기손해보험 표준약관)에서도 통지의무 위반시 증가된 손해를 보상하지 않는다고 정하고 있었으나, 인보험인 제3보험에서 보험금 지급사유의 통지를 지체하였다고 해서 손해가 증가되거나 보험금 지급액이 증가되는 경우는 흔치 않을 것이다. 따라서 현행 약관에서는 손해보험과 생명보험 모두 통지의무 위반의 효과에 대해서는 정하지 않고 있다.

II 보험금 등 청구시 구비서류

보험수익자 또는 계약자는 서류를 제출하고 보험금을 청구하여야 한다. 보험자의 보험금 지급사무를 신속히 하고, 보험금 등의 청구가 보험금 지급사유의 요건에 충족되는지 명확히 확인하기 위한 것이다.

1. 약관에서 정한 구비서류

보험수익자 등은 회사양식의 청구서, 사고증명서(진료비계산서, 사망진단서, 장해진단서, 입원치료확인서, 의사처방전(처방조제비) 등), 신분증(주민등록증 또는 운전면허증 등 사진이 부착된 정부기관발행 신분증, 본인이 아닌 경우에는 본인의 인감증명서 또는 본인서명사실 확인서 포함), 기타 보험수익자가 보험금 등의 수령에 필요하여 제출하는 서류를 구비하여 보험자에게 보험금을 청구하여야 한다.

한편, 병원 또는 의원에서 사고증명서를 발급받을 경우 그 병원 또는 의원은 의료법 제3조(의료기관)에서 정하는 국내의 병원이나 의원 또는 이와 동등하다고 인정되는 국외의 의료기관이어야 한다.

2. 그 외 제출하는 서류

약관에서 정한 서류 이외에도 보험금의 수령을 위해 요구하는 서류에는 사고보고서, 사체검안서, 변사사실 확인원, 호적등본, X-Ray · MRI 필름사본, 교통사고사실 확인원, 의료보험증 사본, 치료비결의서(자동차보험, 공제 등), 산재요양신청서, 보험급여지급사실 확인원(자동차보험 · 산재), 의무기록사본, 검사기록지(조직검사기록지 포함), 위임장, 보험금을 지급받을 통장의 사본 등이 포함된다.

III 보험금의 지급절차

1. 지급기일

보험자가 보험금 청구서류를 접수한 때에는 접수증을 교부하고 휴대전화 문자메시지 또는 전자우편 등으로도 송부하며, 그 서류를 접수한 날부터 3영업일 이내(민법 제157조, 초일불산입 원칙 적용)에 보험금을 지급한다. 여기서 영업일이란 보험자가 영업점에서 정상적인 영업을 하는 날을 말하며, 휴업일을 제외한 날을 말한다.[23]

2. 지급기일 초과가 명백히 예상되는 경우

보험자가 보험금 지급사유의 조사 및 확인을 위하여 지급기일 초과가 명백히 예상되는 경우에는 그 구체적인 사유, 지급예정일 및 보험금 가지급 제도(회사가 추정하는 보험금의 50% 이내 지급)에 대하여 피보험자 또는 보험수익자에게 즉시 통지[24]하여야 한다. 그러나 지급예정일은 보험금 청구서류를 접수한 날부터 30영업일 이내에서 정하여야 한다.

---

23) 예를 들어 서류를 접수한 날이 월요일인 경우 화 · 수 · 목요일이 3영업일이 되며(초일불산입 원칙), 서류를 접수한 날이 금요일인 경우에는 월 · 화 · 수요일이 3영업일이 된다. 만일, 서류를 접수한 날이 금요일인데 돌아오는 월 · 화요일이 추석명절이라면 수 · 목 · 금요일이 3영업일이 된다.

24) 기존 약관(2011.4.1 이전)에서는 지급지연의 통지를 서면으로 하도록 정하고 있었으나, 서면통지와 관련한 과다한 비용부담을 막고자 통지방법을 서면으로 제한하던 규정을 삭제하였다.

기존 약관(2011.4.1 이전)에서 정하는 획일적인 지급기일(3영업일)은 너무 단기이므로 현행 약관은 지급예정일을 합리적으로 정할 수 있도록 한 것이다. 그러나 감독당국은 이 조항은 보험소비자의 권익보호를 위하여 "지급예정일"을 통보하는 조항에 불과한 것이므로 지급예정일을 통보한 경우에도 여전히 기존의 지급기일(3영업일)을 초과하여 지급하였다면 지급지연이자를 지급해야 한다고 해석 · 적용한다.

생각건대, 손해보험의 질병 · 상해보험 보통약관은 지급기일이 너무 단기이므로 충분한 손해사정절차를 거치기 어렵다. 그러므로 생명보험 보통약관과 같이 지급기일을 조정할 필요가 있다.[25]

3. 지급예정일이 30영업일을 초과하는 경우

① 소송의 제기, ② 분쟁조정 신청, ③ 수사기관의 조사, ④ 해외에서 발생한 보험사고에 대한 조사, ⑤ 보험자의 조사요청에 대한 동의 거부 등 계약자 · 피보험자 또는 보험수익자의 책임있는 사유로 인하여 보험금 지급사유의 조사 및 확인이 지연되는 경우 그리고 ⑥ 보험금 지급사유에 대하여 제3자의 의견에 따르기로 한 경우에는 지급예정일을 30영업일 이내로 제한하지 않는다.

손해사정사 기출문제 36회(2013년)

다음은 보험금 등의 지급에 관한 사항이다. 아래의 제 조건을 읽고 질문에 답하시오. (15점)

〈계약사항〉

보험종목	피보험자	보험기간	가입금액(보장내용)	납입주기
장기상해보험	김대한	2009.10.1~2019.10.1	상해사망담보 : 1억원	월납

〈청구일 및 청구방법〉

사고일(사망일)	사고내용	청구서류 접수일	청구방법
2013.5.10	교통사고	2013.6.5	내방접수

25) 생명보험의 경우에는 "서류를 접수한 날부터 3영업일 이내에 보험금 또는 해지환급금을 지급합니다. 다만, 보험금의 경우 지급사유의 조사나 확인이 필요한 때에는 접수 후 10영업일 이내에 지급합니다"라고 정하고 있다.

〈2013년 6월 달력〉

일	월	화	수	목	금	토
						1
2	3	4	5	6	7	8
9	10	11	12	13	14	15
16	17	18	19	20	21	22
23	24	25	26	27	28	29

〈조건〉

- 해당기간 중 공휴일은 토요일, 일요일, 현충일(6/6) 외에는 없음.
- 기간의 계산시 접수당일은 산입하는 것으로 함.
- 계약자 측의 보험금 지급 관련 귀책사유는 없음.
- 상기의 장기상해보험은 질병・상해보험(손해보험회사용) 표준약관을 기준으로 함.

〈질문사항〉

(1) 보험회사는 2013년 6월 5일(수요일) 보험금 청구서류를 접수받고 조사 후 2013년 6월 27일 상해사망보험금을 지급하였다. 이 경우 표준약관상 지연이자 산정일수를 계산하시오. (3점)

(2) 보험회사가 보험금 지급사유의 조사 및 확인을 위하여 표준약관상 지급기일 이내에 보험금을 지급하지 못할 것으로 예상되는 경우에는 피보험자 또는 보험수익자에게 지급예정일 외에 즉시 통지하여야 할 2가지 사항을 쓰시오. (6점)

(3) 상기 약관상 지급기일의 초과가 예상되는 경우에는 서류를 접수한 날부터 30영업일 이내에 지급예정일을 정하여 안내하도록 규정하고 있다. 다만, 예외적인 경우 6가지를 규정하고 있는데 이를 나열하시오. (6점)

1) 지급지연이자 산정일수

청구일로 3영업일을 지급기일로 한다. 그러므로 지급기일은 6월 11일이며 이후 실제 지급까지 16일간 지급지연이자를 산정하여 지급해야 한다.

그러나 문제에서는 보험금청구일을 포함하여 3영업일을 지급기일로 하라고 단서를 주었으므로(이러한 견해를 취하는 보험사도 있다) 지급기일은 6월 10일, 지급지연이자는 17일간 산정하여 지급하는 것을 답으로 한다.

2) 통지사항

지급기일이 경과하게 된 구체적인 사유, 지급예정일 및 보험금 가지급 제도를 통지해야 한다.

Ⅳ 가지급보험금

1. 가지급보험금의 지급과 금액

가지급보험금(particial payment)은 보험금 지급사유에 대한 조사가 장기간 소요될 경우에 보험금청구권자의 가계생활의 안정을 위하여 지급되는 금액이다. 그러므로 보험자의 추가적인 조사가 이루어지는 경우 피보험자 또는 보험수익자의 청구가 있다면 보험자가 추정하는 보험금의 일정액을 가지급보험금(추정보험금의 50% 이내)을 지급하여야 한다.

후유장해지급률의 판정 및 지급할 보험금의 결정과 관련하여 확정된 장해지급률에 따른 보험금을 초과한 부분에 대한 분쟁으로 보험금 지급이 늦어지는 경우에는 보험수익자의 청구에 따라 이미 확정된 보험금을 먼저 가지급할 수 있다(2014.4.1 신설).

2. 가지급보험금 반환

보험자의 조사결과 보험금 지급책임이 없는 것으로 밝혀진 때에는 보험자는 보험수익자 등에게 가지급금의 반환을 청구한다(민법 제748조). 이 경우 보험수익자 등의 악의가 있었다면 보험수익자 등이 받은 가지급금에 이자를 붙여 반환하도록 청구할 수 있지만(민법 제748조 ②), 손해사정 실무에서 이러한 악의를 입증하는 것은 쉽지 않은 일이다.

또한 가지급보험금 제도를 악용하여 보험수익자가 보험금을 사용하거나 재산을 숨기는 경우에는 보험자가 이를 회수하기 힘들기 때문에 보험금 지급이 충분히 예상되는 경우에만 가지급보험금을 지급하도록 가지급보험금 제도를 수정함으로써 도덕적 위험의 발생을 방지할 필요가 있다.

Ⅴ 지연이자와 협조의무

보험자가 지급기일 혹은 지급예정일 이내에 보험금을 지급하지 아니하였을 때(지급예정일을 통지한 경우를 포함)에는 그 다음날부터 지급일까지의 기간에 대하여 보험계약대출이율을 연단위 복리로 계산한 금액을 보험금에 더하여 지급한다. 지급지체의 책임을 지는 것이다. 그러나 계약자, 피보험자 또는 보험수익자의 책임있는 사유로 지급이 지연된 때에는 그 해당기간에 대한 이자는 더하지 않는다. 보험자에게 지급지체의 책임이 없기 때문이다.

계약자 등은 보험자의 조사에 대하여 동의하여야 하는 협조의무를 지며, 보험자는 서면조사에 대하여 그 조사목적과 사용처 등을 명시설명하고 조사에 대한 동의를 요청해야 한다(2017년 6월 개정). 계약자 등이 보험자의 알릴의무 위반 및 보험금 지급사유조사와 관련하여 의료기관 또는 국민건강보험공단, 경찰서 등 관공서에 대한 보험자의 서면에 의한 조사요청(예를 들어 인감증명 및 위임장 제출요구)에 정당한 사유없이 동의하지 않을 경우에는 사실확인이 끝날 때까지 보험자는 지연이자를 지급하지 않는다.

Ⅵ 보험금 받는 방법의 변경

계약자(보험금 지급사유 발생 후에는 보험수익자)는 보험자의 사업방법서에서 정한 바에 따라 보험금의 전부 또는 일부에 대하여 나누어 지급하거나 일시에 지급하는 방법으로 변경할 수 있다. 보험자가 이에 따라 일시금을 분할하여 지급하는 경우에는 그 미지급금액에 대하여 이 계약의 공시이율을 연단위 복리로 계산한 금액을 더하여 지급하며, 분할지급 금액을 일시금으로 지급하는 경우에는 해당 계약의 공시이율을 연단위 복리로 할인한 금액을 지급한다.

Ⅶ 주소변경의 통지

계약자 또는 타인을 위한 보험의 수익자는 주소 또는 연락처가 변경된 경우에는 지체없이 그 변경내용을 보험자에게 알려야 한다. 이 통지의무를 게을리 한 때에는 계약자 등이 보험자에게 알린 최종의 주소 또는 연락처로 등기우편 등 우편물에 대한 기록이 남는 방법에 의해 계약자에게 보험자가 알린 사항은 일반적으로 도달에 필요한 기간이 지난 때에 계약자 등에게 도달된 것으로 본다(도달간주).

여기서 "우편물에 대한 기록이 남는 방법"이란 등기우편, 내용증명, 배달증명 등 우체국에서 발신, 반송 등 증명이 가능한 방식을 말하는 것이다. 기존의 표준약관은 통지방법에 관계없이 도달된 것으로 보았으나 현행 약관(2014.4.1 이후)은 도달간주에 대한 효력요건을 명확히 하였다.

Ⅷ 보험수익자의 지정

계약자가 보험을 체결하면서 보험수익자를 지정하지 않은 경우에 학설은 자기를 위한 보험으로 추정하는 것이 일반적이지만, 우리 약관은 사망, 후유장해, 진단, 입원 등의 담보의 특성을 반영하여 수익자 미지정시의 보험수익자를 정하고 있다.

제3보험 보통약관 「보험수익자의 지정」에 의하면 만기환급금의 경우에는 계약자를 수익자로 하고, 상해·질병사망보험금의 경우에는 피보험자의 상속인을 수익자로 한다. 그 외에 후유장해보험금, 진단보험금, 입원보험금, 간병보험금, 실손의료비 등의 경우에는 피보험자를 수익자로 한다.

Ⅸ 대표자의 지정

1. 계약자·수익자의 대표자

계약자 또는 보험수익자가 2인 이상인 경우에는 각 대표자 1인을 지정하여야 한다. 보험자의 사무절차를 원활히 하는 것과 이중지급의 위험을 피하기 위한 목적으로 정한 것이다.

2. 대표자의 법적 성질

그 대표자는 각각 다른 계약자 또는 보험수익자를 대리하는 것으로 한다. 따라서 보험자가 대표자에게 한 납입최고, 보험금 지급 등의 법률행위는 나머지 계약자 또는 수익자에게도 효력이 미친다.

3. 대표자를 지정하지 않은 경우 등의 효력

대표자로 지정된 계약자 또는 보험수익자의 소재가 확실하지 아니한 경우 또는 보험자의 요구에도 불구하고 대표자를 선정하지 아니하거나 선정할 수 없는 경우에는 해당 보험계약에 관하여 보험자가 계약자 또는 보험수익자 1인에 대하여 한 행위는 각각 다른 계약자 또는 보험수익자에 대하여도 효력이 미친다.

4. 계약자의 연대책임

계약자가 2인 이상인 경우에는 그 책임을 연대로 한다. 그러므로 다수의 계약자 각자가 보험료 전부에 대한 급부의 의무를 지고, 계약자 중 1인이 보험자에게 보험료를 납입하였다면 다른 계약자는 보험료 지급의무를 면하게 된다.

022 보험금 등을 지급할 때의 이자지급

보험업감독업무시행세칙 제3보험 관련 표준약관(2016년 개정)

보험금을 지급할 때의 적립이율 계산
(제8조 제5항, 제9조 제3항 및 제34조 제2항 관련)

<table>
<tr><th>구분</th><th colspan="2">기간</th><th>지급이자</th></tr>
<tr><td rowspan="4">사망보험금, 후유장해보험금, 입원보험금, 간병보험금 등
(제3조)</td><td colspan="2">지급기일의 다음날부터 30일 이내의 기간</td><td>보험계약대출이율</td></tr>
<tr><td colspan="2">지급기일의 31일 이후부터
60일 이내의 기간</td><td>보험계약대출이율＋
가산이율(4%)</td></tr>
<tr><td colspan="2">지급기일의 61일 이후부터
90일 이내의 기간</td><td>보험계약대출이율＋
가산이율(6%)</td></tr>
<tr><td colspan="2">지급기일의 91일 이후 기간</td><td>보험계약대출이율＋
가산이율(8%)</td></tr>
<tr><td rowspan="3">중도보험금[26]
(제3조 제1호)</td><td rowspan="2">지급사유가 발생한 날의
다음날부터
청구일까지의 기간</td><td>보험기간
만기일 이내</td><td>공시이율[27]</td></tr>
<tr><td>보험기간
만기 이후</td><td>1년 이내 : 공시이율의 50%
1년 초과기간 : 1%</td></tr>
<tr><td colspan="2">청구일의 다음날부터 지급일까지의 기간</td><td>보험계약대출이율</td></tr>
<tr><td rowspan="3">만기환급금(제9조 제1항)
및
해지환급금(제34조 제1항)</td><td colspan="2" rowspan="2">지급사유가 발생한 날의 다음날부터
청구일까지의 기간</td><td>1년 이내 : 공시이율의 50%</td></tr>
<tr><td>1년초과기간 : 1%</td></tr>
<tr><td colspan="2">청구일의 다음날부터 지급일까지의 기간</td><td>보험계약대출이율</td></tr>
</table>

주) 1. 만기환급금은 회사가 보험금의 지급시기 도래 7일 이전에 지급할 사유와 금액을 알리지 않은 경우, 지급사유가 발생한 날의 다음날부터 청구일까지의 기간은 공시이율을 적용한 이자를 지급합니다.
2. 지급이자의 계산은 연단위 복리로 계산하며, 금리연동형보험은 일자 계산합니다.
3. 계약자 등의 책임 있는 사유로 보험금 지급이 지연된 때에는 그 해당기간에 대한 이자는 지급되지 않을 수 있습니다.
4. 금리연동형보험의 경우 상기 공시이율은 적립순보험료에 대한 적립이율(공시이율 등)을 말합니다.
5. 가산이율 적용시 제8조(보험금의 지급절차) 제3항 각 호의 어느 하나에 해당되는 사유로 지연된 경우에는 해당 기간에 대하여 가산이율을 적용하지 않습니다. 금융위원회 또는 금융감독원이 정당한 사유로 인정하는 경우에도 해당 기간에 대하여 가산이율을 적용하지 않습니다.

I 보험금 등의 적립이율

사망보험금, 후유장해보험금 등은 지급기일이 지난 날부터 지급일까지의 기간에 대하여 보험계약대출이율을 적용하여 지급한다. 그러나 계약자 등의 책임있는 사유로 보험금 지급이 지연된 경우에는 지연이자를 지급하지 않는다.

II 해지환급금 등의 적립이율

해지환급금, 만기환급금은 지급사유가 발생한 날의 다음날부터 청구일까지의 기간에 대하여 공시이율의 50%를 지급하며, 1년을 초과한 기간에 대하에는 1%를 적용한다. 그리고 청구일의 다음날부터 지급일까지의 기간에 대하여는 보험계약대출이율을 적용한다.

다만, 만기환급금은 보험자가 보험금의 지급시기 도래 7일 이전에 지급할 사유와 금액을 알리지 않은 경우 지급사유가 발생한 날의 다음날부터 청구일까지의 기간은 공시이율을 적용한 이자를 지급한다.

III 해지환급금 등의 적립이율 변경(2014년 4월 1일)

1. 기존의 이자율 적용

기존(2014.4.1 이전)의 제3보험 보통약관은 중도·만기보험금, 해지환급금의 청구일부터 지급일까지의 기간에 대하여 청구일의 다음날부터 지급기일까지는 공시이율+1%를 지급하고, 지급기일의 다음날부터 실제 지급일까지의 기간은 보험계약대출이율을 적용하고 있었다.

26) 중도보험금 규정은 생명보험표준약관에서만 규정하고 있다.

27) 이 교재에서 공시이율이란 "평균공시이율"이다. 평균공시이율이란 전체 보험회사 공시이율을 평균한 것으로 해당 계약을 체결할 시점의 이율을 말한다.

2. 기존 이자율 적용의 문제점과 이율의 변경

보험사고의 조사가 필요한 보험금 등의 지급사유와는 달리 해지환급금 등은 보험계약자가 청구하면 바로 지급할 수 있는 성격의 금액이다. 그러므로 해지환급금 청구에 대하여 보험자의 지급지연이 발생하지 않도록 보험계약대출이율을 적용하여 보험자의 지급을 촉진할 필요가 있으므로 현행 약관(2014.4.1 이후)상 해지환급금 등은 청구일의 다음날부터 지급일까지의 기간에 대하여 보험계약대출이율을 적용하고 있다.

023 제2회 이후 보험료 납입과 납입연체로 인한 해지 등

Ⅰ 제2회 이후의 보험료 납입과 납입연체

1. 제2회 이후의 보험료 납입

계약자는 제2회 이후의 보험료를 계약 체결시 납입하기로 약속한 날(납입기일)까지 납입하여야 하며, 보험자는 계약자가 보험료를 납입한 경우에는 영수증을 발행한다. 다만, 금융회사(우체국을 포함)를 통하여 보험료를 납입한 경우에는 그 금융회사 발행 증빙서류를 영수증으로 대신한다.

2. 보험료의 납입연체와 계약의 해지

제2회 이후의 보험료(계속보험료)는 보험자의 위험인수에 대한 대가이며, 보험계약을 존속하기 위한 요건이 된다. 그러므로 보험계약자가 약정된 시기에 계속보험료(제2회 이후의 보험료)를 지급하지 아니한 때에는 보험자는 상당한 기간을 정하여 최고하고, 이 기간 내에도 지급하지 않으면 계약을 해지할 수 있다(상법 제650조 제2항).

Ⅱ 납입연체와 납입최고

1. 납입최고

최고는 회사가 납입연체에 따른 해지권을 행사하기 위한 요건 내지 사전적 절차로서 채무를 불이행한 계약자에게 일정한 사실과 그 효과를 알리는 준법률행위인 의사의 통지이다. 계약자가 제2회 이후의 보험료 납입기일을 기억하지 못할 경우에 그 납입을 촉구하거나 납입기회를 부여하기 위한 것이므로 원칙적으로 계속보험료 납입기일 이후에 이루어져야 적법한 최고가 된다.

그러므로 계약자가 제2회 이후의 보험료를 납입기일까지 납입하지 아니하여 보험료 납입이 연체 중인 경우에 보험자는 납입최고(독촉)기간을 정하여 보험계약자에게 알려야만 계약을 해지할 수 있다. 납입최고 절차를 생략하고 바로 계약을 해지하는 것(예를 들어 실효약관)은 무효이다.

2. 납입최고의 기간

납입최고기간은 14일 이상으로 한다. 다만, 보험기간이 1년 미만인 경우에는 7일 이상을 납입최고기간으로 한다. 만일 납입최고기간의 말일이 토요일 또는 공휴일에 해당한 때에는 기간은 그 다음날로 만료한다.

이 경우 납입최고기간은 그 최고의 의사표시가 실제로 계약자에게 도달된 때로부터 기산되는 것이 당연하다. 예를 들어 "납입기일부터 14일을 최고기간"으로 정하는 것은 적법한 최고로 볼 수 없다. 상법(상법 제650조 ②)에서 상당한 기간을 정하여 최고하도록 한 취지는 보험계약자에게 최고의 의사표시가 도달하고도 일정기간의 유예기간을 확보할 수 있도록 배려한 것이기 때문이다.

3. 납입최고의 대상

보험자는 계약자에게 최고하여야 한다. 다만, 보험계약자와 보험수익자가 다른 때, 즉 타인을 위한 보험계약의 경우에는 특정된 보험수익자(보험금을 받는 자)에게도 최고하여야 한다(상법 제650조 ③). 만일 타인을 위한 보험의 보험수익자에게 최고를 생략한 경우에 이에 따른 해지는 효과가 없다.

4. 납입최고의 내용

납입최고를 할 때에는 적어도 납입최고기간 내에 연체보험료를 납입하여야 한다는 내용과 납입최고기간이 끝나는 날까지 보험료를 납입하지 아니할 경우 납입최고기간이 끝나는 날의 다음날에 계약이 해지된다는 내용(이 경우 계약이 해지되는 때에는 즉시 해지환급금에서 보험계약대출원리금이 차감된다는 내용을 포함한다)을 포함하여야 한다.

보통약관에서 별도로 정하지는 않았으나 보험실무상 납입최고를 할 때에는 위 사항

외에도 제2회 보험료의 납입기일, 제2회 보험료가 납입되지 않았다는 점, 보험자가 해지권을 행사하면 계약이 소멸된다는 점, 보험료의 자동대출납입이 가능하다는 점, 부활제도 등을 최고의 내용에 포함하고 있다.

손해사정사 기출문제 42회(2019년)

질병 · 상해보험 표준약관 「보험료의 납입이 연체되는 경우 납입최고(독촉)와 계약의 해지」 조항에 대해 ① "납입최고(독촉) 기간"과 ② "보험회사가 납입최고(독촉)시 계약자에게 알려야 할 사항"을 기술하시오. (4점)

5. 납입최고의 방법

납입최고는 서면(등기우편 등), 전화(음성녹음) 또는 전자문서 등으로 하여야 한다. 기존 약관(2010.4.1 이전)에서는 최고의 방법으로 서면과 전화(음성녹음)만을 규정하였기 때문에 보험자의 서면발송에 따른 과다한 사업비가 발생하였고, 전자문서로 통보받고자 하는 계약자도 서면으로 받아야 하는 불편이 야기되었다. 이에 따라 개정된 약관에서는 전자문서의 방법으로 최고할 수 있도록 하였다.

다만, 전자문서로 안내하고자 할 경우에는 계약자의 서면에 의한 동의를 얻어 수신확인을 조건으로 전자문서를 송신하여야 하며, 계약자가 전자문서에 대하여 수신을 확인하기 전까지는 그 전자문서는 송신되지 아니한 것으로 본다. 만일 전자문서가 수신되지 아니한 것으로 확인되는 경우에는 서면(등기우편 등) 또는 전화(음성녹음)에 의하여 다시 납입최고절차를 거쳐야 한다. 이와 관련한 분쟁을 방지하기 위하여 보완규정을 둔 것이다.

6. 납입최고의 도달

1) 납입최고의 방법과 도달

보험실무상 납입최고와 관련한 분쟁이 많은데, 주로 서면으로 납입최고한 경우에 납입최고의 통지가 계약자 등에게 실제로 도달하였는지가 쟁점이 된다. 예를 들어 등기우편이 아닌 일반우편물로 최고와 실효의 의사표시를 하였어도 그 통지가 도달하였음을 입증하지 못하는 한 보험자는 실효를 주장할 수 없으며(선고97나37588 판결), 우편물이 수취인 가구의 우편함에 투입되었다는 사실만으로는 수취인이 그 우편물을 실제로 수취하였다고는 추단할 수 없다(2005다66411 판결). 그러나 등기우편은 그 등기우편물이 반송되지 않는 한 그 무렵 수취인에게 도달된 것(91누3819 판결)으로 볼 뿐만 아니라 등기우편을 아파트 경비원에게 전달한 것만으로도 본인에게 송달된 것(98가합8207판결, 분쟁조정 제2004-32호)으로 보므로(묵시적 수령권한의 위임으로 간주) 서면에 의한 납입최고방식 중에서는 등기우편의 방식이 가장 확실한 방식이다.

2) 도달로 간주하는 조항

계약자 또는 타인을 위한 보험의 수익자는 주소 또는 연락처가 변경된 경우에는 지체없이 그 변경내용을 보험자에게 알려야 하는데(주소변경통지의무), 이 통지의무를 게을리 한 때에는 계약자 등이 보험자에게 알린 최종의 주소 또는 연락처로 등기우편 방법에 의해 계약자에게 보험자가 알린 사항은 일반적으로 도달에 필요한 기간이 지난 때에 계약자 등에게 도달된 것으로 본다(도달의제).

다만, 이 조항은 보험자가 과실없이 계약자의 변경된 주소나 소재를 알지 못하는 경우에 한하여 적용된다. 예를 들어 보험자가 계약자의 변경된 주소나 소재를 알았거나 또는 일반적인 주의만 기울였더라면 그 변경된 주소나 소재를 알 수 있음에도 불구하고 약관 조항에 의하여 최종의 주소로 최고의 의사표시를 발송하였다면 도달의제조항이 적용되지 않는다(99나42041 판결).

III 보험료의 자동대출납입

계약자는 보험료의 납입최고기간이 경과되기 전까지 보험자가 정한 방법에 따라 보험료의 자동대출납입을 신청할 수 있으며, 이 경우 보험계약대출금으로 보험료가 자동적으로 납입되어 계약은 유효하게 지속된다. 이러한 보험료 자동대출납입제도는 형식적으로는 보험료의 대출이지만, 실질적으로는 적립부분의 보험료를 위험보험료로 대체하는 것이다.

제3보험 보통약관 「보험료의 자동대출납입」에 의하면 자동대출납입기간은 최초 자동대출납입일부터 1년을 한도로 하며, 그 이후에 자동대출납입을 하려면 재신청을 하여야 한다.

Ⅳ 납입연체와 계약의 해지

납입연체로 계약이 해지된 경우에는 약관에 따라 해지환급금을 계약자에게 지급한다. 계약이 해지된 경우에 보험자는 보험계약에 따른 책임도 부담하지 않는다. 다만, 해지 전에 발생한 보험금 지급사유에 대하여는 제2회 이후의 보험료를 납입하지 않았음에도 불구하고 보험금 지급책임을 진다. 예를 들어 납입최고의 통지가 1월 2일에 도달하고 납입최고기간이 14일인 경우에 1월 11일에 발생한 보험사고에 대하여 보험자는 보험금 지급책임을 부담한다.

Ⅴ 보험료 납입연체와 계약의 해지 사례

손해사정사 기출문제 보험료 납입연체와 계약의 해지

〈계약사항〉

보험종류	계약자	피보험자	계약일	보험 기간	납입 주기	최종 보험료 납입월도(횟수)	수익자 (관계)
가족상해보험	김도진	김도진	2011년 1월 10일	20년	월납	2012년 5월(17회)	서이수 (배우자)

〈2012년 7~8월 달력〉

일	월	화	수	목	금	토
7/1	2	3	4	5	6	7
8	9	10	11	12	13	14
15	16	17	18	19	20	21
22	23	24	25	26	27	28
29	30	31	8/1	2	3	4
5	6	7	8	9	10	

〈질문사항〉

1) 2012년 6월분 보험료를 계약자 김도진 씨가 2012년 7월 31일까지도 납부하지 않을 경우를 대비하여 A보험회사가 2012년 8월 1일자로 계약을 해지하기 위해서는 언제까지 보험계약자에게 해지예고부 납입최고장을 서면으로 도달시켜야 하는지 그 최종일자를 쓰시오.
2) 계약자 김도진 씨는 2012년 6월분 보험료를 납부하지 못하여 2012년 7월 20일 보험료 자동대출납입을 신청하였다면 계약자 김도진 씨가 약관에 따라 보험료 자동대출납입이 가능한 최종 년,

월을 쓰시오(단, 해지환급금액의 크기는 약관에서 정한 최장 기간까지 보험료 자동대출이 가능한 것으로 가정함).

3) 계약자 김도진 씨가 2012년 6월분부터 보험료 납입을 계속 지체할 경우 제3보험 표준약관에서 정한대로 A보험회사가 계속보험료 납입지체에 따른 계약해지권을 행사하기 위해 필요한 사전적 절차(계약해지의 요건)를 약술하시오.

1. 해지예고부 납입최고장의 도달일

1) 서면도달 최종일자

약관 내용에 따라 계약자에게 최소 14일 이상의 납입최고기간을 부여해야 하므로 보험자는 보험계약자인 김도진, 타인을 위한 보험의 수익자인 서이수 모두에게 납입최고장을 7월 17일까지 도달시켜야 한다.

2) 자동대출납입의 가능일

자동대출납입 기간은 최초 자동대출납입일부터 1년을 최고 한도로 하며 그 이후의 기간에 대한 보험료 자동대출 납입을 위해서는 재신청하여야 한다. 그러므로 약관에 따라 2013년 6월까지의 보험료의 자동대출납입이 최고한도가 된다.

3) 계약해지의 요건

보험자는 14일 이상의 기간을 납입최고기간으로 정하여 계약자 및 타인을 위한 보험의 수익자에게 알려야 한다. 납입최고에는 다음의 내용을 포함하여야 한다. ① 납입최고기간 내에 연체보험료를 납입하여야 한다. ② 납입최고기간이 끝나는 날까지 보험료를 납입하지 아니할 경우 납입최고기간이 끝나는 날의 다음날에 계약이 해지된다.

납입최고는 서면(등기우편 등), 전화(음성녹음) 또는 전자문서 등으로 알려야 한다. 전자문서로 알리는 경우에는 계약자의 서면동의가 있어야 하며 계약자가 전자문서에 대하여 수신을 확인하기 전까지는 그 전자문서는 송신되지 아니한 것으로 보고 전자문서 외의 다른 방법으로 다시 알려야 한다.

024 보험료 납입연체로 인한 해지계약의 부활

I 해지계약 부활의 요건

다음의 요건을 갖추어 보험계약자가 청약하고 보험자가 이를 승낙하면 보험계약은 부활한다. 이러한 부활계약에는 보험계약의 성립과 관련한 상법 제638조의2 규정(승낙 전 사고담보, 승낙의제, 신체검사)이 그대로 적용된다(상법 제650조의2 단서).

1. 계속보험료의 미납으로 인한 해지

제2회 이후의 보험료의 납입연체에 따라 계약이 해지된 경우에 한하여 부활의 대상이 된다. 따라서 초회보험료의 미납으로 인하여 해제된 계약이나 약관의 교부·명시의무 위반으로 인하여 취소된 계약은 부활의 대상이 아니다.

2. 해지환급금의 미반환

보험계약자가 이미 지급한 보험료 가운데 미경과보험료가 있거나, 해지환급금을 보험자가 반환하지 않았어야 한다. 해지환급금의 반환으로 기존 보험관계가 끝나므로 부활의 여지가 없기 때문이다.

한편, 계약자가 해지환급금을 받지 않은 경우에는 보험계약대출 등에 의하여 해지환급금이 차감되었으나 받지 아니한 경우가 포함되며, 약관 등에 따라 처음부터 보험자가 반환하여야 할 해지환급금이 없는 경우에도 부활의 청약은 가능하다.

3. 부활가능기간 이내의 청약

계약자는 해지된 날로부터 3년 이내에 보험자가 정한 절차에 따라 계약의 부활을 청약할 수 있다. 보험계약자의 해지환급금 청구권(적립금 반환청구권)의 소멸시효가 3년인 점(개정상법 제662조)을 고려한 것이다. 기존의 약관은 부활기간을 2년으로 정하고 있었으나

2015년에 개정상법이 시행된 이후에 이 기간을 3년으로 연장하였다(2016년 1월 이후에 약관에 반영).

4. 보험료와 이자의 지급

계약자가 계약의 부활을 청구하였을 경우 보험자가 이를 승낙한 때에는 부활을 청약한 날까지의 연체된 보험료에 이 계약의 공시이율+1% 범위 내에서 각 상품별로 회사가 정하는 이율로 계산한 금액을 더하여 납입하여야 한다.

5. 보험자의 승낙

계약자의 부활청약에 대하여 보험자가 승낙하여야 계약이 부활한다(낙성계약). 다만, 보험자는 피보험자의 위험사정을 기초로 한 위험선택기준(신계약의 위험선택기준을 준용한다. 표준사업방법서)에 의거하여 승낙 및 거절을 결정할 수 있으며, 별도의 조건을 부과하여 인수하는 것도 가능할 것이다.

Ⅱ 해지계약 부활의 효과

1. 신계약체결과 관련한 약관규정의 준용

해지계약을 부활하는 경우에는 계약의 성립, 제1회 보험료 및 회사의 보장개시, 계약 전 알릴의무, 알릴의무 위반의 효과 및 사기에 의한 계약 등의 약관규정을 준용한다. 신계약의 성립과 관련한 규정을 그대로 적용하므로 부활계약의 책임개시일도 부활계약을 기준으로 기산한다. 예를 들어 암보험계약을 부활한 경우에는 부활일로부터 90일의 면책기간을 다시 적용한다.

2. 종전계약의 계속

부활계약이 성립하면 종전의 계약이 계속된다. 따라서 종전계약의 보험계약내용이 그대로 적용되고, 계약에 있어서의 사기, 무효, 고지의무 위반의 하자도 여전히 존재한다. 다만, 부활계약의 청약시에 고지의무 위반의 하자를 치유하였다면 보험자는 종전계약의 고지의무 위반을 이유로 계약을 해지할 수는 없다.

손해사정사 기출문제 38회(2015년), 42회(2019년)

보험료의 납입연체로 인한 해지계약을 부활(효력회복)하는 경우에 "준용하는 약관 조항"을 모두 기술하시오. (5점)

해지계약을 부활(효력회복)하는 경우에 "준용 조항"을 모두 기술하시오. (4점)

Ⅲ 부활계약의 사례 검토

부활계약 **계약의 부활과 약관규정의 검토**

2018년 1월 1일 질병보험 및 암담보 특별약관에 가입한 피보험자 甲은 보험료 연체로 인하여 약관에 따른 적법한 최고 이후에도 보험료를 납입하지 않아 2018년 11월 25일 계약이 실효되었다. 이후 2008년 12월 24일에 연체된 보험료에 이자를 추가납입하면서 계약을 부활하였다. 피보험자는 2019년 3월 20일 위암진단으로 보험금을 청구하였다. 손해사정 결과 피보험자는 2018년 12월 1일 최초로 위암으로 진단되었고 가입시 이를 알리지 않았다.

1. 사례의 쟁점

이 사례는 부활계약과 부활이전 암진단에 대한 계약 전 알릴의무에 관한 사례로서 부활계약의 효과 및 부활이전 암진단에 대한 보험자의 보상책임 및 보험자의 해지 및 취소권에 대하여 약술하겠다.

2. 부활계약의 효과

계속보험료의 납입연체로 인한 적법한 납입최고 절차를 거친 실효계약에서 계약자가 해약환급금을 받지 않았다면 실효일로부터 2년 이내에 계약의 부활이 가능하다. 계약부활은 새로운 계약으로서의 효과를 가지므로 보험계약의 성립(승낙 전 사고담보 등), 회사의 보장시기, 종기, 계약 전 알릴의무 등의 규정이 준용[28]된다.

---

28) 2011.4.1 개정, 부활시 가입 전 알릴의무의 범위는 최초계약체결 이후부터 부활청약시로 한한다.

3. 보험자가 적용할 수 있는 약관규정 검토 : 보상책임 발생 여부

1) 부활계약의 유효성 : 유효한 부활계약

약관에 근거한 적법한 납입최고 이후의 유효한 계약실효 및 실효 후 2년 내의 유효한 부활로 가정하므로 부활계약은 유효하다.

2) 책임개시 이전의 보험사고에 따른 무효

부활계약은 부활청구시부터 승낙 전 사고담보 등의 규정이 준용된다. 본 사례는 암특약에 대한 것으로서 암특약은 계약일로부터 90일이 지난 날 책임이 개시하는 바, 본 사례는 책임개시일 이전의 보험사고에 해당하므로 상법 제644조에 의한 객관적 확정의 원칙에 따른 무효이다.

3) 계약 전 알릴의무 위반 : 해지 및 면책

부활시 계약 전 알릴의무 위반이 있었으므로 보험자는 약관의 계약 전 알릴의무 위반효과에 따라 계약일로 2년 이내, 위반사실을 안 날로 1개월 이내에 계약해지권을 행사할 수 있으며, 보험자의 책임 여부는 인과관계에 따르므로 계약 전 알릴의무 위반과 인과관계 있는 보험사고로 면책에 해당한다.

4) 사기에 의한 취소권 행사

가입 전 암진단사실을 숨기고 가입한 것은 약관상 "계약취소권 행사제한"에서 규정한 사기의사에 해당하므로 보험자는 보장개시일로 5년 이내에 민법상 사기에 의한 취소권을 행사할 수 있다.

5) 「청약일로부터 5년」 조항 적용 여부

기존의 질병보험약관에서는 "청약일로부터 과거 5년 이내에 해당 질병으로 진단 또는 치료를 받은 경우에는 해당 질병에 관한 보험금을 지급하지 않습니다"라고 규정하고 있다.[29] 또한 만일 그러한 질병이라고 하여도 "청약일 이후로 5년이 지나는 동안 해당 질병으로 추가적인 진단이나 치료사실이 없을 경우에는 보장을 합니다"라고 규정하고 있었다. 그러나 최근에 판매되는 질병보험약관에서는 이 조항을 삭제하였으므로 고려대상이 되지 않는다.

---

29) 여기서 청약일은 부활계약의 청약일을 의미하며, 청약일 이전에 진단된 질병으로 보험금을 청구한 것이므로 보험자의 지급책임이 발생하지 않는다.

3. 사례의 해결

계약의 부활은 유효하지만 보험계약자에게는 보험금청구권이 발생하지 않으며, 보험자는 약관에 따라 계약의 무효, 해지, 취소 중에서 선택하여 적용할 수 있다.

이 사례 보험계약에서는 암진단 외에도 일반질병보험도 함께 담보하고 있으므로 암담보 특별약관 이외의 계약전체를 무효로 할 수는 없다. 실무상 이러한 경우 계약무효규정이 아닌 상법상 해지권이나 계약취소권 중에 하나를 선택하여 행사하는데, 취소권 행사시에는 기납입보험료를 모두 환급하여야 하므로 보험자는 해약환급금만을 지급하는 해지권을 선택하여 행사하는 것이 일반적이다. 물론 이 경우에 해지권 제척기간 2년이 경과하였다면 부득이 계약취소권을 행사하게 될 것이다.

025 강제집행 등으로 인한 해지계약의 특별부활

Ⅰ 강제집행 등으로 인한 해지계약의 의의 및 취지

보험계약의 해지환급금청구권은 계약의 해지를 조건으로 한 권리이지만 금전지급을 목적으로 하는 재산권적 권리에 해당하므로(2007다26165 판결) 압류 및 추심명령의 대상이 된다. 따라서 법원은 채권자의 신청에 따른 강제집행 및 담보권실행으로 채무자의 해지환급금을 압류할 수 있으며, 국세 및 지방세 체납처분 절차에 따라 해지환급금이 압류될 수 있다.

이러한 경우에 보험수익자(타인을 위한 보험계약의 보험수익자를 말한다)는 계약의 해지를 피할 수 없게 되어 불이익한 처지에 놓일 우려가 있으므로 제3보험의 보통약관에서는 수익자가 해지된 계약을 부활하여 기존계약의 이익을 유지할 수 있도록 특별부활제도를 두고 있다.

Ⅱ 특별부활의 성질

특별부활은 상법에서 정한 규정이 아니라 보험약관에서 별도로 정한 규정(계약상 책임)으로서, 타인을 위한 보험계약의 수익자가 계약자로 변경(계약자 변경, 보험계약의 양도의 일종)하여 부활을 청약할 수 있도록 한 것이다. 특히 부활청약에 대한 보험자의 필요적 승낙을 요건으로 하는 점에서 볼 때 부활청약권은 형성권에 가깝다.

Ⅲ 특별부활의 요건

1. 강제집행 등으로 인한 해지

계약자의 해지환급금 청구권에 대한 강제집행, 담보권실행, 국세 및 지방세 체납처분 절차에 의해 계약이 해지된 경우에 한하여 특별부활이 가능하다.

2. 보험자의 통지

보험자는 강제집행 등으로 인한 해지계약의 해지당시 보험수익자 또는 법정상속인이 보험수익자로 지정된 경우의 보험계약자에게 특별부활을 청구할 수 있음을 통지하여야 한다. 이 통지는 해지된 날로부터 7일 이내에 하여야 한다.

3. 계약자의 동의·해지환급금에 상당하는 금액의 납입

특별부활의 통지를 받은 해지당시의 보험수익자는 해지계약의 계약자에게 동의를 얻어 계약 해지로 회사가 채권자에게 지급한 금액을 회사에게 지급하여야 한다. 기존의 계약자에게 있는 권리가 침해당하지 않도록 계약자의 동의를 요건으로 한 것이다.

4. 명의변경과 부활청약

특별부활을 청약하는 수익자는 보험자의 승낙을 얻어 계약자의 명의를 수익자로 변경하고(계약내용의 변경절차를 따른다) 계약의 특별부활을 청약한다.

보통약관에서 정하지는 않았으나 타인의 사망보험계약(상법 제731조)에 해당하는 경우에는 도덕적 위험의 방지를 위하여 보험수익자를 보험계약자로 변경하는 것에 대한 피보험자의 서면동의가 있어야 한다.

5. 부활가능기간 이내의 청약

특별부활의 청약절차는 보험수익자가 보험자에게 통지를 받은 날(계약자에게 통지한 경우에는 계약자가 통지를 받은 날)로부터 15일 이내에 행하여야 한다.

6. 보험자의 승낙

보험자는 계약자 명의변경 신청 및 계약의 특별부활청약을 승낙한다. 이 경우의 승낙은 필요적 승낙으로 표현되어 있으므로 보험자는 부활청약을 거절할 수 없다고 해석된다. 그러나 계약해지 이후에 피보험자의 위험이 크게 증가한 경우에도 승낙을 강제한다면 위험단체의 동질성을 해칠 뿐만 아니라 보험자가 인수 불가능한 위험을 부담하는 불이익이 있을 수 있으므로 보험계약의 조건을 변경하는 등의 방식으로 승낙할 수 있을 것이다.

Ⅳ 특별부활의 효과

특별부활이 성립하면 종전계약의 보험수익자가 부활계약의 보험계약자로 되고(계약내용의 변경) 변경하지 않은 부분은 종전계약의 계약내용이 그대로 적용된다(종전계약의 계속). 특별부활의 경우에도 신계약체결과 관련한 약관규정(예를 들어 계약의 성립, 계약 전 알릴의무 등)이 준용된다.

026 제3보험계약의 변경과 소멸

Ⅰ 계약내용의 변경

1. 계약내용 변경

제3보험계약은 1년 이상의 장기계약(long-term contract)으로 체결되는 것이 일반적이므로 계약체결 이후에 계약자의 경제·사회적 사정이 변경될 가능성이 있다. 이에 따라 보통약관에서는 계약자가 계약내용의 변경을 청구할 수 있도록 하였다.

2. 변경청구권의 성질

계약내용의 변경청구권은 이에 대응하는 보험자의 의사표시(승낙)와 결합하여 일정한 내용으로 계약을 변경시킬 것을 목적으로 하는 일방적·확정적 의사표시이다. 그러나 위험이 변경되지 않는 보험료 납입주기·방법 등의 변경은 형식적인 보험자의 승낙이 필요할 뿐이므로 이 경우의 변경청구권은 형성권에 가깝다. 한편, 변경청구권은 계약자가 행사하므로 계약자의 지위에 수반되는 권리로 해석된다.

Ⅱ 보험자의 승낙을 요하는 변경

제3보험 보통약관은 상법상 계약자의 고유한 권리인 보험수익자의 변경(상법 제733조)을 제외하고는 보험자의 승낙을 요구하고 있다.

III 보험종목의 변경

1. 의의와 성질

보통약관은 보험계약의 체결 이후에 계약자의 수입변동, 보험에 대한 수요(needs)변동 등에 대응할 수 있도록 보험종목을 변경할 수 있도록 하였다. 예를 들어 상해를 담보하는 보험을 암보험으로 변경하거나 순수보장성보험을 만기환급형으로 변경하는 것을 말한다.

보험종목의 변경은 기존계약의 해지 · 신계약체결의 비용이나 손해를 최소화하는 데 그 목적이 있으며, 보험종목을 변경시킴으로써 계약 자체를 변경(계약의 전환)할 수 있도록 한 것이다(민법 제500조, 갱개계약의 일종).

2. 종목변경의 제한

보험종목 변경은 기존에 체결된 계약의 효용가치를 변경하고자 하는 계약자의 수요를 반영하는 것인데, 계약체결 이후 단기에는 이러한 변경에 대한 수요나 필요성이 크지 않으므로 기간의 제한을 두고 있다. 즉, 보험자는 계약자가 제1회 보험료를 납입한 때부터 1년 이상 지난 유효한 계약으로서 그 보험종목의 변경을 요청할 때에 한하여 보험자의 사업방법서에서 정하는 방법에 따라 보험종목을 변경한다.

IV 보험가입금액의 변경

보험가입금액을 변경하는 경우에 보험자는 피보험자의 건강상태, 보험범죄 가능성 등의 위험상태를 고려하여 승낙 여부를 결정하게 된다. 보험가입금액의 증액은 그 한도를 제한하거나 증액 자체를 거절하는 경우가 대부분이며, 보험가입금액의 축소는 주로 계약자의 수입감소에서 비롯된 경우이므로 별다른 제한은 없다.

계약자가 보험가입금액을 감액하고자 할 때에는 그 감액된 부분은 해지된 것으로 보며, 이로 인하여 보험자가 지급하여야 할 해지환급금이 있을 때에는 해지환급금을 계약자에게 지급한다.

V 보험계약자의 변경

1. 의의와 성질

계약자의 사정변경(사망 · 경제여건 변화 등)으로 보험계약을 유지하기 어려운 경우에 보험자의 승낙을 얻어 보험계약자를 변경할 수 있다. 예를 들어 보험계약자가 사망한 경우 그 상속인이 보험계약자의 지위를 승계토록 할 수 있다.

계약자의 변경은 보험계약상의 권리 · 의무를 제3자에게 양도하는 보험계약의 양도의 일종이다. 한편, 보험약관에 보험자가 보험계약자의 변경청구에 대해 승낙을 거절할 사유의 열거 또는 별도의 기준이 없는 상태에서 승낙을 거부하는 행위는 권리남용에 해당하거나 신의칙에 위반하는 행위이다(97가합2569 판결).

2. 타인의 사망보험과 계약자의 변경

보통약관에서 정하지는 않았으나 타인의 사망보험계약(상법 제731조)에 해당하는 경우에는 도덕적 위험의 방지를 위하여 보험계약자의 변경에 대하여 피보험자의 서면동의를 받아야 한다.

3. 계약자의 변경과 약관교부 · 명시의무

보험계약의 내용을 알지 못하는 상태에서 새로운 계약자로 변경될 수 있으므로 보험자가 보험계약의 중요한 내용을 설명할 필요성이 제기된다. 그러나 약관교부 · 명시의무(상법 제638조의3)는 새로운 계약을 체결하는 경우에 해당하므로 보험계약의 변경시에 보험자가 보험계약의 중요한 내용을 설명하는 의무는 부담하지 않는다고 해석되고 있었다.

다만, 새로운 계약자에게 계약내용을 정확히 알려주는 것은 일반적인 상거래의 관행상 당연한 것이고 새로운 계약자의 권익을 보호하기 위하여 개정 약관(2013.4.1)은 "계약자를 변경한 경우 변경된 계약자에게 보험증권 및 약관을 교부하고 변경된 계약자가 요청하는 경우 약관의 중요한 내용을 설명하여 드립니다"라고 정하고 있다.

Ⅵ 피보험자의 변경

1. 의의

보험계약자는 피보험자를 변경할 수 있다. 기존 약관(2010.4.1 이전)에서는 피보험자가 해당 보험에서 지급하지 않는 사유로 사망 및 파산, 이혼, 이민한 경우에 해당하거나 고용관계에 있는 피보험자를 해고 및 교체한 경우에 한하여 피보험자를 변경할 수 있도록 정하고 있었으나 현행 약관은 피보험자 변경의 제한이 없다.

2. 법적 성질

제3보험에서의 피보험자는 보험계약의 핵심적인 사항이므로 피보험자가 변경되는 경우에는 계약의 동일성이 유지된다고 보기는 어렵다. 따라서 피보험자의 변경은 계약내용의 변경이 아니라 구계약의 종료와 신계약의 체결이 결합되어 있는 것으로 보아야 할 것이다.

3. 승낙해태의 효과

보통약관에서 피보험자의 변경에 대하여 서면이나 보험증권에 기재하는 방식의 승낙을 얻어야 한다고 정하고 있으므로 보험계약자의 변경통지만으로 당연히 피보험자의 변경(교체)이 이루어진다고 할 수 없으나, 보험자가 통지를 받고 승낙이나 거절을 하지 아니하고 있는 사이에 보험사고가 발생한 때에는 승낙을 거절할 사유가 없는 한 피보험자 변경의 효력을 인정하여야 할 것이다(상법 제638조의2 ③, 승낙 전 사고담보제도의 유추적용).

4. 실손의료보험, 생명보험에서의 피보험자 변경

실손의료보험 표준약관과 생명보험 표준약관에서는 피보험자를 변경할 수 없다. 실손의료보험이나 생명보험의 피보험자는 보험료 책정의 기준이 되고, 피보험자에 따라 위험이 크게 변동하기 때문이다. 또한 앞에서 살펴본 바와 같이 인보험에서의 피보험자의 변경은 계약내용의 변경이 아니라 새로운 계약의 체결에 해당하므로 이들 약관에서는 피보험자의 변경을 인정하지 않는 것이다.

Ⅶ 그 외의 변경

계약자는 보험자의 승낙을 얻어 보험기간, 보험료의 납입주기·수금방법 및 납입기간, 기타 계약의 내용을 변경할 수 있다.

Ⅷ 보험자의 승낙을 요하지 않는 변경 : 보험수익자 변경

1. 의의

보험회사는 보험계약자의 보험수익자 변경에 대하여 실질적 이해를 가지는 것이 아니고 보험수익자의 변경권은 보험계약자가 상법에 따라 당연히 가지는 권리므로 변경에 대한 보험자의 승낙이 필요없다.

2. 보험수익자 변경의 통지

계약자는 보험수익자를 변경할 수 있으며 이 경우에는 보험자의 승낙을 요하지 아니한다. 다만, 계약자가 보험수익자를 변경하는 경우 보험자에게 통지하지 아니하면 변경 후 보험수익자는 그 권리로써 회사에 대항하지 못한다. 보험수익자 변경시 보험자에게 통지하도록 한 것은 보험자가 보험수익자 판정을 위한 명확한 기준을 부여하고 보험금의 이중지급 위험을 방지하는 한편, 보험자의 대량적 사무를 신속·정확히 처리할 필요가 있기 때문이다.

보험수익자 변경의 통지는 효력발생요건이 아니고 대항요건에 불과하다. 따라서 계약자가 보험수익자를 변경하였다면 통지 여부와는 관계없이 변경된 보험수익자가 보험금청구권을 갖는다. 즉, 보험수익자 변경통지가 보험사고 발생 전까지 이루어지지 않은 상태에서 보험사고가 발생하여 보험자가 기존 수익자에게 보험금을 지급한 경우라면 변경된 수익자는 보험자에게 책임을 물을 수 없으며(상법 제734조), 기존 수익자에게 부당이득의 반환을 청구할 수 있을 뿐이다.

3. 보험수익자 변경과 피보험자의 서면동의

계약자가 보험수익자를 변경하고자 할 경우에는 보험금의 지급사유가 발생하기 전에 피보험자의 서면에 의한 동의가 있어야 한다. 도덕적 위험의 방지를 위해서이다.

> **손해사정사 기출문제** 41회(2018년)
>
> 계약자는 회사의 승낙을 얻어 계약내용을 변경할 수 있는데, 「계약내용의 변경등」 조항에 규정된 "계약내용을 변경할 수 있는 항목"을 모두 기술하시오. (7점)

Ⅸ 계약의 소멸

1. 의의

제3보험계약에서 피보험자의 사망은 위험의 소멸에 해당하므로 보험계약의 당연종료사유에 해당한다. 이에 따라서 제3보험 보통약관은 피보험자의 사망을 계약의 소멸사유로 정하고 사망당시의 책임준비금[30]을 지급하도록 정하고 있다.

2. 계약의 소멸사유

피보험자의 사망으로 인하여 해당 약관에서 규정하는 보험금 지급사유가 더 이상 발생할 수 없는 경우(예를 들어 상해보험을 가입한 피보험자가 질병으로 사망한 경우)에는 해당 계약은 그 때부터 효력을 가지지 않는다. 한편, 다수의 피보험자를 대상으로 하는 계약은 피보험자 모두에 대하여 해당 계약이 더 이상 효력을 가지지 아니하는 때에 계약이 소멸한다.

3. 고도의 장해상태

제3보험약관은 피보험자가 장해지급률이 80% 이상인 장해상태(고도의 장해상태)가 되었을 경우에 보험가입금액 전액(사망보험금액과 동일한 금액)을 지급한다. 이에 따라 기존 약관(2011.4.1 이전)에서는 고도의 장해상태를 계약의 소멸사유로 정하고 있었으나, 고도의 장해

30) 제3보험 보통약관상 책임준비금이란 장래의 보험금, 해지환급금 등을 지급하기 위하여 계약자가 납입한 보험료 중 일정액을 회사가 적립해 둔 금액을 말한다.

가 발생하여도 피보험자는 생존해 있으므로 입원 및 수술 등에 대한 보장을 받을 필요가 더욱 부각된다는 점을 반영할 필요가 있었다.

그러므로 현행 약관(2011.4.1 이후)에서는 장해지급률이 80% 이상인 장해상태가 되어 보험금을 지급하였다 하더라도 약관에서 규정하는 보험금 지급사유가 추가로 발생할 수 있는 경우 계약은 소멸되지 않는다고 정하고 있다.

027 제3보험계약의 해지

I 계약자의 임의해지

보험계약자는 언제든지 계약을 해지할 수 있다(상법 제649조, 임의해지권). 제3보험은 장기계약(계속적 계약)인 경우가 흔하므로 계약자의 경제사정 등을 반영하여 계약을 중도에 소멸할 수 있도록 정한 것이다. 계약자가 임의해지권을 행사하면 해당 계약은 장래를 향하여 소멸한다(해지의 장래효). 또한 보험계약자의 납입의무가 종료되고, 해지환급금에 대한 청구권이 발생한다.

1. 타인을 위한 보험과 임의해지

타인을 위한 보험에서 계약을 해지하고자 하는 경우에는 그 타인의 동의나 보험증권의 소지를 요한다(제649조 제1항 단서).

2. 보험사고와 임의해지

계약자는 보험사고 발생 이후에는 계약을 해지할 수 없지만(제649조 제1항), 보험사고 발생 후에 보험금액을 지급받았더라도 보험금액이 감액되지 않는 보험(자동복원계약, automatic reinstatement clause)이라면 보험계약자는 그 계약을 해지할 수 있다(상법 제649조 제2항). 예를 들어 상해사망이나 암진단을 보장하는 보험의 경우에 보험사고가 발생한 이후에는 계약이 소멸되므로 계약을 해지할 수 없으나, 후유장해, 실손의료비, 입원일당을 보장하는 보험의 경우에는 보험사고 발생 이후에도 임의해지가 가능하다.

3. 해지환급금의 지급

계약이 해지되는 경우에 보험자는 해지환급금(cash surrender value)[31]을 계약자에게 지급한다. 쌍무계약에서 당사자 쌍방의 귀책사유 없이 채무를 이행할 수 없게 되어 계약관계가 소멸한 경우 적용되는 법리(부당이득의 법리, 민법 제537조 · 제741조)에 의하여 해지환급금을 반환하고 있는 것이다.

Ⅱ 피보험자의 서면동의 철회

타인의 사망보험(상법 제731조)에서 피보험자의 서면동의는 계약의 효력발생요건이므로 서면동의에 의하여 계약의 효력이 생긴 때에는 피보험자가 임의로 철회할 수 없고, 보험계약자 및 보험수익자의 동의가 있어야만 철회할 수 있다고 해석되어 왔다.

그러나 보험계약의 체결당시 피보험자의 서면동의의 전제가 되었던 사정에 관하여 중대한 변경(이혼, 퇴직, 경제적 여건 등)이 생긴 때에는 사정변경을 반영할 필요가 있고(2011나24373 판결), 사정의 변경으로 인하여 피보험자의 생명이나 신체에 발생하는 도덕적 위험을 방지하기 위하여 보통보험약관(2010.4.1. 이후)에서 서면동의의 철회를 정하고 있다.

1. 서면동의 철회권의 성질

1) 임의철회

타인의 사망보험계약 체결 이후 피보험자가 본인의 의사에 따라 계약이 유지되는 동안에는 언제든지 서면동의를 철회할 수 있다. 서면동의 철회권은 피보험자의 사정의 변경 사유(이혼, 경제적 여건 등)를 묻지 않으며, 계약이 유지되는 기간이라면 기간에 대한 제한도 없다.

2) 형성권

서면동의 철회권은 보험자의 승낙을 요하지 않고(참고 : 표준사업방법서 제37조, 회사는 거절하지 아니한다) 피보험자의 일방적인 의사표시에 의하여 권리변동의 효과가 발생(계약이 소멸)되므로 형성권의 일종이다.

---

31) 해지환급금이란 장래의 보험사고 발생에 대비하여 적립된 책임준비금 중에서 특정 계약자를 위하여 적립된 금액을 말한다.

2. 서면동의 철회의 효과

일반적인 철회의 효과와 같이 보통약관에서도 서면동의를 장래를 향하여 철회할 수 있다고 정하고 있으므로 보험자는 철회 이후의 사고에 대하여는 보험금 지급책임을 부담하지 않는다.

서면동의 철회로 계약이 해지되어 보험자가 지급하여야 할 해지환급금이 있을 때에는 약관에서 정하는 해지환급금을 계약자에게 지급한다. 부당이득 반환의 법리(민법 제537조 · 제741조)를 따른 것이다.

> **손해사정사 기출문제** 40회(2017년)
>
> 「계약자의 임의해지 및 서면동의 철회」 조항에서 정한 "서면동의 철회의 의의, 가능시기, 효과"에 대하여 기술하시오. (5점)

Ⅲ 중대사유로 인한 해지

1. 의의 · 취지

기존 손해보험약관(2010.4.1 이전)에서는 보험금청구권 상실조항을 통하여 보험계약이 사행계약화되는 것을 방지하고 있었다. 현행 약관에서는 손해보험의 보험금청구권 상실조항을 삭제하고 손해보험과 생명보험에 공통적으로 중대사유로 인한 해지조항을 신설하여 보험계약의 사행계약화를 방지할 수 있도록 하였다.

2. 계약자 측의 고의사고

보험사고가 보험계약자 또는 피보험자나 보험수익자의 고의로 인하여 생긴 때에는 제3보험의 보험자는 보험금액을 지급할 책임을 면하지만(상법 제659조, 제732조의2, 제739조) 계약을 해지할 수는 없었다. 그런데 계약자 등의 고의는 보험계약의 최대선의계약성에 반할 뿐만 아니라 보험계약의 사행계약화가 우려되는 심각한 행위이고, 이미 보험계약자에 대한 신뢰가 상실된 상태이므로 보험자가 계약해지권을 인정할 필요가 있었다. 이에 따라서 현행 약관(2010.4.1 이후)은 보험계약자 측의 고의를 이유로 계약을 해지할 수 있도록 정하고 있다.

3. 계약자 측의 위·변조에 의한 청구

현행 약관(2010.4.1 이후)은 계약자, 피보험자 또는 보험수익자가 보험금 청구에 관한 서류에 고의로 사실과 다른 것을 기재하였거나 그 서류 또는 증거를 위조 또는 변조한 경우에는 이미 발생한 보험금은 지급하고 별도로 보험자가 해지권을 행사할 수 있도록 하였다.

만일 보험자가 보험금을 지급한 후에 서류의 위·변조사실을 안 경우에는 서류 위·변조 등의 사기(민법 제110조, 사기에 의한 의사표시)에 의해 부당하게 지급한 보험금의 반환을 청구(민법 제741조, 부당이득의 반환)하고, 이 조항에 의거하여 해지권을 행사하면 된다.

4. 계약의 해지

중대사유로 인한 해지사유에 해당하여 보험자가 계약을 해지하였을 때에는 해지환급금을 계약자에게 지급한다. 한편, 기존 약관(2010.4.1 이전)에서는 계약자의 고의사고는 해지환급금을 지급하지 않고, 피보험자의 고의일 경우에는 기납입보험료를 계약자에게 환급, 수익자의 고의일 경우에는 해지환급금을 계약자에게 환급하도록 구분하고 있었으나 이 조항에 의하여 해지환급금을 지급하는 것으로 통일되었다.

5. 해지권 제척기간

보험자는 계약자 등의 고의사고, 청구서류 위·변조 등의 사실을 안 날부터 1개월 이내에 계약을 해지할 수 있다. 여기서 "안 날"은 계약 전 알릴의무 위반이나 가입 후 알릴의무 위반에서 논의한 바와 같이 보험자 또는 그 대리인의 안 날을 말한다.

손해사정사 기출문제 29회(2006년), 34회(2011년)

상해보험 약관상 보험금 청구권의 상실에 관하여 약술하시오. (10점)

질병·상해보험 표준약관상 규정된 "중대사유로 인한 해지"에 관하여 기술하시오. (10점)

Ⅳ 회사의 파산선고와 해지

보험회사가 파산의 선고를 받은 때에는 계약자는 계약을 해지할 수 있다. 만일, 계약자가 해지하지 않은 계약은 파산선고 후 3월이 지난 때에는 그 효력을 잃는다. 상법 제654조를 반영한 것이다.

계약이 해지되거나 제2항의 규정에 따라 계약이 효력을 잃는 경우에 보험자는 해지환급금을 계약자에게 지급한다.

Ⅴ 해지환급금

해지환급금은 보험료 및 책임준비금 산출방법서에 따라 계산한다. 해지환급금의 지급사유가 발생한 경우 계약자는 회사에 해지환급금을 청구하여야 하며, 회사는 청구를 접수한 날부터 3영업일 이내에 해지환급금을 지급한다. 해지환급금 지급일까지의 기간에 대한 이자의 계산은 〈부표 9-1〉 "보험금을 지급할 때의 적립이율 계산"에 따르며, 회사는 경과기간별 해지환급금에 관한 표를 계약자에게 제공한다.

손해사정사 기출문제 38회(2015년)

해지환급금이란 계약이 해지된 때에 회사가 계약자에게 돌려주는 금액을 말하는데, "해지환급금을 지급하는 약관 조항"을 모두 기술하시오. (6점)

028 분쟁의 조정 등

I 분쟁의 조정

1. 분쟁의 조정

조정이란 분쟁당사자 사이에 제3자가 중개하여 분쟁해결을 위한 조정안을 마련하고, 당사자의 수락을 권고하는 것을 말한다. 당사자가 조정안을 수락하면 조정은 성립되고, 거부하면 조정이 불성립된다.

계약에 관하여 분쟁이 있는 경우 분쟁당사자 또는 기타 이해관계인과 회사는 금융감독원장에게 조정을 신청할 수 있다. 계약자가 금융감독원 및 소비자보호원에 설치된 분쟁조정위원회를 이용할 경우에는 정식 소송보다 비용과 시간이 적게 들며, 합의에 의해 해결이 가능하다는 장점이 있다.

2. 분쟁조정절차

보험계약자 및 기타 이해관계인은 금융과 관련하여 분쟁이 있는 때에는 금융감독원장에게 분쟁의 조정을 신청할 수 있다. 금융감독원장이 분쟁조정의 신청을 받은 때에는 관계당사자에게 그 내용을 통지하고 합의를 권고할 수 있으며, 분쟁조정의 신청을 받은 날부터 30일 이내에 합의가 이루어지지 아니하는 때에는 금감원장은 지체없이 이를 조정위원회에 회부하여야 한다(금융감독기구설치등에 관한 법률 제53조 ①③).

조정위원회는 조정의 회부를 받은 때에는 60일 이내에 이를 심의하여 조정안을 작성하여야 하며, 금융감독원장은 신청인과 관계당사자에게 이를 제시하고 수락을 권고할 수 있다(금융감독기구설치등에 관한 법률 제53조 ④⑤).

3. 조정의 효력

당사자가 조정안을 수락한 경우 당해 조정안은 재판상의 화해와 동일한 효력을 갖는다(금융감독기구설치등에 관한 법률 제55조). 그러나 당사자 중 어느 하나라도 조정안을 수락하지 않으면 법적 효과가 없다.

4. 소멸시효

소멸시효를 논하면서 설명한 바와 같이 분쟁조정의 신청은 시효중단의 효력이 있다(민사조정법 제53조 ①).[32] 그러나 당사자가 분쟁조정위원회의 조정안을 수락하지 않거나(2002가합1668 판결), 분쟁조정을 위한 임의출석에서 화해가 성립되지 않거나 출석하지 않은 경우(98나98358 판결)에는 1개월 내에 소를 제기하지 아니하면 시효중단의 효력이 없다(민사조정법 제53조 ②).

II 관할법원

계약에 관한 소송 및 민사조정은 계약자의 주소지를 관할하는 법원으로 한다. 다만, 회사와 계약자가 합의하여 관할법원을 달리 정할 수 있다. 보험분쟁소송을 일방적으로 보험회사의 소재지법원으로 하는 경우 불공정 약관으로 인정될 수 있으므로 계약자의 주소지법원을 우선으로 하되, 합의에 의해 법원을 정할 수 있도록 한 것이다.

III 약관의 해석

1. 객관적 · 통일적 해석의 원칙

일반적인 계약해석의 원칙상 구체적인 계약당사자의 이해가능성이 고려되는 것이 당연하지만, 보험약관은 일방당사자가 동종의 다수거래를 위하여 미리 마련한 것을 계약

32) 민사조정법 제35조(소멸시효의 중단) ① 조정신청은 시효중단의 효력이 있다. ② 당사자의 신청에 의한 조정사건에 관하여 다음 각 호의 어느 하나에 해당하는 사유가 있는 때에는 1개월 이내에 소를 제기하지 아니하면 시효중단의 효력이 없다. 1. 조정신청이 취하된 때, 2. 제31조제2항에 따라 조정신청이 취하된 것으로 보는 때

체결에 즈음하여 상대방에게 제시하여 그 동의를 얻는 것에 지나지 않으므로 약관은 객관적으로 해석되어야 하며 고객에 따라 다르게 해석되어서는 안 된다(약관규제법 제5조 제1항 후단). 제3보험 보통약관에서도 보험자는 신의성실의 원칙에 따라 공정하게 약관을 해석하여야 하며 계약자에 따라 다르게 해석하지 않는다고 정함으로써 객관적·통일적 해석의 원칙을 명시하고 있다.

2. 작성자 불이익 해석의 원칙

보험자는 약관의 뜻이 명백하지 아니한 경우에는 계약자에게 유리하게 해석한다(작성자 불이익 해석의 원칙). 작성자 불이익의 원칙이 적용되기 위해서는 다른 모든 해석원칙을 적용하여 보아도 명확한 의미규명이 불가능할 뿐만 아니라 법적으로 적어도 두 가지 이상의 해석이 가능한 경우를 요건으로 한다. 이 원칙은 모든 해석의 의문을 작성자에게 부담시키려는 것은 아니며, 일단 객관적 해석을 한 후에도 여전히 의문이 남는 경우에 그 위험을 작성자에게 부담시키려는 것이다. 따라서 작성자 불이익의 원칙은 보충적 해석수단이다.

3. 제한적 엄격해석의 원칙

제3보험 보통약관(2011.4.1 이후)에서도 보험자는 보험금을 지급하지 아니하는 사유 등 계약자나 피보험자에게 불리하거나 부담을 주는 내용은 확대하여 해석하지 아니한다고 정함으로써 제한적 엄격해석의 원칙을 명시하고 있다.

예를 들어 약관에서 구체적인 사유를 열거하고 후에 “그 밖의 경우” 또는 “그와 동일한” 등의 포괄적 문구를 두고 있는 경우에 그 문구는 선행한 사유와 동일 종류의 사유로 한정하여 해석한다.

손해사정사 기출문제 41회(2018년)

「약관의 해석」 조항에 규정된 해석원칙을 모두 기술하시오. (6점)

Ⅳ 회사가 제작한 보험안내장의 효력

1. 보험안내장

우리 약관에서 말하는 보험안내장이란 보험모집인이 청약을 권유하기 위하여 모집에 사용하는 보험안내자료를 의미한다(보험업법 제95조). 이 안내자료에는 보험회사의 상호나 명칭 또는 보험설계사 등의 이름 · 상호나 명칭, 보험 가입에 따른 권리 · 의무에 관한 주요 사항, 보험약관으로 정하는 보장에 관한 사항, 보험금 지급제한 조건에 관한 사항, 해약환급금에 관한 사항 등이 필수적으로 기재되어 있다(보험업법 제95조).

2. 보험안내장의 효력

보험설계사 등이 모집과정에서 사용한 회사제작의 보험안내장(계약의 청약을 권유하기 위하여 만든 서류 등)의 내용이 약관의 규정과 다른 경우에는 계약자에게 유리한 내용으로 계약이 성립된 것으로 본다.

Ⅴ 회사의 손해배상책임

1. 의의

기존 약관(2010.4.1 이전)은 계약자 측의 알릴의무 위반에 따른 계약해지나 고의사고 면책, 사기계약의 취소권과 같은 계약자 측의 신의성실의무에 관련된 규정을 두고 있으나, 이에 상응할 만한 보험자의 신의성실의무에 관한 규정은 없었다. 그러나 보험계약의 선의성은 보험계약당사자 모두에게 적용되는 상호적 원칙이므로 보험자의 신의성실의무의 위반에 대한 책임을 규정할 필요가 있었고, 현행 약관(2010.4.1 이후)에서는 "보험금 지급과 관련하여 보험자가 신의성실에 반하는 행위를 하는 경우 그에 따른 손해를 배상" 하는 보험자의 불성실 책임에 관한 내용을 두고 있다.

2. 관계 법률에 의한 손해배상책임

보험자는 계약과 관련하여 임직원, 보험설계사 및 대리점의 책임있는 사유로 인하여 계약자, 피보험자 및 보험수익자에게 발생된 손해에 대하여 관계법률 등에 따라 손해배상의 책임을 진다. 약관에서 말하는 관계법률이란 보험업법 제102조와 민법 제756조 등을 말하며, 보험업법 제102조는 민법 제756조의 사용자책임에 관한 규정의 특칙으로서 민법 제756조에 우선하여 적용된다.

3. 보험업법 제102조에 따른 손해배상책임의 발생요건

1) 보험설계사 등에 의한 손해의 발생

보험자의 임직원, 보험설계사, 보험대리점의 행위로 인하여 보험계약자 등에게 손해가 발생하여야 한다. 그러므로 보험중개사의 행위에 대하여는 보험자가 책임을 부담하지 않으며, 사실상의 모집보조자(예를 들어 등록되지 않은 보험대리점의 사용인)의 행위에 대하여는 보험자가 책임을 진다(97다26425 판결).

2) 보험계약자 등에게 손해가 발생

보험업법 제102조는 보험계약자에게 발생한 손해에 대하여만 보험자가 손해배상책임을 부담한다고 정하고 있으나, 우리 약관은 보험계약자뿐만 아니라 피보험자, 수익자에게 발생한 손해에 대한 책임도 정하고 있다. 그러므로 보험업법에 비하여 명시적으로 보호대상을 확대한 것으로 볼 수 있다.

3) 모집을 함에 있어서

보험자는 보험모집인 등이 모집을 함에 있어서 계약자 등에게 가한 손해만을 보상한다. 그러므로 모집과 관계없이 발생한 손해는 손해배상책임의 대상이 아니다.

4) 상당한 주의의무의 입증

보험자는 임직원의 행위에 대하여는 무과실책임을 부담하며(보험업법 제102조 제1항 본문), 보험설계사 대리점에 대하여는 상당한 주의의무를 입증하지 못하는 한 책임을 부담한다(보험업법 제102조 제1항 단서). 보험자가 상당한 주의의무를 입증하는 것은 현실적으로 쉽지 않은 일이므로 무과실에 가까운 과실책임을 진다.

4. 보험자의 불성실책임 : 악의적인 소송의 제기

보험자는 보험금 지급거절 및 지연지급의 사유가 없음을 알았거나 알 수 있었음에도 불구하고 소를 제기하여 계약자, 피보험자 또는 보험수익자에게 손해를 가한 경우에는 그에 따른 손해를 배상할 책임을 진다.

예를 들어 보험자가 보험금을 합의함에 있어서 유리한 입장에 있기 위하여 무분별하게 소송을 제기하여 계약자 측에게 손해를 발생시킨 경우에는 이에 따른 손해를 배상한다. 이 경우의 손해배상액은 계약자 측의 소송비용, 소송에 따른 계약자 측의 소득상실, 위자료 등이 될 것이다.

5. 보험자의 불성실책임 : 현저히 공정을 잃은 합의

1) 약관의 내용과 취지

일반적으로 보험계약자 측은 고도의 기술이 필요한 보험금 지급액의 결정에 관하여 무지한 경우가 대부분이므로 보험자가 계약자 측의 무경험이나 곤궁 등을 악용하여 보험금의 지급액을 부당하게 감액하는 경우에는 계약자가 일방적으로 피해를 입을 수 있었다.

이에 따라 우리 약관에서는 보험자가 보험금 지급 여부 및 지급금액에 관하여 현저하게 공정을 잃은 합의[33]를 한 경우에 이에 따른 손해를 배상하도록 정하고 있었다. 민법 제104조「불공정한 법률행위」와 관련한 조항이다.

2) 현저하게 공정을 잃은 합의

보통약관에서 정하는 "현저하게 공정을 잃은"의 의미는 "상대방의 비정상적인 상태에 편승하여 상대방으로부터 자기의 급부에 비하여 현저하게 균형을 잃은 반대급부를 얻은 행위"를 말한다.

3) 불공정한 합의와 손해배상책임

보험계약자 측의 곤궁, 경솔 또는 무경험을 이용한 불공정 합의는 민법에 의해 무효

33) 합의라는 용어는 법률상 용어가 아니며, 일반적으로 재판에 의하지 않고 당사자 간에 존재하는 분쟁을 사적으로 해결하는 약정을 말한다. 합의의 내용으로는 보통 권리자의 모든 청구권을 포기한다는 권리포기조항이 삽입되고, 더 나아가 당사자가 소송을 제기하지 아니한다는 소송상의 합의의 일종인 부제소의 특약까지 하는 경우도 많다(사법연수원, 손해배상소송, 2008.8).

가 됨은 물론이고 약관에 의하여 보험자는 보험계약자 측에게 손해배상책임을 부담한다.

손해사정사 기출문제 33회(2010년), 39회(2016년)

2010년 4월 1일 시행 생명보험 및 질병・상해보험 표준약관상 규정된 "보험회사의 손해배상책임"에 대하여 약술하시오. (10점)

질병・상해보험 표준약관상 "회사의 손해배상책임"을 쓰시오. (5점)

VI 개인정보보호

1. 기존약관의 내용

기존의 보통약관(2014.4.1 이전)은 「신용정보의 이용 및 보호에 관한 법률」에 따라 보험계약자 등 관련 정보(성명 등 개인정보, 보험계약정보, 보험금 지급정보 및 질병정보 등)를 다른 보험회사 및 보험관련 단체에 제공(또는 교환)할 수 있다고 정하고 있었다. 그러나 이 조항은 보험회사 입장에서의 정보교환 목적에 대한 것이고 소비자 입장에서의 개인정보 측면을 고려하지 못하였다는 문제가 제기되면서 보험회사의 개인정보 보호의무에 대한 포괄적 선언규정을 제시하여 정보유출 및 오・남용을 예방할 필요가 있었다.

2. 현행약관의 내용

현행약관(2014.4.1 이후)은 기존의 계약정보 교환규정을 삭제하고, 개인정보보호에 대한 안전관리의무에 관한 의무조항을 신설하여 보험회사가 법령에 정한 경우를 제외하고 정보주체의 동의 없이 개인정보를 이용하는 것을 제한하였다.

이에 따라서 제3보험 보통약관 「개인정보보호」는 "회사는 계약과 관련된 개인정보를 이 계약의 체결, 유지, 보험금 지급 등을 위하여 「개인정보보호법」, 「신용정보의 이용 및 보호에 관한 법률」 등 관계법령에 정한 경우를 제외하고 계약자, 피보험자 또는 보험수익자의 동의없이 수집, 이용, 조회 또는 제공하지 않습니다. 다만, 회사는 이 계약의 체결, 유지, 보험금 지급 등을 위하여 위 관계법령에 따라 계약자 및 피보험자의 동의를 받아 다른 보험회사 및 보험관련단체 등에 개인정보를 제공할 수 있습니다. 회사는 계약과 관련된 개인정보를 안전하게 관리하여야 합니다"라고 정하고 있다. 그러나 이 조항을 위반할 때의 효과에 대하여는 아무런 내용을 규정하고 있지 않으므로 단순한 선언규정 또는 주의적 조항에 불과하다.

Ⅶ 준거법

제3보험 보통약관 「준거법」은 "이 계약은 대한민국 법에 따라 규율되고 해석되며, 약관에서 정하지 않은 사항은 상법, 민법 등 관계 법령을 따릅니다"라고 정하고 있다. 이 조항은 의사표시의 도달주의(민법 제527조)를 적용하거나 초일불산입(민법 제157조)을 적용하는 것 등의 근거가 된다.

Ⅷ 예금보험에 의한 지급보장

회사가 파산 등으로 인하여 보험금 등을 지급하지 못할 경우에는 예금자보호법에서 정하는 바에 따라 그 지급을 보장한다.

029 조건부 인수를 위한 제도성 특별약관

Ⅰ 조건부 인수제도의 개요

보험의 인수(underwriting)란 보험회사가 위험을 선택하고 분류하는 절차로서 계약자의 청약에 대하여 승낙 여부를 결정하고 어떤 기준으로 승낙할지 정하는 과정이다. 보험자는 보험계약의 체결당시 가입자의 위험을 측정하여 위험인수 여부, 보험료, 담보조건 등을 결정하는데, 질병의 치료경력이 있거나 통상적인 위험의 범주를 벗어난 가입자에 대해서는 인수하기 어렵다. 위험단체의 동질성을 유지해야 하기 때문이다.

그러나 보험의 사회·공익적 기능과 건강상태 등이 취약한 자들도 보험의 혜택을 얻을 수 있도록 보험자는 일정한 기준에 미달하는 계약을 인수할 때에 특별보험료를 부가하거나 보험금 삭감 등의 특별약관을 부과하여 조건부로 인수할 수 있다. 대표적인 조건부 인수 특별약관은 「특정부위·질병 부담보 특별약관」, 「특별조건부 특별약관」, 「이륜자동차 운전중 상해 부담보 특별약관」이다.

Ⅱ 특정부위·질병 부담보 특별약관

1. 특별약관의 개요

피보험자에게 질병이 있기 때문에 보험회사의 인수거절사유가 되는 경우에도 이 특별약관을 부가하게 되면 보험계약을 체결할 수 있다. 다만, 이 특별약관에서 정한 특정한 부위 또는 질병을 원인으로 보험금 지급사유가 발생한 경우에는 보험금을 지급하지 않는다.

2. 특별약관의 적용

이 특별약관에 의하여 보험자는 특정부위 분류표에서 정한 특정부위와 특정질병 분류표에서 정한 질병을 4개 이내에서 면책기간 이내의 부담보 조건으로 인수할 수 있으며, 특정부위에 발생한 질병 또는 특정질병에 대해서는 보험금을 지급하지 않는다.

부담보가 적용되는 면책기간은 1년 내지 5년 또는 보험기간 전체이다. 다만 면책기간에 발생한 사고라고 해도 특정부위의 질병 또는 특정질병으로 사망하거나 80% 이상의 후유장해상태가 된 경우, 특정부위에 발생한 질병의 합병증으로 특정부위 이외의 부위에 발생한 질병, 특정질병의 합병증으로 인하여 발생한 특정질병 이외의 질병, 특정부위의 질병 또는 특정질병으로 청약일 이후 추가적인 진단 · 치료없이 5년이 경과하여 발생한 질병의 경우에는 보험금을 지급한다.[34]

이 조항은 질병에 대하여 적용되므로 피보험자가 상해사고로 특정부위에 치료를 입게 된 경우에는 보험금을 지급한다.

3. 특정부위 분류표, 특정질병 분류표

이 특별약관에서 특정부위는 보통 45~46가지로 구분하여 분류하며, 특정질병은 20~27가지 범주로 구분하여 분류한다.

손해사정사 기출문제 38회(2015년)

피보험자 행복해 씨는 보험 가입당시 보험사에 과거병력을 고지하여 "위, 십이지장" 및 "경추부"에 아래 보험계약의 보험기간(보험금을 지급하지 않는 기간)으로 「특정 신체부위 · 질병 보장제한부 인수 특별약관」이 부가된 보험계약을 체결하였다. 다음 질문에 답하시오. (20점)

〈질문사항〉

(1) 피보험자는 2015년 10월 17일 콤바인으로 벼 수확작업을 마치고 콤바인을 운전하여 도로 운행 중 사고로 경추골절이 발생하여 2015년 10월 17일부터 10월 26일까지 10일간 병원에서 입원치료를 받았다. 보험사가 지급해야 할 보험금과 그 근거를 기술하시오. (6점)

34) 2018년 10월 시행된 약관에서는 5년에 대한 해석상의 분쟁이 발생하지 않도록 표준약관 계약의 승낙조항에 "회사가 제2항에 따라 일부보장 제외 조건을 붙여 승낙하였더라도 청약일로부터 5년(갱신형 계약의 경우에는 최초 청약일로부터 5년)이 지나는 동안 보장이 제외되는 질병으로 추가진단(단순 건강검진 제외) 또는 치료사실이 없을 경우 청약일로부터 5년이 지난 이후에는 이 약관에 따라 보장합니다"라는 문구를 신설하였다. 여기서 "청약일로부터 5년이 지나는 동안"을 해석할 때는 보험료 납입연체로 계약의 해지가 발생되지 않은 경우를 말하며, 계약의 부활이 이루어진 경우에는 부활청약일을 "청약일"로 해석하여 적용한다.

(2) 피보험자는 2016년 3월 1일 건강검진시 위암으로 진단받고 치료 후 2016년 12월 1일 간으로 전이되어 간암 진단받아 치료 중 2017년 10월 15일 간암으로 사망하였다. 보험사가 지급해야 할 보험금과 그 근거를 기술하시오. (7점)

(3) 상기 (1), (2)의 질문사항과 달리 피보험자가 상기 보험가입 이후 병원에 내원없이 지내다가 가입 이후인 2020년 5월 1일 최초 내원한 병원에서 위선종 진단받고 선종제거수술을 받았다. 보험사가 지급해야 할 보험금과 그 근거를 기술하시오. (7점)

〈계약사항〉

보험종목	보험기간	가입금액(보장내용)	
종합보험	2015.2.1 ~ 2035.2.1	암진단비 담보	2,000만원
		질병사망 담보	5,000만원
		질병수술비 담보(수술 1회당)	100만원
		일반상해입원일당(1일 이상)	1일당 2만원
		교통상해입원일당(4일 이상)	1일당 5만원

※ 암진단비 담보 : 원발암 및 전이암 여부와 관계없이 최초 1회만 지급됨.
※ 알릴의무 위반 사항은 없음. 특약 개정으로 사고는 발생한 것으로 가정함.

1. 콤바인, 경추골절

콤바인(= 기타교통수단)의 운행 중 사고로서 농업기계의 작업 중 사고에 해당하지 않으므로 교통상해보험에서 담보한다. 특정부위특약은 질병보험에 적용하므로 상해사고에는 적용하지 않는다.

- 일반상해입원일당 : 2만원 × 10일 = 20만원
- 교통상해입원일당 : 5만원 × (10 − 3)일 = 35만원

2. 간암, 사망

위암은 특정질병부담보특약의 부담보 부위로서 부담보하며, 이에 따른 전이암도 부담보한다. 그러나 부담보부위의 질병으로 인한 사망 또는 부담보질병의 전이로 인한 사망은 담보한다.

• 암진단비 담보 : 위암, 간암 모두 부담보한다.
• 질병사망담보 : 5,000만원

3. 위선종제거술

특정부위 부담보규정에도 불구하고 청약일 이후 5년간 추가적인 진단이 없으면 담보한다.

• 질병수술비담보 : 100만원

Ⅲ 특별조건부 특별약관

1. 특별약관의 개요

이 특별약관이 부가되면 위험이 높은 피보험자가 할증보험료를 추가납입함으로써 보장을 받을 수 있다. 이 특별약관은 특별약관이 적용되는 주계약 또는 특별약관에 종속되므로 보장개시일, 보험기간 등은 해당 약관을 따른다.

「특별조건부 특별약관」은 보험료를 할증하는 조건과 보험금을 감액하는 조건을 함께 운영할 수 있으나 일부의 보험회사는 보험료 할증조건의 특별조건부 특별약관만으로 운영하고 있다.

2. 보험금 감액법

이 특별약관에 의하여 보험금을 삭감지급하는 경우의 보험금을 예시하면 다음과 같다. 다만, 아래의 지급률은 보험가입금액에 따른 표준체 지급액 대비 지급률을 말한다.

경과기간	기준	삭감기간				
		1년	2년	3년	4년	5년
1년 미만	보험계약에 정한 지급보험금	50%	30%	25%	20%	15%
1년 이상 2년 미만			6%	50%	40%	30%
2년 이상 3년 미만				75%	60%	45%
3년 이상 4년 미만					80%	60%
4년 이상 5년 미만						80%

손해사정사 기출문제 32회(2009년)

제3보험의 제도성 특약 중 특별조건부 인수 특별약관(특정부위, 특정질병 부담보 특별약관)에 관하여 기술하시오. (10점)

Ⅳ 이륜차 운전 중 상해 부담보 특별약관

1. 특별약관의 개요

이 특별약관이 부가되면 피보험자가 이륜자동차의 소유, 사용, 관리로 인하여 이륜자동차 운전으로 인한 위험이 보험자가 정하는 기준에 적합하지 않은 경우에도 이륜자동차 운전 중 상해사고를 부담보하는 조건으로 계약을 승낙한다.

이 특별약관은 상해보험의 담보종목에 대하여만 적용하고 질병보험에는 적용하지 않는다. 그러므로 상해사망·후유장해, 상해실손의료비, 상해입원일당담보 등에 적용된다. 한편, 이 특별약관은 손해보험회사에서 주로 적용하며, 생명보험회사의 상해보험상품에서는 적용하지 않는 것이 일반적이다. 다만, 생명보험회사에서 판매하는 실손의료보험(상해담보)의 경우에는 이 특별약관이 적용될 수도 있다.

2. 보험금을 지급하지 않는 사유

이 특별약관이 부가된 경우 보험자는 피보험자가 이륜자동차를 운전(탑승을 포함)하던 중 발생한 상해에 대하여 보험금을 지급하지 않는다. 다만, 여기서 이륜자동차란 약관에서 정한 이륜자동차를 말하며, 운전은 주기적인 운전에 한한다.

이 특별약관에서 이륜자동차라 함은 ① 자동차관리법 시행규칙 제2조에서 정한 이륜자동차(1인 또는 2인의 사람을 운송하기에 적합하게 제작된 2륜의 자동차, 2륜의 자동차에 1륜의 측차를 붙인 것과 배기량이 125cc 이하로서 3륜 이상인 자동차를 포함)와 ② 배기량이 50cc 미만(전기로 동력을 발생하는 구조인 경우에는 정격 출력이 0.59kw 미만)인 이륜자동차이다.

3. 보험금을 지급하지 않는 사유의 확인

피보험자에게 보험사고가 발생했을 경우 그 사고가 이륜자동차를 운전하는 도중에 발생한 사고인가 아닌가는 관할 경찰서에서 발행한 교통사고사실확인원 등을 주된 판단자료로 하여 결정한다.

030 이륜자동차 운전 중 상해 부담보 특별약관의 적용

분쟁조정사례 1차사고, 2차사고. 분쟁조정 제2010-57호.

〈계약사항〉

구분	계약일자	피보험자	보험기간	사고일	담보내용
A보험사 상해보험	2007.11.5	갑	2007.11.5~2056.11.5	2009.8.29	1. 일반상해사망 후유장해, 일반상해의료비 등 2. 이륜자동차 운전 중 상해 부담보 특별약관

〈손해사항〉

2009.8.29 : 교통사고 발생(의료비 발생. 후유장해 진단)

- 교통사고사실확인원(××남부경찰서, 2010.4.13) : 불상의 1차량이 편도 3차로 중 2차로를 진행하다가 남천해변시장 쪽으로 급차로 변경하던 중 마침 같은 방향 3차로에서 진행하던 피해 오토바이 운전자(갑)가 정지하였으나 미치지 못하고 차량 뒷부분이 부딪혀 노상에 넘어진 후에 일어나 사고조치를 하던 중에 후방에서 진행하여 오던 3차량이 앞 범퍼로 오토바이 운전사 허리부위를 충격한 사고이다.

〈피보험자 갑의 직업〉

냉동수산물 물품배달원으로 냉동탑차운전을 주로 하며, 이륜자동차의 소유자는 부친인 병이다. 피보험자 갑은 부친의 이륜자동차를 가끔씩 탄다고 진술하였다. 다만, 피보험자는 2008년 4월 1일 이륜자동차 사고로 입원하였다.

I 사례의 쟁점

이 사례의 피보험자는 이륜자동차를 타고 가다가 뺑소니차량과 부딪혀 넘어진 후(1차사고) 이륜자동차에서 내려 사고조치를 하려다가 뒤에서 따라오는 차량에 충격을 당하였으므로(2차사고) 이륜자동차 운전 중 사고가 아니라고 할 수도 있으며, 반면 이 사고는 연속선상의 단일사고에 해당되므로 이륜자동차 운전 중 사고로 면책처리함이 타당하다고도 할 수도 있다.

Ⅱ 이륜자동차를 소유 · 사용 · 관리하는 경우인지 여부

「이륜자동차 운전 중 상해 부담보 특별약관」에서는 "직업, 직무 또는 동호회 활동 등으로 주기적으로 운전하는 경우에 한하며 일회적 사용은 제외"라고 정의하고 있다.

이 사고의 원인이 된 이륜자동차의 소유자는 피보험자 갑이 아닌 피보험자의 부친인 병이며, 피보험자는 냉동수산물 물품배달원으로 냉동탑차 운전을 주로하고 있어 신청인이 직업상 또는 동호회 활동 등을 위해 이륜자동차를 사용하고 있다고 볼 만한 사정이 없고, 부친의 이륜자동차를 가끔씩 탄다고 진술한 점 등에 비추어볼 때 신청인의 이륜자동차 사용이 계속적 · 반복적으로 이루어졌다고 보기 어렵고, 오히려 신청인의 이륜자동차 사용이 비정기적으로 이루어졌다고 봄이 상당하며, 2008년 4월 1일 이륜자동차 운전 중 1회사고로 입원한 사실만으로 이륜자동차의 소유 · 사용 · 관리에 해당한다고 볼 수도 없다.

Ⅲ 이륜자동차 운전 중 사고에 해당하는지 여부

1. 약관해석의 원칙

「이륜자동차 운전 중 상해 부담보 특별약관」은 면책사항을 적용하기 위한 약관으로 면책사유의 요건은 엄격하게 해석하여야 하며 그 뜻이 명백하지 않거나 의심스러울 경우 고객보호의 측면에서 고객에게 유리하고 약관작성자에게 불리하게 제한 해석하여야 한다(약관해석의 원칙, 보통약관 「약관의 해석」 제3항).

2. 운전의 정의

「이륜자동차 운전 중 상해 부담보 특별약관」에서 "운전"에 대한 정의규정은 없으나 당해 특별약관 제4조(준용규정) 및 보통약관 제45조(준거법)에 따르면, "이 약관에서 정하지 아니한 사항은 대한민국 법령에 따릅니다"라고 규정하고 있고, 도로교통법 제2조 제24호에서는 "'운전'이라 함은 도로에서 차마를 그 본래의 사용방법에 따라 사용하는 것(조종을 포함한다)을 말한다"라고 규정하고 있으며, 법원(대법원 2009다9294 판결 참고)은 "운전은 원동기를 사용하는 고의의 운전행위로서 엔진의 시동뿐만 아니라 발진조작의 완료까지 요하는 것으로, 이는 주행상태가 아닌 주행의 전후단계로서 주・정차 상태에서 각종 부수적인 장치를 사용하는 것도 포함하는 자동차손해배상보장법 제2조에서 정하고 있는 '운행'의 개념보다는 좁은 개념에 해당된다"고 판시하고 있다.

3. 사례의 적용

2010년 4월 13일 ××남부경찰서에서 작성한 교통사고 사실확인원에 따르면 피보험자가 급차로 변경하는 불상의 차량을 피하기 위하여 자신의 오토바이를 정지하였으나 미치지 못하고 이륜자동차 뒷부분이 부딪혀 노상에 넘어지는 1차사고 이후에 후방에서 진행하여 오던 차량이 앞 범퍼로 이륜자동차 운전사 허리부분을 충격하는 2차사고가 발생하였는데 피보험자 허리부위 상해의 직접적인 원인이 된 2차사고 당시에는 피보험자가 노상에 넘어진 상태인바, 이러한 상태를 두고 당해 약관 및 도로교통법 제2조에서 정하고 있는 "운전"에 포함된다고 그 범위를 확대하여 해석할 수는 없는 것으로 보이고, 이러한 상태는 오히려 자동차손해배상보장법 제2조에서 정하고 있는 "운행"의 범주에 포함된다고 해석하는 것이 합리적인 해석이다.

또한 자동차손해배상보장법상의 운행은 자동차의 소유・사용・관리 중 발생한 사고가 자동차보험의 대상인지 여부를 판단하는 기준일 뿐이며, 동 건 사고와 관련된 상해보험에까지 범위를 확대하여 약관상의 명문규정 없이도 당연히 고려될 수 있는 판단기준이 될 수는 없다.

Ⅳ 사례의 해결

이 사례의 사고는 피보험자가 이륜자동차를 소유・사용・관리하는 경우에 해당되지 않아 「이륜자동차 운전 중 상해 부담보 특별약관」을 적용할 수 없으며, 견해를 달리하여 동 특별약관이 적용된다 하더라도 피보험자의 사고가 "이륜자동차를 운전하던 중 발생한 사고"라고 보기 어렵다. 그러므로 A보험회사는 피보험자의 이륜자동차 운전 중 발생한 사고에 대하여 의료비보험금과 후유장해보험금의 지급책임을 부담한다.

031 보험금 지급과 관련된 제도성 특별약관

Ⅰ 보험금 지급관련 제도성 특별약관의 개요

이 특별약관은 보험가입자의 필요에 따라 보험금을 받는 방법(보험금 수령방식 선택권(settlement options)이라고 한다)을 변경하거나 보험금 청구권자를 지정하는 특별약관으로서 보험계약의 체결당시 또는 보험기간 도중에 보험가입자가 선택하여 부가할 수 있다.

보험금 지급관련 특별약관은 「사망보험금 선지급서비스 특별약관」, 「사망보험금 양육연금전환 특별약관」, 「사후정리 특별약관」, 「지정대리청구서비스 특별약관」 등이 대표적이다.

Ⅱ 사망보험금 선지급서비스 특별약관

1. 특별약관의 개요

이 특별약관은 보장성 보험 중에서 사망을 보장하는 계약에 부가할 수 있다. 보험자는 피보험자의 여명이 6개월 이내로 판정된 경우에 피보험자의 신청에 따라 사망보험금의 50%를 선지급 사망보험금으로 지급한다.

이 제도를 생존급부제도(accelerated benefits, living benefits)라고 하며 죽음을 앞둔 피보험자의 생존을 위해 필요한 비용부담을 경감하기 위하여 사망보험금의 일부를 미리 지급하는 제도로서 사망보험급부를 확장하는 제도라고도 한다.

2. 특별약관의 적용

6개월 이내의 여명은 종합병원 전문의에 의한 판단에 한하며, 선지급 사망보험금은 피보험자의 신청에 의하여 청구할 수 있다. 청구에 의하여 선지급 사망보험금을 지급한 경우에는 해당 계약의 보험가입금액이 지급일에 감액된 것으로 한다. 다만, 사망보험금이 지급된 때에는 그 이후 이 특별약관의 보험금을 지급하지 않는다.

한편, 이 특별약관에서는 "보험금을 지급하지 아니하는 사유"에 대하여 별도로 정하고 있다. 그러므로 계약자 또는 지정대리청구인의 고의에 의하여 피보험자가 6개월 이내의 여명으로 진단된 경우에는 이 특별약관의 보험금을 지급하지 않는다.

Ⅲ 사후정리 특별약관

1. 특별약관의 개요

이 특별약관은 유족의 신속한 사후정리(예를 들어 장례의식)를 위하여 보험회사가 보험금의 지급심사 이전에 일정한 한도 내에서 사망보험금(재해사망보험금은 제외한다)의 일부 또는 전부를 지급하는 것을 내용으로 한다.

이 특별약관은 생명보험회사에서 판매하는 사망담보상품에 한하여 적용하며, 손해보험회사에서는 이 특별약관을 운영하지 않는다. 이 특별약관에 의하여 지급하는 사후정리금액은 일정한 한도(예를 들어 피보험자 1인당 3,000만원을 한도) 내에서 정하는 것이 일반적이다.

2. 특별약관의 주요 내용

이 특별약관의 보장개시일은 주계약의 계약일로부터 2년이 경과한 날에 개시한다. 다만, 보험수익자가 자연인이 아니거나 미성년자이거나 법정상속인(불특정한 자)인 경우에는 이 특별약관을 무효로 한다.

이 특별약관에 의하여 보험자가 청구서류를 접수한 때에는 접수한 날부터 1영업일 이내에 사후정리금액을 보험금으로 지급한다.

Ⅳ 지정대리청구서비스 특별약관

1. 특별약관의 개요

지정대리청구란 피보험자(피보험자이면서 동시에 수익자인 경우)가 질병 · 사고 등으로 의사능력이 제한되는 상태(예를 들어 식물인간상태)가 되거나 중대한 질병에 걸려서 보험금을 직접 청구할 수 없는 경우에 계약자가 피보험자의 동의를 받아 미리 지정한 대리인에게 수익자를 대리하여 보험금을 청구하고 수령할 수 있도록 한 제도이다. 즉, 제한능력자의 대리인제도와 그 성격을 같이한다.

기존에는 「선지급서비스 특별약관」에서만 "지정대리청구제도"를 정하고 있었으나 2009년 5월 이후에는 모든 질병 · 상해보험에서 이 제도를 적용할 수 있도록 변경되었으며, 현재의 "지정대리청구제도"는 기존과는 달리 그 성격상 "피보험자를 간병할 것으로 기대되는 사람"을 지정대리 청구인으로 한정하고 있다.

2. 특별약관의 주요 내용

이 특별약관은 모든 질병 · 상해보험에 특별약관으로 부가할 수 있으나 제도의 악용을 막기 위하여 사망보험에 대해서는 적용하지 않는다.

지정대리청구인은 "피보험자를 간병할 것으로 기대되는 사람"으로 볼 수 있는 ① 피보험자와 동거 또는 생계를 같이하는 법률혼 관계의 배우자, ② 피보험자와 동거 또는 생계를 같이하는 3촌 이내의 친족에 한한다. 이 약관에서 정하는 지정대리청구인은 그 성격이 보험수익자의 보험금청구권에 대한 권리를 부여받은 대리인에 해당하므로 보험자가 지정대리청구인에게 보험금을 지급한 경우에는 그 이후 보험자가 피보험자(보험수익자)의 보험금 청구를 받더라도 보험금을 지급하지 않는다. 지정대리청구인에게 보험금을 지급한 이후에 피보험자 본인이 의사능력을 회복하여 보험금을 청구한 경우에도 마찬가지이다.

손해사정사 기출문제 34회(2011년)

선지급 서비스 특별약관상 규정된 보험금 지급사유 및 보험금의 지정대리청구인에 관하여 기술하시오. (10점)

손해사정사 기출문제 41회(2018년)

제3보험의 「지정대리청구서비스 특약」에 의하면 보험계약자는 보험금을 직접 청구할 수 없는 특별한 사정이 있는 경우를 대비하여 계약 체결시 또는 계약 체결 후 보험금의 대리청구인을 지정할 수 있는데, 이 특약을 체결할 수 있는 “적용대상” 계약 및 “지정대리청구인의 자격”에 대해 기술하시오. (10점)

032 자동갱신 특별약관

I 갱신보험계약의 개요

여행보험, 레저보험을 제외한 대부분의 제3보험계약은 장기간의 계속거래 형태로 체결되는 것이 일반적이고, 제3보험에서 담보하는 위험인 상해·질병사고는 일반적인 인보험(사망보험)에 비하여 위험률의 변동이 큰 편이어서 보험계약체결 당시의 위험률만으로는 위험단체를 건전하게 유지할 수 없는 경우가 흔하다. 그러므로 대부분의 제3보험 상품은 변동되는 위험률을 보험료에 정확히 반영하기 위하여 "갱신보험계약"의 형태로 운영되고 있으며, 갱신기간은 주로 3년으로 정하고 있다(실손의료보험은 1년을 갱신기간으로 한다).

II 갱신보험계약의 법적 성질

제3보험의 「자동갱신 특별약관」 및 질병·암보험 관련 특별약관, 실손의료보험약관 등은 갱신보험계약의 법적 성질을 "기존 보험계약의 기한연장"으로 보는 규정을 두면서 갱신계약을 "보험기간의 연장"으로 처리하고 있다.

III 자동갱신특약의 보험기간

자동갱신특약이 적용되는 보장특약의 보험기간은 3년으로 하는 것이 일반적이다. 다만 이 특별약관의 갱신종료나이(최초계약을 체결할 때 약정한 갱신종료나이를 말한다)까지의 남은 기간이 갱신 전 보험기간보다 작을 경우(가령 갱신전 보험기간이 3년인 경우에는 이 특별약관의 갱신종료나이(최초계약을 체결할 때 약정한 갱신종료나이를 말한다)까지의 남은 기간이 3년 미만인 경우)에는 그 남은 기

간을 보험기간으로 한다.[35]

Ⅳ 자동갱신의 요건

갱신된 보험계약의 ① 만기일이 회사가 정한 기간 이내이고, ② 갱신일에 있어서 피보험자의 나이가 회사가 정한 나이 범위 이내이며, ③ 갱신전 보험계약의 보험료가 정상적으로 납입완료된 경우에는 기존의 계약과 동일한 내용으로 보험계약이 자동적으로 갱신된다.

Ⅴ 자동갱신의 효과

계약이 자동갱신되는 경우에는 종전의 보험계약과 동일한 내용으로 계약이 갱신된다. 그러므로 기존의 보험계약 당시의 약관을 적용한다. 다만, 갱신 당시에는 보험계약자가 알릴의무(갱신계약의 법적 성질에 따라 계약 후 알릴의무를 부담)를 부담한다.

갱신계약은 위험률의 변동을 반영하기 위한 것이므로 갱신된 보험계약의 보험료는 갱신시점의 위험률을 반영하여 결정된다. 또한 법령 및 금융위원회의 명령 등에 의하여 갱신당시의 약관을 적용할 수도 있다.

Ⅵ 제1회 보험료 납입연체로 인한 해지

계약자가 갱신계약의 보험료를 납입기일까지 납입하지 않은 경우에는 보험자는 납입최고기간을 정하여 최고한 후에 계약을 해지한다. 보험약관에 따라서는 "해제"라는 용어를 사용하기도 한다. 약관상 용어의 차이점은 갱신계약의 법적 성질을 어떻게 보느냐에 따른 것이다.

35) 예를 들어 48세의 피보험자가 3년 만기로 80세까지 갱신하는 경우 78세가 되는 갱신시점에서는 80세 갱신종료까지의 잔여보험기간이 3년보다 작으므로 3년 만기로 갱신하는 것이 아니라 2년 만기로 갱신한다.

Ⅶ 갱신보험계약의 보장개시

갱신계약은 갱신일(보장계약 만기일의 다음날) 당일부터 보장이 개시된다. 암보험, 치매보험 등과 같이 별도의 보장제외기간을 두고 있는 보험의 경우에 갱신 전 계약에서 보장제외기간이 이미 경과했다면 갱신계약에서 새롭게 보장제외기간을 인식하지 않는다. 갱신계약을 보험기간의 연장으로 보고 있기 때문이다.

033 제3보험 손해사정시 주요 검토사항

Ⅰ 제3보험의 손해사정

손해사정이란 손해액의 산정과 보험금 결정의 제반업무를 의미한다. 즉, 피보험자에 의한 보험금 청구가 접수되었을 때 손해발생의 확인, 약관 및 법규 적용의 적정성 판단과 더불어 해당 청구에 대한 보험사고의 조사, 보험금 지급심사, 손해액 및 보험금 산출, 보험수익자의 확정 등 보험금의 지급에 관련한 제반 업무를 포괄한다.

Ⅱ 제3보험 손해사정의 일반적 절차

손해사정은 일반적으로 사고접수와 사고조사 그리고 약관을 검토하여 보험금을 지급하고 보험금 지급 후 구상의 업무가 포함된다.

절차	내용
1. 사고접수	① 사고발생 통지의 접수 ② 보험금 청구서류의 접수 ③ 준비금 산정
2. 사고조사	① 서면심사 ② 현장조사(survey) ③ 지급지연 안내장 발송
3. 면부책 여부의 판단	① 담보 여부 검토 ② 계약상 하자 검토
4. 손해액 및 보험금 결정	① 손해액 산정 ② 보험금 산정
5. 보험금의 지급	① 보험금 지급 ② 지연이자 지급
6. 보험금지급 후의 업무	① 구상권행사

Ⅲ 제3보험의 사고유형별 주요 검토사항

제3보험의 사고를 상해 · 질병사망, 후유장해, 입원 그리고 진단 등으로 구분할 때 구체적인 검토사항은 다음과 같다.

사고유형	내용
공통	① 보험가입경위(설계사와 관계, 자진청약 여부, 원격지 계약 등) ② 계약자, 피보험자 및 수익자의 관계 ③ 소득과 보험료와의 관계(생활수준과 보험료의 적정성 여부) ④ 타 보험사 관련사항(다수 보험 가입시 각각의 가입시점 포함) ⑤ 근접사고 여부 ⑥ 직업 및 거주지관계(청약 및 사고시 직업 간의 비교 포함)
상해사망	① 약관상 상해(재해) 해당 여부 ② 사고장소(상해사고와 개연성 있는 장소, 사고 장소의 상황 등) ③ 사고발생 시점(사고발생 일시의 정확성) ④ 사고의 조작가능성 ⑤ 사체의 상태 및 사고내용과의 일치 여부 ⑥ 단독사고 및 목격자의 유무 ⑦ 과거병력 ⑧ 자살사유의 확인(유서 및 생활환경, 우울증 등 확인) ⑨ 계약자 등에 의한 타살가능성 여부 ⑩ 경찰 및 검찰의 수사결과 확인 등
질병사망	① 사인과 관계있는 과거병력의 확인 ② 사망진단서 확인(실제 사인과 진단서상의 사인의 일치 여부) ③ 사망시점의 확인(사망날짜의 조작 여부 등) ④ 발병시점 및 발병에서 사망에 이르는 치료과정의 적정성 ⑤ 가족력 및 가족의 주요 진료병원, 타인명의 치료 여부 등
후유장해	① 상해(재해)의 원인과 후유장해 상태의 인과관계 ② 사고장소 및 시점(사고발생가능성 여부) ③ 장해진단(장해진단 병원, 진단검사의 방법, 진단의 적정성 등) ④ 장해판정시점의 적정성 및 영구장해 여부 ⑤ 유관기관(산재, 자동차보험, 장애인복지법 등) 장해보상 여부 ⑥ 가해자의 관계 및 부상정도 ⑦ 병원 직원 및 브로커 등의 개입 여부
상해 · 질병입원	① 상해(재해)의 원인과 입원과의 인과관계 ② 과거병력 및 인과관계 여부 ③ 사고장소 및 시점(사고발생가능성 여부) ④ 적정입원기간(상해 및 질병유형에 따른 적정입원기간의 판단) ⑤ 외출 및 외박 등

암·CI진단, 수술	① 발병시점 및 진단시점 ② 진단방법 및 진단명의 일치 여부 ③ 과거병력 및 인과관계 확인 ④ 약관에서 정하는 수술 여부 등

Ⅳ 관련사례의 검토

손해사정사 기출문제 31회(2008년)

손해사정사 홍길동 씨는 갑(甲)보험회사로부터 아래와 같은 경위로 사망한 사고건에 대한 조사를 수임받았다. 보험수익자가 제출한 청구서류에는 아래의 정보 이외에 구체적으로 피보험자의 뇌출혈의 원인을 판단할 수 있는 근거나 각종 의학적 검사결과를 발견할 수 없었다. 본 보험은 피보험자가 재해사망시 질병사망보험금의 10배에 해당하는 고액의 재해사망보험금이 지급되는 보험으로 피보험자의 정확한 사망원인의 규명이 본 건 조사의 목적이다. 따라서 본 건 뇌출혈이 자발성인지 외상성인지를 구분하는데 일반적으로 유용한 의학적 판단기준을 약술하고, 손해사정사 홍길동 씨가 중점적으로 확인 및 조사하여야 할 주요 핵심사항을 서술하시오. (15점)

〈사고경위〉
수일 전부터 두통을 호소해왔으나 병원 내원사실 없이 지내오다가 사고당일 친구들과 술을 마시고 취한 상태에서 귀가하던 중 넘어져 쓰러진 상태에서 발견되어 내원하였으며 내원 후 약 2개월간 입원치료를 받던 중 사망함.

〈사망진단서상 진단명〉
뇌출혈

1. 뇌출혈의 재해 여부 판단기준

본 사례의 쟁점은 뇌출혈의 원인이 외상성인지 자발성인지 여부이다. 뇌출혈과 관련한 사고에서는 다음과 같은 점이 주로 확인해야 할 사항이다.

1) 뇌출혈 부위

일반적으로 지주막하출혈, 뇌실질내 출혈 등은 부위 특성상 자발성 뇌출혈일 가능성이 높다.

2) 혈종의 모양

대개 혈종이 불규칙하고 다발적인 경우에는 외상성이며, 단일적인 경우에는 자발성일 가능성이 높다.

3) 과거병력

고혈압, 뇌종양, 뇌동맥류 등의 병력이 있거나 치료받고 있는 경우에 따라 자발성과 외상성 판단의 주요 기준이 된다. iv) 외상의 흔적 : 두부골절이나 부종 등의 자료를 통해 외상성 내출혈 여부를 판단할 수 있다.

2. 손해사정시 조사 및 확인사항

사고당일의 사고현장상황과 피보험자의 혈중알코올농도는 해당 사고가 재해사고인지 여부를 따지는 데 중요하며, 뇌출혈과 관련한 과거병력을 확인하기 위하여 기존의 병력을 확인하여야 한다. 또한 해당 사고가 피보험자의 고의에 의한 사고일 수도 있으므로 자살로 추정되는 증거가 있는지 확인해야 한다.

2 편

손해사정 이론과 실무 **제3보험**

상해보험 · 질병보험 특별약관

| 제2편 상해보험 · 질병보험 특별약관 |

034 상해보험의 개요와 특징

I 상해보험의 개요와 특징

상법상 상해보험(accident insurance)이란 "계약자가 보험료를 지급하고 보험자가 피보험자의 신체의 상해에 관한 보험사고가 생길 경우에 보험금액의 지급 또는 기타의 급여를 할 것을 약정함으로써 효력이 생기는 보험"이다(상법 제737조 참고).

보험업법은 상해보험을 제3보험의 일종으로 보고 있다. 보험업감독업무시행세칙은 상해보험을 "상해를 보장하는 계약"이라고 하면서 구체적으로는 "우연하고도 급격한 외래의 사고로 사람의 신체에 입은 상해에 대하여 치료에 소요되는 비용 및 상해의 결과에 기인한 사망 등의 위험보장을 목적으로 하는 보험"이라고 정의하고 있다(보험업감독업무 시행세칙 제19조, 보험상품 구분기준).

II 상해보험의 특징

상해보험은 제3보험 분야의 대표적 보험으로서 제3보험의 전반적인 특징을 함께 가지고 있다.

1. 보험사고의 특성

생명보험의 보험사고는 피보험자의 생존이나 사망으로서 사망 자체는 확실하고 발생시기가 불확실한 반면에 상해보험에서의 보험사고는 급격하고도 우연한 외래의 사고에 의한 신체의 상해로 인한 사망, 후유장해 등이므로 사망 등의 발생 여부까지도 불확실하다. 그러므로 상해보험은 인보험의 일종임에도 불구하고 손해보험의 보험사고와 그 특징이 다르지 않다.

2. 보험사고와 직업 · 직무

상해보험은 피보험자의 직업 또는 직무에 따라서 사고발생의 위험이 달라진다. 그러므로 피보험자의 직업·직무는 언더라이팅의 중요한 기준이며, 보험료를 차등화시키는 요인이 된다(보험실무에서는 피보험자의 직업에 따라 위험등급을 나누고 있다). 또한 상해보험은 질병보험과 달리 계약체결 이후에 피보험자의 직업·직무 등이 변한 경우에 이를 통지하는 규정(상법 제652조의 준용)을 두고 있다.

3. 피보험이익, 보험가액 개념의 부재

상해보험은 사람의 신체가 보험의 목적에 해당하므로 사람의 신체에 대한 금전적인 평가를 개념적으로 인정하지 않는다. 그러므로 피보험이익(피보험자가 보험목적에 대하여 가지는 경제상의 이해관계)의 개념이 적용되지 않고, 그에 따라 보험가액(피보험이익의 금전평가액)의 개념도 없다. 그 결과 일부 초과보험 등의 규정이 적용되지 않으므로 다른 보험급부의 존재 여부와 관계없이 중복하여 보험금이 지급된다. 다만, 실비변상 성격의 보험은 실손보상원칙에 의하여 비례보상규정이 적용된다(상해로 인한 실손의료보험, 해외여행 특별비용 등).

4. 중대한 과실의 담보

상법상 사망을 보험사고로 한 계약에서는 중과실을 담보하도록 되어 있고(상법 제732조의2) 이 규정은 상해보험에도 준용되므로(상법 제739조) 보험자는 계약자, 피보험자, 수익자의 중과실에 의한 상해사고에 대하여도 보상책임을 부담하여야 한다.

그러므로 음주·무면허(중과실 사고로 해석, 89다카17591 판결)로 인한 상해사고는 중과실 사고에 해당하므로 상해보험의 담보대상이 된다. 그러나 음주·무면허 운전의 범죄성 및 도덕적 위험성을 인식하여, 반사회적이고 고도의 위험성이 있는 중과실사고로 보고 면책해야 한다는 주장이 제기되고 있다(상법 개정안 제737조의2).

5. 피보험자의 제한 등

타인의 생명을 보험사고의 대상으로 하는 상해보험은 계약을 체결할 때 타인의 서면동의를 요한다(상법 제731조). 상해보험은 생명보험의 규정을 준용하기 때문이다.

상해보험의 경우에도 15세 미만자 등의 상해사망담보는 무효이다(상법 제732조). 그 본질이 상해보험이 아닌 사망보험이기 때문에 생명보험의 규정이 적용되는 것이다. 그러나 15세 미만자, 심신상실자, 심신박약자의 상해로 인한 후유장해, 입원, 수술 등을 담보하는 상해보험은 유효하다(상법 제739조).

6. 보험수익자의 존재

상해보험은 인보험의 일종이기 때문에 손해보험과 달리 상해보험에서는 피보험자의 사망시 보험금을 수령할 수 있는 보험수익자가 존재해야 한다. 그러므로 상해보험의 피보험자와 보험수익자가 서로 다른 경우가 흔하고, 그 결과 도덕적 위험이 발생할 여지가 있다.

7. 약정대위권의 인정

상해보험의 경우 당사자 간에 다른 약정이 있는 때에 한하여 피보험자의 권리를 해치지 아니하는 범위 안에서 보험자는 그 권리를 행사할 수 있다(상법 제729조). 그러나 현재 판매되는 제3보험 약관 중에서 보험자대위를 규정하고 있는 약관은 없다.

035 상해보험의 보험사고의 요건

I 상해의 정의

제3보험 보통약관(2014.4.1 이후)은 「용어의 정의」에서 "상해 : 보험기간 중에 발생한 급격하고도 우연한 외래의 사고로 신체(의수, 의족, 의안, 의치 등 신체보조장구는 제외하나, 인공장기나 부분 의치 등 신체에 이식되어 그 기능을 대신할 경우는 포함합니다)에 입은 상해를 말합니다"라고 정하고 있다. 그러므로 상해를 정의할 때에는 급격, 우연, 외래의 성격을 가진 사고에 의한 신체의 손상이라는 개념이 필수적이다.

II 상해보험의 보험사고의 요건

1. 급격한 사고(violent peril)

1) 급격한 사고의 정의

법원은 "상해란 외부로부터의 우연한 돌발적 사고로 인한 신체의 손상을 말한다(선고 2001다27579 판결)"라고 정의하면서 급격성에 대하여 "돌발적 사고"로 정의하고 있다. "돌발적 사고"라는 개념에는 시간적으로 급박한 상태라는 의미가 포함된다. 그러나 급격성은 반드시 사고가 시간적으로 갑작스럽게 일어난 것만을 의미하는 것이 아니고, 피보험자가 예견하지 아니하였거나 예견할 수 없었던 순간에 사고가 생긴 것을 말한다(2003나37183 판결).

그러므로 급격이란 피보험자가 피할 수 없는 상태(예견할 수 없었던 순간)에서 사고가 발생한 것을 말한다. 개념상 급격성은 우연성에 일부 포함되거나 혹은 우연성이나 외래성을 보완하는 개념으로 볼 수 있으나, "우연"이나 "외래"를 보완하여 계속 반복적으로 누적된 신체의 작용이 점차 진전되어 자연적 원인으로 발생하는 질병 등과는 명확히 구별하여야 할 것이다.

2) 급격한 사고와 약물중독

상해 여부를 결정할 때에 급격성을 고려하는 경우는 흔치 않다. 그러나 급격성이 고려되는 사고는 "약물중독"의 경우이다. 복용의 부작용으로 인한 상해는 약물복용의 효과가 계속 누적됨으로써 어느 시점에 나타나는 것이 일반적인데, 법원은 부작용을 예상할 수 없었던 사람의 입장에서는 급격하게 상해가 생긴 것으로 보아야 하므로 약물복용의 부작용으로 입은 상해는 보험계약에서 정한 보험사고인 "우연한 외래사고"에 해당한다고 보고 있다(2003나37183 판결).

2. 우연한 사고(accidental peril)

1) 우연한 사고의 정의

상해 여부를 판단할 때의 우연한 사고란 피보험자의 고의에 의한 것(의도한 것)이 아닌 뜻하지 않은 사고(예측할 수 없는 사고)를 말한다. 법원은 상해보험 보험사고의 요건 중 "우연한 사고"라 함은 사고가 피보험자가 예측할 수 없는 원인에 의하여 발생하는 것으로서, 고의에 의한 것이 아니고 예견치 않았는데 우연히 발생하고 통상적인 과정으로는 기대할 수 없는 결과를 가져오는 사고를 의미하는 것이며, 이러한 사고의 우연성에 관해서는 보험금 청구자에게 그 입증책임이 있다는 견해이다(2001다55499, 2003다35215 판결 등).

2) 만취상태의 사고와 우연성

일반적인 사고는 피보험자의 고의에 의한 것이 아닌 이상 비록 타인의 고의에 의한 것이라고 해도 우연성을 만족하는 것이 일반적이다. 그러나 술에 취한 상태에서 발생한 사고와 관련해서는 우연성에 대한 판단이 필요하다. 법원은 술에 취하여 자다가 구토로 인한 구토물이 기도를 막음으로써 사망한 경우에는 보험약관상의 급격성과 우연성이 충족된다고 보고 있으며(98다28114 판결), 술에 취한 상태에서 출입이 금지된 지하철역 승강장의 선로로 내려가 전동열차에 부딪혀 사망한 경우에 비록 피보험자에게 판단능력을 상실 내지 미약하게 할 정도로 과음을 한 중과실이 있음에도 불구하고 우연성을 인정한다(2010다12241 판결). 더군다나 술에 취한 피보험자가 타고 있던 택시에서 내려서 다리 아래로 뛰어내려 사망한 경우에도 기억 및 판단 등의 능력이 미약한 상태에서 아무런 사고작용 없이 단순히 반사적으로 반응하다가 급기야 명정상태(酩酊狀態, 알코올에 의한 마취작용이 발휘된 상태)에서 목적성을 상실한 나머지 충동적으로 다리 아래로 뛰어내려 익사한 것으로 보고 피보험자가 예견하지 못한 우발적인 사고에 해당한다고 보고 있다(98다16043 판결).

생각건대, 음주운전이나 알코올중독에 의한 사고에 대하여 상해사고로 인정하는 것은 다수의 선량한 상해보험계약자들의 보험료를 부당하게 상승시키는 요인이 될 뿐만 아니라 일반적인 사회의 인식에도 반하므로 피보험자의 음주에 대한 언더라이팅 기준을 높이거나 별도의 특별약관을 신설하거나 혹은 상법을 개정하여 만취자에 대한 상해를 인정하지 않도록 해야 할 것이다.

3. 외래의 사고(external peril)

1) 외래의 사고의 정의

상해보험에서 외래의 사고란 상해 또는 사망의 원인이 피보험자의 신체적 결함, 즉 질병이나 체질적 요인 등에 기인한 것이 아닌 외부적 요인에 의해 초래된 모든 것을 의미하고(98다28114 판결), 신체의 내부적 원인에 기인한 것은 제외한다(분쟁조정 제2005-26호).

그러므로 추락(2010다6857 판결)은 물론 익사(98다16043 판결)도 외래의 사고이며, 만취로 인한 사고(2010다12241 판결)도 외래의 사고이다. 그러나 외래의 사고의 정의는 너무 포괄적이기 때문에 대부분의 사고가 외래의 사고가 될 수 있다. 예를 들어 화상, 일사병, 식중독, A형 간염, 광견병, 말라리아 등은 모두 그 원인이 신체의 외부에서 기인한 것으로서 외래의 사고로 해석될 여지가 있으므로 보험실무에서 분쟁이 생길 여지가 있다.

2) 생명보험에서 외래의 사고의 범위

생명보험회사에서 판매하는 상해보험의 경우에도 상해사고에 대하여 "우발적인 외래의 사고"로 정의하고 있으므로 손해보험의 급격, 우연, 외래의 사고와 크게 다르지 않다. 그러나 생명보험의 재해분류표에서는 "질병, 또는 체질적 요인이 있는 자로서 경미한 외인에 의하여 발병하거나 그 증상이 더욱 악화되었을 때에는 그 경미한 외인은 우발적인 외래의 사고로 보지 아니합니다"라고 규정함으로써 상해사고로 인정되는 외래의 사고의 범위를 축소하고 있다.

생각건대, 법원에서 생각하는 외래사고의 정의가 너무 포괄적이므로 상해보험 약관에서 외래사고의 범위를 보다 명확히 할 필요가 있다. 이러한 점에서 생명보험에서 채택하고 있는 "경미한 외부요인"은 손해보험에서도 반영할 필요가 있다.

Ⅲ 상해보험사고와 인과관계

1. 사회적 · 법적 인과관계

민사분쟁에 있어서의 인과관계는 의학적 · 자연과학적 인과관계가 아니라 사회적 · 법적 인과관계이고, 그 인과관계는 반드시 의학적 · 자연과학적으로 명백히 입증되어야 하는 것은 아니며(대법원 69다1130, 77다686, 94누7935 판결 등 참조), 상해보험약관상의 상해의 직접 결과로 사망, 후유장해가 발생하였을 때 등에 대한 의미도 이와 같은 견지에서 이해되어야 한다(99다67147 판결).

예를 들어 법원은 대퇴부에 산탄총알을 맞고 수차례 수술을 받은 피보험자가 수술 후 5일 만에 갑자기 심근경색으로 사망한 사고에 대하여 피보험자에게 심근경색의 위험인자인 당뇨병이 지병으로 있었음에도 불구하고 산탄총알을 맞은 상해와 수차에 걸친 수술 및 장기간의 입원 등으로 유발된 전신쇠약 등으로 인하여 심근경색에 이르게 되었다고 보고 상해보험의 보험사고로 인정하였다(99다67147 판결).

2. 인과관계의 입증책임

상해보험금의 청구권자는 상해보험약관에서 담보하는 사고로 손해(예를 들어 상해로 인한 사망)가 발생하였음을 입증하여야 한다. 그러므로 피보험자 등은 보험사고의 요건인 우연성을 입증할 책임이 있을 뿐만 아니라(2003다35215 판결) 외래적인 사고와 상해 또는 상해로 인한 사망 사이의 인과관계에 대한 입증책임을 부담하여야 한다(2010다12241 판결).

예를 들어 의사의 사체 검안만으로 피보험자의 사망 원인을 밝힐 수 없음에도 유족의 반대로 부검이 이루어지지 않은 경우, 그로 인한 불이익은 사망 원인을 밝히려는 증명책임을 다하지 못한 유족들이 감수하게 된다(2010다12241 판결).

Ⅳ 신체의 상해

상법과 보험업법 그리고 상해보험약관은 피보험자의 "신체의 상해" 또는 "신체에 입은 상해"를 보험금을 지급하는 사유로 정하고 있다. 흔히 상해란 "다치는 것"을 말하며, 법원은 "신체의 완전성을 훼손하거거나 생리적 기능에 장애를 초래하는 것"이라고 말하면서(99도4305 판결, 상해죄에서의 상해) 반드시 외부적인 상처가 있어야만 하는 것이 아니고, 여기서의 생리적 기능에는 육체적 기능뿐만 아니라 정신적 기능도 포함된다(98도3732 판결)고 정의하고 있다. 그러므로 피보험자의 신체에 발병한 질병, 선천적인 신체의 결함, 자연적으로 발생할 수 있는 노화 등은 "신체의 상해"로 해석되기 어렵다.

피보험자의 "신체"에는 의수, 의족, 의안, 의치 등 신체보조장구가 제외된다. 그러나 인공장기나 부분 의치 등 신체에 이식되어 그 기능을 대신할 경우에는 신체에 포함한다. 그러므로 탈부착이 가능한 틀니에 입은 손상은 피보험자의 신체에 입은 손해가 아니므로 상해보험에서 담보하지 않지만, 임플란트 틀니의 손상은 신체의 손상에 포함된다. 한편, 기존의 약관(2010년 4월 1일 이전)에서는 인공장기 등에 대하여 신체의 범위에 포함시킬지를 별도로 명시하지 않았으나 현행 약관은 인공장기 등을 신체에 포함시킴으로써 분쟁을 방지하고 있다.

036 상해사례의 검토 : 입증책임 I

분쟁조정 제2013-13호 찜질방 불가마 내에서 수면중 사망사고의 상해 여부

■ 피보험자 A는 B손해보험(주)와 아래와 같이 2건의 보험계약을 체결하였음

구분	보험기간	피보험자	주요 보장내용
□□상해보험	2009.5.29 ~ 2029.5.29	A	• 상해사망보험금 2천만원
△△운전자보험	2009.11.27 ~ 2029.11.27		• 교통상해사망보험금 1천만원

- 2009.5.29 및 2009.11.27 : 피보험자, 각 보험계약 체결
- 2010.5.14 : 피보험자, 저녁 늦게 사우나 입실
- 2010.5.15 1시 30분경 : 피보험자, 사우나에서 취침 후 귀가하겠다고 가족에게 유선통보
- 2010.5.15 6시 57분 이전(추정) : 피보험자, 사우나 불가마실에서 사망*
  - * [◆◆경찰서 변사사건 조사내용] : 사우나 보석불가마실 입구 앞에 사우나 옷을 입은 채 입에 거품을 물고 쓰러져 있고 … 온도가 높은 불가마실에 오랜 시간 동안 있어 팔과 다리 피부가 까져 있는 상태로서 특별한 외상 발견할 수 없음
  - * [◈◈의원 발행 시체검안서] 직접사인 : 미상, 사망의 종류 : 기타 및 불상
- 2012.4.28 : 신청인, 보험금 청구

I 보상하는 손해에 해당하는지 여부

상해보험약관상 "보상하는 손해"에 해당하려면 사고가, 첫째 급격성, 우연성, 외래성 등 세 가지 요건을 충족하여야 하고, 둘째 그 사고와 상해, 즉 원인과 결과 사이에 상당인과관계가 존재하여야 한다. 상해보험약관상 "급격하고도 우연한 외래의 사고"라 함은 객관적으로 사고가 갑작스럽게 발생하거나 피보험자가 주관적으로 예견하지 아니하였거나 예견할 수 없는 순간에 발생하고(급격성), 계약자 등의 자발적인 의사에 의하지 아니하며(우연성), 상해 또는 사망의 원인이 피보험자의 신체적 결함, 즉 질병이나 체질적 요인이 아닌 외부 요인에 의한 모든 것(외래성)을 의미한다고 할 것이다(대법원 2010다12241 판결).

이 사례에서 고온의 밀폐 공간에서 질식사고가 발생했다면 피보험자가 예견하지 아니하였거나 예견하지 못한 것일 뿐만 아니라 자발적인 의사에 의한 것도 아니므로 이는 약관상 "급격성"과 "우연성"을 각각 충족한 것으로 봄이 상당하며, 관할 경찰서에서 작성한 변사사건 조사기록에 따르면 피보험자가 "술을 마신 채 동 사우나 74도의 뜨거운 보석 불가마실에 들어가 찜질을 하며 잠을 자다 가마실의 높은 온도에 의해 질식 사망한 것"이라는 추정 외에 피보험자에게 평소 사망에 이를 만한 질병이나 체질적 요인이 있었다고 단정할 수 있는 증빙도 찾아볼 수도 없으므로 "외래성"도 충족한다 할 것이다.

II 인과관계의 입증을 다한 것으로 볼 수 있는지 여부

보험자는 상해사고와 그 결과 사이의 인과관계에 대한 입증책임은 보험금 청구권자가 부담하며, "망인에 대한 부검을 실시하지 아니하여 사망원인을 알 수 없는 경우 이에 따른 불이익은 유족들이 감수하여야 한다"는 판례 등에 비추어 관련 보험금을 지급할 책임이 없다고 주장하고 있으나, 민사분쟁에서 있어서의 "인과관계"라 함은 의학적 · 과학적 인과관계가 아니라 사회적 · 법적 인과관계를 의미하므로 반드시 의학적 · 과학적으로 명백히 입증되어야 하는 것은 아니며(2006다72734 판결), 일반 경험칙상 사고의 개연성이 충분히 존재한다면 그 원인(사고)과 결과(상해) 사이의 "사회적 · 법적 인과관계"가 인정된다 할 것이다. 또한 유사한 사례(2006다72734 판결)[1]에서도 사우나에 방치될 경우 급사의 위험을 인정한 바 있고, 이 사례의 경찰서 변사사건 조사기록에서도 "술을 마신 채 동 사우나 74도의 뜨거운 보석 불가마실에 들어가 찜질을 하며 잠을 자다 가마실의 높은 온도에 의해 질식 사망한 것"으로 추정하고 있으므로 "사회적 · 법적 인과관계"를 부인하기 어렵다.

특히 입증 책임과 관련한 2010다12241 판결은 최근의 의학적 연구 및 실험 결과 그 동안 "밀폐된 공간에서 에어컨을 켠 채 잘 경우 저체온증으로 사망할 수도 있다"는 사회적 · 법적 인과관계를 더 이상 인정할 수 없다는 의미이지 단지 부검을 실시하지 아니하였다는 사실만으로 보험금 청구권자가 그 입증 책임을 다하지 못했다고 단정한 것은 아니라고 봄이 타당하다.

1) 이 판례는 음주 후 사우나나 불가마에 방치될 경우 혈관의 과도한 확장에 의한 저혈압 및 부정맥의 위험성 및 그로 인한 급사의 위험성이 증가하여 심혈관질환이 없는 사람의 경우에도 급사가능성이 있다고 판단하였다.

Ⅲ 보상하지 아니하는 손해에 해당하는지 여부

불가마 내의 고온에 의한 질식 외에는 피보험자에게 평소 사망에 이를 만한 질병이나 체질적 요인이 있었다고 추단할 만한 어떠한 자료도 찾아볼 수 없으므로 피보험자의 사망이 면책원인으로 볼 수 있는 질병에 의한 것이라고 주장하기 어렵다.

Ⅳ 사례의 해결

보험자는 상해사망보험금인 2천만원에 대하여 보험금 지급책임을 부담한다. 이 사고가 운전자보험의 교통사고로 볼 수 없는 것은 명백하므로 교통상해사망보험금의 지급책임은 발생하지 않는다.

037 상해사례의 검토 : 입증책임 II

분쟁조정 제2013-14호 익사추정 사망사고의 상해 여부

■ 피보험자 A는 B손해보험(주)와 아래와 같은 보험계약을 체결하였음

구분	보험기간	피보험자	주요 보장내용
○○상해보험	2011.12.18 ~ 2012.12.18	A	• 상해사망보험금 2억원
			• 상해후유장해보험금 2억원

- 2011.12.18 : 피보험자, 보험계약 갱신*
  * 2003.12.13 최초계약 체결 후 자동연장
- 2012.6.23 : 피보험자, ▲▲시 ★★★동 부근에서 행방불명*
  * 2012.6.23경 ▲▲시 ★★★동 소재 모텔 앞에서 차량 접촉사고 후 23시 10분경 ▲▲시 △△대학교 후문 앞 도로에서 택시에 승차하는 모습이 마지막으로 목격됨
- 2012.7.3 : 피보험자, ▲▲시 인근 해상에서 변사체로 발견
  * [사건사고사실확인원]
    목격자가 ▲▲시 ▽▽면 소재 ◇◇도와 ☆☆도 간 다리공사 현장(해상)을 항해하던 중 표류하고 있는 변사체를 발견, ▲▲해양경찰서가 작성한 2012.7.3.자 "내사요지 및 경찰의견"에 따르면 피보험자의 사망원인에 대해 "실족하여 해상에 추락, 익사하여 사망한 것으로 추정"
  * [▼▼의원 발행 시체검안서]
    사망의 종류 : 기타 및 불상, 사망의 원인 : 미상, 시체검안 기록에 의하면 "물을 먹지 않은 상태(익사가 아닌 것으로 추정됨)"로 기재됨. 유족은 망인에 대한 부검을 거부하였음
- 유족은 피보험자의 사망원인은 익사 외에 다른 사유는 찾아볼 수 없고 피보험자의 사고는 약관상 보상하는 손해에 해당하므로 상해사망보험금의 지급을 청구함

Ⅰ 사례의 쟁점

보험자는 "피보험자가 보험기간 중에 발생한 급격하고도 우연한 외래의 사고로 신체에 입은 상해의 직접결과로써 사망한 경우"에 상해사망보험금의 지급책임을 부담하는 바 본 건 사고의 상해 여부에 대한 입증의 정도가 가장 주된 쟁점이다.

Ⅱ 입증책임의 부담

1. 입증책임의 부담원칙

상해사고와 그 결과 사이의 인과관계에 대한 입증책임은 보험금 청구권자가 부담한다. 예를 들어, 피보험자가 과수원 돌담 보수를 위해 돌을 운반하던 중 불상의 이류로 사망한 사례에서 망인의 입술이 청색증의 증상을 나타내고 정확한 사망원인을 알 수 없는 돌연사로서 외래의 사고로 인한 것임을 인정할 자료도 없는 경우에 상해사망을 인정하지 않는다(2001다27579 판결).

2. 사례의 적용

본 건은 유족의 부검거부로 사망원인을 알 수 없게 되었으므로 부검을 통해 사망원인이 밝혀진 경우보다 더 유리하게 사망원인을 추정할 수 없고 그에 따른 불이익은 유족이 감수하여야 한다(2010다12241 판결).

또한 피보험자가 다리에서 추락·사망하였으나 사고경위를 전혀 알 수 없는 경우 "망인이 물구경을 하다가 어지럼증으로 인하여 난간을 넘어 추락하여 사망한 것"으로 인정할 만한 근거가 없다는 판결(2010나109055 판결)과 마찬가지로 이 사례에서도 상해사고를 입증할 만한 증거가 없다.

Ⅲ 사회적·법적 인과관계

보험분쟁에서 인과관계란 의학적 · 과학적 인과관계로 명백히 입증되어야 하는 것이 아니라 사회적 · 법적 인과관계를 의미하지만(2006다72734 판결 등), 본 건의 시체검안 기록에서는 "물을 먹지 않은 상태 : 익사가 아닌 것으로 추정됨"으로 기재하고 있으므로 사고에 의한 익사로 단정하기 어렵다.

Ⅳ 사례의 해결

본 건 사고는 해당 상해사망보험약관에서 정하고 있는 "보상하는 손해"에 해당한다고 볼 수 없다. 그러므로 보험자는 보험금 지급책임을 부담하지 않는다.

038 생명보험의 상해보험사고

재해분류표 **생명보험 표준약관 부표4.**

재해분류표

1. 보장대상이 되는 재해
   다음 각 호에 해당하는 재해는 이 보험의 약관에 따라 보험금을 지급합니다.
   ① 한국표준질병・사인분류상의 (S00 ~ Y84)에 해당하는 우발적인 외래의 사고
   ② 감염병의 예방 및 관리에 관한 법률 제2조 제2호에서 규정한 감염병
2. 보험금을 지급하지 않는 재해
   다음 각 호에 해당하는 경우에는 재해분류에서 제외하여 보험금을 지급하지 않습니다.
   ① 질병 또는 체질적 요인이 있는 자로서 경미한 외부 요인으로 발병하거나 그 증상이 더욱 악화된 경우
   ② 사고의 원인이 다음과 같은 경우
   - 과로 및 격심한 또는 반복적 운동(X50)
   - 무중력 환경에서의 장시간 체류(X52)
   - 식량부족(X53)
   - 물부족(X54)
   - 상세불명의 결핍(X57)
   - 고의적 자해(X60 ~ X84)
   - 법적 개입 중 법적 처형(Y35.5)

   ③ "외과적 및 내과적 치료 중 환자의 재난(Y60~Y69)" 중 진료기관의 고의 또는 과실이 없는 사고(단, 처치 당시에는 재난의 언급이 없었으나 환자에게 이상반응이나 합병증을 일으키게 한 외과적 및 기타 내과적 처치(Y83~Y84)는 보장)
   ④ "자연의 힘에 노출(X30 ~ X39)" 중 급격한 액체손실로 인한 탈수
   ⑤ "우발적 익사 및 익수(W65~W74), 기타 호흡과 관련된 불의의 위협(W75~W84), 눈 또는 인체의 개구부를 통하여 들어온 이물질(W44)" 중 질병에 의한 호흡장해 및 삼킴장해
   ⑥ 한국표준질병・사인분류상의 (U00 ~ U99)에 해당하는 질병

※ (   ) 안은 제6차 개정 한국표준질병・사인분류(통계청고시 제2010-246호, 2011.1.1 시행)상의 분류번호이며, 제7차 개정 이후 상기 재해 이외에 추가로 위 1 및 2의 각 호에 해당하는 재해가 있는 경우에는 그 재해도 포함되는 것으로 합니다.

I 생명보험회사에서 판매하는 상해보험

생명보험의 경우에도 제3보험을 다룰 수 있으므로 상해보험을 판매하고 있다. 그런데 생명보험의 상해보험상품은 보험업감독업무 시행세칙상 생명보험 표준약관을 적용하고 있기 때문에 질병·상해보험 표준약관을 적용하는 손해보험과 담보의 방식에서 차이가 있다.

II 생명보험 상해보험의 보험사고

1. 우발적인 외래의 사고

생명보험 재해분류표에 의하면 "한국표준질병·사인분류상의 S00~Y84에 해당하는 우발적인 외래의 사고"를 상해사고로 담보한다. 생명보험에서 담보되는 보험사고의 요건 중 우발적인 사고라 함은 "피보험자가 예측할 수 없는 원인에 의하여 발생하는 사고로서 고의에 의한 것이 아니고 예견치 않았는데 우발적으로 발생하고 통상적인 과정으로는 기대할 수 없는 결과를 가져오는 사고를 의미하고, 외래의 사고라 함은 사고의 원인이 피보험자의 신체적 결함 즉 질병이나 체질적 요인 등에 기인한 것이 아닌 외부적 요인에 의해 초래된 것"을 의미한다(2010다6857 판결).

그러므로 생명보험의 "우발적인 사고(우연한 돌발적인 사고, 2006가단40092 판결)"라는 용어가 비록 손해보험과 다름에도 불구하고 손해보험의 급격성(예견할 수 없는 사고)과 우연성(고의에 의한 것이 아닌)을 모두 포함하고 있으므로 손해보험과 생명보험의 상해사고를 서로 달리 해석할 이유가 없다. 다만, 생명보험은 한국표준질병·사인분류에서 정한 것에 제한한다는 차이점은 여전하다.

2. 재해분류표에 열거한 사항 등

생명보험의 상해보험은 재해분류표에서 열거한 사항에 한하여 상해로 인정한다. 재해분류표에는 손해보험에서는 상해로 인정하지 않고 있는 법정 전염병이 포함된다(감염병의 예방 및 관리에 관한 법률 제2조 제2호에서 규정한 감염병). 여기서 법정 전염병이란 A형 간염, 장티푸스, 콜레라, 파라디푸스, 세균성 이질, O－157(장출혈성 대장균 감염병)을 말한다. 한편, 재해분류표에서는 "질병 또는 체질적 요인이 있는 자로서 경미한 외부요인으로 발병하거나 그 증상이 더욱 악화된 경우"를 상해의 담보범위에서 제외하고 있다. "경미한 외부요인"의 판단은 해당 사고의 성격과 피보험자의 신체상태 등을 종합적으로 고려하여 법원이 판단하여야 할 사항이다. 보험실무에서는 피보험자의 상해가 기여한 정도가 20% 미만인 경우를 경미한 외부요인으로 보고 있다.[2)]

Ⅲ 손해보험 상해보험과의 차이점

생명보험의 상해보험은 ① 포괄위험담보방식인 손해보험과 달리 열거위험담보방식이라는 점, ② 법정 전염병을 상해의 범위에 포함하고 있다는 점, ③ 경미한 외부요인에 대하여는 상해로 인정하지 않는다는 점, ④ 의료과실(Y83~Y84)을 명시적으로 상해로 인정하고 있다는 점 등에서 손해보험의 상해보험과 차이를 보인다.

2) 예를 들어 협부형 척추 전방 전위증의 기왕증을 가지고 있던 피보험자가 자동차 사고로 척추 운동장해가 발생하였다면, 기왕증의 기여도가 40%라고 하여도 "경미한 외부요인"으로 볼 수는 없으므로 생명보험회사는 상해후유장해보험금 전액을 지급하여야 한다(2004가합52298 판결).

039 일반상해사망 · 후유장해 특별약관

I 일반상해사망보장 특별약관

1. 보험금의 종류, 지급사유

보험자는 보험증권에 기재된 피보험자가 일반상해사망 특별약관의 보험기간 중에 보통약관의 「보험금의 종류 및 지급사유」에서 정한 상해를 입고 그 직접결과로써 사망한 경우(질병으로 인한 사망은 제외한다)에 보험수익자에게 이 특별약관에서 정한 보험가입금액 전액을 사망보험금으로 지급한다.

2. 보험금 지급에 관한 세부규정

「보험금의 종류 및 지급사유」에서 정한 사망에는 보험기간에 실종선고를 받은 경우(일반실종, 특별실종)와 관공서에서 수해, 화재나 그 밖의 재난을 조사하고 사망한 것으로 통보한 경우(인정사망)를 포함한다.

기존의 약관에서는 민법에서 정한 바와 달리 "그러한 사고가 발생한 때"를 사망한 것으로 인정하고 있었으나 현행 약관(2014.4.1 이후)은 민법에서 정한 대로 실종선고의 경우 법원에서 인정한 실종기간이 끝나는 때에 사망한 것으로 보며, 인정사망의 경우에도 가족관계등록부에 기재된 사망연월일을 기준으로 한다.

3. 특별약관의 소멸

"보험금의 종류 및 지급사유"에서 정한 사망보험금 지급사유가 발생한 경우에 이 특별약관은 소멸하며, 해지환급금을 지급하지 않는다. 그러나 상해 외의 사유(예를 들어 질병으로 인한 사망)로 특별약관이 소멸한 경우에 보험자는 「보험료 및 책임준비금 산출방법서」에서 정하는 바에 따라 회사가 적립한 이 특별약관의 책임준비금을 지급한다. 다만, "중대사유로 인한 해지"에 해당하는 경우에는 해지환급금을 지급한다.

Ⅱ 일반상해사망 유족자금보장 특별약관

1. 일반상해사망 특별약관과 동일한 사항

일반상해사망 유족자금 특별약관의 보험금의 지급사유, 보험금 지급에 관한 세부규정, 계약의 소멸 등은 일반상해사망 특별약관과 같다.

2. 일반상해사망 유족자금

피보험자가 보험기간 중 상해로 사망한 때에는 최초 1회에 한하여 상해사망 유족자금을 일정기간 동안(일반적으로 10년 동안) 지급한다. 사고발생일을 알 수 있는 경우에는 유족자금을 매월 사고발생일에 확정지급하며, 사고발생일이 없는 때에는 사고발생일이 속하는 달의 말일에 지급한다. 예를 들어 사고발생일이 2014년 1월 15일인 경우에는 매월 15일(첫 보험금은 2014년 2월 15일)에 보험금을 지급하며, 정확한 사고발생일을 알 수 없으나 2014년 1월 중에 사망한 경우에는 매월 말일(첫 보험금은 2014년 2월 28일)에 사고일로 매월 10년간 확정적으로 지급한다.

만일 보험수익자가 요청하는 경우에는 일시금으로 지급이 가능하며, 이 경우에는 공시이율로 할인된 금액을 지급한다.

Ⅲ 상해사망 및 후유장해 보장 특별약관

1. 보험금의 종류, 지급사유

보험자는 피보험자가 이 특별약관의 보험기간 중에 상해의 직접결과로써 사망하거나 장해분류표에서 정한 각 장해지급률에 해당하는 장해상태가 된 경우에는 다음의 금액을 보험수익자에게 보험금으로 지급한다.

1) 사망보험금

상해로 사망한 경우에 보험가입금액 전액

2) 고도후유장해보험금

상해로 장해지급률이 80% 이상에 해당하는 장해상태가 된 경우 보험가입금액 전액

3) 일반후유장해보험금

상해로 장해지급률이 80% 미만에 해당하는 장해상태가 된 경우 보험가입금액에 장해지급률을 곱하여 산출한 금액

2. 보험금의 지급에 관한 쟁점

이 특별약관에서는 후유장해로 진단받아 일반후유장해보험금을 지급받은 이후에 보험기간 내에 사망하였을 때 별도의 사망보험금을 다시 지급해야 하는지가 문제된다.

이와 관련하여 대법원은 "하나의 보험계약에서 장해보험금과 사망보험금을 함께 규정하고 있는 경우 사망보험금은 사망을 지급사유로 하는 반면 장해보험금은 생존을 전제로 한 장해를 지급사유로 하는 것이므로 동일한 상해로 인한 보험금은 당해 보험계약에서 중복지급을 인정하는 별도의 규정을 두고 있는 등 특별한 사정이 없는 한 그 중 하나만을 지급받을 수 있을 뿐이라고 보아야 한다(2011다45736 판결)"고 하였다.

그러므로 재해로 인한 장해상태가 회복 또는 호전을 기대하기 어렵거나 또는 호전가능성을 전혀 배제할 수는 없지만 기간이 매우 불확정적인 상태에 있어 증상이 고정되었다면 장해보험금의 지급을 청구할 수 있고, 그 증상이 고정되지 아니하여 사망으로의 진행단계(e.g. 사고로부터 1년 4개월, 장해진단을 받은 후 9개월 생존)에서 거치게 되는 일시적 장해상태에서 치료를 받던 중 상해와 인과관계가 있는 원인으로 사망한 경우에는 그 사이에 장해진단을 받았더라도 장해보험금이 아닌 사망보험금을 지급받을 수 있을 뿐이다.

Ⅳ 일반상해 고도후유장해·80% 이상 후유장해 특별약관

1. 보험금의 종류, 지급사유

보험자는 피보험자가 일반상해 고도휴유장해(또는 80% 후유장해) 특별약관에서 정한 보험기간 중 보통약관의 「보험금의 종류 및 지급사유」에서 정한 상해를 입고 장해분류표에서 정한 장해지급률이 80% 이상에 해당하는 장해상태가 되었을 때에는 보험수익자에게 이 특별약관의 보험가입금액 전액을 고도휴유장해(또는 80% 이상의 후유장해) 보험금으로 지급한다.

2. 보험금 지급에 관한 세부규정

특별약관은 후유장해와 관련한 「보험금 지급에 관한 세부규정」을 정하고 있으나 해당 내용은 후유장해보험금에서 자세히 논하도록 하겠다.

Ⅴ 일반상해 80% 이상 후유장해 생활자금보장 특별약관

1. 일반상해 80% 이상 후유장해 특별약관과 동일한 사항

일반상해 80% 이상 후유장해 생활보장 특별약관의 보험금의 지급사유, 보험금 지급에 관한 세부규정, 계약의 소멸 등은 일반상해 80% 이상 후유장해 특별약관과 같다.

2. 일반상해 80% 이상 후유장해 생활자금

피보험자가 보험기간 중에 80% 이상 후유장해로 진단된 때에는 최초 1회에 한하여 보험수익자에게 생활자금으로 매월 사고발생일(사고발생일이 없는 때에는 사고발생일이 속하는 달의 말일)에 확정지급한다. 이 특별약관의 생활자금은 앞에서 설명한 일반상해사망 유족자금과 그 지급방식이 같다.

Ⅵ 일반상해 50% 이상 후유장해 특별약관(또는 생활자금 특별약관)

일반상해 50% 이상 특별약관(또는 생활자금 특별약관)의 보험금의 지급사유, 보험금 지급에 관한 세부규정, 계약의 소멸 등은 일반상해 80% 이상 후유장해(또는 일반상해 고도후유장해) 특별약관과 같다. 다만, 장해지급률이 50% 이상인 때에 보험금이 지급된다는 차이만 있을 뿐이다.

Ⅶ 일반상해 일반후유장해 특별약관

일반상해 일반후유장해 특별약관의 보험금의 지급사유, 보험금 지급에 관한 세부규정, 계약의 소멸 등은 일반상해 80% 이상 후유장해(또는 일반상해 고도후유장해) 특별약관과 같다. 다만, 장해지급률이 80% 미만에 해당할 때에 장해분류표에서 정한 지급률을 보험가입금액에 곱하여 산출한 금액을 일반후유장해보험금으로 지급한다는 차이가 있을 뿐이다. 또한 장해지급률이 80% 이상에 해당할 때에는 이 특별약관이 적용되지 않는다.

Ⅷ 팔 및 손가락 후유장해 특별약관

팔 및 손가락 후유장해 특별약관의 보험금의 지급사유, 보험금 지급에 관한 세부규정, 계약의 소멸 등은 일반상해 80% 이상 후유장해(또는 일반상해 고도후유장해) 특별약관과 같다. 다만, 상해로 피보험자의 어깨부위가 절단되었거나 또는 어깨부위, 팔꿈치, 손목 및 손가락에 관절운동장해상태가 되었을 때에 보험수익자에게 장해분류표에서 정한 지급률을 이 특별약관의 보험가입금액에 곱하여 산출한 금액을 팔 및 손가락 후유장해보험금으로 지급한다는 차이가 있을 뿐이다.

IX 50% 이상, 80% 이상(또는 고도의 후유장해) 후유장해 특별약관의 쟁점(Ⅰ)

50% 이상 후유장해 특별약관 **부산지방법원 2012가단84130, 225222 판결**

2008년 7월 30일에 A보험회사의 상해보험에 가입한 피보험자 甲은 2009년 3월 9일에 보험금 지급률 6%, 2010년 3월 19일에 보험금 지급률 11%에 해당하는 보험사고를 당한 적이 있다. 이후 2011년 11월 24일 제품을 용접하기 위해 크레인을 작동하다가 제품이 피보험자의 좌측 발 부위에 추락함으로써 피보험자가 좌측족부 종골 개방성 골절, 좌측 족관절부 경골 원위부 관절침범 분쇄골절 등의 부상을 입어 후유장해지급률 37%에 달하는 장해를 입었다.

1. 甲의 보험가입내역은 다음과 같다.
   1) 일반상해사망 후유장해 특별약관 : 100,000,000원
   2) 일반상해 50% 이상 후유장해 특별약관 : 100,000,000원
2. 甲은 보험가입당시 설계사인 乙이 일반상해 50% 이상 후유장해 특별약관이 개별 사고마다 보험금 지급률을 정한다는 내용을 설명하지 않았으므로 약관의 설명의무를 위반하였다고 주장한다.

1. 후유장해보험금의 지급 여부

보험회사 A는 甲의 이번 사고(2011년 11월 24일)로 일반상해 후유장해 특별약관에 의하여 37% 지급률을 보험가입금액에 곱하여 산출한 37,000,000원에 대한 보험금 지급책임을 부담한다.

그러나 보험금 지급률이 50% 이상임을 전제로 한 보험금, 즉 일반상해 50% 이상 후유장해 특별약관의 보험금 지급채무는 부담하지 않는다. 일반상해 후유장해 특별약관, 일반상해 50% 후유장해 특별약관 모두 "다른 사고로 인하여 후유장해가 2회 이상 발생하였을 경우에는 그 때마다 이에 해당하는 후유장해지급률을 결정합니다"라고 정하고 있으므로 각 개별 보험사고마다 후유장해지급률을 결정하여 이에 대하여 해당 약관이 정하는 보험금액을 지급하도록 규정함이 명확하기 때문이다.

2. 약관의 설명의무 위반 여부

명시·설명의무의 대상인 "약관의 중요한 내용"이란 이러한 내용을 알았다면 보험계약자가 동일한 내용으로 보험계약을 체결하지 아니하였으리라 판단되는 내용, 즉 계약의 체결 여부 내지 대가(보험료)에 직접적 영향을 미쳤을 것으로 생각되는 내용을 의미한

다(95다11344 판결 등). 그러나 일반상해 50% 이상 후유장해 특별약관의 보험료는 2,500원으로 전체 보험료 128,511원 중 일부에 불과한 한편, 피보험자는 여전히 이러한 보험계약을 체결할 이익이 있었다 할 것이므로 개별 보험사고마다 후유장해지급률을 정한다는 조항이 명시 · 설명의무의 중요한 사항이라 할 수 없다.

만일 이 조항이 중요한 사항에 해당한다고 하더라도 보험제도의 설질상 "보험사고란 특별한 사정이 없는 한 당해 보험사고를 말하는 것"이므로 거래상 일반적이고 공통된 것이어서 보험계약자가 별도의 설명 없이도 충분히 예상할 수 있었던 사항(98다32564 판결 등)으로서 명시 · 설명의무의 대상이 아니다(2012가단225222 판결).

040 교통사고 상해 관련 특별약관

I 교통사고 상해 관련 특별약관상 보험금 지급사유

1. 교통상해보험의 보험금 지급사유

교통상해보험에서 담보하는 교통사고(또는 교통상해)란 다음과 같은 경우를 말한다. 피보험자가 아래의 사고를 당하면 교통상해관련 특별약관의 보험금 지급사유가 된다.

1) 자동차 운전 중 교통사고

피보험자가 자동차를 운전하던 중에 급격하고도 우연한 자동차 사고를 당한 경우를 말한다. 이 사고는 운전자용 교통상해보험에 한하여 담보한다.

2) 탑승 중 교통사고

피보험자가 운행 중인 자동차에 운전을 하고 있지 않은 상태로 탑승 중이거나 운행 중인 기타 교통수단에 탑승("운전"을 포함한다)하고 있는 동안 급격하고도 우연한 외래의 사고를 당한 것을 말한다.

법원은 우리 약관에서 비탑승 중 교통사고와 달리 탑승 중 교통사고에 대하여 급격하고도 우연한 외래의 사고라고 추상적이고도 포괄적으로 규정하는 이유는 피보험자가 운행중의 교통승용구에 탑승하고 있을 때에는 그렇지 아니한 경우에 비하여 그 운행과 관련된 사고 발생의 위험이 상대적으로 높고, 피보험자의 신체나 생명을 훼손할 수 있는 원인도 광범위하기 때문이라고 보고 있다(2004다65138 판결).

3) 비탑승 중 교통사고

피보험자가 운행 중인 자동차 및 기타 교통수단에 탑승하지 아니하고 있는 동안, 운행중인 자동차 및 기타 교통수단(적재물을 포함한다)과의 충돌, 접촉 또는 이들 자동차 및 기타 교통수단의 충돌, 접촉, 화재 또는 폭발 등의 교통사고를 당한 경우를 말한다.

2. 자동차의 정의

자동차라 함은 자동차관리법시행규칙 제2조에 정한 자동차(승용자동차, 승합자동차, 화물자동차, 특수자동차 및 이륜자동차를 말한다) 및 자동차손해배상보장법시행령 제2조에 정한 덤프트럭, 타이어식 기중기, 콘크리트 믹서트럭, 트럭적재식 콘크리트펌프, 트럭적재식 아스팔트살포기, 타이어식 굴삭기(기존의 6종 건설기계라 한다) 그리고 트럭지게차, 도로보수트럭, 노면측정장비(건설기계관리법상 특수건설기계중 일부)를 말한다. 다만, 건설기계가 작업기계로 사용되는 동안에는 자동차로 보지 않는다.[3]

약관에서 건설기계의 경우 작업기계로 사용되는 동안은 자동차로 보지 않고 그로 인한 손해는 보상하는 손해에서 제외함을 명시한 것은 작업과 운전이 동시에 이루어질 것으로 예상되는 건설기계의 특성을 감안하여 운전과 관련있거나 그에 수반되는 사고라 해도 운전 이외의 다른 직접적인 사고원인이 존재하는 경우에는 보험사고에서 배제함으로써 운전에 직접 기인한 사고만을 교통상해보험에 의한 보상대상임을 명확하게 하고자 한 것이다(2009다9294 판결).

예를 들어 아파트단지 내 이삿짐 운반을 위해 장시간 주차한 화물차 사다리를 이용한 이삿짐 운반 작업 도중에 발생한 사고는 건설기계의 작업 중에 해당하고 운전 중 사고에는 해당하지 않는다(2009다9294 판결).

3. 운전의 정의

교통상해 관련 약관에서는 "'운전하던 중'이라 함은 도로 여부, 주정차 여부, 엔진의 시동 여부를 불문하고 피보험자가 자동차 운전석에 탑승하여 핸들을 조작하거나 조작가능한 상태를 말합니다"라고 하면서 운전을 별도로 정의하고 있다.

법원은 운전의 개념에 대해서는 「도로교통법」상의 도로에서 차마를 그 본래의 사용방법에 따라 사용하는 것을 말한다고 규정하고 있고(도로교통법 제2조 제24호), 그 중 "자동차 운전"은 자동차의 원동기를 사용하는 고의의 운전행위로서, 엔진의 시동뿐만 아니라 발진조작의 완료까지 요하는 것이므로, 이는 주행상태가 아닌 주행의 전후 단계로서 주·정차 상태에서 각종 부수적인 장치를 사용하는 것도 포함하는 「자동차손해배상보장법」상 "운행"의 개념보다는 좁은 개념으로 해석하고 있다(98다30834, 2004도1109 판결 등).

3) 관련법규가 변경되어 새로운 항목이 추가되는 경우에는 그 항목도 포함한다.

4. 기타 교통수단의 범위

기타 교통수이라 함은 ① 기차, 전동차, 기동차, 케이블카, 리프트, 엘리베이터 및 에스컬레이터, 모노레일, ② 스쿠터, 자전거, 원동기를 붙인 자전거, ③ 항공기, 선박(요트, 모타보트, 보트 포함), ④ 9종 건설기계를 제외한 건설기계 및 농업기계(다만, 이들이 작업기계로 사용되는 동안에는 기타 교통수단으로 보지 않는다) 중 어느 하나에 해당하는 것을 말한다.

5. 운행에 대한 해석

상해보험약관에서는 운행에 대하여 별도로 정의하지 않으나 실무는 자동차손해배상보장법의 운행의 개념을 그대로 준용한다. 여기서 운행이란 "사람 또는 물건의 운송 여부와 관계없이 자동차를 그 용법(개정 전에는 당해장치의 용법이었다)에 따라 사용 또는 관리하는 것(자배법 제2조 제2호)"을 말한다. 운행의 개념에 대해서는 "고유장치설"을 통설로 하되 사안에 따라서는 더 넓게(예를 들어 차고출입설) 해석하기도 한다.

6. 탑승에 대한 해석

탑승 또는 비탑승 중 교통사고에서 말하는 "탑승"에 대하여는 특별약관에서 별도로 정의하지 않는다. 일반적으로 탑승이란 차량의 탑승자가 차량에 승차하기 시작한 시점부터 탑승자가 차량으로부터 완전히 이탈할 때까지의 전 과정을 말한다. 또한 법원은 "탑승"이라는 용어가 반드시 승·하차라는 개념을 배제하고 있는 것으로 보기는 어렵고, 오히려 탑승 목적으로 교통승용구에 승차·승선하거나 탑승하였던 사람이 하차·하선하는 것은 탑승의 전후에 걸쳐 탑승과 불가분의 관계로 이어지는 일련의 과정으로서 탑승의 개념에 포함된다고 보고 있다(2004다65138 판결).

예를 들어 피보험자가 배에서 하선하면서 배와 육지 사이를 연결하는 다리(갱웨이라고 한다)를 지나던 중에 파도가 출렁이면서 추락하였다면 탑승 중 교통사고에 해당한다(2004다65138 판결).

Ⅱ 교통사고 상해 관련 특별약관상 보험금을 지급하지 않는 사유

교통사고 상해관련 특별약관에는 보통약관상 「보험금을 지급하지 아니하는 사유」에도 불구하고 ① 시운전, 경기(연습을 포함한다) 또는 흥행(연습을 포함한다)을 위하여 운행 중인 자동차 및 기타 교통수단에 탑승(운전을 포함한다)하고 있는 동안, ② 하역작업을 하는 동안, ③ 자동차 및 기타 교통수단의 설치, 수선, 점검, 정비나 청소작업을 하는 동안, ④ 건설기계 및 농업기계가 작업기계로 사용되는 동안 중에서 어느 하나의 행위로 인하여 보험금 지급사유가 발생한 때에는 보험금을 지급하지 않는다.

이 조항은 교통상해보험의 고유한 보험금 부지급사유로서 자동차나 기타교통수단의 운전, 운행 등과 구별되는 특별한 위험을 면책하여 위험의 동질성을 유지하기 위한 것이다. 한편, 하역작업이나 교통수단의 수선 · 청소 등의 경우라고 해도 피보험자가 작업 도중에 다른 교통수단과 충돌하여 발생한 사고는 일반적인 교통사고와 달리 볼 수 없으므로 교통상해보험의 담보하는 사유가 된다.

손해사정사 기출문제 29회(2006년)

교통상해보험 약관상 보상하는 손해와 보상하지 아니하는 손해를 약술하시오. (10점)

Ⅲ 교통사고 상해 관련 특별약관의 종류

1. 교통상해사망 · 후유장해 특별약관

피보험자가 보험기간 중 교통상해로 사망하거나 후유장해를 입은 경우에 보험금을 지급한다. 보험금의 종류 및 지급사유를 교통상해로 한정하는 것을 제외하고는 일반상해 · 후유장해 특별약관의 내용과 같다.

2. 교통상해 사망유족자금 · 50%(또는 80%) 생활자금 특별약관

피보험자가 보험기간 중 교통상해로 50%(또는 80%) 이상의 후유장해로 진단될 경우에 일정기간 동안(예를 들어 10년 동안) 보험금을 지급한다. 보험금의 종류 및 지급사유를 교통상해로 한정하는 것을 제외하고는 일반상해사망 유족자금 특별약관 또는 일반상해 50% 이상 생활자금보장 특별약관의 내용과 같다.

3. 교통사고 부상치료비보장 특별약관

1) 보험금의 종류 및 지급사유

피보험자가 보험기간 중에 교통사고(위에서 정의한 자동차 운전 중 교통사고, 탑승·비탑승 중 교통사고를 말한다)로 신체에 상해를 입고 그 직접결과로써 자동차손해배상보장법시행령에서 정한 「자동차사고 부상 등급표」의 상해등급을 받은 경우 약관에서 정한 금액을 보험수익자에게 교통사고부상치료비로 지급한다.

2) 부상등급과 지급보험금

부상등급에 따라 보험가입금액의 일정액을 지급보험금으로 한다. 예를 들면 다음과 같다.

부상등급	지급보험금(보험가입금액 10만원 기준)
1급	6,000,000원
2급 ~ 4급	3,000,000원
5급	1,500,000원
6급	800,000원
7급	400,000원
8급 ~ 11급	200,000원
12급 ~ 14급	100,000원

4. 신주말 교통상해사망·후유장해 특별약관

보험자는 피보험자가 보험기간 중에 신주말 교통상해를 입은 경우에는 보험금을 지급한다. 이 특별약관에서 교통상해와 관련한 내용은 교통상해보험을 준용하며, 신주말의 정의는 신주말 일반상해사망·후유장해 특별약관과 동일하다.

손해사정사 기출문제 30회(2007년)

교통상해보험의 급발진사고담보 특별약관에 관하여 기술하시오.[4] (10점)

Ⅳ 대중교통이용 중 교통상해 사망·후유장해 특별약관

1. 보험금의 종류 및 지급사유

보험자는 보험증권에 기재된 피보험자가 이 대중교통이용 중 교통상해 사망보장 특별약관의 보험기간 중에 대중교통이용 중 교통상해를 입고 그 직접결과로써 사망하거나(질병으로 인한 사망은 제외한다) 후유장해로 진단된 경우에 이 특별약관의 보험가입금액 전액(사망보험금) 또는 장해지급률을 보험가입금액에 곱하여 산출한 금액(후유장해보험금)을 지급한다.

2. 대중교통이용 중 교통상해

대중교통이용 중 교통상해란 대중교통이용 중 급격하고도 우연한 외래의 사고로 신체(의수, 의족, 의안, 의치 등 신체보조장구는 제외하나 인공장기나 부분 의치 등 신체에 이식되어 그 기능을 대신할 경우는 포함한다)에 입은 상해를 말한다. 대중교통이용 중이란 ① 운행 중 대중교통수단에 피보험자가 탑승 중에 일어난 교통사고, ② 대중교통수단에 피보험자가 탑승목적으로 승·하차 하던 중 일어난 교통사고, ③ 대중교통수단의 이용을 위해 피보험자가 승강장 내 대기 중 일어난 교통사고를 말한다.

3. 대중교통수단

대중교통수단이라 함은 이용을 원하는 모든 사람이 이용할 수 있는 교통수단으로 ① 여객수송용 항공기, ② 여객수송용 지하철·전철, 기차, ③ 여객자동차운수사업법시행령 제3조에서 규정한 시내버스, 농어촌버스, 마을버스, 시외버스 및 고속버스(전세버스 제외), ④ 여객자동차운수사업법시행령 제3조에서 규정한 일반택시, 개인택시(렌트카 제외), ⑤ 여객수송용 선박을 말한다.

2012년 4월 1일에 이 특별약관이 개정되기 이전에는 대중교통수단의 범위에서 선박이 포함되지 않았으나 개정에 따라 여객수송용 선박이 포함되었다.

4) 기존의 운전자보험 또는 교통상해보험은 급발진사고담보(주차장 및 아파트단지 내 손해위로금), 교통사고처리비용, 대형사고위로금 등을 판매하고 있었으나 피보험이익의 적법성 요건에 부합하지 않고 도덕적 위험을 발생시킬 수 있으므로 2011년 이후로 판매중지되었다.

4. 보험금을 지급하지 아니하는 사유

대중교통이용 중 교통상해 특별약관은 보통약관상 「보험금을 지급하지 아니하는 사유」에도 불구하고 ① 시운전, 경기(연습을 포함한다) 또는 흥행(연습을 포함한다)을 위하여 운행중인 자동차 및 기타 교통수단에 탑승(운전을 포함한다)하고 있는 동안, ② 하역작업을 하는 동안, ③ 자동차 및 기타 교통수단의 설치, 수선, 점검, 정비나 청소작업을 하는 동안, ④ 건설기계 및 농업기계가 작업기계로 사용되는 동안 중에서 어느 하나의 행위로 인하여 보험금 지급사유가 발생한 때에는 보험금을 지급하지 않는다. 즉, 교통사고 상해관련 특별약관상 보험금을 지급하지 아니하는 사유와 같다.

손해사정사 기출문제 39회(2016년)

다음 주어진 조건을 읽고 질문사항에 대해 답하시오. (15점)

〈계약사항〉

보험종목	피보험자	보험기간	보장내용	가입금액
장기상해보험 (M보험)	홍길동	2016.1.10 ~ 2026.1.9	일반상해사망	5,000만원
			교통상해사망	1억원
			대중교통이용중교통상해사망	2억원

※ 장기상해보험은 질병·상해보험 표준약관을 사용하며, 정상유지 계약임.
※ 알릴의무위반사항과 보상하지 아니하는 사항 없음.

〈사고사항〉

피보험자(홍길동)는 2016년 3월 21일 강원도 강릉으로 친구들과 함께 전세버스를 타고 친목모임을 가던 중 영동고속도로에서 교통사고가 발생하여 두개골 골절 등으로 현장에서 사망함.

〈질문사항〉

(1) 상해보험의 교통상해사망과 대중교통이용 중 교통상해사망 특별약관에서 공통적으로 "보험금을 지급하지 않는 사유"를 기술하시오(단, 보통약관의 보험금을 지급하지 않는 사유는 제외함). (8점)

(2) 대중교통이용 중 교통상해사망 특별약관에서 "대중교통수단의 범위"에 대해 기술하고, M보험회사가 지급해야 할 사망보험금을 계산하시오. (7점)

5. 문제의 해결

약관상 대중교통수단은 여객수송용 비행기, 기차. 택시, 버스 그리고 선박을 말한다. 이 사례의 전세버스는 대중교통수단에서 제외되므로 보험사는 일반상해 및 교통상해사망보험금에 대한 보험금 지급책임을 부담한다.

- 일반상해보험 : 5,000만원
- 교통상해보험 : 1억원

041 기타의 교통사고 상해 관련 특별약관

I 항공기이용 중 교통상해 사망·후유장해 특별약관

1. 보험금의 종류 및 지급사유

보험자는 피보험자가 이 특별약관의 보험기간 중에 항공기이용 중 교통사고로 발생한 상해의 직접결과로써 사망하거나 장해분류표에서 정한 각 장해지급률에 해당하는 장해상태가 된 경우에는 사망보험금 또는 후유장해보험금을 지급한다.

2. 항공기이용 중 교통사고 등의 정의

이 특별약관에서 "항공기이용 중 교통사고"라 함은 항공기 탑승 중의 사고 및 피보험자가 탑승한 항공기가 불시착한 경우에 피보험자가 목적지에 도착할 때까지 항공운송업자가 제공하는 교통수단에 탑승 중의 사고를 말한다. 여기서 교통수단이라 함은 ① 기차, 전동차, 기동차, 케이블카, 리프트, 엘리베이터 및 에스컬레이터, 모노레일, ② 스쿠터, 자전거, 원동기를 붙인 자전거, ③ 항공기, 선박(요트, 모터보트, 보트를 포함한다), ④ 건설기계를 제외한 건설기계 및 농업기계 중 어느 하나에 해당하는 것을 말한다. 즉, 교통상해보험의 기타교통수단의 범위와 같다.

3. 교통상해사망·후유장해 특별약관과 동일한 사항 등

이 특별약관에서의 보험금 지급에 관한 세부규정, 특별약관의 소멸 등은 교통상해사망·후유장해 특별약관과 같다. 다만, 이 특별약관은 교통상해보험과 달리 시운전·경기, 하역작업, 설치 등의 별도의 보험금을 지급하지 아니하는 사유를 정하지 않는다. 그러므로 교통수단에 탑승하는 중이라면 교통상해보험 특별약관의 보험금을 지급하지 아니하는 사유에 의한 사고라고 하더라도 항공기이용 중 교통상해관련 특별약관에서는 보험금의 지급사유가 된다.

Ⅱ 스쿨존 내 어린이 교통사고 치료비보장 특별약관

1. 보험금의 종류 및 지급사유

보험자는 피보험자(만 12세 이하인 피보험자)가 이 특별약관의 보험기간 중에 스쿨존 내에서 교통상해로 신체에 상해를 입은 경우에 보험수익자에게 1사고당 이 특별약관의 보험가입금액을 스쿨존 내 어린이 교통사고 치료비로 지급한다.

여기서 스쿨존이란 「어린이 · 노인 및 장애인 보호구역의 지정 및 관리에 관한 규칙 제3조 제4항 내지 제6항」에 의하여 지방경찰청장 또는 경찰서장이 어린이 보호구역으로 지정한 지역을 말한다.

2. 교통상해보험과 동일한 사항 등

이 특별약관에서 말하는 교통사고란 교통상해보험에서 정하고 있는 탑승 중 교통사고와 비탑승 중 교통사고의 정의와 같으며, 자동차의 정의, 기타 교통수단의 정의도 교통상해보험의 정의와 같다. 다만, 이 약관에서 교통사고로 인정받기 위해서는 관할경찰서에서 교통사고로 접수된 경우를 말하며, 경찰서에서 발행한 교통사고사실확인원을 제출하여야 한다. 그 외에 시운전 · 경기, 하역작업, 설치 · 점검 등을 보험금을 지급하지 아니하는 사유로 정하는 것이나 특별약관의 소멸, 보험금지급의 세부규정 등은 교통상해보험과 같다.

Ⅲ 성장판손상유발 교통사고 치료비보장 특별약관

1. 보험금의 종류 및 지급사유

보험자는 피보험자(일반적으로 20세 미만의 피보험자를 말한다)가 이 특별약관의 보험기간 중에 자동차 비운전 중 교통상해의 직접결과로써 성장판관련 특수골절의 상해등급에 해당하는 경우에는 보험수익자에게 이 특별약관의 보험가입금액을 지급한다.

자동차 비운전 중 교통상해란 교통상해보험의 탑승·비탑승 중 사고와 같으나 기타교통수단으로 인한 사고가 아닌 자동차로 인한 사고에 국한한다. 자동차의 범위는 교통상해보험과 같다.

2. 성장판관련 특수골절

성장판관련 특수골절이라 함은 「성장판관련 특수골절 자동차사고 부상등급표」의 상해등급을 받은 경우를 말한다. 부상등급표는 자동차손해배상보장법시행령 제3조 제1항 2호와 관련되며, 법령 변경시 변경된 내용을 적용한다.

상해급별	상해내용
6급	1. 소아의 하지 장관골 골절(분쇄골절 또는 성장판 손상을 포함) 2. 대퇴골 대전자부 절편 골절 3. 대퇴골 손전자부 절편 골절 16. 대퇴골 또는 대퇴골 과부 결연 골절
7급	1. 소아의 상지 장관골 골절 2. 족과절 내과골 또는 외과골 골절 3. 상박골 상과부굴곡 골절
8급	1. 상박골 절과부 신전 골절 또는 상박골 대결전 견연 골절로 수술하지 아니한 상해 6. 주관절 내 상박골 소두 골절 7. 비골(다리) 골절, 비골 근위부 골절(신경손상 또는 관절면 손상을 포함한다)
9급	2. 요골 골두골 골절

Ⅳ 생명보험회사의 교통재해사망 · 후유장해 특별약관

교통재해분류표 2014.3.1 기준

교통재해분류표

1. 이 보험에서 교통재해라 함은 다음에 정하는 사고를 말합니다.
   가. 운행 중의 교통기관(이에 적재되어 있는 것을 포함합니다)의 충돌, 접촉, 화재, 폭발, 도주 등으로 인하여 그 운행 중의 교통기관에 탑승하고 있지 아니한 피보험자(보험대상자)가 입은 재해
   나. 운행 중인 교통기관에 탑승하고 있는 동안 또는 승객으로서 개찰구를 갖는 교통기관의 승강장 구내(개찰구의 안쪽을 말합니다)에 있는 동안 피보험자(보험대상자)가 입은 재해
   다. 도로통행 중 건조물, 공작물 등의 도괴 또는 건조물, 공작물 등으로부터의 낙하물로 인하여 피보험자(보험대상자)가 입은 재해
2. 제1호에서 교통기관이라 함은 본래 사람이나 물건을 운반하기 위한 것으로 다음에 정한 것을 말합니다.
   가. 기차, 전동차, 기동차, 모노레일, 케이블카(공중 케이블차를 포함합니다), 엘리베이터 및 에스컬레이터 등
   나. 승용차, 버스, 화물자동차, 오토바이, 스쿠터, 자전거, 화차, 경운기 및 우마차 등
   다. 항공기, 선박(요트, 모타보트, 보트를 포함합니다) 등
3. 제2호의 교통기관과 유사한 기관으로 인한 재해일지라도 도로상에서 사람 또는 물건의 운반에 사용되고 있는 동안이나 도로상을 주행 중에 발생한 사고는 교통재해로 봅니다.
4. 제1호 "가" 또는 "나"에 해당하는 사고일지라도 공장, 토목작업장, 채석장, 탄광 또는 광산의 구내에서 사용되는 교통기관에 직무상 관계하는 피보험자(보험대상자)의 그 교통기관으로 인한 직무상의 사고는 교통재해로 보지 아니합니다.
5. 이 표에서 도로라 함은 일반의 교통에 사용할 목적으로 공중에게 개방되어 있는 모든 도로(자동차 전용도로 및 통로를 포함합니다)로서 터널, 교량, 도선시설 등 도로와 일체가 되어 그 효용을 보완하는 시설 또는 공작물을 포함합니다.

1. 생명보험 교통재해 관련 특별약관

생명보험회사에서 판매하는 제3보험 상품 중에서도 교통사고와 관련된 담보가 있으며, 「교통재해사망 특별약관」과 「교통재해후유장해 특별약관」이 대표적이다.

2. 손해보험 교통상해보험과의 주요 차이점

생명보험의 교통재해 관련 특별약관은 「교통재해분류표」에서 정하는 사고에 대하여 보장한다. 「교통재해분류표」의 대부분은 손해보험의 교통상해보험에서 정하는 보장내용과 같으나 일부 차이가 있다.

1) 교통재해의 범위확대

「교통재해분류표」에서 정하는 사고에는 손해보험에서는 정하지 않는 "도로통행 중 건조물, 공작물의 도괴·낙하물로 인한 재해"가 포함되어 있다. 도로에서 보행 중에 발생한 사고도 교통재해로 넓게 해석하고 있는 것이다. 그리고 "승강장 구내에서 피보험자가 입은 재해"까지도 교통재해의 범위에 포함시키고 있다.

2) 교통기관의 범위

「교통재해분류표」에서는 교통기관을 정의함에 있어서 "사람이나 물건을 운반하기 위한 것"이라는 정의를 추가하였으며, 열거한 교통기관 외의 유사한 기관으로 인한 재해라고 해도 담보하고 있다. 즉, 손해보험의 교통승용구(또는 교통수단)의 범위보다 그 범위가 넓고 해석에 따라 교통수단이 되는 경우도 있다. 예를 들어 콘크리트 펌프카는 교통기관에 해당하며(분쟁조정 제2006-28호) 땅콩보트는 교통기관에 해당하지 않는다(분쟁조정 제2010-99호).

3) 작업장 구내 직무상 사고의 제외

교통재해에 해당하는 사고라고 해도 공장, 토목작업장, 채석장, 탄광·광산의 구내에서 사용되는 교통기관에 직무상 관계하는 피보험자의 직무상 사고는 보장하지 않는다. 교통재해와 구분되는 위험이면서 동시에 다른 보험 및 제도를 통한 이중보상을 방지하기 위한 규정이다.

이와 관련하여 납골당 공사현장에서 대리석을 맞추는 작업 중인 피보험자가 4.5톤 트럭에 장착된 크레인에 운반되던 대리석이 떨어지면서 사고를 당한 사례에서 납골당 공사현장은 토목작업장이 아니라는 분쟁사례가 있었다(분쟁조정 제2006-3호).

042 자동차운전 중 교통상해담보의 부가특별약관

I 운전자보험의 개요

운전자보험은 운전자용 교통상해보험을 기본계약(주계약)으로 하고 그 외의 상해 관련 특별약관과 비용 관련 특별약관을 부가하여 이루어지는 계약이다. 그러므로 운전자보험의 기본계약은 교통상해보험의 상해 관련 특별약관의 주된 내용과 상당부분 같다.

II 운전자보험의 기본계약

운전자 교통상해사망·후유장해 특별약관의 내용이 기본계약이 된다. 이 특별약관에 의하면 보험자는 특별약관에 따른 보험기간 중에 피보험자에게 ① 자동차운전 중 교통사고, ② 탑승 중 교통사고, ③ 비탑승 중 교통사고 중의 어느 하나의 사유가 발생한 경우에는 보험수익자에게 약정한 보험금을 지급한다. 여기서 자동차, 운전, 기타교통수단, 운행 등은 교통상해보험약관의 정의·해석과 같으며, 보험금 지급에 관한 세부규정, 특별약관의 소멸, 보험금을 지급하지 아니하는 사유 등 그 외의 사항도 같다.

III 운전자보험에 부가되는 상해 관련 특별약관

1. 신주말 운전자 교통상해사망·후유장해 특별약관

이 특별약관은 피보험자가 보험기간 중에 신주말 교통사고로 신체에 상해를 입은 경우에 보험금을 지급한다. 신주말 교통사고에서 신주말의 정의는 신주말 일반상해·후유장해 특별약관과 같으며(즉, 사고발생지 기준 금·토·법정공휴일(일요일 포함), 근로자의 날에 발생한 상해),

교통사고의 범위도 교통상해보험과 같다.

2. 뺑소니·무보험차 일반상해사망·후유장해 특별약관

1) 보험금의 종류 및 지급사유

보험자는 피보험자가 보험기간 중에 ① 일상생활 중 뺑소니·무보험차에 의한 사고(뺑소니·무보험차 사고라 한다)로 신체에 상해를 입고 그 결과 사망한 경우, ② 일상생활 중 뺑소니·무보험차 사고로 신체에 상해를 입고 그 결과 80% 이상의 장해상태가 된 경우, ③ 일상생활 중 뺑소니·무보험차 사고로 신체에 상해를 입고 그 결과 80% 미만의 상태가 된 경우에 보험금을 지급한다. ①과 ②의 경우에는 보험가입금액 전액을 사망보험금 또는 고도후유장해보험금으로 지급하며, ③의 경우에는 장해지급률을 이 특별약관의 보험가입금액에 곱하여 산출한 금액을 일반후유장해보험금으로 지급한다.

다만, 피보험자가 자동차를 영업목적으로 운전하던 중에 발생한 사고는 보상하지 않는다. 여기서 운전의 정의는 교통상해보험과 같으며, 그 외의 보험금 지급에 관한 세부규정, 특별약관의 소멸도 마찬가지이다. 다만, 이 특별약관은 피보험자가 직접 운전하던 중의 사고에 국한하는 것이 아니므로 교통수단의 시운전·경기, 하역작업, 설치·점검 등을 보험금 부지급사유로 하고 있는 조항은 적용되지 않는다.

2) 뺑소니·무보험차 사고의 정의

"뺑소니사고"라 함은 피보험자가 보유불명의 자동차에 의한 사고로 상해를 입고 경찰서에 뺑소니사고로 신고되어 자동차손해배상보장법상의 보유불명자동차에 의한 사고로 손해배상금을 받을 수 있는 경우를 말하며,[5] "무보험자동차에 의한 사고"라 함은 피보험자가 자동차손해배상보장법상의 대인배상 I (책임보험)을 제외한 자동차보험(공제를 포함한다)에서 보상받지 못하는 상해를 입음으로써 손해배상청구권이 발생되는 경우를 말한다. 단, 가해자동차가 2대 이상인 경우에는 그 전부가 무보험자동차일 때에 한한다.

5) 도로교통법에서의 "사고 후 도주"는 사고운전자가 사고로 인하여 피해자가 사상을 당한 사실을 인식하였음에도 불구하고 피해자를 구호하는 등 도로교통법 제50조 제1항의 의무를 이행하기 이전에 사고현장을 이탈하여 사고를 낸 자가 누구인지 쉽게 알 수 없는 상태를 초래하는 경우를 말한다(대법원 96도252 판결).

3. 안전벨트착용 중 사망 특별약관

보험자는 피보험자가 보험기간 중에 자동차에 탑승 중 안전벨트를 착용한 상태에서 교통상해로 대한민국 내에서 사망한 때에는 보험가입금액 전액을 사망보험금으로 지급한다.

4. 자동차사고 성형수술비보장 특별약관

1) 보험금의 종류 및 지급사유

보험자는 피보험자가 이 자동차사고 성형수술비보장 특별약관의 보험기간 중에 자동차 사고의 직접적인 결과로 인하여 외형상의 반흔이나 추상장해, 신체의 기형이나 기능장해가 발생하여 그 원상회복을 위해 사고일로부터 1년 이내에 성형외과 전문의로부터 성형수술을 받은 경우 보험수익자에게 이 특별약관에서 정한 금액(예를 들어 100만원)을 자동차사고 성형수술비로 지급한다. 다만, 미용을 위한 성형수술을 받은 경우에는 보상하지 않는다. 치료목적의 성형수술만을 담보하기 위한 것이다.

2) 보험금 지급에 관한 세부규정

피보험자가 동일사고로 성형수술을 두 번 이상 받은 경우에는 1회에 한하여 보상한다.

3) 보험금을 지급하지 아니하는 사유

이 특별약관은 피보험자의 상해로 인한 성형수술비를 지급함에도 불구하고 실비변상적 성격의 담보의 성격을 함께 가지고 있으므로 일반적인 교통상해보험과 운전자보험에서는 정하고 있지 않은 보험금 부지급사유를 정하고 있다.

이 특별약관 「보험금을 지급하지 아니하는 사유」에 의하면 피보험자가 ① 자동차를 경기용이나 경기를 위한 연습용 또는 시험용으로 운전하던 중, ② 피보험자가 사고를 내고 도주하였을 때, ③ 피보험자가 자동차를 영업목적으로 운전하던 중 발생된 사고에 대하여는 보험금을 지급하지 않는다.

Ⅳ 운전자보험에 부가되는 비용 관련 특별약관

운전자보험은 피보험자가 운전 중에 타인의 신체에 상해를 입힘으로써 발생한 확정판결금액, 형사합의금, 변호사 선임비용 등을 담보하는 비용성 담보특별약관이 부가하는 것이 일반적이다. 이 특별약관은 제3보험 또는 상해보험의 일종이 아닌 손해보험(비용손해담보)의 일종이지만 손해보험회사의 조직구성 중에서 장기손해보험부서에서 다루고 있다.

1. 벌금보장 특별약관의 주요 내용

1) 보험금의 종류 및 지급사유

피보험자가 보험기간 중에 자가용(또는 영업용) 자동차를 운전하던 중에 급격하고도 우연한 자동차사고로 타인의 신체에 상해를 입힘으로써 신체상해와 관련하여 받은 벌금액을 보험수익자에게 1사고당 일정금액 한도(일반적으로 2,000만원 한도)로 지급한다.

여기서 벌금액이란 확정판결에 의하여 정해진 벌금액을 말하며, 보험기간 중에 발생한 사고의 벌금 확정판결이 보험기간 종료 후에 이루어진 경우를 포함한다. 기존의 약관은 보험기간 내의 확정판결을 요건으로 하였으나 현행 약관은 이미 발생한 사고에 대한 손해액이 보험계약기간 후에 확정된 경우에도 보험금을 지급하는 손해보험의 일반원칙(이재설)을 적용하였다.

2) 보험금 지급에 관한 세부규정

벌금에 대하여 보험금을 지급할 다른 보험계약(공제를 포함한다)이 체결되어 있는 경우에는 각각의 계약에 대하여 다른 계약이 없는 것으로 하여 산출한 보상책임액의 합계액이 피보험자가 부담하는 금액을 초과했을 때 보험자는 이 계약에 따른 보상책임액의 위의 합계액에 대한 비율에 따라 보험금을 지급한다. 손해보험의 일반원칙인 실손보상원칙을 실현하기 위한 것이다.

3) 보험금을 지급하지 아니하는 사유

피보험자가 ① 사고를 내고 도주하였을 때, ② 자동차를 경기용이나 경기를 위한 연습용 또는 시험용으로 운전하던 중, ③ 도로교통법 제43조(무면허운전 등의 금지), 제44조(술에 취한 상태에서의 운전금지, 혈중알코올농도 0.05%)에 의한 음주·무면허 상태에서 운전하던 중, ④ 자동차를 영업목적으로 운전하던 중(자가용 운전자용 벌금담보에 한하여 면책사유이다)에 의하여 보험금 지급사유가 발생한 때에는 보험금을 지급하지 않는다.

2. 자동차사고 변호사 선임비용 특별약관

1) 보험금의 종류 및 지급사유

보험자는 피보험자가 보험기간 중에 자동차를 운전하던 중 급격하고도 우연한 자동차사고로 타인의 신체(의수, 의족, 의안, 의치 등 신체보조장구는 제외하나 인공장기나 부분 의치 등 신체에 이식되어 그 기능을 대신할 경우는 포함한다)에 상해를 입힘으로써 구속영장에 의하여 구속되었거나 검찰에 의해 공소제기(이하 "기소"라 한다. 단, 약식기소는 제외한다)된 경우 또는 검사에 의해 약식기소되었으나 법원에 의해 보통의 심판절차인 공판절차에 의해 재판을 진행하게 된 경우에는 변호사 선임비용을 부담함으로써 입은 손해를 "1사고"마다 이 특별약관의 보험가입금액을 한도로 보험수익자에게 지급한다. 다만, 검사에 의해 약식기소되었으나 피보험자가 법원의 약식명령에 불복하여 정식재판을 청구한 경우에는 보상하지 않는다.

"1사고"라 함은 하나의 자동차운전 중 교통사고를 말하며, "1사고"로 항소심, 상고심 포함하여 다수의 소송을 하였을 경우 그 소송 동안 피보험자가 부담한 전체 변호사선임비용을 합쳐서 이 특별약관의 보험가입금액을 한도로 보험수익자에게 지급한다.

2) 다수계약 체결시 세부사항

변호사선임비용에 대하여 보험금을 지급할 다른 계약(공제계약을 포함)이 체결되어 있고 각각의 계약에 대하여 다른 계약(공제계약을 포함)이 없는 것으로 하여 산출한 보상책임액의 합계액이 피보험자가 부담하는 금액을 초과했을 때 회사는 이 계약에 따른 보상책임액의 상기 합계액에 대한 비율에 따라 보험금을 지급한다.

3) 보험금을 지급하지 아니하는 사유

이 특별약관의 보험금을 지급하지 아니하는 사유는 벌금보장 특별약관의 보험금을 지급하지 아니하는 사유와 같다.

손해사정사 **기출문제** 36회(2013년)

다음은 상해보험의 비용 관련 특약에 관한 사항이다. 아래의 제 조건을 읽고 질문에 답하시오. (15점)

〈계약사항〉

보험회사	보험종목	보험기간	가입금액(보장내용)
A	장기상해보험	2011.12.1 ~ 2021.12.1	자동차사고 변호사선임비용 특약 : 가입금액 500만원
B	공제계약	2012.1.1 ~ 2017.1.1	자동차사고 변호사선임비용 특약 : 가입금액 500만원

〈사고사항〉

- 피보험자 K씨는 2013년 4월 11일 자동차를 운전 중 중앙선 침범으로 인한 타차와의 충돌사고로 타인을 사망케 함.
- 동 사고로 피보험자(가해자)는 검찰에 의해 공소제기(기소)되어 재판을 진행하는 동안 변호사를 선임하여 1심에서 400만원, 2심에서 200만원 총합계 600만원을 담당 변호사에게 변호사선임비용으로 지불함.

〈기타사항〉

- 약관상 보상하는 손해이며, 계약 전·후 알릴의무 위반사실은 없음.

A보험사는 C재보험사에 비례재보험(Quota Share)특약 출재 : 30%

〈질문사항〉

(1) 자동차사고 변호사선임비용 특약의 지급사유에 대하여 약술하시오. (5점)

(2) B보험사의 지급보험금을 계산하시오. (5점)

(3) A보험사가 보험금을 지급한 후 C재보험사로부터 재보험금을 전액 회수 하였을 때 A보험사의 보유보험금을 계산하시오. (5점)

4) A · B보험사의 지급보험금

변호사선임비용 특별약관과 관련한 다수계약이 있을 경우 독립책임액비례분담 이후의 금액을 책임진다.

- A보험사 : 600만원 × 500만원/(500만원 + 500만원) = 300만원
- B보험사 : 600만원 × 500만원/(500만원 + 500만원) = 300만원

5) A보험사의 보유보험금

A보험사는 C재보험사와 70 : 30의 비례재보험특약을 체결하였으므로 A보험사는 지급책임액의 30%를 재보험금으로 받는다. 이를 차감하면 A보험사가 보유하는 보험금은 300만원 × 70% = 210만원이다.

3. 교통사고 처리지원금보장 특별약관

1) 보험금의 종류 및 지급사유

보험자는 피보험자가 보험기간 중에 자동차를 운전하던 중 급격하고도 우연히 발생한 자동차사고로 인하여 타인(피보험자의 부모, 배우자 및 자녀는 타인에서 제외한다)에게 상해를 입힐 경우에는 보험수익자에게 매 사고마다 피해자 각각에 대하여 피보험자가 형사합의금으로 지급한 금액을 교통사고 처리지원금으로 지급한다.

단, ① 피해자를 사망하게 한 경우에는 3천만원을 한도로 하며, ② 중대법규위반 교통사고로 42일(피해자 1인을 기준으로 한다) 이상 치료를 요한다는 진단을 받은 경우에는 42일 이상 ~70일 미만은 1천만원 한도, 70일 이상 ~ 140일 미만은 2천만원, 140일 이상 진단은 3천만원을 한도로 한다. ③ 일반교통사고로 피해자에게 중상해를 입혀 형법 제258조 제1항 또는 제2항 및 형법 제268조, 교통사고처리특례법 제2조에 따라 검찰에 공소제기되거나 자동차손해배상보장법시행령 제3조에서 정한 상해급수 1급, 2급 또는 3급에 해당하는 부상을 입힌 경우[6]에는 3천만원을 한도로 한다.

2) 보험금 지급에 관한 세부규정 등

"보험금의 종류 및 지급사유"에서 중대법규위반 교통사고라 함은 교통사고 처리 특례법 제3조 제2항 단서[7]에 해당하는 사고를 말한다. 단, 단서 중 7, 8은(무면허 · 음주운전을 말

6) 형법 제258조 【중상해, 존속중상해】 ① 사람의 신체를 상해하여 생명에 대한 위험을 발생하게 한 자는 1년 이상 10년 이하의 징역에 처한다.
② 신체의 상해로 인하여 불구 또는 불치나 난치의 질병에 이르게 한 자도 전항의 형과 같다.
형법 제268조 【업무상과실, 중과실치사상】 업무상과실 또는 중대한 과실로 인하여 사람을 사상에 이르게 한자는 5년 이하의 금고 또는 2천만원 이하의 벌금에 처한다.

7) 교통사고처리특례법 제3조 【처벌의 특례】 ① 차의 운전자가 교통사고로 인하여 형법 제268조(업무상과실, 중과실치사상)의 죄를 범한 경우에는 5년 이하의 금고 또는 2천만원 이하의 벌금에 처한다.
② 차의 교통으로 제1항의 죄 중 업무상과실치상죄(業務上過失致傷罪) 또는 중과실치상죄(重過失致傷罪)와 도로교통법 제151조(벌칙)의 죄를 범한 운전자에 대하여는 피해자의 명시적인 의사에 반하여 공소(公訴)를 제기할 수 없다. 다만, 차의 운전자가 제1항의 죄 중 업무상과실치상죄 1 또는 중과실치상죄를 범하고도 피해자를 구호(救護)하는 등 도로교통법 제54조(사고발생시의 조치) 제1항에 따른 조치를 하지 아니하고 도주하거나 피해자를 사고장소

한다) 중대법규위반 교통사고로 보지 않는다. 또한 "일반교통사고"라 함은 자동차사고 중에서 중대법규위반 교통사고에 해당되지 아니하는 사고를 말하며 교통사고처리특례법 제3조 제2항 단서에 해당하는 사고를 말한다. 단, 단서 중 7, 8은(무면허·음주운전을 말한다) 일반교통사고로 보지 않는다.

피해자에 의해 형사합의가 이루어지지 않아 공탁을 한 경우에는 피해자의 공탁금 출급 이후 공탁금액을 교통사고 처리지원금의 한도로 보상한다.

3) 보험금을 지급하지 아니하는 사유

보험자는 ① 피보험자의 고의(다만, 피보험자가 심신상실 등으로 자유로운 의사결정을 할 수 없는 상태에서 자신을 해친 경우에는 보험금을 지급한다), ② 계약자의 고의, ③ 피보험자가 사고를 내고 도주하였을 때, ④ 피보험자가 자동차를 경기용이나 경기를 위한 연습용 또는 시험용으로 운전하던 중 사고를 일으킨 때, ⑤ 피보험자가 도로교통법 제43조·제44조에 의한 음주

로부터 옮겨 유기(遺棄)하고 도주한 경우, 같은 죄를 범하고 도로교통법 제44조(술에 취한 상태에서의 운전금지) 제2항을 위반하여 음주측정 요구에 따르지 아니한 경우(운전자가 채혈 측정을 요청하거나 동의한 경우는 제외한다)와 다음 각 호의 어느 하나에 해당하는 행위로 인하여 같은 죄를 범한 경우에는 그러하지 아니하다.

1. 도로교통법 제5조(신호 또는 지시에 따를 의무)에 따른 신호기가 표시하는 신호 또는 교통정리를 하는 경찰공무원 등의 신호를 위반하거나 통행금지 또는 일시정지를 내용으로 하는 안전표지가 표시하는 지시를 위반하여 운전한 경우
2. 도로교통법 제13조(차마의 통행) 제3항을 위반하여 중앙선을 침범하거나 같은 법 제62조(횡단 등의 금지)를 위반하여 횡단, 유턴 또는 후진한 경우
3. 도로교통법 제17조(자동차등의 속도) 제1항 또는 제2항에 따른 제한속도를 시속 20킬로미터 초과하여 운전한 경우
4. 도로교통법 제21조(앞지르기 방법 등) 제1항, 제22조(앞지르기 금지의 시기 및 장소), 제23조(끼어들기의 금지)에 따른 앞지르기의 방법·금지시기·금지장소 또는 끼어들기의 금지를 위반하거나 같은 법 제60조(갓길 통행 금지 등) 제2항에 따른 고속도로에서의 앞지르기 방법을 위반하여 운전한 경우
5. 도로교통법 제24조(철길 건널목의 통과)에 따른 철길건널목 통과방법을 위반하여 운전한 경우
6. 도로교통법 제27조(보행자의 보호) 제1항에 따른 횡단보도에서의 보행자 보호의무를 위반하여 운전한 경우
7. 도로교통법 제43조(무면허운전 등의 금지), 건설기계관리법 제26조(건설기계조종사면허) 또는 도로교통법 제96조(국제운전면허증에 의한 자동차 등의 운전)를 위반하여 운전면허 또는 건설기계 조종사면허를 받지 아니하거나 국제운전면허증을 소지하지 아니하고 운전한 경우. 이 경우 운전면허 또는 건설기계조종사면허의 효력이 정지 중이거나 운전의 금지 중인 때에는 운전면허 또는 건설기계조종사면허를 받지 아니하거나 국제운전면허증을 소지하지 아니한 것으로 본다.
8. 도로교통법 제44조(술에 취한 상태에서의 운전금지) 제1항을 위반하여 술에 취한 상태에서 운전을 하거나 같은 법 제45조(과로한 때 등의 운전 금지)를 위반하여 약물의 영향으로 정상적으로 운전하지 못할 우려가 있는 상태에서 운전한 경우
9. 도로교통법 제13조(차마의 통행) 제1항을 위반하여 보도(步道)가 설치된 도로의 보도를 침범하거나 같은 법 제13조(차마의 통행) 제2항에 따른 보도 횡단방법을 위반하여 운전한 경우
10. 도로교통법 제39조(승차 또는 적재의 방법과 제한) 제2항에 따른 승객의 추락 방지의무를 위반하여 운전한 경우
11. 도로교통법 제12조(어린이 보호구역의 지정 및 관리) 제3항에 따른 어린이 보호구역에서 같은 조 제1항에 따른 조치를 준수하고 어린이의 안전에 유의하면서 운전하여야 할 의무를 위반하여 어린이의 신체를 상해(傷害)에 이르게 한 경우

·무면허 상태에서 운전하던 중 사고를 일으킨 때, ⑥ 피보험자가 자동차를 영업목적으로 운전하던 중 발생한 사고에는 보험금을 지급하지 않는다.

4) 보험금의 비례분담

형사합의금에 대하여 교통사고처리지원금을 지급할 다수 계약(각종 공제계약을 포함한다)이 체결되어 있는 경우 각각의 계약에 대하여 다른 계약이 없는 것으로 하여 산출한 보상책임액의 합계액이 형사합의금을 초과하는 때에는 회사는 각 계약의 보상책임액을 비례분담하여 지급한다.

4. 영업운전자용 면허정지보장·면허취소보장 특별약관

1) 면허정지보장 특별약관의 보험금의 종류 및 지급사유 등

보험자는 피보험자(영업용 자동차 운전자에 한함)가 보험기간 중에 자동차를 운전하던 중 급격하고도 우연한 자동차사고로 타인의 신체에 상해를 입히거나 재물을 손상함으로써 피보험자의 자동차 운전면허가 행정처분에 의해 일시 정지되었을 때에는 보험수익자에게 면허정지기간 동안 최고 60일을 한도로 1일당 이 특별약관의 보험가입금액을 지급한다. 다만, 면허정치 행정처분 사유가 교통사고가 아닌 경우에는 면허정지보험금 또는 면허취소보험금을 지급하지 않는다.

여기서 면허정지기간이라 함은 행정기관의 교정교육을 이수하여 면허정지기간을 감경받았거나 감경받을 수 있는 경우에는 전체 면허정지기간에서 감경받았거나 감경받을 수 있는 기간을 차감한 기간을 말한다. 다만, 행정기관의 교정교육을 이수하지 않아 면허정지기간을 감경받지 못하여 면허정지처분기간 이후에 경찰서의 행정처분조회 확인서를 제출할 경우에는 그러하지 아니한다.

2) 면허취소보장 특별약관의 보험금의 종류 및 지급사유

보험자는 피보험자가 보험기간 중에 자동차를 운전하던 중 급격하고도 우연한 자동차사고로 타인의 신체에 상해를 입히거나 재물을 손상함으로써 피보험자의 자동차 운전면허가 행정처분에 의해 취소되었을 경우에는 보험수익자에게 이 특별약관의 보험가입금액을 면허취소보험금으로 지급한다.

3) 보험금을 지급하지 아니하는 사유

이 특별약관들의 보험금을 지급하지 아니하는 사유는 벌금보장 특별약관의 보험금을 지급하지 아니하는 사유와 같다.

043 자전거사고 관련 상해특별약관

I 자전거보험의 개요

자전거보험은 "자전거 사망·후유장해", "자전거 이용 중 상해입원일당", "자전거 이용 중 배상책임" 등을 담보하는 종합적인 상해보험으로서, 일반적으로 피보험자의 연령이 15세 미만이거나 60세를 초과하는 경우에는 가입할 수 없다. 자전거보험은 교통수단의 범위를 자전거로 하는 제한적인 교통상해보험 또는 운전자보험의 일종으로도 볼 수 있다.

II 자전거상해사망·후유장해, 상해입원일당 특별약관

1. 보험금의 종류 및 지급사유

보험자는 ① 자전거에 탑승하고 있는 피보험자에게 발생한 급격하고 우연한 외래의 사고 또는 ② 자전거에 탑승하고 있지 않은 피보험자가 운행 중의 자전거와 충돌·접촉(적재물을 포함한다)에 의해 발생한 사고로 상해를 입어 사망한 경우에는 사망보험금을 지급하며, 후유장해로 진단된 경우에는 후유장해보험금을 지급한다. 또한 피보험자가 위 사고로 인한 상해로 인하여 생활기능 또는 업무능력에 지장을 가져와 병원 또는 의원(한방병원 또는 한의원을 포함한다)에서 입원하여 치료를 받은 경우에는 입원비보험금을 지급한다.

여기서 자전거라 함은 핸들 또는 페달을 이용하여 인력에 의하여 운전하는 2륜 이상의 차(레일에 의해 운전하는 차, 신체장애자용 휠체어 및 유아용 3륜 이상의 차를 제외) 및 그 부속품(적재물 포함)을 말한다(자전거보험약관 용어해설).

2. 자전거보험 고유의 보험금을 지급하지 아니하는 사유

자전거보험은 질병·상해보험 보통약관에서 정하는 보험금을 지급하지 아니하는 사유와 함께 별도의 열거행위 면책사유를 두고 있다.

자전거보험 "보험금을 지급하지 아니하는 사유"에 의하면 보험자는 다른 약정이 없는 한 ① 산악자전거(MTB) 활동 또는 이와 비슷한 위험한 활동, ② 자전거에 의한 경기, 시범, 흥행(이를 위한 연습을 포함한다)과 같은 행위를 하는 동안에 생긴 손해에 대하여는 보상하지 않는다.

Ⅲ 자전거 이용 중 배상책임 특별약관

이 특별약관은 피보험자가 보험기간 중에 대한민국 국내에서 자전거의 소유, 사용 또는 관리로 인하여 발생한 우연한 사고로 인하여 타인의 신체에 장해(신체장해)를 입히거나 타인의 재물을 망그러뜨려(재물손해) 법률상의 배상책임을 부담함으로써 입은 손해를 배상책임보험금으로 지급한다.

Ⅳ 자전거교통사고 관련 비용담보 특별약관

피보험자가 자전거를 운전하던 중에 사고로 타인의 신체에 상해를 입히게 된 경우 등에 대하여 운전자보험과 마찬가지로 「자전거사고 벌금 특별약관」, 「자전거사고 변호사 선임비용 특별약관」, 「자전거교통사고 처리지원금 특별약관」 등을 통하여 담보할 수 있다.

V 교통상해보험의 자전거 탑승 중 상해사망·후유장해 특별약관

1. 보험금의 종류 및 지급사유

이 특별약관들은 교통상해보험의 일종으로서 자전거에 탑승하던 중에 발생한 피보험자의 상해를 보험사고로 한다. 이 특별약관에 의하면 보험자는 피보험자가 보험기간 중에 자전거탑승 중 상해(급격하고도 우연한 외래의 자전거 탑승중 사고)를 입고 그 직접결과로써 사망 또는 후유장해로 진단된 경우에 보험금을 지급한다.

여기서 "자전거탑승 중"이라 함은 자전거를 운전 중이거나 운행 중인 자전거에 운전을 하고 있지 않은 상태로 탑승하고 있는 것을 말하며, "자전거 운전 중"이라 함은 피보험자가 자전거 운전석에 탑승하여 핸들을 조작하거나 조작가능한 상태에 있는 것을 말한다.

2. 교통상해보험과 동일한 사항

이 특별약관에서의 보험금 지급에 관한 세부규정, 특별약관의 소멸 등은 교통상해사망 · 후유장해 특별약관과 같다.

3. 보험금을 지급하지 아니하는 사유

보험자는 ① 시운전, 경기(연습을 포함한다) 또는 흥행(연습을 포함한다)을 위하여 운행 중인 자전거에 탑승(운전을 포함한다)하고 있는 동안, ② 하역작업을 하는 동안, ③ 자전거의 설치, 수선, 점검, 정비나 청소작업을 하는 동안, ④ 다른 약정이 없으면 피보험자가 직업, 직무 또는 동호회 활동목적으로 자전거를 이용하여 산악지대를 오르내리는 행위 또는 이와 비슷한 위험한 활동을 하는 동안의 행위로 인하여 보험금 지급사유가 발생한 때에는 보험금을 지급하지 않는다.

044 여가활동 관련 상해특별약관

I 여가활동 관련된 보험의 개요

여가활동 관련된 보험은 스키보험, 골프보험, 수렵보험과 같이 독립된 보험상품으로 판매되는 경우와 레저활동 중 상해 관련 특별약관, 특정 여가활동 중 상해 관련 특별약관 등과 같이 일반적인 제3보험 상품에 특별약관으로 부가하는 경우로 나뉜다. 또한 "레저보험" 형식의 단독상품으로 판매되는 경우에는 위의 유형뿐만 아니라 국내·해외여행 관련 특별약관, 자전거상해 관련 특별약관을 함께 포함하는 경우가 일반적이다.

II 스키보험

1. 스키보험의 개요

스키보험은 피보험자가 스키를 목적으로 거주지를 출발할 때부터 도착할 때까지의 상해사망, 상해후유장해, 스키용품손해, 제3자에 대한 배상책임손해를 보험금 지급사유로 하는 보험으로서 레저 관련 상해종합보험의 일종이다.

스키보험은 위험직종 근무자나 위험한 운동에 참가하는 자 등에 대하여 인수가 제한되며, 스키를 직업으로 하는 사람은 보험에 가입할 수 없다.

2. 보험금의 종류 및 지급사유

보험자는 보험기간 중에 피보험자가 대한민국 안에서 스키를 목적으로 거주지를 출발한 때로부터 거주지에 도착할 때까지의 과정 중에 다음 사항 중 어느 한 가지의 경우에 해당되는 사유가 발생한 때에는 보험수익자에게 약정한 보험금을 지급한다. 그러므로 스키보험은 기간보험과 구간보험이 혼합된 혼합보험이다.

여기서 다음 사항이란 ① 보험기간 중에 발생한 급격하고도 우연한 외래의 사고로 신체에 입은 상해의 직접결과로써 사망한 경우(질병으로 인한 사망은 제외)의 사망보험금, ② 보험기간 중 상해로 장해분류표에서 정한 각 장해지급률에 해당하는 장해상태가 되었을 때의 후유장해보험금, ③ 보험증권에 기재된 스키용품에 생긴 화재(벼락을 포함한다), 도난손해와 우연한 사고로 스키플레이트가 부러지거나 휘어지거나 또는 파손됨으로써 생긴 손해.[8] 그러나 스키폴의 도난에 대하여는 스키플레이트와 동시에 생긴 경우에 한한다. ④ 제3자에게 법률적인 배상책임을 부담함으로써 입은 손해를 말한다.

Ⅲ 골프보험

1. 골프보험의 개요

골프보험은 피보험자가 골프시설 구내에서 골프의 연습, 경기 또는 지도 중에 발생할 수 있는 위험을 담보하는 보험으로서 상해사망 · 후유장해, 골프용품손해, 배상책임손해를 기본계약으로 하는 종합보험이다. 골프활동을 취미로 즐기거나 골프경기 · 지도를 직업으로 하는 자, 골프용품 판매점, 골프장 경영자(또는 종사자)는 이 보험의 가입이 제한 또는 거절된다.

2. 상해사망 · 후유장해 특별약관

보험자는 피보험자가 보험기간 중에 골프시설(골프의 연습 또는 경기를 행하는 시설을 말하며, 골프연습장, 탈의실 등 그 외 부속시설을 포함한다) 구내에서 골프의 연습, 경기 또는 지도(이에 따른 탈의, 휴식을 포함한다) 중 발생한 상해의 직접결과로써 사망한 경우 또는 후유장해로 진단된 경우에 관련 보험금을 지급한다. 그러므로 골프보험은 "골프시설"이라는 제한된 공간에서 일어난 사고에 대하여만 담보하는 보험이다.

---

8) 스키용품손해는 시가에 의하여 산정한 금액을 보험가입금액 한도로 보상하며, 수선을 하게 될 때에는 보험의 목적을 손해발생 직전의 상태로 복구시키는 수선비를 손해액으로 보상한다.

3. 홀인원비용보장 · 알바트로스비용보장 특별약관

피보험자가 골프경기 중에 홀인원(hole in one)을 하거나 알바트로스(albatross)를 한 경우에 최초 1회에 한하여 홀인원 또는 알바트로스를 행한 날로 1개월 이내에 소요된 "홀인원비용" 또는 "알바트로스비용"을 보험가입금액 한도로 지급한다. 이 특별약관들은 손해보상을 목적으로 하지 않으며, 도덕적 위험의 가능성도 높다.

4. 골프용품손해보장 특별약관, 골프활동 중 배상책임보장 특별약관

골프용품손해보장 특별약관은 피보험자가 골프시설 구내에서 골프의 연습, 경기 등에 생긴 사고로 골프용품(골프채, 골프가방, 피복류 등)에 생긴 화재, 도난손해와 우연한 사고로 골프채가 부러지거나 휘어지거나 파손된 손해가 생긴 경우를 보상하는 재물보험, 도난보험이다.

골프활동 중 배상책임보장 특별약관은 피보험자가 골프시설 구내에서 골프활동 중에 생긴 사고로 피해자의 신체 및 재물에 대한 법률상의 배상책임을 부담하게 될 때의 손해를 보상하는 여가생활 중의 배상책임보험의 일종이다.

Ⅳ 수렵보험

1. 수렵보험의 개요

수렵보험은 피보험자가 국내의 수렵장 또는 사격장에서 상해사망 · 후유장해를 입었거나 수렵용품의 손해가 발생한 경우 그리고 수렵활동 중 타인의 신체 및 재산에 피해를 입혀 배상책임을 부담하게 된 경우 등을 담보하는 종합보험이다. 특히 수렵으로 인한 배상책임은 「야생생물 보호 및 관리에 관한 법률」 제51조(시행령 제35조)에 따른 의무배상책임보험이다.

2. 보험금의 종류 및 지급사유

보험자는 피보험자가 보험기간 중에 대한민국 안에서 수렵장(야생동식물보호법상 수렵장) 또는 사격장 내에서 입은 손해에 대하여 보험수익자에게 보험금을 지급한다. 여기서 손해란 ① 보험기간 중의 상해의 직접결과로써 사망하거나 후유장해로 진단된 경우, ② 보험증권에 기재된 수렵용품의 화재, 도난 또는 총기의 파손, ③ 총기의 소유, 사용 등에 의하여 피해자의 신체 및 재물에 대한 법률상 손해배상책임을 부담함으로써 입은 손해를 말한다.

V 낚시보험

1. 낚시보험의 개요

낚시보험은 피보험자가 국내에서 낚시를 목적으로 주거지를 출발해서 도착할 때까지의 손해를 담보하는 보험으로서 상해사망 · 후유장해, 낚시도구에 대한 손해, 배상책임위험을 담보하는 종합보험이다.

2. 보험금의 종류 및 지급사유

보험자는 보험기간 중 피보험자가 대한민국 안에서 낚시(바다, 하천, 호수, 못 등에서 낚시줄을 사용해서 물고기를 잡는 것을 말하며, 직업적인 물고기잡이는 제외함)를 목적으로 거주지를 출발한 때로부터 거주지에 도착할 때까지의 과정 중에 입은 ① 상해사망 또는 장해진단, ② 보험증권에 기재된 낚시도구의 화재, 도난 또는 파손, ③ 타인의 신체 및 재물에 대한 법률상 손해배상책임을 부담함으로써 입은 손해를 담보한다.

VI 레저활동 중 상해사망·후유장해 특별약관

1. 보험금의 종류 및 지급사유

보험자는 피보험자가 보험기간 중에 레저활동 중 상해를 입고 사망 또는 후유장해로 진단된 경우에 보험금을 지급한다. 여기서 "레저활동 중 상해"란 피보험자가 주민등록상에 기재된 주택을 이탈하여 업무 이외의 활동을 하는 동안 생긴 급격하고도 우연한 외래의 사고를 말하며, "업무"란 피보험자가 임금근로자(임시 및 일용직 포함) 및 자영업자인 경우 직업 및 직무에 종사하는 활동(출퇴근을 포함)을 말하며, 학생의 경우 학업 중 활동(등하교를 포함)을 말한다.

그러므로 이 특별약관은 피보험자의 업무 외 주거지 외에서 발생한 모든 사고에 대하여 레저활동으로 간주하고 있는 것이다.

2. 보험금을 지급하지 아니하는 사유

보험자는 다음의 열거된 행위로 인하여 보험금 지급사유가 발생한 경우에는 보험금을 지급하지 않는다. 열거된 행위란 ① 임금근로자, 자영업자 또는 학생의 직업, 직무 또는 학업에 종사하는 활동 중(출・퇴근, 등하교 포함), ② 주택 내에서 발생한 것을 말한다. 여기서 주택이란 아파트, 연립, 다세대주택 및 단독주택을 말하며, "주택 내"라 함은 아파트의 경우 아파트 건물의 입구 안쪽 공간을, 기타 주택의 경우는 주택의 부속물인 대문의 안쪽 공간을 말한다.

Ⅶ 특정여가활동 중 상해사망·후유장해 특별약관

이 특별약관은 피보험자가 보험기간 중에 "보험금의 종류 및 지급사유"에서 열거한 여가활동 중의 상해로 사망 또는 후유장해를 입은 경우를 담보하고 있다. 이 특별약관에서 보험금의 지급사유가 되는 특정한 여가활동들은 다음과 같다.

① 다음에 기재된 스포츠를 그 목적의 스포츠시설(전용시설 또는 그 스포츠를 하기 위한 설비가 있는 병용시설을 말한다. 다만, 주택은 제외) 내에서 하는 동안 또는 그 스포츠를 하기 위하여 스포츠시설 내에서 착・탈의, 휴식, 준비운동 등을 하는 동안 : 테니스, 탁구, 배드민턴, 골프, 볼링, 수영, 에어로빅, ② 게이트볼(시합 또는 5인 이상이 연습하는 경우에 한한다)을 하는 동안, ③ 낚시(직업적인 물고기잡이는 제외)를 하는 동안, ④ 다음의 유료시설에 관객 또는 입장객으로 있는 동안. 다만, 대상이 되는 시설은 시설 내에 관리인이 있는 등 구체적으로 관리되고 있는 유료시설을 말하며, 이 시설이 무료개방되는 경우에는 대상이 되지 않는다 : ㉮ 영화관, 콘서트홀, 스포츠 관람시설, 극장, 연예장 등의 시설(영화, 음악, 스포츠, 연극, 연예 또는 구경거리를 감상, 관람하기 위한 시설을 말하며, 유흥접객업소는 제외), ㉯ 유원지, 레저랜드 또는 동물원, 식물원, 미술관, 박물관 기타 이와 유사한 시설, ⑤ 숙박을 동반한 여행목적을 갖고 보험

증권에 기재된 주소지를 출발하여 당해 주소지에 도착할 때까지의 여행을 하는 동안. 단, 업무출장 및 업무목적을 병행하고 있는 여행은 제외한다.[9]

Ⅷ 스포츠활동 중 상해사망·후유장해 특별약관

1. 보험금의 종류 및 지급사유

스포츠활동 중 상해사망 · 후유장해 특별약관은 피보험자가 보험기간 중에 스포츠활동 중 사고로 발생한 상해의 직접결과로써 사망하거나 후유장해로 진단된 경우에 보험금을 지급한다.

2. 스포츠활동 중 사고의 정의

이 특별약관에서 "스포츠활동중 사고"라 함은 스포츠를 그 목적의 스포츠시설(전용시설 또는 그 스포츠를 하기 위한 설비가 있는 병용시설. 단 주택은 제외) 내에서 하는 동안 또는 그 스포츠를 하기 위하여 스포츠시설 내에서 착 · 탈의, 휴식, 준비운동 등을 하는 동안 발생한 사고를 말한다.

여기서 "스포츠"라 함은 다음 중 어느 하나에 해당하는 것을 말한다. ① 등산, 스키, 하키, 마술, 럭비, 축구, 경식야구, 유도, 핸드볼, 농구, 체조 및 이와 유사한 운동경기, ② 검도, 펜싱, 사이클, 스케이트, 탁구, 정구, 수구, 연식야구, 사격, 배구, 보트, 요트, 육상경기, 역도, 배드민턴, 골프, 궁도 및 이와 유사한 운동경기. 스포츠의 범위는 각각의 보험사의 약관에 따라 일부의 차이가 있으나(스포츠단체 상해특별약관의 운동경기의 종목과 동일한 범위를 담보한다) 모두 "이와 유사한 운동경기"를 확장하여 담보하고 있으므로 담보범위의 차이는 거의 없다.

9) 일부 보험회사의 약관은 "⑤ 숙박동반 여행"을 특정 여가활동에 불포함하기도 한다.

Ⅸ 스포츠단체 상해사망·후유장해 특별약관

1. 스포츠단체 상해보험의 개요, 보험금 지급사유

이 보험은 스포츠단체를 보험계약자로 하고 그 단체의 구성원을 피보험자로 하는 단체상해보험의 일종이다. 보험자는 피보험자가 보험증권에 기재된 단체의 관리하에 행하는 운동경기(연습 및 운동경기를 하기 위해 교통수단에 탑승중을 포함한다) 중에 상해의 직접결과로서 사망한 경우 또는 후유장해에 진단된 경우에 보험금을 지급한다.

2. 운동경기의 종목

「보험금의 종류 및 지급사유」에서 정한 운동경기의 종목은 다음과 같다. ① 위험이 큰 운동경기종목 : 레슬링, 권투, 씨름, 태권도, 미식축구 및 유사한 운동경기, ② 위험이 다소 큰 운동경기종목 : 등산, 스키, 하키, 마술, 럭비, 축구, 경식야구, 유도, 핸드볼, 농구, 체조 및 이와 유사한 운동경기, ③ 위험이 작은 운동경기종목 : 검도, 펜싱, 사이클, 스케이트, 탁구, 정구, 수구, 연식야구, 사격, 배구, 보트, 요트, 육상경기, 역도, 배드민턴, 골프, 궁도 및 이와 유사한 운동경기를 말한다. 이 특별약관에서 운동경기를 위험에 따라 구분하는 것은 보험료 또는 보험금 지급에 있어서 위험을 반영하기 위한 것이다.

3. 피보험자의 증가, 감소 및 교체

이 특별약관은 단체보험의 일종이므로 피보험자의 변동에 대한 통지의무가 있다. 그러므로 보험계약자는 보험기간 중에 피보험자의 증감이 있을 때에는 서면으로 이에 대한 성명, 나이 성별 및 운동경기종목 등을 알리고 보험자의 승인을 받아야 한다.

만일 보험자가 보험기간 중에 피보험자가 증감된 경우 증감자에 대하여 일단위로 보험료를 계산하여 계약을 체결할 때에는 납입한 보험료와 비교하여 그 차액을 받거나 반환한다.

4. 운동경기종목의 변경

보험기간 중에 피보험자보험대상자가 운동경기종목을 변경하고자 하는 경우 보통약관 「상해보험계약 후 알릴의무」의 규정을 준용한다.

X 다이빙활동 중 상해사망·후유장해 특별약관

1. 보험금의 종류 및 지급사유

보험자는 피보험자가 보험기간 중에 다이빙 안전수칙을 준수하며 다이빙활동 중 사고로 발생한 상해의 직접결과로써 사망 또는 후유장해로 진단된 경우에 보험수익자에게 보험금을 지급한다.

1) 다이빙활동 등의 정의

여기서 "다이빙활동"이란 스쿠버다이빙활동 혹은 스노클링활동을 위해 입수하는 것으로 시작하여 수중활동을 끝내고 물에서 나올 때까지의 활동을 말하며, "스쿠버다이빙활동"이란 자가수중호흡기구를 사용하는 수중활동을 말한다.

2) 보상하는 손해에 포함되는 손해

위에서 정한 보상하는 손해에는 다이빙활동에 의해 피보험자에게 급격하게 발생된 감압병, 동맥공기색전증, 폐압력손상으로 피보험자가 입은 손해를 포함한다.

① 감압병(T70.3) : 다이빙결과로 조직에 가스가 발생하여 나타나는 징후 및 증상, ② 동맥공기색전증(T79.0) : 다이빙 도중 기체를 내포하는 신체조직에 과다한 압력이 가해져서 동맥시스템으로 기체가 주입됨으로써 발생하는 징후 및 증상, ③ 폐압력손상(S27.0, S27.2) : 다이빙에서 상승시 가스확대로 야기되는 폐의 과다팽창 및 파열을 의미한다.

2. 보험금을 지급하지 아니하는 사유

보험자는 보통약관 「보험금을 지급하지 아니하는 사유」에 정한 사항 이외에 다음 중 어느 한 가지의 경우에 의하여 보험금 지급사유가 발생한 때에는 보험금을 지급하지 않는다.

① 짝잠수(잠수계획, 잠수시작, 잠수완료를 짝과 함께 하는 잠수)로 인정되지 않은 경우, ② 스포츠 수중활동이 아닌 잠수인 경우. 이 경우는 상업적 또는 군사적 잠수를 포함한다. 상업적 다이빙이란 업무목적(구조활동 포함)의 다이빙을 말한다. 단, 레크리에이션 다이빙을 감독

하는 강사로서의 활동은 포함하지 않는다. ③ 다이빙활동 당일에 다이빙지역의 공식 기상예보기관에 의해 예보된 날씨가 "폭풍주의보" 이상의 악천후임에도 불구하고 이를 무릅쓰고 잠수했을 경우, ④ 수심 40m를 초과한 잠수인 경우, ⑤ 음주 후 10시간 이내의 잠수인 경우, ⑥ 현재 교육 중인 수강자가 강사의 지시 없이 잠수한 경우, ⑦ 불법적인 잠수의 경우, ⑧ 재압치료 후 72시간 이내의 항공기 탑승 또는 6주 이내에 잠수를 한 경우를 말한다.

XI 마라톤 상해 관련 특별약관 등

1. 마라톤 상해사망·후유장해 특별약관

보험자는 피보험자가 보험증권에 기재된 마라톤대회 참가 중에 발생한 상해의 직접결과로써 사망한 경우(질병으로 인한 사망은 제외) 또는 후유장해로 진단된 경우에 보험수익자에게 보험금을 지급한다.

여기서 마라톤대회 참가 중이라 함은 마라톤대회 당일 주자로 참가해서 연습 및 마라톤대회를 마치고 해산하기 전까지를 말한다.

2. 마라톤 골절수술비 특별약관

피보험자가 마라톤대회 참가 중의 상해로 「골절분류표」[10]상의 골절을 입고 치료를 직접목적으로 수술을 받은 경우에 보험금을 지급한다.

3. 마라톤 질병사망 특별약관

피보험자가 마라톤대회 참가 중에 「마라톤 관련 특정질병분류표」[11]에서 정한 특정

10) 약관에서 정하는 골절분류표란 제6차 개정 KCD에 따른 다음의 항목을 말한다. 두개골 및 안면골의 골절S02, 머리의 으깸손상S07, 상세불명의 머리손상S09.9, 목의 골절S12, 늑골, 흉골 및 흉추의 골절S22, 요추 및 골반의 골절S32, 어깨 및 위팔의 골절S42, 아래팔의 골절S52, 손목 및 손부위의 골절S62, 대퇴골의 골절S72, 발목을 포함한 아래다리의 골절S82, 발목을 제외한 발의 골절S92, 여러 신체 부위의 골절T02, 상세불명의 척추 부위의 골절T08, 상세불명의 팔 부위의 골절T10, 상세불명의 하지 부위의 골절T12, 상세불명의 신체 부위의 골절T14.2.

11) 약관에서 정하는 마라톤 관련 특정질병분류표란 제6차 개정 KCD에 따른 다음의 항목을 말한다.

▷ 급성심근경색증

1. 급성심근경색(I21)

질병으로 사망하거나 80% 이상의 후유장해가 남은 경우에 보험금을 지급한다.

XII 특수운동 중·특수운전 중 상해 관련 특별약관

1. 특수운동 중·특수운전 중 상해 관련 특별약관의 취지

손해보험의 상해보험 보통약관은 「보험금을 지급하지 아니하는 사유」에서 "회사는 다른 약정이 없으면 피보험자가 직업, 직무 또는 동호회 활동목적으로 아래에 열거된 행위로 인하여 제3조(보험금의 지급사유)의 상해 관련 보험금 지급사유가 발생한 때에는 해당 보험금을 지급하지 않습니다."라고 정하고 있다. 그러나 이 특별약관들을 부가하면 열거된 행위 중에서 일부 행위에 대하여는 상해 관련 보험금을 지급한다.

2. 특수운동 중 상해사망·후유장해 특별약관

보험자는 보험기간 중에 보통약관 「보험금을 지급하지 아니하는 사유」에도 불구하고 피보험자가 전문등반(전문적인 등산용구를 사용하여 암벽 또는 빙벽을 오르내리거나 특수한 기술, 경험, 사전훈련을 필요로 하는 등반을 말한다), 글라이더 조종, 스카이다이빙, 스쿠버다이빙, 행글라이딩 활동을 하는 동안에 발생한 상해의 직접결과로 사망한 경우 또는 후유장해를 입은 경우에 보험금을 지급한다.

2014년 4월 개정에 따라 보통약관에서 보상하지 않는 열거하는 위험이 추가되었으므로 2014년 4월 1일 이후의 이 특별약관에서 담보하는 특수운동의 범위에도 패러글라이딩과 수상보트가 추가되어야 할 것이다.

---

2. 이차성 심근경색증(I22)
3. 급성 심근경색증에 의한 특정 현존 합병증(I23)
4. 기타 급성 허혈성 심장질환(I24)

▷ **뇌출혈, 뇌경색 : 대뇌혈관질환**

1. 지주막하 출혈(I60)
2. 뇌내출혈(I61)
3. 기타 비외상성 두개내출혈(I62)
4. 뇌경색(증)(I63)

▷ **열사병 및 일사병 등**(T67.0 ~ T67.7)

▷ **저체온증**(T68)

3. 특수운전 중 상해사망 · 후유장해 특별약관

보험자는 보험기간 중에 보통약관 「보험금을 지급하지 아니하는 사유」에도 불구하고 피보험자가 모터보트, 자동차 또는 오토바이에 의한 경기, 시범, 흥행(이를 위한 연습을 포함한다) 또는 시운전(다만, 공용도로상에서 시운전을 하는 동안 보험금 지급사유가 발생한 경우에는 보장한다)활동을 하는 동안에 발생한 상해의 직접결과로 사망한 경우 또는 후유장해를 입은 경우에 보험금을 지급한다.

XIII 신주말, 휴일 일반상해사망·후유장해 특별약관

1. 일반상해사망 · 후유장해 특별약관과 동일한 사항

신주말 일반상해사망 · 후유장해 특별약관의 보험금의 지급사유, 보험금 지급에 관한 세부규정, 계약의 소멸 등은 일반상해사망 · 후유장해 특별약관에서 정한 바와 같다.

2. 신주말 또는 휴일의 정의

신주말이란 "보험기간 중에 사고발생지의 표준시를 기준으로 금요일, 토요일, 법정공휴일(일요일을 포함) 또는 근로자의 날"을 말한다. 즉, 신주말에 피보험자가 상해를 입고 그 결과 사망하거나 후유장해를 입은 경우가 보험금 지급사유가 된다. 사망 또는 후유장해 진단일이 신주말일 것을 요구하는 것은 아니다. 한편, 휴일이란 신주말에서 금요일을 제외한 날을 말한다.

보험회사에 따라서 신주말상해 특별약관의 경우에는 "회사의 보장은 사고발생지의 표준시를 기준으로 보험기간 내의 금요일 오후(12시에 시작하여 24시까지) 및 토요일, 법정공휴일(일요일을 포함합니다) 또는 근로자의 날 당일 0시에 시작하여 24시에 끝납니다." 휴일상해 특별약관의 경우에는 "회사의 보장은 사고발생지의 표준시를 기준으로 보험기간 내의 토요일, 법정공휴일(일요일을 포함합니다) 또는 근로자의 날 당일 0시에 시작하여 24시에 끝납니다"라고 보장개시시간과 종료시간을 별도로 정하는 경우도 있다.

045 여행보험의 개요

I 여행보험의 개요

여행보험이란 피보험자가 보험증권에 기재된 여행을 목적으로 주거지를 출발하여 여행을 마치고 주거지에 도착할 때까지의 여행도중에 발생한 위험을 보장하는 보험이다.

여행보험은 상해사망·후유장해담보를 기본적으로 담보하는 상해보험이며, 선택적 특별약관으로 질병사망 특별약관, 여행보험 실손의료비보험 특별약관, 특별비용담보 특별약관, 휴대품손해 특별약관, 배상책임 특별약관, 항공기납치특약 등을 부가하므로 여행과 관련한 종합보험이다.[12]

II 여행보험의 특징

1. 위험인수의 특징

여행보험은 일반적인 상해보험의 인수시 고려사항인 피보험자의 연령, 직업, 건강상태 외에도 여행지역을 고려하여 가입이 제한되거나 거절될 수 있다. 예를 들어 외교통상부가 지정하는 여행금지국가로 여행하거나 경유하는 경우 또는 정부가 제한하는 마약, 테러지원 관련 개인 및 단체에 대하여는 가입이 제한될 수 있다.

---

12) 해외여행보험 보험료 중 실손의료비보험의 보험료가 가장 큰 비중(약 80%)을 차지한다. 최근에는 해외여행보험과 관련하여

① 특약을 선택하여 가입이 가능
② 질병이력이 있는 자도 상해 등을 보장받을 수 있음
③ 실손의료보험에 가입하였을 경우 국내치료보장을 가입할 실익이 낮음을 설명하도록 개선함으로써 소비자 권익을 제고하도록 하였다.

2. 담보방식의 특징

여행보험은 피보험자의 주거지 출발부터 주거지 도착할 때까지의 구간을 담보하는 보험으로서 구간보험(voyage insurance)의 담보형식을 가진다. 그러나 보험기간을 함께 두고 있으므로 혼합보험(combined time & destinated purpose insurance) 형식으로 담보하고 있다.

3. 보상한도의 특징

보험회사에 따라 여행보험계약에서의 보험가입금액은 보험기간 동안의 총한도로 적용하기도 한다. 여행보험은 그 기간이 매우 짧은 것이 일반적이기 때문이다. 이러한 점은 일반상해사망・후유장해담보의 경우에 보험가입금액을 하나의 사고당 보상한도로 적용하는 것과 차이가 있다.

Ⅲ 여행보험의 종류

1. 국내여행보험

피보험자의 여행 중 위험을 대한민국에 국한하여 담보하는 보험이다. 상해보험의 일종이지만 주로 휴대품손해, 배상책임손해 등의 위험을 담보하기 위하여 체결된다.

2. 해외여행보험

피보험자의 여행 중 위험을 담보하는 보험이다. 피보험자가 주거지를 출발한 경우에는 국내외를 묻지 않고 담보하며, 국내여행보험의 담보위험 외에도 특별비용담보, 항공기납치담보 등의 위험을 함께 담보할 수 있다.

3. 국내・해외 실손의료비보험

피보험자가 여행 중 발생한 상해・질병으로 의료기관에서 치료받을 경우에 실제 소요된 비용을 보상하는 보험이다. 국내여행 실손의료비보험은 일반적인 실손의료비보험과 그 내용이 다르지 않으나 해외여행 실손의료비보험은 해외에서 발생한 의료비의 경우에도 담보한다는 특징이 있다.

4. 남북한주민왕래보험

피보험자가 남북한의 상호교류 중 발생할 수 있는 불의의 사고로 상해나 질병 등의 신체손해를 입었을 때를 담보하는 보험으로서 해외여행보험과 유사한 형식으로 구성되어 위험을 담보하고 있다.

046 국내여행보험 관련 특별약관

I 국내여행보험 보통약관의 주요 사항

1. 보험금의 종류 및 지급사유

국내여행보험은 보통약관에서 상해사망과 상해후유장해를 담보한다. 보험자는 피보험자가 보험증권에 기재된 국내여행 도중에 상해의 직접결과로 사망한 경우에 사망보험금을 지급하며, 상해의 직접결과로 장해상태가 되었을 때 후유장해보험금을 지급한다.

여기서 국내여행 도중이라 함은 국내거주자가 여행을 목적으로 주거지를 출발하여 여행을 마치고 주거지에 도착할 때까지를 말하며, 국외거주자의 경우에는 여행을 목적으로 국내의 공항이나 부두에 도착하여 여행을 마치고 출국을 위해 항공기나 선박에 탑승하기 직전까지를 말한다.

2. 보험금 지급에 관한 세부규정

일반상해사망 · 후유장해보험의 보험가입금액 한도는 하나의 사고당 보상한도이다. 그러나 국내여행보험의 사망 · 후유장해보험의 보험가입금액은 보험기간을 통틀어서 지급하는 한도이다.

이와 관련하여 특별약관은 “회사가 지급하여야 할 상해로 인한 사망 또는 후유장해보험금은 보험기간을 통하여 보험증권에 기재된 사망 또는 후유장해 보험가입금액을 각각을 한도로 합니다”라고 정하고 있다.[13]

13) 보험회사의 정책에 따라서 국내여행보험의 경우에도 일반적인 제3보험과 같이 하나의 사고당 보험가입금액 한도를 적용하는 경우도 있다.

3. 보장의 개시와 종료

여행보험도 일반적인 상해보험과 마찬가지로 보험자가 제1회 보험료를 받은 때부터 보장을 개시한다. 그러나 여행보험은 구간담보형식을 함께 가지고 있으므로 보통약관은 "회사는 국내거주자인 피보험자가 주거지를 출발하기 전과 주거지에 도착한 이후에 발생한 사고 또는 국외거주자인 피보험자가 국내의 공항이나 부두에 도착하여 항공기나 선박에서 내리기 전과 출국을 위해 항공기나 선박에 탑승한 후에 발생한 사고에 대하여는 보상하여 드리지 않습니다"라고 정하고 있다.

또한 보통약관은 "피보험자가 탑승하는 교통수단이 국내거주자인 경우 주거지에, 국외거주자인 경우 출국을 위한 항공기나 선박에 보험증권에 기재된 보험기간의 종기까지 도착하도록 예정되어 있음에도 불구하고 불가피한 사유로 도착이 지연되었을 경우에는 회사의 보장의 종기는 24시간을 한도로 자동적으로 연장됩니다"라는 보장종기의 자동연장조항을 두고 있다.

Ⅱ 국내여행보험의 질병사망 특별약관

보험자는 피보험자가 국내여행 도중에 다음 중 어느 한 가지의 경우에 해당하는 사유가 발생한 때에 보험수익자에게 보험금을 지급한다. ① 보험기간 중에 질병으로 인하여 사망한 경우, ② 보험기간 중 진단확정된 질병으로 장해지급률 80% 이상에 해당하는 장해상태가 되었을 때를 말한다.

여행 도중에 발생한 질병을 직접원인으로 하여 보험기간 마지막 날로부터 30일 이내에 사망 또는 80% 이상의 장해상태가 되었을 때에도 보험금을 지급한다. 일반적인 질병사망담보의 경우에는 보험계약기간 이내의 사망으로 제한하지만 여행보험의 질병사망담보는 보험계약기간 종료 후에도 일정기간을 연장하여 담보하는 것이다.

Ⅲ 국내여행보험의 손해보험 성격의 특별약관

1. 배상책임 특별약관

보험자는 피보험자가 여행 도중에 생긴 우연한 사고로 피해자의 신체에 장해 또는 재물의 손해에 대한 법률상 배상책임을 부담함으로써 입은 손해를 보상한다.

2. 휴대품손해 특별약관

보험자는 피보험자가 여행 도중에 생긴 우연한 사고에 의하여 휴대하는 피보험자 소유·사용·관리의 휴대품에 대해 생긴 손해(예를 들어 도난, 파손)를 보상한다.

Ⅳ 운동위험 특별약관

보험자는 피보험자가 보험기간 중에 전문등반(전문적인 등산용구를 사용하여 암벽 또는 빙벽을 오르내리거나 특수한 기술, 경험, 사전훈련을 필요로 하는 등반을 말한다), 글라이더 조종, 스카이다이빙, 스쿠버다이빙, 행글라이딩을 하는 동안에 상해를 입었을 때에는 그 상해로 인하여 생긴 손해를 이 특별약관에 따라 보상하며, 피보험자가 보험기간 중에 모터보트, 자동차, 항공기, 자전거, 동물 또는 오토바이에 의한 경기, 시범, 흥행(이를 위한 연습을 포함한다) 또는 시운전(다만, 공용도로상에서 시운전을 하는 동안 보험금 지급사유가 발생한 경우에는 보장한다)을 하는 동안에 상해를 입었을 때에도 보상한다. 즉, 「특수운동중 상해관련 특별약관」과 「특수운전중 상해관련 특별약관」의 담보내용과 같다.

Ⅴ 포괄계약 추가특별약관

1. 적용범위

이 추가특별약관은 특정 기간을 계약기간으로 하여 동 기간에 계약자가 통지한 피보험자의 국내여행을 보험자가 "국내여행자의 통지"의 통지조건에 따라 포괄적으로 보상하는 계약에 대하여 적용하는 것으로서, 관광진흥법에 따라 등록된 일반여행업자(또는 단체)가 계약자가 되고 여행업자가 알선, 주최한 국내여행자(또는 단체소속의 국내여행자)가 피보험자가 되는 보험을 말한다.

2. 피보험자 명단의 통지의무

이 특별약관은 계약을 체결할 때 피보험자가 불확정된 예정보험이자 총괄보험계약이므로 별도의 통지의무를 규정하고 있다. 특별약관상 「국내여행자의 통지」 조항은 "계약자 또는 이들의 대리인은 피보험자의 「별지」의 해당사항[14)]을 서면통지(팩시밀리를 포함합니다)하여야 합니다. 회사의 책임은 「별지」의 통지가 회사에 접수되는 시점에 시작되며, 다만 우편통지시 그 통지가 지연된 경우에는 우체국소인이 찍힌 날로부터 3일이 지나면 회사에 접수된 것으로 봅니다"라고 정하고 있다.

3. 포괄계약과 중복계약체결 확인 의무

보험회사 또는 보험의 모집에 종사하는 자는 실손의료보험계약을 모집하기 전에 보험계약자가 되려는 자의 동의를 얻어 모집하고자 하는 보험계약과 동일한 위험을 보장하는 보험계약을 체결하고 있는지를 확인하여야 하며 확인한 내용을 보험계약자가 되려는 자에게 즉시 알려야 한다(보험업법 제95조의5).

다만, ① 여행 중 발생한 위험을 보장하는 보험계약으로서 「관광진흥법」 제4조에 따라 등록한 여행업자가 일괄체결하는 보험계약, ② 국외여행, 연수 또는 유학 등 국외체류 중 발생한 위험을 보장하는 보험계약의 경우에는 중복계약체결의 확인의무가 없다(보험업법시행령 제42조의5 ①).

VI 국내여행 실손의료보험

국내여행 실손의료보험은 특별약관으로 부가하거나 단독상품으로 계약을 체결할 수 있다. 피보험자의 여행 도중에 생긴 상해 · 질병으로 인한 의료비를 보상하는 것으로서

14) 별지에서 통지해야 할 사항은 피보험자의 성명, 주민등록번호, 여행지, 여행목적, 출발일과 도착일, 보험수익자, 보험가입조건이다.

표준형과 선택형으로 구분하여 각각 입원비, 통원비를 담보한다.

이 특별약관의 보험금 지급사유 또는 금액 등의 구체적인 사항은 일반적인 실손의료보험(또는 특별약관)과 동일하며, 일반적인 실손의료보험이 이미 체결된 경우에는 두 보험에서 비례분담하여 보상한다.

047 해외여행보험 관련 특별약관

I 해외여행보험의 보통약관

1. 보험금의 종류 및 지급사유

해외여행보험의 보통약관은 국내여행보험과 대체적으로 내용이 같다. 즉, 해외여행보험은 보통약관에서 상해사망과 상해후유장해를 담보한다. 보험자는 피보험자가 보험증권에 기재된 해외여행 도중에 상해의 직접결과로 사망한 경우에 사망보험금을 지급하며, 상해의 직접결과로 장해상태가 되었을 때 후유장해보험금을 지급한다. 이 경우에도 국내여행보험과 같이 보험가입금액 한도는 하나의 사고당 보상한도가 아닌 보험기간당 총보상한도이다.[15]

여기서 해외여행 도중이라 함은 피보험자가 여행을 목적으로 주거지를 출발하여 여행을 마치고 주거지에 도착할 때까지를 말한다. 그러므로 비록 국내에서 발생한 사고라고 해도 피보험자가 해외여행을 목적으로 주거지를 출발하여 다시 주거지에 도착하기 전에 발생한 사고라면 해외여행보험에서 담보한다.

2. 보장의 개시와 종료

해외여행보험 보통약관에서도 국내여행보험과 같이 보장의 개시와 종료에 대하여 정하고 있다. 즉, 계약자가 제1회 보험료를 납입하였다고 해도 보험자는 피보험자가 주거지를 출발하기 전과 주거지에 도착한 이후에 발생한 사고에 대하여는 보상하지 않으며, 피보험자가 승객으로 탑승하는 항공기, 선박 등의 교통수단이 보험증권에 기재된 보험기간의 종기까지 여행의 최종목적지에 도착하도록 예정되어 있음에도 불구하고 도착이 지연되었을 경우에는 보험자의 보장의 종기는 24시간을 한도로 자동적으로 연장된다.

15) 여행보험의 단기보험적 성격이 반영된 것이다. 다만, 보험회사의 정책에 따라서 해외여행보험의 경우에도 일반적인 장기보험인 상해·질병보험과 같이 하나의 사고당 보험가입금액 한도를 적용하는 경우도 있다.

다만, 해외여행보험은 별도의 보장종기 연장조항을 두고 있다. 만일 피보험자가 승객으로 탑승하는 항공기가 제3자에 의한 불법적인 지배를 받았을 경우 또는 공권력에 의해 구속을 받았을 경우에는 그때부터 피보험자가 정상적인 여행상태로 돌아올 때까지의 필요한 시간 또는 회사가 타당하다고 인정되는 시간을 한도로 회사의 보장의 종기는 연장된다.

II 국내여행보험과 동일한 사항들

해외여행보험에도 「질병사망 특별약관」, 「배상책임 특별약관」, 「휴대품손해 특별약관」, 「운동위험 특별약관(또는 특수운전중·특수운동중 상해특별약관)」, 「포괄계약 추가특별약관」을 선택하여 부가할 수 있으며, 이 특별약관들은 해외여행 중 발생한 사고를 담보한다는 점만 제외하고는 국내여행보험의 특별약관들과 보상하는 내용이 동일하다.

III 해외여행보험의 특별비용 특별약관

1. 특별비용 특별약관의 개요

해외여행보험의 특별비용 특별약관은 피보험자의 행방불명, 조난, 수색구조 등의 사유로 인하여 지출되는 비용을 담보한다. 이 특별약관의 사고는 일종의 상해사고 또는 질병사고에 해당하므로 제3보험의 일종이지만 일반적인 상해·질병보험과는 달리 구조수색비, 숙박비, 교통비 등의 실제 발생한 비용을 보상한다는 점에서는 실비변상적 성격의 손해보험으로서의 특징을 함께 가지고 있다.

2. 보상하는 손해

보험자는 아래의 사유로 계약자, 피보험자 또는 피보험자의 법정상속인이 부담하는 비용을 이 특별약관에 따라 보상한다. ① 여행 도중에 피보험자가 탑승한 항공기 또는 선박이 행방불명 또는 조난된 경우 또는 산악등반 중에 조난된 경우, ② 여행 도중에 급격하고도 우연한 외래의 사고에 따라 긴급수색구조 등이 필요한 상태로 된 것이 경찰

등의 공공기관에 의하여 확인된 경우, ③ 여행 도중의 상해를 직접 원인으로 하여 사고일로부터 1년 이내에 사망한 경우 또는 14일 이상 계속 입원한 경우(다른 의료기관으로 이전한 경우에는 이전에 소요된 기간을 입원 중으로 본다. 다만, 그 이전에 대하여는 치료를 위하여 의사가 필요하다고 인정한 경우에 한한다), ④ 질병을 직접 원인으로 하여 여행 도중에 사망한 경우 또는 여행 도중에 걸린 질병을 직접 원인으로 하여 14일 이상 계속 입원한 경우. 다만, 입원에 대하여는 여행 도중에 의사가 치료를 개시한 질병으로 인한 입원에 한한다.

한편, 산악등반 중 피보험자의 조난이 확실치 않은 경우에는 피보험자의 하산 예정일 이후 계약자 또는 피보험자의 법정상속인이나 이들을 대신한 사람이 경찰서 등의 공공기관, 조난구조대, 해난구조회사 또는 항공회사에 수색을 의뢰한 것을 조난이 발생한 것으로 본다.

3. 비용의 범위

이 특별약관에 따라 보험자가 보상하는 비용의 범위는 아래와 같다.

1) 수색구조비용

조난당한 피보험자를 수색, 구조 또는 이송하는 활동에 필요한 비용 중 이들의 활동에 종사한 사람으로부터의 청구에 의하여 지급한 비용을 말한다.

2) 항공운임 등 교통비

피보험자의 수색, 간호 또는 사고처리를 위하여 사고발생지 또는 피보험자의 법상속인(그 대리인을 포함한다. 이하 "구원자"라 한다)의 현지 왕복교통비를 말하며 2명분을 한도로 한다.

3) 숙박비

현지에서의 구원자의 숙박비를 말하여 구원자 2명분을 한도로 하여 1명당 14일분을 한도로 한다.

4) 이송비용

피보험자가 사망한 경우 그 유해를 현지로부터 보험증권에 기재된 피보험자의 주소지에 이송하는 데 필요한 비용 및 치료를 계속 중인 피보험자를 보험증권에 기재된 피보험자의 주소지에 이송하는 데 드는 비용으로서 통상액을 넘는 피보험자의 운임 및 수행하는 의사, 간호사의 호송비를 말한다.

5) 제잡비

구원자의 출입국 절차에 필요한 비용(여권인지대, 사증료, 예방접종료 등) 및 구원자 또는 피보험자가 현지에서 지출한 교통비, 통신비, 피보험자 유해처리비 등을 말하고 10만원을 한도로 한다.

4. 보험금의 지급과 분담

보험자는 "비용의 범위"의 비용 중 정당하다고 인정된 부분에 대해서만 보상하며, 계약자, 피보험자 또는 보험수익자가 타인으로부터 손해배상을 받을 수 있는 경우에는 그 금액을 지급하지 않는다.

또한 "보상하는 손해"의 비용에 대하여 보험금을 지급할 다수의 계약이 체결되어 있는 경우에는 각각의 계약에 대하여 다른 계약이 없는 것으로 하여 산출한 보상책임액의 합계액이 그 비용을 초과했을 때 보험자는 이 계약에 따른 보상책임액의 위의 합계액에 대한 비율에 따라 보험금을 지급한다.

5. 보상한도액

보험자가 이 특별약관에 관하여 지급할 보험금은 보험기간을 통하여 이 특별약관의 보험가입금액을 한도로 한다. 특별비용 특별약관의 보험가입금액은 하나의 사고당 보상한도가 아니라 보험기간당 총한도인 것이다. 그러므로 피보험자가 보험기간 중에 여러 번의 사고가 발생하였다고 해도 특별비용 특별약관의 보험가입금액 한도를 초과한 경우에는 담보하지 않는다.

6. 특별비용 운동위험 추가특별약관

특별비용 특별약관에서 정하지 않은 사항에 대하여는 보통약관을 규정하므로 만일 피보험자가 전문등반 등을 위하여 해외에서 산악등반 중에 조난된 경우에는 이 특별약관에서 보상하지 않는다.

그러나 「특별비용 운동위험(또는 특수운동・운전중) 추가특별약관」을 부가하게 되면 피보험자가 전문등반 등이나 자동차경기 등을 하던 중 발생한 특별비용 손해를 담보한다.

이와 관련하여 이 특별약관의 「보상하는 손해」는 "회사는 보통약관 제16조(보험금을 지급하지 아니하는 사유) 제2항의 제1호 및 제2호에도 불구하고 피보험자가 보험기간 중에 전문등반(전문적인 등산용구를 사용하여 암벽 또는 빙벽을 오르내리거나 특수한 기술, 경험, 사전훈련을 필요로 하는 등반을 말합니다), 글라이더 조종, 스카이다이빙, 스쿠버다이빙, 행글라이딩을 하는 동안이나 모터보트, 자동차, 항공기, 자전거, 동물 또는 오토바이에 의한 경기, 시범, 흥행(이를 위한 연습을 포함합니다) 또는 시운전(다만, 공용도로상에서 시운전을 하는 동안 보험금 지급사유가 발생한 경우에는 보장하여 드립니다)을 하는 동안에 특별비용 특별약관 제1조(보상하는 손해)에 정한 상해를 입었을 때에는 그 상해로 인하여 생긴 손해를 이 추가특별약관에 따라 보상하여 드립니다" 라고 정하고 있다.

손해사정사 기출문제 33회(2010년) 문제수정

해외여행보험 특별비용담보 특약에서 규정된 보상하는 손해 및 비용의 범위를 설명하시오. (10점)

Ⅳ 전쟁위험 특별약관

1. 보상하는 손해

해외여행보험은 보통약관 「보험금을 지급하지 아니하는 사유」에도 불구하고 전쟁, 외국의 무력행사, 혁명, 내란, 사변, 폭동으로 인하여 피보험자가 상해를 입었을 때는 보통약관의 규정에 의한 사망·후유장해보험금을 이 특별약관에 따라 지급한다.

다만, 이 특별약관은 계약 이후에 전쟁위험이 변경한 때에 해당 위험을 반영하기 위한 조항들을 두고 있다. 그러므로 보험자는 보험기간이 만료되기 전이라도 전쟁 등의 위험이 뚜렷이 증가했다고 인정될 때에는 24시간 이전에 서면으로 추가보험료를 청구(보험료 증액청구권)하거나 이 특별약관을 해지할 수 있으며(계약해지권), 별도의 계약 후 알릴의무조항을 두고 있다.

2. 계약 후 알릴의무의 특례

피보험자가 여행경로를 변경하는 경우에는 계약자 또는 피보험자는 미리 그 내용을 서면으로 회사에 제출하여야 하며, 보험자가 위 통지를 받은 경우에는 보험자가 정한 바

에 의하여 추가보험료를 청구하거나 이 특별약관을 해지할 수 있다. 단, 이 경우의 해지는 장래에 대하여만 효력이 있다.[16]

계약자 또는 피보험자가 이 계약 후 알릴의무를 이행하지 아니한 경우에는 보험자는 피보험자가 여행경로를 변경한 이후의 사고로 인한 상해에 대해서는 보상하지 않는다. 여행경로의 변경을 위험의 현저한 변경상태가 지속되는 것으로 간주하는 것이다.

V 항공기납치 특별약관

1. 보상하는 손해

보험자는 피보험자가 여행 도중에 피보험자가 승객으로서 탑승한 항공기가 납치됨에 따라 예정목적지에 도착할 수 없게 된 동안에 대하여 매일 70,000원씩 지급한다. 여기서 "항공기의 납치"라 함은 부당한 의도를 가진 폭력, 폭행 또는 폭력이나 폭행의 위협으로서 항공기를 탈취하거나 지배권을 행사하는 것을 말한다.

2. 보상하는 손해의 범위

보험자는 당해 항공기의 목적지 도착예정시간에서 12시간이 지난 이후부터 시작되는 24시간을 1일로 보아 20일을 한도로 「보상하는 손해」에 정한 보험금을 지급한다. 또한 항공기가 최초의 명백한 사고가 있기 이전에 비행장에서 출발이 지연되었을 경우에는 12시간에 그러한 지연시간을 합한 시간 이후부터의 24시간을 1일로 본다.

3. 다른 보험과의 관계

이 특별약관과 유사한 다수의 계약이 동시에 효력을 가질 경우에는 피보험자나 보험수익자 혹은 그의 법정상속인이 선정하는 하나의 계약에서만 보상하며, 보험자는 그 계약 이외의 다른 계약에 대하여는 이미 납입된 해당보험료를 반환한다.

---

16) 이 조항은 상법 제652조의 위험의 현저한 변경·증가 통지의무를 수정한 것으로서 통지의 방법을 서면으로 제한한 점과 통지의무 위반에 따른 해지의 장래효만을 인정한 점이 특징이다.

Ⅵ 항공기탑승 중 상해위험 특별약관

보험자는 피보험자가 보험기간 중 급격하고도 우연한 외래의 항공기사고로 신체에 상해를 입고 그 직접결과로써 사망하거나 후유장해상태가 되었을 때 보험금을 지급한다. 여기서 항공기사고라 함은 항공기 탑승 중의 사고, 비행장 구내(비행기 탑승시 각 항공사의 개찰구 안쪽)에서의 사고 및 피보험자가 탑승한 항공기가 불시착한 경우에 피보험자가 목적지에 도착할 때까지 항공운송업자가 제공하는 자동차 및 기타 교통수단에 탑승 중의 사고를 말한다.

이 특별약관은 "비행장 구내" 사고도 담보하는 점만 제외하면 「항공기 이용 중 상해 관련 특별약관」의 내용과 같다.

Ⅶ 항공기 탑승위험 보상제외 특별약관

이 특별약관을 부가한 경우에 보험자는 보통약관의 규정에도 불구하고 피보험자가 항공기 탑승시에 입은 사고로 인하여 생긴 보험금 지급사유에 대하여는 보상하지 않는다.

Ⅷ 특수지역 및 테러리스트 면책 추가특별약관

이 추가특별약관은 보통약관 및 여타의 특별약관 내용을 수정한다. ① 이 보험은 쿠바, 아프가니스탄, 이라크, 이란, 시리아, 콩고민주공화국, 리베리아, 또는 수단에서의 여행, 이들 국가를 목적지로 하는 여행, 또는 이들 국가를 경유하는 여행으로부터 직접 또는 간접적으로 발생하는 모든 손실, 상해, 손해 또는 법적 책임은 보상하지 않는다. ② 이 보험은 테러리스트, 테러조직의 조직원과 마약밀매상, 핵무기, 생화학무기의 공급자가 직접 또는 간접적으로 받은 모든 손실, 상해, 손해 또는 법적 책임에 대해서는 보상하지 않는다.

IX 해외여행 실손의료보험

1. 해외여행 실손의료보험의 주요 내용

해외여행 실손의료비보험은 특별약관으로 부가하거나 단독상품으로 계약을 체결할 수 있다. 피보험자의 여행 도중에 생긴 상해·질병으로 인한 의료비를 보상하는 것으로서 표준형과 선택형으로 구분하여 각각 입원비, 통원비를 담보한다.

이 특별약관을 부가하면 일반적인 실손의료보험과 달리 보험자는 피보험자가 해외에서 발생한 상해 또는 질병으로 해외의료기관에서 치료받은 경우에도 해당 의료비에 대한 보험금(가입금액 한도로 피보험자가 부담한 의료비 전액)을 지급한다. 한편, 해외여행 중 상해로 국내에서 치료받은 경우의 담보는 일반적인 실손의료보험과 동일하다.

2. 해외발생 상해·질병의료비 자기부담금설정 추가특별약관

이 특별약관을 부가한 경우에 보험자는 피보험자가 실제 부담한 해외발생의료비 중에서 일정금액(피보험자의 자기부담금)을 초과하는 금액만을 보상한다. 이 특별약관은 주로 해외취업이나 워킹홀리데이, 우프(farm stay)를 목적으로 해외에 장기간 머무르는 경우에 도덕적 위험을 방지하기 위하여 부가되는 것이 일반적이며, 단기간의 일반적인 해외여행의 경우에도 부가할 수 있다.

3. 해외발생 한방의료비 보상제외 추가특별약관

이 특별약관을 부가한 경우에 보험자는 피보험자가 해외의료기관에서 치료받은 상해·질병의료비 중에서 척추지압술(chiroparactic, 추나요법 등)이나 침술(부항, 뜸 포함) 치료로 인한 의료비를 보상하지 않는다. 이러한 한방치료는 치료목적이 아닌 단순한 증상완화 목적인 경우가 흔하고, 객관적인 비용지출을 확인할 수 없는 경우도 있기 때문이다.

4. 해외주재원 상해의료비 전쟁위험보장 추가특별약관

이 특별약관의 피보험자는 해외주재원 본인과 해외주거지에 동행한 피보험자의 배우자, 직계 미혼자녀를 말한다(이들의 관계는 사고발생당시를 기준으로 한다). "해외주재원"이라 함은 대한민국 전역 및 대한민국과 외교관계를 맺거나 무역거래를 영위하는 국가 안에 정한 지역에 파견 또는 주재하는 대한민국의 외교사절, 공관원 및 기타 이들에 준하는 자격을 가진 자를 말한다.

보험자는 실손의료비 "보상하지 않는 사항"에도 불구하고 해외여행 중에 "전쟁, 외국의 무력행사, 혁명, 내란, 폭동"으로 입은 상해에 대하여도 상해의료비로 보험금을 지급한다.

048 해외여행보험 관련 사례의 검토

해외여행보험 **해외여행보험 특별비용담보특별약관, 실손의료보험특별약관**

Ⅰ. 보험계약사항

A손해보험사 해외여행보험 계약사항

보험계약	보험기간	담보내역	보험가입금액
2011.5.6	2011.5.6~5.31	사망, 휴유장해담보	1억원
		상해의료비담보	200만원
		특별비용담보	200만원

B손해보험사 해외여행보험 계약사항

보험계약	보험기간	담보내역	보험가입금액
2011.5.10	2011.5.10~6.10	사망, 휴유장해담보	1억원
		상해의료비담보	100만원
		특별비용담보	100만원

Ⅱ. 사고 및 손해발생사항

① 피보험자는 방콕에서 여행 중 2011년 5월 18일 현지에서 교통사고로 20일간 입원, 치료하였다.

② 총발생된 의료비는 600만원이다. 그 중 방콕현지치료비는 200만원(110만원은 해당 국가에서 지원, 90만원은 본인부담)이며, 국내병원에 이송되어 발생된 치료비는 400만원(건강보험공단 적용에 따른 본인부담금은 200만원)이다.

Ⅲ. 비용발생사항

사고 후 국내의 가족(형제 2명)이 피보험자를 간병하고 함께 귀국하기 위하여 방콕에서 잠시 체류하였으며, 귀국까지 발생된 비용은 다음과 같다.

① 형제 2명의 왕복항공비 : 50만원

② 형제 2명의 현지숙박비 : 50만원(10일간 숙박)

③ 피보험자의 귀국시 항공요금 : 150만원(호송간호사 1좌석과 피보험자 김○○의 호송을 위해 필요한 2좌석의 비용합계임)

④ 형제 2명의 공항이용료, 여권발행비용 등 : 30만원

* 실손의료비의 다수계약비례보상을 적용할 때에는 2016년 이후 개정약관의 기준을 적용

I 사례의 분석

본 사례는 해외여행보험에서 발생한 상해의료비와 특별비용에 대한 다수계약의 비례보상에 관한 것으로서, 상해의료비는 해외발생의료비와 국내의료비를 구분하여 적용하는 것이 쟁점이 되며, 특별비용은 약관의 보상하는 비용의 범위를 적용하는 것이 쟁점이다. 이하 각각의 쟁점을 중심으로 약술하겠다.

II 해외여행보험 실손의료비의 비례보상

해외여행보험의 실손의료비에서 해외발생비용에 대하여는 보험가입금액을 한도로 피보험자가 실제 부담한 의료비 전액을 보상한다. 그러나 국내의료비에 대하여는 건강보험 적용 · 미적용을 구분하여 발생비용의 일부만을 보상한다.

1. 보상대상의료비의 산정

해외[90만원] + 국내[200만원 × 90%] = 270만원[17]

2. 독립책임액 결정

독립책임액이란 타 보험사가 없다고 가정했을 때 각 보험사가 부담하는 금액을 말한다.

- A손해보험 : min[보험가입금액 200만원, 손해액 270만원] = 200만원
- B손해보험 : min[보험가입금액 100만원, 손해액 270만원] = 100만원

---

17) 2009년 10월 1일부터 2015년 12월 31일까지 체결된 실손의료보험계약의 경우에는 다수계약비례분담을 적용할 때 기준금액을 보상대상의료비로 하는 금융감독원의 수정지침에 따른다. 그러므로 문제에서 단서가 없는 경우에는 다음과 같이 계산한다.
- A : (90+200)×200/300 ≒ 193만원
- B : (90+200)×100/300 ≒ 97만원

3. 다수계약의 비례보상

독립책임액의 합 300만원이 보상대상의료비 270만원을 초과하므로 실손보상원칙(이득금지원칙)을 실현하기 위하여 독립책임액비례분담방식에 따라 각 보험사의 책임액을 결정한다.

- A손해보험 : 270만원 × 200/(200 + 100) = 180만원
- B손해보험 : 270만원 × 100/(200 + 100) = 90만원

III 특별비용 비례보상

A, B사 특별비용 담보의 비례보상은 다음과 같이 계산된다.

1. 특별비용으로 인정되는 손해액

특별비용으로 인정되는 발생손해액은 210(50+50+100+10)만원이며, 이를 기준으로 비례보상하게 된다. 실제로 피보험자에게 280(50+50+150+30)만원의 비용이 소요되었지만 보험사는 총발생손해액을 담보하는 것이 아니라 약관에서 인정하는 손해액만을 담보한다.

2. 독립책임액의 결정

- A손해보험 : min[보험가입금액 200만원, 손해액 210만원] = 200만원
- B손해보험 : min[보험가입금액 100만원, 손해액 210만원] = 100만원

3. 다수계약의 비례보상

독립책임액의 합 300만원이 손해액인 210만원을 초과하므로 실손보상원칙(이득금지원칙)을 실현하기 위하여 독립책임액비례분담방식에 따라 각 보험사의 책임액을 결정한다.

- A손해보험 : 210만원 × 200/(200 + 100) = 140만원
- B손해보험 : 210만원 × 100/(200 + 100) = 70만원

Ⅳ 최종 지급보험금

- A사 : 320만원
- B사 : 160만원

049 남북한주민왕래보험과 관련 특별약관

I 남북한주민왕래보험 보통약관의 주요 내용

1. 보험금의 종류 및 지급사유

보험자는 피보험자가 남북상호교류에 따라 보험증권에 기재된 지역을 여행할 목적으로 주거지를 출발하여 방문을 마치고 주거지에 도착할 때까지(다만, 피보험자가 북한주민인 경우에는 남한지역에 체재하는 동안을 말한다)의 여행도중에 발생한 상해사고를 담보한다.

남북한주민왕래보험은 국내·해외여행보험과 마찬가지로 보통약관에서 피보험자가 여행 도중에 발생한 상해로 사망한 경우(사망보험금)와 장해상태로 진단된 경우(후유장해보험금)를 담보한다. 또한 이 보험은 특별비용보험금(보험금 지급사유, 비용의 범위 등 특별비용 특별약관과 내용이 같다)을 보통약관(기본계약)에서 담보하고 있다.

2. 피보험자의 범위

남북한주민왕래보험계약은 피보험자의 범위를 제한하고 있다. 이 계약에서 피보험자는 적법한 절차에 따라 남북한 지역을 방문하는 사람으로 한다.

3. 보장의 개시와 종료

일반적인 보장의 개시(제1회 보험료를 납입한 때)에도 불구하고 회사는 피보험자가 주거지를 출발하기 전과 주거지에 도착한 이후에 발생한 사고(다만, 피보험자가 북한주민인 경우에는 북한지역 내에서 발생한 사고를 말한다)에 대하여는 보상하지 않는다. 한편, 보장의 종기에 대한 자동연장조항(24시간 자동연장 및 항공기의 구속 및 불법적 지배로 인한 종기연장)은 해외여행보험과 그 내용이 같다.

Ⅱ 국내·해외여행보험과 동일한 사항들

남북한주민왕래보험에도 「질병사망 특별약관」, 「배상책임 특별약관」, 「휴대품손해 특별약관」, 「운동위험 특별약관(또는 특수운전중·특수운동중 상해특별약관)」, 「포괄계약 추가특별약관」[18]을 선택하여 부가할 수 있으며, 이 특별약관들은 남북상호교류에 따른 여행 중 발생한 사고를 담보한다는 점만 제외하고는 국내·해외여행보험의 특별약관들과 보상하는 내용이 동일하다.

Ⅲ 남북한주민왕래보험에서 부가할 수 있는 인질 관련 특별약관

인질 관련 특별약관은 일반 해외여행보험에도 부가할 수 있을 뿐만 아니라 남북한주민왕래보험에서도 부가할 수 있다.

1. 인질보상금 특별약관

보험자는 여행 도중에 피보험자가 인질상태에 놓이게 되었을 경우 보통약관 「보험금을 지급하지 아니하는 사유」 제1항 제5호(전쟁 등 면책사유를 말한다)에도 불구하고 피보험자의 사망후유장해 보험가입금액의 10% 범위 내에서 90일을 한도로 매일 70,000원씩 보상하며, 피보험자가 인질상태에서 사망한 경우에는 사망보험금을 보험수익자(보험수익자의 지정이 없을 때에는 피보험자의 상속인)에게 지급한다.

이 특별약관에서 인질상태라 함은 ① 불법적인 유괴, 납치로 소재가 불명하거나 유괴 또는 납치되었음이 증명되었을 경우, ② 피보험자가 비우호적 집단에 의해 감금되어 있을 때를 말한다.

18) 다만, 남북한주민왕래보험에서 포괄계약 추가특별약관을 계약할 수 있는 계약자는 남북한 상호교류와 관련하여 방문신청접수업무를 담당하는 단체의 대표자 또는 이와 동일한 업무를 담당하는 북한측 단체의 대표자이며, 피보험자는 이 단체에 남북교류를 위한 방문신청을 하고 그 단체의 공식승인하에 남한 또는 북한을 방문하는 자이다.

2. 인질구조비용 및 석방보석금 특별약관

보험자는 피보험자가 보험기간 중에 인질상태에 놓이게 되었을 경우에 해당 피보험자의 구출을 위해 실제로 소요된 구조비용(구조대 파견비용, 정보수집비, 정보제공자 사례비 등을 포함한다)과 석방보석금을 이 약관에 따라 보상한다.

여기서 인질상태라 함은 ① 불법적인 유괴 및 납치로 소재가 불분명하거나 유괴 또는 납치되었음이 증명되었을 경우, ② 정치적이건 비정치적이건을 막론하고 피보험자가 비우호적인 집단에 의해 억류 또는 감금되어 있을 경우를 말한다.

050 상해 관련 진단 · 수술비 특별약관

I 상해수술비 특별약관

1. 상해수술비 특별약관

1) 보험금의 종류 및 지급사유

보험자는 피보험자가 보험기간 중에 상해의 직접적인 결과로써 수술을 받은 경우에는 보험수익자에게 수술 1회당 이 특별약관의 보험가입금액을 보험금으로 지급한다. 상해수술비 보험금은 매 사고시마다 지급한다. 다만, 하나의 상해로 두 종류 이상의 상해수술을 받은 경우에는 하나의 상해수술비만 지급한다.

기존에는 하나의 사고라고 해도 수술의 종류에 따라서 상해수술비를 중복해서 지급하는 경우가 있었으나 최근의 약관들은 하나의 사고당 하나의 수술비만을 지급하도록 정하고 있다.

2) 보험금을 지급하지 아니하는 사유

보통약관 「보험금을 지급하지 아니하는 사유」 및 다음의 목적의 치료를 위한 상해수술비에 대하여는 보상하지 않는다.

즉, ① 건강검진, 예방접종, 인공유산, ② 영양제, 종합비타민제, 호르몬 투여, 보신용 투약, 친자 확인을 위한 진단, 불임검사, 불임수술, 불임복원술, 보조생식술(체내, 체외 인공수정을 포함한다), 성장촉진과 관련된 수술, ③ 외모개선 목적의 치료를 위한 수술 : ㉮ 쌍꺼풀수술(이중검수술), 코성형수술(융비술), 유방확대 · 축소술, 지방흡입술, 주름살제거술 등, ㉯ 사시교정, 안와격리증의 교정 등 시각계 수술로써 시력개선 목적이 아닌 외모개선 목적의 수술, ㉰ 안경, 콘텍트렌즈 등을 대체하기 위한 시력교정술, ㉱ 외모개선 목적의 다리정맥류 수술, ④ 위생관리, 미모를 위한 성형수술(다만, 사고 전 상태로의 회복을 위한 수술을 포함한다), ⑤ 선천적 기형 및 이에 근거한 병상을 말한다.

2. 상해흉터복원수술비 특별약관

1) 보험금의 종류 및 지급사유

보험자는 피보험자가 보험기간 중에 상해로 치료를 받고 그 직접적인 결과로 안면부, 상지, 하지에 외형상의 반흔이나 추상장해, 신체의 기형이나 기능장해가 발생하여 그 원상회복을 목적으로 사고일로부터 2년 이내에 성형외과 전문의로부터 성형수술(단, 사고발생시점 만 15세 미만자의 경우 부득이 사고일로부터 2년 경과 후에 성형수술이 가능하다는 진단을 받은 경우에는 그 진단으로 대체할 수 있다)을 받은 경우에는 보험수익자에게 아래에 정한 금액(약관에 따라 금액이 다를 수 있다)을 상해흉터복원수술비로 지급한다.

구분	안면부	상지·하지[19]
상해흉터복원수술비	수술 1cm당 14만원	수술 1cm당 7만원 (30cm 이상인 경우에 한함)

주) 길이측정이 불가한 식피술 등의 경우 수술 cm는 최장직경으로 한다.

2) 보험금 지급에 관한 세부규정

상해흉터복원수술비는 하나의 사고에 대하여 일정금액(예를 들어 500만원)을 한도로 지급한다. 다만, 동일부위에 대한 성형수술을 2회 이상 받은 경우에는 최초로 받은 수술에 대해서만 지급한다.

3. 중대한 특정상해수술비 특별약관

1) 보험금의 종류 및 지급사유

보험자는 피보험자가 보험기간 중에 급격하고도 우연한 외래의 사고로 뇌손상 또는 내장손상을 입고 사고일부터 180일 이내에 그 치료를 직접적인 목적으로 "개두(開頭)수술", "개흉(開胸)수술" 또는 "개복(開腹)수술"을 받은 경우에는 보험수익자에게 최초 1회에 한하여 이 특별약관의 보험가입금액을 중대한 특정상해수술비로 지급한다.

피보험자가 동일한 사고로 인하여 중대한 특정상해수술비 지급사유가 2가지 이상 발

19) 안면부, 상지, 하지란 다음을 말한다.
1. 안면부란 이마를 포함하여 목까지의 얼굴부분을 말한다.
2. 상지란 견관절 이하의 팔부분을 말한다.
3. 하지란 고관절 이하 대퇴부, 하퇴부, 족부를 의미하며, 둔부, 서혜부, 복부 등은 제외한다.

생한 경우에도 한 가지 사유에 의한 중대한 특정상해수술비만을 지급한다.

2) 중대한 특정상해수술의 정의 및 진단확정

「보험금의 종류 및 지급사유」에서 "뇌손상"이라 함은 두부(頭部)에 가해진 충격에 의해 뇌에 손상(중대한특정상해 분류표[20] 참조)을 입은 경우를 말하며, "내장손상"이라 함은 신체 외부에서 가해진 충격에 의해 내장(심장, 폐, 위, 장, 간장, 췌장, 비장, 신장, 방광)의 기관에 기질적 손상(중대한특정상해 분류표 참조)을 입은 경우를 말한다.

「보험금의 종류 및 지급사유」에서 "개두수술", "개흉수술", "개복수술"이라 함은 각각 아래의 수술을 말하며, 뇌 및 내장에 의료기구를 삽입하여 시행하는 두개골 천공술, 복강경, 내시경 등의 수술 및 시술은 "개두수술", "개흉수술", "개복수술"로 보지 않는다. ① "개두(開頭)수술"이라 함은 두개를 열어 뇌를 노출시키는 수술을 말한다. ② "개흉(開胸)수술"이라 함은 흉강을 여는 수술로서 농흉수술, 흉막, 폐장, 심장, 횡경막, 종격동, 식도수술 등 흉강 내에 조작을 가할 때에 행하는 것을 말한다. 또한 개흉수술에 준하는 것은 늑골(갈비뼈), 흉골(복장뼈)의 절제술을 포함하는 것으로 한다. ③ "개복(開腹)수술"이라 함은 복벽을 절개하여 복강을 여는 수술로서 위, 십이지장, 소장, 대장, 충수, 간장 및 담도, 췌장, 비장, 난소 및 자궁수술 등 복강 내에 조작을 가할 때에 행하는 것을 말한다. 또한 개복수술에 준하는 것으로서 신장, 뇨관 및 방광수술을 포함하는 것으로 하지만 경뇨도적조작에 의한 것은 해당되지 않는다.

20) 중대한 특정상해 분류표상 중대한 특정상해로 분류되는 상병은 KCD상 다음을 말한다.

구분	대상질병	분류코드
뇌손상	두개내손상	S06
내장손상	심장의 손상	S26
	기타 및 상세불명의 흉곽 내 기관의 손상	S27
	복부내 기관의 손상	S36
	비뇨 및 골반기관의 손상	S37

Ⅱ 골절진단비·골절수술비보장 특별약관

1. 골절진단비 특별약관

보험자는 피보험자가 보험기간 중에 상해의 직접결과로써 골절분류표[21]에서 정한 골절(치아파절 제외)로 진단확정된 경우 이 특별약관의 골절진단비로 보험수익자에게 지급한다.

골절진단비는 매 사고시마다 지급한다. 다만, 같은 상해를 직접적인 원인으로 복합골절 발생시에는 1회에 한하여 골절진단비를 지급한다.

한편, 최근의 약관들은 치아파절을 골절진단비에서 제외하고 있다. 치아파절로 인한 손해율 악화로 인한 것이다. 그러므로 그 원인의 직간접을 묻지 않고 치아파절은 보상하지 않는다. 다만, 동일한 사고로 골절이 치아파절과 동시에 발생하였다면 골절에 대하여는 보상한다.

2. 골절수술비 특별약관

1) 보험금의 종류 및 지급사유

보험자는 피보험자가 보험기간 중에 상해의 직접결과로써 골절분류표[22]에서 정한 골

21) 골절분류표에서 말하는 골절이란 KCD 중 다음의 항목을 말한다.
1. 두개골 및 안면골의 골절(치아의 파절 제외) S02(S02.5는 제외)
2. 머리의 으깸손상 S07
3. 상세불명의 머리손상 S09.9
4. 목의 골절 S12
5. 늑골, 흉골 및 흉추의 골절 S22
6. 요추 및 골반의 골절 S32
7. 어깨 및 위팔의 골절 S42
8. 아래팔의 골절 S52
9. 손목 및 손부위의 골절 S62
10. 대퇴골의 골절 S72
11. 발목을 포함한 아래다리의 골절 S82
12. 발목을 제외한 발의 골절 S92
13. 여러 신체부위의 골절 T02
14. 상세불명 척추부위의 골절 T08
15. 상세불명 팔부위의 골절 T10
16. 상세불명의 하지부위의 골절 T12
17. 상세불명의 신체부위의 골절 T14.2.

22) 「골절진단비 특별약관」상의 골절분류표와 같다. 다만, 치아의 파절(S02.5)을 제외하지 않는다.

절(치아파절 제외)로 진단확정된 후 치료를 직접적인 목적으로 수술을 받은 경우 보험수익자에게 골절수술비(보험가입금액 전액)를 지급한다.

골절수술비는 매 사고시마다 지급한다. 다만, 같은 사고로 인하여 두 종류 이상의 수술을 받은 경우에는 하나의 골절수술비만 지급한다.

2) 보험금을 지급하지 아니하는 사유

보험자는 보통약관「보험금을 지급하지 아니하는 사유」및 다음 중 어느 한 가지의 경우에 의하여 보험금 지급사유가 발생한 때에는 보험금을 지급하지 않는다. ① 위생관리, 미모를 위한 성형수술(다만, 사고 전 상태로의 회복을 위한 수술은 포함한다), ② 선천적 기형 및 이에 근거한 병상을 말한다.

3. 5대골절진단비 · 수술비 특별약관

5대골절진단비 또는 수술비 특별약관의 내용은「골절진단비 · 수술비 특별약관」과 같다. 다만, 골절의 범위를 5대골절분류표[23]로 제한하였을 뿐이다.

III 화상진단비·화상수술비보장 특별약관

1. 화상진단비 특별약관

보험자는 피보험자가 보험기간 중에 급격하고도 우연한 외래의 사고(상해사고)로 인하여 화상분류표[24]에서 정하는 화상으로 진단확정시 보험수익자에게 보험가입금액을 화

23) 5대골절분류표상 골절이란 KCD 중 다음의 항목을 말한다.
1. 머리의 으깸손상 S07
2. 목의 골절 S12
3. 흉추의 골절 및 흉추의 다발골절 S22.0~S22.1
4. 요추 및 골반의 골절 S32
5. 대퇴골의 골절 S72.

24) 화상분류표상 화상이란 KCD 중 다음의 항목을 말한다.
1. 머리 및 목의 화상 및 부식(화학약품 등에 의한 피부손상) T20
2. 몸통의 화상 및 부식(화학약품 등에 의한 피부손상) T21
3. 손목 및 손을 제외한 어깨와 팔의 화상 및 부식(화학약품 등에 의한 피부손상) T22
4. 손목 및 손의 화상 및 부식(화학약품 등에 의한 피부손상) T23
5. 발목 및 발을 제외한 둔부 및 하지의 화상 및 부식(화학약품 등에 의한 피부손상) T24
6. 발목 및 발의 화상 및 부식(화학약품 등에 의한 피부손상) T25

상진단비로 지급한다. 화상진단비는 매 사고시마다 지급하며, 피보험자가 동일한 사고로 인하여 2가지 이상의 화상상태인 경우에는 1회에 한하여 화상진단비를 지급한다.

여기서 "화상"이라 함은 한국표준질병·사인분류(KCD)에 의하여 화상분류표에서 정한 화상(열상을 포함한다)에 해당되고 심재성 2도 이상인 화상을 말한다.

2. 화상수술비 특별약관

1) 보험금의 종류 및 지급사유

보험자는 피보험자가 보험기간 중에 상해의 직접결과로써 화상분류표(화상진단비 특별약관의 화상분류표와 같다)에서 정한 화상을 입고 그 치료를 직접적인 목적으로 수술을 받은 경우 보험수익자에게 화상수술비(보험가입금액 전액)를 지급한다. 여기서 "화상"이라 함은 한국표준질병·사인분류(KCD)에 의하여 화상분류표에서 정한 화상(열상을 포함한다)에 해당되고 심재성 2도 이상인 화상을 말한다.

화상수술비는 매 사고시마다 지급한다. 다만, 같은 사고로 인하여 두 종류 이상의 수술을 받은 경우에는 하나의 화상수술비만 지급한다.

2) 보험금을 지급하지 아니하는 사유

보험자는 보통약관「보험금을 지급하지 아니하는 사유」 및 다음 중 어느 한 가지의 경우에 의하여 보험금 지급사유가 발생한 때에는 보험금을 지급하지 않는다. ① 위생관리, 미모를 위한 성형수술(다만, 사고 전 상태로의 회복을 위한 수술은 포함한다), ② 선천적 기형 및 이에 근거한 병상을 말한다.

7. 눈 및 눈부속기에 국한된 화상 및 부식(화학약품 등에 의한 피부손상) T26
8. 기도의 화상 및 부식(화학약품 등에 의한 피부손상) T27
9. 기타 내부기관의 화상 및 부식(화학약품 등에 의한 피부손상) T28
10. 다발성 신체부위의 화상 및 부식(화학약품 등에 의한 피부 손상) T29
11. 상세불명 신체부위의 화상 및 부식(화학약품 등에 의한 피부손상) T30
12. 포함된 신체표면의 정도에 따라 분류된 화상 T31
13. 포함된 신체표면의 정도에 따라 분류된 부식(화학약품 등에 의한 피부손상) T32
14. 방사선과 관련된 피부 및 피하조직의 기타 장애 L59

3. 중대한 화상 및 부식진단비 특별약관

1) 보험금의 종류 및 지급사유

보험자는 피보험자가 보험기간 중에 급격하고도 우연한 사고로 중대한 화상 및 부식으로 진단확정된 경우 보험수익자에게 최초 1회에 한하여 이 특별약관의 보험가입금액 전액을 진단보험금으로 지급한다.

2) 중대한 화상 및 부식진단의 정의 및 진단확정

이 특별약관에 있어 「중대한 화상 및 부식(화학약품 등에 의한 피부손상)」이라 함은 "9의 법칙(Rule of 9's)" 또는 "룬드와 브라우더 신체 표면적 차트(Lund & Browder chart)"에 의해 측정된 신체표면적으로 최소 20% 이상의 3도 화상 또는 부식(화학약품 등에 의한 피부손상)을 입은 경우를 말한다. 다만, "9의 법칙" 또는 "룬드와 브라우더 신체 표면적 차트" 측정법처럼 표준화되고 임상학적으로 받아들여지는 다른 신체 표면적 차트를 이용하여 유사한 결과가 나온 것도 인정한다.

「중대한 화상 및 부식(화학약품 등에 의한 피부손상)」의 진단확정은 의료법 제3조 및 제5조의 규정에 의한 국내의 병원 또는 이와 동등하다고 회사가 인정하는 국외의 의료기관의 의사(한의사, 치과의사는 제외) 자격증을 가진 자가 작성한 문서화된 기록 또는 검사결과를 기초로 하여 내려져야 한다. 또한 보험자가 "중대한 화상 및 부식"의 조사나 확인을 위하여 필요하다고 인정하는 경우에는 검사결과, 진료기록부의 사본 제출을 요청할 수 있다.

051 그 외의 상해 관련 특별약관

I 특정한 사고 관련 상해특별약관

1. 익사사고 사망보장 특별약관

보험자는 피보험자가 보험기간 중에 급격하고도 우연한 익사사고로 사망한 경우에 보험수익자에 보험가입금액 전액을 사망보험금으로 지급한다. 여기서 익사사고라 함은 피보험자가 수영 중에 또는 다이빙 중 사망하는 사고와 기타 태풍, 홍수, 선박침몰, 실족사고 등으로 강, 하천, 호수, 바다 등에 빠져 사망하는 사고를 말한다. 그 외에 약관의 내용은 일반사망 특별약관과 동일하다.

2. 폭발 · 화재 · 붕괴 상해사망 · 후유장해 특별약관

보험자는 피보험자가 보험기간 중에 ① 폭발, 파열 및 화재(벼락 포함)사고 또는 ② 건물 및 건축구조물(건축중인 것을 포함)의 붕괴 · 침강 또는 사태사고[25]로 신체에 상해를 입고 그 직접결과로써 사망한 경우, 장해상태가 된 경우에 관련 보험금을 지급한다.

그러나 ① 운행 중인 자동차의 화재, 폭발 · 파열사고로 입은 신체상해, ② 화재사고가 아닌 사유로 신체에 입은 화상으로 생긴 상해는 보상하지 않는다.

---

25) 건물 및 건축구조물의 붕괴 · 침강 또는 사태란 다음의 경우를 말한다.
1. 붕괴란 폭발, 파열, 화재 등의 외력이 아닌 통상적 용도에 따라 건물 또는 건축구조물을 사용할 때에 그 자체의 내부결함이나 부식 또는 침식 등으로 그 전부나 일부가 갑자기 무너져 내리는 것을 말함. 단, 균열 또는 파손에 의해 일부가 떨어지는 것은 붕괴로 보지 않는다.
2. 침강이란 폭발, 파열, 화재 등의 외력이 아닌 통상적 용도에 따라 건물 또는 건축구조물을 사용할 때에 그 자체의 내부결함이나 부식 또는 침식 등으로 그 전부나 일부가 갑자기 내려앉는 것을 의미한다.
3. 사태란 비로 말미암아 산이나 언덕의 토사가 한꺼번에 무너져 내리는 것을 의미한다.

3. 추락상해사망 · 후유장해 특별약관

1) 보험금의 종류 및 지급사유

보험자는 피보험자가 보험기간 중 「추락상해분류표」[26]에서 정한 사고(추락사고라 한다)로 신체에 상해를 입고 그 직접결과로써 사망한 경우 또는 후유장해로 진단된 경우에 보험금을 지급한다.

2) 보험금을 지급하지 아니하는 사유

보험자는 보통약관 「보험금을 지급하지 아니하는 사유」 및 다음의 열거된 행위로 인하여 보험금 지급사유가 발생한 경우 보험금을 지급하지 않는다. ① 피보험자가 교통수단에 탑승하지 아니한 때, 운행 중의 교통수단(적재물을 포함)과의 충돌, 접촉 또는 이들 교통수단의 충돌, 접촉, 화재 또는 폭발 등의 교통사고로 인한 추락사고, ② 화재로 인한 추락사고, ③ 추락사고 중 익사사고를 말한다.

26) 추락상해분류표상 추락상해로 분류되는 상병은 KCD 중 W00~W19에 해당하는 다음과 같은 상병을 말한다.

1. 얼음 또는 눈에 의한 동일면상에서의 낙상
2. 미끄러짐, 걸림 및 헛디딤에 의한 동일면상에서의 낙상
3. 스케이트, 스키, 롤러스케이트 또는 스케이트보드에 의한 낙상
4. 타인과 충돌이나 타인의 밀치기에 의한 동일면상에서의 기타 낙상
5. 타인에 의한 운반이나 부축을 받는 동안 낙상
6. 휠체어가 관여된 낙상
7. 침대가 관여된 낙상
8. 의자가 관여된 낙상
9. 기타 가구가 관여된 낙상
10. 운동장비가 관여된 낙상
11. 계단에서의 낙상
12. 사다리에서의 낙상
13. 비계발판에서의 낙상
14. 빌딩 또는 구조물에서의 낙상
15. 나무에서의 낙상
16. 절벽에서의 낙상
17. 익사 및 익수 이외 손상의 원인인 물로 다이빙 또는 뛰어듬
18. 기타 한 면에서 다른 면으로 낙상
19. 기타 동일면상에서의 낙상
20. 상세불명의 낙상

Ⅱ 범죄 관련 상해특별약관

1. 안전사고피해치료비(폭력 · 유괴 · 인신매매치료비) 특별약관

1) 보험금의 종류 및 지급사유

보험자는 피보험자가 이 특별약관의 보험기간 중에 다음의 "제3자에 의한 폭력"이나 "유괴 · 인신매매" 경우에 해당되는 사유가 발생한 때에는 약정된 보험금을 지급한다.

"제3자에 의한 폭력"이란 피보험자가 일상생활 중 제3자에 의해 물리적 폭력행위를 당함으로써 신체에 상해를 입었을 때를 말한다. 보험자는 보험수익자에게 이 특별약관의 보험가입금액의 25%를 폭력치료비로 지급한다. 다만, 관할경찰서의 폭력사고 확인서를 제출하여야 한다.

"유괴 · 인신매매"란 피보험자가 약취와 유인의 죄(형법 제31장 제287조, 제288조, 제289조, 제290조, 제291조)[27]에 의해 피해자가 된 경우를 말한다. 보험자는 보험수익자에게 이 특별약관의 보험가입금액을 유괴 · 인신매매 피해치료비로 지급한다.

27) 형법 제287조 【미성년자의 약취, 유인】 미성년자를 약취 또는 유인한 사람은 10년 이하의 징역에 처한다.
형법 제288조 【추행 등 목적 약취, 유인 등】 ① 추행, 간음, 결혼 또는 영리의 목적으로 사람을 약취 또는 유인한 사람은 1년 이상 10년 이하의 징역에 처한다.
② 노동력 착취, 성매매와 성적 착취, 장기적출을 목적으로 사람을 약취 또는 유인한 사람은 2년 이상 15년 이하의 징역에 처한다.
③ 국외에 이송할 목적으로 사람을 약취 또는 유인하거나 약취 또는 유인된 사람을 국외에 이송한 사람도 제2항과 동일한 형으로 처벌한다.
형법 제289조 【인신매매】 ① 사람을 매매한 사람은 7년 이하의 징역에 처한다.
② 추행, 간음, 결혼 또는 영리의 목적으로 사람을 매매한 사람은 1년 이상 10년 이하의 징역에 처한다.
③ 노동력 착취, 성매매와 성적 착취, 장기적출을 목적으로 사람을 매매한 사람은 2년 이상 15년 이하의 징역에 처한다.
④ 국외에 이송할 목적으로 사람을 매매하거나 매매된 사람을 국외로 이송한 사람도 제3항과 동일한 형으로 처벌한다.
형법 제290조 【약취, 유인, 매매, 이송 등 상해 · 치상)】 ① 제287조부터 제289조까지의 죄를 범하여 약취, 유인, 매매 또는 이송된 사람을 상해한 때에는 3년 이상 25년 이하의 징역에 처한다.
② 제287조부터 제289조까지의 죄를 범하여 약취, 유인, 매매 또는 이송된 사람을 상해에 이르게 한 때에는 2년 이상 20년 이하의 징역에 처한다.
형법 제291조 【약취, 유인, 매매, 이송 등 살인 · 치사】 ① 제287조부터 제289조까지의 죄를 범하여 약취, 유인, 매매 또는 이송된 사람을 살해한 때에는 사형, 무기 또는 7년 이상의 징역에 처한다.
② 제287조부터 제289조까지의 죄를 범하여 약취, 유인, 매매 또는 이송된 사람을 사망에 이르게 한 때에는 무기 또는 5년 이상의 징역에 처한다.

2) 보험금을 지급하지 아니하는 사유

"제3자의 폭력"의 경우에 보험자는 보통약관「보험금을 지급하지 아니하는 사유」로 생긴 손해뿐만 아니라 ① 피보험자(보험대상자)의 친족에 의한 사고, ② 피보험자가「폭력행위 등 처벌에 관한 법률」제4조의 적용을 받는 단체의 가입원으로서 그 단체의 활동 중에 발생된 사고로 보험금 지급사유가 발생한 때에는 보험금을 지급하지 않는다.

"유괴 · 인신매매"의 경우에 보험자는 보통약관「보험금을 지급하지 아니하는 사유」로 생긴 손해뿐만 아니라 피보험자가 원인이 불명확한 실종 및 행방불명이 된 경우에도 보상하지 않는다.

2. 일상생활 중 강력범죄피해 특별약관

1) 보험금의 종류 및 지급사유

보험자는 이 특별약관의 보험기간 중에 피보험자가 일상생활 중에서 아래에 정한 강력범죄사고로 사망하거나 신체에 피해가 발생하였을 경우에는 보험수익자에게 1회당 이 특별약관의 보험가입금액을 강력범죄피해 보험금으로 지급한다.

① 형법 제24장에서 말하는 살인의 죄, ② 형법 제25장에서 말하는 상해와 폭행의 죄, ③ 형법 제32장에서 말하는 강간과 추행의 죄 중 강간죄, ④ 형법 제38장에서 말하는 절도와 강도의 죄 중 강도의 죄, ⑤ 폭력행위 등 처벌에 관한 법률(「폭처법」)에 정한 폭력 등의 죄를 말한다.

그럼에도 불구하고 제1호의 살인, 제2호의 상해와 폭행 및 제5호의 폭력 등으로 피보험자의 신체에 피해가 발생한 경우에는 1개월을 초과하여 의사의 치료를 요하는 신체상해를 입은 때에만 보상한다.

2) 보험금을 지급하지 아니하는 사유

보험자는 다음 중 어느 한 가지의 경우에 의하여 보험금 지급사유가 발생한 때에는 보험금을 지급하지 않는다. ① 피보험자가 범죄행위를 하던 중 또는「폭처법」제4조[28]

---

[28] 폭력행위 등 처벌에 관한 법률 제4조 【단체 등의 구성 · 활동】 ① 이 법에 규정된 범죄를 목적으로한 단체 또는 집단을 구성하거나 그러한 단체 또는 집단에 가입하거나 그 구성원으로 활동한 자는 다음의 구별에 의하여 처벌한다.

1. 수괴는 사형, 무기 또는 10년이상의 징역에 처한다.
2. 간부는 무기 또는 7년 이상의 징역에 처한다.
3. 그 외의 자는 2년 이상의 유기징역에 처한다.

의 범죄단체를 구성 또는 이에 가담함으로써 발생된 손해, ② 피보험자 및 보험수익자의 고의 또는 피보험자의 배우자 및 직계존비속에 의한 손해, ③ 전쟁, 폭동, 소요, 노동쟁의 또는 이와 유사한 사변 중에 생긴 손해, ④ 지진, 분화, 해일, 풍수해 또는 그 밖의 변재가 일어났을 때 생긴 손해, ⑤ 피보험자와 고용관계에 있는 고용주 내지 고용상의 관리책임이 있는 자에 의해 발생한 손해를 말한다.

3) 보험금 등 청구시 구비서류

계약자, 피보험자 또는 보험수익자가 보험금을 청구할 때에는 보통약관 「보험금 등 청구시 구비서류」의 구비서류 및 경찰서 사건신고확인원(관할경찰서장 발행), 의사진단서 등의 서류를 제출하여야 한다.

보험자는 필요한 경우에는 피보험자 또는 그와 세대를 같이 하는 친족 등을 대상으로 사고상황을 조사하고 이들에게 자세한 진술을 요구할 수 있다.

3. 강도상해사망 · 후유장해 특별약관

1) 보험금의 종류 및 지급사유

보험자는 피보험자가 보험기간 중에 강도에 의한 상해의 직접결과로 사망한 경우 또는 장해상태가 된 경우에 보험금을 지급한다. 여기서 상해에는 강도의 강제력에 의해 유독가스 또는 유독물질을 일시에 흡입, 흡수 또는 섭취한 결과로 생긴 중독증상을 포함한다.

"강도"는 폭행 또는 협박으로 인하여 타인의 재물을 강취하거나 기타 재산상의 이익을 취득하거나 제3자로 하여금 이를 취득하게 한 자를 말하며, 강도에 대한 구체적인 정의는 형법 제333조~제336조를 따르며, 이에 따른 사고는 형법 제337조~제339조에 의한다. 강도에 의한 상해사고의 입증 여부는 경찰신고서류, 경찰 또는 검찰조사기록 등 관련 자료에 따른다.

2) 보험금을 지급하지 아니하는 사유

보험자는 다음 중 어느 한 가지의 경우에 의하여 보험금 지급사유가 발생한 때에는 보험금을 지급하지 않는다. ① 피보험자의 가족, 친족, 고용인, 동거인, 숙박인, 감수인 또는 보험수익자가 저지르거나 가담한 강도손해, ② 전쟁, 폭동, 소요, 노동쟁의 또는 이와 유사한 사변 중에 생긴 강도손해, ③ 지진, 분화, 해일 또는 이와 유사한 변재가 일어났을 때에 생긴 강도손해, ④ 형법 제340조의 해상강도손해, ⑤ 피보험자의 의수, 의족, 의치 및 이와 유사한 신체보조장구에 입은 강도손해, ⑥ 타인을 위한 보험계약에서 보험계약자의 고의, ⑦ 핵연료물질(사용된 연료를 포함) 또는 핵연료물질에 의하여 오염된 물질(원자핵 분열 생성물을 포함)의 방사성, 폭발성 또는 그 밖의 유해한 특성에 의한 사고, ⑧ 위 ⑦ 이외의 방사선을 쬐는 것 또는 방사능오염을 말한다.

4. 성폭력범죄상해 특별약관

1) 보험금의 종류 및 지급사유

보험자는 피보험자가 일상생활 중에 성폭력범죄[29]에 의한 피해가 발생하여 1개월을 초과하여 의사의 치료를 요하는 신체상해를 입었을 때 보험가입금액을 지급한다. "성폭력범죄피해의 발생"이라 함은 피해자 신고나 제3자 신고, 고소, 고발 등을 경찰관이 접수하여 수사를 진행한 후 검사에 의해 공소제기, 즉 기소된 경우(약식기소의 경우를 포함) 또는 경찰관의 수사결과 성폭력범죄의 발생사실은 명백하나 범인을 검거하지 못한 경우를 말한다.

2) 보험금을 지급하지 아니하는 사유

보험자는 보통약관에 관계없이 그 원인의 직접 · 간접을 묻지 아니하고 다음의 성폭력범죄에 의하여 피해가 발생한 경우만을 보상하지 않는다. ① 계약자 및 피보험자의 고의에 의한 성폭력범죄, ② 보험수익자의 고의에 의한 성폭력범죄. 그러나 보험수익자가 두 사람 이상일 때 다른 사람이 수취할 금액에 대해서는 보상한다. ③ 피보험자의 뇌질환으로 생긴 성폭력범죄, ④ 전쟁, 외국의 무력행사, 혁명, 내란, 사변, 폭동, 소요, 기타 이들과 유사한 사태 중에 생긴 성폭력범죄, ⑤ 지진, 분화, 해일 또는 이와 비슷한 천재지변 중에 생긴 성폭력범죄를 말한다.

---

29) 성폭력범죄란

1. 형법 제32장 강간과 추행의 죄 중 제297조(강간), 제298조(강제추행), 제299조(준강간, 준강제추행), 제300조(미수범), 제301조(강간 등 상해 · 치상), 제301조의2(강간 등 살인 · 치사), 제302조(미성년자등에 대한 간음), 제303조(업무상 위력 등에 의한 간음), 제305조(미성년자에 대한 간음 · 추행)의 죄
2. 형법 제339조(강도강간)의 죄
3. 성폭력특별법의 성폭력범죄 중 제5조 특수강도강간 등, 제6조 특수강간 등, 제7조 친족관계에 의한 강간 등, 제8조 장애인에 대한 간음 등, 제8조의2 13세 미만의 미성년자에 대한 강간 · 추행 등, 제9조 강간 등 상해 · 치상, 제10조 강간 등 살인 · 치사, 제11조 업무상 위력 등에 의한 추행, 제12조 공중밀집장소에서의 추행을 말한다.

Ⅲ 직업·직무관련 상해특별약관

1. 업무 중 상해사망·후유장해 특별약관

보험자는 피보험자가 보험기간 중에 업무 중 상해를 입고 그 직접결과로써 사망한 경우 또는 80% 이상의 후유장해로 진단된 경우에는 보험가입금액 전액을 보험금으로 지급하며, 80% 미만의 장해로 진단된 경우에는 보험가입금액에 장해지급률을 곱한 금액을 후유장해보험금으로 지급한다.

여기서 "업무 중 상해"란 피보험자가 보험기간 중에 발생한 급격하고도 우연한 외래의 사고(업무중 사고)로 업무 중(출·퇴근을 포함한다)에 신체에 입은 상해를 말한다. 약관에 따라서는 "업무"를 별도로 정의하고 있다. 이 경우의 업무란 산업재해보상보험법 제5조 제1호의 "업무상 재해"에서 정의하고 있는 업무를 말한다.

2. 업무 외 상해사망·후유장해 특별약관

이 특별약관의 내용은 「업무 중 상해사망·후유장해 특별약관」과 그 내용이 같다. 다만, 이 특별약관에서는 업무 외에 발생한 상해를 담보한다. 여기서 업무 외에는 출·퇴근을 포함한다. 그러므로 피보험자가 업무 중 또는 업무 외 상해 관련 특별약관에 가입한 경우에는 출·퇴근 중 사고에 대하여는 항상 보상받을 수 있다.

3. 노동조합활동 중 상해사망·후유장해 특별약관

1) 보험금의 종류 및 지급사유

보험자는 피보험자가 보험기간 중에 노동조합활동 중(전임임원인 경우 출퇴근을 포함한다)에 발생한 상해의 직접결과로써 사망한 경우 또는 장해상태가 된 경우에 보험금을 지급한다. 이 특별약관에서 피보험자라 함은 전임 및 비전임을 묻지 않고 당해 조합의 당해 조합의 정부위원장, 집행위원, 각분회위원장, 대의원을 말한다.

"노동조합 활동 중"이란 ① 조합활동 종사 중, 조합행사 참가 중, ② 조합활동, 행사 참가를 위한 왕복도중, ③ 노동쟁의조정법상의 합법적인 쟁의활동 중의 활동을 말한다.

2) 보험금을 지급하지 아니하는 사유

보험자는 보통약관 「보험금을 지급하지 아니하는 사유」에 정한 사항 외에 피보험자의 노동쟁의 활동 중 폭력이나 파괴행위로 입은 상해(다만, 노동조합법 제2조의 정당행위인 경우에는 그러하지 아니하다)에 의하여 보험금 지급사유가 발생한 때에는 보험금을 지급하지 않는다.

4. 자원봉사활동 중 상해사망 · 후유장해 특별약관

1) 자원봉사 상해보험의 개요

자원봉사 상해보험은 모범운전자회, 녹색어머니회, 자율방범대원 등으로 대표되는 자원봉사활동 중의 상해사고를 담보하기 위한 것이다. 특히 이 보험은 정부나 지방자치단체에서 자원봉사활동을 장려하기 위하여 정부 등이 계약자가 되어 단체보험 형식으로 체결되는 경우가 흔하다. 자원봉사보험은 상해사망 · 후유장해를 담보하는 것이 일반적이며 상해입원일당, 배상책임담보도 함께 부가할 수 있다.

2) 보험금의 종류 및 지급사유

보험자는 피보험자가 보험기간 중에 자원봉사활동[30]을 하는 동안 발생한 상해의 직접결과로써 사망한 경우 또는 장해상태가 된 경우에 관련 보험금을 지급한다. "자원봉사활동을 하는 동안"이라 함은 ① 자원봉사활동(정규활동, 특별활동을 포함하며 이하 같다)에 직접 참여중인 때, ② 자원봉사활동 시작 전 또는 종료 후에 활동장소에 있는 동안, ③ 자원봉사활동을 위한 활동장소와 피보험자의 주소지와의 통상적인 경로 통행 중을 말한다.

---

30) 자원봉사활동이란 공익 · 복지사업을 반대급부 없이 계획적 · 지속적으로 수행하는 봉사활동으로서 다음의 어느 하나에 해당하는 것을 말한다.
1. 사회복지분야에 관한 봉사활동
2. 환경보호분야에 관한 봉사활동
3. 교육분야에 관한 봉사활동
4. 소비자보호에 관한 봉사활동
5. 청소년선도에 관한 봉사활동
6. 범죄예방에 관한 봉사활동
7. 기초질서계도에 관한 봉사활동
8. 재해구조에 관한 봉사활동
9. 공직선거 및 선거부정방지법이 규정하는 공명선거추진에 관한 봉사활동
10. 공직선거 및 선거부정방지법이 적용되는 각종 선거의 후보자와 정당의 선거운동에 관한 봉사활동
11. 위 1~3과 관련한 해외봉사활동
12. 기타 위 사항에 준하는 자원봉사활동

052 질병보험의 개요와 특징

I 질병보험의 개요

1. 질병보험의 정의

질병보험(sickness insurance)이란 "계약자가 약정한 보험료를 지급하고 보험자는 피보험자의 질병에 관한 보험사고가 발생할 경우 보험금이나 그 밖의 급여를 지급할 것을 약정하는 계약"이라고 할 수 있다(상법 제638조, 개정안 제739조의2). 여기서 질병이란 피보험자의 신체에 내재하는 원인에서 비롯된 신체의 손상을 말한다.

보험업법은 질병보험을 제3보험의 일종으로 본다. 보험업감독업무 시행세칙에서는 질병보험에 대하여 "피보험자의 질병으로 인한 진단, 수술, 입원, 요양 등의 위험보장 또는 활동불능, 인식불능 등 타인의 간병을 필요로 하는 상태 및 이로 인한 치료 등의 위험보장을 목적으로 하는 보험"이라고 정하고 있다(보험업감독업무 시행세칙 제19조, 보험상품 구분기준).

2. 질병사망담보와 보험업법

질병사망은 질병보험의 종목이 아닌 생명보험 고유의 종목이다. 그러나 손해보험업의 보험종목(재보험과 보증보험은 제외) 전부를 취급하는 손해보험회사는 질병을 원인으로 하는 사망을 제3보험의 특약 형식으로 담보하는 보험을 겸영할 수 있다(보험업법시행령 제15조 ②).

그러므로 ① 보험만기는 80세 이하일 것, ② 보험금액의 한도는 개인당 2억원 이내일 것, ③ 만기 시에 지급하는 환급금은 납입보험료 합계액의 범위 내일 것을 모두 만족하는 경우에 한하여 질병사망을 담보하는 특약을 부가할 수 있다(보험업법시행령 제15조 ②).

손해사정사 기출문제 39회(2016년)

보험업법상 손해보험업의 보험종목 전부를 취급하는 손해보험회사가 질병을 원인으로 하는 사망을 제3보험의 특약의 형식으로 "담보할 수 있는 요건"을 모두 기술하시오. (6점)

Ⅱ 질병보험의 특징

질병보험은 상해보험과 함께 제3보험 분야의 대표적 보험으로서 제3보험의 전반적인 특징을 함께 가지고 있다.

1. 보험사고의 특성

생명보험의 보험사고는 피보험자의 생존이나 사망으로서 사망 자체는 확실하고 발생시기가 불확실한 반면에 질병보험에서의 보험사고는 보험기간 중에 발병한 질병으로 인한 사망, 후유장해 등이므로 사망, 후유장해, 진단 등의 발생 여부까지도 불확실하다. 그러므로 질병보험은 인보험의 일종임에도 불구하고 손해보험의 보험사고와 그 특징이 다르지 않다.

2. 피보험이익, 보험가액 개념의 부재

질병보험에서는 사람의 신체가 보험의 목적에 해당하므로 사람의 신체에 대한 금전적인 평가를 개념적으로 인정하지 않는다. 그러므로 피보험이익(피보험자가 보험목적에 대하여 가지는 경제상의 이해관계)의 개념이 적용되지 않고, 그에 따라 보험가액(피보험이익의 금전평가액)의 개념도 없다. 그 결과 일부 초과보험 등의 규정이 적용되지 않으므로 다른 보험급부의 존재 여부와 관계없이 중복하여 보험금이 지급된다. 다만, 실비변상 성격의 보험은 실손보상원칙에 의하여 비례보상규정이 적용된다(질병으로 인한 실손의료보험).

3. 중대한 과실의 담보

상법상 사망을 보험사고로 한 계약(인보험계약을 말한다)에서는 중과실을 담보하도록 되어 있고(상법 제732조의2) 이 규정은 상해보험에도 준용된다(상법 제739조). 또한 질병보험은 그 성격상 인보험의 일종이므로 보험자는 피보험자측의 중과실에 의한 질병에 대하여도 보상책임을 부담한다.

4. 피보험자의 제한 등

타인의 생명을 보험사고의 대상으로 하는 질병보험은 계약을 체결할 때 타인의 서면동의를 요하며(상법 제731조), 15세 미만자 등의 질병사망담보는 무효이다(상법 제732조). 질병보험은 상법상 인보험의 일종이기 때문이다.

5. 보험수익자의 존재

질병보험은 인보험의 일종이기 때문에 손해보험과 달리 질병보험에서는 피보험자의 사망시 보험금을 수령할 수 있는 보험수익자가 존재하여야 한다.

Ⅲ 역선택 위험을 방지하기 위한 질병보험 고유의 조항

1. 질병보험과 역선택

질병은 그 특성상 신체에 내재하기 때문에 본인이 아닌 타인이 외부에서 질병발병 여부를 객관적으로 확인하기 어렵고, 증상을 통해서만 주관적으로 확인이 가능할 뿐만 아니라 질병의 발병이 장기간 지속적으로 확대되는 경우도 흔하다. 그러므로 보험자는 질병보험계약을 인수하면서 역선택의 위험에 빠지지 않기 위한 장치를 두고 있다.

2. 조건부인수

특정한 질병의 발병위험이 높은 피보험자는 인수거절사유가 된다. 그러나 「특정부위 부담보 특별약관」, 「특정질병 부담보 특별약관」을 부가하여 담보제외 조건으로 인수하기도 한다. 해당 질병에 의한 역선택을 사전에 방지하기 위한 것이다.

3. 계약 전 질병의 5년간 면책조항

제3보험 보통약관에 의하면 청약서상 "계약 전 알릴의무"에 해당하는 질병으로 과거에 진단 또는 치료를 받은 경우에는 해당 질병과 관련한 보험금을 지급하지 않는다. 다만, 청약일로 5년이 지나는 동안 진단 · 치료가 없다면 보장한다.

4. 특정 질병의 면책조항

질병보험은 선천성질환, 항문질환, 알코올중독 등의 역선택 위험이 높은 질병에 대하여 보험금을 지급하지 아니하는 사유로 두고 있다.

5. 대기기간조항

암보험, 일부의 중대한 질병보험, 행동불능을 담보하는 간병보험은 보험계약이 체결된 경우에도 90일이 지난 날의 다음날부터 보장을 개시하며, 치매를 담보하는 간병보험은 보험계약일로부터 2년이 지난 날의 다음날부터 보장을 개시한다(waiting period clause, 담보제외기간조항). 특정한 질병의 경우에는 역선택의 위험이 특히 높기 때문이다. 이 조항은 피보험자에게 암이 발병되어 자각증상이 있음에도 불구하고 의료기관에서 진단받지 않은 상태에서 피보험자가 적극적으로 보험계약을 체결하여 보험금을 수령하는 경우 등을 방지하기 위한 것이다.

6. 기간에 따른 감액조항

암보험, 뇌질환이나 중대한 질병보험 등은 역선택을 피하기 위하여 계약일 이후에 일정한 기간 이내(예를 들어 1년 이내)에 발병한 질병에 대하여는 보험가입금액의 일부만 지급하는 조항(감액조항, 기간에 따라 보험금액을 감액하는 조항)을 두고 있다. 기존의 약관들은 감액조항이 흔치 않았으나 최근 대부분의 질병보험약관들은 감액조항을 두는 것이 일반적이다.

손해사정사 기출문제 29회(2006년)

질병보험에서의 책임개시일과 면책기간에 대하여 서술하시오. (10점)

053 질병보험의 보험사고와 보험금지급에 관한 세부규정

I 질병의 정의

일반적으로 질병(illness)은 "편하지 않은, 정상적이지 않은 상태"를 말하며, 질병보험에서의 질병(disease, sickness)을 정의할 때에는 "사람의 신체에 일시적 또는 계속적인 장애로 정상적인 기능을 할 수 없는 상태"를 말한다. 질병을 상해와 구분하기 위하여 "신체의 내재적인 원인에 의한 신체의 결함상태"로 정의하기도 한다.

제3보험 보통약관은 상해에 대하여 별도로 정의하고 있으나 질병을 별도로 정의하지는 않는다. 암사망 특별약관, 뇌출혈진단비 특별약관 등의 각각의 약관에서 해당 질병을 정의할 뿐이다. 특별약관들은 "피보험자가 보험기간 중 질병(또는 진단확정된 질병)으로 인하여" 사망하거나 진단되거나 의료기관에서 치료받는 것을 보험금 지급사유로 정하고 있다.

II 질병보험의 보험사고의 요건

1. 보험기간 중

질병보험의 사고는 보험기간(책임기간, 계약에 따라 보장을 받는 기간) 중에 진단확정되어야 한다. 그러므로 보험기간 이전에 진단확정된 질병이 보험기간 이후에 다시 확정된 경우에는 보험계약 이전의 사고로서 보험금 지급사유가 되지 못한다. 보통약관은 "청약서상 '계약 전 알릴의무(중요한 사항에 한합니다)'에 해당하는 질병으로 과거(청약서상 해당 질병의 고지대상 기간을 말합니다)에 진단 또는 치료를 받은 경우에는 제3조(보험금의 지급사유)의 보험금 중 해당 질병과 관련한 보험금을 지급하지 않습니다"라고 정하고 있다.

다만, 과거의 질병이라고 해도 일정기간 동안 진단 또는 치료받은 사실이 없다면 해당 질병이 완치된 것으로 볼 수 있으므로 보통약관은 "청약일 이전에 진단확정된 질병이라 하더라도 청약일 이후 5년(갱신형 계약의 경우에는 최초 계약의 청약일 이후 5년)이 지나는 동안 그 질병으로 추가진단(단순 건강검진 제외) 또는 치료사실이 없을 경우 청약일부터 5년이 지난 이후에는 이 약관에 따라 보장합니다"라고 정하고 있다.

한편, 청약과 함께 제1회 보험료를 납입한 날 또는 계약이 성립한 날에 보장이 개시한다. 그러나 암보험 또는 일부 중대한 질병보험은 보험계약이 체결되었다고 해도 계약이 체결된 날부터 90일이 지난 날의 다음날에 보장이 개시된다(암보험 보장개시일 또는 책임개시일).

2. 질병의 진단확정

질병보험의 사고는 보험기간(보장기간, 책임기간) 중에 해당 질병으로 진단되어야 한다. 여기서 진단이란 의사로부터 진찰 또는 검사를 통하여 질병으로 확정진단을 받은 경우와 질병의심소견으로 소견서를 받은 경우를 말하며, 질병보험약관은 확정진단을 보험사고로 보고 있다. 질병으로 진단된 경우에는 의료기관에서 입원 · 수술 · 치료받거나 의사의 진단으로 일정기간 투약하게 되므로 해당 의료행위를 받은 경우도 질병의 진단에 해당한다. 의료실무상 질병의 진단 · 분류는 한국표준질병 · 사인분류에 의하므로 많은 약관은 한국표준질병 · 사인분류 중에 특정한 항목으로 분류된 것을 기준으로 담보하고 있다.

한편, 보험기간 이전에 질병이 "발병"한 경우에도 보험자가 질병보험금의 지급책임을 부담하지 않는 것이 당연하다. 그러나 "질병의 발병"을 객관적으로 입증하기가 쉽지 않으므로 비록 피보험자에게 보험계약 이전에 발병한 질병이 있었다고 해도 피보험자가 모르고 있었거나 병원에서 진단되지 않은 상태에서 보험계약 이후에 해당 질병으로 최초로 진단되었다면 보험금의 지급사유가 된다.

3. 한국표준질병 · 사인분류

한국표준질병 · 사인분류(Korean Standard Classification of Diseases : KCD)란 국내의 질병 또는 사망 관련 통계자료의 정확성 및 비교성을 확보하기 위하여 질병이환 및 사망자료를 체계적으로 유형화한 것으로서 세계보건기구(WHO)의 국제질병 · 사인분류(ICD)를 우리나라에 적합하게 수정한 것이다.

한국표준질병 · 사인분류는 1952년 최초 제정된 이후에 여러 번 개정을 거쳤다. 현재

보험약관은 제6차 개정 한국표준질병・사인분류표(2010년 11월 1일 통계청고시 제2010-246호)에 의하며, 2016년 1월 1일부터는 제7차 개정분류표에 따른다. 만일 보험계약의 체결시에 약관에서 정한 한국표준질병・사인분류가 이후에 개정되어 변경사항이 발생한 경우에는 변경된 분류표에 따라 보상한다. 또한 법원은 한국표준질병사인 분류코드가 변경된 경우 적용시점이 불명확하면 기존 질병도 바뀐 코드로 다시 판단해야 한다는 견해이다(2002다19940 판결).

Ⅲ 질병보험사고와 인과관계

피보험자가 보험기간 중에 특정한 질병으로 진단되고 의료기관에서 해당 질병으로 치료 도중에 입・통원비용, 사망, 후유장해 등이 발생하였다면 질병입통원보험금, 질병사망보험금, 질병후유장해보험금 등의 지급사유가 된다(분쟁조정 제2011-35호).

Ⅳ 질병보험금 지급에 관한 세부규정

1. 과거에 진단 또는 치료받은 질병

질병보험 보통약관은 "청약서상 '계약 전 알릴의무(중요한 사항에 한합니다)'에 해당하는 질병으로 과거(청약서상 해당 질병의 고지대상 기간을 말합니다)에 진단 또는 치료를 받은 경우에는 제3조(보험금의 지급사유)의 보험금 중 해당 질병과 관련한 보험금을 지급하지 않습니다"라고 정하고 있다. 질병의 치료 또는 진단을 보험계약일 이전의 사고로 보고 면책하고 있는 것이다.

다만, 청약일 이전에 진단확정된 질병이라 하더라도 청약일 이후 5년(갱신형 계약의 경우에는 최초계약의 청약일 이후 5년)이 지나는 동안 그 질병으로 추가진단(단순 건강검진 제외) 또는 치료사실이 없을 경우 청약일부터 5년이 지난 이후에는 약관에 따라 보장한다. 청약일로 5년이 지나는 동안에도 치료받은 사실이 없다면 해당 질병이 완치된 것으로 간주하는 것이다.

2. 갱신계약의 적용

과거에 진단받은 질병을 면책하는 규정에서 "청약일 이후 5년이 지나는 동안"은 갱신계약의 경우 "최초계약시의 청약일"을 말한다. 인보험 갱신계약의 성질을 보험기간의 연장으로 보고 있기 때문이다.

3. 부활계약의 적용

보통약관은 "청약일 이후 5년이 지나는 동안이라 함은 제2회 이후의 보험료 납입연체로 계약의 해지가 발생하지 않은 경우를 말합니다"라고 정하고 있다. 그러므로 납입연체로 해지된 계약을 부활한 경우에는 "부활을 청약한 날"을 "청약일"로 보고 면책조항을 적용한다. 부활계약의 법적 성질을 기존계약과 동일성을 유지하는 새로운 계약으로 보기 때문이다(특수계약설).

054 질병사망 · 후유장해 관련 특별약관

I 질병사망 · 80% 이상 후유장해 특별약관

1. 보험금의 종류 및 지급사유

보험자는 피보험자가 보험기간 중에 질병으로 인하여 사망하였을 경우 이 특별약관의 보험가입금액을 보험수익자에게 질병사망보험금으로 지급한다. 피보험자가 보험기간 중에 진단확정된 질병으로 장해지급률이 80% 이상에 해당하는 장해가 되었을 때에는 1회에 한하여 특별약관의 보험가입금액을 보험수익자에게 질병 80% 이상 후유장해보험금으로 지급한다.

이 경우에도 「질병보험금 지급에 관한 세부규정」이 적용되므로 청약일 이전의 질병으로 과거에 진단 또는 치료받은 경우에는 보험금을 지급하지 않는다.

2. 특별약관의 소멸

피보험자가 질병으로 사망하여 보험자가 보험금을 지급한 경우에는 그 손해보장의 원인이 생긴 때로부터 해당 피보험자에 대한 이 특별약관은 소멸되며, 그에 따른 해지환급금을 지급하지 않는다.

그러나 피보험자가 질병 외의 원인으로 사망하였을 경우에는 「보험료 및 책임준비금 산출방법서」에서 정하는 바에 따라 회사가 그때까지 적립한 해당 피보험자에 대한 책임준비금을 지급하고, 이 특별약관은 소멸한다. 다만, “중대사유로 인한 해지”에 해당하는 경우에는 해지환급금을 지급한다.

Ⅱ 암사망·80% 이상 후유장해 특별약관

1. 보험금의 종류 및 지급사유 등

보험자는 피보험자가 암보험 보장개시일 이후에 암, 갑상선암 또는 기타피부암으로 진단확정되고 그로 인하여 보험기간 중에 사망한 경우 또는 80% 이상의 장해상태가 된 경우에는 보험가입금액을 지급한다. 다만, 보험계약일로부터 1년 미만이 되는 때에 사망한 경우에는 보험가입금액의 50%를 지급하고, 1년 이후에 사망한 경우에는 보험가입금액 전액을 지급한다.[31]

이 약관에서 암보험 보장개시일이라 함은 암의 경우 "보험계약일로부터 그 날을 포함하여 90일이 지난날의 다음날"을 말하며, 기타피부암 및 갑상선암의 경우에는 "제1회 보험료를 받은 날"이 보장개시일이다. 자동갱신(예를 들어 3년 만기)되는 갱신계약의 경우에는 암, 기타피부암, 갑상선암 모두 갱신일이 책임개시일이 되며, 보험료 납입연체로 해지된 계약이 부활한 경우에는 부활일로부터 다시 암보험 보장개시일을 적용한다.

이 경우에도 「질병보험금 지급에 관한 세부규정」이 적용되므로 청약일 이전(부활계약의 경우 부활청약일 이전)의 질병으로 과거에 진단 또는 치료받은 경우에는 보험금을 지급하지 않는다.

2. 암 등의 정의 및 진단확정

암, 기타피부암, 갑상선암의 정의 및 진단확정은 「암진단비 특별약관」에서 정하는 바와 같다. 그러므로 암은 한국표준질병사인분류 중 C00~97 및 D45, D46, D47.1, D47.3, D47.4, D47.5에 해당하는 질병을 말하며, 기타피부암은 C44에 해당하는 질병, 갑상선암은 C73에 해당하는 질병을 말한다.

3. 특별약관의 무효, 소멸

피보험자가 이 특별약관의 보험계약일로부터 보장개시일의 전일 이전에 암으로 진단

31) 현재 판매되는 대부분의 암사망보험금은 계약일로부터 1년 미만인 경우 보험가입금액의 50%만을 지급하는 감액조항을 두고 있다. 그러나 일부 보험회사의 경우에는 계약일로부터 1년 미만인 경우 25%만 지급하고, 이후 2년 미만인 경우 50%만 지급하는 상품으로 판매하기도 한다.

확정되어 있는 경우에는 이 특별약관은 무효로 하며, 이미 납입한 보험료를 반환한다.

피보험자가 위 보험금의 종류 및 지급사유에서 정한 사유로 사망한 경우에는 사망보험금을 지급하고 이 특별약관은 소멸한다. 피보험자가 암, 기타피부암, 갑상선암 이외의 사유로 사망한 경우에는 「보험료 및 책임준비금 산출방법서」에서 정하는 바에 따라 책임준비금을 지급한다. 다만, "중대사유로 인한 해지"에 해당하는 경우에는 해지환급금을 지급하고 이 특별약관은 소멸한다.

4. 암사망과 관련한 법원의 견해

만일 피보험자가 암 치료 도중에 사망하였다면 암사망보험금이 지급된다. 그러나 우리 법원은 말기 자궁암 환자가 계속되는 항암치료 중 그 고통과 스트레스를 이기지 못하고 자살한 경우에도 암사망에 해당한다고 판결하였다. 피보험자가 자살한 경우 면책을 규정한 약관의 취지는 우연성을 인정할 수 없는 자살에서 발생하는 손해를 타인에게 전가하는 것과 사행목적의 보험금취득을 막기 위한 것이므로 질병과 사망 사이에 상당인과관계가 존재한다면 면책규정 적용이 배제된다고 보았기 때문이다(2005나8301 판결).

III 과로사 관련 특정질병사망 · 80% 이상 후유장해 특별약관

1. 보험금의 종류 및 지급사유 등

보험자는 피보험자가 보험기간 중에 확정된 과로사 관련 특정질병으로 사망한 경우 또는 80% 이상의 장해상태가 된 경우에는 보험가입금액 전액을 보험금으로 지급한다.

여기서 과로사 관련 특정질병이라 함은 「과로사관련 특정질병분류표」[32]에서 정한 바이러스 간염, 고혈압성 심장병, 고혈압성 심장 및 신장질환, 급성심근경색증, 협심증, 지주막하 출혈, 뇌내출혈, 기타 비외상성 두개내출혈, 뇌경색증, 뇌경색증을 유발하지 않은 뇌전동맥의 폐쇄 및 협착, 뇌경색증을 유발하지 않은 대뇌동맥의 폐쇄 및 협착, 고혈압성 뇌병증 및 간의 질환을 말한다.

32) 과로사 관련 특정질병분류표
약관에 규정하는 한국표준질병사인분류에 있어서 과로사 관련 특정질병으로 분류되는 질병은 제6차 개정 한국표준질병사인분류(KCD : 통계청고시 제2010-246호, 2011.1.1 시행) 중 다음에 적은 상병을 말한다.

2. 특별약관의 소멸 등

이 경우에도 「질병보험금 지급에 관한 세부규정」이 적용되므로 청약일 이전의 질병으로 과거에 진단 또는 치료받은 경우에는 보험금을 지급하지 않으며, 특별약관의 소멸사유도 질병사망특별약관과 같다.

IV 근로자 과로사 특별약관

1. 보험금의 종류 및 지급사유 등

보험자는 피보험자가 이 특별약관의 보험기간 중에 업무중 "과중한 업무부담의 지속"으로 인하여 "뇌혈관질환 또는 심장질환"의 급격한 발현 또는 악화로 "돌연히 사망"한 경우에는 보험가입금액을 과로사 보험금으로 지급한다.

보험자는 필요한 경우에는 피보험자, 그와 세대를 같이 하는 친족 또는 피보험자 근무 회사의 임직원 등을 대상으로 사고상황을 조사하고 이들에게 자세한 진술을 요구할 수 있다.

대상질병	분류코드
1. 바이러스 간염	B15~B19
2. 고혈압성 심장병	I11
3. 고혈압성 심장 및 신장질환	I13
4. 급성심근경색증	I21
5. 협심증	I20
6. 지주막하출혈	I60
7. 뇌내출혈	I61
8. 기타 비외상성 두개내출혈	I62
9. 뇌경색증	I63
10. 뇌경색증을 유발하지 않은 뇌전동맥의 폐쇄 및 협착	I65
11. 뇌경색증을 유발하지 않은 대뇌동맥의 폐쇄 및 협착	I66
12. 고혈압성 뇌병증	I67.4
13. 간의 질환	K70~K77

• 제7차 개정 이후 한국표준질병 · 사인분류에 있어서 상기분류표에 변경사항이 발생하는 경우에는 변경된 분류표에 따라 보상한다.

• 분류번호 K70~K77에 해당하는 간질환 중 간암에 대해서는 보장하지 않는다.

2. 과중한 업무부담의 지속 등의 정의

1) 과중한 업무부담의 지속

이 특별약관에서 "과중한 업무부담의 지속"이라 함은 다음 각 호의 하나 이상의 상태가 사망일 직전에 지속된 것을 말한다.

① 직전 3일 이상 연속적으로 일상업무보다 30% 이상 업무량과 시간이 증가한 것
② 직전 1주일 이내의 근무환경의 급격한 변화로 인정되는 전환배치
③ 직전 24시간 이내의 일반인이 적응하기 어렵다고 여겨지는 근로의 수행
④ 월 50시간 이상의 잔업
⑤ 직전 1개월 내의 소정 휴일의 반 이상의 출근 근무
⑥ 직전 1개월 내의 10일 이상의 지방출장(격지에의 단신부임을 포함한다)

2) 업무 중

이 특별약관에서 "업무 중"이라 함은 피보험자의 통상적인 근무장소(출장지를 포함한다)에서 근무 중일 때와 그 근무장소로의 이동 중인 교통수단 안에서 이동 중일 때 및 통상적인 거주지(출장지에서의 숙박장소를 포함한다)에서의 수면 중인 경우를 말한다.

3) 뇌혈관질환 및 심장질환

이 특별약관에서 "뇌혈관질환 또는 심장질환"이라 함은 "과로사대상 질병 분류표"에서 정한 질병을 말한다.[33]

3. 보험금을 지급하지 아니하는 사유

이 특별약관은 보통약관의 보험금을 지급하지 아니하는 사유 외에도 ① 기왕의 질환이 자연발생적으로 악화되었음에 대한 의학적인 소견이 있을 때, ② 과도, 격렬한 운동 중 또는 통상적인 주량을 초과하는 음주로 인하여 사망한 때, ③ 싸움, 폭행, 과도한 언쟁 등 업무와 관계없는 사건으로 사망한 때 중에서 어느 한 가지의 경우에 의하여 보험금 지급사유가 발생한 때에는 보험금을 지급하지 않는다.

33) 「과로사관련특정질병사망 · 80% 이상 후유장해 특별약관」에서 정하고 있는 "특정질병분류표" 중에서 바이러스감염(B15~B19)과 간의 질환(K70~K77)을 제외한 나머지 질병을 말한다.

손해사정사 기출문제 32회(2009년)

질병보험의 과로사담보 특별약관에서 규정된 "과중한 업무부담의 지속"의 경우를 기술하시오. (10점)

055 암보험의 개요와 특징

Ⅰ 암보험의 개요

암보험은 보장개시일 이후 피보험자가 암으로 진단확정된 경우에 암의 치료비를 집중적으로 보장하기 위하여 암진단비, 암수술비, 암입원비를 담보하는 상품이다. 피보험자가 암으로 사망한 경우의 유족들의 경제적 곤란을 막기 위하여 암사망보험금을 지급하기도 한다.

우리나라의 식생활이 서구화되고 환경오염이 심해지면서 암으로 인한 사망률이 꾸준히 증가하여 암보험에 대한 소비자의 니즈가 증가하였으나, 보험회사들은 손해율의 악화를 이유로 암보험 판매를 축소하고 있었다. 그러나 2011년 6월 금융감독원의 "암보험 활성화 대책"이후에 새로운 암보험 상품이 개발되면서 암보험 시장이 활성화되고 있다.

Ⅱ 암보험의 판매형태

암보험은 주계약의 형태로 판매하거나 특별약관의 형태로 판매하기도 한다. 생명보험회사에서 판매하는 암보험 상품 중의 일부는 주계약을 통해 보장하며, 주요 생명보험회사와 손해보험회사의 대부분은 특별약관의 형태로 암보험을 판매하고 있다.

Ⅲ 암보험의 주요 보장내용

1. 암진단비

암보장개시일 이후에 암으로 진단확정된 경우에 최초 1회에 한하여 암진단비 보험금을 지급한다. 그러나 최근의 일부 암보험의 경우에는 그 이후에 진단된 암에 대하여도 이차암 진단비 보험금을 지급하기도 한다.

2. 암입원비

암보장개시일 이후에 암으로 진단확정되고, 암의 치료를 직접목적으로 입원하게 되었을 때 3일 초과 입원일수를 기준으로 하여 총 120일 한도로 입원일당 보험금을 지급한다.

3. 암수술비

암보장개시일 이후 암으로 진단확정되고, 그 암의 치료를 직접목적으로 수술을 받았을 때 수술 1회당 암수술비 보험금을 지급한다.

Ⅳ 암보험의 특징

1. 가입연령과 보험기간

일반적인 암보험 상품은 60세 이하의 건강한 자를 가입대상으로 하여 통상 80세까지만 보장한다. 그러나 최근의 암보험은 고령자(70~80세)의 경우에도 가입이 가능하며, 기존에 암으로 진단된 자 또는 만성질환자(고혈압, 당뇨 등)의 경우에도 가입이 가능하다.

2. 면책기간

일반적인 제3보험은 최초보험료를 납입한 때부터 보장이 개시하지만 암보험은 계약일로부터 그 날을 포함하여 90일이 경과한 날의 다음날을 암보장개시일로 정하고 있다. 암보험에서 일정기간의 면책기간을 두는 이유는 암이라는 질병의 특성상 역선택의 위험이 높기 때문이다.

한편, 어린이보험(예를 들어 15세 미만자를 위한 보험, 2006년 이후)에서 암보험상품과 기타피부암, 갑상선암의 진단을 담보하는 경우에는 별도의 면책기간을 적용하지 않고 최초보험료 납입일로부터 보장을 개시한다. 갱신형 암보험계약의 경우에도 갱신일부터 보장을 개시한다.

3. 보험금의 감액

암진단보험의 경우에는 보험계약일 이후 1년 또는 2년 이내에 암으로 진단확정된 경우에는 통상 보험가입금액의 50%를 지급하며, 자가진단이 가능한 유방암의 경우에는 암보장개시일로부터 90일 이내에 진단확정된 경우(제1회 보험료 납입일부터 180일 이내)에 보험가입금액의 10%를 보장하기도 한다.

4. 암의 종류별 보험금지급액의 구분

다수의 보험회사는 암의 종류를 고액암, 일반암, 소액암, 암 이외의 질병으로 구분하여 보험금액을 구분한다. 다른 암보다 고액의 치료비가 소요되는 백혈병, 간암 등을 고액암으로 구분하여 일반암 보험금액보다 고액의 보험금(일반적으로 일반암의 2배 수준)을 지급하며, 다른 암에 비하여 치료비용이 저렴하고 피보험자의 신체에 미치는 악영향이 상대적으로 적은 암에 해당하는 갑상선암, 기타피부암, 유방암, 대장암, 전립선암 등은 제1회 보험료의 납입일 이후에 진단확정된 경우에 보험가입금액(일반암 보험금)의 10%에서 30%를 지급한다. 경계성종양 및 제자리암의 경우에도 암에 해당하지 않지만 갑상선암과 동일하게 보험가입금액의 일부를 지급한다.[34]

5. 납입면제

다수의 보험회사들은 피보험자가 암으로 진단확정된 경우에 차회 이후의 보험료 납입을 면제하고 암에 대한 보장을 지속하는 납입면제 제도를 적용하고 있다.

34) 암의 종류별 보험금의 비교

구분	지급사유	지급보험금
고액암	간암, 백혈병(혈액암) 등	암보험금의 200%
일반암	대부분의 암	암보험금의 100%
소액암	갑상선암, 기타피부암, 유방암, 대장암 등	암보험금의 10~30%
암 이외의 질병	경계성 종양, 제자리암	암보험금의 10~30%

6. 갱신형 암보험의 보험료

최근 대부분의 보험회사들은 보험계약기간(주로 3년, 일부 15년까지 다양하다) 종료 이후에 암 보험계약을 자동갱신하는 보험을 판매하고 있다. 갱신형 암보험은 최초 계약당시에는 보험료가 저렴한 반면에 갱신시점의 피보험자의 연령과 위험률 증가에 따라 보험료가 40%에서 80% 정도 상승할 수 있다.

056 암의 진단확정

I 암의 정의 및 진단

암이란 증식과 억제가 조절되지 않는 비정상적인 세포들이 통제되지 못하고 과다하게 증식하거나 주위 조직 및 장기에 침입하여 종괴 형성 및 정상조직의 파괴를 초래하는 상태를 말하며 악성종양으로 구분된다. 임상적으로 암의 진행단계를 표시하는 방법은 암의 종류에 따라 다양하게 있으나 일반적으로는 TNM staging system을 가장 많이 사용한다.[35] 우리 약관은 조직검사 등의 병리학적 진단을 기초로 암보험금을 지급하도록 정하고 있다.

II 암의 진단확정

1. 조직검사상 암의 진단확정

암의 진단확정은 해부병리 또는 임상병리의 전문의사 자격증을 가진 자에 의하여 내려져야 하며, 이 진단은 조직(fixed tissue)검사, 미세바늘흡인검사(fine needle aspiration) 또는 혈액(hemic system)검사에 대한 현미경 소견을 기초로 하여야 한다.

여기서 암의 진단확정이란 상기의 검사결과에 의한 확정을 의미하므로 암으로 의심되는 경우를 포함하는 것은 아니다. 그러므로 암보장개시일 이전에 암으로 의심되는 진단(R/O진단)을 받았다고 해도 조직검사상 암으로 확정된 시점이 암보장개시일 이후라면 보험자가 보장해야 한다.

35) T(Primary Tumor)는 원발기관에서 원발종양의 크기와 침윤정도를, N(Regional Lymph Nodes)은 원발종양에서 주위 임파절로 얼마나 퍼졌는지를, M(Distnat Metastasis)은 몸의 다른 장기로 암이 퍼졌는지 여부를 의미한다.

2. 조직검사결과와 형태학적 분류번호

해부병리 또는 임상병리 전문의사의 진단확정은 실무적으로 조직검사결과에 의하므로 만일 피보험자의 담당의사가 판정한 한국표준질병사인분류와 조직검사상의 판단(형태학적 분류번호)이 서로 다른 경우에는 형태학적 분류번호를 기초로 암보험금 지급 여부를 결정한다.

형태학적 분류번호는 "M8123/3"와 같이 5자리로 구성된다. 처음 4자릿수는 신생물의 조직학적 형태를 표시하고 사선 뒤의 5째자릿수는 그 행동양식을 표시하는데, 행동양식의 분류번호는 다음과 같다.

행동양식 분류번호	구분
M－－－－/0	양성
M－－－－/1	양성 또는 악성 여부가 불확실, 불명확한 악성
M－－－－/2	정상소재의 암종, 상피내, 비침윤성, 비침범성
M－－－－/3	악성, 원발부위
M－－－－/6	악성, 전위부위 혹은 악성, 속발부위
M－－－－/9	상세불명, 부위의 악성

3. 관련문제 : 제7차 개정 KCD

2016년 1월 1일부터 시행되는 7차 KCD의 개정사항 중에서 제3보험 보상실무에 큰 영향을 미치는 부분은 없으나 ICD－O－3를 반영한 형태학적 분류가 신규로 추가된 점을 검토할 필요가 있다. 추가된 사항은 다음과 같다.

행동양식 분류번호	구분
M8158/1	내분비 종양, 기능성 NOS
M8163/0	췌담도의 신생물, 비침습성
M8163/2	고등급 상피내 신생물을 동반한 췌담도형의 유두모양 신생물(D01.5)
M8163/3	췌담도형 암종(C24.1)

Ⅲ 조직검사 외에 악성으로 인정되는 경우

병리학적 진단이 가능하지 않을 경우에는 그 외의 진단방법이 암의 증거로 인정될 수 있다(임상적 진단).[36] 약관에 의하면 이 경우 "피보험자가 암으로 진단 또는 치료를 받고 있음을 증명할 만한 문서화된 기록 또는 증거"가 있어야 한다. 또한 약관에서 언급하지 않았으나 병리학적으로 악성이 아닌 경우에도 임상적으로 악성이 인정되는 경우(임상적 악성)에는 암으로 인정될 수 있다.

1. 조직검사를 시행하지 않은 경우

간암이나 뇌종양과 같이 임상적으로 조직검사를 시행하지 않고도 CT나 MRI 등을 촬영하여 확진을 내리고 근치적 수술이나 항암, 방사선치료 등을 시행하는 경우에는 암으로 인정할 수 있다.

2. 생명에 치명적인 영향을 미치는 종양

뇌의 내부에 발생된 종양 또는 심장과 같이 생명과 직접적인 인과관계가 있는 위험한 부위에 발생된 종양, 임상학적으로 재발될 수 있는 성격의 종양이라면 병리학적으로 양성으로 분류된다 하더라도 악성종양으로 담보될 수 있다.

3. 조직학적으로 악성과 양성의 구분이 모호한 종양

갈색세포종이나 췌장의 인슐린종과 같이 조직학적으로는 악성과 양성의 구분이 곤란한 질병의 경우에는 악성종양에 준하여 치료되고 있고, 임상적으로 악성으로 인정하고 있으므로 이러한 경우에는 암으로 담보될 수 있다.

---

36) 예를 들어 피보험자가 초음파검사, CT촬영 등의 검사결과 난소의 악성종양(의증)으로 진단을 받고 수술을 권유받았으나 이를 거부하고 2개월만에 사망한 사례에서 통상 난소암은 수술을 통해서만 조직검사가 가능하고 수술 전에는 조직검사가 불가능하므로 "약관상 병리학적 진단이 가능하지 않을 때에 임상학적 증거만으로 암을 진단할 수 있도록 정하는 조항"에 의하여 임상학적 암진단으로 보는 것이 타당하다(분쟁조정 제2008-70호).

4. 임상적 악성 등으로 인정받기 위한 요건

임상적 진단 및 임상적 악성에 해당하는 경우에는 악성종양에 준하는 치료를 받았음을 입증할 만한 문서화된 기록이 있어야 한다. 즉, 악성신생물의 전형적인 치료방법인 방사선 및 화학요법 등의 항암치료를 시행한 경우에 임상적 악성 등으로 인정받을 수 있다.

> **손해사정사 기출문제** 28회(2005년)
>
> 암보험 약관에서 정한 암(악성종양)의 정의와 진단확정에 대하여 기술하시오. (10점)

Ⅳ 단계별 암진단비 특별약관의 암진단

단계별 암진단비의 경우도 일반 암진단비 보험과 마찬가지의 진단방법을 규정하고 있다. 다만, TNM병기에 따라 보험금을 지급한다. TNM병기란 임상적으로 각 장기에 발생하는 암을 T는 원발소(primary Tumor), N은 소속림프절(regional lymph Node), M은 원격전이(distant Metastasis)를 나타내는 머리문자를 가지고 표기하는 방법으로서 구체적으로는 다음과 같다.[37]

구분	세부내용	
종양 (Tumor)	T0	원발종양의 증거가 없음
	TIS	상피내 암종
	T1~4[38]	종양의 크기 및 침범정도가 점증
	Tx	종양의 크기 및 침범정도 확인불가
림프절 (Lymph Nodes)	N0	림프절 전이 없음
	N1~4[39]	침범된 림프절 전이가 증가
	Nx	주변 림프절에 대해 임상판정 불가
전이 (Metastasis)	M0	원격전이 증가 없음
	M1~3	원격전이 정도가 심화됨

37) TNM병기에 의하여 4기암 진단서를 다음과 같이 예시할 수 있다.
"홍길동은 2013년 10월 1일 위암 StageⅥ(TNM)로 진단되었습니다."
"홍길동은 2013년 10월 1일 위암 T2N2M1(TNM)으로 진단되었습니다."
"홍길동은 2013년 10월 1일 전립선암 StageD(Jewett)로 진단되었습니다."

38) T1 : 점막 국한, T2 : 근육층 국한, T3 : 장기 막하층 침윤, T4 : 인접장기 침윤

손해사정사 기출문제 31회(2008년)

암환자의 예후 예측 및 효과적인 치료방법을 선택하기 위하여 병기(Stage)를 평가한다. 현재 CI(Critical Illness)보험의 약관에서 채택하고 있는 TNM병기를 기술하시오. (10점)

39) N0 : 0개 전이, N1 : 1~2개 전이, N2 : 3~6개 전이, N3 : 7개 이상 전이

057 암진단보험의 종류

Ⅰ 암진단보험의 종류

암진단 관련 보험은 암보장개시일 이후의 최초의 암의 확정진단에 대하여 보험금을 지급하는 보험과 암의 진행정도(대표적으로 TNM병기)에 따라 보험금을 차등하는 상품이 있으며, 보험기간 중 두 번째로 진단확정된 암의 경우에도 보험금을 지급하는 상품이 있다.

Ⅱ 암진단비 특별약관

1. 보험금의 종류 및 지급사유 등

보험자는 피보험자가 보험기간 중 암보장개시일(계약일로부터 90일, 15세 미만의 어린이보험의 경우 제1회 보험료 납입일) 이후에 암으로 진단확정되거나 보장개시일(제1회 보험료 납입일) 이후에 제자리암, 기타피부암, 경계성종양 또는 갑상선암으로 진단확정되었을 때에는 보험수익자에게 각각 최초 1회에 한하여 암진단비 보험금(보험계약일로부터 1년 미만에 진단된 경우에는 보험가입금액의 50%)을 지급한다.

피보험자가 이 특별약관의 보험계약일로부터 보장개시일 전일 이전에 암으로 진단확정되어 있는 경우에 이 특별약관은 무효로 하며, 이미 납입한 보험료를 보험계약자에게 반환한다.

2. 암보장개시일

보험자의 암에 대한 보장은 제1회 보험료 납입일(보장개시일)로부터 그 날을 포함하여 90일이 지난 날의 다음날에 시작하며,[40] 제자리암, 기타피부암, 경계성종양 또는 갑상선암의 경우에는 제1회 보험료 납입일에 시작한다. 다만, 갱신계약에 해당하여 계약이 자

40) 암보장개시일

동갱신되는 경우에는 갱신일에 보장이 시작한다.

3. 암의 정의

이 특별약관에서 암이라 함은 제6차 한국표준질병사인분류에 있어서 악성신생물로 분류되는 질병을 말한다. 다만, 전암상태(암으로 변하기 이전상태, Premalignant condition or condition with malignant potential) 및 C44(기타 피부의 악성신생물), C73(갑상선의 악성신생물)에 해당하는 질병은 제외한다.[41]

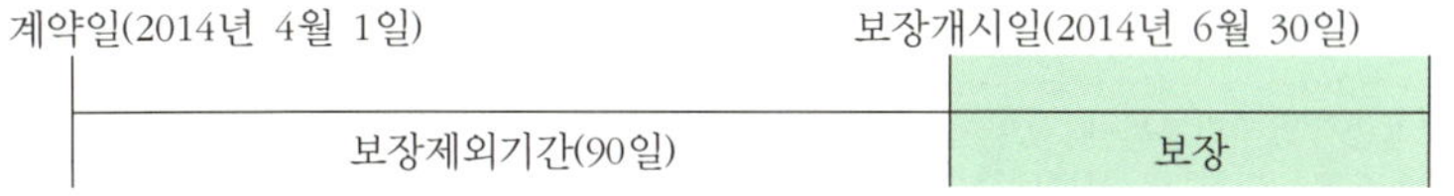

* 단, 피보험자가 15세 미만자인 경우(어린이암보험), 기타피부암, 갑상선암, 제자리암, 경계성종양의 경우는 계약일을 보장개시일로 한다.

41) 악성신생물(암) 분류표
약관에 규정하는 한국표준질병사인분류에 있어서 악성신생물(암)로 분류되는 질병은 제6차 한국표준질병사인분류(통계청고시 제2010-246호, 2011.1.1 시행) 중 다음에 적은 질병을 말한다.

대상질병	분류번호
1. 입술, 구강 및 인두의 악성신생물	C00~C14
2. 소화기관의 악성신생물	C15~C26
3. 호흡기 및 흉곽내 기관의 악성신생물	C30~C39
4. 뼈 및 관절연골의 악성신생물	C40~C41
5. 흑색종 및 피부의 기타 악성신생물	C43~C44
6. 중피성 및 연조직의 악성신생물	C45~C49
7. 유방의 악성신생물	C50
8. 여성 생식기관의 악성신생물	C51~C58
9. 남성 생식기관의 악성신생물	C60~C63
10. 요로의 악성신생물	C64~C68
11. 눈, 뇌 및 중추신경계통의 기타 부분의 악성신생물	C69~C72
12. 갑상선 및 기타 내분비선의 악성신생물	C73~C75
13. 불명확한, 이차성 및 상세불명 부위의 악성신생물	C76~C80
14. 림프, 조혈 및 관련조직의 악성신생물	C81~C96
15. 독립된(일차성) 여러 부위의 악성신생물	C97
16. 진성 적혈구 증가증	D45
17. 골수형성이상증후군	D46
18. 만성골수증식 질환	D47.1
19. 본태성(출혈성) 혈소판증가증	D47.3
20. 골수섬유증	D47.4
21. 만성호산구성 백혈병	D47.5

제7차 개정 이후 한국표준질병·사인분류에 있어서 상기분류표에 변경사항이 발생하는 경우에는 변경된 분류표에 따라 보상한다.

※ 한국표준질병·사인분류지침서의 「사망 및 질병이환의 분류번호부여를 위한 선정준칙과 지침」에 따라 C77~C80(불명확한, 이차성 및 상세불명 부위의 악성신생물(암))의 경우 일차성 악성신생물(암)이 확인되는 경우에는 원발부위(최초 발생한 부위)를 기준으로 분류한다.

4. 암 이외의 질병의 정의

이 특별약관에서 제자리암이라 함은 제6차 한국표준질병사인분류에 있어서 제자리신생물로 분류되는 질병[42]을 말하며, 기타피부암이라 함은 한국표준질병사인분류 중 분류번호 C44(기타 피부의 악성신생물)로 분류되는 질병, 갑상선암이라 함은 C73(갑상선의 악성신생물)로 분류되는 질병을 말한다. 그리고 경계성종양이라 함은 한국표준질병사인분류 중 행동양식 불명 또는 미상의 신생물분류표에서 정한 질병[43]을 말한다. 암 이외의 질병으로 진단된 경우에는 통상적으로 보험가입금액의 20%를 지급한다.

---

42) 제자리신생물 분류표
약관에 규정하는 한국표준질병사인분류에 있어서 제자리신생물로 분류되는 질병은 제6차 한국표준질병사인분류(통계청고시 제2010-246호, 2011.1.1 시행) 중 다음에 적은 질병을 말한다.

대상질병	분류번호
1. 구강, 식도 및 위의 제자리암종	D00
2. 기타 및 상세불명의 소화기관의 제자리암종	D01
3. 중이 및 호흡계통의 제자리암종	D02
4. 제자리흑색종	D03
5. 피부의 제자리암종	D04
6. 유방의 제자리암종	D05
7. 자궁경부의 제자리암종	D06
8. 기타 및 상세불명의 생식기관의 제자리암종	D07
9. 기타 및 상세불명 부위의 제자리암종	D09

제7차 개정 이후 한국표준질병 · 사인분류에 있어서 상기분류표에 변경사항이 발생하는 경우에는 변경된 분류표에 따라 보상한다.

43) 행동양식 불명 또는 미상의 신생물 분류표
약관에 규정하는 한국표준질병사인분류에 있어서 경계성종양으로 분류되는 질병은 제6차 한국표준질병사인분류(통계청고시 제2010-246호, 2011.1.1 시행) 중 다음에 적은 질병을 말한다.

대상질병	분류번호
1. 구강 및 소화기관의 행동양식 불명 또는 미상의 신생물	D37
2. 중이, 호흡기관, 흉곽내 기관의 행동양식불명 또는 미상의 신생물	D38
3. 여성생식기관의 행동양식 불명 또는 미상의 신생물	D39
4. 남성생식기관의 행동양식 불명 또는 미상의 신생물	D40
5. 비뇨기관의 행동양식 불명 또는 미상의 신생물	D41
6. 수막의 행동양식 불명 또는 미상의 신생물	D42
7. 뇌 및 중추신경계의 행동양식 불명 또는 미상의 신생물	D43
8. 내분비선의 행동양식 불명 또는 미상의 신생물	D44
9. 행동양식 불명 및 미상의 조직구 및 비만세포종양	D47.0
10. 미결정의 단클론감마병증	D47.2
11. 기타 명시된 림프, 조혈 및 관련 조직의 행동양식 불명 또는 미상의 신생물	D47.7
12. 림프, 조혈 및 관련 조직의 행동양식 불명 또는 미상의 상세불명의 신생물	D47.9
13. 기타 및 상세불명 부위의 행동양식 불명 또는 미상의 신생물	D48

제7차 개정 이후 한국표준질병 · 사인분류에 있어서 상기분류표에 변경사항이 발생하는 경우에는 변경된 분류표에 따라 보상한다.

5. 「한국표준질병 · 사인분류」의 개정과 암의 분류

2016년 이후의 약관은 제7차 개정된 「한국표준질병 · 사인분류」를 기준으로 한다. 제5차와 제6차 개정시에는 「한국표준질병 · 사인분류(KCD)」에 따라 암 · 유사암으로 구분되는 항목이 일부 변경되었으나, 7차 개정에 따른 보상실무상의 변화는 거의 없다.[44]

한편, 암보험약관에서는 "개정 이후 한국표준질병 · 사인분류에 있어서 상기 질병 이외에 추가로 상기분류표에 해당하는 질병이 있는 경우에는 그 질병도 포함합니다"라고 규정하고 있으므로 기존의 계약에서 정한 「한국표준질병 · 사인분류」에 의하여 보상을 받은 후에 분류가 변경된 것을 이유로 추가적인 보상이 가능한 경우가 있다. 법원은 한국표준질병사인 분류코드가 변경된 경우 적용시점이 불명확하면 기존 질병도 바뀐 코드로 다시 판단해야 한다는 견해이기 때문이다(2002다19940 판결, 분쟁조정 제2011-35호).

	제4차 개정 KCD	제5차 개정 KCD (2008)	제6차 개정 KCD (2011)
악성신생물 (암)	C00-97	C00-97 + L41.2(림프종모양구진증) + D45, D46, D47.1, D47.3	C00-C97(L41.2는 C86.6에 포함되었고 기존의 D76.0이 C96에 포함됨) + D45, D46, D47.1, D47.3 + D47.4, D47.5
제자리암	D00-09	D00-09	D00-09
경계성종양	D37-48	D37-D44, D47.0-2-7-9, D48 + D76.0(랑게르한스세포조직구증)	D37-D44, D47.0-2-7-9, D48 - D76.0 (C96에 포함됨)

※ C44(기타피부암), C73(갑상선암)은 KCD상 악성신생물(암)에는 포함되지만 신체에 미치는 악영향이 상대적으로 작기 때문에 일반적인 암보험금의 일부(e.g. 보험가입금액의 20%)만을 지급한다.

44) 제7차 개정 KCD는 신종질병 및 최신 의학발전내용을 반영하고, 신생물 관련 ICD-O-3의 업데이트 사항을 반영하였다. 구체적으로는 M8158/1, M8163/0,2,3이 신설되었다. 한편, 제6차 KCD는 이소성 조직의악성신생물에 대해 언급된 부위로 분류하였으나 제7차 개정 KCD는 이소성 조직의 악성신생물이 발견된 부위로 분류하도록 바뀌었다. 예를 들어 기존에는 난소에서 발견된 이소성 췌장의 악성신생물을 상세불명의 췌장(C25.9)으로 분류하였으나 제7차 개정 KCD기준에 의하면 난소의 악성신생물(C56.0)로 분류해야 한다.

손해사정사 기출문제 32회(2009년)

2008년 1월 1일 시행 제5차 한국표준질병, 사인분류(KCD−5) 개정 주요 내용 중 신생물 형태분류 개정내용을 KCD 본 분류에 반영한 악성신생물(경계성 신생물 또는 신생물이 아닌 것이 악성 신생물로 개정된 경우)의 질병코드 및 질병명을 쓰시오. (10점)

Ⅲ KCD 개정 관련한 사례의 검토

손해사정사 기출문제 35회(2012년)

다음은 갑을 피보험자로 하는 암보험계약이다. 아래의 제 조건을 참고하여 보험자가 지급하여야 할 보험금을 ① 진단급여금, ② 수술급여금, ③ 입원급여금으로 구분하여 계산하시오. (15점)

〈계약사항〉

보험기간	가입금액	보장내용		
		암진단급여금 (최초 1회 보장)	암수술급여금 (1회당)	입원급여금
2009.6.1 ~ 2039.6.1	2,000만원	• 고액암 : 4,000만원 • 일반암 : 2,000만원 • 상피내암 : 400만원 • 경계성종양 : 400만원	• 고액암 : 1,000만원 • 일반암 : 500만원 • 상피내암 : 100만원 • 경계성종양 : 100만원	• 입원일을 포함하여 3일 초과 1일당, 120일 한도 보상 * 암(고액암 포함) : 10만원 * 상피내암, 경계성종양 : 2만원 • 질병일당보험금 : 질병 1일당 2만원 (입원일을 포함하여 180일 한도 보상)

〈기타사항〉

- 고액암 : 식도암, 췌장암, 뼈암, 뇌암
- 약관상 보상하는 손해이며, 계약 전 알릴의무 위반사실은 없음.

〈손해사항〉

- 2010년 9월 15일 상세불명 부위의 상피내암(D09)으로 진단확정
- 2011년 10월 5일 골수섬유증(D47.4)으로 진단확정

• 2011년 10월 16일부터 2011년 11월 12일까지 골수섬유증(D47.4)으로 28일간 입원 후 퇴원 [2011년 10월 17일 골수섬유증(D47.4) 1차 수술 시행]
• 2012년 1월 3일부터 2012년 4월 8일까지 골수섬유증(D47.4)으로 97일간 입원 후 퇴원 [2012년 1월 5일 골수섬유증(D47.4) 2차 수술 시행]

〈별표〉 가입당시 약관에 첨부된 악성신생물 분류표
약관에 규정하는 한국표준질병사인분류에 있어서 악성신생물로 분류되는 질병은 제5차 한국표준질병사인분류(통계청고시 제2007-4호, 2008.1.1 시행) 중 다음에 적은 질병을 말합니다 [C00~C97, 분류표생략, 교재의 분류표를 참고]. 단, 제6차 개정 이후 한국표준질병·사인분류에 있어서 상기 질병 이외에 추가로 상기분류표에 해당하는 질병이 있는 경우에는 그 질병도 포함하는 것으로 합니다.

1. 사례의 검토

D47.4는 2011년 KCD 6차 개정당시에 악성신생물로 신설·분류된 항목으로서 본 사례의 계약당시에는 악성신생물에 해당하지 않았다. 그러나 암관련 약관에서는 "6차 개정 이후에 상기 질병 외에 분류표에 해당하는 질병이 있는 경우 그 질병도 포함한다"라고 명시하고 있으므로 계약 이후의 변경된 KCD에 따라서 악성신생물로 인정하여 보험금을 지급한다.

2. 암진단보험금

D09는 상피내암에 해당하므로 400만원을 지급하며, D47.4는 보험 계약당시에는 악성신생물이 아니지만 2011년 1월 이후부터는 악성신생물로 분류되므로 일반암진단금 2,000만원을 지급한다.

한편, D47.4는 혈액암의 일종으로 해석되기도 하므로 만일 위 계약의 고액암의 범위에 혈액암이 있다면 4,000만원을 지급해야 할 수도 있다.

3. 암수술보험금

수술보험금은 수술시마다 지급한다. 골수섬유증으로 총 2회에 걸쳐서 수술을 하였으므로 각각 500만원씩을 지급한다.

4. 입원보험금

위 계약의 입원담보는 암입원일당과 질병입원일당이다. 골수섬유증이라는 동일한 질병으로 입원과 퇴원을 반복하였으나 하나의 질병으로 인한 입원으로 해석한다. 그러므로 암입원일당은 총입원일수 125일(28일+97일)에서 최초 3일을 공제한 122일을 입원한도(120일) 내에서 보상한다. 120일×10만원=1,200만원을 지급한다.

질병입원일당은 180일을 한도로 하고 첫날부터 보험금을 지급하므로 125일×2만원=250만원을 보험금으로 지급한다.

Ⅳ 고액치료비암진단 특별약관

보험자는 피보험자가 암보장개시일(제1회 보험료를 받은 날로부터 90일이 지난 날의 다음날) 이후에 고액치료비암[45]으로 진단확정된 때에는 고액치료비 보험금을 지급한다. 다만, 피보험자의 보험나이가 15세 미만인 경우에는 제1회 보험료 납입일로부터 보장을 개시한다. 이 특별약관은 보장하는 암을 크게 5가지 범주로 제한한 것 외에는 암진단비 특별약관과 암의 정의, 진단확정, 1년 이내의 진단에 대하여 보험가입금액의 50%를 지급하는 규정, 보장개시일 이전 암으로 진단되었을 때의 무효규정 등의 내용이 같다.

45) 고액치료비암이란
① 식도의 악성신생물C15
② 췌장의 악성신생물C25
③ 뼈 및 관절연골의 악성신생물C40－C41(사지의 뼈 및 관절연골의 악성신생물, 기타 및 상세불명 부위의 뼈 및 관절 연골의 악성신생물)
④ 뇌 및 중추신경계통의 기타부위의 악성신생물C70－C72(수막의 악성신생물, 뇌의 악성신생물, 척수, 뇌신경 및 중추신경계의 기타 부위의 악성신생물)
⑤ 림프, 조혈 및 관련조직의 악성신생물(호지킨림프종C81 소포성 림프종C82 비소포성 림프종C83 성숙 T/NK－세포 림프종C84 기타 상세불명 유형의 비호지킨림프종C85 T/NK－세포림프종의 기타 명시된 형태C86 기타 B－세포림프종)악성 면역증식질환C88 다발성골수종 및 악성 형질세포신생물C90 림프성백혈병C91 골수성백혈병C92 단핵구성백혈병C93 명시된 세포형의 기타 백혈병C94 상세불명 세포형의 백혈성C95 림프, 조혈·관련 조직의 기타 및 상세 불명의 악성신생물C96 만성 골수증식질환D47.1 만성 호산구성백혈병D47.5)을 말한다.

V 두 번째 암(이차암) 진단비 특별약관

1. 두 번째 암 진단비 보험의 개요

두 번째 암 진단비 보험이란 보험가입 이후 두 번째로 발생한 암(일반암)을 보장하는 보험으로서 주로 특별약관으로 운영되고 서로 다른 유형의 상품으로 판매된다. 각각의 보험약관은 그 담보의 내용에 조금씩 차이가 있다.

2. 두 번째 암 진단비 보험의 유형

두 번째 암 진단비 보험은 ① 첫 번째 암이 진단확정되고 1년 이후에 첫 번째 암이 진단된 기관(organ[46])과 다른 기관에 발생한 원발암과 전이암을 보장하는 상품(이 약관은 비장 및 골수를 포함한 혈액 및 림프계에 전이된 경우 등을 면책하며, 첫 번째 암으로 추가적인 진단 또는 치료가 없는 경우에 두 번째 암보장개시일로부터 5년이 지난 이후부터는 첫 번째 암이 진단된 기관의 경우에도 보험금을 지급한다), ② 첫 번째 암이 진단확정되고 2년 이후에 모든 기관에 발생한 원발암, 전이암, 재발암 및 잔류암을 보장하는 상품, ③ 첫 번째 암이 진단확정되고 1년 이후에 모든 기관에 발생한 원발암, 전이암 및 재발암을 보장하는 상품(이 약관은 잔류암을 면책한다)이 있다.[47]

VI 단계별 암진단비 특별약관

1. 보험금의 종류 및 지급사유 등

보험자는 피보험자가 보험기간 중에 암보장개시일 이후에 암으로 진단확정될 경우에는 최초 1회에 한하여 아래와 같이 단계별 암진단비를 지급한다. 여기서 암보장개시일이라 함은 최초계약의 경우 보험계약일로부터 그 날을 포함하여 90일이 지난 날의 다음 날을 말하며, 갱신계약의 경우에는 갱신일을 말한다.

46) 보험약관의 「기관분류표」에서는 신체를 위, 간, 후두, 유방, 신장, 뇌, 갑상선 등 49개의 개별기관으로 구분하고 있다.

47) 보험약관에서 원발암이란 기존 암세포와 조직해부학적 형태가 다른 암세포가 동일부위 또는 다른 부위에 발생한 암을 말하며, 전이암이란 기존 암세포가 혈관을 타고 전이되어 다른 부위에 발생한 암을 말한다. 재발암이란 기존 암세포와 조직해부학적 형태가 같은 암세포가 기존 암세포 완치 후 동일부위에 다시 발생한 암을 말하며, 잔류암이란 처음 진단된 암세포가 동일부위에 계속 남아있는 암을 말한다.

피보험자가 이 특별약관의 보험계약일로부터 보장개시일 전일 이전에 암으로 진단확정되어 있는 경우에 이 특별약관은 무효로 하며, 이미 납입한 보험료를 보험계약자에게 반환한다.

1) 최초계약의 경우

<table>
<tr><th rowspan="2">구분</th><th colspan="2">지급금액</th></tr>
<tr><th>보험계약일로 1년 이내</th><th>보험계약일로 1년 초과</th></tr>
<tr><td>특정암</td><td>보험가입금액의 100%</td><td>보험가입금액의 200%</td></tr>
<tr><td>4기암(특정암 제외)</td><td>보험가입금액의 100%</td><td>보험가입금액의 200%</td></tr>
<tr><td>1~3기암(특정암 제외) 중 유방암 이외</td><td>보험가입금액의 50%</td><td rowspan="2">보험가입금액의 100%</td></tr>
<tr><td>1~3기암(특정암 제외) 중 유방암</td><td>180일 이내 : 보험가입금액의 10%
180일 초과 : 보험가입금액의 50%</td></tr>
</table>

2) 갱신계약의 경우

구분	지급금액
특정암	보험가입금액의 200%
4기암(특정암 제외)	보험가입금액의 200%
1~3기암(특정암 제외)	보험가입금액의 100%

3) 순차적으로 암으로 진단된 경우

보험자는 위 1), 2)에도 불구하고 암보장개시일 이후에 1~3기암(특정암 제외)으로 진단확정된 이후 특정암 또는 4기암(특정암 제외)으로 진단확정된 경우에는 아래와 같이 단계별 암진단비를 추가로 지급한다.

<table>
<tr><th rowspan="2">구분</th><th colspan="2">지급금액</th><th rowspan="2">갱신계약 경우
지급금액</th></tr>
<tr><th>보험계약일로 1년 이내</th><th>보험계약일로 1년 초과</th></tr>
<tr><td>특정암</td><td>보험가입금액의 50%</td><td>보험가입금액의 100%</td><td rowspan="2">보험가입금액의 100%</td></tr>
<tr><td>4기암(특정암 제외)</td><td>보험가입금액의 50%</td><td>보험가입금액의 100%</td></tr>
</table>

2. 보험금 지급에 관한 세부규정

1) 동시에 2가지 이상으로 진단된 경우

보험금의 종류 및 지급사유에서 정하는 암 중에서 동시에 2가지 이상의 암으로 진단확정된 경우에는 그 중 보장금액이 가장 큰 암보험금을 지급한다.

2) 병기구분이 불가한 암

암의 정의 및 진단확정에서 정한 병기구분이 되지 않고 병기구분이 불가한 암분류표에 해당하는 암에 대해서는 1~3기암(특정암 제외)에 해당하는 금액을 지급한다.

3) 사망 이후의 암 진단

피보험자가 보험기간 중 보장개시일 이후에 사망하고 그 후에 암으로 인하여 사망한 사실이 확인된 경우에는 그 사망일을 진단확정일로 하여 보험금의 종류 및 지급사유에서 정하는 암 중 4기암(특정암 제외)에 해당하는 금액을 지급한다. 다만, 보장개시일은 보험계약일로부터 그 날을 포함하여 90일이 지난 날의 다음날이다.[48]

4) 일반 질병보험의 보험금 지급에 관한 세부규정

일반 질병보험과 같이 청약일 이전에 계약 전 알릴의무에 해당하는 질병으로 인하여 진단 또는 치료를 받은 경우에는 해당 질병과 관련한 보험금을 지급하지 않는다.

3. 암의 정의

이 계약에서는 전암(前癌)상태의 암과 악성신생물 분류번호 C44(기타피부의 악성신생물) 및 C73(갑상선의 악성신생물)에 해당하는 질병은 제외한다. 이 계약에서 암은 특정암, 4기암(특정암 제외) 및 1~3기암(특정암 제외)으로 구분된다.

1) 특정암

특정암이라 함은 특정암 분류표에서 정한 암을 말하며, 약관에 규정하는 특정암으로 분류되는 질병은 제6차 개정 한국표준질병사인분류(통계청고시 제2010-246호, 2011.1.1 시행) 중 다음에 적은 질병을 말한다. 한편, 제7차 이후 한국표준질병사인분류에 있어서 아래 질병 이외에 추가로 상기분류표에 해당하는 질병이 있는 경우에는 그 질병도 포함하는 것으로 한다.

---

48) 일반적인 보험약관은 사망 이후의 암진단에 대하여 정하지 않고 있으나 단계별 암진단비 약관 또는 일부의 약관에서 사망 이후의 암진단에 대하여 인정하고 있다.

대상질병	분류번호
1. 간 및 간내 담관의 악성신생물	C22
2. 기관의 악성신생물	C33
3. 기관지 및 폐의 악성신생물	C34
4. 흉선의 악성신생물	C37
5. 기타 및 부위불명의 호흡기 및 흉곽내 기관의 악성신생물	C39
6. 뼈 및 관절연골의 악성신생물	C40~C41
7. 중피종	C45
8. 카포시육종	C46
9. 후복막 및 복막의 악성신생물	C48
10. 수막의 악성신생물	C70
11. 뇌의 악성신생물	C71
12. 척수, 뇌신경 및 중추 신경계통의 기타 부위의 악성신생물	C72
13. 림프, 조혈 및 관련조직의 악성신생물	C81~C96
14. 만성 골수증식질환	D47.1
15. 만성 호산구성백혈병	D47.5

2) 4기암(특정암 제외)

이 계약에서 4기암(특정암 제외)이라 함은 암으로 분류되는 질병에서 위의 특정암을 제외한 암 중 4기암에 해당하는 암을 말하며, 4기암이라 함은 아래에 해당하는 경우를 말한다.

① AJCC(American Joint Committe on Cancer) 제7판 TNM 병기분류상 Stage 4에 해당하는 경우
② FIGO(International Federation of Gynecology and Obstetrics) 분류상 Stage 4에 해당하는 경우
③ Astler－Coller 분류상 stage D에 해당하는 경우
④ Jewett분류상 stage D에 해당하는 경우
⑤ 원발불명암(최초 부위를 알 수 없는 암)이 진단된 경우
⑥ 한국표준질병사인분류에 있어서 C77~C80(이차성 및 상세불명 부위의 악성신생물)으로진단되고, 원발부위(최초 발생한 부위)가 확인되지 않는 경우
⑦ 「병기구분 불가암 분류표」[49]에 해당하는 암으로 진단확정된 후 원격전이를 동반하

49) 병기구분 불가암 분류표
약관에 규정하는 병기구분 불가암으로 분류되는 질병은 제6차 개정 한국표준질병사인분류(통계청고시 제2010－246호, 2011.1.1 시행) 중 다음에 적은 질병을 말한다. 다만, 아래 질병 이외의 [단계별암진단비 3.(암의 정의 및 진단확정)의 각 회에서 정한 방법에 의하여 병기구분이 안 되는 암이 있는 경우 그 암도 포함하는 것으로 하며, 제7차 이후 한국표준질병사인분류에 있어서 상기 질병 이외에 추가로 상기분류표에 해당하는 질병이 있는 경우에는 그 질병도 포함하는 것으로 한다. 상세불명의 인두의 악성신생물C14.0 발다이어고리의 악성신생물C14.2 입술, 구강 및 인두의 중복병변의 악성신생물C14.8 담도의 중복병변의 악성신생물C24.8 상세불명의 담도의 악성신생물 C24.9 상세불명 부분의 장관의 악성신생물C26.0 비장의 악성신생물C26.1 소화계통의 중복병변의 악성신생물

여 재발하거나 원격전이 병변이 확인되는 경우

⑧ 상기 기준 이외의 의학계에서 일반적으로 인정되는 병기분류방법으로 객관적인 병리학적 혹은 임상학적 의료기록 등에 근거하여 TNM 병기 4기에 준하는 단계라고 진단받은 경우

⑨ 4기암을 진단함에 있어서 임상학적 병기분류 및 조직학적 병기분류 등을 종합적으로 고려하여 4기암 여부를 판단한다. 다만, 조직학적 병기분류가 불가능한 경우에는 임상학적 병기분류만으로 4기암 판단을 할 수 있다.

⑩ AJCC(American Joint Committe on Cancer) 제7판 TNM 병기분류가 개정 등의 사유로 변경된 경우 변경된 TNM병기분류에 따라 적용한다.

3) 1~3기암(특정암 제외)

이 계약에서 1~3기암(특정암 제외)이라 함은 암으로 분류되는 질병 중 위의 특정암과 4

C26.8 소화계통 내의 불명확한 부위의 악성신생물C26.9 중이의 악성신생물C30.1 전두골동의 악성신생물C31.2 접형골동의 악성신생물C31.3 부비동의 중복병변의 악성신생물C31.8 상세불명의 부비동의 악성신생물C31.9 심장의 악성신생물C38.0 전종격의 악성신생물C38.1 후종격의 악성신생물C38.2 상세불명 부분의 종격의 악성신생물C38.3 흉막의 악성신생물C38.4 심장, 종격 및 흉막의 중복병변의 악성신생물C38.8 머리, 얼굴 및 목의 말초신경의 악성신생물C47.0 어깨를 포함한 팔의 말초신경의 악성신생물C47.1 엉덩이를 포함한 하지의 말초신경의 악성신생물C47.2 흉곽의 말초신경의 악성신생물C47.3 복부의 말초신경의 악성신생물C47.4 골반의 말초신경의 악성신생물C47.5 상세불명의 몸통의 말초신경의 악성신생물C47.6 말초신경 및 자율신경계통의 중복병변의 악성신생물C47.8 상세불명의 말초 신경 및 자율 신경계통의 악성신생물C47.9 머리, 얼굴 및 목의 결합 및 연조직의 악성신생물C49.0 어깨를 포함한 팔의 결합 및 연조직의 악성신생물C49.1 엉덩이를 포함한 하지의 결합 및 연조직의 악성신생물C49.2 흉곽의 결합 및 연조직의 악성신생물C49.3 복부의 결합 및 연조직의 악성신생물C49.4 골반의 결합 및 연조직의 악성신생물C49.5 상세불명의 몸통의 결합 및 연조직의 악성신생물C49.6 결합 및 연조직의 중복병변의 악성신생물C49.8 상세불명의 결합 및 연조직의 악성신생물C49.9 자궁넓은인대의 악성신생물C57.1 자궁원인대의 악성신생물C57.2 자궁주위조직의 악성신생물C57.3 상세불명의 자궁부속기의 악성신생물C57.4 기타 명시된 여성생식기관의 악성신생물C57.7 여성생식기관의 중복병변의 악성신생물C57.8 상세불명의 여성생식기관의 악성신생물C57.9 부고환의 악성신생물C63.0 정삭의 악성신생물C63.1 기타 명시된 남성생식기관의 악성신생물C63.7 남성생식기관의 중복병변의 악성신생물C63.8 상세불명의 남성생식기관의 악성신생물C63.9 요도주위샘의 악성신생물C68.1 비뇨기관의 중복병변의 악성신생물C68.8 상세불명의 비뇨기관의 악성신생물C68.9 각막의 악성신생물C69.1 망막의 악성신생물C69.2 맥락막의 악성신생물C69.3 섬모체의 악성신생물C69.4 눈물샘 및 눈물관의 악성신생물C69.5 안와의 악성신생물C69.6 눈 및 부속기의 중복병변의 악성신생물C69.8 상세불명의 눈의 악성신생물C69.9 부갑상선의 악성신생물C75.0 뇌하수체의 악성신생물C75.1 두개인두관의 악성신생물C75.2 송과선의 악성신생물C75.3 경동맥소체의 악성신생물C75.4 대동맥소체 및 기타 부신경절의 악성신생물C75.5 상세불명의 다선성 침범의 악성신생물C75.8 상세불명의 내분비선의 악성신생물C75.9 머리, 얼굴 및 목의 악성신생물C76.0 흉곽의 악성신생물C76.1 복부의 악성신생물C76.2 골반의 악성신생물C76.3 팔의 악성신생물C76.4 하지의 악성신생물C76.5 기타 불명확한 부위의 악성신생물C76.7 기타 및 불명확한 부위의 중복병변의 악성신생물C76.8 독립된(일차성) 여러 부위의 악성신생물C97 진성 적혈구증가증D45 골수형성이상증후군D46 고리철적모구가 없는 불응성 빈혈D46.0 고리철적모구가 있는 불응성 빈혈D46.1 모세포과잉의 불응성 빈혈D46.2 상세불명의 불응성 빈혈D46.4 다세포계 형성이상을 동반한 불응성 빈혈D46.5 고립성 5q 결실 염색체이상을 동반한 골수형성이상증후군D46.6 기타 골수형성이상증후군D46.7 상세불명의 골수형성이상증후군D46.9 본태성(출혈성) 혈소판증가증D47.3 골수섬유증D47.4

기암(특정암 제외)에 해당하지 않는 암을 말한다. 또한 1~3기암(특정암 제외) 중 유방암이라 함은 악성신생물 분류표의 분류번호 C50에 해당하는 질병이면서 위 4기암(특정암 제외)에 해당하지 않는 암을 말한다.

Ⅶ 항암방사선·약물치료비 특별약관

1. 보험금의 종류 및 지급사유

보험자는 피보험자가 보험기간 중에 보장개시일 이후 암, 기타피부암 또는 갑상선암으로 진단확정되고 그 치료를 직접목적으로 항암방사선 또는 항암약물치료를 받았을 경우에는 이 특별약관에 따라 다음에서 정한 금액을 각 1회에 한하여 지급한다.

구분		지급금액
암 항암방사선 · 약물치료비 (각 1회한)	보험계약일로부터 1년 미만	보험가입금액의 50%
	보험계약일로부터 1년 이상	보험가입금액의 100%
기타피부암 항암방사선 · 약물치료비 갑상선암 항암방사선 · 약물치료비(각 1회한)		보험가입금액의 20%

여기서 보장개시일이라 함은 피보험자가 15세 미만인 경우 제1회 보험료를 받은 때로 하며, 15세 이상인 경우 보험계약일로부터 그 날을 포함하여 90일이 지난 날의 다음날을 말한다. 다만, 기타피부암 및 갑상선암에 대한 보장개시일은 제1회 보험료를 받은 때를 말한다.

2. 보험금 지급에 관한 세부규정 등

항암방사선 · 약물치료비의 경우에도 질병보험금 지급에 관한 세부규정을 그대로 준용한다. 그러므로 청약일 이전의 과거에 진단 또는 치료받은 질병으로 인한 보험금은 지급하지 않는다.

피보험자가 이 특별약관의 보험계약일로부터 보장개시일 전일 이전에 암으로 진단확정되어 있는 경우에 이 특별약관은 무효로 하며, 이미 납입한 보험료를 보험계약자에게 반환한다.

3. 암의 정의, 항암방사선 약물치료의 정의

암, 기타피부암, 갑상선암의 정의는 암진단비 특별약관과 같다. 이 특별약관에서 항암방사선 치료라 함은 치료방사선과 또는 방사선종양학과 전문의 자격증을 가진 자가 피보험자의 암, 기타피부암 또는 갑상선암의 직접적인 치료를 위하여 고에너지 전리방사선(ionizing radiation)을 조사(照)하여 암을 방사선으로 치료하는 것을 말하며, 항암약물치료라 함은 내과전문의 자격증을 가진 자가 피보험자의 암, 기타피부암 또는 갑상선암의 직접적인 치료를 목적으로 화학요법 또는 면역요법에 의해 항암약물을 투여하여 치료하는 것을 말한다.

058 암진단보험금 관련 사례의 검토 I

I 손해보험 고액암 사례

암진단보험금 **암진단보험금, 고액치료비암 진단보험금**

〈손해사항〉

사고내용 : 조직검사결과 2011년 5월 1일에 C80(상세불명부위의 악성신생물)으로 진단되었고, 수술후 최종 진단은 2011년 10월 1일에 C25(췌장의 악성신생물)로 진단되었다. 피보험자는 5월 1일과 10월 1일에 각각 보험금을 청구하였다.

〈계약사항〉

보험종목		보험가입금액	보험기간	기타
A손해보험	암 진단비 특약	2,000만원	2011.1.1 ~ 2011.12.31	–
	고액치료비암 진단비 특약	3,000만원		고액치료비암 : C25 (췌장의 악성신생물)

※ 고액치료비암의 종류

고액치료비암이라 함은 6차 분류상

1) 식도의 악성신생물
2) 췌장의 악성신생물
3) 뼈 및 관절연골의 악성신생물
4) 뇌 및 중추신경계의 기타부위의 악성신생물
5) 림프, 조혈 및 관절조직의 악성신생물을 말한다.

1. 사례의 분석

보험기간 중 악성암으로 진단되었을 때에 C77-80에 해당하는 “불명확한, 이차성 및 상세불명부위의 악성신생물”의 경우에는 일차성 악성신생물이 확인되는 경우에는 원발부위를 기준으로 분류한다.

2. 암보험의 진단

책임개시일 이후에 조직검사에 따른 악성신생물로 진단되었으므로 암관련 진단비를 지급한다.

3. 이차성 악성신생물의 처리

속발성암으로 진단된 경우에 추후 원발성암으로 진단되었다면 원발부위를 기준으로 분류한다.

1) 2011.5.1

일반적인 암진단서에는 속발부위와 원발부위가 함께 표시되고 있으므로 원발부위를 기준으로 암보험금을 지급하게 된다(최근약관 공통사항). 그러나 이 사례의 C80은 원발부위를 알 수 없는 암이므로 진단서에 원발부위가 별도로 표시되지 않는다. 또한 C77-80은 약관상 일반암으로 분류되므로 일반암 진단보험금 2,000만원을 지급한다. 암진단비를 지급하였으므로 암진단비 특별약관은 소멸한다.

2) 2011.10.1

조직검사 결과 원발부위가 췌장암으로 진단확정되었으므로 고액치료비암에 해당한다. 그러므로 고액치료비암 진단보험금 3,000만원을 지급하고, 해당 특약은 소멸한다.

Ⅱ 생명보험 특정암 사례

손해사정사 **기출문제** 33회(2010년)

피보험자 K씨는 아래와 같이 암보험을 가입하고 유지해오던 중 최근 암을 진단받고 수술, 입원치료 후 퇴원하였다. 해당 보험회사가 지급해야 할 보험금을 각 보장급부별로 산출하시오. (15점)

가. 계약사항

보험	보험기간	가입금액	보장급부				특정암
			암진단급여금(최초1회보장)	암수술급여금(1회당)	암 · 상피내암 입원급여금	암사망 보험금	
암보험	2008.7.20 ~ 2018.7.20	1천만원	• 상피내암 : 200만원 • 일반암 : 500만원 • 특정암 : 1,000만원	• 상피내암 : 100만원 • 일반암 : 200만원 • 특정암 : 500만원	• 3일 초과 1일당 – 상피내암 : 5만원 – 암(특정암 포함) : 10만원	1,000만원	유방암 자궁암 난소암

나. 진단 및 수술 · 입원치료

- 2008.10.10 : 조직검사 결과 우측 유방 상피내암 진단 및 절제술 시행
- 2008.10.8~10.20 : 우측 유방 상피내암으로 13일간 입원 후 퇴원
- 2009.3.20 : 조직검사 결과 조기 위암 진단 및 절제술 시행
- 2009.3.25 : 조직검사 결과 좌측 유방암 진단 및 절제술 시행
- 2009.3.25~3.26 : 좌측 유방암으로 2일간 입원 후 퇴원
- 2009.4.1~4.6 : 좌측 유방암으로 6일간 입원 후 퇴원
- 2009.6.2~6.4 : 좌측 유방암으로 3일간 입원 후 퇴원

1. 진단 및 수술

1) 2008.10.10

계약일로 90일 이내에 진단되었으나 상피내암(제자리암)의 경우에는 90일 면책기간을 적용하지 않고 담보한다. 상피내암 진단금 200만원과 수술급여금 100만원을 지급한다.

2) 2009.3.20

면책기간 경과 이후에 일반암으로 진단되었으므로 위암 진단금 500만원과 수술급여금 200만원을 지급한다.

3) 2009.3.25

일반암 진단 이후에 특정암으로 진단된 것이므로 특정암 진단금에서 이미 지급한 일반암 진단금을 차감한 500만원(1,000만원 - 500만원)을 유방암 진단금으로 지급한다. 암수술을 시행하였으므로 특정암 수술급여금 500만원을 지급한다.

2. 입원일당

1) 2008.10.8 ~ 10.20

최초 3일을 공제한 후에 입원일당을 지급하므로 (13－3일) × 5만원 = 50만원을 보험금으로 지급한다.

2) 2009.3.25 ~ 3.26, 2009.4.1 ~ 4－6, 2009.6.2 ~ 6.4

입원과 퇴원을 반복하였으나 동일질병으로 인한 입원이므로 최초 입원당시에만 3일 공제를 적용한다. 그러므로 (11－3일) × 10만원 = 80만원을 지급한다.

059 암진단보험금 관련 사례의 검토 Ⅱ

손해사정사 기출문제 37회(2014년)

다음은 피보험자 행복해 씨가 계약한 암보험계약이다. 아래의 제 조건을 참고하여 ① A보험사가 지급하여야 할 진단급여금 및 수술급여금, ② B보험사가 지급하여야 할 진단급여금 및 수술급여금을 계산하시오(각각 계산과정 명시). (20점)

〈계약사항〉

보험회사	보험기간	보장내용	
		암진단급여금	암수술급여금(1회당)
A보험사	2011.9.11~2031.9.11	고액암 : 2,000만원 일반암 : 1,000만원 경계성암 : 200만원 갑상선암 : 200만원	고액암 : 400만원 일반암 : 200만원 경계성암 : 50만원 갑상선암 : 50만원
B보험사	2012.7.10~2022.7.10	고액암 : 1,000만원 일반암 : 500만원	고액암 : 200만원 일반암 : 100만원

※ 상기의 질병(암)은 제6차 개정 한국표준질병사인분류(통계청고시, 2011.1.1 시행)를 기준으로 함.

〈기타사항〉

- 고액암 : 식도암, 췌장암, 뼈암, 뇌암, 혈액암
- 약관상 보상하는 손해이며, 계약 전 알릴의무 위반사실은 없음.
- 고액암, 일반암 진단급여금은 최초 1회에 한하여 지급. 경계성암과 갑상선암도 각각 최초 1회에 한하여 지급.
- 고액암, 일반암, 갑상선암, 경계성암 진단급여금은 가입일로부터 1년 이내 진단받은 경우 해당 진단급여금의 50% 지급

〈치료사항〉

- 2012.7.25 : 갑상선암(C73) 진단
- 2012.8.17 : 상세불명 부위의 악성신생물(C77) 진단
- 2012.8.20 : 상세불명 부위의 악성신생물(C77)로 수술을 시행하고, 조직검사결과 일차성 암은 갑상선암(C73)으로 최종확인됨
- 2012.10.5 : 조직검사결과 원발성 유방암(C50) 진단 및 유방절제수술 시행
- 2013.6.1 : 백혈병으로 1차 수술 후 시행한 검사결과 만성 호산구성백혈병(D47.5) 최종진단
- 2013.11.10 : 백혈병 상태 악화로 재입원하여 만성 호산구성백혈병(D47.5) 2차 수술 시행

I 사례의 쟁점

본 사례는 속발암 진단 이후 원발암이 발견되었을 때의 생명보험사의 처리와 KCD 6차 개정으로 추가된 D47.4를 악성신생물로 인정하는 부분이 쟁점이 된다.

II A보험사

1. 2012.7.25 : C73

1) 90일 이내의 보험사고이다. 그러나 갑상선암은 면책기간을 적용하지 않는다.

2) 갑상선암 진단보험금(1년 이내)

200만원 × 50% = 100만원

2. 2012.8.17 : C77

C77~C80(불명확한, 이차성 및 상세불명 부위의 악성신생물(암))의 경우 일차성 악성신생물이 확인되는 경우에는 원발부위(최초 발생한 부위)를 기준으로 분류한다. 지급되는 암진단보험금은 없다.

3. 2012.8.20 : C73

1) 이미 갑상선으로 인한 진단금을 지급하였으므로 추가진단금은 없다.

2) 수술

갑상선수술로 분류하므로 50만원을 지급한다.

4. 2012.10.5 : C50[50]

1) 진단

유방암은 일반암에 해당하므로 진단금 1,000만원을 지급한다.

2) 수술

일반암수술 200만원을 지급한다.

5. 2013.6.1 : D47.5

1) 진단

D47.4는 KCD 6차개정에 의해 악성신생물로 분류되었다. 그러므로 고액암으로 처리한다. 다만, 이미 일반암 진단금을 지급하였으므로 차액 1,000만원(고액암 2,000만원 − 유방암 1,000만원)을 지급한다.

2) 수술

고액암수술비 400만원을 지급한다.

6. 2013.11.10 : D47.5

수술급여는 수술 1회당 지급하므로 400만원을 보험금으로 지급한다.

---

50) 만일, 90일 이후~1년 미만에 유방암과 고액암으로 진단되었다고 가정하면 진단보험금은 다음과 같이 처리한다.

4. 2012.10.5 : C50
   1) 진단금 : 일반암(1년 이내) 500만원 × 50% = 250만원
   2) 수술 : 일반암수술 100만원
5. 2013.6.1 : D47.4
   1) KCD 6차 개정 − 악성
   2) 진단금 : 고액암(1년 이내), 1,000만원 × 50% − 250만원 = 250만원

III B보험사

1. C73의 진단

1) 2012.7.25 : C73

B보험사는 갑상선암 담보가 없으므로 보험금의 지급대상이 되지 않는다.

2) 2012.8.17 : C77

C77~C80(불명확한, 이차성 및 상세불명 부위의 악성신생물(암))의 경우 일차성 악성신생물이 확인되는 경우에는 원발부위(최초 발생한 부위)를 기준으로 분류한다. 그러므로 진단금을 지급하지 않는다.

3) 2012.8.20 : C73

원발암이 갑상선암이고 B보험사는 갑상선암을 담보하지 않으므로 지급할 진단보험금과 수술보험금이 없다.

2. 2012.10.5 : C50

계약일로부터 90일 이내에 진단된 원발암이므로 보험금을 지급하지 않는다. 또한 수술급여금도 지급하지 않는다. 면책기간 이내에 암으로 진단되었으므로 계약의 무효에 해당한다. B보험사는 계약자에게 보험료 전액을 반환한다.

060 질병진단 특별약관

I 뇌출혈진단비 특별약관

1. 보험금의 종류 및 지급사유

보험자는 보험기간 중 보장개시일(제1회 보험료 납입일) 이후에 뇌출혈로 진단확정된 경우에는 1회에 한하여 뇌출혈진단비를 지급한다. 다만, 보험계약일로부터 1년 미만에 뇌출혈로 진단된 경우에는 보험가입금액의 50%를 지급하며, 1년 이상이 되는 때에 뇌출혈로 진단된 경우에는 보험가입금액의 100%를 지급한다.

2. 뇌출혈의 정의 및 진단확정

이 특별약관에서 뇌출혈이라 함은 「뇌출혈 분류표」[51]에서 정한 지주막하출혈, 뇌내출혈, 기타 비외상성 두개내출혈을 말한다. 뇌출혈의 진단확정은 의료법 제3조에서 정한 국내의 병원 또는 이와 동등하다고 회사가 인정하는 국외의 의료기관의 의사(치과의사 제외) 자격증을 가진 자에 의하여 내려져야 하며, 이 진단은 병력, 신경학적 검진과 함께 뇌전산화단층촬영(Brain CT scan), 자기공명영상(MRI), 뇌혈관조영술, 양전자방출단층술(PET), 단일광자방출 전산화단층촬영(SPECT), 뇌척수액검사 등을 기초로 하여야 한다.

그러나 피보험자가 사망하여 상기 검사방법을 진단의 기초로 할 수 없는 경우에 한하여 뇌출혈로 진단 또는 치료를 받고 있었음을 증명할 수 있는 문서화된 기록 또는 증거를 진단확정의 기초로 할 수 있다.

51) 뇌출혈 분류표 : 약관에 규정하는 뇌출혈로 분류되는 질병은 제6차 개정 한국표준질병사인분류(통계청고시 제2010－246호, 2011.1.1 시행) 중 다음에 적은 질병을 말한다.
1. 지주막하출혈 I60
2. 뇌내출혈 I61
3. 기타 비외상성 두개내출혈 I62.

Ⅱ 뇌졸중진단비, 뇌질환진단비 특별약관

이 특별약관의 「보험금의 종류 및 지급사유」와 「뇌졸중 등의 정의 및 진단확정」은 뇌출혈진단비 특별약관의 내용과 같다. 다만, 뇌졸중진단비 특별약관에서 정하는 뇌졸중은 뇌출혈분류표에서 정하는 I60~62 외에도 I63(뇌경색증), I65(뇌경색증을 유발하지 않은 뇌전동맥의 폐쇄 및 협착), I66(뇌경색증을 유발하지 않은 대뇌동맥의 폐쇄 및 협착)이 추가로 포함된다. 또한 뇌질환진단비 특별약관에서 정하는 뇌혈관질환에는 앞에서 정한 뇌졸중 외에도 I67(기타 뇌혈관 질환), I68(달리 분류된 질환에서의 뇌혈관 장애), I69(뇌혈관 질환의 후유증)가 추가로 포함된다.

Ⅲ 급성심근경색증진단비 특별약관

1. 보험금의 종류 및 지급사유

보험자는 피보험자가 보험기간 중 보장개시일(제1회 보험료 납입일) 이후에 급성심근경색증으로 진단확정된 경우에는 1회에 한하여 급성심근경색증진단비를 지급한다. 다만, 보험계약일로부터 1년 미만에 급성심근경색증으로 진단된 경우에는 보험가입금액의 50%를 지급하며, 1년 이상이 되는 때에 급성심근경색증으로 진단된 경우에는 보험가입금액의 100%를 지급한다.

2. 급성심근경색증의 정의 및 진단확정

이 특별약관에서 급성심근경색증이라 함은 「급성심근경색증 분류표」에서 정한 급성심근경색증(I21), 이차성심근경색증(I22), 급성심근경색증에 의한 특정 현존 합병증(I23)을 말한다.

급성심근경색증의 진단확정은 의료법 제3조에서 정한 국내의 병원 또는 이와 동등하다고 회사가 인정하는 국외의 의료기관의 의사(치과의사 제외) 자격증을 가진 자에 의하여 내려져야 하며, 이 진단은 병력과 함께 심전도, 심장초음파, 관상동맥(심장동맥)촬영술, 혈액중 심장효소검사 등을 기초로 하여야 한다.

그러나 피보험자(보험대상자)가 사망하여 상기 검사방법을 진단의 기초로 할 수 없는 경우에 한하여 급성심근경색증으로 진단 또는 치료를 받고 있었음을 증명할 수 있는 문서화된 기록 또는 증거를 진단확정의 기초로 할 수 있다.

Ⅳ 심장질환진단비 특별약관

이 특별약관의 「보험금의 종류 및 지급사유」와 「허혈성심장질환의 정의 및 진단확정」은 뇌출혈진단비 특별약관의 내용과 같다. 다만, 이 특별약관에서 보험금 지급사유가 되는 허혈성심장진환이란 급성심근경색증(I21, I22, I23) 외에도 I20(협심증), I24(기타 급성허혈성심질환), I25(만성허혈성심장병)이 추가로 포함된다.

Ⅴ 손해보험의 중대한 질병진단비 특별약관

손해보험회사는 중대한 질병에 대하여 특별약관의 형태로 진단비를 지급하고 있다. 그러나 생명보험회사는 중대한 질병, 중대한 수술 등에 대하여 사망보험금의 일정금액을 선지급하는 형태의 CI보험(주로 주계약으로 운용된다)을 판매한다.

1. 중대한 뇌졸중진단비 특별약관

1) 보험금의 종류 및 지급사유

보험자는 피보험자가 특별약관의 보험기간 중에 중대한 뇌졸중으로 진단확정된 경우에는 1회에 한하여 중대한 뇌졸중진단비(계약일로부터 1년 미만 진단된 때에는 보험가입금액의 50%, 그 이후에는 100%)를 지급한다.

2) 중대한 뇌졸중의 정의

중대한 뇌졸중이란 중대한 「뇌졸중 분류표」에서 정하는 뇌혈관의 급격한 장애(지주막하출혈(I60), 뇌내출혈(I61), 기타 비외상성 두개내출혈(I62), 뇌경색증(I63))로 인하여 뇌혈액순환의 급격한 차단이 생겨서 그 결과 영구적인 신경학적 결손(언어장애, 운동실조, 마비 등)이 나타나는 질병을 말한다.

3) 중대한 뇌졸중의 진단확정

뇌혈액순환의 급격한 차단은 의사가 작성한 진료기록부상의 전형적인 병력을 기초로 하여야 하며, 영구적인 신경학적 결손이란 주관적인 자각증상(Symptom)이 아니라 신경학적 검사를 기초로 한 객관적인 신경학적 증후(Sign)로 「장해 분류표」에서 정한 "신경계에 장해가 남아 일상생활 기본동작에 제한을 남긴 때"의 지급률이 25% 이상인 장해상태(장해분류별 판정기준 13. 신경계・정신행동 장해 "가. 장해의 분류1)" 및 "나. 장해판정기준 1)신경계 ①,③"에 따라 판정함)를 말한다.

중대한 뇌졸중의 진단확정은 병력・신경학적 검진과 함께 뇌전산화단층촬영(Brain CT Scan), 자기공명영상(MRI), 뇌혈관조영술(MRA), 양전자방출단층술(PET), 단일광자방출 전산화단층촬영(SPECT), 뇌척수액검사를 기초로 영구적인 신경학적 결손에 일치되게 중대한 뇌졸중에 특징적인 소견이 발병 당시 새롭게 출현함을 근거로 하여야 한다.

그러나 피보험자가 사망하여 상기 검사방법을 진단의 기초로 할 수 없는 경우에 한하여 피보험자가 중대한 뇌졸중으로 진단 또는 치료를 받고 있었음을 증명할 수 있는 문서화된 기록 또는 증거를 진단확정의 기초로 할 수 있다.

4) 보장에서 제외하는 뇌졸중

일과성 허혈발작(Transcient Ischemic Attack), 가역적 허혈성 신경학적 결손(Reversible Ischemic Neurological Deficit)은 보장에서 제외한다. 또한, ① 외상으로 인한 경우, ② 뇌종양으로 인한 경우, ③ 뇌수술 합병증으로 인한 경우, ④ 신경학적 결손을 가져오는 안동맥(Ophthalmic)의 폐색과 같은 뇌경색・뇌출혈의 경우에도 보장에서 제외한다.

2. 말기신부전증 진단비 특별약관

1) 보험금의 종류 및 지급사유

보험자는 피보험자가 보험기간 중 보장개시일(제1회 보험료 납입일) 이후에 말기신부전으로 진단확정된 경우에는 1회에 한하여 말기신부전증 진단비(계약일로부터 1년 미만 진단된 때에는 보험가입금액의 50%, 그 이후에는 100%)를 지급한다.

2) 말기신부전증의 정의 및 진단확정

이 특별약관에서 말기신부전증이라 함은 양쪽 신장 모두가 비가역적 기능부전을 보이는 말기신질환(End Stage Renal Disease)으로서 만성 신장질환(제6차 개정 한국표준질병사인분류 N18)에 해당하는 질병 중에서 보전요법으로는 치료가 불가능하여 정기적인 신장투석요법(혈액투석이나 복막투석)을 받고 있거나 받은 경우를 말하며, 일시적으로 투석치료를 필요로 하는 신부전증은 보장에서 제외한다.

3. 중대한 재생불량성빈혈 진단비 특별약관

1) 보험금의 종류 및 지급사유

보험자는 피보험자가 보험기간 중 보장개시일(제1회 보험료 납입일) 이후에 중대한 재생불량성빈혈(Severe Aplastic Anemia)로 진단확정된 경우에는 1회에 한하여 중대한 재생불량성빈혈 진단비(계약일로부터 1년 미만 진단된 때에는 보험가입금액의 50%, 그 이후에는 100%)를 지급한다.

2) 중대한 재생불량성빈혈의 정의 및 진단확정

이 특별약관에서 중대한 재생불량성빈혈이라 함은 “영구적인 재생불량성빈혈”로서 피보험자가 근본적인 치료를 목적으로 수혈, 면역억제제, 골수촉진제와 같은 표준적 치료를 3개월 이상 지속적으로 받고 있고 현재 골수이식이 필요하다고 인정된 질병상태를 말한다.

여기서 “영구적인 재생불량성빈혈”이라 함은 만성 골수부전상태로서 호중구 수가 200/mm^3 미만이거나, 또는 골수세포충실성(bone marrow cellularity)이 25% 이하이고 동시 ① 호중구 수가 500/mm^3 미만, ② 혈소판 수가 20,000/mm^3 미만, ③ 망상적혈구 수가 20,000/mm^3 미만 중 두 가지 이상에 해당되는 것을 말한다. 단, 일시적이거나 회복이 가능한 재생불량성빈혈은 보장에서 제외된다.

중대한 재생불량성빈혈의 진단확정은 의료법 제3조 및 제5조의 규정에 의한 국내의 병원 또는 이와 동등하다고 회사가 인정하는 국외의 의료기관의 혈액학 전문의가 작성한 문서화된 기록 또는 기록결과를 기초로 하여 내려져야 한다. 또한 회사가 중대한 재생불량성빈혈의 조사나 확인을 위하여 필요하다고 인정하는 경우에는 검사결과 진료기록부의 사본 제출을 요청할 수 있다.

4. 만성당뇨합병증 진단비 특별약관

1) 보험금의 종류 및 지급사유

보험자는 피보험자가 보험기간 중 보장개시일(제1회 보험료 납입일) 이후에 만성당뇨합병증으로 진단확정된 경우에는 1회에 한하여 진단비(계약일로부터 1년 미만 진단된 때에는 보험가입금액의 50%, 그 이후에는 100%)를 지급한다.

2) 만성당뇨합병증의 정의

만성당뇨합병증이라 함은 제6차 한국표준질병사인분류에 있어서 한국표준질병 분류상 E10~E14(당뇨병)의 4단위 세분류 항목에서 ① 2+ : 신장 합병증 동반, ② 3+ : 눈 합병증 동반, ③ 4+ : 신경학적 합병증 동반, ④ 5 : 순환기계 합병증 동반을 말한다.

3) 만성당뇨합병증의 진단확정

만성당뇨합병증의 진단확정은 의료법 제3조 및 제5조의 규정에 의한 병원 또는 이와 동등하다고 회사가 인정하는 의료기관의 의사(치과의사 제외) 자격증을 가진 자에 의하여 내려져야 하며, 이 진단은 반드시 피보험자가 당뇨병의 병력과 함께 다음과 같은 기준에 의하여 합병증 진단을 받아야 한다.

즉, ① 당뇨병성 망막증 : 내과와 안과에서 시행한 안저검사 및 형광 안저혈관 조형술을 시행하여 망막출혈반, 미세동맥류, 면화반, 부종 등의 소견이 보이는 경우, ② 당뇨병성 신증 : 소변검사상 단백뇨가 생길 수 있는 다른 질환이 없는 상태에서 24시간 소변에서 단백질 500mg 이상 검출된 경우(단백뇨군으로 분류), 혈청 크레아틴치가 1.5mg/dl 이상인 경우(당뇨로 인한 신부전증으로 분류), ③ 당뇨병성 신경병증 : 말초신경병증과 자율신경병증으로 구분하여 신경전도검사상 당뇨병성 신경병증의 이상소견을 보이거나 Ewing방법에 의한 심혈관계 자율신경 기능검사상 이상이 있는 경우, ④ 당뇨병성 말초순환장애 : 이학적검사상 피부궤양(Ulcer), 괴저(Gangrene) 및 말초혈관병증(Peripheral Angiopathy)이 있는 경우를 말한다.

5. 인슐린의존성 당뇨병 진단비 특별약관

1) 보험금의 종류 및 지급사유

보험자는 피보험자가 보험기간 중 보장개시일(제1회 보험료 납입일) 이후에 인슐린의존당뇨병으로 진단확정된 경우에는 1회에 한하여 진단비(계약일로부터 1년 미만 진단된 때에는 보험가입금액의 50%, 그 이후에는 100%)를 지급한다.

2) 인슐린의존당뇨병의 정의 및 진단확정

인슐린의존당뇨병이라 함은 췌장에서 인슐린 분비가 감소됨으로써 대사에 장애가 생기고 혈당이 높아지는 질병으로 해당 전문의에 의해 「인슐린의존당뇨병 분류표」에서 정한 인슐린의존당뇨병(E10)으로 진단받는 경우를 말한다.

인슐린의존당뇨병의 진단확정은 의료법 제3조 및 제5조의 규정에 의한 국내의 병원 또는 이와 동등하다고 회사가 인정하는 국외의 의료기관의 의사(한의사, 치과의사 제외) 자격증을 가진 자가 작성한 문서화된 기록 또는 검사결과를 기초로 하여 내려져야 한다. 또한 회사가 인슐린의존당뇨병의 조사나 확인을 위하여 필요하다고 인정하는 경우 검사결과 진료기록부의 사본제출을 요청할 수 있다.

6. 양성뇌종양 진단비 특별약관

1) 보험금의 종류 및 지급사유

보험자는 피보험자가 보험기간 중 보장개시일(제1회 보험료 납입일) 이후에 양성뇌종양으로 진단확정된 경우에는 1회에 한하여 진단비(계약일로부터 1년 미만 진단된 때에는 보험가입금액의 50%, 그 이후에는 100%)를 지급한다.

2) 양성뇌종양의 정의 및 진단확정

이 특별약관에 있어서 양성뇌종양이라 함은 생명에 치명적이며 암이 아닌 뇌에 발생한 병리조직학적 양성뇌종양을 말하며 뇌에 손상을 줄 수 있는 두개내(머리 내)의 종양을 포함한다. 여기서 양성뇌종양은 신경외과적 절제가 반드시 필요한 것으로 판단되거나 수술을 할 수 없는 경우에는 영구적인 신경학적 결함의 원인이(수술로 인해) 될 수 있는 경우를 말하며, 낭종, 육아종, 혈종, 뇌농양, 뇌의 정맥기형 또는 동맥기형은 양성뇌종양으로 보지 아니한다.

양성뇌종양의 진단확정은 신경과의사 또는 신경외과의사에 의하여 내려져야 하며, 이 진단은 병력, 신경학적검사상 객관적인 이상소견(Sign)과 함께 뇌전산화단층촬영(Brain CT scan), 자기공명영상(MRI), 뇌조직에 대한 현미경 소견을 기초로 하여야 한다.

7. 말기폐질환 진단비 특별약관

1) 보험금의 종류 및 지급사유

보험자는 피보험자가 보험기간 중에 「말기폐질환 분류표」에서 정한 말기폐질환으로 진단확정되었을 때에는 최초 1회에 한하여 보험수익자에게 진단비를 지급한다. 만일, 피보험자가 보장개시일 이후에 사망하고 그 후에 말기폐질환으로 사망한 사실이 확인된 경우에도 진단비를 지급한다.

2) 말기폐질환의 정의

말기폐질환(End Stage Lung Disease)이라 함은 만성 호흡부전을 일으키는 폐질환의 악화된 상황으로써 영구적인 산소공급 치료가 요구되는 상태, 평상시 FEV1 검사가 정상예측치의 25% 이하의 2가지 특징을 모두 보여야 한다. 또한 다음에 적은 질병에 해당하여야 한다.[52]

대상질병	분류코드
인플루엔자 및 폐렴	J09 ~ J18
기타 급성 하기도 감염	J20 ~ J22
만성 하기도 질환	J40 ~ J47
외부요인에 의한 폐질환	J60 ~ J70
주로 간질에 영향을 주는 기타 호흡기 질환	J80 ~ J84
하기도의 화농성 및 괴사성 병태	J85 ~ J86
흉막의 기타 질환	J90 ~ J94
호흡계통의 기타 질환	J95 ~ J99

3) 말기폐질환의 진단확정

말기폐질환의 진단확정은 의료법 제3조(의료기관)에서 정한 병원, 의원 또는 이와 동등하다고 회사가 인정하는 의료기관의 의사(치과의사 제외) 자격증을 가진 자에 의하여 내려져야 한다. 또한 회사가 말기폐질환의 조사나 확인을 위하여 필요하다고 인정하는 경우에는 계약자 또는 피보험자에게 검사결과 진료기록부의 사본제출을 요청할 수 있다.

52) 그러므로 말기폐질환의 2가지 특징을 모두 보이지만 위에서 정한 대상질병 이외의 원인으로 인한 경우나 위에서 정한 대상질병에는 해당하지만 말기폐질환의 2가지 특징을 모두 보이지 않는 경우에는 보장에서 제외한다.

손해사정사 기출문제 38회(2015년)

CI(Critical Illness) 보험에서 "말기폐질환(End Stage Lung Disease)"에 해당하는 2가지 기준과 제6차 한국표준질병사인분류(통계청고시, 2011.1.1 시행) 중 말기폐질환으로 분류되는 대상 질병명 및 분류번호를 기술하시오. (15점)

8. 말기간경화 진단비 특별약관

1) 보험금의 종류 및 지급사유

보험자는 피보험자가 보험기간 중에 「말기간질환 분류표」에서 정한 말기간질환으로 진단확정되었을 때에는 최초 1회에 한하여 보험수익자에게 진단비를 지급한다. 만일, 피보험자가 보장개시일 이후에 사망하고 그 후에 말기간질환으로 사망한 사실이 확인된 경우에도 진단비를 지급한다.

2) 말기간경화의 정의

말기간질환 또는 간경화(End Stage Liver Cirrhosis)라 함은 만성 말기간경화를 의미하며 ① 통제가 불가능한 복수증, ② 영구적인 황달, ③ 위나 식도벽의 정맥류, ④ 간성뇌증 중 한 가지 이상의 원인이 된다. 다만, 알코올중독 또는 약물중독에 의한 간질환, 선천적 및 독성 간질환은 제외된다.

3) 말기간경화의 진단확정

말기간경화의 진단확정은 의료법 제3조(의료기관)에서 정한 병원, 의원 또는 이와 동등하다고 회사가 인정하는 의료기관의 의사(치과의사 제외) 자격증을 가진 자에 의하여 내려져야 하며, 이 진단은 병력과 함께 혈액검사소견, 동위원소간주사(Radioisotope LiverScan), 복부초음파(Abdomen Sono), 복부전산화단층촬영(Abdomen CT Scan) 등을 기초로 하여야 한다. 또한 회사가 말기간경화의 조사나 확인을 위하여 필요하다고 인정하는 경우에는 계약자 또는 피보험자에게 검사결과 진료기록부의 사본제출을 요청할 수 있다.

손해사정사 기출문제 41회(2018년)

CI(중대한 질병)보험의 "말기간질환(간경화)" 정의에 대해 약술하시오. (5점)

061 생명보험 CI보험의 개요

I CI보험의 정의

CI(critical illness)보험이란 종신보험(사망보험)에 CI보장을 결합하여 중대한 질병이나 수술 등 발생시 치료자금 용도로 사망보험금의 일부를 선지급하는 보험상품을 말한다. 일반적인 보험상품은 질병의 종류만으로 보장 여부를 구분하지만, CI보험은 질병의 종류와 함께 심도(severity, 예를 들어 중대한 암 vs 치료가 손쉬운 암)에 따라서도 보장 여부를 판단하고 있다. 동일한 질병이라도 중증의 질병은 더 많은 치료비용이 필요하기 때문이다.

한편, 손해보험회사는 CI보험에서 구분하는 중대한 질병 또는 중대한 수술에 해당하는 경우에 진단비 또는 수술비를 지급하는 특별약관으로 담보하고 있다.

손해사정사 기출문제 28회(2005년)

CI보험의 상품유형(급부형태) 3가지를 설명하시오.[53] (10점)

II CI보험의 유형

보험사의 약관에 따라서 "중대한"의 정의에 대하여는 약간의 차이가 있으나 일반적으로 CI보험은 중대한 질병, 중대한 수술, 중대한 화상・부식으로 구분할 수 있다. 중대한 질병의 경우에는 중대한 암, 중대한 뇌졸중, 중대한 급성심근경색증, 말기신부전증, 말

53) 1. **선지급형 CI보험** : 종신, 정기보험 등과 결합하는 방식으로 치명적 질병발생시 사망담보금액의 일부를 선지급하는 형태이다(우리나라의 CI보험 운영형태).
2. **추가지급형 CI보험** : 사망보험금이 있는 종신, 정기보험 등에 특약을 부가하여 치명적 질병담보를 추가보장하는 방식으로서 생존기간(Survival Period)을 적용하여 치명적 질병발병 후 일정기간 이상 생존하는 경우에만 보험금을 지급한다.
3. **독립급부형 CI보험** : 독립적인 계약형태로 치명적 질병발생 이후 일정기간 생존시 CI보험금이 지급된다.

기간질환, 말기폐질환 등을 담보하며, 중대한 수술의 경우에는 관상동맥우회술, 대동맥류인조혈관치환수술, 심장판막수술, 5대장기(간장, 신장, 심장, 췌장, 폐장) 이식수술을 담보한다. 중대한 화상 및 부식의 경우에는 신체표면의 최소 20% 이상의 3도 화상 또는 부식을 입은 경우를 담보한다.

Ⅲ CI보험의 특징

1. 종신보험을 기초로 판매

생명보험회사의 CI보험은 종신보험을 가입한 경우에 한하여 담보할 수 있다. 그러므로 사망보험금이 없는 보험은 CI담보가 불가능하다. 다만, 손해보험은 CI보험이 일종의 질병진단비 특별약관으로 운영된다.

2. CI보험의 고지해야 할 사항

기존의 CI보험은 청약당시의 "계약 전 알릴의무사항" 중에서 피보험자의 병력에 대한 정보가 너무 많고(90개 이상) 피보험자의 가족력 고지 위반시 보험가입이 거절되거나 향후 보험금이 삭감될 수 있도록 정하고 있었다. 그러나 개인 질병정보에 대한 신용정보법 위반 및 사생활 침해의 소지가 있었으므로 보험계리적 형평성보다는 사회적 형평성을 우선하여 해당 질문(가족력)을 삭제하였고, 청약당시에 알려야 하는 병력정보를 일반 건강보험과 동일한 수준으로 개선하였다.

다만, CI보험에서 피보험자의 가족력을 청약서상 참고사항(가족력을 이유로 보험가입을 거절하거나 계약을 해지 또는 보험금 지급을 거절하는 것은 금지된다)으로 분류하는 것은 가능하며, 장기이식수술 여부에 대해서는 계약 전 알릴의무사항으로 물을 수 있다.

3. 기존의 건강보험과의 차이

기존의 건강보험은 암, 뇌졸중의 통상적 정의를 그대로 사용하지만, CI보험에서는 "중대한 질병, 중대한 수술, 중대한 화상 및 부식"의 정의를 질병의 심도를 반영하여 약관에 별도로 구체적으로 규정하고 있다. 그러므로 암, 뇌졸중 등의 진단서를 발급받은 경우에도 CI보험 약관의 정의에 부합하지 않은 경우에는 보험금 지급이 거절될 수 있다. 또한 CI보험은 고액의 보장이 가능하지만 일반적인 건강보험에 비하여 보장의 범위가 매우 제한적이고, 일반적인 종신보험에 비하여 보험료가 30~40% 높다.

4. 대기기간조항

CI보험 중에서 중대한 질병 및 중대한 수술의 보장개시일은 보험계약일(부활계약의 경우 부활일)로부터 그 날을 포함하여 90일이 지난 날의 다음날로 하며, 갱신계약의 경우에는 갱신일로 한다.

"두 번째 중대한 암"을 담보하는 형식의 CI보험은 최초의 CI진단 이후 5년의 대기기간 조항을 두기도 한다.

5. 납입면제

암진단보험의 경우와 마찬가지로 CI보험의 보험자는 피보험자가 중대한 질병, 수술 등의 보험금을 받았을 때에는 차회 이후의 보험료(기본보험료를 말한다)의 납입을 면제한다.

Ⅳ CI보험의 보험금 지급구조

CI보험은 중대한 질병이나 수술 등 발생시 사망보험금의 일부(50~80%)를 사망 전에 미리 지급한다. 사망에 이를 수 있는 중대한 질병에 걸린 피보험자에게 고액의 보험금을 사전에 제공하여 치료에 전념할 수 있도록 돕기 위한 것이다.

피보험자가 CI보험금을 받은 이후에 사망하였다면 CI보험금을 제외한 나머지 사망보험금을 지급한다.

V CI보험 관련 사례의 검토

손해사정사 기출문제 41회(2018년)

피보험자가 김믿음과 관련된 아래의 조건을 참고하여 질문에 답하시오. (20점)

〈계약사항〉

보험회사	보험종류	보험기간	가입금액(담보내용)	
생명보험 (A)	CI보험	2015.7.1 ~ 2035.7.1	주보험	5,000만원
			암진단비(1회한)	2,000만원
			암사망	2,000만원
			암수술비(수술 1회당)	200만원
손해보험 (B)	질병보험	2016.10.5 ~ 2031.10.5	암진단비(1회한)	1,000만원
			질병사망	1,000만원
			질병수술비(수술 1회당)	50만원

※ A보험사 : 주보험의 담보유형은 80% 선지급형임.

※ 계약 전 알릴의무 위반사항은 없음. 주보험 및 선택특약 보험료는 정상적으로 각각 납부함.

※ A, B보험사 : 암진단비(1년 이내 진단시 50% 지급)

〈진단 및 치료과정 요약〉

- 2017.3.7 : B형간염 등으로 동년 3.30까지 입원
- 2017.3.10 : CI보험 약관상 말기간질환(간경화) 진단
- 2017.3.25 : 식도정맥류 결찰술 시행
- 2017.5.23 : 조직검사결과 간암 진단
- 2017.5.30 : 간암으로 동년 6.10까지 입원
- 2017.6.3 : 간동맥색전술 시행
- 2017.6.17 : 간암으로 동년 6.30까지 입원
- 2017.6.20 : 간동맥색전술 시행
- 2018.8.12 : 간암으로 사망

※ 간동맥색전술(수술의사 소견상 간암에 대한 직접치료 목적으로 확인됨)

〈질문사항〉

(1) A, B보험회사가 보험수익자에게 지급해야 할 보험금을 담보별로 계산하시오. (10점) (산출근거 명시)

1. 생명보험 담보별 보장액 검토

주보험은 사망보험금 선지급형 CI보험이고 약관상 진단기준에 부합하였으므로 사망보험금의 80%인 4,000만원을 지급한다. 또한 면책기간 이후 보험기간 중에 암으로 최초 진단되었으므로 암진단비 2,000만원과 암으로 인한 사망보험금 2,000만원을 지급한다. 간동맥색전술은 신의료기술의 일종으로서 수술의 정의에 부합하므로 총 2회에 해당하는 400만원을 지급한다.

CI진단 : 4,000만원
암진단 : 2,000만원
암사망 : 1,000만원(주보험), 2,000만원(암사망특약)

2. 손해보험 담보별 보장액 검토

암보험 가입 후 책임기간 이내에 암으로 진단되었으므로 암진단비를 지급한다. 다만 조직검사일이 계약일로부터 1년 이내이므로 50%에 해당하는 500만원을 지급한다. 피보험자의 사망은 암으로 인한 사망과 동시에 질병사망에도 해당하므로 질병사망보험금 1,000만원을 지급하며, 식도정맥류, 간동맥색전술 모두 신의료기술에 해당하는 수술이므로 150만원을 지급한다.

암진단 : 500만원
질병사망 : 1,000만원
수술비 : 150만원

062 CI보험의 담보하는 질병 등

I CI보험에서 담보하는 질병 등

CI보험은 중대한 질병, 중대한 수술, 중대한 화상(및 부식)을 구분하여 담보한다. 중대한 질병과 중대한 수술은 계약일을 포함하여 90일이 지난날의 다음날에 보장이 개시되는 보장제외기간을 두고 있다. 보험자가 역선택의 위험을 피하기 위해서이다. 그러나 중대한 화상 및 부식은 질병이 아닌 사고의 성격을 띠고 있으므로 역선택의 위험이 적기 때문에 별도의 보장제외기간을 두지 않는다.

생명보험회사의 약관마다 약간씩 차이를 보이고 있으나 일반적으로는 다음과 같이 중대한 질병 등을 구분하고 있다.

II 중대한 질병

1. 중대한 암

1) 중대한 암의 범위

중대한 암이라 함은 악성종양세포가 존재하고 또한 주위 조직으로 악성종양세포의 침윤파괴적 증식을 특징으로 하는 악성종양을 말하며, 다음 각 호에 해당하는 경우는 중대한 암에 해당하지 않는다.

1. 다음의 가. ~ 사.에 해당하는 악성종양[54]

---

[54] 중대한 암에 대한 정의는 보험회사의 약관마다 일부 차이가 있다. 다른 약관에서는 다음과 같이 정의한다.
1. 다음의 가. ~ 사.에 해당하는 악성종양
   가. 전립선암(C61) 및 "림프절의 이차성 및 상세불명의 악성신생물(암)에 해당하는 질병 중 전립선을 일차부위로 하는 질병"
   나. 갑상선암(C73) 및 "림프절의 이차성 및 상세불명의 악성신생물(암)에 해당하는 질병 중 갑상선을 일차부위로 하는 질병"

가. 악성흑색종(melanoma) 중에서 침범정도가 낮은 (Breslow 분류법상 그 깊이가 1.5mm 이하인 경우를 말한다) 경우

나. 초기전립샘암(초기 전립샘암이란 modified Jewett 병기분류상 stage B0 이하 또는 1992년 TNM병기상 T1c 이하인 모든 전립샘암을 말한다)

다. 갑상샘의 악성신생물(C73)

라. 인간면역바이러스(HIV) 감염과 관련된 악성종양[55](단, 의료법에서 정한 의료인의 진료상 또는 치료중 혈액에 의한 HIV 감염과 관련된 악성종양은 해당 진료기록을 통해 객관적으로 확인되는 경우는 제외)

마. 림프성백혈병(C91) 중 초기 만성림프구성백혈병(초기 만성림프구성백혈병이란 만성 림프구성백혈병 중 RAI Stage 0 이하인 경우를 말한다)

바. 악성흑색종(melanoma) 이외의 모든 피부암(기타 피부암, C44)

사. "중대한 질병 및 수술 보장개시일" 전일 이전에 발생한 암이 "중대한 질병 및 수술 보장개시일" 이후에 재발되거나 전이된 경우

2. 병리학적으로 전암(前癌)상태(암으로 변하기 이전 상태, premalignant condition or condition with malignant potential), 제자리암(carcinoma in situ), 경계성종양(제6차 개정 한국표준질병사인분류 중 D37~D48에 해당하는 질병으로 D45, D46, D47.1, D47.3, D47.4, D47.5는 제외하며, 제7차 개정 이후 한국표준질병・사인분류가 개정된 경우에는 진단시점의 분류를 적용한다) 등 "중대한 암"에 해당하지 않는 질병
3. 신체부위에 관계없이 병리학적으로 현재 양성종양인 경우
4. 대장암 중 대장점막내암
5. TNM 병기분류상 0기. 한편 "중대한 암"에서 제외되는 질병은 TNM 병기(Stage)와 관계없이 주보험 보장에서 제외된다.

다. 피부의 악성흑색종(melanoma) 중에서 침범정도가 낮은(TNM 병기분류상 T2aN0M0 이하인 피부의 악성흑색종) 경우

라. 피부의 악성흑색종(melanoma) 이외의 모든 피부암(C44)

마. "중대한 질병 및 수술 보장개시일" 이전에 발생한 암이 "중대한 질병 및 수술 보장개시일" 이후에 재발되거나 전이된 경우

바. 대장점막내암("대장점막내암"이란 대장의 상피세포층(epithelium)에서 발생한 악성종양세포가 기저막(basement membrane)을 뚫고 내려가서 점막고유층(lamina propria) 또는 점막근층(muscularis mucosa)을 침범하였으나 점막하층(submucosa)까지는 침범하지 않은 상태의 질병을 말하며, 대장은 맹장, 충수, 결장, 직장을 말한다).

사. 비침습 방광암("비침습 방광암"이란 방광의 이행상피세포층(transitional epithelium)에서 발생한 악성종양세포가 점막고유층(lamina propria)까지는 침범하지 않은 비침습 유두암(papillary carcinoma) 상태로 TNM 병기분류상 TaN0M0인 방광암을 말한다).

55) 인체면역바이러스 감염이 되면 면역이 저하되기 때문에 악성종양이 잘 생긴다. 카포시 육종(C46)이 대표적이다.

2) 중대한 암의 진단확정

암의 진단확정, 암의 원발병소(최초 발생 부위), 암의 종류 및 암의 병기는 병리 또는 진단검사의학 전문의사 자격증을 가진 자에 의하여 내려져야 하며, 이 진단은 조직(fixed tissue) 검사, 미세바늘흡인검사(fine needle aspiration biopsy), 혈액검사 또는 골수검사에 대한 현미경 소견을 기초로 하여야 한다.

단, 상기에 의한 진단확정이 가능하지 않을 때에는 피보험자가 암으로 진단 또는 치료를 받고 있음을 증명할 만한 의사가 작성한 문서화된 기록 또는 증거가 있어야 한다.

3) 중대한 암의 병기판정

중대한 암의 TNM 병기(Stage)분류는 AJCC 암병기설정매뉴얼[AJCC(American Joint Committee on Cancer) Cancer Staging Manual] 제7판에서 정한 기준을 따르며, 향후 AJCC 암병기설정매뉴얼이 개정되는 경우에는 암의 진단확정 시점에 적용되는 AJCC 암병기설정매뉴얼을 따른다.

중대한 암의 병기판단은 병리학적 병기설정(pathologic staging)을 기초로 한다. 다만 병리학적 병기설정(pathology staging)이 불가한 경우에는 임상적 병기설정(clinical staging)에 따라 병기를 판단할 수 있다.

손해사정사 기출문제 30회(2007년)

CI(중대한 질병)보험에서 "중대한 암"으로 보장하는 대상질병은 제4회 한국표준질병사인분류표 중 「중대한 암 대상질병 분류표」에 해당하는 질병을 말하는데, 이 중 보장에서 제외되는 질병에 대하여 기술하시오. (10점)

2. 중대한 급성심근경색증

1) 중대한 급성심근경색증의 정의

중대한 급성심근경색증이라 함은 관상동맥(심장동맥)의 폐색으로 말미암아 심근으로의 혈액공급이 급격히 감소되어 전형적인 흉통의 존재와 함께 해당 심근조직의 비가역적인 괴사를 가져오는 질병으로서 발병당시 다음의 2가지 특징을 모두 보여야 한다.

① 전형적인 급성심근경색 심전도 변화(ST분절, T파, Q파)가 새롭게 출현

② CK-MB[56]를 포함한 심근효소의 발병당시 새롭게 상승(단, Troponin은 제외)

2) 중대한 급성심근경색증의 제외사항

안정협심증, 불안정협심증, 변형협심증을 포함한 모든 종류의 협심증 및 심근염, 스트레스성 심근증(stress cardiomyopathy)은 보장에서 제외한다.

> **손해사정사 기출문제** 34회(2011년)
>
> CI(Critical Illness) 보험에서 「중대한 급성심근경색증」의 정의, 요건, 보장제외 심장질환에 관하여 기술하시오. (15점)

3. 중대한 뇌졸중

1) 중대한 뇌졸중의 정의

중대한 뇌졸중이라 함은 뇌경색증, 뇌출혈, 지주막하출혈이 발생하여 뇌혈액순환의 급격한 차단이 생겨서 그 결과 영구적인 신경학적 결손이 나타나는 질병을 말한다. 여기서 뇌혈액순환의 급격한 차단은 의사가 작성한 진료기록부상의 전형적인 병력을 기초로 하여야 하며, 영구적인 신경학적 결손이란 주관적인 자각증상(symptom)이 아니라 신경학적 검사를 기초로 한 객관적인 신경학적 증후(sign)로 나타난 장애로서 장해분류표에서 정한 "신경계에 장해가 남아 일상생활 기본동작에 제한을 남긴 때"의 지급률이 25% 이상인 장해상태를 말한다.[57]

2) 중대한 뇌졸중의 진단확정

중대한 뇌졸중의 진단확정은 뇌전산화단층촬영(Brain CT Scan), 자기공명영상(MRI), 뇌혈관조영술, 양전자방출단층술(PET scan), 단일광자전산화단층술(SPECT), 뇌척수액검사를 기초로 영구적인 신경학적 결손에 일치되게 중대한 뇌졸중에 특징적인 소견이 발병당시 새롭게 출현함을 근거로 하여야 한다.

---

56) 심근손상 특이적 생물학적 표지자라 함은 CK-MB, TROPONIN과 같이 심장전문의가 급성심근경색증의 진단목적을 위해 일반적으로 사용하는 혈액 표지자를 말한다. 이 중에서 CK-MB는 대표적인 심근 바이오마커(Biomarker)로서 대부분 심근경색 발병 후 수시간 내에 검출되며, 보통은 24시간 내에 최대치를 보인다(심근이 파괴되면서 심근세포 내의 효소가 혈중으로 유리되어 혈중 심근효소 수치가 상승). 다만, Troponin은 CI보험에서 인정하는 심근효소는 아니다.

57) "신경계에 장해가 남아 일상생활 기본동작에 제한을 남긴 때"의 지급률은 장해분류별 판정기준 13. 신경계·정신행동 장해 "가. 장해의분류 1)" 및 "나. 장해판정기준 1) 신경계 ①, ③"에 따라 판정한다.

3) 중대한 뇌졸중의 제외사항

일과성허혈발작[58](transcient ischemic attack)은 보장에서 제외한다. 또한 ① 외상에 의한 뇌출혈, ② 뇌종양으로 인한 뇌출혈, ③ 뇌수술 합병증으로 인한 뇌출혈, ④ 신경학적결손을 가져오는 안동맥(ophthalmic artery)의 폐색과 같은 뇌출혈 · 뇌경색은 보장에서 제외한다.

손해사정사 기출문제 39회(2016년)

CI(Critical Illness) 보험의 「중대한 뇌졸중(Critical Stoke)」에서 규정하고 있는 "보상에서 제외하는 질병(질환)"을 기술하시오. (10점)

4. 말기신부전증

말기신부전증(End Stage Renal Disease)이라 함은 양쪽 신장 모두가 비가역적인 기능부전을 보이는 말기신질환(End Stage Renal disease)으로서 보존요법으로는 치료가 불가능하여 혈액투석이나 복막투석을 지속적으로 받고 있거나 받은 경우를 말하며 일시적으로 투석치료를 필요로 하는 신부전증은 말기신부전증에서 제외한다.

5. 중증 만성간질환

중증 만성간질환이라 함은 만성간질환이 진행된 결과 간부전 상태가 되어 회복가능성이 없는 질환으로서 영구적 황달이 있으면서 "간성혼수 또는 지속적인 복수"가 존재하는 질병을 말한다. 여기서 영구적 황달이란 혈청 빌리루빈이 지속적으로 3.0mg/dl 이상인 경우를 말한다. 또한 간성혼수란 이학적 검사와 뇌파검사를 기초로 한 간성뇌기능의 장애가 반복되는 상태를 말한다. 지속적인 복수란 이학적 소견, 복수천자, 영상검사(복부 초음파 및 복부 전산화단층촬영(CT) 등)에 의해 1개월 이상 지속된 복수가 존재하는 것을 말한다.[59]

중증 만성간질환의 진단확정은 의사가 작성한 문서화된 기록 또는 기록결과를 기초로 하여 내려져야 한다.

58) 일과성 허혈발작이란 뇌순환혈액량의 감소로 인해 일시적으로 마비, 실어 증상 등이 나타나고 24시간 이내에 증상이 완전히 없어지는 것을 말한다.
59) 이와 다른 약관에서 말하는 말기간질환이란 "간질환 중에서 영구적인 황달, 복수, 뇌병증의 3가지 기준을 모두 충족시키는 간경변증을 일으키는 말기의 간질환"을 말한다.

6. 중증 만성폐질환

중증 만성폐질환이라 함은 양쪽 폐장 모두가 심한 비가역적인 기능부전을 보여서 그 결과 도보 동작이 지속적으로 현저하게 제한되고 평생 일상생활의 기본동작의 제한을 받아야 하는 상태로서 ① 폐기능 검사에서 최대한 노력하여 잘 불었을 때 1초간 노력성 호기량(FEV1.0)[60]이 지속적으로 정상예측치의 30%(또는 25%) 이하, ② 비가역적인 만성 저산소증으로서 안정상태에서의 동맥혈 가스분석검사(ABGA)상 동맥혈 산소분압(PaO2)이 60 ㎜Hg 이하 중에서 한 가지 기준 이상에 해당되어야 한다.

단, 폐기능 검사성적과 동맥혈 가스분석검사는 그 성질상 변동하기 쉬운 것이기 때문에 폐질환의 경과 중에 있어서 가장 적절하게 상병을 나타내고 있다고 생각되는 검사성적에 근거하여야 한다.

중증 만성폐질환의 진단확정은 정기적인 흉부X선 소견, 폐기능 검사, 동맥혈 가스검사 등을 포함한 진단서, 소견서 진료기록 등으로 확인가능하여야 한다.

7. 중증 재생불량성빈혈

중증 재생불량성빈혈(重症低形成貧血, Severe Aplastic Anemia)이라 함은 비가역적인 중증 재생불량성빈혈로서, 골수 세포충실도 감소와 말초혈액의 범혈구 감소증이 나타나서 골수부전의 치료를 위해 지속적으로 수혈, 골수조혈촉진인자, 면역억제제 중 1항목 이상의 치료를 계속 받고 있고, 해당 분야 전문의사에 의하여 현재 조혈모세포이식수술을 필요로 한다고 인정된 질병상태를 말한다. 따라서 일시적이거나 가역적인 재생불량성빈혈, 중증이 아닌 재생불량성빈혈은 보장에서 제외한다.

여기서 비가역적인 중증 재생불량성빈혈이란 골수천자검사상 세포충실도가 25% 미만인 경우(또는 세포충실도가 25~50%인 경우라도 조혈기능을 하는 세포가 30% 미만인 경우)인 동시에 말초혈액 검사상 다음 3항목[61] 중 2항목 이상을 충족해야 하며, 각 검사결과의 판독은 혈액학 또는 병리학 분야의 전문의사에 의해 시행되어야 한다.

중증 재생불량성빈혈의 진단확정은 혈액학 분야의 전문의사가 작성한 문서화된 진료

---

60) FEV 1 검사란 1초 동안의 노력 호기량으로서 최대한 폐를 부풀렸다가 힘껏 뱉는 공기량 중 1초 동안 나오는 공기량으로 3,900cc 정도가 정상이다.

61) 가. 절대호중구수 : 500/μ L 미만
나. 혈소판 : 20,000/μ L 미만
다. 교정망상적혈구수 : 1% 미만을 말한다.

기록 및 골수조직검사결과를 기초로 하여 내려져야 한다.

8. 루게릭병

루게릭병(근위축성측삭경화증Amyotrophic lateral sclerosis)이라 함은 확정된(definite) 루게릭병으로서 뇌와 척수의 운동신경세포들이 선택적으로 파괴되어 그 결과 비가역적이고 진행성이 심한 근력약화 및 근육위축을 일으키는 퇴행성 운동신경원질환을 말한다.

확정된 루게릭병의 진단은 신경과 전문의사에 의해 세계신경과학회(World Federation of Neurology)의 El Escorial 개정 진단기준(1998년)을 기초로 하여 내려져야 한다.

9. 다발성경화증

다발성경화증의 진단확정은 병력 · 신경학적 검진으로 영구적인 신경학적 결손(운동장애, 감각장애, 시력장애 등)이 나타나야 하며, 뇌척수액검사(CSF), 자기공명영상(MRI), 뇌유발전위검사(Brain E-P) 등을 근거로 하여 의료법 제3조의 규정에서 정한 국내의 병원이나 국외의 의료관련법에서 정한 의료기관의 신경과 전문의가 작성한 문서화된 기록 또는 기록결과를 기초로 하여 내려져야 한다.

다발성경화증으로 분류되는 질병은 제6차 개정 한국표준질병 · 사인분류 중 G35(다발성경화증)에 해당하는 질병을 말한다.

10. 중증 루푸스신염

루푸스신염은 전신홍반성루푸스라는 자기면역성 장애에 의한 신장질병의 한 형태이다. 전신홍반성루푸스 및 루푸스신염은 전문의에 의하여 임상학적으로 받아들여지는 기준을 근거로 명확하게 진단되어야 한다. 중증 루푸스신염은 사구체여과율(GFR)이 60ml/min/1.73㎡ 미만으로 감소한 심각한 신장기능 손실을 동반하여야 한다. 또한 신장생체검사에 의하여 아래의 루푸스신염 WHO분류법(1995년)[62]에 따른 3, 4, 5 또는 6단계

62) [루푸스신염 WHO 분류법]
1단계 : 정상 사구체
2단계 : 단순 혈관사이질의 변화(혈관사이질 병변)
3단계 : 초점 분절 사구체신염
4단계 : 미만성 사구체신염
5단계 : 미만성 막성 사구체신염

의 증상이 나타나야 한다.

다만, 신장생체검사를 받지 않은 경우 임상학적으로 받아들여지는 기준을 근거로 전문의에 의해 루푸스신염이 명확하게 진단되어야 하며, ① 루푸스신염의 진단에 합당한 소변검사 결과, ② 루푸스신염의 진행을 막는 적절한 면역억제 치료를 받는 중의 두 가지 상태가 모두 나타나야 한다.

Ⅲ 중대한 화상 및 부식

중대한 화상 및 부식(화학약품 등에 의한 피부손상)이라 함은 전신피부의 20% 이상이 3도 화상 및 부식을 입은 경우를 말한다. 화상 및 부식을 입은 체표면적은 "The Rule of 9" 또는 "Lund & Browder Body Surface Chart"에 의해 측정되어진 것을 말한다. 다만, 이 측정법처럼 표준화된 방법이고 임상학적으로 받아들여지는 다른 신체표면적 차트를 사용하여 유사한 결과가 나온 것도 인정한다.

중대한 화상 및 부식의 진단확정은 의사가 작성한 문서화된 기록 또는 검사결과를 기초로 하여 내려져야 한다.

손해사정사 기출문제 36회(2013년)

피보험자 홍길동 씨는 아래와 같이 CI(중대한 질병)보험을 가입하고 병원에서 입원치료 후 CI진단보험금과 사망보험금을 청구하였다. 아래 계약사항 및 진단・치료내용을 읽고 다음 질문에 답하시오. (10점)

〈계약사항〉

보험종류	계약자	피보험자	계약일	가입금액	담보유형
CI종신보험	홍길동	홍길동	2012.5.27	1억원	50% 선지급형

〈진단 및 치료사항〉

- 2012.7.20 : 불의의 화재사고로 심한 화상을 입고 A대학병원에 입원치료
- 2012.8.10 : 화재사고의 후유증으로 인해 약관상 "중대한 화상 및 부식"에 해당하는 상태로 진단받음.
- 2012.11.5 : 갑작스런 흉통 및 구토 등으로 B대학병원에 내원하여 정밀검사결과 약관상 "중대한 급성심근경색증"에 해당하는 상태로 진단받음.

6단계 : 진행성 경화 사구체신염

• 2012.11.20 : 입원치료 중 중대한 급성심근경색증으로 사망함.

〈질문사항〉
(1) CI보험 약관상 "중대한 화상 및 부식"에 대한 정의를 약술하시오.(6점)
(2) 보험회사가 보험수익자에게 지급하여야 할 보험금을 종류별로 계산하여 쓰시오.(4점)

1. 지급보험금의 종류 : CI진단보험금

CI상태로 진단되었으므로 2012년 8월 10일 진단을 근거로 사망보험금의 50%인 5,000만원을 지급한다. 이후 중대한 급성심근경색으로 진단되었으나 CI보험은 보험기간 중 최초진단만 인정하므로 CI진단금을 추가로 지급하지 않는다.

한편, "중대한 화상부식의 진단"은 그 성격상 질병이 아니므로 다른 CI진단과 달리 별도의 면책기간을 적용하지 않고 보험계약 첫날부터 보장이 개시된다.

2. 지급보험금의 종류 : 사망보험금

CI진단 이후에 사망한 경우에는 기존에 지급한 CI진단보험금을 차감한 금액을 사망보험금으로 지급한다. 그러므로 5,000만원을 사망보험금으로 지급한다.

Ⅳ 중대한 수술

1. 관상동맥우회술

관상동맥우회술(Coronary Artery Bypass Graft, CABG)이라 함은 관상동맥(심장동맥)질환(Coronary Artery Disease)의 근본적인 치료를 직접목적으로 하여 개흉술을 한 후 대복재정맥(greater saphenous vein), 내유동맥(internal mammary artery) 등의 자가우회도관을 협착이 있는 부위보다 원위부(遠位部)의 관상동맥(심장동맥)에 연결하여 주는 수술을 말한다. 그러나 카테터[63]를 이용한 수술이나 개흉술을 동반하지 않는 수술은 모두 보장에서 제외한다.[64]

63) 카테터란 체강(늑막강, 복막강) 또는 관상 · 낭상기관(소화관, 방광 등) · 혈관 내용액의 배출 측정 및 검사, 수술 등을 위해 사용되는 시술기구로서 고무 또는 금속제의 가는 관(튜브)을 말한다.

64) 예 관상동맥성형술(Percutaneous Transluminal Coronary Angioplasty, PTCA), 스텐트 삽입술(Coronary Stent), 회

손해사정사 기출문제 40회(2017년)

CI(Critical Illness)보험에서 보장하는 중대한 수술 중 "관상동맥우회술"의 정의와 보장에서 제외되는 수술에 대하여 기술하시오. (10점)

2. 대동맥인조혈관치환수술

대동맥인조혈관치환수술(Aorta Graft Surgery)이라 함은 대동맥 질환의 근본적인 치료를 직접목적으로 하여 개흉술 또는 개복술을 한 후 반드시 대동맥 병소를 절제(excision)하고 인조혈관(graft)으로 치환하는 두 가지 수술을 해주는 것을 의미한다. 여기에서 대동맥이라 함은 흉부 또는 복부 대동맥을 말하는 것으로 대동맥의 분지(branch)동맥들은 제외된다. 단, 카테터를 이용한 수술은 보장에서 제외한다.[65]

3. 특정심장수술[66]

특정심장수술이라 함은 심장판막질환, 심낭질환 및 심장종양의 근본적인 치료를 직접목적으로 하여 개흉술 및 개심술을 한 후 병변을 제거하거나 성형술을 해주는 수술을 말한다. 그러나 ① 카테터를 이용하여 수술하는 경우(예를 들어 경피적 판막성형술(percutaneous balloon valvuloplasty)), ② 개흉술 또는 개심술을 동반하지 않는 수술, ③ 심장에 인접한 대혈관(폐동맥, 폐정맥, 대동맥, 대정맥)에 대한 수술과 같은 수술은 보장에서 제외한다.

4. 5대장기이식수술

5대장기이식수술(5 Major Organ Transplantation)이라 함은 5대장기의 만성부전상태로부터 근본적인 회복과 치료를 목적으로 관련법규에 따라 정부에서 인정한 장기이식의료기관 또는 이와 동등하다고 인정되는 의료기관에서 간장, 신장, 심장, 췌장, 폐장에 대하여 장기이식을 하는 것으로 타인의 내부장기를 적출하여 장기부전상태에 있는 수혜자에게 이식

전축상반절제술(Rotational atherectomy).

65] 예 경피적혈관내대동맥류수술(percutaneous endovascular aneurysm repair).

66] 다른 약관의 경우 심장판막수술(Heart Valve Surgery)을 중대한 수술로 구분하고 있다. 해당 약관에서 심장판막수술이라 함은 심장판막질환의 근본적인 치료를 직접목적으로 하여 ① 반드시 개흉술 및 개심술을 한 후 병변이 있는 판막을 완전히 제거한 뒤에 인공심장판막 또는 생체판막으로 치환하여 주는 수술, ② 반드시 개흉술 및 개심술을 한 후 병변이 있는 판막에 대해 판막성형술(valvuloplasty)을 해주는 수술 중 한 가지 이상에 해당하는 경우를 말한다. 그러나 ① 카테터를 이용하여 수술하는 경우(예를 들어 경피적 판막성형술(percutaneous balloon valvuloplasty)), ② 개흉술 또는 개심술을 동반하지 않는 수술과 같은 수술들은 보장에서 제외한다.

을 시행한 경우에 대한 수술을 말한다. 단, 랑게르한스 소도 세포 이식수술은 보장에서 제외한다.

손해사정사 기출문제 31회(2008년)

일반적으로 CI(Critical Illness)보험에서 주로 보장하는 중대한 수술의 종류를 4가지만 들고 해당 수술의 정의를 기술하시오. (5점)

063 상해 · 질병입원일당 특별약관

I 입원일당 특별약관의 개요

상해 또는 질병의 입원일당 특별약관은 입원 하루당 보험계약에서 정한 보험가입금액을 지급하는 것을 내용으로 한다. 생명보험의 경우에는 최초 3일을 공제하고 120일 한도로 지급하는 약관이 일반적이며(신입원 특별약관의 경우에는 첫날부터 120일 한도), 손해보험은 입원 첫날부터 180일을 한도로 지급하는 것이 일반적이다. 암입원일당은 손해보험과 생명보험 모두 공통적으로 최초 3일을 공제하고 120일을 한도로 지급한다. 입원일당 특별약관에서 공제기간(eliminate period, 배제기간)과 입원일수의 한도제한을 두고 있는 것은 피보험자의 도덕적 위험을 방지하기 위한 취지이다.

II 입원일당 특별약관에서 정하는 "입원의 정의와 장소"

1. 입원의 정의

이 특별약관에서 "입원"이라 함은 "병원 또는 의원 등의 의사, 치과의사 또는 한의사의 자격을 가진 자(이하 의사)"에 의하여 해당 상해 또는 질병의 치료가 필요하다고 인정한 경우(예를 들어 암입원일당의 경우에는 암의 치료목적)로서 자택 등에서 치료가 곤란하여 의료법 제3조(의료기관) 제2항에 정한 병원, 의원 또는 이와 동등하다고 인정되는 의료기관에 입실하여 의사의 관리하에 치료에 전념하는 것을 말한다.

2. 해당 상해 또는 질병의 치료를 목적

입원일당이 지급되기 위해서는 해당 특별약관에서 정하는 상해 또는 질병의 치료를 목적으로 입원하여야 한다. 예를 들어 암입원일당 특별약관에서 입원일당이 지급되려면 암의 치료를 목적으로 한 입원이어야 한다.

3. "입실하여"의 의미

"입실하여"의 의미에 대하여는 주된 거소가 병원을 의미한다는 해석, 입원수속 시점에서 퇴원수속 완료시점을 의미한다는 해석, 물리적인 장소를 기준으로 "병원 안"을 의미한다는 해석 등 다양한 견해가 가능한데, 어느 견해를 취하든 피보험자가 의사의 관리하에 치료에 전념하는 것이 필요하다. 예를 들어 피보험자가 의사의 허락을 받아 외출 · 외박한 경우에는 그동안 의사의 통제하에 있었다고 볼 수 없으므로 입원보험금의 기간산정에서 제외한다(분쟁조정 2003-60).

III 일반상해입원일당 특별약관

1. 보험금의 종류 및 지급사유

보험자는 피보험자가 보험기간 중에 상해의 직접결과로써 생활기능 또는 업무능력에 지장을 가져와 1일 이상 계속 입원하여 치료를 받은 경우에는 입원 첫날부터 입원 1일당 이 특별약관의 보험가입금액을 상해입원일당으로 지급한다.

기존의 약관은 "생활기능 또는 업무능력에 지장을 가져와"라는 문구가 없었으나 피보험자의 도덕적 위험을 방지하기 위하여 해당 문구를 신설하였다.

2. 보험금 지급에 관한 세부규정

1) 보장한도와 보험기간 만료 후 보장

상해입원일당의 지급일수는 1회 입원당 180일을 한도로 한다. 만일 피보험자가 보험기간 중에 동일한 상해의 치료를 목적으로 2회 이상 입원한 경우(동일한 상해의 치료를 직접 목적으로 병원 또는 의원을 이전하여 입원한 경우를 포함) 이를 1회 입원으로 보고 각 입원일수를 더한다. 피보험자가 보장개시일 이후 입원하여 치료를 받던 중 보험기간이 만료되었을 경우에도 퇴원하기 전까지의 계속 중인 입원에 대하여는 1회 입원당 180일을 최고한도로 하여 계속 보장한다. 보험사고가 보험계약기간 내에 발생하였다면 도중에 계약이 종료

했어도 일정기간까지는 보험자의 책임을 인정하고 있는 것이다(이재설의 적용).

2) 손해방지 · 경감의무

피보험자가 정당한 이유없이 입원기간 중 의사의 지시를 따르지 아니하는 경우에 보험자는 상해입원일당 보험금의 전부 또는 일부를 지급하지 않는다.

예를 들어 과도한 무단외박 및 외출이나 의사의 퇴원지시에 불응하는 행위, 통원치료가 가능함에도 보험금수령 목적으로 장기간 입원하는 행위를 하는 경우에는 해당 입원기간 동안의 보험금을 지급하지 않는다.

Ⅳ 질병입원일당 특별약관

1. 보험금의 종류 및 지급사유

보험자는 피보험자가 보험기간 중 진단확정된 질병의 치료를 직접적인 목적으로 병원 또는 의원에 1일 이상 계속 입원하여 치료를 받은 때에는 입원 첫날부터 입원 1일당 이 특별약관의 보험가입금액을 질병입원일당으로 지급한다.

2. 보험금 지급에 관한 세부규정

1) 보장한도

질병입원일당의 지급일수는 1회 입원당 180일을 최고한도로 한다. 만일 피보험자가 동일한 질병의 치료를 직접적인 목적으로 2회 이상 입원한 경우(동일한 질병의 치료를 직접목적으로 병원 또는 의원을 이전하여 입원한 경우를 포함) 이를 1회 입원으로 보고 각 입원일수를 더한다.

동일한 질병에 대한 입원이라도 질병입원일당이 지급된 최종입원의 퇴원일로부터 180일이 경과하여 개시한 입원은 새로운 입원으로 본다. 다만, 질병입원일당이 지급된 최종입원일부터 180일이 경과하도록 퇴원없이 계속 입원 중인 경우에는 질병입원일당이 지급된 최종입원일의 그 다음날을 퇴원일로 본다.[67]

67) 질병입원일당 예시

2) 보험기간 만료 후 보장

피보험자가 질병에 대한 보장개시일 이후 입원하여 치료를 받던 중 보험기간이 만료되었을 때에도 퇴원하기 전까지의 계속 중인 입원기간에 대하여는 위의 규정(1회 입원당 180일을 한도로 하는 규정)에 따라 질병입원일당을 계속 보상한다. 보험사고가 보험계약기간 내에 발생하였다면 도중에 계약이 종료했어도 일정기간까지는 보험자의 책임을 인정하고 있는 것이다(이재설의 적용).

3) 손해방지 · 경감의무

피보험자가 정당한 이유없이 입원기간 중 의사의 지시를 따르지 아니한 때에는 회사는 질병입원일당의 전부 또는 일부를 지급하지 않는다.

4) 질병보험금 지급에 관한 세부규정

질병입원일당보험도 일반 질병보험과 마찬가지로 「질병보험금 지급에 관한 세부규정」을 적용한다. 그러므로 청약서상의 알릴의무에 해당하는 질병으로 과거에 진단 또는 치료를 받은 사실이 있을 경우에는 해당 질병과 관련한 질병입원일당을 지급하지 않는다. 단, 청약일 이후 5년이 지나는 동안 그 질병으로 인하여 추가적인 진단(단순 건강검진 제외) 또는 치료사실이 없을 경우에는 청약일로부터 5년이 지난 이후부터는 보장한다.

3. 질병입원일당 특별약관의 보험금을 지급하지 아니하는 사유

보험자는 보통약관에서 면책사항으로 정한 피보험자, 보험수익자, 계약자의 고의, 임신 등, 전쟁 등 외에도 ① 피보험자의 치매를 제외한 정신적 기능장해, 선천성 뇌질환 및 심신상실, ② 성병, ③ 알코올중독, 습관성 약품 또는 환각제의 복용 및 사용에 의하여 보험금 지급사유가 발생한 때에는 보험금을 지급하지 않는다.

또한 ① 질병을 원인으로 하지 않는 신체검사, 예방접종, 인공유산, 불임시술, 제왕절개수술, ② 피로, 권태, 심신허약 등을 치료하기 위한 안정치료, ③ 위생관리, 미모를 위한 성형수술, ④ 정상분만, 치과질환 중 어느 한 가지의 경우에 의하여 보험금 지급사유

최초입원일 / 입원일당이 지급된 최초입원일 / 보장재개

	퇴원없이 계속입원	
보장(180일)	보장 제외(180일)	보장(180일)

가 발생한 때에도 보험금을 지급하지 않는다.

V 질병입원일당 관련 사례의 검토

질병입원일당급부 **보험기간 만료 후 계속된 입원**

〈손해사항〉

피보험자는 치매(F00) 진단으로 A종합병원에 다음과 같이 입원하였다.

1) 2014.3.1 ~ 3.31(31일간)
2) 2014.4.1 ~ 4.30(30일간)
3) 5일간 퇴원
4) 2014.5.6 ~ 9.21(180일간)

〈계약사항〉

회사	보험종류	가입금액	보험계약기간
A손해보험	질병입원일당(1일 이상) 특약	일당 2만원, 180일 한도	2013.4.1~2014.3.31

1. 지급보험금의 결정

피보험자가 입원하여 치료를 받던 중에 보험기간이 만료되더라도 계속된 입원에 대하여는 본래의 보장한도에 따라 보장한다. 다만 우리 약관은 "~보험기간이 만료되더라도 퇴원하기 전까지 계속 중인 입원기간에 대하여는 질병입원일당을 지급하여 드립니다"라고 규정하고 있으므로, 보험기간 만료 후에 퇴원하였다면 더 이상 계속된 입원으로 보지 않는다. 그러므로 총 61일에 대한 보험금인 122만원을 지급한다.

VI 상해중환자실·질병중환자실 입원일당 특별약관

상해중환자실 입원일당 특별약관은 피보험자가 보험기간 중의 상해로 생활기능 또는 업무능력에 지장을 가져와 중환자실에 입원한 경우에 해당 보험금을 지급하며, 질병중환자실 입원일당 특별약관은 피보험자가 보험기간 중 진단확정된 질병의 치료를 직접목적으로 입원한 경우에 해당 보험금을 지급한다. 여기서 중환자실이라 함은 의료법 시행규칙 별표4 「의료기관의 시설규격」에서 정한 중환자실을 말한다.[68]

이 특별약관들의 보험금지급에 관한 세부규정, 면책사항 등은 일반상해입원일당 · 질병입원일당 특별약관에서 정한 내용과 같다.

Ⅶ 특정질병 · 질환관련 입원일당 특별약관

1. 장기간병유발 특정질병 입원일당 특별약관

보험자는 피보험자가 보험기간 중에 장기간병유발 특정질병[69]으로 진단되고 그 치료를 직접목적으로 4일 이상 계속 입원하여 치료를 받은 때에는 4일째 입원일로부터 보험가입금액을 입원 1일당 보험금으로 지급한다. 이 특별약관의 입원일당 지급일수는 1회 입원당 120일을 한도로 한다.

이 특별약관에서 정하는 보험금 지급에 관한 세부규정, 면책사항 등은 최초 3일을 공제하고 1회 입원당 지급한도를 120일로 한다는 점만 제외하고 질병입원일당 특별약관과 내용이 같다.

68) [의료법 시행규칙 별표4] 의료기관의 시설규격

2. 중환자실

가. 병상이 300개 이상인 종합병원은 입원실 병상수의 100분의 5 이상을 중환자실 병상으로 만들어야 한다.

나. 중환자실은 출입을 통제할 수 있는 별도의 단위로 독립되어야 하며, 무정전(無停電)시스템을 갖추어야 한다.

다. 중환자실의 의사당직실은 중환자실 내 또는 중환자실과 가까운 곳에 있어야 한다.

라. 병상 1개당 면적은 10제곱미터 이상으로 하되, 신생아만을 전담하는 중환자실(이하 "신생아중환자실"이라 한다)의 병상 1개당 면적은 5제곱미터 이상으로 한다. 이 경우 "병상 1개당 면적"은 중환자실 내 간호사실, 당직실, 청소실, 기기창고, 청결실, 오물실, 린넨보관실을 제외한 환자 점유 공간[중환자실 내에 있는 간호사 스테이션(station)과 복도는 병상 면적에 포함한다]을 병상수로 나눈 면적을 말한다.

마. 병상마다 중앙공급식 의료가스시설, 심전도모니터, 맥박산소계측기, 지속적수액주입기를 갖추고, 병상수의 10퍼센트 이상 개수의 침습적 동맥혈압모니터, 병상수의 30퍼센트 이상 개수의 인공호흡기, 병상수의 70퍼센트 이상 개수의 보육기(신생아중환자실에만 해당한다)를 갖추어야 한다.

바. 중환자실 1개 단위(Unit)당 후두경, 앰부백(마스크 포함), 심전도기록기, 제세동기를 갖추어야 한다. 다만, 신생아중환자실의 경우에는 제세동기 대신 광선기와 집중치료기를 갖추어야 한다.

사. 중환자실에는 전담의사를 둘 수 있다. 다만, 신생아중환자실에는 전담전문의를 두어야 한다.

아. 전담간호사를 두되, 간호사 1명당 연평균 1일 입원환자수는 1.2명(신생아중환자실의 경우에는 1.5명)을 초과하여서는 아니 된다.

69) 장기간병유발특정질병으로 분류되는 질병은 크로이츠펠트-야콥병(A81.0), 조로증(E34.8), 치매(F00~F03), 신경계통의 질환(G10, G11.1, G11.2, G12.2, G20~23, G30, G70.0, G90.3), 뇌혈관질환(I60~I69), 죽상경화증(I70), 기타 만성 폐색성폐질환(J44), 류마티스관절염(M05, M06), 관절증(M16, M17), 척추병증(M48.0, M48.8), 골다공증(M80)을 말한다.

2. 식중독 입원일당 특별약관

보험자는 피보험자가 보험기간 중에 식중독으로 진단확정되고 그 치료를 직접목적으로 4일 이상 계속 입원하여 치료를 받은 때에는 4일째 입원일로부터 보험가입금액을 입원1일당 보험금으로 지급한다. 이 특별약관의 입원일당 지급일수는 1회 입원당 120일을 한도로 한다. 식중독이라 함은 음식물을 먹고 생기는 구토, 설사, 복통을 주요 증세로 하는 급성질환으로써 식중독 분류표에 해당하는 질병[70]으로 분류되는 경우를 말한다.

이 특별약관에서 정하는 보험금 지급에 관한 세부규정은 최초 3일을 공제하고 1회 입원당 지급한도를 120일로 한다는 점만 제외하고 질병입원일당 특별약관과 내용이 같다.[71] 예를 들어 식중독으로 입원치료를 받던 중에 보험계약기간이 만료된 경우에도 계속된 입원에 한하여 1회 입원당 지급한도인 120일까지는 보험금을 지급한다.

3. 자녀10대질환 입원일당 특별약관

보험자는 피보험자가 보험기간 중에 자녀10대질환[72]으로 진단되고 그 치료를 직접적인 목적으로 4일 이상 계속 입원하여 치료를 받은 때에는 4일째 입원일로부터 보험가입금액을 입원 1일당 보험금으로 지급한다. 이 특별약관의 입원일당 지급일수는 1회 입원당 120일을 한도로 한다.

이 특별약관에서 정하는 보험금 지급에 관한 세부규정은 최초 3일을 공제하고 1회 입원당 지급한도를 120일로 한다는 점만 제외하고 질병입원일당 특별약관과 내용이 같다.

---

70) 식중독이라 함은 제6차 개정 한국표준질병사인분류 중에서 A02~A08, T61, T62에 해당하는 질병을 말한다.

71) 특정질병 또는 식중독 입원일당 예시

4일째 입원일	입원일당이 지급된 최초입원일	4일째 입원일부터 보장재개
	퇴원없이 계속입원	
보장(120일)	보장 제외(180일)	보장(120일)

72) 자녀10대질환이라 함은 자녀10대질환 분류표에서 정한 장감염(A00~09), 결핵 및 결핵의 후유증(A15~19, B90), 수막염(A87, G00~03), 간질(G40, G41), 중이염(H65~67), 급성 상기도염 및 급성 하기도염(J00~06, J20~22), 폐렴(J12~18), 천식(J45~46), 위·십이지장궤양 및 염증(K25~29), 탈장 및 장폐색(K40~46, K56)을 말한다. 자녀10대질환의 진단확정은 의료법 제3조에서 정한 병원 또는 이와 동등하다고 인정되는 의료기관의 의사자격을 가진 자에 의한 진단서에 의한다.

Ⅷ 암입원일당 특별약관

1. 이 특별약관의 보장내용

보험자는 피보험자가 보험기간 중에 암보장개시일 이후에 암, 기타피부암, 갑상선암, 제자리암, 경계성종양으로 진단확정되고 그 치료를 직접목적으로 병원 또는 의원에 4일 이상 계속 입원하여 의사의 치료를 받은 때에는 암입원일당을 지급한다.

다만, 암의 보장개시일은 제1회 보험료를 받은 날로부터 90일의 지난날의 다음날이며, 기타피부암 등의 암 이외의 특정질병은 계약일에 보장이 개시한다. 대부분의 보험상품은 암의 경우 보험가입금액의 100%를 입원일당으로 지급하고 그 외의 경우에는 20%를 지급한다. 또한 계약일로부터 1년 미만에 진단된 경우에 암은 보험가입금액의 50%, 그 외의 유사암의 경우에 10%를 지급하기도 한다.[73]

이 특별약관에서 암의 정의, 암의 진단, 계약의 무효, 보험금 지급에 관한 세부규정 등은 암진단비 특별약관과 질병입원일당 특별약관에서 정한 바와 같다. 그러므로 예를 들어 암으로 입원치료를 받던 중에 보험계약기간이 만료된 경우에도 계속된 입원에 한하여 1회 입원당 지급한도인 120일까지는 보험금을 지급한다.

2. 암의 치료목적 입원

암입원일당 특별약관도 일반 질병보험과 마찬가지로 해당 질병의 치료를 목적으로 입원하여야 한다. 그러므로 암의 치료 중에 발병된 합병증 또는 새로이 발견된 질병의 치료가 병행되는 때에는 암입원일당을 지급하지 않는다(질병입원일당 특별약관을 부가한 경우에는 질병입원일당이 지급된다). 다만, 합병증에 대한 치료를 따로 구분할 수 없는 경우에는 암 등을 입원 치료의 주된 목적으로 하는 경우에 한하여 암치료 직접목적의 입원으로 보고 암입원일당 보험금을 지급한다.

73) 암보장개시일과 질병입원일당

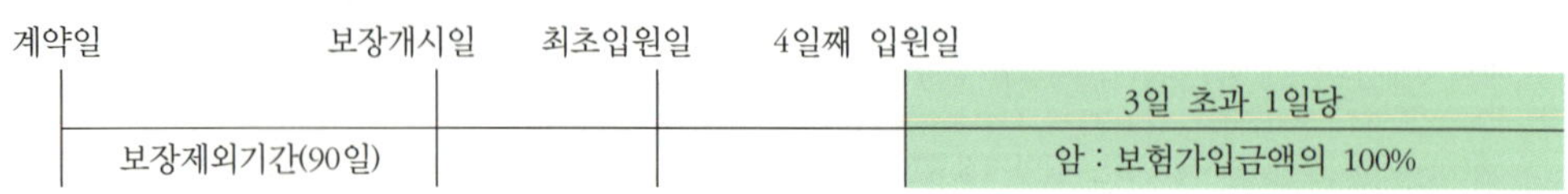

* 단, 피보험자가 15세 미만자인 경우(어린이암보험), 기타피부암, 갑상선암, 제자리암, 경계성종양의 경우는 계약일을 보장개시일로 한다.

한편, 질병 미상에 의한 입원으로서 입원 후 최초로 암, 상피내암 및 경계성종양으로 진단된 경우에는 이는 암의 치료를 목적으로 한 입원으로 본다.

3. 요양병원과 암입원일당 보험금

암의 치료란 종양이 잔존하고 있음을 전제로 잔존종양을 제거하거나 종양의 증식을 억제하는 것을 의미하고, 종양이 남아 있지 아니한 상태에서 재발방지 및 항암치료 후유증을 완화시키기 위한 의료행위까지는 포함하는 것이 아니다(2004가합 48985 판결). 그러므로 암환자로서 수술, 항암치료 이후 잔존종양 없는 상태의 요양병원입원은 인정하지 않으며, 잔존종양이 있다 하더라도 요양목적의 입원은 암의 치료 직접목적의 입원이 아니므로 담보하지 않는다.[74] 다만, 실무에서는 사실상 완치가 불가능한 말기의 위암환자가 요양병원에 입원 중 사망한 경우에 있어서 요양병원 입원을 암입원으로 보는 법원 결정(2003나56037 판결)을 준용하여 말기암 환자의 경우에는 의사의 소견 및 완치불가 등을 종합적으로 판단하여 암입원일당 인정 여부를 결정(주로 1회적 · 한시적으로 적용한다)하고 있다.

IX 암 관련 사례의 검토

암 관련 보험금 **암진단보험금, 암입원일당보험금**

〈손해사항〉
진단
1) 위암진단 : 2011.7.1(조직검사상 위암진단. 원발성)
2) 간암진단 : 2012.3.1(조직검사상 간암진단. 원발성)
입원
1) 위암진단으로 인한 암치료 목적으로 2011.7.1 ~ 2011.12.31까지 계속입원
2) 간암진단으로 인한 암치료 목적으로 2012.3.1 ~ 2013.3.20까지 계속입원

〈계약사항〉
A손해보험 「4종 합격」 질병보험(2011.4.1 ~ 2022.3.31) 가입
암진단 특별약관(암진단 1억원), 암입원일당 특별약관(3일 초과 일당 2만원, 120일 한도)

74) 피보험자가 암치료를 목적으로 요양병원에 입원하였다 해도 치료받은 내용이 휴식, 숯찜질, 헬릭소(helixor) 투약 등이고 그 외에 아침예배, 온천욕, 산책 등을 한 경우에는 이러한 치료방법이 입원을 통하여만 가능하다고 보기 어려울 뿐만 아니라 치료목적이라는 개념에도 부합하지 않으므로 암입원에 해당하지 않는다(분쟁조정 제2001-47호).

1. 암진단금

암진단금은 보장제외기간 이후(90일)에 발생된 암에 한하여 지급하며, 최초 1회에 한하여 인정하고 있다. 한편, 최근 약관의 경우에는 2회까지 인정하는 경우가 있으나 문제에서 별도로 언급하지 않았으므로 일반적인 암진단금 약관에 의한다. 암진단금은 2011년 7월 1일의 위암을 근거로 총 1억원의 보험금을 지급한다.

2. 암입원일당

1) 1차입원 : 240만원

총 184일간 입원하였으나 최초 3일을 공제하고 120일을 한도로 하여 보험금을 지급한다.

2) 2차입원 : 398만원

피보험자는 총 385일간 입원하였다. 2011년 4월 개정된 약관에 의하면 "보상한도일로부터 보상제외기간(180일을 말함) 동안 퇴원없이 계속 입원한 경우에는 해당 보상한도일의 다음날을 퇴원일로 간주하여 입원급여금을 지급"하도록 정하고 있다. 따라서 180일이 지난 82일을 새로운 입원으로 보고 보험금을 지급한다.[75]

75) 총 385일의 입원 중에서 최초 3일 공제, 120일 한도 내에서 지급하며 180일의 보장제외기간 동안 퇴원없이 계속 입원하였으므로 다시 새로운 입원으로 보고 최초 3일 공제 후 79일의 입원일당을 지급한다. 그러므로 총 199일의 입원일당을 지급한다.

064 질병수술 및 치료 관련 특별약관

I 수술 관련 특별약관의 개요

제3보험을 운영하는 보험회사들은 대부분 질병수술에 대하여 담보하고 있다. 질병수술은 모든 질병을 포괄하여 담보하는 방식과 특정한 질병, 암 등에 국한하여 수술을 보장하는 방식이 있다.

질병수술을 담보하는 특별약관은 보험상품에 따라 담보방식의 차이가 있다. 손해보험의 질병수술비 특별약관은 질병의 치료목적의 수술에 대하여 모두 담보하는 포괄담보의 형식을 취하며, 특정질병을 담보하는 특별약관에서도 열거된 특정질병의 치료목적 수술을 모두 담보하는 포괄담보의 형식이다. 그러나 생명보험회사는 「수술분류표」에서 1종에서 5종에 이르는 수술명을 구체적으로 열거하여 담보하는 형식을 취하는 것이 일반적이다.

II 수술 관련 특별약관의 "수술의 정의와 장소"

1. 수술의 정의

이 특별약관에 있어서 "수술"이라 함은 의사, 치과의사 또는 한의사의 자격을 가진 자(이하 의사)에 의하여 질병의 치료가 필요하다고 인정된 경우로서 자택 등에서의 치료가 곤란하여 의료법 제3조(의료기관) 제2항에 정한 병원, 의원 또는 이와 동등하다고 회사가 인정하는 의료기관에서 의사의 관리하에 질병의 치료를 직접적인 목적으로 기구를 사용하여 생체(生體)에 절단(切斷, 특정부위를 잘라 내는 것), 적제(切除, 특정부위를 잘라 없애는 것) 등의 조작을 가하는 것을 말한다.

"수술"에는 보건복지부 산하 신의료기술평가위원회 또는 이에 준하는 기관으로부터 안전성과 치료효과를 인정받은 최신 수술기법[76]도 포함된다. 단, 흡인(吸引, 주사기 등으로 빨아들이는 것), 천자(穿刺, 바늘 또는 관을 꽂아 체액·조직을 뽑아내거나 약물을 주입하는 것) 등의 조치 및 신경(神經)차단(nerve block)은 제외한다.

2. 해당 질병의 치료를 목적

질병수술비 보험금이 지급되기 위해서는 피보험자의 해당 질병을 치료하기 위한 목적으로 수술하여야 한다. 예를 들어 실리콘오일제거술은 당뇨병의 치료목적인 수술이지만,[77] 전층 식피술[78]은 암의 치료목적으로 볼 수 없다. 또한 피보험자가 타인의 장기이식을 위한 수술을 할 경우에는 그 수술이 장기이식수술(예를 들어 간이식을 위한 간좌엽 절제술)이라고 해도 피보험자를 치료하기 위한 수술이 아니므로 보험금 지급대상이 되지 않는다(분쟁조정 제2008-8호).

3. 합병증의 수술

질병의 치료를 목적으로 하는 것과 같은 취지에서 보면 질병의 단순 합병증을 치료하기 위한 수술은 해당 질병수술비에 해당할 수 없다. 그러나 어떠한 합병증이 발병하였을 때 수술을 하지 않으면 생명유지가 불가능하여 불가피하게 합병증과 관련한 수술을 한 경우에는 해당 질병의 수술로 인정한다(1995.10.1 약관해석 통일시행방안의 취지). 예를 들어 폐암의 합병증으로 인한 식도협착수술(분쟁조정 제1997-20호)과 췌장암의 합병증인 황달증세를 없애기 위한 경피적 담즙배액술(분쟁조정 제1998-18호) 그리고 백혈병 치료를 위한 중심정맥관 삽입술(분쟁조정 제2001-27호) 그리고 폐암의 치료를 위한 폐색전술(2010다28208 판결)은 암수술에 해당하며, 간경변의 후유증으로 식도정맥류 출혈이 발생하고 그 치료를 위

---

76) 최신 수술기법에는 요로결석의 초음파 쇄석술, 간암치료에 효과적인 사이버나이프(분쟁조정 제2006-44호) 등의 시술이 포함된다. 한편, 화염상모반에 대한 혈관레이저수술은 수술의 정의에도 불구하고 수술로 인정한다(분쟁조정 제2010-8호).

77) 실리콘오일제거술은 실리콘오일 삽입 후 일정기간이 경과하여 망막의 재유착이 안정적으로 유지되면 삽입한 실리콘오일을 제거하는 수술로서 이를 시행하지 않으면 백내장, 각막증 등의 합병증이 발생할 수 있고, 의료경험칙상 실리콘오일 삽입시 제거술은 통상적으로 시행되는 것이므로 이는 일련의 치료과정으로 당뇨병의 치료를 직접적인 목적으로 한 수술에 해당한다(분쟁조정 제2006-66호).

78) 전층 식피술이란 광범위 종양절제술 이후에 결손된 피부조직을 채우고 수술부위 상처를 치료하기 위하여 이루어지는 피부이식수술이다. 전층 식피술은 암의 치료를 직접목적으로 한 수술로 보기 어려울 뿐만 아니라 광범위 종양절제술의 연장으로서 종양절제술과 전층 식피술은 일체를 이루는 하나의 수술로 보는 것이 타당하다(분쟁조정 제2008-35호).

해 내시경적 결찰술과 내시경 주사 경화요법을 시행한 것은 성인 11대 질환의 하나인 간경변 수술에 해당한다(분쟁조정 제2009-106호).

4. 관련문제 : 눈질환과 레이저수술

2016년 1월 이후에 체결되는 신계약에서 눈질환을 보장하는 보험상품(e.g. 시청각질환수술비특약)의 경우에는 레이저수술을 보장받을 수 있도록 수술의 정의에 "레이저(laser)도 포함합니다"라는 문구를 추가하였다.

손해사정사 기출문제 41회(2018년)

제3보험의 수술보장 특별약관에서 규정하고 있는 "수술의 정의"에 대해 약술하시오. (5점)

Ⅲ 질병수술비 특별약관

1. 보험금의 종류, 지급사유 및 세부규정

보험자는 피보험자가 보험기간 중에 진단확정된 질병의 치료를 직접목적으로 수술을 받은 경우에는 수술 1회당 이 특별약관의 보험가입금액을 질병수술비로 지급한다.

질병수술비는 매 사고시마다 지급한다. 다만, 같은 질병으로 두 종류 이상의 질병수술을 받은 경우(동시수술)에는 하나의 질병수술비만 지급한다. 그러나 질병수술을 받고 365일이 경과한 후 같은 질병으로 새로운 수술을 받은 경우에는 다른 질병으로 간주하고 보험금을 지급한다.

기존의 약관은 동시수술의 경우에 지급기준이 명확하지 않았기 때문에 동시수술의 경우에도 각각의 수술에 대한 수술급여금을 지급해야 했으나 현행 약관은 분쟁의 여지를 줄이기 위해 동시수술에 관한 보험금 지급규정을 두고 있다.

2. 보험금을 지급하지 아니하는 사유

보험자는 보통약관에서 정한 「보험금을 지급하지 아니하는 사유」 외에도 ① 정신과질환 및 행동장애(F04~F99), ② 여성생식기의 비염증성 장애로 인한 습관성 유산, 불임 및 인공수정관련 합병증(N96~N98), ③ 피보험자의 임신, 출산(제왕절개를 포함한다), 산후기로 수술한 경우(O00~O99), ④ 선천성기형, 변형 및 염색체이상(Q00~Q99), ⑤ 비만(E66), ⑥ 비뇨기계장애(N39, R32), ⑦ 치핵, 비뇨기계장애 및 직장 또는 항문관련질환(I84, K60~K62), ⑧ 치아우식증, 치아 및 치주질환 등의 치과질환(K00~K08)의 질병수술비는 보상하지 않는다.

보험자는 ① 건강검진, 예방접종, 인공유산, ② 영양제, 종합비타민제, 호르몬 투여, 보신용 투약, 친자확인을 위한 진단, 불임검사, 불임수술, 불임복원술, 보조생식술(체내, 체외 인공수정을 포함한다), 성장촉진과 관련된 수술, ③ 단순한 피로 또는 권태, ④ 주근깨, 다모, 무모, 백모증, 딸기코(주사비), 점(모반), 사마귀, 여드름, 노화현상으로 인한 탈모 등 피부질환, ⑤ 발기부전(impotence) · 불감증, 단순 코골음, 단순포경(phimosis), 국민건강보험 요양급여의 기준에 관한 규칙 제9조 제1항([별표2] 비급여대상)에 의한 업무 또는 일상생활에 지장이 없는 검열반 등 안과질환, ⑥ 외모개선 목적의 치료를 위한 수술[79] 에 해당하는 질병수술비에 대하여도 보상하지 않는다.

Ⅳ 암수술비 특별약관

1. 보험금의 종류 및 주된 내용

보험자는 피보험자가 암보장개시일 이후에 암으로 진단확정되거나 제자리암, 기타피부암, 경계성종양 또는 갑상선암으로 진단확정되고 그 치료를 직접목적으로 수술을 받았을 때에는 수술1회당 암수술비를 지급한다.

이 특별약관의 주된 내용은 암진단비 · 암입원일당 특별약관과 같다. 그러므로 보장개시일 이전에 암으로 진단된 경우 계약을 무효로 하는 규정, 암 및 유사암에 대한 정의 및 진단확정에 대한 내용, 암에 대하여 90일의 면책기간을 두는 규정, 1년 이내에 암 및 유사암으로 진단되었을 때에 정상적인 보험금의 50% 수준으로 보험금을 삭감하는 규정 등이 모두 같다.

79) 외모개선 목적의 치료를 위한 수술이란, ① 쌍꺼풀수술(이중검수술), 코성형수술(융비술), 유방확대 · 축소술, 지방흡입술, 주름살제거술 등, ② 사시교정 안와격리증의 교정 등 시각계 수술로써 시력개선 목적이 아닌 외모개선 목적의 수술, ③ 안경, 콘택트렌즈 등을 대체하기 위한 시력교정술, ④ 외모개선 목적의 다리정맥류 수술을 말한다.

2. 암합병증 수술

앞에서 검토한 바와 같이 암의 합병증 수술은 암수술로 인정하지 않는 것이 원칙이다. "암의 치료를 직접목적으로 하는 수술"에 대하여만 암수술로 인정하기 때문이다. 그러나 약관상 "직접목적"이라는 표현은 추상적이고 상대적인 측면이 있으므로 "암의 치료를 직접목적으로 하는 수술"은 암을 제거하거나 암의 증식을 억제하기 위한 수술로 한정되는 것이 아니라 암 자체 또는 암의 성장으로 인하여 직접 발현되는 중대한 병적 증상을 호전시키기 위한 수술을 포함한다(2010다40543 판결).

다만, 암이나 암치료 후 그로 인하여 발생한 후유증을 완화하거나 합병증을 치료하기 위한 수술까지 이에 포함된다고 보기는 어렵다. 예를 들어 간세포암을 치료하기 위하여 간이식 수술을 받은 후에 간이식 수술로 인한 합병증으로 담도문합부에 협착이 발생하여 시행한 풍선확장술은 암수술로 보기 어렵다(2010다40543 판결).

V 중대한 수술 관련 특별약관

1. 조혈모세포이식수술비 특별약관

1) 보험금의 종류 및 지급사유

보험자는 피보험자가 보험기간 중에 조혈모세포이식을 받은 경우에는 보험수익자에게 최초 1회에 한하여 이 특별약관의 보험가입금액을 조혈모세포이식수술비로 지급한다.

2) 조혈모세포이식수술의 정의 및 진단확정

이 특별약관에 있어 "조혈모세포이식"이라 함은 각종 혈액질환 및 악성종양 치료시 발생되는 골수부전상태를 근본적으로 치료할 목적으로 정상적인 조혈모세포(hematopoietic stem cell)를 이식하는 시술로서 관련 법규에 따라 정부에서 인정한 무균실이 있는 골수이식의료기관에서 다음의 각 호에서 정한 동종(골수, 말초)조혈모세포이식, 자가(골수, 말초)조혈모세포이식, 제대혈조혈모세포이식 시술을 말한다. 다만, 조혈모세포를 제공하는 공여자로부터 조혈모세포를 채취하는 시술은 제외한다.

① "동종(allogenic)골수조혈모세포이식"이라 함은 정상적인 조혈모세포를 가진 공여자의

골수내 조혈모세포를 골수부전상태에 있는 피보험자에게 투여하는 행위를 말한다.

② "동종(allogenic)말초조혈모세포이식"이라 함은 정상적인 조혈모세포를 가진 공여자의 말초혈액내 조혈모세포를 골수부전상태에 있는 피보험자에게 투여하는 행위를 말한다.

③ "자가(autologous)골수조혈모세포이식"이라 함은 피보험자의 골수내 조혈모세포를 미리 채취하여 보관하였다가 골수부전상태에 있는 피보험자에게 다시 투여하는 행위를 말한다.

④ "자가(autologous)말초조혈모세포이식"이라 함은 피보험자의 말초혈액내 조혈모세포를 미리 채취하여 보관하였다가 골수부전상태에 있는 피보험자에게 다시 투여하는 행위를 말한다.

⑤ "제대혈조혈모세포이식"이라 함은 정상적인 조혈모세포가 있는 제대혈내조혈모세포를 골수부전상태에 있는 피보험자에게 투여하는 행위를 말한다.

2. 5대 장기이식수술비 특별약관

보험자는 피보험자가 보험기간 중에 진단확정된 질병 또는 상해로 인한 장기수혜자로서 병원 또는 의원 등에서 5대장기이식수술을 받았을 때에는 최초 1회에 한하여 이 특별약관의 보험가입금액을 5대장기이식수술비로 지급한다.

이 특별약관에 있어서 "5대장기"라 함은 신장, 간장, 심장, 췌장, 폐장을 말하며, "5대장기이식수술"이라 함은 「장기 등 이식에 관한 법률」에서 정한 절차 및 방법에 따라 기증자의 5대장기를 이식대상자(피보험자)에게 이식하는 수술을 말한다. 다만, 랑게르한스소도세포 이식수술은 5대장기이식수술로 보지 않는다.

3. 각막이식수술비 특별약관

보험자는 피보험자가 보험기간 중에 진단확정된 질병 또는 상해로 인한 장기수혜자로서 병원 또는 의원 등에서 각막이식수술을 받았을 때에는 최초 1회에 한하여 이 특별약관의 보험가입금액을 각막이식수술비로 지급한다.

이 특별약관에서 "각막이식수술"이라 함은 「장기 등 이식에 관한 법률」에서 정한 절차 및 방법에 따라 기증자의 각막을 이식대상자(피보험자)에게 이식하는 수술을 말한다.

4. 심장판막수술비 특별약관

1) 보험금의 종류 및 지급사유

보험자는 피보험자가 보험기간 중에 질병으로 진단확정되고 그 치료를 직접목적으로 심장판막수술을 받은 경우에는 1회에 한하여 심장판막수술비를 지급한다. 단, 보험계약일로부터 1년 미만에 수술한 경우에는 보험가입금액의 50%만을 지급한다.

2) 심장판막수술의 정의

이 특별약관에서 심장판막수술이라 함은 심장판막질환의 근본적인 치료를 직접목적으로 하여 ① 반드시 개흉술 및 개심술을 한 후 병변이 있는 판막을 완전히 제거한 뒤에 인공심장판막 또는 생체판막으로 치환하여 주는 수술, ② 반드시 개흉술 및 개심술을 한 후 병변이 있는 판막에 대해 판막성형술(valvuloplasty) 중 한 가지 이상에 해당하는 경우이다.

단, ① 카테터를 이용하여 수술하는 경우,[80] ② 개흉술 또는 개심술을 동반하지 않는 수술과 같은 수술은 보장에서 제외한다.

5. 인공관절수술비 특별약관

1) 보험금의 종류 및 지급사유

보험자는 피보험자가 보험기간 중에 진단확정된 질병 또는 상해로 인공관절수술을 받았을 때에는 수술 1회당 이 특별약관의 보험가입금액을 인공관절수술비로 지급한다. 인공과절수술비는 매 사고시마다 지급한다. 그러나 관절의 일부만을 치환하거나 성형하는 수술 및 처치(단, 인공골두삽입술은 제외) 또는 인공관절이 아닌 금속내고정술, 외고정술 등은 모두 보장에서 제외한다.

여기서 인공관절수술이란 ① 고관절(엉덩이관절), 슬관절(무릎관절) 또는 견관절(어깨관절)이 파괴되어 더 이상 사용할 수 없는 관절(의학적으로 기능을 완전히 상실한 경우)에 대해 손상된 관절을 제거하고 인공적으로 만든 관절(특수소재를 사용한 인공적 신체의 관절로 이하 "인공관절"이라 한다)을 삽입하여 치환하여 줌으로써 원래의 관절기능을 회복시켜주는 "인공관절치환술"을 받은 경우 또는 ② 손상된 골두를 제거하고 인체에 해가 없는 인공적으로 만든 골두를

80) 예를 들어, 경피(피부를 통한)적 판막성형술(percutaneous balloon valvuoplasty)

해당 뼈에 삽입시켜 줌으로써 기존 골두의 기능을 치환하여 주는 "인공골두삽입술"을 받은 경우를 말한다.

2) 보험금을 지급하지 아니하는 사유

보험자는 보통약관의 "보험금을 지급하지 아니하는 사유"외에도 ① 알코올 중독, 습관성 약품 또는 환각제의 복용 및 사용, ② 피보험자의 정신적 기능장해, 선천성 뇌질환 및 심신상실 중 어느 한 가지의 경우에 의하여 보험금 지급사유가 발생한 때에는 보험금을 지급하지 않는다.

Ⅵ 남성·여성·어린이 수술 관련 특별약관

1. 남성특정비뇨기계질환수술비 특별약관

1) 보험금의 종류 및 지급사유

보험자는 피보험자가 보험기간 중 남성특정비뇨기계질환으로 진단확정되고 그 치료를 직접적인 목적으로 수술을 받은 경우에는 매 수술시마다 해당 수술비(보험계약일로부터 1년 미만인 경우에는 보험가입금액의 50%)를 지급한다.

2) 남성특정비뇨기계질환의 정의 및 진단확정

이 특별약관에 있어서 남성특정비뇨기계질환이라 함은 「남성특정비뇨기계질환분류표」[81]

81) 남성특정비뇨기계질환이라 함은 제6차 한국표준질병·사인분류에서 정한 질병 중 사구체질환(N00~08), 세뇨관-간질질환(N10~16), 신부전(N17~19), 신장 및 요관의 기타장애(N25~29), 비뇨계통의 기타질환(N30~33, N37, N39), 남성 생식기관의 질환(N43~45, N49~51)을 말한다. 만일, 제7차 이후 한국표준질병·사인분류에 있어서 추가로 위 분류에 해당하는 질병이 있는 경우에는 그 질병도 포함하는 것으로 한다. 여기서 ① 사구체질환이라 함은 급성 신염증후군, 급속 진행성 신염증후군, 재발성 및 지속성 혈뇨, 만성 신염증후군, 신증후군, 상세불명의 신염증후군, 명시된 형태학적 병변을 동반한 고립성 단백뇨, 달리 분류되지 않는 유전성 신장병증, 달리 분류된 질환에서의 사구체 장애로 분류되는 질병을 말한다. ② 세뇨관-간질질환이라 함은 급성 세뇨관-간질신염, 만성 세뇨관-간질신염, 급성 또는 만성으로 명시되지 않는 세뇨관-간질신염, 폐쇄성 및 역류성 요로병증, 약물 및 중금속 유발성 세뇨관-간질성 및 세뇨관 병태, 기타 세뇨관-간질질환, 달리 분류된 질환에서의 세뇨관-간질장애로 분류되는 질병을 말한다. ③ 신부전이라 함은 급성 신부전, 만성 신장질환, 상세불명의 신부전으로 분류되는 질병을 말한다. ④ 신장 및 요관의 기타장애라 함은 세뇨관 기능 손상으로 인한 장애, 상세불명의 신장 위축, 원인미상의 작은 신장, 달리 분류되지 않은 신장 및 요관의 기타장애, 달리 분류된 질환에서의 신장 및 요관의 기타장애로 분류되는 질병을 말한다. ⑤ 비뇨계통의 기타질환이라 함은 방광염, 달리 분류되지 않은 방광의 신경근육 기능장애, 방광의 기타장애, 달리 분류된 질병에서의 방광장애, 달리 분류된 질병에서의 요도장애, 비뇨기계통의 기타장애로 분류되는 질병을 말한다. ⑥ 남성 생식기관의 질환이라 함은 음낭수류 및 정액류, 고환의 염전, 고환염 및 부고환염, 달리 분류되지 않은 남성 생식기관의 염증성 장애, 남성 생식기관의 기타장애, 달리 분류된 질환에서의

에서 정한 사구체질환, 세뇨관-간질질환, 신부전, 신장 및 요관의 기타장애, 비뇨계통의 기타질환, 남성 생식기관의 질환을 말한다.

남성특정비뇨기계질환의 진단확정은 의료법 제3조에서 정한 병원 또는 이와 동등하다고 인정되는 의료기관의 의사자격을 가진 자에 의한 진단서에 의한다.

2. 여성만성질병수술비 특별약관

1) 보험금의 종류 및 지급사유

보험자는 피보험자가 보험기간 중에 여성만성질병으로 진단확정되고 그 치료를 직접적인 목적으로 수술을 받은 경우에는 매 수술시마다 해당 수술비(보험계약일로부터 1년 미만인 경우 보험가입금액의 50%)를 지급한다.

2) 여성만성질병의 정의 및 진단확정

이 특별약관에서 여성만성질병이라 함은 「여성만성질병 분류표」[82]에서 정한 골다공증, 관절염을 말한다. 여성만성질병의 진단확정은 의료법 제3조에서 정한 병원 또는 이와 동등하다고 인정되는 의료기관의 의사자격을 가진 자에 의한 진단서에 의한다.

3. 여성골다공증수술비 특별약관

보험자는 피보험자가 보험기간 중에 여성골다공증으로 진단이 확정되고 그 치료를 직접적인 목적으로 수술을 받는 경우에는 이 특별약관의 보험가입금액을 해당 수술비로 지급한다.

이 특별약관에서 여성골다공증이라 함은 「여성골다공증 분류표」[83]에서 정한 골다공증을 말한다. 여성골다공증의 진단확정은 의료법 제3조에서 정한 국내의 병원 또는 이와 동등하다고 회사가 인정하는 국외의 의료기관의 의사(치과의사 제외) 자격증을 가진 자에 의한 진단서에 의한다.

남성 생식기관의 장애로 분류되는 질병을 말한다.

82) 「여성만성질병 분류표」에서 정하는 여성만성질병은 제6차 개정 한국표준질병·사인분류 중 골다공증(M80~84), 관절염(M00~03, M05~25)에 해당하는 질병을 말한다. 만일, 제7차 이후 한국표준질병·사인분류에 있어서 추가로 위 분류에 해당하는 질병이 있는 경우에는 그 질병도 포함하는 것으로 한다.

83) 「여성골다공증 분류표」에서 여성골다공증으로 분류되는 질병은 제6차 개정 한국표준질병·사인분류 중 골다공증(병적 골절을 동반한 골다공증M80, 병적 골절이 없는 골다공증M81, 달리 분류된 질환에서의 골다공증M82, 골연속성의 장애M84)를 말한다.

4. 자궁적출수술비 특별약관

1) 보험금의 종류 및 지급사유

보험자는 피보험자가 보험기간 중 보장개시일(책임개시일) 이후에 여성생식기암으로 진단확정되고 그 치료를 직접적인 목적으로 자궁적출수술을 받은 경우에는 1회에 한하여 자궁적출수술비(보험계약일로부터 1년 미만인 경우에는 보험가입금액의 50%)를 지급한다.

2) 여성생식기암 및 자궁적출수술의 정의 및 진단확정

이 특별약관에서 여성생식기암이라 함은 「여성생식기암 분류표」[84]에서 정한 질병을 말하며, 여성생식기암에 대한 진단확정은 해부병리 또는 임상병리의 전문의사 자격증을 가진 자에 의하여 내려져야 하며, 이 진단은 조직(fixed tissue)검사, 미세바늘흡인검사(fine needle aspiration) 또는 혈액(hemic system)에 대한 현미경 소견을 기초로 하여야 한다. 그러나 상기에 의한 진단이 가능하지 않을 때에는 피보험자가 여성생식기암으로 진단 또는 치료를 받고 있음을 증명할 만한 문서화된 기록 또는 증거가 있어야 한다.

자궁적출수술(hysterotomy)이라 함은 자궁을 적출(외과적으로 제거함)하는 수술로써 「자궁적출수술의 분류표」[85]에서 정한 수술을 말한다.

5. 유방절제수술비 특별약관

1) 보험금의 종류 및 지급사유 등

보험자는 피보험자가 보험기간 중에 진단확정된 질병 또는 상해로 유방절제수술유방절제수술(Total Mastectomy)을 받은 경우에는 최초 1회에 한하여 이 특별약관의 보험가입금액을 수술비로 지급한다. 유방절제수술에는 부분절제술(Subtotal Mastectomy), 국소절제수술(Lumpectomy), 유방의 절제를 동반하지 않은 유두의 절제, 미용을 위한 절제술, 유방의 조직검사(Biopsy)를 제외한다.

---

84) 「여성생식기암 분류표」에서 여성생식기암이란 여성생식기관의 악성신생물(C51~C58), 여성생식기관의 제자리암종(D06, D07.0, D07.1, D07.2, D07.3)을 말한다.

85) 「자궁적출수술 분류표」에서 자궁적출수술이란 국제의료행위 분류표(ICD.9)에 의한 수술 및 처치 코드에 해당하는 수술을 말한다. 자궁적출수술(hysterectomy,ICD-9-CM 수술코드 기준)의 대상이 되는 수술은 복식 부분자궁적출술(Subtotal abdominal hysterectomy)68.3 복식 전자궁적출술(Total abdominal hysterectomy)68.4 질식 전자궁적출술(Vaginal hysterectomy)68.5 복식 근치자궁적출술(Radical abdominal hysterectomy)68.6 질식 근치자궁적출술(Radical vaginal hysterectomy)68.7 골반 장기적출술(Pelvic evisceration)68.8 기타 및 상세불명 자궁적출술(Other and unspecified hysterectomy)68.9이다.

2) 보험금을 지급하지 아니하는 사유

이 특별약관의 보험자는 보통약관의 "보험금을 지급하지 아니하는 사유" 외에도 ① 알코올중독, 습관성 약품 또는 환각제의 복용 및 사용, ② 피보험자의 정신적 기능장해, 선천성 뇌질환 및 심신상실 중 어느 한 가지의 경우에 의하여 보험금 지급사유가 발생한 때에는 보험금을 지급하지 않는다.

6. 어린이 개흉심장수술비 특별약관

1) 보험금의 종류 및 지급사유

보험자는 피보험자가 보험기간 중에 질병으로 진단확정되고 그 치료를 직접적인 목적으로 개흉심장수술을 받은 경우에는 1회에 한하여 이 특별약관의 보험가입금액을 수술비로 지급한다.

2) 보험금 지급에 관한 세부규정

이 특별약관에서 개흉심장수술이라 함은 의사에 의하여 심장병의 근본적인 치료가 필요하다고 인정한 경우로서 의료법 제3조 제2항에 정한 병원, 의원 또는 이와 동등하다고 인정되는 의료기관에서 의사의 관리하에 심장병의 치료를 직접적인 목적으로 의료기구를 사용하여 반드시 개흉술을 한 후 심장의 병변에 대해 수술하는 것을 말한다. 그러나 개흉술을 동반하지 않는 수술, 중재적 심장시술[예)풍선판막성형술(Ballon Valvuloplasty) 등]은 모두 보장에서 제외한다.

Ⅶ 특정질병 관련 수술비 특별약관

1. 7대질병 수술비 특별약관

보험자는 피보험자가 보험기간 중에 7대질병 등으로 진단확정되고 그 치료를 직접적인 목적으로 수술을 받은 경우에는 수술 1회당 이 특별약관의 보험가입금액을 해당 질병의 수술비로 지급한다.

이 특별약관의 "7대질병"이라 함은 제6차 한국표준질병사인분류에 있어서 7대질병으로 분류되는 질병으로, 「7대질병 분류표」[86]에서 정한 심장질환, 뇌혈관질환, 간질환, 고혈압, 당뇨병, 만성하기도질환, 위 · 십이지장궤양을 말한다. "7대질병"의 진단확정은 의료법 제3조에서 정한 국내의 병원 또는 이와 동등하다고 회사가 인정하는 국외의 의료기관의 의사(치과의사 제외) 자격증을 가진 자에 의한 진단서에 의한다. 단, 뇌혈관질환의 진단은 병력 · 신경학적 검진과 함께 뇌전산화단층촬영(brain CT scan), 자기공명영상(MRI), 뇌혈관조영술, 양전자방출단층술(PET), 단일광자방출 전산화단층술(SPECT), 뇌척수액검사 등을 기초로 하고, 심장질환 중 허혈성심장질환의 진단은 병력과 함께 심전도, 심장초음파, 관상동맥(심장동맥)촬영술, 혈액중 심장 효소검사 등을 기초로 하여야 한다.

2. 18대질병 수술비 특별약관

이 특별약관은 18대질병의 범위가 차이가 있다는 점 외에는 7대질병 수술비 특별약관과 대부분 같다. 여기서 18대질병이라 함은 7대질병 외에도 갑상선질환, 동맥경화증, 폐렴, 백내장, 녹내장, 결핵, 신부전, 담석증, 사타구니탈장, 편도염, 축농증이 추가로 포함된다.[87]

3. 호흡기 관련 질병수술비 특별약관

1) 보험금의 종류 및 지급사유

보험자는 피보험자가 보험기간 중에 호흡기 관련 질병으로 진단확정되고 그 치료를 직접적인 목적으로 수술을 받은 때에는 수술 1회당 이 특별약관의 보험가입금액을 해당 수술비로 지급한다.

2) 호흡기 관련 질병의 정의 및 진단확정

이 특별약관의 "호흡기관련질병"이라 함은 제6차 한국표준질병사인분류에 있어서 "호흡기관련질병"으로 분류되는 질병으로 「호흡기관련질병 분류표」[88]에서 정한 급성상기

86) 「7대질병 분류표」에서 7대질병이란 심장질환(I00~02, I05~09, I20~28, I30~52), 뇌혈관질환(I60~69), 간질환(B15~19, K70~77), 고혈압(I10~15), 당뇨병(E10~14), 만성하기도질환(J40~42, J44, J45), 위 · 십이지장궤양을 말한다.

87) 「18대질병 분류표」에서 18대질병이라 함은 7대질병 외에도 갑상선질환(E00~07, E89.0), 동맥경화증(I70), 폐렴(J12~18, A48.1, B05.2), 백내장(H25~27), 녹내장(H40~42), 결핵(A15~A19, B90), 신부전(N17~19), 담석증(K80), 사타구니탈장(K40), 편도염(J35), 축농증(J32)을 말한다.

88) 「호흡기관련질병 분류표」에서 호흡기관련질병으로 분류되는 질병은 제6차 개정 한국표준질병사인분류(KCD : 통계청고시 제2010-246호, 2011.1.1 시행) 중 다음에 적은 상병을 말한다. 급성상기도감염J00~J06 상세불명의 상기도질환J39.9 급성인지 만성인지 명시되지 않은 기관지염J40 단순성 및 점액농성 만성기관지염J41 상세불명의 만

도감염, 상세불명의 상기도질환, 급성인지 만성인지 명시되지 않은 기관지염, 단순성 및 점액농성 만성기관지염, 상세불명의 만성기관지염, 천식 및 천식지속상태, 폐렴, 재향군인병 또는 폐렴이 합병된 홍역을 말한다.

"호흡기관련질병"의 진단확정은 의료법 제3조에서 정한 병원 또는 이와 동등하다고 인정되는 의료기관의 의사자격을 가진 자에 의한 진단서에 의한다.

4. 충수염(맹장염)수술비 특별약관

1) 보험금의 종류 및 지급사유

보험자는 피보험자가 보험기간 중에 충수염으로 진단확정되고 그 치료를 직접적인 목적으로 수술을 받은 때에는 최초 1회에 한하여 이 특별약관의 보험가입금액을 충수염수술비로 지급한다.

2) 충수염의 정의 및 진단확정

이 특별약관의 "충수염(맹장염)"이라 함은 제6차 한국표준질병사인분류에 있어서 "충수염(맹장염)"으로 분류되는 질병(충수염 분류표 참고)을 말한다. "충수염"의 진단확정은 의료법 제3조에서 정한 병원 또는 이와 동등하다고 인정되는 의료기관의 의사자격을 가진 자에 의한 진단서에 의한다.

5. 컴퓨터과잉질환(VDT증후군)수술비 특별약관

1) 보험금의 종류 및 지급사유

보험자는 피보험자가 보험기간 중에 컴퓨터과잉질환으로 진단확정되고 그 치료를 직접목적으로 수술을 받은 경우에는 수술 1회당 이 특별약관의 보험가입금액을 수술비로 지급한다.

2) 컴퓨터과잉질환의 정의 및 진단확정

이 특별약관의 "컴퓨터과잉질환(VDT증후군)"이라 함은 제6차 한국표준질병사인분류에 있어서 "컴퓨터과잉질환"으로 분류되는 질병으로 「컴퓨터과잉질환(VDT증후군) 분류표」[89]

성 기관지염J42 천식, 천식지속상태J45, J46 폐렴, 재향군인병, 폐렴이 합병된 홍역J12~J18, A48.1, B05.2을 말한다.

89) 「컴퓨터과잉질환 분류표」에서 분류하는 질병은

1. 근육장애M60~M63

에서 정한 근육장애, 윤활막 및 힘줄장애, 결합조직의 기타 전신침범, 기타 연조직장애, 기타 관절연골장애 및 인대장애, 관절통, 달리 분류되지 않은 관절의 경직, 경추상완증후군 또는 팔의 단일 신경병증을 말한다. 컴퓨터과잉질환의 진단확정은 의료법 제3조에서 정한 병원 또는 이와 동등하다고 인정되는 의료기관의 의사자격을 가진 자에 의한 진단서에 의한다.

6. 시청각질환수술비 특별약관

1) 보험금의 종류 및 지급사유

보험자는 피보험자가 보험기간 중에 시청각질환으로 진단확정되고 그 치료를 직접적인 목적으로 수술을 받은 경우에는 매 수술시마다 이 특별약관의 보험가입금액을 수술비로 지급한다.

2) 시청각질환의 정의 및 진단확정

이 특별약관에서 시청각질환이라 함은 「시청각질환 분류표」[90]에서 정한 질병을 말한다. 시청각질환의 진단확정은 의료법 제3조에서 정한 병원 또는 이와 동등하다고 인정되는 의료기관의 의사자격을 가진 자에 의한 진단서에 의한다.

Ⅷ 기타 수술 및 치료비 관련 특별약관

1. 특정전염병치료비보장 특별약관

보험자는 피보험자가 보험기간 중에 「특정전염병 분류표」에서 정한 특정전염병에 감

2. 윤활막 및 힘줄장애M65~M68
3. 결합조직의 기타 전신침범M35
4. 기타 연조직장애M70~M79
5. 기타 관절연골장애, 인대장애M24.1, M24.2
6. 관절통, 달리 분류되지 않은 관절의 경직M25.5, M25.6
7. 경추상완증후군M53.18. 팔의 단일 경병증G56를 말한다.

90) 약관에 규정하는 시청각질환으로 분류되는 질병은 눈꺼풀, 눈물기관 및 안와의 장애H00~H06, 결막의 장애H10~H13, 공막 · 각막 · 홍채 및 섬모체의 장애H15~H22, 수정체의 장애H25~H28, 맥락막 및 망막의 장애H30~H36, 녹내장H40~H42, 유리체 및 안구의 장애H43~H45, 시신경 및 시각로의 장애H46~H48, 안근 · 양안운동 · 조절 및 굴절의 장애H49~H52, 시각장애 및 실명H53~H54, 눈 및 눈부속기의 기타 장애H55~H59, 외이의 질환H60~H62, 중이 및 유돌의 질환H65~H75, 내이의 질환H80~H83, 귀의 기타 장애H90~H95

염되어 전염병환자로 진단받아 치료를 받은 경우에는 보험수익자에게 이 특별약관의 보험가입금액을 특정전염병치료비로 지급한다.

이 약관에서 특정전염병이라 함은 제6차 개정 한국표준질병사인분류 중에서 콜레라, 장티푸스, 파라디푸스 등의 전염병을 말한다.[91]

2. 깁스치료비보장 특별약관

1) 보험금의 종류 및 지급사유

보험자는 피보험자가 보험기간 중에 진단확정된 질병 또는 상해로 인하여 깁스(Cast)치료를 받았을 때에는 이 특별약관의 보험가입금액을 깁스치료비로 지급한다.

2) 보험금 지급에 관한 세부규정

동일한 상해 또는 질병으로 인하여 깁스치료를 2회 이상 받은 경우 또는 동시에 서로 다른 신체부위에 깁스치료를 받은 경우에는 1회에 한하여 깁스치료비를 지급한다.

깁스치료비의 경우에도 질병보험금 지급에 관한 세부규정이 적용된다. 그러므로 청약서상 계약 전 알릴의무에 해당하는 질병으로 인하여 과거(당해 질병의 고지대상 기간)에 진단 또는 치료를 받은 경우에는 해당 질병과 관련한 깁스치료비를 지급하지 않는다.

3) 깁스(cast)치료의 정의

이 특별약관에 있어서 "깁스(Cast)치료"라 함은 석고붕대 또는 섬유유리붕대(Fiberglass Cast)를 병변이 있는 뼈, 관절부위의 둘레 모두에 착용시켜(Circular Cast) 감은 다음 굳어지게 하여 치료효과를 가져오는 치료법을 의미한다. 단, 부목(Splint cast) 치료는 제외한다. "부목(Splint cast)치료"란 석고붕대 또는 섬유유리붕대(Fiberglass Cast)를 고정할 부분의 일측면 또는 양측면에 착용시키고 대주는 치료법을 말한다.

91) 「특정전염병 분류표」에서 말하는 특정전염병이란, 콜레라A00, 장티푸스A01.0, 파라티푸스A01.1~A01.4, 상세불명의 시겔라증A03.9, 장출혈성대장균감염A04.3, 페스트A20, 파상풍A33~A35, 디프테리아A36, 백일해A37, 급성회색질척수염A80, 일본뇌염A83.0, 홍역B05, 풍진(독일홍역)B06, 볼거리B26, 탄저병A22, 브루셀라병A23, 렙토스피라병A27, 성홍열A38, 수막구균 수막염A39.0, 기타 그람음성균에 의한 패혈증A41.5, 재향군인병A48.1~A48.2, 발진티푸스A75, 광견병A82, 신장 증후군을 동반한 출혈열A98.5, 말라리아B50~B54를 말한다.

065 태아보험과 출생 전 자녀가입 특별약관

Ⅰ 태아보험의 개요

태아보험은 임신 중의 계약자가 태아의 출생을 조건으로 태아를 대상으로 하는 보험계약을 체결하는 것으로서 일반적인 어린이보험의 담보는 물론 출생 전·후의 위험까지도 함께 담보하는 질병·상해보험계약이다.

"선천성질환에 대한 수술보장", "출생 전·후기의 임산부에게 발생한 질환을 보장", "저체중아의 인큐베이터 이용" 등은 태아보험에만 고유한 담보사항이다.

Ⅱ 태아보험의 특징

태아는 인격을 갖지 못하므로 인보험의 보호대상이 될 수 없음에도 불구하고 태아보험은 태아를 대상으로 보험계약을 체결할 수 있다. 이 보험계약은 태아의 출생을 조건으로 하는 계약(엄밀히 보면 태아의 유산 또는 사산을 해제조건으로 하는 계약)으로서 태아인 동안에도 부모가 법정대리인이 되어 태아를 대상으로 계약을 체결할 수 있다는 점에서 해제조건설[92]에 의한 계약이다.

태아보험은 보험계약의 체결당시에 피보험자(성별, 출생일 등)가 특정되지 않은 보험으로서 계약체결 이후에 태아가 출생하게 되면 태아출생에 대한 통지 또는 확정의 절차를 거친다. 이러한 점에서 태아보험은 예정보험(open policy 혹은 floating insurance)의 일종이다.

92) 태아의 권리능력 취득시기와 관련하여 해제조건설이란 "태아인 동안에도 개별적 사항의 범위에서는 제한적 권리능력을 가지고, 만일 사산된 경우 권리능력의 효과가 소급하여 소멸한다는 견해"이다. 이 견해는 태아의 법정대리인을 인정한다.

III 출생 전 자녀가입 특별약관

1. 특별약관의 적용

「출생 전 자녀가입 특별약관」이란 임부(일반적으로 임신 22주 이내, 최장 24주) 및 그의 배우자가 출생 전 자녀를 피보험자로 할 수 있는 제도성 특별약관이다. 이 특별약관은 질병・상해사망(80% 이상 후유장해 포함)보장 특별약관 중 하나 이상을 피보험자의 부양자에게 부가한 계약에 한하여 부가할 수 있으며, 피보험자로 될 자가 계약체결시 출생 전 자녀(태아)인 계약에 대해 적용된다. 태아는 출생시에 피보험자로 된다.

2. 보장의 시기와 종기

태아보험에서 부양자에 대한 보장은 계약일에 시작하며, 계약일로부터 태아가 출생한 날까지의 기간에 보통약관의 보험기간을 더한 날에 끝난다. 태아에 대한 보장은 태아의 출생시에 시작하며, 출생일로부터 보통약관의 보험기간을 더한 날에 끝난다.

3. 출생의 통지와 유산・사산

계약자는 태아가 출생한 경우에는 지체없이 서류를 제출하여 회사에 알려야 한다. 다만, 태아의 유산・사산에 의하여 출산하지 못한 경우 보험자는 태아 관련 특별약관을 무효로 하고 받은 보험료를 반환한다.

다만, 태아가 유산 또는 사산된 경우에도 부양자 관련 특별약관인 「상해사망・후유장해 특별약관」, 「질병사망 특별약관」, 「모성사망 특별약관」, 「유산진단 특별약관」, 「임신・출산질환 입원일당 특별약관」, 「유산수술 특별약관」 등은 무효가 되지 않는다.

4. 복수출생의 경우

태아가 복수로 출생한 경우 계약자는 피보험자 각각을 지정할 수 있으며, 보험자는 이에 따른다. 만일 피보험자가 출생한 날부터 1년 이내에 사망하고 동시에 출생한 자가 생존하여 있는 경우에는 계약자는 피보험자가 사망한 날부터 1개월 이내에 한하여 동시에 출생한 자 가운데 가족관계등록상 다음 순위의 자를 새로운 피보험자로 할 수 있다.

다만, 계약자가 새로운 피보험자를 지정할 경우에 보험자는 이에 따르며, 해당 변경을 보험자가 승인한 때에는 원래의 피보험자의 사망시로 소급하여 그 변경이 행해진 것으로 하여 회사는 그때부터 변경 후의 피보험자에 대해서 보험계약상의 책임을 진다. 그러므로 변경 전 피보험자에 대한 사망보험금은 지급되지 않는다.

한편, 계약자가 원래의 피보험자를 고의로 사망케 한 경우에는 피보험자 변경을 하지 않는다.

5. 보험나이

태아보험 계약일에 있어서 피보험자의 보험나이는 0세로 하며, 피보험자의 나이는 피보험자가 출생한 날부터 계산한다.

보험자가 출생의 통지를 받은 경우 피보험자의 출생일이 계약일로부터 6개월을 초과한 때에는 보험자는 계약일을 피보험자의 출생일의 반년 전의 해당일로 변경하며, 이로 인하여 부양자의 보험나이가 바뀌어질 경우에는 이것을 변경하고 보험료도 함께 변경한다. 보험료의 변경으로 환급 · 정산할 금액이 있는 때에는 보험자가 계약자에게 지급 또는 계약자가 보험자에게 납입한다.

6. 보험료의 정산

태아보험에서 태아에 대한 보험료는 남자 0세 보장부분 영업보험료의 합계액과 여자 0세 보장부분 영업보험료의 합계액 중 높은 보험료를 기준으로 적용하며, 출생 후 피보험자의 성별이 확정된 경우에는 「보험료 및 책임준비금 산출방법서」에서 정한 방법에 따라 정산하고 이후의 보험료는 변경된 보험료로 납입한다.

보험료를 정산하는 경우 보험자가 지급하여야 할 금액이 있을 때는 이를 계약자에게 지급하고 부족한 금액이 있을 때는 계약자가 이를 회사에 납입하여야 한다. 정산보험료는 정산일까지의 기간에 대하여 공시이율을 연단위 복리로 계산한 금액으로 한다.

7. 이 특별약관을 적용하는 관련 특별약관들

출생위험보장 특별약관(저체중아. 장해출생), 신생아보장 특별약관(저체중육아비용. 신생아입원일당), 선천이상수술비 특약, 부양자 관련한 각종 특별약관 등은 이 특별약관을 통해서만 가입할 수 있다.

066 태아 관련 특별약관

I 신생아장해출생진단보장(출생위험보장) 특별약관

1. 특별약관의 개요

이 특별약관은 임신 22주 이내의 태아에 한하여 가입이 가능하며, 태아는 출생시에 피보험자가 된다. 이 특별약관의 보험금은 사고발견기간 이내에 진단된 경우에 한하여 지급된다(사고발견기준증권).

2. 회사의 보장의 시기 및 종기

피보험자에 대한 보험자의 보장은 피보험자가 출생한 날에 시작하며 이 날로부터 1년(심한 장해에서 뇌성마비의 경우에는 2년, 이하 사고발견기간이라 한다)이 지난 때에 끝난다. 단, 사고발견기간 종료 전이라도 사고가 발견되어 보험금이 지급된 경우에는 보험기간이 종료된 것으로 간주한다. 이 경우 시각은 보험증권 발행지의 표준시에 따른다.

3. 보험금의 종류 및 지급사유

보험자는 피보험자에게 다음 중 어느 한 가지에 해당하는 보험사고가 발생하였을 때에는 보험수익자에게 보험금을 지급한다. 단, 보험금은 사고발견기간 이내에 의사의 진단에 의하여 사고가 발견되어진 경우에 한하여 보험금을 지급한다.

구분	지급사유	지급금액
저체중아 출생보험금	피보험자의 체중이 출생시 2,000그램 이하인 경우 (저체중아 출생이라고 한다)	이 특별약관의 보험가입금액의 1%
장해 출생보험금	피보험자가 "장해의 대상"[93]에 해당하는 장해(장해 출생이라고 한다)를 가지고 있는 경우	이 특별약관의 보험가입금액의 10%

심한장해 출생보험금	피보험자가 "심한 장해의 대상"94)에 해당하는 장해(심한장해 출생이라고 한다)를 가지고 있는 경우	이 특별약관의 보험가입금액의 100%

93) 장해의 대상 분류표

대상이 되는 기형은 다음과 같으며 아래 이외의 기형은 보장하지 아니한다.

1. 순환기계 기형
   (1) 심실중격결손증 : 좌우 심실의 사이에 작은 구멍이 있어 심장이 수축할 때 압력이 높은 좌심실로부터 압력이 낮은 우심실로 혈액이 역류하는 것. 따라서 우심실에 부담이 생겨 나중에 심부전을 일으킨다.
   (2) 심방중격결손증 : 좌우의 심방 사이에 구멍이 있는 경우
2. 근골격계 기형
   (1) 다지증 : 지(指, 趾)가 6개 이상 있는 경우
   (2) 합지증 : 지(指, 趾)가 붙어 있는 경우
   (3) 결지증 : 지(指, 趾)가 부족한 경우
   (4) 열수(족) : 합지(趾)증이 심화되어 지(趾)가 붙어 있어야 할 곳보다 안쪽까지 찢어져 있는 경우
   (5) 내반수(족) : 手(足)가 전체로써 안쪽으로 휘어져 手(足)의 뒤쪽이 안쪽의 방향으로 향하여 있는 경우
   (6) 사경 : 목 한쪽이 휘어져 턱이 반대쪽에 올라간 상태의 경우
3. 소화기계 기형
   (1) 토순 : 윗입술이 찢어진 경우(중앙이 찢겨있는 경우, 혹은 우 또는 좌로 치우쳐진 곳에 찢겨져 있는 경우)
   (2) 구개열 : 토순보다 더욱 심한 것으로 입은 구개골에 파열이 생기는 경우
   (3) 선천성식도폐색증 : 식도가 폐쇄 또는 협착상태에 있는 경우
   (4) 선천성장폐색증 : 장이 폐쇄 또는 협착상태에 있는 경우
   (5) 선천성담도폐색증 : 담도가 폐쇄 또는 협착상태에 있는 경우(본 증상을 가지고 있는 경우에는 십이지장에 담즙이 되지 않음)
   (6) 선천성항문폐색증 : 항문이 폐쇄되어 있는 경우
4. 뇌신경계 기형
   (1) 수두증 : 뇌척수액의 증가로 뇌실비대에 의해 머리가 커진 경우
   (2) 척추파열 : 척추중앙에 깨진 선이 있어 그곳으로부터 척수나 척수막 등이 바깥으로 부풀어져 나온 경우
5. 비뇨생식기계 기형
   (1) 요도상열 : 단순히 귀두 뒷면에 찢어진 선이 있는 경우나 때로는 음순하면 전장에 열구가 있는 경우
   (2) 요도하열 : 요도가 음 선단에 미치지 못하고 음 하면에 개구가 있는 경우, 개구가 열상을 가지고 있는 경우
   (3) 선천성요도폐색증 : 요도가 폐쇄되어 있거나 협착상태에 있는 경우
   (4) 반음양 : 남성이면서 외음부가 여성처럼 보이는 경우, 여성이면서 남성처럼 보이는 경우를 말한다. 전자의 경우가 많고 이것을 남성가성반음양이라 한다.
6. 감각기계 기형
   (1) 외이도폐쇄 : 외이도가 태어나면서 폐쇄한 상태에 있는 경우
7. 훼닐케톤뇨증 : 선천성대사이상의 일종으로 방치해두면 정신박약으로 된다. 치료는 페니르알린을 제거한 특수우유와 특수한 식사를 계속적으로 제공하는 방법에 의하지만 치료는 생후 2~3개월 이내에 치료하지 않으면 지능저하를 피할 수 없다. 그러므로 생후 1개월에 집단선별검사(신생아 선천성대사이상 스크리닝 검사)를 행할 필요가 있다.

94) 심한장해의 대상 분류표

대상이 되는 기형은 다음과 같으며 아래 이외의 기형은 보장하지 아니한다.

1. 중증 기형
   (1) 심한 포코멜리아(단지증, Phocomelia) : 사지의 장골에 결손 또는 단축이 있어 수족이 직접 또는 단축한 장골을 가지고 체구에 부착하고 있는 상태의 경우. 사지의 이상은 상지에서 잘 보이며 하지의 이상은 드문 경우이며, 이 기형은 탈리도마이도(Thalidomide)계통제제를 사용하는 경우에 발생할 수 있다.
   (2) 무지증 : 사지가 완전하게 결손한 경우로서 상당히 심한 기형인 것
   (3) 절단증 : 태아일 때 사지가 양막에 말려있는 상태로 있어서 사지가 절단된 경우
2. 뇌성마비 : 뇌성마비란 (㉠)임신중의 장해, (㉡)출생시의 장해, (㉢)출생후 영아기의 장해 등에 의해 뇌조직에

만일, 피보험자가 다태아로 출생한 경우에는 각각의 피보험자에 대하여 이 특별약관에 따른 보험금을 수익자에게 지급한다.

4. 저체중아 출생, 장해 출생, 심한장해 출생이 중복된 경우

1인의 피보험자에게 저체중아 출생, 장해 출생, 심한장해 출생 중 2가지 이상이 발견된 경우(시기가 다르게 발견된 경우를 포함한다)에는 각각에 대하여 보험금을 지급한다. 다만, "장해출생"에서 정한 장해 중 2가지 이상이 발견된 경우에는 먼저 발견된 하나의 장해에 대해서만 장해출생보험금을 지급한다. "심한장해출생"에서 정한 심한장해 중 2가지 이상이 발견된 경우에도 먼저 발견된 하나의 장해에 대해서만 심한장해출생보험금을 지급한다.

5. 보험금을 지급하지 않는 사유

이 특별약관은 보통약관의 "보험금을 지급하지 않는 사유" 외에도 피보험자의 가족관계등록부상 부모의 고의를 면책으로 하고 있다.

Ⅱ 신생아입원일당 특별약관

1. 보험금의 종류 및 지급사유 등

이 특별약관의 보험기간 중에 신생아가 출생전후기 질병[95]을 원인으로 그 치료를 직접목적으로 병원 또는 의원에 4일 이상 계속 입원하였을 때 3일 초과 1일당 보험가입금액을 수익자에게 지급한다. 다만, 신생아 입원일당의 지급일수는 1회 입원당 120일을 한

이상을 초래해 수족이나 발성이 자유롭지 않게 되는 병이다. 뇌성마비의 원인으로 (㉠)임신중의 장해, (㉡)출생시의 장해에 의한 것 이외에 교통사고에 의한 외상성 장해 등이 있으나 이 보험에서 담보하는 것은 임신중 또는 출산시의 장해에 인한뇌성마비에 한한다.

3. 다운증후군의 염색체이상의 기형 : 21번째 염색체에 이상이 있는 경우에 있어 얼굴이 넓적하고 코가 작고 안열이 위로 삐뚤어져 사행하는 등 다운증후군의 특징적 얼굴형태를 가지는 경우로 근육긴장감퇴, 지능저하(장해) 등의 주요증상이 보인다.

95) 출생전후기에 발생한 주요병태 분류표
약관에 규정하는 출생전후기에 발생한 주요병태로 분류되는 질병은 제6차 개정 한국표준질병사인분류(통계청고시 제2010-246호, 2011.1.1 시행) 중 다음에 적은 항목을 말한다.

도로 한다. 여기서 "출생전후기"라 함은 임신 28주부터 생후 1주 사이의 기간을 말한다.

2. 보험금을 지급하지 않는 사유

보험자는 이 특별약관에 가입당시에 계약자가 태아의 이상상태를 이미 알고 있던 경우에는 보험금 지급사유가 발생한 때에도 신생아입원일당을 지급하지 않는다.

3. 질병입원일당에 관련된 조항의 준용

입원의 정의와 장소, 보험금 지급에 관한 세부규정 등은 일반질병의 입원일당 특별약관에서 정한 내용과 같다.

Ⅲ 저체중아 입원일당 특별약관

1. 보험금의 종류 및 지급사유

보험자는 피보험자가 이 특별약관의 보험기간 중에 미숙아(출생시 체중이 2.5kg 이하인 신생아를 말한다)로 출생하여 인큐베이터(조산아 보육기를 말한다)를 3일 이상 사용했을 경우에는 3일째 사용일부터 사용 1일당 이 특별약관의 보험가입금액을 지급한다. 다만, 입원일당의 지급일수는 최고 60일을 한도로 한다.

대상이 되는 항목	분류번호
1. 모성 요인과 임신, 진통 및 분만의 합병증에 의해 영향을 받은 태아 및 신생아	P00~P04
2. 임신 기간 및 태아 발육과 관련된 장애	P05~P08
3. 출산 외상	P10~P15
4. 출생전후기에 특이한 호흡기 및 심혈관 장애	P20~P29
5. 출생전후기에 특이한 감염	P35~P39
6. 태아 및 신생아의 출혈성 및 혈액학적 장애	P50~P61
7. 태아 또는 신생아에 특이한 일과성 내분비 및 대사장애	P70~P74
8. 태아 및 신생아의 소화계통 장애	P75~P78
9. 태아 및 신생아의 외피 및 체온조절에 관련되는 병태	P80~P83
10. 출생전후기에 기원한 기타장애	P90~P96

2. 보험금 지급에 관한 세부규정

피보험자가 다태아로 출생한 경우 각각의 신생아에 대하여 이 특별약관에 따른 보험금을 지급한다. 다만, 이 특별약관을 가입당시에 계약자가 태아의 이상상태를 이미 알고 있던 경우에는 보험금 지급사유가 발생한 때에도 저체중아입원급여금을 지급하지 않는다.

Ⅳ 선천이상 입원·수술 특별약관

1. 선천이상 수술보장 특별약관

보험자는 피보험자가 보험기간 중에 선천이상으로 진단확정되고 그 치료를 직접적인 목적으로 수술을 받은 경우에는 수술 1회당 이 특별약관의 보험가입금액을 보험금으로 지급한다. 이 특별약관에서 "선천이상"이라 함은 「선천성기형, 변형 및 염색체이상 분류표」[96]에 해당하는 질병을 말한다.

이 특별약관에서 정하는 "수술의 정의와 장소"는 일반질병수술 특별약관에서 정하고 있는 내용과 같다.

96) 선천성기형, 변형 및 염색체이상 분류표

선천이상의 대상 질병	분류번호
1. 신경계통의 선천기형	Q00 ~ Q07
2. 눈, 귀, 얼굴 및 목의 선천기형	Q10 ~ Q18
3. 순환계통의 선천기형	Q20 ~ Q28
4. 호흡계통의 선천기형	Q30 ~ Q34
5. 구순열 및 구개열	Q35 ~ Q37
6. 소화계통의 기타 선천기형	Q38 ~ Q45
7. 생식기관의 선천기형	Q50 ~ Q56
8. 비뇨계통의 선천기형	Q60 ~ Q64
9. 근골격계통의 선천기형 및 변형	Q65 ~ Q79
10. 기타 선천기형	Q80 ~ Q89
11. 달리 분류되지 않은 염색체 이상	Q90 ~ Q99

한편, 「선천이상수술(혀유착증 제외) 특별약관」의 경우에는 혀유착증을 제외한다. "혀유착증"이라 함은 제6차 한국표준질병사인분류에 있어서 설유착증(분류번호 Q38.1)에 해당하는 질병을 말한다.

2. 선천이상 입원보장 특별약관

보험자는 피보험자가 보험기간 중에 선천이상으로 진단확정되고 그 치료를 직접적인 목적으로 입원하여 치료를 받은 경우에는 입원일부터(첫날부터) 입원 1일당 이 특별약관의 보험가입금액을 지급한다. 다만, 선천이상입원급여금의 지급일수는 1회 입원당 120일을 한도로 한다. 이 특별약관에서 정하는 "선천이상"은 「선천이상 수술보장 특별약관」에서 정하는 바와 같으며, 보험금 지급에 관한 세부규정 또한 「일반질병입원일당 특별약관」에서 정하고 있는 내용과 같다.

067 태아보험의 부양자 관련 특별약관

I 모성사망 특별약관

1. 보험금의 종류 및 지급사유

보험자는 피보험자(부양자, 母)가 이 특별약관의 보험기간 중에 「여성산과 관련 특정질병」으로 인하여 임신 중 또는 분만 후 42일 이내에 사망한 경우에는 보험수익자에게 이 특별약관의 보험가입금액을 지급한다. 이 특별약관의 보험기간은 계약일로부터 분만 후 42일까지로 한다. 이 특별약관은 「질병보험금 지급에 관한 세부규정」을 그대로 준용하며, 피보험자가 사망한 경우에는 이 특별약관은 그때부터 효력을 가지지 않는다.

2. 여성산과(임신, 출산 및 산후) 특정질병 분류표

이 특별약관에서 여성산과 관련 특정질병으로 분류되는 질병은 ① 유산된 임신, ② 임신, 출산 및 산후기의 부종, 단백뇨 및 고혈압성 장애, ③ 주로 임신과 관련된 기타 모성장애, ④ 태아와 양막강 및 가능한 분만 문제와 관련된 산모관리, ⑤ 진통 및 분만의 합병증, ⑥ 분만, ⑦ 주로 산후기에 관련된 합병증을 말한다.[97]

97) 여성산과(임신·출산 및 산후) 관련 특정질병 분류표
1. 유산된 임신 : 자궁외 임신O00, 포상기태O01, 기타 비정상적 수태부산물O02, 자연유산O03, 의학적 유산O04, 기타유산O05, 상세불명의 유산O06, 시도된 유산의 실패O07, 유산·자궁외 임신 및 기태 임신에 따른 합병증O08
2. 임신, 출산 및 산후기의 부종, 단백뇨 및 고혈압성 장애 : 임신·출산 및 산후에 합병된 전에 있던 고혈압O10, 동반된 단백뇨를 동반한 전에 있던 고혈압성 장애O11, 고혈압을 동반하지 않은 임신성(임신-유발성)부종 및 단백뇨O12, 유의한 단백뇨를 동반하지 않은 임신성(임신-유발성)고혈압O13, 유의한 단백뇨를 동반한 임신성(임신-유발성)고혈압O14, 자간O15, 상세불명의 모성 고혈압O16
3. 주로 임신과 관련된 기타 모성 장애 : 초기 임신중 출혈O20, 임신중 과다 구토O21, 임신중 정맥합병증O22, 임신중 비뇨생식로의 감염O23, 임신중 당뇨병O24, 임신중 영양실조O25, 주로 임신과 관련된 기타 병태의 산모관리O26, 산모의 산전 선별검사의 이상소견O28, 임신중 마취의 합병증O29
4. 태아와 양막강 및 가능한 분만문제와 관련된 산모관리 : 다태임신O30, 다태임신에 특이한 합병증O31, 태아의 알려진 또는 의심되는 태위장애의 산모관리O32, 알려진 또는 의심되는 부조화의 산모관리O33, 골반기관의 알려진 또는 의심되는 이상의 산모관리O34, 알려진 또는 의심되는 태아이상 및 손상의 산모관리O35, 기타 알려

Ⅱ 임신·출산질환 입원 및 수술 특별약관

1. 임신 · 출산질환 수술보장 특별약관

보험자는 피보험자(부양자, 母)가 보험기간 중에 '임신 · 출산 관련 질환'으로 진단확정되고, 그 치료를 직접목적으로 수술을 받은 경우에는 수술 1회당 이 특별약관의 보험가입금액을 수술보험금으로 지급한다. 이 특별약관의 보험기간은 계약일부터 분만 후 42일까지로 하며, '수술의 정의와 장소'와 '보험금 지급에 관한 세부규정' 등은 「질병수술 특별약관」에서 정한 바와 같다.

'임신 · 출산관련 질환'이라 함은 「임신 · 출산관련 질환 분류표」[98]에 해당하는 질병을 말하며, 임신 · 출산관련 질환의 진단확정은 의료법 제3조 제2항에서 정한 병원, 의원 또는 이와 동등하다고 인정되는 의료기관의 의사자격을 가진 자에 의한 진단서에 의한다.

2. 임신 · 출산질환 입원일당 특별약관

보험자는 피보험자(부양자, 母)가 보험기간 중에 임신 · 출산 관련 질환으로 진단확정되고, 그 치료를 직접적인 목적으로 4일 이상 계속입원하여 치료를 받은 경우에는 4일째

진 또는 의심되는 태아문제의 산모관리O36, 양수과다증O40, 양수 및 양막의 기타장애O41, 양막의 조기파열O42, 태반장애O43, 전치 태반O44, 태반의 조기분리(태반조기박리)O45, 달리 분류되지 않은 분만전 출혈O46, 가진통O47, 지연임신O48

5. 진통 및 분만의 합병증 : 조기진통 및 분만O60, 유도분만의 실패O61, 분만힘의 이상O62, 지연진통O63, 태아의 위치이상으로 인한 난산O64, 모성 골반이상으로 인한 난산O65, 기타 난산O66, 달리 분류되지 않은 분만중 출혈이 합병된 진통 및 분만O67, 태아 스트레스(절박)가 합병된 진통 및 분만O68, 탯줄 합병증이 합병된 진통 및 분만O69, 분만중 회음열상O70, 기타 산과적 외상O71, 분만 후 출혈O72, 출혈이 없는 잔류 태반 및 양막O73, 진통 및 분만중 마취의 합병증O74, 달리 분류되지 않은 진통 및 분만의 기타 합병증O75
6. 분만 : 단일 자연분만O80, 집게(겸자) 및 진공 흡착기에 의한 단일분만O81, 제왕절개에 의한 단일분만O82, 기타 보조 단일분만O83, 다태분만O84
7. 주로 산후기에 관련된 합병증 : 산후기 패혈증O85, 기타 산후기 감염O86, 산후기중 정맥성 합병증O87, 산과적 색전증O88, 산후기중 마취의 합병증O89, 달리 분류되지 않은 산후기의 합병증O90, 출산과 관련된 유방의 감염O91, 출산과 관련된 유방 및 수유의 기타장애O92

98) 임신 · 출산 관련 질환 분류표

임신 · 출산 관련 질환의 대상 질병	분류번호
1. 임신 · 출산 및 산후기의 부종, 단백뇨 및 고혈압성 장애	O10 ~ O16
2. 주로 임신과 관련된 기타 모성장애	O20 ~ O29
3. 태아와 양막강 및 가능한 분만문제와 관련된 산모관리	O30 ~ O48
4. 진통 및 분만의 합병증	O60 ~ O75
5. 주로 산후기에 관련된 합병증	O85 ~ O92

입원일부터 입원 1일당 이 특별약관의 보험가입금액을 보험금으로 지급한다. 다만, 임신·출산질환입원급여금의 지급일수는 1회 입원당 120일을 한도로 한다. 여기서 "임신·출산관련 질환"이라 함은 「임신·출산관련 질환 분류표」에 해당하는 질병을 말한다.

이 특별약관의 보험기간은 계약일부터 분만 후 42일까지로 하며, "입원의 정의와 장소"와 "보험금 지급에 관한 세부규정" 등은 「질병입원일당 특별약관」에서 정한 바와 같다.

III 유산진단·입원·수술 특별약관

1. 유산진단보장 특별약관

보험자는 피보험자(부양자, 母)가 이 특별약관의 보험기간 중에 "유산"으로 진단확정된 경우에는 이 특별약관의 보험가입금액을 보험금으로 지급한다. 이 특별약관에서 "유산"이라 함은 「유산 분류표」[99]에 해당하는 질병을 말하며, 유산의 진단확정은 의료법 제3조의 의료기관 제2항에서 정한 병원, 의원 또는 이와 동등하다고 인정되는 의료기관의 의사자격을 가진 자에 의한 진단서에 의한다.

다만, "태아가 모체 밖에서는 생명을 유지할 수 없는 시기에 태아와 그 부속물들을 인공적으로 모체 밖으로 배출시키는 수술(인공임신중절수술)"은 보장에서 제외한다. 그러나 모자보건법 제14조 「인공임신중절수술의 허용한계」[100]에 해당하는 경우에는 보상한다.

99) 유산 분류표

유산의 대상 질병	분류번호
1. 자궁외 임신	O00
2. 포상기태	O01
3. 기타 비정상적 수태부산물	O02
4. 자연유산	O03
5. 의학적 유산	O04
6. 기타유산	O05
7. 상세불명의 유산	O06
8. 시도된 유산의 실패	O07
9. 유산, 자궁외 임신 및 기태 임신에 따른 합병증	O08

100) 모자보건법 제14조(인공임신중절수술의 허용한계)에 의하면 의사는 다음 각 호의 어느 하나에 해당되는 경우에만 본인과 배우자의 동의를 받아 인공임신중절수술을 할 수 있다.
1. 본인이나 배우자가 우생학적 또는 유전학적 정신장애나 신체질환이 있는 경우
2. 본인이나 배우자가 전염성 질환이 있는 경우
3. 강간 또는 준강간에 의하여 임신된 경우
4. 법률상 혼인할 수 없는 혈족 또는 인척 간에 임신된 경우

이 특별약관의 보험기간은 계약일부터 분만시까지로 한다.

2. 유산수술보장 특별약관

보험자는 피보험자(부양자, 母)가 이 특별약관의 보험기간 중에 "유산"으로 진단확정되고 그 유산의 치료를 직접목적으로 수술을 받은 경우에는 수술 1회당 이 특별약관의 보험가입금액을 보험금으로 지급한다.

이 특별약관에서 "유산"이란 「유산진단보장 특별약관」에서 정한 바와 같으며, 수술과 관련한 세부규정은 「질병수술 특별약관」과 내용이 같다. 다만, "인공임신중절수술"에 대한 면책조항은 적용하지 않는다. 이 특별약관의 보험기간도 「유산진단보장 특별약관」과 마찬가지로 계약일부터 분만시까지이다.

3. 유산입원 특별약관

보험자는 피보험자(부양자, 母)가 이 특별약관의 보험기간 중에 "유산"으로 진단확정되고 그 유산의 치료를 직접목적으로 4일 이상 계속입원하여 치료를 받은 경우에는 4일째 입원일부터 입원 1일당 이 특별약관의 보험가입금액을 보험금으로 지급한다. 다만, 유산입원급여금의 지급일수는 1회 입원당 120일을 한도로 한다.

이 특별약관에서 "유산"이란 「유산진단보장 특별약관」에서 정한 바와 같으며, 입원과 관련한 세부규정은 「질병입원일당 특별약관」과 내용이 같다. 다만, "인공임신중절수술"에 대한 면책조항은 적용하지 않는다. 이 특별약관의 보험기간도 「유산진단보장 특별약관」과 마찬가지로 계약일부터 분만시까지이다.

5. 임신의 지속이 보건의학적 이유로 모체의 건강을 심각하게 해치고 있거나 해칠 우려가 있는 경우
동법 시행령 제15조(인공임신중절수술의 허용한계)는 다음과 같다.
1. 법 제14조에 따른 인공임신중절수술은 임신 24주일 이내인 사람만 가능
2. 인공임신중절수술이 허용되는 우생학적 또는 유전학적 정신장애나 신체질환 : 연골무형성증, 낭성섬유증 및 그밖의 유전성질환 등
3. 인공임신중절수술이 허용되는 전염성질환 : 풍진, 톡소플라즈마증 등

068 태아보험 관련 사례의 검토

태아보험 사례 **태아보험과 유산, 보험금 지급기일**

〈계약사항〉

보험종류	계약자	피보험자	계약일	보험기간	납입주기	보험가입금액	수익자(관계)
미시즈에이 어린이보험	수진	태아	2013.5.15	20년	월납	모성사망담보 : 1억 후유장해담보 : 1억	미지정

〈2014년 7 ~ 8월 달력〉

일	월	화	수	목	금	토
7/1	2	3	4	5	6	7
8	9	10	11	12	13	14
15	16	17	18	19	20	21
22	23	24	25	26	27	28
29	30	31	8/1	2	3	4
5	6	7	8	9	10	11

〈질문사항〉 아래는 서로 독립된 사건이라고 가정할 것.

1) 계약자 수진은 임신사실을 알고 앞으로 출생할 아이를 위하여 어린이보험에 가입하였다. 산부인과 전문의에 의하면 2013년 1월 첫 주가 임신 1주째에 해당한다고 할 때 위 미시즈에이 어린이보험의 가입가능 여부에 대하여 약관을 중심으로 서술하고, 태아가 2013년 7월에 유산되었을 때의 효과에 대하여 약관의 내용을 근거로 서술하라.
2) 위 계약의 체결 이후 피보험자인 태아는 정상적으로 출생하였으나, 출생 이후에 안타까운 질병이 발병하여 후유장해 80%를 입게 되었다. 보험사는 2014년 7월 2일에 보험금 청구서류를 접수하였고, 지급기일 초과가 예상되어 지급예정일을 8월 10일로 통보하였다. 이후 질병과 후유장해의 인과관계에 대한 의료자문을 첨부하여 8월 10일에 보험금을 지급하였다. 한편, 보험금 지급지연의 경우에 지체이자를 지급한다. 위 약관에 의하면 공시이율로 계산한 이자는 1일당 5만원이 적용되며, 보험계약대출이율로 계산한 이자는 단리로 1일당 10만원이 적용된다고 가정하였을 때의 보험자의 책임액을 구하라.

I 태아가 유산된 경우

1. 출생 전 자녀가입 특별약관

임부 및 그의 배우자가 출생 전 자녀를 피보험자로 할 수 있는 특별약관을 말한다. 출생 전 태아를 미래의 피보험자로 하는 계약을 체결함으로써 보험자는 추가적인 보험료 수입을 얻을 수 있으며, 피보험자는 일시적인 무보험상태를 방지하고 이 특약에서 고유하게 담보하고 있는 선천성 수술비 등의 혜택을 얻을 수 있다.

2. 어린이보험 가입가능 여부

1) 보험가입기간 이내

출생 전 자녀가입특약은 임신 22주 내의 임부 및 그의 배우자가 계약자가 되어 계약을 체결할 수 있다. 본 건 사례에서 5월 15일은 임신 이후 최장 135일(19.3주)에 해당하므로 출생 전 자녀가입특약을 부가하여 어린이보험을 가입할 수 있다. 한편, 피보험자인 수진뿐만 아니라 그의 배우자가 계약자가 될 수도 있다.

2) 피보험자의 범위

피보험자로 될 자가 계약을 체결할 때 출생 전 자녀(태아)인 계약에 적용하며, 태아는 출생시에 피보험자로 된다.

태아인 동안에도 부모가 법정대리인이 되어 태아를 대상으로 계약을 체결할 수 있다는 점에서 보면 이 약관은 태아의 권리능력 취득시기에 관한 학설 중 다수설인 해제조건설(제한적 인격설)의 입장에 의한 것이다.

3. 태아보험에서의 유산의 효과

1) 약관의 주요 내용

계약자는 태아가 출생하게 되면 지체없이 서류를 제출하여 회사에 알려야 한다. 다만, 태아의 유산 및 사산에 의하여 출산하지 못한 경우 태아 관련 특별약관을 무효로 하고 받은 보험료를 환급한다.

이 경우 피보험자를 태아의 부양자로 하고 있는 이른바 부양자 관련 특약인 "임신출산질환 수술・입원", "모성사망", "유산수술・입원", "부양자 질병사망・상해사망 연금" 등은 계약이 무효가 되지 않는다.

2) 사례의 적용

2013년 7월에 유산된 경우에 태아 관련 특약을 무효로 하므로 해당 특약의 기납입보험료를 계약자에게 환불한다. 한편 부양자 관련 특약이 있다면 해당 특약은 여전히 유효하므로 모성사망담보 특별약관은 무효로 되지 않는다.

II 태아에게 후유장해가 발생한 경우

1. 사례의 검토

태아는 출생시에 피보험자가 된다. 출생 이후에 발병한 질병으로 후유장해를 입었으므로 질병후유장해담보의 사유가 된다. 다만, 보험금 지급기일을 초과하여 지급하는 때에는 보험계약대출이율을 적용하여 보험금을 지급한다.

2. 보험금 지급기일 : 3영업일

보험자가 보험금 청구서류를 접수한 때에는 접수증을 교부하고, 그 서류를 접수한 날부터 3영업일 이내에 보험금을 지급한다.

3. 지급기일 초과가 명백히 예상되는 경우

1) 지급지연의 통지

보험자가 보험금 지급사유의 조사 및 확인을 위하여 지급기일 초과가 명백히 예상되는 경우에는 그 구체적인 사유, 지급예정일 및 보험금 가지급 제도에 대하여 피보험자 또는 보험수익자에게 즉시 통지하여야 한다.

2) 30영업일

우리 약관에 따르면 보험자는 조사 및 확인에 따른 지급예정일을 구체적으로 정하여 통보하여야 한다. 그러나 지급예정일은 보험금 청구서류를 접수한 날부터 30영업일 이내에서 정하여야 한다.

다만, 소송의 제기, 분쟁조정 신청, 수사기관의 조사, 해외에서 발생한 보험사고에 대한 조사, 보험자의 조사요청에 대한 동의 거부 등 계약자・피보험자 또는 보험수익자의 책임있는 사유로 인하여 보험금 지급사유의 조사 및 확인이 지연되는 경우, 그리고 후유장해지급률에 대한 제3자의 의견에 따르기로 한 경우에는 지급예정일을 30영업일 이내로 제한하지 않는다.

4. 사례 적용

1) 보험금 지급액의 결정

후유장해로 80% 이상이 되었으므로 보험가입금액 전액을 지급한다. 따라서 1억원 전액에 대한 보험금 지급책임이 발생한다.

2) 지급지연이자의 적용

본 사례는 의료자문으로 인하여 보험금 지급기일을 지체한 경우로서, 지급예정일을 최대 30영업일 이내로 제한한다. 한편, 지급예정일을 30일 이내로 제한한 경우라고 하여도 보험금 지급기일(3영업일)을 초과한 경우에 적용하는 지연이자를 지급한다. 이 경우 지연이자는 보험계약대출이율에 따른다. 그러므로 36일에 해당하는 360만원을 지급지연이자로 적용한다.

3편

손해사정 이론과 실무 제3보험

질병 · 상해보험의 사망보험금과 후유장해보험금

| 제3편 질병 · 상해보험의 사망보험금과 후유장해보험금 |

069 질병·상해보험의 사망보험금

I 질병·상해사망보험금

1. 상해사망보험금

보험자는 피보험자가 보험기간 중에 상해의 직접결과로서 사망한 경우에는 보험수익자에게 약정한 상해사망보험금(보험가입금액 전액)을 지급한다. 상해사망담보는 제3보험 계약의 체결당시에 기본적으로 부가된다.

2. 질병사망보험금

보험자는 피보험자가 질병사망 특별약관의 보험기간 중에 진단확정된 질병으로 인하여 사망하였을 경우에는 보험수익자에게 약정한 질병사망보험금(보험가입금액 전액)을 지급한다. 질병사망담보는 보험업법상 제3보험의 분야가 아니므로 일정한 조건을 만족한 경우에 한하여 제3보험의 특별약관 형식으로 담보할 수 있다(보험업법시행령 제15조 ②).

II 질병·상해사망보험금의 법적 성질

1. 고유재산설

보험계약자가 피보험자의 상속인을 보험수익자로 지정한 경우에 피보험자의 상속인은 피보험자가 사망한 때(보험사고가 발생한 때)에 수익자의 지위에서 보험자에 대하여 보험금을 청구할 수 있다. 이 권리는 보험계약상의 효력으로 당연히 생긴 것으로서 상속재산이 아니라 상속인의 고유재산이다(2001다65755 판결, 2000다64502 판결).

이러한 점은 피보험자의 상속인을 수익자로 미리 지정한 경우는 물론, 보험계약자가 보험수익자의 지정권을 행사하기 전에 보험사고가 발생하여 상법 제733조에 의하여 피보험자의 상속인이 보험수익자가 되는 경우에도 마찬가지다(2003다29463 판결). 그러므로 상속포기나 결격 등에 의하여 상속순위에 변동이 생긴 경우에도 보험수익자의 권리인 보험금 청구권에는 아무런 영향이 없다.

2. 상속재산설

사망보험의 계약자가 피보험자를 수익자로 지정한 이후에 피보험자가 사망하게 되어 피보험자의 상속인이 받게 되는 사망보험금은 상속재산이라는 견해가 있다(2000다38848 판결). 그러나 이러한 경우에도 계약자는 피보험자의 상속인에게 보험금 청구권을 귀속시킬 의사가 있었던 것이므로 고유재산으로 보는 것이 타당하다.

한편, 피보험자의 사망으로 보험수익자가 확정된 이후에 해당 보험수익자가 보험금청구권을 미행사한 상태에서 사망하였다면 그 결과로 해당 수익자의 상속인이 청구하는 사망보험금은 상속재산이 된다.

3. 상속세 및 증여세법에서의 사망보험금

상속세를 적용할 때에 피상속인(피보험자)의 사망으로 인하여 받는 보험금으로서 피상속인이 보험계약자인 계약에서 받는 것은 상속재산으로 본다(간주상속재산, 상속세 및 증여세법 제8조 ①). 다만, 보험계약자가 피상속인이 아닌 경우에도 피상속인이 실질적으로 보험료를 납부하였다면 피상속인이 보험계약자인 계약으로 본다(동법 제8조 ②).

예를 들어, 계약자와 피보험자가 서로 다른 사망보험(타인의 생명보험)에서 계약자와 수익자가 동일인이면서 실질적으로 보험료를 납입했다면 해당 사망보험금에는 상속세가 과세되지 않는다.

손해사정사 **기출문제** 33회(2010년)

다음 보험금 청구 사례를 읽고 보험회사가 지급해야 할 각 수익자별 지급보험금을 산출하시오. (10점)

가. 계약사항

보험종류	계약자	피보험자	계약일	가입금액	재해사망시 보장금액	사망일	사망시 수익자
상해보험	A	B	2010.5.10	2천만원	6천만원	2010.7.20	상속인
종신보험	A	B	2010.6.30	1천만원	3천만원	2010.7.20	미지정

나. 사고경위

피보험자 B씨는 본인이 근무하고 있는 중국집에서 오토바이로 배달을 나갔다가 운전부주의로 마주오던 승용차와 정면 충돌한 사고로 현장에서 사망함.

다. 가족사항

- 피보험자(B : 남편)는 계약자(A : 처)와 가입 전부터 사실혼 관계로 자녀 1명(C)을 두고 함께 생활해 오던 중 금번 교통사고로 사망함.
- 피보험자(B)와 이혼한 전처(D)와의 슬하에 자녀 E와 F가 생존해 있음.
- 종신보험은 보험 가입 당시부터 보험수익자를 미지정한 상태에서 피보험자가 갑자기 교통사고로 사망함.
- 피보험자(B)의 자녀 C, E, F는 현재 모두 성인이며 전처(D) 및 사실혼 배우자(A)는 생존해 있고, 상기자 중에 심신상실자 또는 심신박약자는 없음.

1) 이륜자동차 부담보특약의 적용 여부

손해보험의 상해보험상품은 "이륜자동차 부담보특약"이 부가되어 판매되는 것이 일반적이다. 만일, 실무상 이러한 견해가 반영된다면 상해보험에서는 보험금지급책임을 부담하지 않는다. 그러나 문제에서는 이륜자동차부담보특약을 언급하지 않았으므로 이를 임의로 감안해서는 안 된다.

2) 보험금청구권의 법적 성질

상해보험의 경우에는 수익자를 상속인으로 정하고 있으므로 보험금청구권은 수익자의 고유재산이다. 그러나 종신보험의 경우에 수익자를 미지정하였다면 피보험자가 수익자가 되고, 피보험자의 사망으로 피보험자의 상속인이 그 권리를 상속하는 것으로 볼 수 있으므로 상속재산이 될 수 있다(2000다38848 판결).

3) 보험수익자의 결정

피보험자의 1순위 상속인으로 비속 C, E, F가 있으므로 이들이 균분상속한다. 사실혼 관계의 A는 배우자로 인정하지 않으므로 상속인이 될 수 없다.

① 상해보험 : C, E, F가 각각 2,000만원씩 보험금 청구권을 갖는다.

② 종신보험 : C, E, F가 각각 1,000만원씩 보험금 청구권을 갖는다.

Ⅲ 사망보험금의 지급사유

1. 보험기간 중의 사고

1) 보험기간 중에

보통약관은 "보험기간 중에 상해의 직접결과로써 사망한 경우"를 보험금 지급사유로 하고 있다. 질병사망 특별약관에서는 "보험기간 중에 진단확정된 질병으로 인하여 사망한 경우"를 보험금 지급사유로 하고 있다.

2) 사망보험금의 보험기간

기존의 상해사망 특별약관에서는 "상해사고의 직접결과로써 사고일로부터 2년(또는 3년 미만의 계약은 1년) 이내에 사망한 경우"에 한하여 상해사망보험금을 지급하고 있었으므로 보험계약기간 이내라고 해도 상해사고일로 2년이 지났다면 상해사망을 인정하지 않고 있었으나 2010년 약관의 개정에 따라 상해사망 인정에 대한 별도의 기간제한은 없으므로 사고일로부터 수년이 경과한 상태에서 사망하였더라도 그 시기가 보험계약기간 이내라면 담보한다.

질병사망 특별약관은 이전부터 "사고일로부터 2년"과 같은 조항이 없었다. 그러므로 보험계약기간 이내에 질병으로 확정진단되고 보험계약 이후에 사망하였다면 질병사망보험금을 지급하지 않는다.

2. 인과관계

1) "직접결과로" 또는 "인하여"

보험자가 보험금 지급책임을 부담하기 위해서는 보험금 지급사유의 원인이 되는 상해가 보험금 지급사유라는 사망이라는 결과에 직접적인 영향을 미쳐야 한다. 직접적인 영향에 대하여 상해사망 특별약관은 "직접결과로"라고 정하고 있으며, 질병보험은 "인하여"라고 정하고 있으나 실무적으로 의미상의 큰 차이는 없다.

2) 상당인과관계

우리 법원은 "직접적인 영향 또는 인과관계는 의학적·자연과학적 인과관계가 아니라 사회적·법적 인과관계이므로 그 인과관계가 반드시 의학적·자연과학적으로 명백히 증명되어야 하는 것은 아니고, 보험사고와 보험금 지급사유라는 결과 사이에 상당인과관계가 있으면 된다"는 견해(상당인과관계설)이다(99다67147 판결, 2006다72734 판결).

3. 사망

1) 사망의 정의

제3보험의 기초법령이 되는 민법은 사망 또는 사망으로 인정하는 시기에 대하여는 별도의 언급이 없고 사람이 생존하는 동안 권리와 의무의 주체가 된다(민법 제3조)고 정하고 있을 뿐이다. 민사상 사망의 시기는 의학적 판단에 기초하며, 여기서 사망이란 심폐의 기능회복이 불가능한 상태로 정지한 경우(심장박동정지설)를 말한다.

2) 뇌사와 장기이식

뇌파가 정지하는 뇌사에 대하여는 사망으로 인정하지 않는 것이 일반적이고 우리 제3보험 약관도 같은 견해이다. 그러나 뇌사자가 「장기등 이식에 관한 법률」에 따른 장기등의 적출로 사망한 경우에는 뇌사의 원인이 된 질병 또는 행위로 인하여 사망한 것으로 본다. 또한 뇌사자의 사망시각은 뇌사판정을 한 시각으로 한다(장기등 이식에 관한 법률 제21조).[1]

---

1) 예를 들어 상해사망보험에 가입한 피보험자가 2014년 4월 1일에 발생한 상해사고로 인하여 뇌사자가 된 이후에 뇌사판정위원회로부터 2015년 1월 1일에 뇌사자로 판정되고 2015년 3월 1일에 장기이식으로 사망하게 되었다면 해당 사망은 상해사망에 해당하며 피보험자의 사망시점은 2015년 1월 1일이다.

3) 사망의 종류

사망은 병사(病死)와 외인사(外因死, 자살 · 타살, 사고사)로 구분할 수 있는 자연적 사망과 법률에서 인정하는 사망으로 나눈다. 법률에서 인정하는 사망은 인정사망(가족관계등록법 제90조),[2] 실종선고(민법 제27조),[3] 동시사망의 추정(민법 제30조)[4]이 있다.

Ⅳ 사망보험금 지급에 관한 세부규정

1. 실종선고와 간주사망

제3보험 약관상 "사망"에는 보험기간에 실종선고를 받은 경우(민법 제27조를 말한다)와 관공서에서 수해, 화재나 그 밖의 재난을 조사하고 사망한 것으로 통보하는 경우(인정사망을 말한다)가 포함된다.

실종선고를 받은 경우에는 법원에서 인정한 실종기간이 끝나는 때(일반실종은 5년이 경과한 때, 특별실종은 1년이 경과한 때)에 사망한 것으로 보며, 인정사망의 경우에는 가족관계등록부에 기재된 사망연월일을 기준으로 한다. 기존의 약관(2014.4.1 이전)에서는 민법 제27조 제2항에서 정하고 있는 특별실종의 경우와 인정사망의 경우에는 "그러한 사고가 발생한 때"를 사망한 것으로 보고 있었다.

2. 연명의료법과 사망

연명의료법에 의하여 사망한 경우에는 보험수익자 측의 고의 여부, 상해 · 질병사망 등의 인정 여부에 있어서 해석상의 차이가 발생할 수 있다. 그러므로 개정약관(2018.10. 시

2) 수해, 화재나 그 밖의 재난으로 인하여 사망한 사람이 있는 경우에는 이를 조사한 관공서는 지체 없이 사망지의 시 · 읍 · 면의 장에게 통보하여야 한다. 다만, 외국에서 사망한 때에는 사망자의 등록기준지의 시 · 읍 · 면의 장에게 통보하여야 한다(가족관계의 등록 등에 관한 법률 제87조). 인정사망의 경우에도 면책위험에 의한 사망이 아닌 한 상해보험의 사망보험금 지급사유가 된다. 인정사망은 사망의제의 효과는 없으므로 언제든지 생존 또는 인정사망 시기와 다른 시기에 사망한 사실을 주장 · 입증하여 번복할 수 있다.

3) 5년간 피보험자의 생사가 불분명한 경우 이해관계인(배우자, 호주, 후견인, 4촌내 혈족 등) 및 검사의 청구에 의해 법원이 실종선고를 한다(민법 제27조 ①). 일반실종의 경우에는 대부분 단순한 행방불명이므로 상해사고의 원인을 입증하지 못하는 한 사망보험금은 지급되기 어렵다. 민법 제27조 제2항은 특별실종에 관한 규정을 두고 있다. 특별실종이란 전쟁, 항공기추락 등 특별위난의 종료 후 1년이 경과하여도 피보험자의 생사가 불분명한 경우를 말하며, 청구와 선고는 일반실종과 동일하다. 특별실종의 경우는 상해보험의 사망보험금 지급사유가 된다. 한편, 특별위난이 전쟁에 해당하는 경우에는 손해보험에서는 면책되며 생명보험의 경우에는 재해보험금 지급사유가 된다.

4) 민법 제30조 【동시사망】 2인 이상이 동일한 위난으로 사망한 경우에는 동시에 사망한 것으로 추정한다.

행)에서는 "「호스피스 · 완화의료 및 임종과정에 있는 환자의 연명의료 결정에 관한 법률」에 따른 연명의료중단 등 결정 및 그 이행으로 피보험자가 사망하는 경우 연명의료중단 등 결정 및 그 이행은 '보험금의 지급사유' 제3호 '사망'의 원인 및 '사망보험금' 지급에 영향을 미치지 않습니다"라는 조항을 신설하였다.

손해사정사 기출문제 39회(2016년)

다음은 질병 · 상해보험 표준약관 중 「보험금 지급에 관한 세부규정」이다. 빈칸 (①, ②)에 들어갈 내용을 쓰시오. (4점)

> 보험금의 지급사유의 "사망"에는 보험기간에 다음 어느 하나의 사유가 발생한 경우를 포함합니다.
> • 실종신고를 받은 경우 : (①) 때에 사망한 것으로 봅니다.
> • 관공서에 수해, 화재나 그 밖의 재난을 조사하고 사망한 것으로 통보하는 경우 : (②)을 기준으로 합니다.

V 사망보험금액의 감액 · 제한

1. 계약 전 알릴의무 위반, 계약 후 알릴의무 위반

피보험자가 계약 전 알릴의무를 위반한 사실(예를 들어 가입 전 질병의 불고지)과 상당한 인과관계가 있는 사유로 사망한 경우에는 해당 사망보험금이 지급되지 않는다. 또한 계약 후 알릴의무 위반의 경우(예를 들어 직업 · 직무의 변경사실의 불통지)에는 사망보험금이 감액된다.[5)]

2. 기왕증 또는 사고기여도의 감안

기존 손해보험의 약관(2010.4.1 이전)에서는 보통약관에서 「다른 신체의 상해 및 질병의 영향」 조항[6)]을 두고 있었으므로 상해사망 · 질병사망 특별약관에서도 질병 또는 사망의

---

5) 보험가입금액 $\times \dfrac{\text{직업 · 직무변경전 보험요율}}{\text{직업 · 직무변경후 보험요율}}$ = 지급보험금

6) 다음의 경우에는 그 영향이 없었을 때에 상당하는 금액만을 결정하여 지급한다.
• 이미 존재한 신체상해 또는 질병의 영향으로 상해가 악화된 경우

기여도를 적용하여 사망보험금을 감액하는 것이 가능하였다. 그러나 현행 손해보험약관과 생명보험약관에서는 해당 조항이 삭제되었으므로 기여도를 적용하여 사망보험금액을 감액하기가 어렵게 되었다.

- 상해를 입은 후에 원인사고와 관계없이 새로이 발생한 상해·질병 등의 영향으로 상해가 중하게 된 경우
- 피보험자가 정당한 이유 없이 치료를 게을리 하거나 계약자 또는 수익자 등이 치료를 하여 주지 않음으로 인해 상해가 가중된 경우

070 보험수익자의 지정 또는 변경의 권리

I 보험계약자의 보험수익자 지정·변경

인보험의 보험계약자는 보험수익자를 지정 또는 변경할 권리가 있다(상법 제733조 제1항). 인보험계약은 보통 장기간에 걸치므로 보험계약자가 사정의 변경에 따라 보험수익자를 지정·변경할 필요를 인정한 것이다. 제3보험은 상법상 인보험에 해당하므로 제3보험의 보험계약자도 보험수익자에 대한 지정·변경권을 갖는다.

보험수익자의 지정·변경권은 보험계약자가 보험자의 동의를 받지 않고 자유로이 행사할 수 있는 형성권이며, 상대방의 수령을 요하지 않는 단독행위이다. 보험수익자를 지정·변경하는 방법에 제한이 없으므로 서면·구두를 불문한다.

II 보험계약자의 사망

1. 보험계약자의 사망과 보험수익자의 권리확정

보험계약자가 지정권을 행사하지 아니하고 사망한 때에는 피보험자를 보험수익자로 하고, 보험계약자가 수익자를 지정한 후에 변경권을 행사하지 아니하고 사망한 때에는 보험수익자의 권리가 확정된다(상법 제733조 제2항). 그러므로 보험계약자의 사망으로 승계인[7]이 된 자는 기존 수익자의 확정된 권리를 침해하지 못한다(수익자를 재지정·변경할 수 없다).

그러나 보험계약자가 사망한 경우에는 그 승계인이 지정·변경권을 행사한다는 특약이 있는 경우에는 승계인이 수익자를 지정·변경할 수 있다(상법 제733조 제2항 단서). 제3보

7) 상법에 명시적으로 정한 바 없으나 계약자의 승계인은 계약자의 권리의무를 포괄적으로 승계하는 자, 즉 상속인이다.

험 실무에서는 상법 제733조 제2항의 단서조항을 반영하고자 청약서상에서 “보험수익자 지정 · 변경과 관련한 약정 여부를 선택”하도록 하였다.

2. 보험수익자 사망 이후 보험계약자의 사망

본래 지정된 보험수익자가 보험이 유지되는 중에 사망한 경우에는 보험계약자에게 재지정권이 있다. 이 경우에 보험계약자가 지정권을 행사하지 아니하고 사망한 때에는 보험수익자의 상속인을 보험수익자로 한다(상법 제733조 제3항).

Ⅲ 지정 · 변경권 행사 이전의 보험사고 발생

보험계약자가 지정 · 변경권을 행사하기 전에 보험사고가 생긴 경우에는 보험계약자의 지정 · 변경권을 행사할 수 없으므로(상법 제733조 제4항) 피보험자 또는 보험수익자의 지위가 그대로 인정된다. 따라서 보험수익자를 미지정한 경우에는 피보험자가 보험수익자가 되며, 본래 수익자를 지정하였으나 보험수익자가 사망한 경우에는 지정되었던 보험수익자의 상속인이 보험수익자가 된다(상법 제733조 제4항).

손해사정사 기출문제 34회(2011년)

“보험수익자의 지정 또는 변경의 권리”에 관하여 상법 제733조에 규정된 내용을 기술하시오. (15점)

Ⅳ 관련문제

보험계약자가 계약체결 후에 보험수익자를 지정 또는 변경할 때에는 보험자에게 그 통지를 하지 아니하면 보험자에게 대항하지 못하며(상법 제734조 제1항), 타인을 위한 보험이면서 동시에 타인의 생명보험계약인 경우 보험계약자가 보험수익자를 변경하려면 피보험자를 보험수익자로 하는 경우 외에는 그 타인의 서면에 의한 동의를 얻어야 한다(상법 제734조 제2항, 제731조 제1항).

V 관련 사례의 검토

사망보험금 보험수익자의 지정 · 변경과 승계인

〈계약사항〉

2013년 10월 1일에 보험계약자(A), 피보험자(B)를 계약당사자로 하는 제3보험계약을 체결하였다.

〈질문사항〉

1) 보험계약자(A)는 청약당시에 계약자의 승계인에 대한 별도의 약정을 하지 않은 상태에서 상해후유장해보험계약을 체결하면서 C를 보험수익자로 지정하였다. 계약체결 이후에 보험계약자(A)가 사망하였고 피보험자(B)에게 상해사고로 후유장해가 생긴 경우에 보험수익자를 결정하라.
2) 보험계약자(A)는 상해사망보험계약을 체결하면서 보험수익자를 별도로 정하지 않았다. 이후 계약자가 사망하여 B가 해당 계약의 새로운 계약자가 되었고 보험수익자를 C로 지정한 이후에 피보험자(B)가 사망하였다. ① "계약자 본인이 사망하게 되면 상속인 등의 승계인(B)이 보험수익자의 지정 · 변경권을 행사하기로 약정"한 경우와 ② 승계인에 대한 별도의 약정을 하지 않은 경우를 구분하여 상해사망보험금의 수익자를 결정하라.

VI 보험수익자의 결정(1)

1. 보험수익자의 지정 · 변경과 관련한 약정

2013년 4월 1일 이후의 청약서에서는 "보험수익자 지정 · 변경과 관련한 약정 여부를 선택"하도록 하였다. 상법 제733조에 의거하여 최초계약 체결시의 계약자에게 본인 사망 후 승계인이 수익자 지정 · 변경권을 행사할 것인지와 관련한 계약자의 의사를 보험회사가 확인하도록 절차를 마련하는 취지이다.

2. 보험수익자의 지정 · 변경과 계약자의 승계인

상법 제733조 제2항 본문에 의하면 보험계약자가 보험수익자를 지정한 이후에 변경권을 행사하지 아니하고 사망하였다면 기존의 보험수익자의 권리가 확정된다. 그러므로 보험수익자 C는 후유장해보험금의 보험수익자가 된다.

Ⅶ 보험수익자의 결정(2)

1. 계약자의 승계인을 약정한 경우

보험계약자가 승계인을 정하고 사망한 경우에는 기존 수익자의 권리가 확정되지 않는다. 따라서 승계인 B가 수익자를 C로 지정한 이후에 피보험자가 사망하였다면 지정된 수익자 C가 사망보험금의 보험수익자가 된다.

2. 계약자의 승계인을 정하지 않은 경우

보험계약자가 승계인을 정하지 않고 사망한 경우에는 기존 수익자의 권리가 확정된다. 그런데 계약자는 보험계약의 체결당시에 수익자를 별도로 정하지 않았으므로 약관과 상법에 따라서 수익자를 결정한다.

1) 승계인 B의 수익자 지정의 효력

보험계약자가 승계인을 지정하지 않은 경우에는 상법 제733조 제2항의 본문이 적용되어 기존 수익자의 권리가 확정된다. 따라서 새로운 계약자인 B가 기존 수익자의 권리를 침해하지 못하게 하고자 수익자를 변경할 수 없다고 해석된다.

2) 약관에 따른 보험수익자의 결정

우리 제3보험 약관은 보험수익자의 지정에 대하여 "계약자는 보험수익자(보험금을 받는 자)를 지정할 수 있으며 보험수익자(보험금을 받는 자)를 지정하지 아니한 때에는 사망보험금의 경우는 피보험자(보험대상자)의 상속인으로 하며, 이외의 보험금은 피보험자(보험대상자)로 한다"고 정하고 있다.

그러므로 상해사망보험금의 수익자는 피보험자(B)의 법정 상속인이 된다.

071 민법상 상속인의 범위와 상속분

I 보험수익자가 "상속인"이 되는 경우

보험계약자가 보험수익자를 "상속인"으로 지정한 경우에는 보험사고 발생시점을 기준으로 민법에 따라 결정한 "상속인"이 보험금청구권을 갖는다. 보험계약자가 보험수익자를 미지정하여 민법에 따른 "상속인"이 보험금을 받는 경우도 마찬가지이다.

II 상속인의 의의

상속인이란 피상속인의 재산상의 법적 지위를 포괄적으로 승계한 자를 말한다. 일반적으로 상속인은 지정상속인(포괄적 수유자)과 법정상속인으로 구분할 수 있으나 보험계약자가 수익자를 "상속인"이라고 추상적으로 기재한 경우에는 법정상속인의 법리를 적용하게 된다.

한편, 계약자가 "상속인"이라고 지정한 경우에 상속이란 피보험자의 사망과 관련한 것이므로 이 경우의 상속인은 계약자의 상속인이 아닌 피보험자의 상속인으로 해석한다.

III 법정상속인의 범위

권리능력이 있는 모든 자연인은 법령에서 정한 결격사유에 해당하지 않는 이상 모두 법정상속인이 될 수 있다(상속능력을 갖는다). 민법상 법정상속인이 될 수 있는 범위는 피상속인의 배우자·직계비속·직계존속·형제자매·4촌 이내의 방계혈족이다. 상속인의 범위에 있는 자가 없고 특별연고자의 재산분여청구도 없는 경우 상속재산은 국가에 귀속한다(민법 제1057조의2, 제1058조).

Ⅳ 법정상속순위

상속이 개시될 때에 상속인의 자격을 가진 자가 수인인 경우에는 피상속인의 직계비속 · 직계존속 · 형제자매 · 4촌 이내의 방계혈족으로 상속순위를 정한다(민법 제1000조). 배우자는 피상속인의 직계비속 · 직계존속과 동순위의 공동상속인이 되므로 피상속인의 직계존속이나 직계비속이 없는 경우에는 단독상속인이 된다(민법 제1003조).

1. 직계비속

1) 직계비속과 상속순위

제1순위의 상속인은 피상속인의 직계비속이다. 직계비속이란 피상속인을 기준으로 직계로 이어지는 혈족 및 양자를 의미하며, 자녀 · 손자녀 등을 말한다. 직계비속이 수인인 경우에는 동순위로 상속인이 되며(민법 제1000조 ② 후단), 자녀와 손자녀 등 촌수가 다른 직계비속이 있을 때에는 촌수가 가까운(최근친) 직계비속이 상속인이 된다(민법 제1000조 ② 전단).

직계비속은 성별, 혼인 여부, 동일 호적 여부 등을 묻지 않는다. 다만, 계모자 관계[8]와 적모서자 관계[9]는 혈족관계가 아닌 인척관계에 해당하므로 직계비속이 아니다.

2) 태아

민법은 태아의 권리능력을 원칙적으로 부인하고 있으나 불법행위에 의한 손해배상청구권(민법 제762조), 재산상속(민법 제1000조 ③), 대습상속(민법 제1001조), 유증(민법 제1064조)의 경우에는 태아의 권리능력을 인정한다.

상속이 개시될 때에 태아인 자는 상속순위에 관하여는 이미 출생한 것으로 보는데(민법 제1000조 ③), 태아의 권리능력 취득시기에 대해서는 견해가 나뉜다. 이에 대하여 태아인 상태에서 이미 상속능력을 가지고 태아가 사산한 경우에 한하여 상속개시시점으로 소급

8) 부(夫)가 처와 이혼 또는 사별한 뒤 후처와 재혼한 경우에 전처 출생 자녀와 후처와의 관계를 말한다. 자녀는 후처의 계자녀가 되고 후처는 자녀의 계모가 된다.
9) 남편의 혼인 외의 출생자와 남편의 배우자와의 관계를 말한다.

하여 상속능력을 잃는다는 견해(해제조건설)가 다수설이며, 우리 판례는 태아인 동안에는 권리능력이 없다가 살아서 출생할 때에 권리능력을 소급하여 취득한다는 견해(정지조건설)이다(74다1365판결).

해제조건설은 태아의 보호에 유리하지만, 이 견해를 따르는 경우에는 상속 이후 법률관계에 있어서 문제가 생길 수 있다. 예를 들어 부부가 막 결혼한 후에 사망보험계약의 피보험자인 남편이 사망하였고 그 배우자가 임신한 상태라면, 해제조건설에 의해 남편의 친부모(직계존속)의 상속순위는 태아의 후순위가 되어 친부모의 상속권이 부정되고 사망보험금 전액이 배우자에게 지급되게 될 것이다(태아의 상속분은 친모가 법정후견인으로서 관리한다). 그런데 이후 태아가 사산하거나 출생한 아이의 친부(父)가 다른 사람으로 밝혀지는 경우에는 태아의 상속권이 소급하여 소멸되므로 분쟁이 생길 여지가 있다. 따라서 보험실무에 적용할 때에는 우리 대법원 판례에 따라 정지조건설을 채택하는 것이 타당하다.

3) 양자

민법에 의하여 입양하는 경우(민법 제883조 등) 양자가 된다.[10] 양자는 친부모와 양부모 모두의 직계비속으로서 상속인이 된다. 다만 친양자 제도에 따라 친양자로 입양하는 경우에는 친양자의 입양 전의 친족관계가 종료하므로 친부모의 직계비속이 될 수는 없다(민법 제908조의2).

4) 손자녀의 대습상속

피상속인의 자녀가 상속개시 전에 전부 사망하여 피상속인의 손자녀만 상속인으로 남을 경우 피상속인의 손자녀가 제1순위인 직계비속으로 상속(본위상속)한다는 견해와 대습상속한다는 견해가 있다. 각각의 견해에 따라 상속배분액이 달라질 수 있는데,[11] 법원은 대습상속설의 입장이므로(99다13157 판결) 제3보험 실무에서도 보험금 지급근거를 확실히 하고 분쟁을 막기 위하여 대습상속설을 따르는 것이 타당하다.

10) 양자는 양친의 성을 따를 수 없고, 양자라는 사실이 호적에 기재된다.

11) 예를 들어 1억원의 상해사망보험을 가입한 피보험자 A에게 가족은 B와 C라는 자녀만 있고, B는 D와 E, 그리고 C는 F라는 자녀만을 가족으로 두고 있을 때, B와 C가 A보다 앞서 사망하고 이후 A가 사망한 경우 위 견해에 따라 D, E, F의 상속분이 달라질 수 있다. 본위상속설에 의하면 D, E, F는 1억원을 동일하게 균분상속하게 되지만 대습상속설에 의하면 D, E는 B의 상속분인 5천만원을 균분상속하고, F는 C의 상속분인 5천만원을 상속하게 된다.

2. 직계존속

제2순위의 상속인은 피상속인의 직계존속이다(민법 제100조 ①). 직계존속은 피상속인의 부모와 조부모, 증조부모를 말한다. 직계존속이 수인인 경우에는 동순위로 상속인이 되며(민법 제1000조 ② 후단), 부모와 조부모 등 촌수가 다른 직계비속이 있을 때에는 촌수가 가까운(최근친) 직계존속이 상속인이 된다(민법 제1000조 ② 전단).

자식에 대한 상속인의 지위는 부모가 이혼하더라도 상속권을 가지며, 친부모뿐만 아니라 양부모도 상속권이 있다(친양자의 경우에는 양부모만 상속인이 된다). 다만 앞에서 언급한 적모나 계모는 상속권이 없다(1990년 민법개정 이후).

3. 배우자

1) 배우자와 상속순위

배우자는 1순위 상속인(직계비속)·2순위 상속인(직계존속)과 공동상속하고 직계존·비속이 없는 경우에는 단독상속인이 된다(민법 제1003조 ①). 상속에 있어서 배우자란 혼인신고가 되어 있는 자를 말하며(법률혼관계), 사실혼관계에 있는 배우자는 상속인이 될 수 없다.

2) 중혼과 이혼소송, 가장이혼

만일 혼인관계가 중첩된 경우에는 후혼을 취소하지 않는 한 양쪽 모두 상속인으로서의 자격을 가지며,[12] 이혼소송 도중에 배우자가 사망한 경우에는 소송이 종료되어 법률혼관계가 여전하므로 배우자는 상속인이 된다(94므253 판결). 한편, 양도세 절약이나 영주권 취득 등을 이유로 가장이혼한 경우라고 해도 법률상 부부관계가 해소되므로 배우자는 상속권을 상실한다(93므171 판결).

3) 재혼과 상속

배우자가 사망한 경우 생존한 배우자는 사망한 배우자의 상속인이 된다. 상속의 개시로 이미 발생한 배우자의 상속권은 재혼에 의하여 영향을 받지 않으나, 재혼하면 이전 배우자의 혈족과의 사이에 발생한 인척관계가 소멸하므로(민법 제755조 ②) 전 배우자의 사망에 따른 대습상속권도 함께 소멸한다(민법 제1001조, 1003조 ③, 등기예규 제694호). 예를 들어 피

12) 만일 A가 B와 협의이혼한 후에 C와 재혼하였고, 이후 협의이혼취소판결에 의해 C와의 후혼이 중혼이 되었을 때에 A가 사망하였다면 B·C 모두 배우자로서의 상속권을 갖는다. 이 경우 B·C의 상속분은 배우자 상속분을 균분한 것이 된다.

보험자인 남편의 사망 이후에 생존한 배우자가 재혼한 상태에서 전 남편의 사망보험금을 청구한 경우에는 보험수익자가 될 수 있다[13].

4. 형제자매

제3순위의 상속인은 피상속인의 형제자매이다(민법 제1000조 ①). 기존에는 피상속인의 부계(父系)의 방계혈족만을 형제자매로 국한하였으나, 현재는 부계·모계의 형제자매를 모두 포함하는 것으로 보는데 이견이 없으며(96다5421 판결), 자연혈족·법정혈족을 불문한다. 그러므로 어머니가 같고 아버지가 다른 경우의 형제자매 사이에도 상속이 이루어지며, 입양되어 형제가 된 경우에도 상속인이 된다.

형제자매가 수인인 경우에는 공동상속하며, 상속할 형제가 사망한 경우에는 그 자의 직계비속과 배우자가 대습상속한다(민법 제1001조, 1003조).

5. 4촌 이내의 방계혈족

제4순위는 피상속인의 3촌부터 4촌 이내의 방계혈족이다(민법 제1000조 ①). 이들은 피상속인의 직계비속·직계존속·배우자·형제자매가 없는 경우에만 상속인이 되며 이들이 수인인 경우에는 촌수가 가까운 자가 선순위로 상속인이 되고, 촌수가 같으면 공동상속인이 된다. 4촌 이내의 방계혈족의 범위를 정할 때에도 부계·모계를 불문한다.[14]

13) 이와 유사한 취지의 대법원 1996.12.23. 선고 95다48308 판결에 의하면, 혼인 중에 부부의 일방이 사망하여 상대방이 배우자로서 망인의 재산을 상속받은 후에 그 혼인이 취소되었다는 사정만으로 그 전에 이루어진 상속관계가 소급하여 무효라거나 또는 그 상속재산이 법률상 원인 없이 취득한 것이라고는 볼 수 없다고 하였다.

14) 예를 들어 3촌이 되는 방계혈족으로는 친가에는 백숙부, 고모가 있으며 외가에는 외숙, 이모가 있다. 4촌이 되는 방계혈족은 친가에 백숙부의 자녀들, 고모의 자녀들, 할아버지의 형제자매, 할머니의 형제자매가 있으며, 외가에 외숙의 자녀들, 이모의 자녀들, 외할아버지의 형제자매, 외할머니의 형제자매가 있다.

V 공동상속인의 상속분

1. 법정상속분 적용 여부

보험계약자가 수인의 보험수익자를 지정하면서 분배비율을 별도로 지정하였다면 그 분배비율에 따르고, 지정하지 않았다면 각각 균등한 비율에 따라서 보험금청구권을 가지게 된다고 해석한다. 다수당사자의 채권관계에 대해서는 분할채권관계를 원칙으로 하기 때문이다(민법 제408조, 91다41316 판결). 그런데 보험수익자를 "상속인"으로 지정한 경우에 상속인이 여러 명인 경우에 그 비율을 균등비율로 할지 민법상 상속분의 비율로 할지가 문제가 된다.

보험금청구권이 보험수익자의 고유권리라는 점에서는 다수당사자의 채권관계(분할채권관계, 민법 제408조)를 적용하여 균등비율로 적용하는 데 아무런 문제가 없다. 그러나 민법의 "상속인"을 적용하게 되면 그 종류, 순위, 상속분이 불가분의 관계가 되므로 보험수익자의 수익비율 또한 민법상의 상속분을 따르는 것이 타당하다는 견해가 실무적으로 유력하게 적용되고 있다.

2. 법정상속분

1) 법정상속분의 결정

동순위 상속인이 여러 명인 경우에는 그 상속분은 균분으로 한다(민법 제 1009조). 다만 배우자가 직계존속 · 직계비속과 공동으로 상속하는 경우에는 공동상속인 상속분의 5할을 가산한다(민법 제1009조 ②).[15] 대습상속의 경우 대습상속분은 피대습상속인의 상속분에 따른다(민법 제1010조 ①).[16]

15) 현재 법개정이 논의 중인 민법(상속법) 개정안에 따르면 배우자에게 혼인 중 늘어난 재산의 50%를 먼저 취득할 수 있도록 하고 있다. 즉, 혼인 중인 부부가 함께 형성한 공동재산에 대하여는 생존한 배우자가 실질적인 공유지분을 가진 것으로 보고 공동재산에 대하여 우선적으로 취득할 수 있는 권리를 부여한 것이다. 그러므로 사망보험금의 청구에 있어서 배우자의 선취권을 인정할지 검토하여야 한다. 생각건대 사망보험금의 법적 성질이 고유재산이 되는 이상 사망보험금의 상속분을 정함에 있어서 배우자의 선취권에 대하여 별도로 고려할 이유는 없을 것이다. 그러나 향후 개정안대로 민법이 개정된다면 분쟁방지를 위하여 이와 관련한 문제를 검토할 필요가 있다.

16) 예를 들어 7억원의 상해사망보험에 가입한 피보험자 甲에게 배우자 乙과 자녀 A, B가 있으며 B에게는 배우자 C와 자녀 X가 있다고 할 때, B는 피보험자의 사망 이전에 사망하고 이후 甲이 사망하였다면 다음과 같은 보험금지급청구권이 발생한다.
乙=7억원×1.5/3.5=3억원
A=7억원×1/3.5=2억원

2) 특별수익자의 상속분

공동상속인 중에 피상속인으로부터 재산의 증여 또는 유증을 받았으나 그 수증재산이 자기의 상속분에 달하지 못한 때에는 그 부족한 한도에서 상속분이 있다(민법 제1008조). 이를 특별수익자의 상속분이라고 하는데 제3보험 실무에서 별도로 고려할 필요는 없다. 어차피 법정상속분(민법 제1009조 등)에 따라 보험금지급액을 결정하기 때문이다.

3) 기여자의 기여분

공동상속인 중에 피상속인을 특별히 부양하였거나 피상속인 재산의 유지·증가에 특별히 기여한 자가 있을 때에는 그 기여분을 공제한 금액을 상속재산으로 보고 상속분을 구한 후에 기여자에게 기여분을 가산한다(민법 제1008조의2, 기여분 제도).

기여분 제도는 특별한 기여자나 부양자를 고려한 것이지만 보험금액의 분배비율을 정할 때에는 고려되지 않는 것이 타당하다. 보험금액에 대해 특별한 기여라는 개념을 적용하는 것이 부적합할 뿐만 아니라 해당 보험금은 각각의 수익자의 고유재산으로 해석되고 있기 때문이다.

C=7억원×1/3.5×1.5/2.5=1.2억원
X=7억원×1/3.5×1/2.5=0.8억원

072 대습상속

I 대습상속의 의의와 성질

상속인이 될 직계비속 또는 형제자매가 상속개시 전에 사망하거나 결격자가 된 경우에 그 결격자의 직계비속이 있을 경우 결격자의 순위에 갈음하여 상속인이 된다(민법 제1001조). 상속개시 전에 사망 또는 결격된 자의 배우자도 그 직계비속과 함께 동순위로 공동상속이 되며, 그 직계비속이 없을 때에는 단독상속인이 된다(민법 제1003조 ②).

대습상속의 성격에 대하여 대습상속인이 피대습자의 권리를 승계한다는 견해(대습상속설)가 판례의 입장이며, 대습상속인이 고유의 권리로서 직접 피상속인의 재산적 지위를 승계한다는 견해(본위상속설, 통설)가 일반적이다.[17]

II 대습상속의 요건

1. 상속개시 전의 사망 · 결격

상속인이 될 자인 피대습자(피상속인의 직계비속이나 형제자매)가 상속개시 이전에 사망하거나 결격자가 되어야 한다. 상속의 결격사유는 민법에 의한다(민법 제1004조). 예를 들어 상속인이 고의로 피상속인을 살해한 경우에도 민법상 대습상속이 가능한 것이다.

그런데 우리 제3보험 약관은 도덕적 위험을 방지하기 위해 보험수익자(보험금을 받는 자)의 고의에 의한 경우에는 해당 상속분에 한하여 보험금을 지급하지 않도록 정하고 있으므로 보험수익자인 상속인이 피상속인을 살해한 경우에 그 상속분에 대한 대습상속

17) 본위상속설에 의할 경우에는 피대습자의 배우자가 상속에서 배제되는 불합리한 결과가 생길 수도 있으므로 판례의 견해인 대습상속설이 타당하다. 예를 들어 피보험자 甲에게 자녀 A와 B가 있었고, 자녀 A에게는 X, Y라는 자녀와 배우자 C, 그리고 자녀 B에게는 Z라는 자녀가 있을 때, A와 B가 甲에 앞서 사망하고 이후 甲이 사망한 경우 대습상속설의 입장을 따르게 되면 C, X, Y, Z 모두 대습상속이 되지만, 본위상속설을 따르게 되면 X, Y, Z가 상속인이 되고 C는 甲의 인척관계에 불과하므로 상속권이 없게 된다.

은 적용하지 않는다.[18]

2. 상속의 포기

상속의 포기도 대습의 원인이 된다는 견해가 있으나 상속의 포기는 대습상속의 사유가 되지 않는다. 따라서 상속인이 상속을 포기하게 되면 그 직계비속과 배우자에는 대습상속인이 될 수 없다.

한편, 제3보험 실무에서는 보험수익자의 보험금청구권을 고유재산으로 보고 있으므로 상속인이 상속을 포기하였다고 해도 여전히 보험수익자로서의 보험금청구권을 갖는다(즉, 보험금청구권이 대습상속될 여지가 없다).

3. 피상속인의 사망

피상속인이 사망한 경우에 대습상속이 가능하다. 여기서 사망은 자연사망, 실종선고, 인정사망 등이 포함되며, 동시사망도 포함된다고 해석한다.

4. 피대습자의 직계비속 · 배우자

대습상속인은 피대습자의 직계비속[19]과 배우자에 한하며, 피대습자의 상속결격 이후에 출생한 자녀와 배우자도 포함된다. 앞에서 설명한 바와 같이 직계비속에는 태아가 포함되며, 배우자는 법률상의 혼인을 한 배우자에 한한다. 만일 그 배우자가 재혼한 경우에는 인척관계가 소멸하므로(민법 제775조 ②) 대습상속권이 없다(등기예규 제694호).

한편, 피대습자(사망자 또는 결격자)의 배우자가 대습상속의 개시 전에 사망하거나 결격자가 된 경우에 그 배우자에게 다시 피대습자로서의 지위가 인정될 수는 없다.[20]

18) 예를 들어 피보험자 A가 보험수익자를 "상속인"으로 기재하였고 A의 아들인 B가 A를 살해한 경우에 B에게는 배우자 C와 자녀 D가 있다면 C와 D는 민법에 의한 대습상속인이 된다. 그러나 우리 약관은 고의인 보험수익자에 해당하는 보험금을 면책으로 하고 있으므로 결국 C와 D는 B의 대습상속인으로 인정되지 않는 것이다.

19) 피상속인의 자녀에게 대습원인이 발생하여 손자녀가 대습상속을 하게 된 경우에 그 손자녀에 대해서 대습원인이 발생하면 증손자녀가 대습상속하게 된다. 대습자를 "직계비속"으로 규정하였기 때문이다(민법 제1001조). 한편, 이 경우 재대습상속은 직계비속의 직계비속뿐만 아니라 형제자매의 직계비속에도 인정된다고 해석한다.

20) 대법원 98다64318 · 64325 판결. 예를 들어 피보험자인 甲에게는 배우자 乙과 아들 A가 가족으로 구성되어 있고, A는 재혼한 배우자 B, 전처와의 관계에서 가진 아들 C, 그리고 재혼한 배우자가 이전 혼인관계에서 가진 딸 D를 가족으로 하고 있을 때, A가 甲에 앞서 사망하였고, 이후 대습상속의 개시 이전에 B마저 사망한 경우에는 C만 A의 대습상속자가 된다. 한편, 乙이 상속인이 됨은 물론이다.

Ⅲ 대습상속의 효과

대습상속에 의하여 대습자는 피대습자에게 예정되어 있는 상속분을 상속한다(민법 제1010조). 예를 들어 상속재산이 1억원이고 피대습자의 상속분이 1/2로서 5천만원이었다면 그 배우자 A와 자녀 B는 각각 3천만원과 2천만원을 대습상속한다.

1. 대습상속 관련 사례의 검(1)

손해사정사 **기출문제** 31회(2008년)

아래의 경우 각 보험수익자에게 지급하여야 할 지급보험금을 계산하시오. (10점)

〈계약사항 및 지급보험금〉

보험종목	피보험자	가입금액	사망시 보험수익자	사망보험금
종신보험	홍길동	9,000만원	상속인	9,000만원

〈가족사항〉
- 홍길동 배우자 : A
- 홍길동 자녀 : B, C, D(단, D는 10년 전 사망)
- 홍길동 자녀의 배우자 및 홍길동 손자 : B의 배우자는 E, C는 미혼, D의 배우자는 F, D의 자녀는 G
- 가족은 모두 성인으로 심신상실자, 심신박약자가 아닌 정상인임.

1) 상속순위 및 배우자 상속

법정상속권은 직계비속, 직계존속, 형제자매, 4촌 이내 방계혈족의 순서를 따르며, 배우자는 비속, 존속과 함께 공동상속한다.

2) 대습상속

상속자가 상속개시 전에 사망 또는 결격된 경우에 그 직계비속이 있는 때에는 그 직계비속이 사망 또는 결격된 사람의 순위에 갈음하여 상속인이 된다(민법 1001조).

3) 지급보험금

- A : 9,000 × 1.5/4.5 = 3,000만원
- B : 9,000 × 1/4.5 = 2,000만원
- C : 9,000 × 1/4.5 = 2,000만원
- F : 9,000 × 1/4.5 × 1.5/2.5 = 1,200만원
- G : 9,000 × 1/4.5 × 1/2.5 = 800만원

2. 대습상속 관련 사례의 검토(2)

손해사정사 기출문제 32회(2009년) 문제수정

피보험자(B)는 아래와 같이 K생명보험사에 보험을 가입한 상태에서 최근 금융위기로 인한 경제적 어려움을 비관하여 오던 중 스스로 음독하여 자살하였다. 피보험자(B)가 남긴 사망보험금을 계산하여 각 수익자에게 지급할 보험금을 산출하시오. 단, 종신보험의 사망시 수익자인 피보험자의 아들(C)은 피보험자(B)보다 1개월 먼저 사망하였으나 수익자를 변경하지 않는 상태에서 피보험자(B)가 사망함. (10점)

〈가입사항〉

보험종류	계약자	피보험자	계약일	사망일	기납입보험료	일반사망시 보장금액	사망시 수익자
종신보험	A	B	2005.8.20	2009.5.10	450만원	1억원	피보험자의 아들(C)
연금보험	A	B	2007.12.5	2009.5.10	200만원	1천만원	상속인

* 사고당시 종신보험의 해지환급금은 500만원, 연금보험의 해지환급금은 300만원임.

〈가족사항〉

- A : 계약자(피보험자의 처)
- B : 피보험자(A의 남편)
- C : 피보험자의 아들
- D : 피보험자의 며느리(C의 처)

1) 종신보험

계약당시 지정된 수익자가 사망한 후에 피보험자가 사망하였으므로 사망한 수익자의 법정상속인이 수익자가 된다(상법 제733조 ②). 그러므로 아들 C의 1순위 상속인인 존속 A와 동순위자인 배우자 D가 상속인이 된다.

- A(어머니)=1억원 × 1/2.5 = 4천만원
- D(C의 처)=1억원 × 1.5/2.5 = 6천만원

2) 연금보험

피보험자의 고의로 인한 사고이므로 면책 여부를 고려해야 한다. 생명보험계약의 경우 피보험자의 고의에 의한 사망시 계약일로 2년이 경과하였다면 사망보험금을 지급할 수 있으나 계약일로 2년 내의 사고이므로 보험금지급책임을 부담하지 않는다.

피보험자의 고의에 의한 사고는 해지사유에 해당하므로 해지할 수 있다. 기존의 약관은 피보험자의 고의사고인 경우 기납입보험료 전액을 계약자에게 반환하고 계약을 해지하였으나,[21] 2010년 4월 1일 이후의 약관은 "중대사유로 인한 해지" 조항에 의하여 A(피보험자의 처)에게 해지환급금 300만원을 반환한다.

---

21) 기존약관은 계약자 측의 고의로 해지하는 경우 계약자의 고의라면 반환금액이 없으며, 피보험자의 고의라면 기납입보험료 전액을 반환하였다. 수익자의 고의라면 해지환급금을 반환하였다.

073 동시사망과 대습상속

I 동시사망과 대습상속

1. 동시사망

2인 이상이 동일한 위난으로 사망한 경우에는 동시에 사망한 것으로 추정하며(민법 제30조), 동시사망자 간에는 상속을 하지 않는다. 이 법조항은 정확한 사망의 시기를 알 수 없는 경우에 상속이 일어나지 않도록 하는 것이다. 그러므로 동시사망의 추정을 받는 자의 자녀 등이 상속인이 될 수도 없다(90가합1625 판결).

2. 동시사망과 대습상속

동시사망제도에 의하면 대습상속인에 해당하는 자가 본위상속 또는 대습상속의 어느 쪽도 하지 못하게 되므로 불공평하고 불합리하다는 점을 이유로 동시사망의 경우에도 대습상속만은 인정하고 있다.[22)]

보험실무에서도 이 견해를 받아들인다. 예를 들어 피보험자와 일부의 보험수익자가 동일한 사고로 사망한 경우에는 동시사망을 적용하여 다른 보험수익자에게 보험금을 지급하며, 동시사망한 일부의 보험수익자에게 대습상속자가 있는 경우에는 대습상속의 효과를 적용한다.

---

22) 피대습자가 상속개시 전에 사망한 경우에는 민법 제1001조에 의하여 대습상속을 하고, 만일 피대습자가 상속개시 이후에 사망한 경우에는 피대습자를 거쳐 피상속인의 재산을 본위상속하게 되는 것이므로 두 경우 모두 상속을 하는데, 만일 피대습자가 민법 제30조 소정의 동시사망추정에 의하여 상속이 없는 것으로 처리한다면 대습상속이나 본위상속 어느 쪽도 하지 못하게 되어 불공평하고 불합리한 것이라고 할 것이어서 만일 민법 제1001조 대습상속에는 "상속인이 될 직계비속이 상속개시와 동시에 사망한 경우"도 포함하는 것으로 합목적적으로 해석함이 상당하다고 판시하였다(99다13157 판결). 예를 들어 피보험자에게는 형제와 배우자, 그리고 배우자 사이의 아들이 있으며 그 아들을 통해 며느리와 손자로 구성된 가족이 있으며, 피보험자와 배우자, 아들, 그리고 손자가 비행기 여행 도중에 함께 사망한 사례라면 민법 제30조에 의하면 형제만 단독으로 상속하게 되지만 판례에 의하면 며느리만 단독으로 상속받게 된다.

Ⅱ 동시사망 · 대습상속 관련 사례의 검토(1)

손해사정사 **기출문제** 39회(2016년)

아래의 보험금 청구 사례를 읽고 다음 질문에 답하시오. (10점)

〈계약사항〉

보험종목	피보험자	보험기간	가입금액(보장내용)		사망시 수익자
장기상해보험	A	2010.12.1 ~2020.12.1	상해사망 특약	1억원	법정상속인
			교통상해사망 특약	2억원	

※ 상기의 특약은 특약보험료를 각각 납입하였음.

〈알릴의무사항〉

- 피보험자 A씨는 보험가입당시 운수회사 사무직(상해직업급수 1급)으로 고지하고 보험에 가입한 후 2012년 10월 1일자로 영업용 택시운전기사(상해직업급수 3급)로 직무가 변경된 사실을 사고일까지 통보하지 않았음.
- 보험요율 : 1급 요율(0.1%), 2급 요율(0.2%), 3급 요율(0.3%)

〈사고사항〉

- 피보험자 A씨는 가족과 함께 비행기에 승객으로 탑승하여 중국으로 여행을 가던 중 비행기 추락사고로 2013년 6월 25일 가족 B, C, D, F와 함께 동시에 사망함.

〈가족사항〉

A : 피보험자, B : A의 배우자, C(아들) 및 D(딸) : A의 자녀
E : C의 배우자, F : D의 배우자, G : C의 자녀, H : D의 자녀
(가족 모두 성년이며, 심신상실자 · 심신박약자가 아닌 정상인임)

〈질문사항〉

(1) 상기의 조건에서 알릴의무 위반 여부와 보상책임에 관해 약술하시오. (4점)
(2) 상기의 조건에서 보험회사가 지급해야 할 각 수익자별 지급보험금 산출과정을 명시하여 계산하시오. (6점)

1. 알릴의무 위반과 보상책임

보험가입 이후에 요율의 변경을 가져오는 직업의 변경이 있었고, 해당 사실을 알리지 않았으므로 가입 후 알릴의무 위반에 해당한다. 다만, 사례의 사고는 알릴의무 위반과 인과관계 없는 사고이므로 알릴의무 위반을 이유로 보험금액을 감액할 수 없다. 보험자

는 인과관계를 묻지 않고 알릴의무 위반만을 이유로 계약을 해지할 수 있으나 피보험자에게 사망보험금을 지급하여 계약의 효력이 소멸되므로 별도의 해지가 불필요하다.

위 사례의 사고는 상해사고이면서 동시에 운행 중인 교통승용구의 탑승 중 발생한 사고이므로 상해사망특약과 교통상해사망특약의 담보사유이다.

2. 동시사망과 보험수익자

피보험자와 그 상속인이 동일 위난으로 동시에 사망한 것으로 추정되는 경우 그 동시사망자 간에는 상속이 개시되지 않는다. 다만, 동시사망의 경우에도 대습상속만은 인정하는 것이 법원의 견해이므로 이에 따르면 보험수익자는 다음과 같이 결정된다.

- C의 대습상속인 E : (1억원 + 2억원) × 1/2 × 1.5/2.5 = 9,000만원
- C의 대습상속인 G : (1억원 + 2억원) × 1/2 × 1/2.5 = 6,000만원
- D의 대습상속인 H : (1억원 + 2억원) × 1/2 = 1억 5,000만원

Ⅲ 동시사망·대습상속 관련 사례의 검토(2)

사망보험금 | 동시사망과 대습상속

〈사고사항〉

A는 미국에 유학하고 있는 장녀 B, 차녀 C 등과 함께 그랜드캐니언(Grand Canyon)을 여행하던 중 비행기 추락사고로 사망하였다. 이 사고로 A와 B, C, B의 배우자 乙, C의 배우자 丙 모두 사망하였으며, A의 유족으로는 A의 모친 甲, B와 乙 사이의 자녀 D와 E, C와 丙사이에 F가 있었다. 유족들은 D를 제외하고는 모두 성년이다.

〈보험계약사항〉

A는 손해보험사의 상해사방보험(보험가입금액 1억원)에 계약자·피보험자로 가입하였는데, 가입당시에 보험수익자를 지정하면서 C에 대하여 30%, 나머지 70%는 "상속인"이라고 기재하였다.

1. 사안의 분석

이 사안은 동시사망추정의 경우에 대습상속이 인정되는가를 검토해보고, 제1순위 상속인이 모두 사망하였을 때에 그들의 직계비속이 가지는 상속권의 성질을 함께 검토해야 한다. 아울러 수익자의 일부를 "상속인"으로 지정했을 때의 수익자 결정에 대하여도 함께 검토한다.

2. 동시사망과 대습상속

동일 위난으로 2인 이상이 사망하여 동시사망으로 추정되는 경우에 동시사망자 간에는 상속이 없다(민법 제30조). 이는 대습상속에서도 적용되는 것이겠으나 법원(99다13157판결)에서는 동시사망의 경우에도 대습상속이 적용된다고 하였고, 대습상속의 취지상 이 견해가 타당하므로 대습상속을 고려한다.

3. 30%에 대한 보험수익자의 결정과 보험금

1) 지정수익자 C의 상속인 F

보험계약자 겸 피보험자가 수익자를 지정한 경우에는 지정된 수익자의 권리가 가장 우선한다. 따라서 지정된 수익자 C는 3천만원(1억원 × 30%)에 대한 보험금청구권을 갖는다. 그러나 지정된 수익자가 사망하였으므로 C의 보험금청구권을 C의 법정상속인이 상속한다(상법 제733조 ③). 따라서 F가 3천만원에 대한 보험금청구권을 행사한다.

2) F의 보험금청구권의 성격

F가 가지는 보험금청구권은 상법 제733조에서 정한 권리이므로 고유재산의 성격을 갖는다.

4. 70%에 대한 보험수익자의 결정과 보험금

1) 수익자를 "상속인"으로 정한 경우

수익자를 상속인으로 정한 경우에는 민법의 법정상속순위에 의하여 상속순위를 정하며, 상속인 간에 별도의 분배비율을 명시하지 않았다면 민법에 따라 각각 균등한 비율(배우자는 5할 가산)로 보험금청구권을 갖는다(민법 1009조). 한편 보험수익자를 상속인으로 정한 경우에 그 상속인이 갖는 보험금청구권의 법적 성질에 대하여는 이견이 있으나 일반적으로 고유재산으로 보는 것이 타당하다.

2) 상속인과 분담액 결정

A에게는 모친 甲이 있으나 제1순위 상속인인 B와 C 각각의 대습상속자가 존재하므로 대습상속자인 F, D, E가 상속인이 되며, F, D, E가 가지는 상속권에 대하여 대습상속으로 보는 견해와 제1순위자인 비속에 해당하여 본위상속한다는 견해로 나뉜다. 이에 대하여 대습상속으로 보는 견해가 일반적이다.

- F : 7천만원 × 1/2 = 3,500만원
- D : 7천만원 × 1/2 × 1/2 = 1,750만원
- E : 7천만원 × 1/2 × 1/2 = 1,750만원

3) 미성년자와 미성년후견인

D는 미성년자이므로 D의 부모가 법정대리인이 된다(민법 제911조). 그러나 D의 친권자인 乙마저 사망하였으므로 민법 제928조에 의한 후견인이 법정대리인이 된다. 본 사례에서 乙이 지정후견인을 선임한 정보가 없으므로 민법 제932조(미성년후견인의 선임)에 따라 가정법원이 선임한 후견인이 미성년후견인으로서 보험금청구권을 행사할 수 있다.[23]

한편, 개정(2013.7.1) 이전의 민법 제932조에 의하면 미성년자의 후견인의 순위는 지정후견인이 없는 때에는 미성년자의 직계혈족·3촌 이내의 방계혈족의 순위로 후견인이 된다. 그러므로 과거 규정에 의하면 甲이 대리하여 D의 보험금청구권을 행사한다.

23) 미성년자에게 친권을 행사하는 부모는 유언으로 미성년후견인을 지정할 수 있다(민법 제931조 ①). 가정법원은 제931조에 따라 지정된 미성년후견인이 없는 경우에는 직권으로 또는 미성년자, 친족, 이해관계인, 검사, 지방자치단체의 장의 청구에 의하여 미성년후견인을 선임한다(민법 제932조).

074 상속포기와 결격 등

I 상속의 포기

상속을 포기한 자는 상속개시된 때부터 상속인이 아니었던 것으로 된다(민법 제1042조). 우리 제3보험 실무에서는 상속인이 상속을 포기한 경우에도 보험금을 받을 수 있는지가 문제된다. 이에 대하여 보험수익자로서의 상속인이란 피보험자 사망시 보험수익자를 지정하는 표준에 불과하고, 보험금은 보험수익자의 고유재산이므로 상속포기는 재산상속에만 영향을 미치며 이미 확정된 보험수익자의 권리에는 영향이 없다고 보는 견해가 유력하다.[24] 따라서 상속을 포기한 자라고 해도 보험금청구권을 행사할 수 있다.

II 상속의 결격

민법상 상속결격사유에 해당하면 상속인이 되지 못한다(민법 제1004조).[25] 그리고 제3보험 실무에서도 보험수익자를 "상속인"으로 정한 후 그 상속인 중 일부가 민법에 의한 상속결격자에 해당하는 경우에는 보험금이 지급되지 않는 경우가 발생한다.

---

24) 보험수익자의 지위에서 취득한 보험금청구권을 행사하는 것이 이미 이루어진 상속포기의 효력에 영향을 미치지 않으며, 상속을 포기한 상속인들에게 보험수익자로서 보험금청구권을 인정하는 것이 사회상규에 반한다고 볼 수 없다고 하였다(2001다65755 판결).

25) 민법 제1004조 【상속인의 결격사유】 다음 각 호의 어느 하나에 해당한 자는 상속인이 되지 못한다.
1. 고의로 직계존속, 피상속인, 그 배우자 또는 상속의 선순위나 동순위에 있는 자를 살해하거나 살해하려 한 자
2. 고의로 직계존속, 피상속인과 그 배우자에게 상해를 가하여 사망에 이르게 한 자
3. 사기 또는 강박으로 피상속인의 상속에 관한 유언 또는 유언의 철회를 방해한 자
4. 사기 또는 강박으로 피상속인의 상속에 관한 유언을 하게 한 자
5. 피상속인의 상속에 관한 유언서를 위조·변조·파기 또는 은닉한 자. 한편, 상속인의 결격은 소급효가 있다고 보는 것이 일반적이므로 상속결격자는 처음부터 상속인이 아니라고 해석한다.

1. 상속인이 피보험자를 해친 경우

상속인이 피보험자를 해친 경우는 민법 제1004조 제1, 2호에 해당하는 상속결격사유가 되며, 제3보험 보통약관은 "보험수익자가 고의로 피보험자를 해친 경우"를 면책사유로 하고 있으므로 상속인이 피보험자를 해친 경우에는 보험금을 지급하지 않는다.

그러나 약관은 "다만, 그 보험수익자가 보험금의 일부를 받는 자인 경우에는 그 보험수익자에 해당하는 보험금을 제외한 나머지 보험금을 다른 보험수익자에게 지급합니다"라고 정하고 있으므로 상속인이 다수인 경우에 피보험자를 해친 상속인(상속결격자)에게는 보험금청구권이 없으나 나머지 상속인에게만 보험금청구권이 있다. 보험금의 일부를 면책하는 것이다. 그러므로 나머지 상속인은 상속결격된 자가 정상적으로 취득하였을 금액을 제외한 나머지에 대하여만 보험금청구권을 행사할 수 있다(동일한 취지 2000다31502 판결).

2. 민법 제1004조 제3, 4, 5호에 해당하는 경우

상속인이 피보험자를 해친 경우 외에 상속결격된 경우에는 그 상속결격자는 비록 민법에서 정한 "상속인"에 해당하지 않지만, 여전히 보험금청구권을 취득한다고 해석하는 것이 일반적이다. 민법 제1004조는 상속재산에 대한 규정이고 보험금청구권은 상속재산이 아닌 보험수익자 고유재산이기 때문이다(2001다65755 판결).

그러나 "상속인"에 대하여 민법을 적용하는 이상 민법상 "상속인의 범위, 상속분"뿐만 아니라 "상속결격사유"도 함께 적용해야 한다는 견해도 있다. 이러한 경우에는 상속결격자는 처음부터 상속인이 아니게 되므로 나머지 상속인에게 상속비율에 따라 보험금을 지급하게 된다.

3. 상속결격과 대습상속

상속결격에도 불구하고 결격자의 직계비속이나 배우자가 대습상속권을 가지는 데에는 문제가 없다. 다만, 앞에서 설명한 바와 같이 상속인이 피보험자를 해치게 되어 상속이 결격된 경우에는 해당 보험금청구권이 소멸하므로 대습상속으로 인한 보험금청구권은 발생하지 않는다.

Ⅲ 선량한 풍속에 반하는 계약

보험계약자인 상속인이 처음부터 피보험자를 해할 목적으로 보험계약을 체결하였다면 공서양속에 반하는 계약(민법 제103조 위반)이므로 상속결격의 문제를 거론할 필요 없이 보험계약은 무효가 된다(99다49064 판결).

Ⅳ 특별연고자

상속인이 될 수 있는 자의 범위에 포함되는 사람이 없는 경우(상속인 부존재)에 사실혼배우자 등의 특별연고자가 있는 경우에는 가정법원에 상속재산의 전부 또는 일부에 대한 분여를 청구할 수 있다(민법 제1057조의2). 이 제도를 특별연고자의 상속재산 분여제도라고 하는데, 이러한 특별연고자는 민법상 상속인의 범위에 해당하지 않으므로 제3보험 실무에서도 보험수익자로 인정하지 않는다.

Ⅴ 관련 사례의 검토

사망보험금 **보험수익자의 고의, 약관에서 정하지 않은 사유로 인한 사망**

〈계약사항〉

회사	특약종류	가입액	계약자	피보험자	수익자	납입보험료	해지환급금	책임준비금
A손해	상해사망	7억원	A	갑	(가)(나)	1,000만원	800만원	900만원
B생명	재해사망	7억원	A	갑	상속인	1,000만원	800만원	900만원
C손해	질병사망	7억원	A	갑	상속인	1,000만원	800만원	900만원

〈사고내용〉

(가)는 평소 친구이면서 인터넷 게시판에서 함께 활동하던 갑에 대하여 원한이 있던 중에 갑의 주소지에 찾아가 갑을 살해하였다.

〈가족사항〉

갑에게는 사실혼 배우자 을, 법률혼 배우자 병이 있으며, 성년인 장남 A와 B를 가족으로 두고 있다. 또한 갑의 모친인 C와 부친 D도 생존한 상태이다. 한편, 갑에게는 평소 친구 사이인 (가)(나), (다)가 있다.

1. A 손해보험의 보험금

1) 수익자의 고의

본 사례는 수익자인 (가)에 의한 사고이므로 약관상 면책사유인 수익자의 고의에 해당한다. 그러나 선의의 수익자에 대한 보험금에 대해서는 보험금 지급책임을 부담한다.

수익자가 (가) 한 명뿐인 경우에는 중대사유로 인한 해지조항을 적용하게 되어 계약을 해지하면서 해지환급금을 지급한다. 그러나 이 조항에도 불구하고 수익자가 수인(여러 명)인 경우에는 일부 수익자에 대한 보험금을 지급한다.

2) 수익자의 결정 및 보험금 지급액

고의의 수익자가 아닌 (나)에 대한 보험금은 지급한다. 따라서 사망보험금 7억원 중에서 3.5억원을 수익자 (나)에게 지급한다.

2. B생명보험의 보험금

1) 상해사망

타인의 고의에 의하여 사망한 것은 약관상 상해사망에 해당하므로 보험금 지급사유에 해당한다.

2) 수익자 결정 및 보험금 지급

비속 A와 B가 제1순위 상속인이 되며, 법률혼인관계인 배우자 병이 공동상속한다. 배우자는 5할을 가산한다.

- A : 7억원 × 1/3.5 = 2억원
- B : 7억원 × 1/3.5 = 2억원
- 병 : 7억원 × 1.5/3.5 = 3억원

3. C손해보험의 보험금

피보험자의 사망은 약관에서 정하지 않은 상해사망이므로 질병사망특약은 소멸한다. 약관에서 정하지 않은 사유로 사망한 경우에는 책임준비금을 지급한다. 그러므로 계약자 A에게 책임준비금 900만원을 지급한다.

075 제한능력자의 사망보험금 청구

I 제한능력자

개정 이전의 민법에서는 미성년자, 금치산자, 한정치산자와 같이 행위능력이 제한되는 사람에 대하여 "무능력자"라는 용어를 사용하였다. 그러나 무능력자라는 표현이 부정적 인식을 불러일으킬 수 있다는 문제를 개선하고자 개정민법에서는 미성년자, 피성년후견인(기존의 금치산자), 피한정후견인(기존의 한정치산자)을 "제한능력자"라는 용어로 사용하고 있다(민법 제15조, 제16조 등).

피보험자의 사망으로 보험금을 받게 되는 자가 제한능력자인 경우에는 제한능력자의 보험금청구권을 그의 법정대리인이 대신하여 행사한다. 법정대리인은 제한능력자의 재산에 대한 재산관리권과 대리권을 갖기 때문이다.

II 미성년자와 법정대리인

1. 미성년자의 보험금청구권

만 19세가 되면 성년이 되며(민법 제4조),[26] 성년이 아닌 자를 미성년자라고 한다. 미성년자의 법정대리인인 친권자·후견인이 미성년자의 보험금청구권을 대리행사한다. 해당 보험금은 미성년자가 자기 명의로 취득한 특유재산이 되고, 법정대리인인 친권자·후견인이 이를 관리한다(민법 제916조).

---

26) 기존에는 만 20세부터 성인으로 정하고 있었으나 2013년 7월 1일 시행된 개정민법에 의하면 만 19세부터 성인이 된다. 민법개정안이 논의되던 때에는 혼인적령(민법 제807조)인 18세와 관계를 고려하여 18세를 고려하기도 하였으나 사회일반관념에 비추어 수용하기 어렵다는 점이 고려되어 최종적으로 19세가 되었다.

2. 친권자

친권자란 미성년자인 자의 부모를 말한다. 양자의 경우에는 양부모가 친권자가 된다(민법 제909조 ①). 부모가 혼인 중인 때에는 부모가 공동으로 친권을 행사한다(민법 제909조 ②). 부모가 협의이혼한 경우에는 협의에 의해 친권자를 기재한다(가족관계등록법 제74조 제3호). 그러나 협의에 의한 결정이 자녀의 복리에 반하는 경우나 혼인의 취소·재판상 이혼 등의 경우에는 가정법원이 직권으로 친권자를 정한다(민법 제909조 ④,⑤). 한편, 가정법원은 자녀의 복리를 위하여 필요하다고 인정되는 경우에는 자녀의 4촌 이내의 친족의 청구에 의하여 정해진 친권자를 다른 일방으로 변경할 수도 있다(민법 제909조 ⑥).

3. 친권자의 지정 등

부모의 이혼, 혼인취소 또는 가정법원이 직권에 의하여 부모 중 일방을 단독친권자로 지정한 경우에 단독친권자가 사망한 경우에는 생존하는 부 또는 모, 미성년자, 미성년자의 친족은 가정법원에 생존하는 부 또는 모를 친권자로 지정할 것을 청구할 수 있다(민법 제909조의2, 신설).[27)]

만일, 친권자 지정의 청구가 없을 때에는 가정법원이 직권으로 친권자나 미성년후견인을 선임할 수 있으며, 친권자 지정의 청구 또는 후견인의 선임청구를 하였다고 해도 해당 청구가 생존하는 부 또는 모, 친생부모 일방 또는 쌍방의 양육의사 및 양육능력, 청구동기, 미성년자의 의사, 그 밖의 사정을 고려하여 미성년자의 복리를 위하여 적절하지 아니하다고 인정하면 청구를 기각하고, 가정법원 직권으로 미성년후견인을 선임하거나 생존하는 부 또는 모, 친생부모 일방 또는 쌍방을 친권자로 지정하여야 한다(민법 제909조의2 ③,④).

4. 미성년후견인

친권자가 없거나 친권자가 법률행위의 대리권과 재산관리권을 행사할 수 없기 때문에 친권에 의한 보호를 받지 못하는 미성년자의 경우에는 1명의 미성년후견인을 두어야 한다(민법 제928조, 제930조). 후견인은 피후견인의 법정대리인이 되어(민법 제938조) 재산을 관리

27) 기존에는 이혼 등의 사유로 단독친권자로 지정된 부모의 일방이 사망한 경우 생존한 부 또는 모가 자동적으로 친권자(친권의 자동부활)가 되었으나 개정민법에서는 한부모가정 자녀들의 복리에 기여하기 위하여 친권자동부활제도를 폐지하고 법원이 후견적 지위에서 개입하도록 정하고 있다.

하고 그 재산에 관한 법률행위에 대하여 피후견인을 대리한다(민법 제949조 ②). 그러므로 미성년후견인은 보험회사에 대하여 미성년자인 수익자의 대리인으로서 사망보험금을 청구할 수 있다.

미성년자에게 친권을 행사하는 부모는 유언으로 미성년후견인을 지정할 수 있다(민법 제931조 ①). 미성년후견인이 지정된 경우라고 해도 가정법원은 미성년자의 복리를 위하여 필요하면 생존하는 부 또는 모, 미성년자의 청구에 의하여 후견을 종료하고 생존하는 부 또는 모를 친권자로 지정할 수 있다(민법 제931조 ②). 지정된 미성년후견인이 없는 경우 또는 미성년후견인이 없게 되는 경우 가정법원은 직권으로 미성년후견인을 선임한다(민법 제932조 ①②).

Ⅲ 혼인한 미성년자

만 18세가 된 미성년자가 혼인을 하게 되는 경우에는 친권자 · 후견인의 동의를 얻어야 한다(민법 제807조, 제808조). 혼인한 미성년자는 성년으로 의제되어 친권에서 벗어나므로(민법 제826조의2) 혼인한 미성년자가 단독으로 보험금청구권을 행사할 수 있다. 이후 이혼 등으로 혼인이 해소된 경우라고 해도 해당 미성년자는 여전히 성년으로 의제된다.

Ⅳ 성년후견제도와 성년후견인

1. 성년후견제도

2013년 7월 1일부터 시행하는 개정민법은 금치산자, 한정치산자 제도를 폐지하고 성년후견제도를 도입하였다. 기존의 금치산 · 한정치산제도는 재산관리에만 중점을 두고 있었으나 성년후견제도는 제한능력자 본인의 의사와 잔존능력을 존중하여 재산뿐만 아니라 치료, 요양 등 신상에 관한 분야에서도 후견인의 도움을 받게 하였다. 또한 미래에 제한능력자가 되는 경우를 대비하여 계약에 의한 임의후견제도를 이용할 수 있도록 하였다.

기존에는 한정치산 · 금치산이 선고되면 법률의 규정에 의하여 후견인이 정해지고,[28]

그렇지 않은 경우 법원이 후견인을 선임하도록 하고 있었으나 친족들과의 이해관계, 당연법정후견인이 고령자인 경우 등의 문제가 발생할 수 있었으므로 후견인의 실질적인 보호를 위하여 후견인 당연지정제도를 폐지하고 가정법원이 제반사정을 고려하여 후견인을 선임하도록 하였다.

2. 성년후견인

가정법원은 질병, 장애, 노령, 그 밖의 사유로 인한 정신적 제약으로 사무를 처리할 능력이 지속적으로 결여된 사람에 대하여 본인, 배우자, 4촌 이내의 친족, 미성년후견인, 미성년후견감독인, 한정후견인, 한정후견감독인, 특정후견인, 특정후견감독인, 검사 또는 지방자치단체의 장의 청구에 의하여 성년후견개시의 심판을 한다(민법 제9조 ①). 가정법원은 성년후견개시의 심판을 할 때 본인의 의사를 고려하여야 한다(민법 제9조 ①). 성년후견이 개시되면 성년후견인을 두어야 한다(민법 제929조).

미성년후견인은 1인으로 한정하고 있으나, 성년후견인은 피성년후견인의 신상과 재산에 관한 모든 사정을 고려하여 여러 명을 둘 수도 있고, 법인도 성년후견인이 될 수 있다(민법 제930조). 성년후견인은 업무를 수행하면서 피성년후견인의 복리를 우선하며 그의 의사를 존중하여야 하며(민법 제947조), 피성년후견인의 재산을 관리하고 그 재산에 관한 법률행위에 대하여 피성년후견인을 대리한다(민법 제949조 ①). 그 외에도 성년후견인은 피성년후견인의 신상을 보호하는 의무가 있다(민법 제947조의2).

3. 한정후견인

한정후견제도는 정신적 제약으로 사무처리능력이 부족한 자에 대하여 가정법원에 의한 후원을 받는 제도이다. 가정법원은 질병, 장애, 노령, 그 밖의 사유로 인한 정신적 제약으로 사무를 처리할 능력이 부족한 사람에 대하여 본인, 배우자, 4촌 이내의 친족, 미성년후견인, 미성년후견감독인, 성년후견인, 성년후견감독인, 특정후견인, 특정후견감독인, 검사 또는 지방자치단체의 장의 청구에 의하여 한정후견개시의 심판을 한다(민법 제12조). 가정법원이 한정후견개시의 심판을 하여 한정후견이 개시되면 한정후견인을 두어야 한다(민법 제929조). 성년후견인에 관한 규정, 권한 등은 한정후견인에게도 기본적으로 동

28) 기존의 민법 제933조는 금치산자·한정치산자의 직계혈족, 3촌 이내의 방계혈족의 순위로 법정후견인이 되도록 정하고 있었다. 그러나 개정민법은 이 조항을 삭제하였다.

일하다.

4. 특정후견인

특정후견제도는 정신적 제약이 있는 자가 일시적인 사무 또는 특정한 사무에 대하여 가정법원에 의한 후원을 받는 제도이다. 가정법원은 질병, 장애, 노령, 그 밖의 사유로 인한 정신적 제약으로 일시적 후원 또는 특정한 사무에 관한 후원이 필요한 사람에 대하여 본인, 배우자, 4촌 이내의 친족, 미성년후견인, 미성년후견감독인, 검사 또는 지방자치단체의 장의 청구에 의하여 특정후견의 심판을 한다(민법 제14조의2 ①). 법원이 특정후견의 심판을 하는 경우에는 특정후견의 기간 또는 사무의 범위를 정하여야 한다(민법 제14조의2 ③).

특정후견의 경우에는 특정한 사무 등으로 대리권의 기간과 범위가 제한되어 있으므로 특정후견인은 수여받은 대리권의 범위와 기간 내에서 대리인이 된다.

5. 후견계약과 임의후견인

후견계약은 질병, 장애, 노령, 그 밖의 사유로 인한 정신적 제약으로 사무를 처리할 능력이 부족한 상황에 있거나 부족하게 될 상황에 대비하여 자신의 재산관리 및 신상보호에 관한 사무의 전부 또는 일부를 다른 자에게 위탁하고 그 위탁사무에 관하여 대리권을 수여하는 것을 내용으로 하는 계약이다(민법 제959조의14 ①). 후견계약은 공정증서에 의하여 체결하여야 하는(민법 제959조의14 ②) 요식계약이며, 위임계약으로서의 성질(민법 제680조)을 갖는 계약이다.

후견계약에 의한 후견을 임의후견이라고 하며, 가정법원이 임의후견감독인을 선임하는 것에 의하여 효력이 발생한다(민법 제959조의14 ③). 임의후견의 내용은 후견계약에서 당사자들이 정한 바에 의한다. 그러므로 임의후견인은 본인이 수여한 대리권에 기초하여 후견사무를 처리한다.

V 후견인의 보험금 청구와 후견등기사항증명서

피후견인이 보험수익자가 되는 경우에 후견인은 이를 대리하여 보험금청구권을 행사할 수 있다. 보험자는 가정법원(가정법원 및 지원이 설치되지 않은 지역은 지방법원 및 그 지원)의 가족관계등록과에서 발급받을 수 있는 등기사항증명서를 통하여 피후견인, 후견개시 및 종료, 후견인, 후견인의 대리권 범위 등을 확인한 후에 후견인에게 보험금을 지급하게 된다.

한편, 후견등기사항증명서는 피성년후견인, 후견계약의 본인뿐만 아니라 배우자 또는 4촌 이내의 친족, 성년후견인 또는 한정·특정·임의후견인 및 정당한 이해관계가 있는 자가 발급을 청구할 수 있다(후견등기법 제15조).

VI 관련 사례의 검토

사망보험금 | 보험수익자의 고의, 성년후견제도

〈사고사항〉

A와 B는 아들 Z에 의해 사망하였다. A는 사고 즉시 사망하였고, B는 사고 당일 병원에 이송 도중에 사망하였다.

〈가족사항〉

A에게는 모친 甲이 있으며, B에게는 모친 乙이 가족으로 있다. A에게는 전처인 C 사이에 낳은 자녀 X, Y가 있다. Z는 A가 B와 재혼하여 낳은 아들이다. 한편, X는 18세가 되던 A가 사망하기 1년 전에 결혼하였으나 A가 사망하기 1개월 전에 이혼하였다(사고 및 보험금 청구당시 X의 나이는 18세이다). Y는 성년이며 성년후견제도에 의하여 乙을 후견인으로 두고 있다.

〈기타사항〉

X는 평소에 A를 특별히 부양하던 자로서 법원에 의해 기여분 20%를 인정받았다. 따라서 A의 사망 후 상속재산인 10억원의 20%인 2억원에 대해서 특별기여자로서 기여분에 대한 권리가 있다.

〈보험계약사항〉

A는 손해보험사의 상해사망보험(보험가입금액 9천만원)에 계약자·피보험자로 가입하였는데, 가입당시에 보험수익자를 지정하는 공란에 "상속인"이라고 기재하였다.

1. 사안의 분석

이 사안을 통해 보험수익자의 고의에 의한 보험금의 결정과 금치산자의 후견인에 대한 문제, 성인으로 간주되는 미성년자의 재산권, 그리고 B의 사망으로 인한 대습상속에 대하여 논하겠다.

2. 보험수익자의 결정

Z가 피보험자를 해친 경우는 민법 제1004조 제1, 2호에 해당하는 상속결격사유가 되며, 우리 약관의 면책사유인 보험수익자의 고의에 해당한다. 따라서 해당 상속인은 보험금청구권이 없으며, 상속인이 다수인 경우에는 나머지 상속인에게 상속결격된 상속인이 정상적으로 취득하였을 금액을 제외한 나머지 X, Y에 대하여 보험금청구권을 갖는다.

- X : A의 직계존속으로 1순위 상속인, Y와 공동상속
- Y : A의 직계존속으로 1순위 상속인, X와 공동상속

B가 A의 사망 이후에 사망하였으므로 B의 보험금청구권을 乙이 상속한다. Z는 상속결격자가 되었기 때문에 보험금청구권을 상속할 수 없다.

- 乙 : B의 상속자

3. 상속분

X, Y는 공동상속인으로서 균분상속하며, B는 A의 배우자로서 5할을 가산한다. 다만, B의 보험금청구권은 乙이 상속한다.

- X : 9천만원 × 1/4.5 = 2천만원
- Y : 9천만원 × 1/4.5 = 2천만원

단, 가정법원에서 선임한 후견인이 보험금청구권을 대리한다.

• 乙 : 9천만원 × 1.5/4.5 = 3천만원

4. 후견인

X는 비록 미성년자이지만 혼인으로 인하여 성인으로 의제되었으므로 별도의 후견인 제도를 적용하지 않으며, Y는 성년후견제도에 의한 후견인 乙이 보험금을 청구할 수 있다.

5. 관련문제

보험금청구권은 보험수익자의 고유권리에 해당하므로 상속분을 결정할 때에는 특별기여자의 기여분에 대하여는 고려하지 않는 것이 타당하다. 특별기여분은 상속재산에 대한 제도이기 때문이다.

076 질병 · 상해보험의 후유장해보험금

I 질병·상해후유장해보험금

보험자는 피보험자가 보험기간 중에 진단확정된 질병 또는 상해로 장해분류표에서 정한 각 장해지급률에 해당하는 상태가 되었을 때에 후유장해보험금을 지급한다(보통약관 제3조 제2호).

후유장해보험금은 계약당시에 정하여진 보험가입금액을 기준으로 지급한다는 점에서 정액보장의 일종이지만, 사고의 결과에 따라 장해지급률이 결정되고 그 결과 지급되는 보험금액이 차이가 있다는 점에서는 손해보상의 성격을 일부 가지고 있다. 이러한 점에서 후유장해보험금을 준정액보장의 형태로 보기도 한다.

II 후유장해보험금의 지급사유

1. 보험기간 중의 사고

1) 보험금 지급사유

"보험기간 중에 진단확정된 질병 또는 상해로 장해분류표상 장해지급률에 해당하는 장해상태가 된 경우"에 보험금을 지급한다.

대법원은 이와 관련하여 "질병(또는 상해) 및 장해가 모두 보험기간 중에 발생하는 것"을 보험금 지급사유라고 해석할 수는 없다는 견해이다. 그러므로 보험기간 내에 질병(또는 상해)이 발생했다면 보험기간 만료 후에 장해상태가 된 경우에도 보험금을 지급하여야 한다고 보고 있다(2008다42683 판결).

2) 장해지급률 결정 이후의 장해상태의 악화

"장해지급률이 결정되었으나 그 이후 보장을 받을 수 있는 기간에 장해상태가 악화된 때에는 그 악화된 장해상태를 기준으로 장해지급률을 결정"한다. 여기서 보장을 받을 수 있는 기간이란 보험계약기간을 말한다. 다만, 보험계약의 효력이 없어진 경우에는 상해 또는 질병의 발생일로 2년(보험기간이 10년 이상인 계약), 1년(보험기간이 10년 미만인 계약)을 말한다.

2. 인과관계

보험자가 보험금지급책임을 부담하기 위해서는 보험금지급사유의 원인이 되는 상해 또는 질병이 보험금 지급사유라는 후유장해에 영향을 미쳐야 한다. 앞에서 살펴본 바와 같이 이러한 경우에도 상당인과관계설에 의한다(99다67147 판결, 2006다72734 판결).

3. 장해상태

후유장해보험금이 지급되기 위하여 인정되는 "장해상태"란 「장해분류표」에서 정한 기준에 따른 장해상태를 말한다(보통약관 제2조 제2호 나목).

Ⅲ 「장해분류표」 총칙

1. 장해분류표의 개요와 특징

2003년 8월의 보험업법 개정에 따라 손 · 생보사 모두 제3보험의 개발 및 판매가 가능하게 되었으나, 손 · 생보사간 후유장해의 지급기준이 상이하여 형평성의 문제가 발생하였다. 이에 따라 손해보험협회와 생명보험협회의 공동작업에 의해 장해분류표를 통합하게 되었다. 통합 장해분류표는 기존 손해보험사의 후유장해 산정기준, 즉 지급률 기준을 바탕으로 하였으며, 2005년 4월 보험업감독규정 시행세칙 표준약관의 변경에 반영되어 손 · 생보사에서 공통적으로 적용하고 있다.[29] 2018년 3월 이후부터는 장해판정에서의 주관적 요소를 최소화하고 의료실무에서 통용되는 장해평가의 방법을 반영한 장해분류

29) 2005년 4월 1일 이후의 약관은 개정된 통합장해분류표를 적용하지만 2005년 3월까지의 판매상품은 기존 장해분류표가 그대로 적용된다. 즉, 통합장해분류표는 소급하여 적용되지 않는다.

표로 개정되어 운용되고 있다.

통합 장해분류표에서는 장해분류 항목을 기존 6등급 71개 항목에서 13개 신체부위 87개 항목으로 세분하였고, 보장범위를 확대하는 한편 국제적으로 통용되는 장해평가방법을 도입하여 보험소비자의 권익확대 및 전문용어의 순화를 통해 보험소비자의 이해를 용이하게 하였으며, 특히 일정기간 이상의 한시장해도 영구장해의 20%로 인정하여 지급하도록 하고 있다.

2. 장해의 정의

1) 장해

"장해"라 함은 상해 또는 질병에 대하여 치유된 후 신체에 남아 있는 영구적인 정신 또는 육체의 훼손상태를 말한다. 다만, 질병과 부상의 주증상과 합병증상 및 이에 대한 치료를 받는 과정에서 일시적으로 나타나는 증상은 장해에 포함되지 않는다.

여기서 "영구적"이라 함은 원칙적으로 치유하는 때 장래 회복할 가망이 없는 상태로서 정신적 또는 육체적 훼손상태임이 의학적으로 인정되는 경우를 말하며, "치유된 후"라 함은 상해 또는 질병에 대한 치료의 효과를 기대할 수 없게 되고 또한 그 증상이 고정된 상태를 말한다. 법원은 사망으로의 진행단계에서 거치게 되는 일시적 장해상태는 보험약관상의 "장해"에는 해당하지 않는다는 견해이다(2007다17086, 2008다13968 판결).

2) 한시장해

영구히 고정된 증상은 아니지만 치료종결 후 한시적으로 나타나는 장해에 대하여는 그 기간이 5년 이상인 경우 해당 장해지급률의 20%를 보험가입금액에 곱하여 산출한 금액을 지급한다. 그러므로 5년 미만의 한시장해는 인정하지 않는다.

동일한 재해 또는 재해 이외의 동일한 원인으로 발생한 장해를 합산하는 경우에도 한시장해를 포함한다. 예를 들어 교통사고로 다리의 40% 영구장해와 눈의 50%에 해당하는 5년 한시장해가 발생한 경우에는 50%(40% + 50% × 0.2)를 지급한다.[30] 또한 한시장해를 진단받고 이후 영구장해를 진단받으면 영구장해로 인정하되, 이 경우 조사를 통하여 원인을

30) 사고기여도를 적용하는 경우에도 한시장해를 적용한다. 예를 들어 상해후유장해 특별약관에 보험가입금액 100,000,000원으로 가입한 피보험자가 상해사고로 장해지급률 70%에 해당하는 후유장해를 입은 경우에 상해사고의 기여도가 60%이고, 해당 후유장해가 5년 한시장해인 경우의 보험금 지급액은 8,400,000원(= 1억원 × 70% × 20% × 60%)이다.

파악한다.

3. 신체부위

"신체부위"라 함은 ① 눈, ② 귀, ③ 코, ④ 씹어먹거나 말하는 기능, ⑤ 외모, ⑥ 척추(등뼈), ⑦ 체간골, ⑧ 팔, ⑨ 다리, ⑩ 손가락, ⑪ 발가락, ⑫ 흉 · 복부장기 및 비뇨생식기, ⑬ 신경계 · 정신행동의 13개 부위를 말하며, 이를 각각 동일한 신체부위라 한다. 다만, 좌 · 우의 눈, 귀, 팔, 다리, 손가락, 발가락은 각각 다른 신체부위로 본다.

손해사정사 기출문제 29회(2006년)

아래 표는 제3보험 장해분류표상 13개의 신체부위별 최고 장해상태와 해당 지급률의 일부를 나타낸 표이다. 다음 빈칸(①~⑩)에 해당하는 신체부위별 장해의 분류와 지급률을 쓰시오. (10점)

신체부위	장해의 분류	지급률(%)
눈	두 눈이 멀었을 때	(①)
귀	두 귀의 청력을 완전히 잃었을 때	(②)
코	(③)	15
씹거나 말하는 장해	(④)	100
외모의 추상	(⑤)	15
척추(등뼈)	척추(등뼈)에 심한 기형을 남긴 때	(⑥)
체간골	(⑦)	15
손가락	한 손의 5개 손가락을 모두 잃었을 때	(⑧)
발가락	(⑨)	40
흉복부 및 비뇨기	흉복부장기 또는 비뇨생식기 기능에 심한 장해를 남긴 때	(⑩)

4. 기타

1) 하나의 장해로 볼 수 있는 경우 : 관찰방법

하나의 장해가 관찰방법에 따라서 장해분류표상 2가지 이상의 신체부위에서 장해로 평가되는 경우에는 그 중 높은 지급률을 적용한다.

예를 들어 하반신 완전마비 환자의 경우 방광기능의 상실을 가져와 영구적인 인공도뇨가 필요할 경우에 ADLs에 따라 신경장해를 평가한 후 별도로 흉복부장기의 장해를 추가하지 않는다. 왜냐하면 ADLs 평가에서 이미 배변, 배뇨능력에 대한 장해를 고려하였기 때문이다.

2) 동일한 신체부위에 2가지 이상의 장해가 발생한 경우

동일한 신체부위에 2가지 이상의 장해가 발생한 경우에는 합산하지 않고 그 중 높은 지급률을 적용함을 원칙으로 한다. 그러나 각 신체부위별 판정기준에서 별도로 정한 경우에는 그 기준에 따른다.

예를 들어 오른쪽 팔의 어깨관절의 기능장해와 팔꿈치관절의 기능장해가 함께 있는 경우에는 팔의 "장해판정기준"에 따라 기능장해를 모두 합산하고, 코의 기능장해가 있는 경우 추상장해를 합산할 수 있다.

3) 통상 파생하는 관계

하나의 장해가 다른 장해와 통상 파생하는 관계에 있는 경우에는 그 중 높은 지급률만을 적용하며, 하나의 장해로 둘 이상의 파생장해가 발생하는 경우 각 파생장해의 지급률을 합산한 지급률과 최초장해의 지급률을 비교하여 그 중 높은 지급률을 적용한다.

예를 들어 경추척수증으로 인하여 우측 팔과 손가락에 운동장해가 발생하였다면 우측 팔의 장해지급률에 손가락 장해지급률을 합산한 지급률과 신경계 장해지급률을 비교하여 그 중 높은 지급률을 인정한다(2013다90891 판결).

손해사정사 기출문제 42회(2019년)

표준약관 장해분류표 총칙에서 규정하고 있는 "파생장해"의 장해지급률 적용기준을 기술하시오. (6점)

4) 뇌사에 대한 장해판정 제외

의학적으로 뇌사판정을 받고 호흡기능과 심장박동기능을 상실하여 인공심박동기 등 장치에 의존하여 생명을 연장하고 있는 뇌사상태는 장해의 판정대상에 포함되지 않는다. 여기서 "뇌사"란 「장기등 이식에 관한 법률」에 따른 뇌사판정기준 및 뇌사판정절차에 따라 뇌 전체의 기능이 되살아날 수 없는 상태로 정지되었다고 판정된 것으로서(장기등 이식에 관한 법률 제4조 제5호), 사망에 이르는 일시적인 상태라고 해석하고 있는 것이다.[31]

그러나 뇌사상태가 아닌 식물인간상태(의식이 전혀 없고 사지의 자발적인 움직임이 불가능하여 일상생활에서 항시 간호가 필요한 상태, 뇌사에 준하는 상태도 포함된다고 해석한다)는 후유장해의 평가대상이다.

손해사정사 기출문제 32회(2009년)

제3보험 장해 판정에서 뇌사 판정기준을 열거하고 뇌사와 식물인간상태와의 차이점을 기술하시오. (10점)

5) 장해진단서 기재사항

장해진단서에는 ① 장해진단명 및 발생시기, ② 장해의 내용과 그 정도, ③ 사고와의 인과관계 및 사고의 관여도, ④ 향후 치료의 문제 및 호전도를 필수적으로 기재해야 한다. 다만, 신경계 · 정신행동장해의 경우 ① 개호(장해로 혼자서 활동이 어려운 사람을 곁에서 돌보는 것) 여부, ② 객관적 이유 및 개호의 내용을 추가로 기재하여야 한다.

손해사정사 기출문제 28회(2005년), 30회(2007년), 31회(2008년), 32회(2009년)

(1) 제3보험의 장해분류표 총칙에서 정한 장해의 정의와 장해판정기준을 약술하시오. (10점)
(2) "장해"라 함은 상해 또는 질병에 대하여 치유된 후 신체에 남아 있는 영구적인 정신 또는 육체의 훼손상태를 말하는데, 현재 사용되고 있는 장해분류에서 지급률이 100%인 장해상태에 대하여 기술하시오. (10점)
(3) 제3보험 장해분류표에서 분류하는 13개의 신체부위를 열거하고 파생장해의 판정기준을 기술하시오. (10점)
(4) 장해진단서상 필수기재사항을 기술하시오. (10점)

31) 같은 취지에서 사망으로의 진행단계에서 거치는 일시적 장해상태는 장해의 판정대상에 포함되지 않는다(2008다13968 판결, 2007다17086 판결).

Ⅳ 후유장해보험금 지급에 관한 세부규정

1. 장해판정의 시점

장해지급률이 재해일(상해 발생일) 또는 질병의 진단확정일부터 180일 이내에 확정되지 않는 경우에는 상해발생일 또는 질병의 진단확정일부터 180일이 되는 날의 의사 진단에 기초하여 고정될 것으로 인정되는 상태를 장해지급률로 결정한다. 다만, 「장해분류표」에 장해판정시기를 별도로 정한 경우에는 그에 따른다.

개정된 후유장해분류표에서는 ① 안구운동장해 1년, ② 귀의 평형기능장해 1년 지속치료, ③ 코의 후각기능장해 6개월 이상 고정된 상태, ④ 말하는 기능장해 1년 이상 지속치료, ⑤ 척추의 DISC장해 수술 후 6개월, ⑥ 신경계장해 외상 후 12개월, ⑦ 정신행동장해 상해 후 18개월을 별도로 정하고 있다.

손해사정사 기출문제 39회(2016년)

질병 · 상해보험 표준약관 「보험금 지급에 관한 세부규정」에는 일반적인 장해판정시기가 규정되어 있으며, 장해분류표에 장해판정시기를 별도로 정한 경우에는 그에 따르도록 규정되어 있다. "그 별도로 정한 경우"를 모두 기술하시오. (8점)

2. 장해판정 이후의 악화

장해판정시기를 적용하여 장해지급률이 결정되었으나 그 이후 보장받을 수 있는 기간에 장해상태가 더 악화된 때에는 그 악화된 장해상태를 기준으로 장해지급률을 결정한다.

여기서 보장받을 수 있는 기간이란 계약기간이 유지되는 기간을 말하며, 계약의 효력이 없어진 경우에는 보험기간이 10년 이상인 계약은 상해발생일 또는 질병의 진단 확정일부터 2년 이내, 보험기간이 10년 미만인 계약은 상해발생일 또는 질병의 진단확정일부터 1년 이내를 말한다. 그러므로 보험계약기간이 종료하였어도 상해사고일 또는 질병진단확정일로부터 2년(또는 1년) 이내의 후유장해악화에 대해서는 보장한다(이재설의 적용).

한편, 장해상태가 악화된 경우 추가로 지급받을 수 있는 보험금청구권의 소멸시효는 그와 같은 장해상태의 악화를 알았거나 알 수 있었을 때부터 진행한다(2009다52359 판결).

3. 후유장해 준용조항

장해분류표에 해당되지 않는 후유장해는 피보험자의 직업, 연령, 신분 또는 성별 등에 관계없이 신체의 장해 정도에 따라 장해분류표의 구분에 준하여 지급액을 결정한다. 다만, 장해분류표의 각 장해분류별 최저지급률 장해 정도에 이르지 않는 후유장해에 대하여는 후유장해보험금을 지급하지 않는다.

기존의 생명보험 보통약관에서는 이 조항이 없었으므로 피보험자가 전신화상으로 척추에 운동장해가 발생하였음에도 불구하고 척추체에 골절 또는 탈구가 없다는 이유로 후유장해보험금의 지급을 거절하는 등의 경우가 있었다. 이러한 문제점을 해소하고자 2010년 4월 약관개정에 따라 생명보험에서도 후유장해 준용조항을 두게 되었다.

4. 하나의 사고로 둘 이상의 후유장해가 생긴 경우

같은 질병 또는 상해로 두 가지 이상의 후유장해가 생긴 경우에는 후유장해 지급률을 합산하여 지급한다. 다만, 장해분류표의 각 신체부위별 판정기준에 별도로 정한 경우에는 그 기준에 따른다.

5. 동일부위의 가중장해

다른 질병 또는 상해로 인하여 후유장해가 2회 이상 발생하였을 경우에는 그때마다 이에 해당하는 후유장해지급률을 결정한다. 그러나 그 후유장해가 이미 후유장해보험금을 지급받은 동일한 부위에 가중된 때에는 최종 장해상태에 해당하는 후유장해보험금에서 이미 지급받은 후유장해보험금을 차감하여 지급한다. 다만, 장해분류표의 각 신체부위별 판정기준에서 별도로 정한 경우에는 그 기준에 따른다. 예를 들어 1사고로 오른쪽 팔의 어깨관절 기능장해 20%, 오른쪽 손가락에 15%의 장해로 진단된 이후에 2사고로 다시 오른쪽 어깨관절 기능장해 30%, 손목관절 기능장해 30%로 진단된 때에는 사고마다 이를 합산하되, 1상지의 최대한도인 60%를 한도로 합산한다.

6. 기왕장해 또는 기왕질환의 차감

이미 이 계약에서 후유장해보험금 지급사유에 해당되지 않았거나(보장개시 이전의 원인에 의하거나 또는 그 이전에 발생한 후유장해를 포함한다), 후유장해보험금이 지급되지 않았던 피보험자에게 그 신체의 동일 부위에 또다시 위 「5. 동일부위 가중장해」에서 규정하는 후유장해 상태가 발생하였을 경우에는 직전까지의 후유장해에 대한 후유장해보험금이 지급된 것으로 보고 최종 후유장해 상태에 해당되는 후유장해보험금에서 이를 차감하여 지급한다.

이 조항은 후유장해보험금을 결정할 때 사고기여도 또는 기왕증을 감안하여 감액할 수 있도록 한 것이다. 예를 들어 상해후유장해보험에 가입한 피보험자가 보험가입 이전 또는 이후에 기왕질환으로 인하여 후유장해가 있던 중에 상해사고로 인하여 후유장해가 악화된 경우에는 기왕질환으로 인한 후유장해보험금이 지급된 것으로 보고 차감하여 지급한다(2004다52033, 2006다42610 판결).[32]

7. 후유장해보험금의 보상한도

회사가 지급하여야 할 하나의 진단확정된 질병 또는 상해로 인한 후유장해보험금은 보험가입금액을 한도로 한다. 그러므로 보험기간 중에 여러 번의 사고로 서로 다른 부위에 휴유장해가 인정되는 경우에는 그 누적된 장해지급률이 100%를 초과하더라도 보험금은 문제없이 지급된다. 후유장해보험가입금액은 일반적인 손해보험과 마찬가지로 매사고당(per risk) 보상한도(limit of liablity)에 해당하기 때문이다.

그러나 하나의 사고로 후유장해지급률의 합이 80% 이상이 되는 경우(예를 들어 120%)에는 사고당 보상한도인 보험가입금액(100%에 해당하는 금액)을 지급하고 보장실익이 없는 이상 해당 약관(주계약인 경우에는 주계약, 특별약관인 경우 특별약관)은 소멸한다. 예를 들어 상해사망 · 후유장해를 주계약으로 보장하는 계약이라고 해도 입원일당, 실손의료비, 보장실익이 있는 계약인 경우에는 계약이 소멸하지 않는다.[33]

32) 피보험자가 교차로를 지나다가 택시에 충격당하는 사고를 당하여 추간판탈출증 등으로 인한 요추부 및 경추부 장해로 40%의 보험금 지급률을 인정받아 4,000만원의 보험금액을 청구하는 경우, 피보험자의 기왕증 기여도가 70%에 이른다면 보험금액을 감액하여 지급할 수 있다(2008다44689 판결). 즉, 4,000만원 × (1 − 0.7)에 해당하는 금액을 보험금으로 지급한다.

33) 현행 약관(2011.4.1 이후)에서는 장해지급률이 80% 이상인 장해상태가 되어 보험금을 지급하였다 하더라도 약관에서 규정하는 보험금 지급사유가 추가로 발생할 수 있는 경우 계약은 소멸되지 않는다고 정하고 있다.

V 후유장해보험금액의 감액·제한

1. 계약 전 알릴의무 위반, 계약 후 알릴의무 위반

피보험자가 계약 전 알릴의무를 위반한 사실(예를 들어 가입 전 질병의 불고지)과 상당한 인과관계가 있는 사유로 후유장해가 발생한 경우에는 해당 후유장해보험금이 지급되지 않는다. 또한 상해보험 계약 후 알릴의무 위반의 경우(예를 들어 직업·직무의 변경사실의 불통지)에는 후유장해보험금이 감액된다.[34]

2. 기왕증 또는 사고기여도의 감안

현재의 손해보험의 보통약관(2010.4.1 이전)에서 "다른 신체의 상해 및 질병의 영향" 조항[35]을 삭제하였음에도 불구하고 「후유장해보험금 지급에 관한 세부규정」에서 기왕질환 또는 기왕장해의 차감에 대하여 정하고 있으므로 여전히 사고기여도(또는 기왕증)를 적용하여 후유장해보험금을 감액할 수 있다.[36]

34) 보험가입금액 $\times \dfrac{\text{직업·직무변경전 보험요율}}{\text{직업·직무변경후 보험요율}}$ = 지급보험금

35) 다음의 경우에는 그 영향이 없었을 때에 상당하는 금액만을 결정하여 지급한다.
- 이미 존재한 신체상해 또는 질병의 영향으로 상해가 악화된 경우
- 상해를 입은 후에 원인사고와 관계없이 새로이 발생한 상해·질병 등의 영향으로 상해가 중하게 된 경우
- 피보험자가 정당한 이유 없이 치료를 게을리 하거나 계약자 또는 수익자 등이 치료를 하여 주지 않음으로 인해 상해가 가중된 경우

36) 기왕질환 또는 기왕장해의 감액은 후유장해지급률의 결정시에 고려되므로 후유장해보험금은 사고기여도 감안 이후의 금액으로 정해진다. 그러므로 사고기여도를 적용하는 것은 후유장해보험금의 감액이라고 하기보다는 후유장해지급률 고려시의 차감사항에 해당한다고 볼 수 있다. 그러나 보험약관에서는 보험금액의 산정과정에서 기왕증의 감액을 정하고 있으므로 후유장해지급률의 산정단계가 아닌 보험금액 산정단계에서 기왕증(사고기여도)을 고려하여야 한다(2004다52033 판결).

3. 50% 이상, 80% 이상 특별약관의 쟁점(Ⅱ)

기왕증의 감액 **2004다52033 판결**

〈손해사항〉

- 사고내용 : 2011년 4월 8일(월) 14시 30분(자동차사고)
- 치료 후 후유장해의 확정 : 좌안실명(60%), 정신행동장해(25%), 척추장해(10%)
- 보험회사의 조사결과

1) 2001.5.22 노인성 백내장으로 백내장적출술 및 인공수정체삽입술 시행. 해당 기왕증이 1/3의 영향을 미친다는 전문의 소견
2) 2011.1.8 지하주차장에서 추락사고로 인하여 2,3경추 압박골절 사실. 해당 기왕증이 70%의 영향을 미친다는 전문의 소견

〈계약사항〉

보험종목	보험가입금액	보험기간
A손해(주) 상해보험	상해사망 · 80%후유장해특약 : 4억원	2011.1.1 ~ 12.31

1) 80% 후유장해특약의 내용

상해 · 80%후유장해특약에서는 피보험자가 급격하고도 우연한 외래의 사고로 사망하거나 80% 이상의 후유장해로 진단될 경우에 보험가입금액을 전액지급한다.

2) 후유장해 지급률과 보험금지급 : 대법원의 견해

상해보험의 약관에서 후유장해보험금 지급의무의 발생요건을 후유장해 지급률 80%이상의 후유장해를 입은 경우로 규정하고 있는 경우 지급률 산정에 있어서 기왕증의 감액이 문제가 된다.

① 지급률 : 좌안 60% + 정신 25% + 척추 10%로서 95%이다.

② 보험금 지급의무의 발생 : 상해사고의 직접결과로 후유장해가 생겼고, 이러한 사고와 손해 사이에 인과관계가 인정된다면 그 후유장해에 관하여 후유장해지급률을 적용하여 산정한 후유장해지급률의 합계가 80% 이상이 된다면 보험금 지급의무가 발생한다.

이 사례의 총지급률은 95%에 해당하므로 보험금 지급의무가 발생하였다. 다만, 기왕의 신체장해나 질병으로 인하여 상해가 가중된 부분이 있다면 보험금액을 산정함

에 있어서 그 기여분을 감액한다(2004다52033 판결).

③ 보험금액의 산정 : 약관에 따라 4억원의 보험금 지급의무가 있다. 그러나 기왕증의 비율을 감안하여 보험금을 지급한다. 기왕증을 감안했을 때의 지급률은 좌안 60% × 2/3 + 정신 25% + 척추 10% × 0.3 = 68%이므로 보험금액으로 4억원 × 68/95 = 286,315,789 ≒ 2.86억원을 지급한다.

3) 보험금지급의무가 발생하지 않는다는 견해

기여도를 적용한 이후의 후유장해지급률은 68%이므로 보험금 지급의무가 발생하지 않는다는 견해이다. 기왕증을 감안한 손해배상액의 범위를 산정할 때 사용하는 장해평가방식으로서 기존의 보험회사 장해분류표의 실무지침에서도 적용하는 기준이다.[37]

법원은 이 견해와는 반대로 "약관은 보험금액의 산정과정에서 기왕증의 감액을 정하고 있으므로 후유장해지급률의 산정단계가 아닌 보험금액 산정단계에서 기왕증(사고기여도)을 고려하여야 한다"는 견해이다(2004다52033 판결).

37) "보상하는 사고와 무관한 질병이나 상해가 장해를 악화시켰을 경우 그 정도를 제외하고, 보상하는 사고로 발생된 장해에 대해서 장해율을 판정한다."

077 눈의 장해 판정기준

장해분류표 **제3보험 표준약관 부표9. 2014.4.1 시행, 생·손보협회 해설**

가. 장해의 분류

장해의 분류	지급률
1) 두 눈이 멀었을 때	100
2) 한 눈이 멀었을 때	50
3) 한 눈의 교정시력이 0.02 이하로 된 때	35
4) 한 눈의 교정시력이 0.06 이하로 된 때	25
5) 한 눈의 교정시력이 0.1 이하로 된 때	15
6) 한 눈의 교정시력이 0.2 이하로 된 때	5
7) 한 눈의 안구(눈동자)에 뚜렷한 운동장해나 뚜렷한 조절기능장해를 남긴 때	10
8) 한 눈에 뚜렷한 시야장해를 남긴 때	5
9) 한 눈의 눈꺼풀에 뚜렷한 결손을 남긴 때	10
10) 한 눈의 눈꺼풀에 뚜렷한 운동장해를 남긴 때	5

나. 장해판정기준

1) 시력장해의 경우 공인된 시력검사표에 따라 최소 3회 이상 측정한다.
2) "교정시력"이라 함은 안경(콘택트렌즈를 포함한 모든 종류의 시력 교정수단)으로 교정한 원거리 최대교정시력을 말한다. 다만, 각막이식술을 받은 환자인 경우 각막이식술 이전의 시력상태를 기준으로 평가한다.
3) "한 눈이 멀었을 때"라 함은 안구의 적출은 물론 명암을 가리지 못하거나("광각무") 겨우 가릴 수 있는 경우("광각유")를 말한다.
4) "한 눈의 교정시력이 0.02 이하로 된 때"라 함은 안전수동(Hand Movement),[주1] 안전수지(Finger Counting)[주2] 상태를 포함한다.

※ 주1) 안전수동 : 물체를 감별할 정도의 시력상태가 아니며 눈앞에서 손의 움직임을 식별할 수 있을 정도의 시력상태

주2) 안전수지 : 시표의 가장 큰 글씨를 읽을 수 있는 정도의 시력은 아니나 눈 앞 30cm 이내에서 손가락의 개수를 식별할 수 있을 정도의 시력상태

5) 안구(눈동자) 운동장해의 판정은 질병의 진단 또는 외상 후 1년 이상이 지난 뒤 그 장해 정도를 평가한다.
6) "안구(눈동자)의 뚜렷한 운동장해"라 함은 아래의 두 경우 중 하나에 해당하는 경우를 말한다.

가) 한 눈의 안구(눈동자)의 주시야(머리를 움직이지 않고 눈만을 움직여서 볼 수 있는 범위)의 운동범위가 정상의 1/2 이하로 감소된 경우
나) 중심 20도 이내에서 복시(물체가 둘로 보이거나 겹쳐 보임)를 남긴 경우

7) "안구(눈동자)의 뚜렷한 조절기능장해"라 함은 조절력이 정상의 1/2 이하로 감소된 경우를 말한다. 다만, 조절력의 감소를 무시할 수 있는 50세 이상(장해진단시 연령 기준)의 경우에는 제외한다.
8) "뚜렷한 시야 장해"라 함은 한 눈의 시야 범위가 정상시야 범위의 60% 이하로 제한된 경우를 말한다. 이 경우 시야검사는 공인된 시야검사방법으로 측정하며, 시야장해 평가 시 자동시야검사계(골드만 시야검사)를 이용하여 8방향 시야범위 합계를 정상범위와 비교하여 평가한다.
9) "눈꺼풀에 뚜렷한 결손을 남긴 때"라 함은 눈꺼풀의 결손으로 눈을 감았을 때 각막(검은 자위)이 완전히 덮이지 않는 경우를 말한다.
10) "눈꺼풀에 뚜렷한 운동장해를 남긴 때"라 함은 눈을 떴을 때 동공을 1/2 이상 덮거나 또는 눈을 감았을 때 각막을 완전히 덮을 수 없는 경우를 말한다.
11) 외상이나 화상 등으로 안구의 적출이 불가피한 경우에는 외모의 추상(추한 모습)이 가산된다. 이 경우 안구가 적출되어 눈자위의 조직요몰(凹沒) 등으로 의안마저 끼워 넣을 수 없는 상태이면 "뚜렷한 추상(추한 모습)"으로, 의안을 끼워 넣을 수 있는 상태이면 "약간의 추상(추한 모습)"으로 지급률을 가산한다.
12) "눈꺼풀에 뚜렷한 결손을 남긴 때"에 해당하는 경우에는 추상(추한 모습)장해를 포함하여 장해를 평가한 것으로 보고 추상(추한 모습)장해를 가산하지 않는다. 다만, 안면부의 추상(추한 모습)은 두 가지 장해평가 방법 중 피보험자에게 유리한 것을 적용한다.

I 시력장해 판정

1. 시력검사표

시력장해는 공인된 시력검사표에 따라 측정하며, 3회 이상 시력측정 후 장해를 평가한다. 시력판의 가장 윗글시인 0.1도 안보일 때의 시력측정은 ① 5m 거리의 시력표로 검사시 2m에서 0.1글자를 보았을 때 2m/5m × 0.1 = 0.04, ② 1m 앞에서도 안보일 때 50cm 앞에서 손가락이 몇 개인지 맞추면 안전지수 50cm로서(F.C./50cm), ③ 안전수동(HM) – 눈 앞에서 손이 흔들리는 것만 식별, 시력 0.01 이하에 해당, ④ 광각유(LP) – 환하고 어두운 것만 식별, ⑤ 광각무 – 명암을 가리지 못함으로 구분한다.

2. 교정시력

「눈의 장해 판정기준」 2)에서 말하는 교정시력이란 콘택트렌즈, 교정안경 등을 사용하여 측정한 시력을 말하며, 나안시력과 비교되는 방법이다. 안전수지와 안전수동은 교정시력 0.02 이하로 판단한다.

Ⅱ 안구운동장해의 판정

1. 안구의 운동

안구의 운동은 6개의 외안근(외직근, 하직근, 내측직근, 외측직근, 상사근, 하사근)의 작용에 의하여 행하여진다. 이 6개의 근은 일정한 긴장을 유지하고 있어 안구를 정상의 위치에 유지시키는 것이기 때문에 만약 한 개 혹은 수 개가 마비된 경우 안구는 그 근의 활동하는 반대의 방향에 치우치고(마비성 사시) 마비된 근의 움직이는 방향에서 안구의 운동이 제한된다. 양안시가 있는 사람의 안근이 한 개 또는 수 개가 마비되면 복시가 생긴다. 복시란 하나의 물체가 둘로 보이거나 겹쳐 보이는 것으로서 환안에 의하여 보이는 물체를 위상이라고 한다. 주시야란 두부를 고정하고 안구를 운동시켜 직시할 수 있는 범위를 말하는 것으로 주시야의 넓이는 상당한 개인차가 있지만 여러 사람의 평균치는 1안시에서 각방면 약 50도, 양안시에서는 각방면 각 45도이다.

2. 안구의 뚜렷한 운동장해

안구의 운동장해를 판정할 때에 시행하는 검사는 Hess검사 등의 의료자문을 통해 기준검사를 명시한다. 그리고 「눈의 장해 판정기준」 6)의 정면 양안시에서 복시라 함은 중심시야 20도 이내에서 복시가 나타나는 경우를 말한다. 안구운동장해의 판정은 외상 후 1년 이상이 지난 뒤 그 장해 정도를 평가한다.

Ⅲ 안구의 조절기능장해

1. 50세의 기준

「눈의 장해 판정기준」 7)의 "50세(개정 이전에는 45세였다)"는 상해사고 또는 질병의 확정진단 당시의 만 나이를 기준으로 한다. 그러므로 사고 이후에 후유장해진단시에 50세가 되었다고 해서 일률적으로 안구의 뚜렷한 조절기능장해를 제외하지는 않는다.

2. 조절력

조절력이란 조절을 최대로 했을 때 명확하게 볼 수 있는, 눈에서 가장 가까운 거리의 점을 근점(near point)이라 하고, 조절을 전혀 하지 않고 명확하게 볼 수 있는 가장 먼 거리의 점을 원점(far point)이라 한다. 근점과 원점 사이의 거리를 조절범위라 하며 이를 디옵터로 표시하는 것을 조절력이라 한다. 즉 조절에 의한 수정체 굴절력의 총증가량이다. 나이가 들면 수정체낭의 탄력성이 약화되고 수정체핵이 딱딱해져서 가까운 곳을 보려할 때 모양체 소대가 이완해도 수정체가 두꺼워지지 않아서 조절력이 감퇴된다. 이것은 출생 후부터 계속 진행되어 60세가 되면 1.0디옵터 정도로 약해진다.

여기서 디옵터란 렌지의 굴절력을 표시하는 단위로 초점거리(m로 표시)의 역수를 말한다. 초점거리가 짧을수록 굴절력은 강하다. 근시, 원시, 난시의 정도도 디옵터로 표시하는데 근시는 '－'로, 원시는 '＋'로 표시한다. 정상인의 디옵터는 0이다.

Ⅳ 뚜렷한 시야 장해

시야란 눈앞의 한 점을 응시하면서 동시에 볼 수 있는 외계의 넓이를 말하는 것으로서 시야의 측정방법은 대면검사, 동적시야측정(Humprey 시야계), 정적시야측정(Goldman 시야계)으로 구분할 수 있다. 시야측정은 희스넬 시야계에 의하여 8방향 시야의 각도 합계가 정상시야 각도 합계의 60% 이하로 된 경우를 반맹증, 시야협착 또는 시야변상이라고 한다. 또한 암점은 절대암점을 채용하며 비교암점은 채용하지 않는다.

여기서 암점이란 생리적 시야결손(맹점) 이외의 병적 결손이 생긴 것을 말하며, 중심성

각막염, 각막의 출혈, 맥락각막염 등으로 볼 수 있다. 비교암점이란 백시표를 보는 것은 가능하지만 그 보이는 쪽이 주위의 건상부에 비하여 거므스름하게 보이는 부분을 말한다. 또한 망막에 감수부수부가 있으면 그에 상당한 시야상의 결손이 생기지만 생리적으로 존재하는 시야결손의 주된 것은 마리옷트 맹반이고, 병적인 시야결손은 망막의 출혈, 동맥판의 한전 등으로 볼 수 있다.

V 눈동자의 적출

외상이나 화상 등으로 안구의 적출이 불가피한 경우에는 외모의 추상을 가산한다. 이 경우 안구가 적출되어 눈자위의 조직요물 등으로 의안마저 끼워 넣을 수 없는 상태라면 "뚜렷한 추상"으로, 의안을 끼워 넣을 수 있는 상태라면 "약간의 추상"으로 지급률을 가산한다.

VI 눈꺼풀에 뚜렷한 결손

눈꺼풀의 결손으로 눈을 감았을 때 각막이 완전히 덮이지 않는 경우를 말한다. 2018년 개정 이전의 약관에서는 외모의 추상장해와 눈꺼풀의 뚜렷한 결손에 동시에 해당할 때 "유리한 것을 적용"하는 것으로 정하고 있었으나 2018년 개정당시에는 이러한 문구를 삭제하였다. 그러나 2020년부터는 삭제되었던 이전의 약관조항을 다시 신설하였다.

그러므로 「눈의 장해 판정기준」 12)에서 "유리한 것을 적용"한다는 의미는 시력장해와 함께 눈꺼풀의 결손이 있으면서 외모의 추상장해에 해당할 경우에 추상장해를 별도로 인정하여 시력장해와 합산한다는 의미이다. 예를 들어 오른쪽 눈의 교정시력이 0.1 이하로 되고(15%), 눈꺼풀의 뚜렷한 결손이 남은 경우(10%) 눈꺼풀의 결손이 외모의 약간의 장해(5%)로도 볼 수 있다면 시력장해와 눈꺼풀의 장해를 합산하여 20%의 장해를 인정한다. 같은 취지에서 눈꺼풀에 뚜렷한 결손(10%)만 남고 외모에 뚜렷한 추상을 남긴 때(15%)에는 둘 중 유리한 추상장해를 인정한다.

Ⅶ 2018년 주요 개정사항

개정된 후유장해분류표는 눈의 장해와 관련하여 ① 시력장해의 최소 평가횟수를 제시, ② 각막이식수술을 받은 경우 수술 전 상태를 장해로 인정, ③ 한 눈의 교정시력이 0.02 이하로 된 때에 안전수동과 안전수지를 포함하여 한 눈이 멀었을 때와 구분, ⑤ 안구의 뚜렷한 운동장해에서 "복시"의 평가방법을 명시, ⑤ 시야장해의 평가방법을 구체적으로 명시했다.

078 귀의 장해 판정기준

장해분류표 제3보험 표준약관 부표9. 2019년 12월 20일 개정, 생·손보협회 해설

가. 장해의 분류

장해의 분류	지급률
1) 두 귀의 청력을 완전히 잃었을 때	80
2) 한 귀의 청력을 완전히 잃고, 다른 귀의 청력에 심한 장해를 남긴 때	45
3) 한 귀의 청력을 완전히 잃었을 때	25
4) 한 귀의 청력에 심한 장해를 남긴 때	15
5) 한 귀의 청력에 약간의 장해를 남긴 때	5
6) 한 귀의 귓바퀴의 대부분이 결손된 때	10
7) 평형기능에 장해를 남긴 때	10

나. 장해판정기준

1) 청력장해는 순음청력검사 결과에 따라 데시벨(dB: decibel)로서 표시하고 3회 이상 청력검사를 실시한 후 적용한다. 다만, 각 측정치의 결과값 차이가 ±10dB 이상인 경우 청성뇌간반응검사(ABR)를 통해 객관적인 장해상태를 재평가하여야 한다.

2) "한 귀의 청력을 완전히 잃었을 때"라 함은 순음청력검사 결과 평균순음역치가 90dB 이상인 경우를 말한다.

3) "심한 장해를 남긴 때"라 함은 순음청력검사 결과 평균순음역치가 80dB 이상인 경우에 해당되어, 귀에다 대고 말하지 않고는 큰 소리를 알아듣지 못하는 경우를 말한다.

4) "약간의 장해를 남긴 때"라 함은 순음청력검사 결과 평균순음역치가 70dB 이상인 경우에 해당되어, 50cm 이상의 거리에서는 보통의 말소리를 알아듣지 못하는 경우를 말한다.

5) 순음청력검사를 실시하기 곤란하거나(청력의 감소가 의심되지만 의사소통이 되지 않는 경우, 만 3세 미만의 소아 포함) 검사결과에 대한 검증이 필요한 경우에는 "언어청력검사, 임피던스 청력검사, 청성뇌간반응검사(ABR), 이음향방사검사" 등을 추가실시 후 장해를 평가한다.

다. 귓바퀴의 결손

1) "귓바퀴의 대부분이 결손된 때"라 함은 귓바퀴의 연골부가 1/2 이상 결손된 경우를 말한다.

2) 귓바퀴의 연골부가 1/2 미만 결손이고 청력에 이상이 없으면 외모의 추상(추한 모습)장해로만 평가한다.

라. 평형기능의 장해

1) "평형기능에 장해를 남긴 때"라 함은 전정기관 이상으로 보행 등 일상생활이 어려운 상태로 아래의 평형장해 평가항목별 합산점수가 30점 이상인 경우를 말한다.

항목	내용	점수
검사소견	양측 전정기능 소실	14
	양측 전정기능 감소	10
	일측 전정기능 소실	4
치료병력	장기 통원치료(1년간 12회 이상)	6
	장기 통원치료(1년간 6회 이상)	4
	단기 통원치료(6개월간 6회 이상)	2
	단기 통원치료(6개월간 6회 미만)	0
기능장해소견	두 눈을 감고 일어서기 곤란하거나 두 눈을 뜨고 10m 거리를 직선으로 걷다가 쓰러지는 경우	20
	두 눈을 뜨고 10m 거리를 직선으로 걷다가 중간에 균형을 잡으려 멈추어야 하는 경우	12
	두 눈을 뜨고 10m 거리를 직선으로 걸을 때 중앙에서 60cm 이상 벗어나는 경우	8

2) 평형기능의 장해는 장해판정 직전 1년 이상 지속적인 치료 후 장해가 고착되었을 때 판정하며, 뇌병변 여부, 전정기능 이상 및 장해상태를 평가하기 위해 아래의 검사들을 기초로 한다.
   가) 뇌영상검사(CT, MRI)
   나) 온도안진검사, 전기안진검사(또는 비디오안진검사) 등

I 청력장해의 판정

1. 난청

난청은 전음성 난청과 감각신경성 난청으로 구분할 수 있다. 전음성 난청이란 외이, 중이의 손상으로 인해 소리를 증폭시키는 기능에 장해가 생기는 것이며, 감각신경성 난청이란 내이의 손상으로 인해 달팽이관 내부의 림프액 손실 및 유출, 유모세포의 손상으로 음에 대한 민감도가 떨어지는 경우와 신경계 종양, 청신경의 손상으로 인한 경우를 말한다. 이외에 노인성 난청, 소음성 난청, 이독성 약물에 의한 난청 등이 있다.

손해사정사 기출문제 38회(2015년)

"한 귀의 청력에 '약간의 장해를 남긴 때'"에 대해 기술하시오. (5점)

2. 순음청력검사

순음청력검사란 인간이 들을 수 있는 범위 중에서 말 소리가 들리는 범위를 한 옥타브마다 한 개의 주파수의 순음을 들려주면서 청력이 어느 정도 손실되었는지를 측정하는 검사이다. 이 검사로 난청도, 난청곡선, 난청의 병소부위를 알 수 있다.

3회 이상의 청력검사란 일자에 관계없이 3회만 충족하면 가능하다. 6분법, 4분법 등을 고려하지 않고 측정된 dB로 장해를 판정한다. 다만, 3회 이상의 청력검사는 3회 값의 평균값을 의미하는 것이 아니라 평가의 객관성을 확보하기 위한 것이다. 그러므로 3회의 각 측정치의 결과값 차이가 ±10dB 이상일 경우 객관적인 검사를 통하여 신뢰값을 얻어야 한다. 한편, 유희검사(유소아청력검사)는 유발반응 검사시 100dBHL보다 더 큰 소리(200dBHL)의 청각자극을 줄 수가 있어서 뇌간 유발반응검사에서 반응이 없는 경우에 잔청상태를 보다 잘 파악할 수 있게 해준다. 놀이를 통해서 하는 이 검사는 만 2세부터 검사가 가능하다.

Ⅱ 평형기능장해

평형기능장해는 전정기관의 이상에 대해 장해로 평가하는 것으로서 장해판정 직전 최소 1년 이상의 지속적인 치료를 전제로 한다.

Ⅲ 귓바퀴의 결손장해

귀의 기능장해를 동반하지 않은 귓바퀴의 1/4 이상 1/2 미만 결손은 "외모에 약간의 추상을 남긴 때"로 인정하여 지급한다. 귀의 기능장해와 귓바퀴의 결손이 동반된 경우에는 둘 중 높은 지급률을 지급한다.

Ⅳ 2018년 주요 개정사항

개정된 후유장해분류표는 귀의 장해와 관련하여 ① 청력장해 측정치에 대한 재평가 기준 수립, ② 순음청력검사를 실시하기 곤란한 경우를 구체적으로 제시, ③ 평형기능 장해의 평가기준을 신설했다.

손해사정사 기출문제 40회(2017년)

피보험자 홍길동은 상해보험을 가입 후, 2017년 1월 1일 교통사고를 당하여 2017년 8월 10일 아래와 같이 후유장애 진단을 받았다. 다음 질문에 답하시오. (20점)

〈계약사항〉

보험종목	피보험자	보험기간	보장내용(가입금액)
장기상해보험	홍길동	2016.6.1~2031.6.1	일반상해 후유장애 1억원
			교통상해 후유장애 2억원

※ 장기상해보험은 질병·상해보험 표준약관을 사용하며, 정상유지 계약임.
※ 상기 각 담보는 별도의 특약보험료를 각각 납입함.
※ 알릴의무 위반사항 등 계약 및 보상과정상 문제점 없음.

〈장해분류표 : 귀의 장해〉

1. 두 귀의 청력을 완전히 잃었을 때
2. 한 귀의 청력을 완전히 잃고, 다른 귀의 청력에 심한 장해를 남긴 때
3. 한 귀의 청력을 완전히 잃었을 때
4. 한 귀의 청력에 심한 장해를 남긴 때
5. 한 귀의 청력에 약간의 장해를 남긴 때
6. 한 귀의 귓바퀴의 대부분이 결손된 때

〈장해 진단내용〉

- 좌측 귀 : 50cm 이상의 거리에서는 보통의 말소리를 알아듣지 못하는 상태
- 우측 귀 : 귀에다 대고 말하지 않고는 큰 소리를 알아듣지 못하는 상태
- 3회 이상 시행한 순음청력 검사결과는 아래와 같음.

주파수	500Hz	1000Hz	2000Hz	4000Hz
좌측청력수준(dB)	40	80	80	60
우측청력수준(dB)	80	70	90	80

〈질문사항〉

(1) 홍길동의 좌·우측 귀의 순음평균역치를 4분법과 6분법을 기준으로 각각 구하시오. (8점) (계산식 및 산출근거를 명시할 것)

(2) 6분법을 기준으로 계산한 경우 장해분류표상 좌·우측 귀의 장해지급률과 장해보험금을 구하시오. (7점) (계산식 및 산출근거를 명시할 것)

(3) 위 질문에 상관없이, 순음청력검사를 실시하기 곤란하거나 검사결과에 대한 검증이 필요한 경우에 귀의 「장해판정기준」에서 규정하고 있는 추가검사 5가지를 기술하시오. (5점)

Ⅰ. 순음평균역치와 귀의 장해

4분법

좌) (40+2×80+80)/4=70

우) (80+2×70+90)/4=77.5

6분법

좌) (40+2×80+2×80+60)/6=70

우) (80+2×70+2×90+80)/6=80

6분법에 의할 때 좌) 약간의 장해(15%), 우) 심한 장해(5%)에 해당한다. 그러므로 다음과 같은 보험금을 지급한다.

상해특약 : 1억원×20%=2,000만원

교통상해특약 : 2억원×20%=4,000만원

079 코의 장해 판정기준

장해분류표 제3보험 표준약관 부표9. 2019년 12월 20일 개정, 생·손보협회 해설

가. 장해의 분류

장해의 분류	지급률
1) 코의 호흡기능을 완전히 잃었을 때	15
2) 코의 후각기능을 완전히 잃었을 때	5

나. 장해 판정기준

1) "코의 호흡기능을 완전히 잃었을 때"라 함은 일상생활에서 구강호흡의 보조를 받지 않는 상태에서 코로 숨 쉬는 것만으로 정상적인 호흡을 할 수 없다는 것이 비강통기도검사 등 의학적으로 인정된 검사로 확인되는 경우를 말한다.
2) "코의 후각기능을 완전히 잃었을 때"라 함은 후각신경의 손상으로 양쪽 코의 후각기능을 완전히 잃은 경우를 말하며, 후각감퇴는 장해의 대상으로 하지 않는다.
3) 양쪽 코의 후각기능은 후각인지검사, 후각역치검사 등을 통해 6개월 이상 고정된 후각의 완전손실이 확인되어야 한다.
4) 코의 추상(추한 모습)장해를 수반한 때에는 기능장해의 지급률과 추상장해의 지급률을 합산한다.

I 후각장해의 판정

1. 호흡기능

「코의 장해 판정기준」 1)에서 호흡기능의 상실은 상해사고 또는 질병으로 인한 양쪽 비강의 손상으로 영구적인 기도폐쇄가 증명되고 이를 원인으로 호흡곤란이 야기되었다는 의사의 진단이 있을 때 인정하는 것이 기존의 일반적인 지침이다.

2. 후각기능

후각장해에는 전도성(호흡성) 후각장해와 감각신경성(중추성) 후각장해가 있다. 전도성 후각장해는 냄새를 가진 공기가 후각신경까지 도달하지 못하거나 코 안의 점막, 물혹, 축농증, 감기 등의 원인으로 염증이 생긴 경우에도 발생한다. 대부분 약물치료나 수술로 후각기능 회복이 가능하다. 감각신경성 후각장해는 후각신경 손상, 혹은 뇌 속의 신경중추가 손상되어 냄새를 못 맡는 경우로서 대부분 사고로 인한 손상으로 발생하나 감기 등의 후유증으로 생길 수 있다. 이외에 유전적인 후각장해로서 칼만증후군을 들 수 있다. 우리 약관에서 후각기능을 판단하려면 6개월 이상의 고정된 후각의 완전손실을 전제로 한다.

3. 추상장해 고려

코의 추상과 더불어 코의 호흡·후각기능을 상실한 경우에는 추상장해지급률과 코의 기능장해지급률을 합산하여 장해로 평가한다.

Ⅱ 2018년 주요 개정사항

개정된 후유장해분류표는 코의 장해와 관련하여 ① 호흡기능과 후각기능을 명확히 구분하여 지급률을 차별, ② 호흡기능 상실에 대한 평가기준을 명확화, ③ 후각기능의 평가시기를 6개월로 규정하였다.

080 씹어먹거나 말하는 장해 판정기준

장해분류표 제3보험 표준약관 부표9. 2019년 12월 20일 개정, 생·손보협회 해설

〈장해의 분류〉

장해의 분류	지급률
1) 씹어먹는 기능과 말하는 기능 모두에 심한 장해를 남긴 때	100
2) 씹어먹는 기능에 심한 장해를 남긴 때	80
3) 말하는 기능에 심한 장해를 남긴 때	60
4) 씹어먹는 기능과 말하는 기능 모두에 뚜렷한 장해를 남긴 때	40
5) 씹어먹는 기능 또는 말하는 기능에 뚜렷한 장해를 남긴 때	20
6) 씹어먹는 기능과 말하는 기능 모두에 약간의 장해를 남긴 때	10
7) 씹어먹는 기능 또는 말하는 기능에 약간의 장해를 남긴 때	5
8) 치아에 14개 이상의 결손이 생긴 때	20
9) 치아에 7개 이상의 결손이 생긴 때	10
10) 치아에 5개 이상의 결손이 생긴 때	5

〈장해 평가기준〉

1) 씹어먹는 기능의 장해는 윗니(상악치아)와 아랫니(하악치아)의 맞물림(교합), 배열상태 및 아래턱의 개구운동, 삼킴(연하)운동 등에 따라 종합적으로 판단하여 결정한다.
2) "씹어먹는 기능에 심한 장해를 남긴 때"라 함은 심한 개구운동 제한이나 저작운동 제한으로 물이나 이에 준하는 음료 이외는 섭취하지 못하는 경우를 말한다.
3) "씹어먹는 기능에 뚜렷한 장해를 남긴 때"라 함은 아래의 경우 중 하나 이상에 해당되는 때를 말한다.
   가) 뚜렷한 개구운동 제한 또는 뚜렷한 저작운동 제한으로 미음 또는 이에 준하는 정도의 음식물(죽 등) 이외는 섭취하지 못하는 경우
   나) 위·아래턱(상·하악)의 가운데 앞니(중절치) 간 최대 개구운동이 1cm 이하로 제한되는 경우
   다) 위·아래턱(상·하악)의 부정교합(전방, 측방)이 1.5cm 이상인 경우
   라) 1개 이하의 치아만 교합되는 상태
   마) 연하기능검사(비디오 투시검사)상 연하장애가 있고, 유동식 섭취시 흡인이 발생하고 연식 외에는 섭취가 불가능한 상태
4) "씹어먹는 기능에 약간의 장해를 남긴 때"라 함은 아래의 경우 중 하나 이상에 해당되는 때를 말한다.

가) 약간의 개구운동 제한 또는 약간의 저작운동 제한으로 부드러운 고형식(밥, 빵 등)만 섭취 가능한 경우
나) 위・아래턱(상・하악)의 가운데 앞니(중절치) 간 최대 개구운동이 2cm 이하로 제한되는 경우
다) 위・아래턱(상・하악)의 부정교합(전방, 측방)이 1cm 이상인 경우
라) 양측 각 1개 또는 편측 2개 이하의 치아만 교합되는 상태
마) 연하기능검사(비디오 투시검사)상 연하장애가 있고, 유동식 섭취시 간헐적으로 흡인이 발생하고 부드러운 고형식 외에는 섭취가 불가능한 상태

5) 개구장해는 턱관절의 이상으로 개구운동 제한이 있는 상태를 말하며, 최대 개구상태에서 위・아래턱(상・하악)의 가운데 앞니(중절치)간 거리를 기준으로 한다. 단, 가운데 앞니(중절치)가 없는 경우에는 측정가능한 인접 치아 간 거리의 최대치를 기준으로 한다.
6) 부정교합은 위턱(상악)과 아래턱(하악)의 부조화로 윗니(상악치아)와 아랫니(하악치아)가 전방 및 측방으로 맞물림에 제한이 있는 상태를 말한다.
7) “말하는 기능에 심한 장해를 남긴 때”라 함은 아래의 경우 중 하나 이상에 해당되는 때를 말한다.
가) 언어평가상 자음정확도가 30% 미만인 경우
나) 전실어증, 운동성실어증(브로카실어증)으로 의사소통이 불가한 경우
8) “말하는 기능에 뚜렷한 장해를 남긴 때”라 함은 아래의 경우 중 하나 이상에 해당되는 때를 말한다.
가) 언어평가상 자음정확도가 50% 미만인 경우
나) 언어평가상 표현언어지수 25 미만인 경우
9) ‘말하는 기능에 약간의 장해를 남긴 때’라 함은 아래의 경우 중 하나 이상에 해당되는 때를 말한다.
가) 언어평가상 자음정확도가 75%미만인 경우
나) 언어평가상 표현언어지수 65 미만인 경우
10) 말하는 기능의 장해는 1년 이상 지속적인 언어치료를 시행한 후 증상이 고착되었을 때 평가하며, 객관적인 검사를 기초로 평가한다.
11) 뇌・중추신경계 손상(정신・인지기능 저하, 편마비 등)으로 인한 말하는 기능의 장해(실어증, 구음장애) 또는 씹어먹는 기능의 장해는 신경계・정신행동 장해 평가와 비교하여 그 중 높은 지급률 하나만 인정한다.
12) “치아의 결손”이란 치아의 상실 또는 발치된 경우를 말하며, 치아의 일부 손상으로 금관치료(크라운 보철수복)를 시행한 경우에는 치아의 일부 결손을 인정하여 1/2개 결손으로 적용한다.
13) 보철치료를 위해 발치한 정상치아, 노화로 인해 자연발치된 치아, 보철(복합레진, 인레이, 온레이 등)한 치아, 기존 의치(틀니, 임플란트 등)의 결손은 치아의 상실로 인정하지 않는다.
14) 상실된 치아의 크기가 크든지 또는 치간의 간격이나 치아 배열구조 등의 문제로 사고와 관계없이 새로운 치아가 결손된 경우에는 사고로 결손된 치아 수에 따라 지급률을 결정

한다.

15) 어린이의 유치는 향후에 영구치로 대체되므로 후유장해의 대상이 되지 않으나, 선천적으로 영구치 결손이 있는 경우에는 유치의 결손을 후유장해로 평가한다.

16) 가철성 보철물(신체의 일부에 붙였다 떼었다 할 수 있는 틀니 등)의 파손은 후유장해의 대상이 되지 않는다.

I 미각장해

제3보험에서는 씹어먹는 장해 또는 말하는 장해를 인정하고 있으나 미각장해는 인정하지 않는다. 미각장해는 신경계의 손상에서 비롯되는 것이 일반적이므로 신경계 장해로 볼 수도 있으나 제3보험 후유장해분류표는 신경계 장해의 경우에도 미각장해를 별도로 인정하지는 않는다.

그러나 코의 기능이 상실하면 미각장해도 함께 상실하므로 코의 기능장해에 미각장해가 포함되어 15%의 장해율이 결정된 것으로 볼 수도 있다.

II 음성 또는 언어의 장해

음성・언어장애는 의사소통이 어렵거나 이루어지지 않는 경우를 말하는데, 그 정도에 따라 기능을 상실한 사람과 현저한 장애가 있는 사람으로 구분한다. 음성 및 언어장애는 음성장애, 발음장애, 실어증, 말더듬증 등이 있을 때 나타나는데 여기에서 음성장애는 단순한 음성장애보다는 발음(조음)장애 등을 포함하고 있는 구어장애의 의미를 갖는다.

「씹어먹거나 말하는 장해 판정기준」 7) 내지 10)에서는 발음장해를 구분하여 음성장해를 인정하고 있다. 개정 이전에는 양순음, 치조음, 구개음, 후두음의 4종의 어음으로 평가하였으나 개정된 후유장해분류표에서는 자음정확도를 평가기준으로 하였다. 또한 11)과 관련하여 기존에는 언어중추 손상으로 인한 실어증 등은 말하는 기능장해의 평가대상이 아닌 신경계 장해의 평가대상으로만 인정하고 있었으나 실어증 등을 신경계 장해평가와 비교하여 그 중 높은 지급률을 인정하도록 개정되었다.

Ⅲ 치아의 결손장해

1. 치아의 결손

「씹어먹거나 말하는 장해 판정기준」에서 기존에는 치아의 1/3 이상 파절도 치아파절로 인정하고 있었으나 개정약관은 치아의 결손 또는 발치에 대해서만 치아의 결손으로 인정한다. 한편, 사랑니(제3대구치, molar teeth)의 결손도 치아의 결손에 해당한다. 그러나 선천적으로 결여된 사랑니는 치아의 결손에 해당하지 않는다.

2. 사고와 무관한 치아결손

「씹어먹거나 말하는 장해 판정기준」 14)는 사고로 관계없이 새로운 치아가 결손된 경우에는 치아의 결손으로 인정하지 않는다. 상해후유장해담보의 예를 들면 상해사고와 관계없이 치료적인 목적으로 발치한 치아는 포함하지 않는다.

3. 탈부착이 가능한 의치

「씹어먹거나 말하는 장해 판정기준」 16)은 탈착분리가 가능한 의치에 대하여는 후유장해의 대상으로 보지 않는다. 기존 약관에서는 임플란트를 치아의 결손으로 볼 수 있었으나 개정된 약관에서는 임플란트에 대해서도 치아의 결손에 해당하지 않는다.

Ⅳ 2018년 주요 개정사항

개정된 후유장해분류표는 씹어먹거나 말하는 장해와 관련하여 ① 말하는 기능에 심한 장해를 남긴 때의 지급률을 80%에서 60%로 조정, ② 씹어먹는 기능의 장해 평가방법을 확대, ③ 말하는 기능의 장해 평가방법을 자음정확도로 평가, ④ 실어증의 평가방법 구체화, ⑤ 치아의 결손장해에 발치된 경우를 포함, ⑥ 임플란트를 치아의 결손에서 제외하였다.

V 관련 사례의 검토

치아장해 **치아장해지급률의 결정**

〈계약사항〉

보험회사	피보험자	보험종목	가입금액	보험기간
A손해보험 장기상해보험	홍길동	상해후유장해 특약	2억원	2014.7.13 ~ 2017.7.13
	홍길동	신주말사망・후유장해특약	1억원	2014.7.13 ~ 2017.7.13
	홍길동	교통상해사망・후유장해특약	2억원	2014.7.13 ~ 2017.7.13

〈사고 및 장해관련 사항〉

2015.5.1(목) 주거지 근처 공원에서 산책도중 발을 헛디뎌 넘어지면서 아래와 같은 상해를 입었으며, 2015.8.1(토)에 아래와 같이 장해진단되었음.

총 14개의 치아에 결손(상실 또는 파절)이 있었다. 그 중에서 1개는 제3대구치(사랑니)의 상실, 2개는 치료목적으로 발치한 첫째 작은 어금니, 1개는 보험계약 전 삽입한 임플란트의 1/2의 파절, 2개는 브릿지(가교의치)의 1/3의 파절, 3개는 치아의 1/4이 파절, 5개는 1/2의 파절임.

※ 후유장해분류표 개정 이전에 체결된 계약이므로 기존 약관의 규정을 적용함.

1. 후유장해지급률의 결정 : 10%

1) 치아결손의 인정

개정 이전의 제3보험 후유장해분류표는 치아의 상실, 1/3 이상의 파절의 경우에만 치아의 결손으로 인정하며, 유치(어린아이의 치아), 탈착분리 가능한 의치(브릿지, 틀니), 치료목적 발치의 경우에는 치아파절로 인정하지 않는다.

2) 사례의 적용

위 기준에 의하여 총 7개의 치아결손에 해당하므로 "7개 이상의 결손"으로 10%의 후유장해지급률이 인정된다.

2. 후유장해보험금의 결정

1) 상해후유장해 특약

2억원 × 10% = 2,000만원

2) 신주말후유장해특약

5월 1일은 근로자의 날로서 신주말에 해당한다. 그러므로 보험금 지급책임을 부담한다.

1억원 × 10% = 1,000만원

3) 교통상해후유장해특약

공원에서 산책도중에 사고를 당하였으므로 교통상해에 해당하지 않는다.

3. 개정된 후유장해분류표 적용

이 사례에 개정된 후유장해분류표의 평가기준을 적용할 경우 치아파절은 일체 인정하지 않으며, 사랑니 상실만 치아의 결손으로 인정하므로 치아결손의 최소 기준인 5개 미만에 해당하여 후유장해보험금의 지급대상이 아니다.

081 외모의 추상(추한 모습)장해 판정기준

장해분류표 제3보험 표준약관 부표9. 2019년 12월 20일 개정, 생·손보협회 해설

가. 장해의 분류

장해의 분류	지급률
1) 외모에 뚜렷한 추상(추한 모습)을 남긴 때	15
2) 외모에 약간의 추상(추한 모습)을 남긴 때	5

나. 장해판정기준

1) "외모"란 얼굴(눈, 코, 귀, 입 포함), 머리, 목을 말한다.
2) "추상(추한 모습)장해"라 함은 성형수술(반흔성형술, 레이저치료 등 포함)을 시행한 후에도 영구히 남게 되는 상태의 추상(추한 모습)을 말한다.
3) "추상(추한 모습)을 남긴 때"라 함은 상처의 흔적, 화상 등으로 피부의 변색, 모발의 결손, 조직(뼈, 피부 등)의 결손 및 함몰 등으로 성형수술을 하여도 더 이상 추상(추한 모습)이 없어지지 않는 경우를 말한다.
4) 다발성 반흔 발생시 각 판정부위(얼굴, 머리, 목) 내의 다발성 반흔의 길이 또는 면적을 합산하여 평가한다. 단, 길이가 5mm 미만의 반흔은 합산대상에서 제외한다.
5) 추상(추한 모습)이 얼굴과 머리 또는 목 부위에 걸쳐 있는 경우에는 머리 또는 목에 있는 흉터의 길이 또는 면적의 1/2을 얼굴의 추상(추한 모습)으로 보아 산정한다.

다. 뚜렷한 추상(추한 모습)

1) 얼굴
   ① 손바닥 크기 1/2 이상의 추상(추한 모습)
   ② 길이 10cm 이상의 추상 반흔(추한 모습의 흉터)
   ③ 지름 5cm 이상의 조직함몰
   ④ 코의 1/2 이상 결손
2) 머리
   ① 손바닥 크기 이상의 반흔(흉터) 및 모발결손
   ② 머리뼈의 손바닥 크기 이상의 손상 및 결손
3) 목
   손바닥 크기 이상의 추상(추한 모습)

라. 약간의 추상(추한 모습)
1) 얼굴
① 손바닥 크기 1/4 이상의 추상(추한 모습)
② 길이 5cm 이상의 추상반흔(추한 모습의 흉터)
③ 지름 2cm 이상의 조직함몰
④ 코의 1/4 이상 결손
2) 머리
① 손바닥 1/2 크기 이상의 반흔(흉터), 모발결손
② 머리뼈의 손바닥 1/2 크기 이상의 손상 및 결손
3) 목
손바닥 크기 1/2 이상의 추상(추한 모습)

마. 손바닥 크기
"손바닥 크기"라 함은 해당 환자의 손가락을 제외한 손바닥의 크기를 말하며, 12세 이상의 성인에서는 8 × 10㎝(1/2 크기는 40㎠, 1/4 크기는 20㎠), 6 ~ 11세의 경우는 6 × 8㎝(1/2 크기는 24㎠, 1/4 크기는 12㎠), 6세 미만의 경우는 4 × 6㎝(1/2 크기는 12㎠, 1/4 크기는 6㎠)로 간주한다.

I 성형수술

1. 성형수술 후의 진단

다른 후유장해평가와 마찬가지로 추상장해는 성형수술을 한 이후의 장해를 인정한다(92다29719 판결). 성형수술 후 추상이 없어지거나 크기의 감소가 예상된다면 수술 후 진단을 원칙으로 하며, 수술 후 희미한 반흔이 남는 정도의 상당한 개선효과가 예상된다면 추상장해로 볼 수 없다(2009다105062 판결). 다만, 수술 후에도 추상의 크기가 줄어들지 않는다는 성형외과전문의의 소견이 있으면 수술 전 상태에서 추상장해를 평가할 수 있다.

2. 반흔 및 함몰의 합산

「외모의 추상장해 판단기준」 4)의 반흔 함몰이 여러 부위에 있는 경우에는 각각의 길이 및 면적을 합산하여 평가한다. 다만, 보험가입 전 발생한 반흔 및 함몰은 인정하지 않는다.

Ⅱ 손바닥 크기

손바닥 크기의 기준은 「외모의 추상장해 판단기준」 마.에서 정한 바에 의한다. 그러나 피보험자의 실제 손바닥 크기가 위 기준과 현저한 차이가 있을 경우에는 피보험자의 손바닥의 크기와 비교하여 장해를 평가한다.

Ⅲ 추상장해와 다른 장해와의 관계

하나의 사고로 외모의 추상과 눈, 코 등의 다른 부위의 장해가 발생한 경우에는 「장해분류표」 총칙에서 정한 "하나의 장해가 관찰방법에 따라서 장해분류표상 2가지 이상의 신체부위에서 측정될 경우 그 중 높은 지급률을 지급"하는 기준에 의할 수 있다.

그러나 눈과 코의 장해 판정기준에서 별도로 정한 바와 같이 눈꺼풀의 장해가 있는 경우에는 외모의 추상장해와 서로 합산할 수 있으며, 코의 기능장해의 경우도 외모의 추상장해를 합산할 수 있다. 또한 귓바퀴의 결손장해에 미달하는 결손은 "외모에 약간의 추상을 남긴 때"로 판정한다.

Ⅳ 2018년 주요 개정사항

개정된 후유장해분류표는 추상장해와 관련하여 ① 반흔성형술 및 레이저 치료도 명시적으로 성형수술로 인정, ② 다발성 반흔의 합산기준 제시, ③ 추상이 얼굴, 머리, 목에 걸쳐있는 경우의 판정기준을 제시하였다.

082 척추(등뼈)의 장해 판정기준

장해분류표 제3보험 표준약관 부표9. 2019년 12월 20일 개정, 생·손보협회 해설

가. 장해의 분류

장해의 분류	지급률
1) 척추(등뼈)에 심한 운동장해를 남긴 때	40
2) 척추(등뼈)에 뚜렷한 운동장해를 남긴 때	30
3) 척추(등뼈)에 약간의 운동장해를 남긴 때	10
4) 척추(등뼈)에 심한 기형을 남긴 때	50
5) 척추(등뼈)에 뚜렷한 기형을 남긴 때	30
6) 척추(등뼈)에 약간의 기형을 남긴 때	15
7) 추간판탈출증으로 인한 심한 신경장해	20
8) 추간판탈출증으로 인한 뚜렷한 신경장해	15
9) 추간판탈출증으로 인한 약간의 신경장해	10

나. 장해 판정기준

1) 척추(등뼈)는 경추에서 흉추, 요추, 제1천추까지를 동일한 부위로 한다. 제2천추 이하의 천골 및 미골은 체간골의 장해로 평가한다.

2) 척추(등뼈)의 기형장해는 척추체(척추뼈 몸통을 말하며, 횡돌기 및 극돌기는 제외한다. 이하 이 신체부위에서 같다)의 압박률 또는 척추체(척추뼈 몸통)의 만곡 정도에 따라 평가한다.

   가) 척추체(척추뼈 몸통)의 만곡변화는 객관적인 측정방법(Cobb's Angle)에 따라 골절이 발생한 척추체(척추뼈 몸통)의 상·하 인접 정상 척추체(척추뼈 몸통)를 포함하여 측정하며, 생리적 정상만곡을 고려하여 평가한다.

   나) 척추(등뼈)의 기형장해는 척추체(척추뼈 몸통)의 압박률, 골절의 부위 등을 기준으로 판정한다. 척추체(척추뼈 몸통)의 압박률은 인접 상·하부[인접 상·하부 척추체(척추뼈 몸통)에 진구성 골절이 있거나, 다발성 척추골절이 있는 경우에는 골절된 척추와 가장 인접한 상·하부] 정상 척추체(척추뼈 몸통)의 전방 높이의 평균에 대한 골절된 척추체(척추뼈 몸통) 전방 높이의 감소비를 압박률로 정한다.

   다) 척추(등뼈)의 기형장해는 「산업재해보상보험법 시행규칙」상 경추부, 흉추부, 요추부로 구분하여 각각을 하나의 운동단위로 보며, 하나의 운동단위 내에서 여러 개의 척추체(척추뼈 몸통)에 압박골절이 발생한 경우에는 각 척추체(척추뼈 몸통)의 압박률을 합산하고, 두 개 이상의 운동단위에서 장해가 발생한 경우에는 그 중 가장

높은 지급률을 적용한다.

3) 척추(등뼈)의 장해는 퇴행성 기왕증 병변과 사고가 그 증상을 악화시킨 부분만큼, 즉 이 사고와의 관여도를 산정하여 평가한다.

4) 추간판탈출증으로 인한 신경장해는 수술 또는 시술(비수술적 치료) 후 6개월 이상 지난 후에 평가한다.

5) 신경학적 검사상 나타난 저린감이나 방사통 등 신경자극증상의 원인으로 CT, MRI 등 영상검사에서 추간판탈출증이 확인된 경우를 추간판탈출증으로 진단하며, 수술 여부에 관계없이 운동장해 및 기형장해로 평가하지 않는다.

6) 심한 운동장해란 다음 중 어느 하나에 해당하는 경우를 말한다.
   가) 척추체(척추뼈 몸통)에 골절 또는 탈구로 4개 이상의 척추체(척추뼈 몸통)를 유합(아물어 붙음) 또는 고정한 상태
   나) 머리뼈(두개골), 제1경추, 제2경추를 모두 유합 또는 고정한 상태

7) 뚜렷한 운동장해란 다음 중 어느 하나에 해당하는 경우를 말한다.
   가) 척추체(척추뼈 몸통)에 골절 또는 탈구로 3개의 척추체(척추뼈 몸통)를 유합(아물어 붙음) 또는 고정한 상태
   나) 머리뼈(두개골)와 제1경추 또는 제1경추와 제2경추를 유합 또는 고정한 상태
   다) 머리뼈(두개골)와 상위목뼈(상위경추: 제1, 2경추) 사이에 CT검사상, 두개 대후두공의 기저점(basion)과 축추 치돌기 상단 사이의 거리(BDI : Basion-Dental Interval)에 뚜렷한 이상전위가 있는 상태
   라) 상위목뼈(상위경추 : 제1, 2경추) CT검사상, 환추 전방 궁(arch)의 후방과 치상돌기의 전면과의 거리(ADI: Atlanto-Dental Interval)에 뚜렷한 이상전위가 있는 상태

8) 약간의 운동장해
   머리뼈(두개골)와 상위목뼈(상위경추 : 제1, 2경추)를 제외한 척추체(척추뼈 몸통)에 골절 또는 탈구로 2개의 척추체(척추뼈 몸통)를 유합(아물어 붙음) 또는 고정한 상태

9) 심한 기형이란 다음 중 어느 하나에 해당하는 경우를 말한다.
   가) 척추(등뼈)의 골절 또는 탈구 등으로 35° 이상의 척추전만증(척추가 앞으로 휘어지는 증상), 척추후만증(척추가 뒤로 휘어지는 증상) 또는 20° 이상의 척추측만증(척추가 옆으로 휘어지는 증상) 변형이 있을 때
   나) 척추체(척추뼈 몸통) 한 개의 압박률이 60% 이상인 경우 또는 한 운동단위 내에 두 개 이상 척추체(척추뼈 몸통)의 압박골절로 각 척추체(척추뼈 몸통)의 압박률의 합이 90% 이상일 때

10) 뚜렷한 기형이란 다음 중 어느 하나에 해당하는 경우를 말한다.
   가) 척추(등뼈)의 골절 또는 탈구 등으로 15° 이상의 척추전만증(척추가 앞으로 휘어지는 증상), 척추후만증(척추가 뒤로 휘어지는 증상) 또는 10° 이상의 척추측만증(척추가 옆으로 휘어지는 증상) 변형이 있을 때
   나) 척추체(척추뼈 몸통) 한 개의 압박률이 40% 이상인 경우 또는 한 운동단위 내에 두 개 이상 척추체(척추뼈 몸통)의 압박골절로 각 척추체(척추뼈 몸통)의 압박률의 합이 60% 이상일 때

11) 약간의 기형이란 다음 중 어느 하나에 해당하는 경우를 말한다.
  가) 1개 이상의 척추(등뼈)의 골절 또는 탈구로 경도(가벼운 정도)의 척추전만증(척추가 앞으로 휘어지는 증상), 척추후만증(척추가 뒤로 휘어지는 증상) 또는 척추측만증(척추가 옆으로 휘어지는 증상) 변형이 있을 때
  나) 척추체(척추뼈 몸통) 한 개의 압박률이 20% 이상인 경우 또는 한 운동단위 내에 두 개 이상 척추체(척추뼈 몸통)의 압박골절로 각 척추체(척추뼈 몸통)의 압박률의 합이 40% 이상일 때
12) "추간판탈출증으로 인한 심한 신 장해"란 추간판탈출증으로 추간판을 2마디 이상(또는 1마디 추간판에 대해 2회 이상) 수술하고도 마미신경증후군이 발생하여 하지의 현저한 마비 또는 대소변의 장해가 있는 경우
13) "추간판탈출증으로 인한 뚜렷한 신경장해"란 추간판탈출증으로 추간판 1마디를 수술하고도 신경생리검사에서 명확한 신경근병증의 소견이 지속되고 척추신경근의 불완전 마비가 인정되는 경우
14) "추간판탈출증으로 인한 약간의 신경장해"란 추간판탈출증이 확인되고 신경생리검사에서 명확한 신경근병증의 소견이 지속되는 경우

I 사고와의 관여도

1. 척추장해의 산정방법

척추의 장해에 사고와의 관여도를 산정하는 경우에는 "보험가입금액 × 장해지급률 × 관여도"의 방식으로 한다. 만일 5년 이상의 한시장해가 있는 경우에는 해당 장해지급률의 20%를 장해지급률로 인정한다.

2. 생명보험협회의 기준

생명보험협회의 기준(장해분류표 개정 이전의 기준)에 의하면 5년 이상의 한시장해와 사고관여도가 함께 인정되는 경우에는 한시장해를 적용하지 않고 사고관여도만을 적용한다. 또한 생명보험은 재해사고의 관여도가 30% 미만인 경우에는 "경미한 외부요인"으로 인한 사고로 보고 상해 관련 보험금을 지급하지 않는 것이 일반적이지만, 척추체장해를 결정할 때에는 우발적인 외래사고가 인정된다면 관여도가 30% 미만이어도 관여도를 산정하여 후유장해보험금을 지급한다.

Ⅱ 척추의 운동장해

1. 척추의 유합 또는 고정

척추의 운동장해는 "운동"이라는 표현에도 불구하고 실제로 "운동의 제한"으로 평가하는 것이 아니라 척추체의 유합 또는 고정으로 평가한다. 척추체의 유합은 등뼈 전체의 유합된 추체의 개수로 평가한다. 예를 들어 경추에 2개의 추체를 유합하고, 흉요추에 3개의 추체를 유합하였을 경우에 총 5개의 추체를 유합한 것으로 평가한다.

2. 골절과 탈구

척추의 운동장해를 결정할 때에는 "골절 또는 탈구"로 인한 운동장해만을 인정하는 것이 원칙이다. 그러나 척추의 기형장해를 결정할 때 "골절 또는 탈구 등으로" 인한 기형만을 인정하는 것처럼 척추의 운동장해의 경우에도 그 발생원인이 골절 또는 탈구로 한정하는 것은 아니다. 예를 들어 피보험자의 전신의 화상이 발생하여 척추체에 유합 또는 고정된 상태가 남은 경우에는 척추의 운동장해에 해당할 수 있다.

Ⅲ 척추의 기형장해

척추의 기형장해는 산재법 시행규칙에 따라 경추부, 흉추부, 요추부로 구분하여 각각의 운동범위를 판단한다. 그러므로 후두과-경추1번 분절부터 경추7번-흉추1번 분절을 경추부로 보며, 흉추1번-흉추2번 분절부터 흉추11번-흉추12번 분절까지를 흉추부로 본다. 그리고 흉추12번-요추1번 분절부터 요추5번-천추1번 분절까지를 요추부로 본다.[38]

「척추의 장해 판정기준」 9) 내지 11)의 기형장해는 척추체에 골절이나 탈구 등이 있었으나 유합술을 시행하지 않았을 경우에 평가된다. 그러나 전만, 후반 그리고 측만의 변형이 없는 경우에는 장해대상에서 제외된다.

38) 산재법 시행규칙 별표4. 정상인의 신체 각 관절에 대한 평균 운동가능영역

Ⅳ 추간판탈출증

1. 추간판탈출증의 범위

추간판탈출증(속칭 디스크)이라는 용어에도 불구하고 "신경증상", "불완전 마비", "하지방사통", "감각이상" 등이 있는 경우라면 추간판팽윤증, 척추간협착증 등의 추간판 관련 진단도 추간판탈출증의 범위에 포함된다고 해석한다(생명보험협회기준, 손해보험도 실무상 동일).

2. 추간판탈출증으로 인한 신경장해

추간판탈출증으로 인한 심한 신경장해로 인정받으려면 추간판에 대한 수술이 시행되는 것을 전제로 한다. 심한 신경장해는 ① 추간판을 2마디 이상 수술하고 마미신경증후

관절명 \ 구분		측정부위	평균 운동 가능영역(각도)
척추	경추부	후두과-경추1번 분절	13
		경추1번-경추2번 분절	10
		경추2번-경추3번 분절	8
		경추3번-경추4번 분절	13
		경추4번-경추5번 분절	12
		경추5번-경추6번 분절	17
		경추6번-경추7번 분절	16
		경추7번-흉추1번 분절	6
	흉추부	흉추1번-흉추2번 분절	4
		흉추2번-흉추3번 분절	4
		흉추3번-흉추4번 분절	4
		흉추4번-흉추5번 분절	4
		흉추5번-흉추6번 분절	4
		흉추6번-흉추7번 분절	5
		흉추7번-흉추8번 분절	6
		흉추8번-흉추9번 분절	6
		흉추9번-흉추10번 분절	6
		흉추10번-흉추11번 분절	9
		흉추11번-흉추12번 분절	12
	요추부	흉추12번-요추1번 분절	12
		요추1번-요추2번 분절	12
		요추2번-요추3번 분절	14
		요추3번-요추4번 분절	15
		요추4번-요추5번 분절	17
		요추5번-천추1번 분절	20

군이 발생하여 하지의 현저한 마비(경추의 경우 상지의 현저한 마비) 또는 대소변의 장해가 있는 경우나, ② 하나의 추간판이라도 2회 이상 수술을 시행하고도 마미신경증후군이 발생하여 하지의 현저한 마비(경추의 경우 상지의 현저한 마비) 또는 대소변의 장해가 있는 경우를 말한다.

추간판탈출증으로 인한 뚜렷한 신경장해가 되기 위해서도 추간판 수술을 전제로 한다. 즉 추간판 1마디를 수술하고도 신경근병증 소견이 명확하면서 동시에 척추신경근의 불완전 마비가 인정되어야 한다. 다만 추간판탈출증으로 인한 약간의 신경장해는 추간판탈출증의 수술을 전제로 하지 않고 명확한 신경근병증의 소견만으로도 진단이 가능하다.

3. 마미신경증후군

「척추의 장해 판정기준」 12)에서 언급하는 마미신경증후군이란 제1요추 이하 부위에 있는 신경근이 압박되어서 골반 내 장기의 기능장해를 일으키고 요통과 양측 하지의 감각이상과 운동의 마비를 가져오는 질환을 말한다. 가장 흔한 원인은 제4－5요추 사이와 요천추 부위의 추간판탈출증이다. 이 증후군이 요실금, 회음부, 둔부, 하지의 감각 이상을 초래하여 부부생활에 문제를 초래하는 경우로, 이러한 경우에는 완전히 감압시킨 후 수술을 시행하는 것이 원칙이다.

손해사정사 기출문제 31회(2008년)

제3보험 장해분류표상 척추(등뼈)의 장해 중 추간판탈출증(디스크) 장해의 판정기준과 해당 지급률을 기술하시오. (10점)

V 2018년 주요 개정사항

개정된 후유장해분류표는 척추의 장해와 관련하여 ① 해부학적 위치를 고려하여 천골과 미골은 체간골의 장해로 평가, ② 산재법에서 적용하는 압박률을 도입하는 등 척추 기형장해의 범위와 평가방법을 다양화, ③ 척추의 운동장해 중 뚜렷한 이상전위의 기준을 명확화, ④ 추간판탈출증의 과잉진단 논란을 해소하기 위하여 진단기준을 명확하게 하였다.

083 체간골의 장해 판정기준

장해분류표 **제3보험 표준약관 부표9. 2019년 12월 20일 개정, 생·손보협회 해설**

가. 장해의 분류

장해의 분류	지급률
1) 어깨뼈(견갑골)나 골반뼈(장골, 제2천추 이하의 천골, 미골, 좌골 포함)에 뚜렷한 기형을 남긴 때	15
2) 빗장뼈(쇄골), 가슴뼈(흉골), 갈비뼈(늑골)에 뚜렷한 기형을 남긴 때	10

나. 장해 판정기준

1) "체간골"이라 함은 어깨뼈(견갑골), 골반뼈(장골, 제2천추 이하의 천골, 미골, 좌골 포함), 빗장뼈(쇄골), 가슴뼈(흉골), 갈비뼈(늑골)를 말하며 이를 모두 동일한 부위로 본다.
2) "골반뼈의 뚜렷한 기형"이라 함은 아래의 경우 중 하나에 해당하는 때를 말한다.
   가) 천장관절 또는 치골문합부가 분리된 상태로 치유되었거나 좌골이 2.5cm 이상 분리된 부정유합 상태
   나) 육안으로 변형(결손을 포함)을 명백하게 알 수 있을 정도로 방사선 검사로 측정한 각(角) 변형이 20° 이상인 경우
   다) 미골의 기형은 골절이나 탈구로 방사선 검사로 측정한 각(角) 변형이 70° 이상 남은 상태
3) "빗장뼈(쇄골), 가슴뼈(흉골), 갈비뼈(늑골), 어깨뼈(견갑골)에 뚜렷한 기형이 남은 때"라 함은 방사선검사로 측정한 각(角) 변형이 20° 이상인 경우를 말한다.
4) 갈비뼈(늑골)의 기형은 그 개수와 정도, 부위 등에 관계없이 전체를 일괄하여 하나의 장해로 취급한다. 다발성늑골 기형의 경우 각각의 각(角) 변형을 합산하지 않고 그 중 가장 높은 각(角) 변형을 기준으로 평가한다.

I 체간골의 정의와 장해판정

"체간골"이란 용어는 뇌두개골, 안면골, 설골, 흉골, 늑골, 척주, 천골 등을 총칭하는 것이다. 그러나 「장해분류표」의 체간골은 어깨뼈, 골반뼈, 빗장뼈, 가슴뼈, 갈비뼈만을 의미한다. 기존의 장해분류표에서는 골반뼈에 천골과 미골이 포함되지 않았으나 이번에 개정되면서 장골, 천골, 미골, 좌골까지 골반뼈에 포함되도록 정의하였다. 다발성 늑골기형의 경우에는 그 중에서 가장 높은 각변형을 기준으로 체간골의 기형장해를 평가한다.

II 2018년 주요 개정사항

개정된 후유장해분류표는 체간골 장해와 관련하여 ① 천골과 미골을 체간골 장해로 분류, ② 미골의 기형에 관한 기준을 70°로 제시, ③ 다발성 늑골기형의 평가기준을 제시하였다.

084 팔의 장해 판정기준

장해분류표 제3보험 표준약관 부표9. 2019년 12월 20일 개정, 생·손보협회 해설

가. 장해의 분류

장해의 분류	지급률
1) 두 팔의 손목 이상을 잃었을 때	100
2) 한 팔의 손목 이상을 잃었을 때	60
3) 한 팔의 3대 관절 중 관절 하나의 기능을 완전히 잃었을 때	30
4) 한 팔의 3대 관절 중 관절 하나의 기능에 심한 장해를 남긴 때	20
5) 한 팔의 3대 관절 중 관절 하나의 기능에 뚜렷한 장해를 남긴 때	10
6) 한 팔의 3대 관절 중 관절 하나의 기능에 약간의 장해를 남긴 때	5
7) 한 팔에 가관절이 남아 뚜렷한 장해를 남긴 때	20
8) 한 팔에 가관절이 남아 약간의 장해를 남긴 때	10
9) 한 팔의 뼈에 기형을 남긴 때	5

나. 장해 판정기준

1) 골절부에 금속내고정물 등을 사용하였기 때문에 그것이 기능장해의 원인이 되는 때에는 그 내고정물 등이 제거된 후 장해를 평가한다. 단, 제거가 불가능한 경우에는 고정물 등이 있는 상태에서 장해를 평가한다.
2) 관절을 사용하지 않아 발생한 일시적인 기능장해(예를 들면 캐스트로 환부를 고정시켰기 때문에 치유 후의 관절에 기능장해가 발생한 경우)는 장해로 평가하지 않는다.
3) "팔"이라 함은 어깨관절(견관절)부터 손목관절(완관절)까지를 말한다.
4) "팔의 3대 관절"이라 함은 어깨관절(견관절), 팔꿈치관절(주관절), 손목관절(완관절)을 말한다.
5) "한 팔의 손목 이상을 잃었을 때"라 함은 손목관절(완관절)부터(손목관절 포함) 심장에 가까운 쪽에서 절단된 때를 말하며, 팔꿈치관절(주관절) 상부에서 절단된 경우도 포함한다.
6) 팔의 관절기능장해 평가는 팔의 3대 관절의 관절운동범위 제한 등으로 평가한다.
   가) 각 관절의 운동범위 측정은 장해평가시점의 「산업재해보상보험법 시행규칙」 제47조 제1항 및 제3항의 정상인의 신체 각 관절에 대한 평균 운동가능영역을 기준으로 정상각도 및 측정방법 등을 따른다.
   나) 관절기능장해를 표시할 경우 장해부위의 장해각도와 정상부위의 측정치를 동시에 판단하여 장해상태를 명확히 한다. 단, 관절기능장해가 신경손상으로 인한 경우에

는 운동범위 측정이 아닌 근력 및 근전도검사를 기준으로 평가한다.

7) "관절 하나의 기능을 완전히 잃었을 때"라 함은 아래의 경우 중 하나에 해당하는 경우를 말한다.
   가) 완전강직(관절굳음)
   나) 근전도검사상 완전손상(complete injury) 소견이 있으면서 도수근력검사(MMT)에서 근력이 "0등급(zero)"인 경우
8) "관절 하나의 기능에 심한 장해를 남긴 때"라 함은 아래의 경우 중 하나에 해당하는 경우를 말한다.
   가) 해당 관절의 운동범위 합계가 정상운동범위의 1/4 이하로 제한된 경우
   나) 인공관절이나 인공골두를 삽입한 경우
   다) 근전도검사상 완전손상(complete injury) 소견이 있으면서 도수근력검사(MMT)에서 근력이 "1등급(trace)"인 경우
9) "관절 하나의 기능에 뚜렷한 장해를 남긴 때"라 함은 아래의 경우 중 하나에 해당하는 경우를 말한다.
   가) 해당 관절의 운동범위 합계가 정상운동범위의 1/2 이하로 제한된 경우
   나) 근전도검사상 불완전한 손상(incomplete injury) 소견이 있으면서 도수근력검사(MMT)에서 근력이 "2등급(poor)"인 경우
10) "관절 하나의 기능에 약간의 장해를 남긴 때"라 함은 아래의 경우 중 하나에 해당하는 때를 말한다.
   가) 해당 관절의 운동범위 합계가 정상운동범위의 3/4 이하로 제한된 경우
   나) 근전도검사상 불완전한 손상(incomplete injury) 소견이 있으면서 도수근력검사(MMT)에서 근력이 "3등급(fair)"인 경우
11) "가관절[주)]이 남아 뚜렷한 장해를 남긴 때"라 함은 상완골에 가관절이 남은 경우 또는 요골과 척골의 2개 뼈 모두에 가관절이 남은 경우를 말한다.
   주) 가관절이란 충분한 경과 및 골이식술 등 골유합을 얻는 데 필요한 수술적 치료를 시행하였음에도 불구하고 골절부의 유합이 이루어지지 않는"불유합" 상태를 말하며, 골유합이 지연되는 지연유합은 제외한다.
12) "가관절이 남아 약간의 장해를 남긴 때"라 함은 요골과 척골 중 어느 한 뼈에 가관절이 남은 경우를 말한다.
13) "뼈에 기형을 남긴 때"라 함은 상완골 또는 요골과 척골에 변형이 남아 정상에 비해 부정유합된 각 변형이 15° 이상인 경우를 말한다.

다. 지급률의 결정

1) 한 팔의 3대 관절 중 관절 하나에 기능장해가 생기고 다른 관절 하나에 기능장해가 발생한 경우 지급률은 각각 적용하여 합산한다.
2) 1상지(팔과 손가락)의 후유장해지급률은 원칙적으로 각각 합산하되, 지급률은 60% 한도로 한다.

I 팔의 기능장해 판정

1. 금속내고정물

「팔의 장해 판정기준」에서 팔의 기능장해를 판정할 때에는 금속내고정물을 제거한 후에 판정하도록 정하고 있다. 도덕적 위험을 미연에 방지하기 위한 것이다. 다만, 금속내고정물 제거가 불가능하다는 의학적 소견이 있을 때는 금속내고정물 장착상태에서 장해측정이 가능하다.

2. 관절기능 장해의 운동범위

팔의 관절운동범위의 제한을 측정할 때에는 주운동, 보조운동범위를 구분하지 않고 산재법 시행규칙의 정상각도를 기준으로 평가한다. 산재법 시행규칙에 따른 운동범위는 다음과 같다.[39]

관절명 \ 구분	측정부위	평균운동 가능영역(각도)
어깨관절	전상방거상(前上方擧上)	150
	측상방거상(側上方擧上)	150
	후방거상(後方擧上)	40
	내전(內轉)	30
	내회전(內回轉)	40
	외회전(外回轉)	90
팔꿈치관절	신전(伸展)	0
	굴곡(屈曲)	150
	내회전	80
	외회전	80
손목관절	배굴(背屈)	60
	장굴(掌屈)	70
	요사위(撓斜位)	20
	척사위(尺斜位)	30

39) 장해분류표가 개정되기 이전의 각 관절의 운동범위 측정은 미국의사협회(American Medical Association, AMA)의 「영구적 신체장해 평가지침」에 의하고 있었다. 이 지침은 제1판부터 제5판까지 발간되었는데, 실무적으로 AMA 지침 제4판을 기준으로 장해 등급을 판정기준을 정하는 것이 일반적이었다, 그러나 보험계약자의 선택에 따라 다른 버전을 적용할 수는 있다. 다만, 발간된 지 가장 오래된 제1판은 운동범위를 매우 제한적으로 인정하고 있고 우리나라 장해등급 판정시 일반적으로 통용되는 기준과도 거리가 있으므로 AMA 지침 제1판을 적용한 장해지급률은 객관적인 증거자료로 인정되지 않는다(2006다42610 판결).

Ⅱ 팔의 기능장해와 검사방법

1. 근전도검사와 근력검사

팔의 관절에 대한 "기능을 완전히 잃었을 때", "심한 장해", "뚜렷한 장해" 그리고 "약간의 장해"를 판정하는 근전도검사와 근력검사는 함께 평가하여야 한다. 그러므로 근전도검사 또는 근력검사 중에서 어느 하나의 검사방법만으로 판정된 장해평가는 인정하지 않는다.

2. 근전도 검사의 정의

근전도검사(전기진단검사)란 신경과 근육의 신경생리학적 변화를 분석하여 진단하는 방법으로 신경전도검사와 침근전도검사, 유발전위검사 등으로 구성되어 있으며 이를 통상 근전도검사라고 한다. 근전도검사는 근위약, 통증, 감각장애, 근위축, 근피로 등 신경-근육계의 진단에 유용한 검사로서 최근에는 말초신경뿐만 아니라 중추신경계의 진단을 위하여 사용되고 있다.

3. 도수근력검사의 정의

도수근력 검사란 관절의 자동운동은 근력에 의해서 좌우되어지는데 이 근력을 도수로써 측정하는 방법이다. 근력의 강도는 5.4.3.2.1.0의 6단계로 한다. 근력의 분류는 다음과 같다.

① Grade 0(Zero) : 운동기능 없음, 불수의적인 근육수축도 없음
② Grade 1(Trace) : 불수의적 근육수축은 있으나 자발적 관절운동은 불가능
③ Grade 2(Poor) : 중력이 작용하지 않은 범위 내에서 관절의 ROM이 가능
④ Grade 3(Fair) : 중력이 작용하는 상태에서 관절의 ROM이 가능
⑤ Grade 4(Good) : 중력과 약간의 저항이 작용하는 상태에서 관절의 ROM이 가능
⑥ Grade 5(Normal) : 정상근력

Ⅲ 가관절장해

가관절이란 골절부의 불유합의 최종단계로서 골편 사이에서 처음부터 가골이 형성되지 않거나 어느 정도 가골형성이 진행되다가 완전히 정지해버려 그 이상 골유합이 이루어지지 않을 경우를 말한다. 보통 5~6개월간 적절한 치료를 받고도 유합이 이루어지지 않을 때 골유합술이나 골이식수술 등의 유합촉진술을 하게 되고, 1차 수술에 실패하면 다시 재수술을 시행한다.

영구적인 불유합 가관절은 극히 드문 편이나 적어도 2회 이상 골유합술을 시행했음에도 불구하고 불유합 상태인 경우를 영구적인 가관절로 인정한다. 대게 불유합의 원인은 분쇄골절로 인한 골결손, 근막이나 혈관의 심한 손상으로 혈류부전, 감염 또는 수술, 고정술의 부작용 등을 들 수 있다.

Ⅳ 2018년 주요 개정사항

개정된 후유장해분류표는 팔의 장해와 관련하여 ① 금속내고정물의 제거가 불가능한 경우에도 장해를 평가할 수 있도록 명시, ② 관절운동범위의 측정기준을 산재법 기준으로 변경, ③ 신경손상으로 인한 관절기능장해에 대한 평가방법을 근력·근전도검사로 제시, ④ 인공관절 삽입술에 의한 기능장해를 “기능을 완전히 잃었을 때”에서 “기능에 심한 장해”로 지급률을 조정, ⑤ 관절운동장해의 평가시에 근력검사 기준을 도입하였다.

085 다리의 장해 판정기준

장해분류표 제3보험 표준약관 부표9. 2019년 12월 20일 개정, 생·손보협회 해설

가. 장해의 분류

장해의 분류	지급률
1) 두 다리의 발목 이상을 잃었을 때	100
2) 한 다리의 발목 이상을 잃었을 때	60
3) 한 다리의 3대 관절 중 관절 하나의 기능을 완전히 잃었을 때	30
4) 한 다리의 3대 관절 중 관절 하나의 기능에 심한 장해를 남긴 때	20
5) 한 다리의 3대 관절 중 관절 하나의 기능에 뚜렷한 장해를 남긴 때	10
6) 한 다리의 3대 관절 중 관절 하나의 기능에 약간의 장해를 남긴 때	5
7) 한 다리에 가관절이 남아 뚜렷한 장해를 남긴 때	20
8) 한 다리에 가관절이 남아 약간의 장해를 남긴 때	10
9) 한 다리의 뼈에 기형을 남긴 때	5
10) 한 다리가 5cm 이상 짧아지거나 길어진 때	30
11) 한 다리가 3cm 이상 짧아지거나 길어진 때	15
12) 한 다리가 1cm 이상 짧아지거나 길어진 때	5

나. 장해 판정기준

1) 골절부에 금속내고정물 등을 사용하였기 때문에 그것이 기능장해의 원인이 되는 때에는 그 내고정물 등이 제거된 후 장해를 평가한다. 단, 제거가 불가능한 경우에는 고정물 등이 있는 상태에서 장해를 평가한다.
2) 관절을 사용하지 않아 발생한 일시적인 기능장해(예를 들면 캐스트로 환부를 고정시켰기 때문에 치유 후의 관절에 기능장해가 발생한 경우)는 장해로 평가하지 않는다.
3) "다리"라 함은 엉덩이관절(고관절)부터 발목관절(족관절)까지를 말한다.
4) "다리의 3대 관절"이라 함은 엉덩이관절(고관절), 무릎관절(슬관절), 발목관절(족관절)을 말한다.
5) "한 다리의 발목 이상을 잃었을 때"라 함은 발목관절(족관절)부터(발목관절 포함) 심장에 가까운 쪽에서 절단된 때를 말하며, 무릎관절(슬관절)의 상부에서 절단된 경우도 포함한다.
6) 다리의 관절기능장해 평가는 다리의 3대 관절의 관절운동범위 제한 및 무릎관절(슬관절)의 동요성 등으로 평가한다.

가) 각 관절의 운동범위 측정은 장해평가시점의 「산업재해보상보험법 시행규칙」 제47

조 제1항 및 제3항의 정상인의 신체 각 관절에 대한 평균 운동가능영역을 기준으로 정상각도 및 측정방법 등을 따른다.

나) 관절기능장해가 신경손상으로 인한 경우에는 운동범위 측정이 아닌 근력 및 근전도 검사를 기준으로 평가한다.

7) "관절 하나의 기능을 완전히 잃었을 때"라 함은 아래의 경우 중 하나에 해당하는 때를 말한다.

가) 완전강직(관절굳음)

나) 근전도검사상 완전손상(complete injury) 소견이 있으면서 도수근력검사(MMT)에서 근력이 "0등급(zero)"인 경우

8) "관절 하나의 기능에 심한 장해를 남긴 때"라 함은 아래의 경우 중 하나에 해당하는 때를 말한다.

가) 해당 관절의 운동범위 합계가 정상운동범위의 1/4 이하로 제한된 경우

나) 인공관절이나 인공골두를 삽입한 경우

다) 객관적 검사(스트레스 엑스선)상 15mm 이상의 동요관절(관절이 흔들리거나 움직이는 것)이 있는 경우

라) 근전도검사상 완전손상(complete injury) 소견이 있으면서 도수근력검사(MMT)에서 근력이 "1등급(trace)"인 경우

9) "관절 하나의 기능에 뚜렷한 장해를 남긴 때"라 함은 아래의 경우 중 하나에 해당하는 때를 말한다.

가) 해당 관절의 운동범위 합계가 정상운동범위의 1/2 이하로 제한된 경우

나) 객관적 검사(스트레스 엑스선)상 10mm 이상의 동요관절(관절이 흔들리거나 움직이는 것)이 있는 경우

다) 근전도검사상 불완전한 손상(incomplete injury) 소견이 있으면서 도수근력검사(MMT)에서 근력이 "2등급(poor)"인 경우

10) "관절 하나의 기능에 약간의 장해를 남긴 때"라 함은 아래의 경우 중 하나에 해당하는 때를 말한다.

가) 해당 관절의 운동범위 합계가 정상운동범위의 3/4 이하로 제한된 경우

나) 객관적 검사(스트레스 엑스선)상 5mm 이상의 동요관절(관절이 흔들리거나 움직이는 것)이 있는 경우

다) 근전도검사상 불완전한 손상(incomplete injury) 소견이 있으면서 도수근력검사(MMT)에서 근력이 "3등급(fair)"인 경우

11) 동요장해 평가시에는 정상측과 환측을 비교하여 증가된 수치로 평가한다.

12) "가관절[주)]이 남아 뚜렷한 장해를 남긴 때"라 함은 대퇴골에 가관절이 남은 경우 또는 경골과 종아리뼈의 2개 뼈 모두에 가관절이 남은 경우를 말한다.

주) 가관절이란 충분한 경과 및 골이식술 등 골유합을 얻는 데 필요한 수술적 치료를 시행하였음에도 불구하고 골절부의 유합이 이루어지지 않는 "'불유합" 상태를 말하며, 골유합이 지연되는 지연유합은 제외한다.

13) "'가관절이 남아 약간의 장해를 남긴 때"라 함은 경골과 종아리뼈 중 어느 한 뼈에 가

관절이 남은 경우를 말한다.

14) "뼈에 기형을 남긴 때"라 함은 대퇴골 또는 경골에 기형이 남아 정상에 비해 부정유합된 각 변형이 15° 이상인 경우를 말한다.

15) 다리 길이의 단축 또는 과신장은 스캐노그램(scanogram)을 통하여 측정한다.

다. 지급률의 결정

1) 한 다리의 3대 관절 중 관절 하나에 기능장해가 생기고 다른 관절 하나에 기능장해가 발생한 경우 지급률은 각각 적용하여 합산한다.

2) 1하지(다리와 발가락)의 후유장해 지급률은 원칙적으로 각각 합산하되, 지급률은 60% 한도로 한다.

I 다리의 기능장해 판정

「다리의 장해 판정기준」은 「팔의 장해 판정기준」에서 설명한 내용과 대부분 공통된다. 다만 다리의 운동장해를 평가할 때에는 "동요(관절의 흔들림, 움직임)장해"를 함께 평가하며 팔의 장해와는 달리 단축장해가 추가된다.

손해사정사 **기출문제** 33회(2010년)

제3보험 후유장해 판정기준상 규정된 다리의 관절기능 장해의 분류 내용을 아래의 4단계별로 기술하시오. (15점)

① 기능을 완전히 잃었을 때
② 심한 장해
③ 뚜렷한 장해
④ 약간의 장해

Ⅱ 단축장해

다리의 단축정도를 측정하는 Scanogram이란 방사선사진을 찍을 때 자를 대고 찍음으로써 뼈를 정확하게 측정할 수 있도록 고안된 촬영법이다. 특히 하지부동(양다리의 길이가 차이나는 상태)에서 유용하게 쓰인다.

Ⅲ 2018년 주요 개정사항

개정된 후유장해분류표는 다리의 장해와 관련하여 ① 금속내고정물의 제거가 불가능한 경우에도 장해를 평가할 수 있도록 명시, ② 관절운동범위의 측정기준을 산재법 기준으로 변경, ③ 신경손상으로 인한 관절기능장해에 대한 평가방법을 근력, 근전도검사로 제시, ④ 인공관절 삽입술에 의한 기능장해를 "기능을 완전히 잃었을 때"에서 "기능에 심한 장해"로 지급률을 조정, ⑤ 관절운동장해의 평가시에 근력검사기준을 도입하였으며, ⑥ 단축장해의 정의를 "두 다리의 길의의 차이"로 변경하여 장해범위를 추가, ⑦ 동요관절장해에서 객관적인 검사방법을 제시하였다.

086 손가락의 장해 판정기준

장해분류표 제3보험 표준약관 부표9. 2019년 12월 20일 개정, 생·손보협회 해설

가. 장해의 분류

장해의 분류	지급률
1) 한 손의 5개 손가락을 모두 잃었을 때	55
2) 한 손의 첫째 손가락을 잃었을 때	15
3) 한 손의 첫째 손가락 이외의 손가락을 잃었을 때(손가락 하나마다)	10
4) 한 손의 5개 손가락 모두의 손가락뼈 일부를 잃었을 때 또는 뚜렷한 장해를 남긴 때	30
5) 한 손의 첫째 손가락의 손가락뼈 일부를 잃었을 때 또는 뚜렷한 장해를 남긴 때	10
6) 한 손의 첫째 손가락 이외의 손가락의 손가락뼈 일부를 잃었을 때 또는 뚜렷한 장해를 남긴 때(손가락 하나마다)	5

나. 장해 판정기준

1) 골절부에 금속내고정물 등을 사용하였기 때문에 그것이 기능장해의 원인이 되는 때에는 그 내고정물 등이 제거된 후에 장해를 평가한다. 단, 제거가 불가능한 경우에는 고정물 등이 있는 상태에서 장해를 평가한다.
2) 관절을 사용하지 않아 발생한 일시적인 기능장해(예를 들면 캐스트로 환부를 고정시켰기 때문에 치유 후의 관절에 기능장해가 발생한 경우)는 장해로 평가하지 않는다.
3) 손가락에는 첫째 손가락에 2개의 손가락관절이 있다. 그 중 심장에서 가까운 쪽부터 중수지관절, 지관절이라 한다.
4) 다른 네 손가락에는 3개의 손가락관절이 있다. 그 중 심장에서 가까운 쪽부터 중수지관절, 제1지관절(근위지관절) 및 제2지관절(원위지관절)이라 부른다.
5) "손가락을 잃었을 때"라 함은 첫째 손가락에서는 지관절부터 심장에서 가까운 쪽에서, 다른 네 손가락에서는 제1지관절(근위지관절)부터(제1지관절 포함) 심장에서 가까운 쪽으로 손가락이 절단되었을 때를 말한다.
6) "손가락뼈 일부를 잃었을 때"라 함은 첫째 손가락의 지관절, 다른 네 손가락의 제1지관절(근위지관절)부터 심장에서 먼 쪽으로 손가락 뼈의 일부가 절단된 경우를 말하며, 뼈 단면이 불규칙해진 상태나 손가락 길이의 단축 없이 골편만 떨어진 상태는 해당하지 않는다.
7) "손가락에 뚜렷한 장해를 남긴 때"라 함은 첫째 손가락의 경우 중수지관절 또는 지관절의 굴신(굽히고 펴기)운동영역이 정상운동영역의 1/2 이하인 경우를 말하며, 다른 네 손가락에 있어서는 제1, 제2지관절의 굴신운동영역을 합산하여 정상운동영역의 1/2 이

하이거나 중수지관절의 굴신(굽히고 펴기)운동영역이 정상운동영역의 1/2 이하인 경우를 말한다.

8) 한 손가락에 장해가 생기고 다른 손가락에 장해가 발생한 경우 지급률은 각각 적용하여 합산한다.

9) 손가락의 관절기능장해 평가는 손가락 관절의 관절운동범위 제한 등으로 평가한다. 각 관절의 운동범위 측정은 장해평가시점의 「산업재해보상보험법 시행규칙」 제47조 제1항 및 제3항의 정상인의 신체 각 관절에 대한 평균 운동가능영역을 기준으로 정상각도 및 측정방법 등을 따른다.

I 손가락을 잃었을 때

1. 손가락의 절단

손가락의 절단은 상해로 인한 직접 절단상뿐만 아니라 심한 압궤손상이나 화상 등으로 치료상 절단한 경우도 최종 절단위치에 따라 절단장해로 평가한다.

2. 관절부 절단의 경우

기존의 장해분류표는 「손가락의 장해 판정기준」에서 “손가락을 잃었을 때”와 “손가락뼈의 일부를 잃었을 때”의 정의에서 “근위지관절부 혹은 지관절부에서 손가락을 잃은 경우”에 대하여는 정확히 어떻게 처리할지 설명할 수 없었다. 그러나 이와 같은 관절부 절단시에는 손가락 길이 차이 외에 기능장해에 대해서는 “손가락을 잃었을 때”와 거의 동일할 것이므로 장해분류표의 개정시에 “근위지관절부 혹은 지관절부 절단도 손가락을 잃었을 때”로 명시하였다.

3. 손가락뼈 일부를 잃었을 때

손가락뼈 일부를 잃었을 때 엑스선 사진에 의하여 뼈조각이 떨어져 있는 것을 판단하려면 일정한 시간이 지난 후에야 정확히 판단할 수 있으므로 손해·생명보험협회는 상해사고 발생 이후 180일이 경과한 시점에서 판단하도록 지침(장해분류표 개정 이전)을 두고 있다.

Ⅱ 손가락에 뚜렷한 장해를 남긴 때

엄지 손가락(첫째 손가락)에 운동장해가 남았을 때에는 지관절의 운동뿐만 아니라 중수지관절의 운동각도가 생리적 운동영역의 1/2 이하로 제한된 경우에도 "손가락의 뚜렷한 장해를 남긴 때"로 인정한다. 그 외의 손가락에서는 지관절 운동을 합산한 운동각도 또는 중수지관절의 운동각도를 기준으로 장해를 평가한다.

기존의 장해분류표는 손가락의 운동장해 평가방법을 명확하게 정하지 않았으나 개정된 장해분류표는 산재법 시행규칙에서의 운동가능영역을 기준으로 하였다. 그 기준은 다음과 같다.

관절명 \ 구분	측정부위		평균 운동 가능영역(각도)
중수지관절(中手指關節)	엄지 손가락	신전 굴곡	0 60
	둘째 손가락	신전 굴곡	0 90
	가운데 손가락	신전 굴곡	0 90
	넷째 손가락	신전 굴곡	0 90
	새끼 손가락	신전 굴곡	0 90
지관절(指關節)	엄지 손가락	신전 굴곡	0 80
제1수지관절	둘째 손가락	신전 굴곡	0 100
	가운데 손가락	신전 굴곡	0 100
	넷째 손가락	신전 굴곡	0 100
	새끼 손가락	신전 굴곡	0 100
제2수지관절	둘째 손가락	신전 굴곡	0 70
	가운데 손가락	신전 굴곡	0 70

	넷째 손가락	신전 굴곡	0 70
	새끼 손가락	신전 굴곡	0 70

Ⅲ 2018년 주요 개정사항

개정된 후유장해분류표는 손가락의 장해와 관련하여 ① 금속내고정물의 제거가 불가능한 경우의 장해평가를 명시, ② 절단장해 평가시 절단부위에 관절을 포함, ③ 중수지관절의 굴신운동영역을 제1, 2지관절과 별도로 평가, ④ 관절기능의 평가기준을 산재법 시행규칙으로 명시하였다.

Ⅳ 손가락장해 관련 사례의 검토

후유장해 손가락 절단 및 기능장해

A손해보험의 피보험자인 홍길동(공업사의 판금정비원)은 상해후유장해보험(보험가입금액 1억원) 가입 이후 근무처에서 근무(판금작업) 중에 다음과 같은 손가락장해를 입었다. 보험계약상 의무불이행은 없다고 가정할 때 A손해보험의 보험금 지급책임액을 결정하시오. (15점)

〈손해사항〉
1) 오른쪽 첫째 손가락의 중수지관절이 위쪽(심장쪽)으로 절단
2) 오른쪽 둘째 손가락의 제1지관절(근위지관절)이 아래(심장에서 먼)쪽으로 절단
3) 오른쪽 셋째 손가락의 다음과 같은 운동제한

관절	운동	정상각도	피보험자운동각도
셋째 손가락	중수지관절	90	50
		0	0
	제1지관절 (근위지관절)	100	50
		0	0
	제2지관절 (원위지관절)	70	30
		0	0

1. 후유장해지급률의 결정

1) 제1수지

한 손의 첫째 손가락을 잃었을 때에 해당하므로 15%

2) 제2수지

첫째 손가락 이외의 손가락의 일부를 잃었을 때에 해당하므로 5%

3) 제3수지

중수지관절은 1/2 이상(50/90) 운동가능하므로 뚜렷한 장해를 남긴 때에 해당하지 않으나 지관절(근위지, 원위지)을 기준으로 할 때 1/2 이하(80/170)로만 운동이 제한되므로 뚜렷한 장해 5%에 해당한다.

2. 지급보험금의 결정

보험가입금액에 후유장해지급률을 감안한 금액을 보험금지급액으로 한다.

1억원 × 25% = 2,500만원

087 발가락의 장해 판정기준

장해분류표 제3보험 표준약관 부표9. 2019년 12월 20일 개정, 생·손보협회 해설

가. 장해의 분류

장해의 분류	지급률
1) 한 발의 리스프랑관절 이상을 잃었을 때	40
2) 한 발의 5개 발가락을 모두 잃었을 때	30
3) 한 발의 첫째 발가락을 잃었을 때	10
4) 한 발의 첫째 발가락 이외의 발가락을 잃었을 때(발가락 하나마다)	5
5) 한 발의 5개 발가락 모두의 발가락뼈 일부를 잃었을 때 또는 뚜렷한 장해를 남긴 때	20
6) 한 발의 첫째 발가락의 발가락뼈 일부를 잃었을 때 또는 뚜렷한 장해를 남긴 때	8
7) 한 발의 첫째 발가락 이외의 발가락의 발가락뼈 일부를 잃었을 때 또는 뚜렷한 장해를 남긴 때(발가락 하나마다)	3

나. 장해 판정기준

1) 골절부에 금속내고정물 등을 사용하였기 때문에 그것이 기능장해의 원인이 되는 때에는 그 내고정물 등이 제거된 후에 장해를 평가한다. 단, 제거가 불가능한 경우에는 고정물 등이 있는 상태에서 장해를 평가한다.
2) 관절을 사용하지 않아 발생한 일시적인 기능장해(예를 들면 캐스트로 환부를 고정시켰기 때문에 치유 후의 관절에 기능장해가 발생한 경우)는 장해로 평가하지 않는다.
3) "발가락을 잃었을 때"라 함은 첫째 발가락에서는 지관절부터 심장에 가까운 쪽을, 나머지 네 발가락에서는 제1지관절(근위지관절)부터(제1지관절 포함) 심장에서 가까운 쪽을 잃었을 때를 말한다.
4) 리스프랑 관절 이상에서 잃은 때라 함은 족근-중족골간 관절 이상에서 절단된 경우를 말한다.
5) "발가락뼈 일부를 잃었을 때"라 함은 첫째 발가락의 지관절, 다른 네 발가락의 제1지관절(근위지관절)부터 심장에서 먼 쪽으로 발가락 뼈 일부가 절단된 경우를 말하며, 뼈 단면이 불규칙해진 상태나 발가락 길이의 단축 없이 골편만 떨어진 상태는 해당하지 않는다.
6) "발가락에 뚜렷한 장해를 남긴 때"라 함은 첫째 발가락의 경우에 중족지관절과 지관절의 굴신(굽히고 펴기)운동범위 합계가 정상운동가능영역의 1/2 이하가 된 경우를 말하며, 다른 네 발가락에 있어서는 중족지관절의 신전운동범위만을 평가하여 정상운동범

위의 1/2 이하로 제한된 경우를 말한다.
7) 한 발가락에 장해가 생기고 다른 발가락에 장해가 발생한 경우 지급률은 각각 적용하여 합산한다.
8) 발가락 관절의 운동범위 측정은 장해평가시점의 「산업재해보상보험법 시행규칙」 제47조 제1항 및 제3항의 정상인의 신체 각 관절에 대한 평균 운동가능영역을 기준으로 정상각도 및 측정방법 등을 따른다.

I 발가락의 장해

「발가락의 장해 판정기준」은 「손가락의 장해 판정기준」에서 설명한 내용과 대부분 공통된다. 다만 발가락의 범위에는 리스프랑관절(lisfranc's joint) 부위가 추가된다. 리스프랑관절이란 설상골과 중족골, 입방골과 중족골 사이의 관절로서 발등과 발가락 사이의 관절을 말한다. 중족족근골간 관절(tarsometatarsal joint)을 말하는 것이다.

II 2018년 주요 개정사항

개정된 후유장해분류표는 발가락의 장해와 관련하여 ① 금속내고정물의 제거가 불가능한 경우의 장해평가를 명시, ② 절단장해 평가시 절단부위에 관절을 포함, ③ 중수지관절의 굴신운동영역을 제1, 2지관절과 별도로 평가, ④ 관절기능의 평가기준을 산재법 시행규칙으로 명시하였다.

088 흉·복부장기 및 비뇨생식기장해 판정기준

장해분류표 제3보험 표준약관 부표9. 2019년 12월 20일 개정, 생·손보협회 해설

가. 장해의 분류

장해의 분류	지급률
1) 심장기능을 잃었을 때	100
2) 흉복부장기 또는 비뇨생식기기능을 잃었을 때	75
3) 흉복부장기 또는 비뇨생식기기능에 심한 장해를 남긴 때	50
4) 흉복부장기 또는 비뇨생식기기능에 뚜렷한 장해를 남긴 때	30
5) 흉복부장기 또는 비뇨생식기기능에 약간의 장해를 남긴 때	15

나. 장해 판정기준

1) "심장기능을 잃었을 때"라 함은 심장이식을 한 경우를 말한다.
2) "흉복부장기 또는 비뇨생식기기능을 잃었을 때"라 함은 아래의 경우 중 하나에 해당하는 때를 말한다.
   가) 폐, 신장, 또는 간장의 장기이식을 한 경우
   나) 장기이식을 하지 않고서는 생명유지가 불가능하여 혈액투석, 복막투석 등 의료처치를 평생토록 받아야 할 때
   다) 방광의 저장기능과 배뇨기능을 완전히 상실한 때
3) "흉복부장기 또는 비뇨생식기기능에 심한 장해를 남긴 때"라 함은 아래의 경우 중 하나에 해당하는 때를 말한다.
   가) 위, 대장(결장~직장) 또는 췌장의 전부를 잘라내었을 때
   나) 소장을 3/4 이상 잘라내었을 때 또는 잘라낸 소장의 길이가 3m 이상일 때
   다) 간장의 3/4 이상을 잘라내었을 때
   라) 양쪽 고환 또는 양쪽 난소를 모두 잃었을 때
4) "흉복부장기 또는 비뇨생식기기능에 뚜렷한 장해를 남긴 때"라 함은 아래의 경우 중 하나에 해당하는 때를 말한다.
   가) 한쪽 폐 또는 한쪽 신장을 전부 잘라내었을 때
   나) 방광기능상실로 영구적인 요도루, 방광루, 요관 장문합 상태
   다) 위, 췌장을 50% 이상 잘라내었을 때
   라) 대장절제, 항문 괄약근 등의 기능장해로 영구적으로 장루, 인공항문을 설치한 경우 (치료과정에서 일시적으로 발생하는 경우는 제외)

마) 심장기능 이상으로 인공심박동기를 영구적으로 삽입한 경우
바) 요도괄약근 등의 기능장해로 영구적으로 인공요도괄약근을 설치한 경우

5) "흉복부장기 또는 비뇨생식기기능에 약간의 장해를 남긴 때"라 함은 아래의 경우 중 하나에 해당하는 때를 말한다.
가) 방광의 용량이 50cc 이하로 위축되었거나 요도협착, 배뇨기능 상실로 영구적인 간헐적 인공요도가 필요한 때
나) 음경의 1/2 이상이 결손되었거나 질구 협착으로 성생활이 불가능한 때
다) 폐질환 또는 폐 부분절제술 후 일상생활에서 호흡곤란으로 지속적인 산소치료가 필요하며, 폐기능검사(PFT)상 폐환기 기능(1초간 노력성 호기량, FEV1)이 정상예측치의 40% 이하로 저하된 때

6) 흉복부, 비뇨생식기계 장해는 질병 또는 외상의 직접 결과로 인한 장해를 말하며, 노화에 의한 기능장해 또는 질병이나 외상이 없는 상태에서 예방적으로 장기를 절제, 적출한 경우는 장해로 보지 않는다.

7) 상기 흉복부 및 비뇨생식기계 장해항목에 명기되지 않은 기타 장해상태에 대해서는 「〈붙임〉 일상생활 기본동작(ADLs) 제한 장해평가표」에 해당하는 장해가 있을 때 ADLs 장해지급률을 준용한다.

8) 상기 장해항목에 해당되지 않는 장기간의 간병이 필요한 만성질환(만성간질환, 만성폐쇄성폐질환 등)은 장해의 평가대상으로 인정하지 않는다.

I 흉복부장기 또는 비뇨생식기 장해의 판정대상

「흉복부장기 및 비뇨생식기 장해 판정기준」 8)에서 정하는 바와 같이 "장기간의 간병이 필요한 만성질환"은 장해의 평가대상이 되지 않는다. 만성간질환, 만성폐쇄성폐질환 등은 영구적인 신체의 훼손상태라기보다는 계속적인 치료과정 중에 있는 일반질환이므로 "후유장해"로 인정하지 않는 것이다. 그리고 노화에 의한 기능장해와 예방적인 장기적출로 인하여 신체에 후유장해가 발생한 경우에는 그 장해의 인정 여부가 불분명하므로 장해에서 제외하도록 명시하고 있다.

"인공항문", "요도루" 등은 후유장해로 판단하고 있으나 그 조성이 일시적인 경우에는 후유장해로 인정하지 않는다.

Ⅱ 흉복부장기 또는 비뇨생식기 장해와 납입면제

위암, 자궁암, 고환암 등으로 광범위전절제술을 시행받아 "흉복부장기 등의 심한 장해" 이상에 해당하는 경우에는 50% 이상의 장해상태가 되므로 일반적인 생명보험회사의 제3보험상품은 납입면제가 가능하다.

Ⅲ 2018년 주요 개정사항

개정된 후유장해분류표는 흉복부장기 및 비뇨생식기의 장해와 관련하여 ① 심장의 기능을 잃었을 때의 지급률을 100% 장해로 상향, ② 그 외의 흉복부장기 및 생식기 부위의 세부항목에 대한 지급률을 조정, ③ 심장기능, 폐기능, 요도괄약근기능 등의 장해를 추가, ④ 노화에 의한 기능장해와 예방적 장기절제 및 적출을 후유장해에서 제외하였다.

손해사정사 기출문제 38회(2015년), 41회(2018년)

(1) 제3보험의 장해분류표상 흉복부장기 또는 비뇨생식기 기능에 "뚜렷한 장해를 남긴 때" (5점)

(2) "흉복부장기 및 비뇨생식기의 장해"에 규정된 장해지급률 100%에 해당하는 "장해의 분류"와 "장해판정기준"을 기술하시오. (4점)

Ⅳ 관련 사례의 검토

손해사정사 기출문제 42회(2019년)

피보험자는 교통사고를 당해 치료 후 장해가 발생하여 후유장해보험금을 청구했다. 보험사가 지급해야 할 후유장해보험금을 산출하시오. (8점)(산출과정 명기)

〈계약내용〉

보험종목	피보험자	보험기간	가입금액(담보내용)
장기상해보험	이석수	2018.5.15~2038.5.15	상해후유장해

※ 정상유지계약이며, 계약 전 알릴의무 및 계약 후 알릴의무 위반사항 없음.

〈사고사항〉
2018.7.10 : 교통사고로 인한 흉·복부 장기손상으로 응급실 내원(한국대학병원)
2018.7.10 ~ 2019.1.31 : 흉·복부 장기손상으로 수술 및 입원치료(한국대학병원)
2019.2.10 : 후유장해진단(한국대학병원)

〈직업관련사항〉
• 방광의 용량이 50cc 이하로 위축됨.
• 요도괄약근 등의 기능장해로 영구적으로 인공요도괄약근을 설치해야 함.
• 대장절제, 항문 괄약근 등의 기능장해로 영구적으로 장루, 인공항문을 설치함(치료종결).
※ 후유장해는 교통사고로 인해 기인한 것이며 영구장해임.

〈장해분류표 장해지급률〉
• 흉·복부장기 또는 비뇨생식기기능을 잃었을 때(75%)
• 흉·복부장기 또는 비뇨생식기기능에 심한 장해를 남길 때(50%)
• 흉·복부장기 또는 비뇨생식기기능에 뚜렷한 장해를 남긴 때(30%)
• 흉·복부장기 또는 비뇨생식기기능에 약간의 장해를 남긴 때(15%)

1. 장해지급률

방광의 장해는 약간의 장해에 해당하며, 인공요도괄약근은 뚜렷한 장해 그리고 인공항문의 설치도 뚜렷한 장해에 해당한다. 하나의 부위에 여러 장해가 있으므로 가장 큰 지급률을 인정한다.

Max[방광(약간), 요도(뚜렷한), 인공항문(뚜렷한)] = 뚜렷한 장해 : 30%

2. 보험금액의 결정

보험가입금액 1억원×30% = 3,000만원을 보험금지급액으로 결정한다.

089 신경계 · 정신행동장해 판정기준

장해분류표 제3보험 표준약관 부표9. 2019년 12월 20일 개정, 생 · 손보협회 해설

가. 장해의 분류

장해의 분류	지급률
1) 신경계에 장해가 남아 일상생활 기본동작에 제한을 남긴 때	10~100
2) 정신행동에 극심한 장해를 남긴 때	100
3) 정신행동에 심한 장해를 남긴 때	75
4) 정신행동에 뚜렷한 장해를 남긴 때	50
5) 정신행동에 약간의 장해를 남긴 때	25
6) 정신행동에 경미한 장해를 남긴 때	10
7) 극심한 치매 : CDR척도 5점	100
8) 심한 치매 : CDR척도 4점	80
9) 뚜렷한 치매 : CDR척도 3점	60
10) 약간의 치매 : CDR척도 2점	40
11) 심한 간질발작이 남았을 때	70
12) 뚜렷한 간질발작이 남았을 때	40
13) 약간의 간질발작이 남았을 때	10

나. 장해 판정기준

1) 신경계

가) "신경계에 장해를 남긴 때"라 함은 뇌, 척수 및 말초신경계 손상으로 「〈붙임〉일상생활 기본동작(ADLs) 제한 장해평가표」의 5가지 기본동작 중 하나 이상의 동작이 제한되었을 때를 말한다.

나) 위 가)의 경우 「〈붙임〉일상생활 기본동작(ADLs) 제한 장해평가표」상 지급률이 10% 미만인 경우에는 보장대상이 되는 장해로 인정하지 않는다.

다) 신경계의 장해로 발생하는 다른 신체부위의 장해(눈, 귀, 코, 팔, 다리 등)는 해당 장해로도 평가하고 그 중 높은 지급률을 적용한다.

라) 뇌졸중, 뇌손상, 척수 및 신경계의 질환 등은 발병 또는 외상 후 12개월 동안 지속적으로 치료한 후에 장해를 평가한다. 그러나 12개월이 지났다고 하더라도 뚜렷하게 기능 향상이 진행되고 있는 경우 또는 단기간 내에 사망이 예상되는 경우는 6개월의 범위에서 장해평가를 유보한다.

마) 장해진단 전문의는 재활의학과, 신경외과 또는 신경과 전문의로 한다.

2) 정신행동

가) 정신행동장해는 보험기간 중에 발생한 뇌의 질병 또는 상해를 입은 후 18개월이 지난 후에 판정함을 원칙으로 한다. 단, 질병발생 또는 상해를 입은 후 의식상실이 1개월 이상 지속된 경우에는 질병발생 또는 상해를 입은 후 12개월이 지난 후에 판정할 수 있다.

나) 정신행동장해는 장해판정 직전 1년 이상 충분한 정신건강의학과의 전문적 치료를 받은 후 치료에도 불구하고 장해가 고착되었을 때 판정하여야 하며, 그렇지 않은 경우에는 그로써 고정되거나 중하게 된 장해에 대해서는 인정하지 않는다.

다) "정신행동에 극심한 장해를 남긴 때"라 함은 장해판정 직전 1년 이상 지속적인 정신건강의학과의 치료를 받았으며 GAF 30점 이하인 상태를 말한다.

라) "정신행동에 심한 장해를 남긴 때"라 함은 장해판정 직전 1년 이상 지속적인 정신건강의학과의 치료를 받았으며 GAF 40점 이하인 상태를 말한다.

마) "정신행동에 뚜렷한 장해를 남긴 때"라 함은 장해판정 직전 1년 이상 지속적인 정신건강의학과의 치료를 받았으며, 보건복지부고시 「장애등급판정기준」의 "능력장해측정기준"[주)]상 6개 항목 중 3개 항목 이상에서 독립적 수행이 불가능하여 타인의 도움이 필요하고 GAF 50점 이하인 상태를 말한다.

주) 능력장해측정기준의 항목 : ㉮ 적절한 음식섭취, ㉯ 대소변관리, 세면, 목욕, 청소 등의 청결유지, ㉰ 적절한 대화기술 및 협조적인 대인관계, ㉱ 규칙적인 통원 · 약물복용, ㉲ 소지품 및 금전관리나 적절한 구매행위, ㉳ 대중교통이나 일반공공시설의 이용

바) "정신행동에 약간의 장해를 남긴 때"라 함은 장해판정 직전 1년 이상 지속적인 정신건강의학과의 치료를 받았으며, 보건복지부고시 「장애등급판정기준」의 "능력장해측정기준"상 6개 항목 중 2개 항목 이상에서 독립적 수행이 불가능하여 타인의 도움이 필요하고 GAF 60점 이하인 상태를 말한다.

사) '정신행동에 경미한 장해를 남긴 때'라 함은 장해판정 직전 1년 이상 지속적인 정신건강의학과의 치료를 받았으며, 보건복지부고시 「장애등급판정기준」의 '능력장해측정기준' 상 6개 항목 중 2개 항목 이상에서 독립적 수행이 불가능하여 타인의 도움이 필요하고 GAF 70점 이하인 상태를 말한다.

아) 지속적인 정신건강의학과의 치료란 3개월 이상 약물치료가 중단되지 않았음을 의미한다.

자) 심리학적 평가보고서는 정신건강의학과 의료기관에서 실시되어져야 하며, 자격을 갖춘 임상심리전문가가 시행하고 작성하여야 한다.

차) 정신행동장해 진단 전문의는 정신건강의학과 전문의를 말한다.

카) 정신행동장해는 뇌의 기능 및 결손을 입증할 수 있는 뇌자기공명촬영, 뇌전산화촬영, 뇌파 등 객관적 근거를 기초로 평가한다. 다만, 보호자나 환자의 진술, 감정의의 추정 혹은 인정, 한국표준화가 이루어지지 않고 신빙성이 적은 검사들(뇌 SPECT 등)은 객관적 근거로 인정하지 않는다.

타) 각종 기질성 정신장해와 외상후 간질에 한하여 보상한다.

파) 외상후 스트레스장애, 우울증(반응성) 등의 질환, 정신분열증(조현병), 편집증, 조울

증(양극성장애), 불안장애, 전환장애, 공포장애, 강박장애 등 각종 신경증 및 각종 인격장애는 보상의 대상이 되지 않는다.

3) 치매

가) "치매"라 함은 정상적으로 성숙한 뇌가 질병이나 외상 후 기질성 손상으로 파괴되어 한번 획득한 지적 기능이 지속적 또는 전반적으로 저하되는 것을 말한다.

나) 치매의 장해평가는 임상적인 증상뿐 아니라 뇌영상검사(CT 및 MRI, SPECT 등)를 기초로 진단되어져야 하며, 18개월 이상 지속적인 치료 후 평가한다. 다만, 진단시점에 이미 극심한 치매 또는 심한 치매로 진행된 경우에는 6개월간 지속적인 치료 후 평가한다.

다) 치매의 장해평가는 전문의(정신건강의학과, 신경과)에 의한 임상치매척도(한국판 Expanded Clinical Dementia Rating) 검사결과에 따른다.

4) 뇌전증(간질)

가) "뇌전증(간질)"이라 함은 돌발적 뇌파이상을 나타내는 뇌질환으로 발작(경련, 의식장해 등)을 반복하는 것을 말한다.

나) 간질발작의 빈도 및 양상은 지속적인 항간질제(항전간제) 약물로도 조절되지 않는 간질을 말하며, 진료기록에 기재되어 객관적으로 확인되는 간질발작의 빈도 및 양상을 기준으로 한다.

다) "심한 간질발작"이라 함은 월 8회 이상의 중증발작이 연 6개월 이상의 기간에 걸쳐 발생하고, 발작할 때 유발된 호흡장애, 흡인성 폐렴, 심한 탈진, 구역질, 두통, 인지장해 등으로 요양관리가 필요한 상태를 말한다.

라) "뚜렷한 간질발작"이라 함은 월 5회 이상의 중증발작 또는 월 10회 이상의 경증발작이 연 6개월 이상의 기간에 걸쳐 발생하는 상태를 말한다.

마) "약간의 간질발작"이라 함은 월 1회 이상의 중증발작 또는 월 2회 이상의 경증발작이 연 6개월 이상의 기간에 걸쳐 발생하는 상태를 말한다.

바) "중증발작"이라 함은 전신경련을 동반하는 발작으로써 신체의 균형을 유지하지 못하고 쓰러지는 발작 또는 의식장해가 3분 이상 지속되는 발작을 말한다.

사) "경증발작"이라 함은 운동장해가 발생하나 스스로 신체의 균형을 유지할 수 있는 발작 또는 3분 이내에 정상으로 회복되는 발작을 말한다.

I 신경계장해로 인한 파생장해

1. 신경계장해와 다른 신체부위들의 장해

「장해분류표」 총칙에 의하면 "동일한 신체부위에서 하나의 장해에 다른 장해가 통상 파생하는 관계에 있는 경우에는 그 중 높은 지급률만을 적용"하고 있으므로 신경계장해로 인하여 다른 신체부위에 장해가 발생하는 경우에도 마찬가지이다. 그러므로 「신경계・정신행동장해 판정기준」 1) 신경계의 다.에서도 신경계 장해평가와 다른 신체부위들의 장해평가결과 중에서 높은 지급률을 적용하도록 정하고 있다.

그러므로 신경계 손상으로 양쪽 팔에 각각 20%, 30%장해가 발생하고 신경계의 장해를 ADLs 기준으로 판정했을 때 40%에 해당할 경우에는 20%와 30%를 각각 더한 장해율과 40%를 비교하여 그 중 높은 지급률인 50%를 장해지급률로 인정한다.

2. 서로 다른 부위이지만 통상 파생관계에 있는 경우

대법원은 신경계장해와 서로 다른 신체부위의 장해평가액의 합을 비교하는 경우 서로 다른 신체부위이지만 각각의 부위의 장해가 통상 파생관계에 있는 경우에는 그 중 높은 지급률을 적용하여 비교한다는 견해이다. 예를 들어 상해후유장해보험에 가입한 피보험자가 상해사고로 비골신경손상을 입어 ADLs(일상생활기본동작제한장해) 35%로 판정을 받고 신경계에서 파생하는 좌측 다리의 기능장해 30%, 좌측 발가락의 장해 25%가 함께 있는 경우에는 다리와 발가락은 서로 다른 부위임에도 불구하고 비골신경의 손상으로 인한 "하나의 장해가 관찰방법에 따라서 장해분류표상 2가지 이상의 신체부위에서 측정될 경우" 또는 "통상 파생관계"에 놓인 경우에 해당하므로 그 중 높은 지급률인 35%를 인정한다(2011다68302 판결).[40]

40) 한편, 하급심에서는 신경손상이 원인이 되어 손목관절장해와 손가락관절장해가 발생한 경우에 손가락관절장해가 통상적으로 손목관절장해에서 파생되는 것은 아니라고 하였다(2007가합56024, 2009나68875 판결).

Ⅱ 정신행동장해

1. 정신행동의 뚜렷한, 약간의, 경미한 장해

정신행동의 뚜렷한 장해, 약간의 장해, 경미한 장해로 진단되려면 1년 이상 지속적인 정신건강의학과의 치료를 받는 것을 전제로 하고 보건복지부고시 「장애등급판정기준」의 "능력장해측정기준"을 기준으로 장해를 평가한다. 여기서 능력장해측정기준은 적절한 음식섭취, 대소변관리, 대중교통이나 일반공공시설의 이용을 포함한 6가지 항목이다.[41]

2. 정신행동장해평가의 객관적 근거로 인정할 수 없는 경우

「신경계·정신행동 장해 판정기준」 2) 정신행동에서는 "정신건강의학과 전문의"의 장해진단만을 인정하고 있다. 그러므로 임상심리전문의가 아닌 임상심리전문가(임상심리사 등을 말한다)의 심리학적 평가보고서는 객관적 근거로 보지 않는다.[42]

41) 능력장해측정기준의 항목
1. 적절한 음식섭취
영양의 균형을 생각하고, 스스로 준비해서 먹는 음식섭취의 판단 등에 관한 능력장애의 유무를 판단한다.
2. 대소변관리, 세면, 목욕, 청소 등의 청결유지
세면, 세족, 배설 후의 위생, 목욕 등 신체위생의 유지, 청소 등의 청결의 유지에 관한 판단 등에 관한 능력장애의 유무를 판단한다. 이들에 대해 의지의 발동성이라는 관점으로부터 자발적으로 적절하게 행하는 것이 가능한지 여부, 도움이 필요한지 여부를 판단한다.
3. 적절한 대화기술 및 협조적인 대인관계
타인의 말을 알아듣고, 자신의 의사를 상대에게 전하는 의사소통의 능력, 타인과 적절하게 사귀는 능력에 주목한다.
4. 규칙적인 통원·약물복용
자발적·규칙적으로 통원 및 복약을 하고, 병상이나 부작용 등에 관하여 주치의에게 잘 이야기하는 것이 가능한가, 도움이 필요한가 여부를 판단한다.
5. 소지품 및 금전관리나 적절한 구매행위
금전을 독립적으로 적절하게 관리하고, 자발적으로 적절하게 물건을 사는 것이 가능한가, 도움이 필요한가 여부를 판단한다(금전의 인지, 물건사기의 의욕, 물건사기에 동반되는 대인관계 처리능력에 주목한다).
6. 대중교통이나 일반공공시설의 이용
각종의 신청 등 사회적 수속을 행하거나 은행이나 보건소 등의 공공시설을 적절하게 이용하는 것이 가능한지 여부를 판단한다.

42) 2014년 4월 1일 이전의 약관은 "정신과 혹은 신경정신과 전문의가 시행하고 보고서를 작성하는 심리학적 평가보고서"를 객관적 근거로 인정하지 않고 있었다. 정신과 혹은 신경정신과 전문의가 시행하는 심리학적 평가보고서는 진단과 검사가 동일인에 의해 이루어지기 때문에 객관성을 잃을 가능성이 높으므로 객관성을 확보하기 위하여 제3의 임상심리 전문가가 실시한 심리학적 평가보고서만을 객관적인 근거로 인정하기 위한 것이었다. 그러나 개정 이후에는 임상심리전문의가 시행·보고서를 작성한 경우도 객관적인 증거로 인정이 될 수 있다.

3. 기질성 정신장해

「신경계 · 정신행동 장해 판정기준」 2) 정신행동 타.에서는 "각종 기질성 정신장해"를 정신행동으로 인정하여 보상한다. 여기서 기질성 정신장해(또는 장애)란 뇌의 조직적인 변화가 원인이 되어서 나타나는 정신장애를 말하며 다음과 같이 분류된다.

① 외상성 치매(지능저하)

② 기억상실장애 : 다른 인지기능의 장애 없이 기억장애만이 있는 장애를 말한다. 전향성 기억상실증은 외상이 있기 전의 일은 기억하지만 사고 이후의 일은 기억하지 못하는 것을 말하며, 역행성(후향성) 기억상실증은 외상이 있은 후 사고 후의 일은 기억하지만 사고 전의 일은 기억하지 못하는 것을 말한다.

③ 기질적 만성장애 : 의식은 깨끗하면서 남이 자신을 해칠 것이라는 등의 피해망상증이 가장 대표적이다.

④ 기질성 환각장애 : 환각은 청각(환청), 시각(환시), 촉각(환촉) 순서로 흔하게 생긴다.

⑤ 기질성 정서장애 : 우울증, 조증, 우울증과 조증이 교대로 나타나는 혼합형 등이 모두 생긴다.

⑥ 기질성 불안장애 : 범불안장애 양상, 공황 양상, 강박장애 양상, 공포증 양상 등으로 나타난다.

⑦ 기질성 인격장애 : 감정의 변화가 심하며, 무감동증에서부터 병적으로 기분이 좋아지는 형태까지 다양하다(지남력장애란 사람, 장소, 시간 등에 대한 판단력의 장애를 말한다).

4. 정신장해의 보상이 되지 않는 장애

외상후 스트레스장애, 우울증(반응성) 등의 질환, 정신분열증, 강박장애 등 각종 신경증 및 각종 인격장애는 보상되지 않는다. 약관에서는 반응성 우울증(reactive depression)만을 언급하였으므로 내인성우울증(endogenous depression)의 경우 정신장해의 대상이 될 수도 있다.

손해사정사 기출문제 41회(2018년)

"정신행동" 장해판정기준에 규정된 보건복지부고시 「장애등급판정기준」의 "능력장해측정기준의 항목" 6가지를 기술하시오. (6점)

Ⅲ 치매

치매의 장해평가는 객관적인 검사(CT, MRI 등)와 임상적인 증상을 모두 포함하여 평가하며, 최소한 18개월 이상의 지속적인 치료를 전제로 한다. 치매의 장해평가는 임상치매척도(한국판 CDR)의 검사결과에 따른다. 임상치매척도의 검사항목은 기억력, 지남력, 판단력 및 문제해결, 외부활동참여, 가사와 취미 그리고 개인간병으로 구분하여 평가한 점수가 높을수록 심한 장해에 해당한다.[43]

---

43) 임상치매척도의 검사항목

<table>
<tr><th rowspan="2"></th><th colspan="5">장애</th></tr>
<tr><th>전혀 없음
0</th><th>의문스러움
0.5</th><th>경함
1</th><th>중등도
2</th><th>심함
3</th></tr>
<tr><td>기억력</td><td>기억상실이 없거나 혹은 때때로 경미한 건망증</td><td>• 빈번한 경미한 건망증 : 일을 부분적으로 기억함
• "양성"건망증</td><td>• 중등도 기억상실: 최근의 일들이 훨씬 현저함
• 매일의 활동에 지장을 주는 결함</td><td>• 심한 기억상실 : 아주 열심히 배운 것만 기억함, 새로 배운 것은 빠르게 상실</td><td>• 심한 기억상실 : 단편적 기억만 남음</td></tr>
<tr><td>지남력</td><td>완전한 지남력</td><td>시간과 관련해서 약간이 어려움을 제외하고는 완전한 지남력</td><td>• 시간과 관련하여 중등도의 어려움
• 장소에 대해서 검사실에서는 정상이나 다른 장소에서는 지리적 지남력에 대한 장애가 있기도 함</td><td>• 시간과 관련해서 심한 어려움
• 주로 시간 지남력 장애, 종종 장소 지남력 장애</td><td>자신에 대해서만 지남력이 있음</td></tr>
<tr><td>판단력 & 문제 해결</td><td>• 일상의 문제를 해결하고, 사업적 재정적 일들을 잘 취급함
• 과거에 했던 일들과 관련해 판단을 잘함</td><td>문제해결, 비슷한 점 및 차이점을 찾는데 경미한 장애</td><td>• 문제점을 다루고 비슷한 점 및 차이점을 찾는데 중등도의 어려움
• 사회적 판단력이 대체적으로 유지됨</td><td>• 문제점을 다루고, 비슷한 점 및 차이점을 찾는데 심한 장애
• 사회적 판단력이 대체적으로 손상됨</td><td>판단하거나 문제해결을 할 수 없음</td></tr>
<tr><td rowspan="2">외부활동참여
(집밖에서의 활동)</td><td rowspan="2">일, 쇼핑, 자원봉사, 사교모임시 평소 수준의 독립적인 기능</td><td rowspan="2">이러한 활동에 경미한 장애</td><td rowspan="2">• 여전히 어떤 것은 할 수도 있다 하더라도 이러한 활동을 독립적으로 기능하지 못함
• 언뜻 보면 정상으로 보임</td><td colspan="2">집밖에서 독립적인 기능을 할 수 있는 가능성이 없음</td></tr>
<tr><td>집밖의 모임에 데리고 가기에 충분해 보임</td><td>집밖의 모임에 데리고 가기에는 너무 아파 보임</td></tr>
<tr><td>가사와 취미</td><td>가정생활, 취미, 지적 관심들을 잘 유지</td><td>가정생활, 취미, 지적 관심들에 약간의 손상</td><td>• 가정생활 기능에 약간이긴 하지만 분명한 장애
• 더 어려운 가사는 포기
• 더 복잡한 취미와 관심은 포기</td><td>• 간단한 집안일만 함
• 아주 제한된 관심만 빈약하게 유지됨</td><td>집에서 어떤 일을 할 수 있는 눈에 띄는 능력이 없음</td></tr>
<tr><td>개인간병</td><td colspan="2">스스로 돌보기를 완전히 할 수 있음</td><td>일러줄 필요가 있음</td><td>옷입기, 위생, 개인 소지품을 챙기는 데에 도움이 필요</td><td>간병에 많은 도움 필요: 잦은 대소변 실금</td></tr>
</table>

※ 다른 요소에 의한 장애가 아니라 인지상실로 인해서 이전의 평소 수준에 비해 감소가 있을 때에만 점수를 매기시오.

Ⅳ 뇌전증

뇌전증(간질)이란 뇌의 병변이나 기능적인 장애로 인하여 뇌에 분포하는 신경세포 중 일부가 짧은 시간 동안 발작적으로 과도한 전기를 발생시킴으로써 돌발적인 의식상실이나 경련 등이 일어나는 신경계 증상을 말한다. 진단은 간질발작을 할 때의 모습과 뇌파 소견으로 한다.

Ⅴ 2018년 주요 개정사항

개정된 후유장해분류표는 신경계 및 정신행동의 장해와 관련하여 ① 신경계장해의 최소한의 치료기간을 외상후 6개월에서 12개월로 변경, ② 정신행동장해의 지급률을 기존의 3가지에서 5가지로 세분화 및 정신행동장해의 평가기준을 GAF기준으로 구체화, ③ 치매의 장해평가기준을 제시, ④ 간질발작의 빈도 및 양상에 대한 기준을 제시하였다.

손해사정사 기출문제 42회(2019년)

아래는 표준약관 장해분류표 "신경계 · 정신행동장해" 장해판정기준의 장해 진단전문의에 대한 규정이다. 빈칸(①~⑥)에 들어갈 내용을 쓰시오. (6점)

> 신경계장해 진단 전문의는 (①), (②) 또는 (③) 전문의로 한다.
> 정신행동장해 진단 전문의는 (④) 전문의를 말한다.
> 치매의 장해평가는 전문의 (⑤, ⑥)에 의한 임상치매척도(한국판 Expanded Clinical Dementia Rating) 검사결과에 따른다.

090 일상생활기본동작(ADLs) 제한 장해평가표

장해분류표 생명보험과 질병·상해보험 표준약관 〈붙임〉 2019년 12월 20일 개정

일상생활기본동작(ADLs) 제한 장해평가표

유형	제한 정도에 따른 지급률
이동동작	• 특별한 보조기구를 사용함에도 불구하고 다른 사람의 계속적인 도움이 없이는 방밖을 나올 수 없는 상태 또는 침대에서 휠체어로 옮기기를 포함하여 휠체어 이동 시 다른 사람의 계속적인 도움이 필요한 상태(지급률 40%) • 휠체어 또는 다른 사람의 도움 없이는 방밖을 나올 수 없는 상태 또는 보행이 불가능하나 스스로 휠체어를 밀어 이동이 가능한 상태(30%) • 목발 또는 보행기(walker)를 사용하지 않으면 독립적인 보행이 불가능한 상태(20%) • 보조기구 없이 독립적인 보행은 가능하나 보행시 파행(절뚝거림)이 있으며, 난간을 잡지 않고는 계단을 오르내리기가 불가능한 상태 또는 평지에서 100m 이상을 걷지 못하는 상태(10%)
음식물 섭취	• 입으로 식사를 전혀 할 수 없어 계속적으로 튜브(비위관 또는 위루관)나 경정맥 수액을 통해 부분 혹은 전적인 영양공급을 받는 상태(20%) • 수저 사용이 불가능하여 다른 사람의 계속적인 도움이 없이는 식사를 전혀 할 수 없는 상태(15%) • 숟가락 사용은 가능하나 젓가락 사용이 불가능하여 음식물 섭취에 있어 부분적으로 다른 사람의 도움이 필요한 상태(10%) • 독립적인 음식물 섭취는 가능하나 젓가락을 이용하여 생선을 바르거나 음식물을 자르지는 못하는 상태(5%)
배변·배뇨	• 배설을 돕기 위해 설치한 의료장치나 외과적 시술물을 사용함에 있어 타인의 계속적인 도움이 필요한 상태, 또는 지속적인 유치도뇨관 삽입상태, 방광루, 요도루, 장루상태(20%) • 화장실에 가서 변기 위에 앉는 일(요강을 사용하는 일 포함)과 대소변 후에 뒤처리 시 다른 사람의 계속적인 도움이 필요한 상태 또는 간헐적으로 자가 인공도뇨가 가능한 상태(CIC), 기저귀를 이용한 배뇨·배변상태(15%) • 화장실에 가는 일, 배변, 배뇨는 독립적으로 가능하나 대소변 후 뒤처리에 있어 다른 사람의 도움이 필요한 상태(10%) • 빈번하고 불규칙한 배변으로 인해 2시간 이상 계속되는 업무를 수행하는 것이 어려운 상태 또는 배변·배뇨는 독립적으로 가능하나 요실금·변실금이 있는 때(5%)

유형	제한 정도에 따른 지급률
목욕	• 세안, 양치, 샤워, 목욕 등 모든 개인위생 관리시 타인의 지속적인 도움이 필요한 상태(10%) • 세안, 양치시 부분적인 도움하에 혼자서 가능하나 목욕이나 샤워시 타인의 도움이 필요한 상태(5%) • 세안, 양치와 같은 개인위생관리를 독립적으로 시행가능하나 목욕이나 샤워시 부분적으로 타인의 도움이 필요한 상태(3%)
옷 입고 벗기	• 상 · 하의 의복 착탈시 다른 사람의 계속적인 도움이 필요한 상태(10%) • 상 · 하의 의복 착탈시 부분적으로 다른 사람의 도움이 필요한 상태 또는 상의 또는 하의 중 하나만 혼자서 착탈의가 가능한 상태(5%) • 상 · 하의 의복착탈시 혼자서 가능하나 미세동작(단추 잠그고 풀기, 지퍼 올리고 내리기, 끈 묶고 풀기 등)이 필요한 마무리는 타인의 도움이 필요한 상태(3%)

I 일상생활기본동작

일상생활기본동작이란 개인이 독립적이며 의미있는 생활을 유지하기 위하여 필요한 기본적인 기능을 말하며 우리 보험약관은 Katzman. R.의 일상생활동작(Activities of daily living) 측정도구를 기본으로 하여 후유장해평가에 수정 · 활용하고 있다. 개정된 후유장해 분류표는 기존의 일상생활기본동작 제한 장해평가표에 대한 상세설명을 추가하였다.

II 일상생활기본동작 제한 장해평가표의 적용

1. 신경계장해, 정신행동장해

"신경계에 장해를 남긴 때"라 함은 뇌, 척수 및 말초신경계 손상으로 「일상생활기본동작(ADLs) 제한 장해평가표」의 5가지 기본동작 중 하나 이상의 동작이 제한되었을 때를 말한다. 다만 ADLs 제한 장해평가표의 지급률이 10% 미만인 경우에는 보장대상이 되는 장해로 인정하지 않는다.

개정 이전의 후유장해분류표에서는 정신행동장해지급률에 미치지 않는 장해는 「일상생활기본동작(ADLs) 제한 장해평가표」에 따라 지급률을 산정하여 지급하도록 정하고 있었으나 개정된 후유장해분류표에서 정신행동장해는 GAF를 그 기준으로 삼고 있다.

2. 흉복부장기 또는 비뇨생식기의 장해

흉복부장기 또는 비뇨생식기의 장해로 일상생활기본동작에 제한이 있는 경우 「일상생활기본동작(ADLs) 제한 장해평가표」에 따라 장해를 평가할 수 있다.

손해사정사 기출문제 37회(2014년)

제3보험 신경계장해의 장해판정 기준은 뇌, 척수 및 말초신경계 손상으로 「일상생활기본동작(ADLs) 제한 장해평가표」의 5가지 기본동작 중 하나 이상의 동작이 제한되었을 때를 말합니다. 아래 (1)~(5)의 유형에서 질문하는 제한 정도에 따른 지급률의 장해상태를 설명하시오. (15점)

(1) 이동동작 : 제한 정도에 따른 지급률 30%의 장해상태
(2) 음식물 섭취 : 제한 정도에 따른 지급률 20%의 장해상태
(3) 배변/배뇨 : 제한 정도에 따른 지급률 10%의 장해상태
(4) 목욕 : 제한 정도에 따른 지급률 3%의 장해상태
(5) 옷입고 벗기 : 제한 정도에 따른 지급률 5%의 장해상태

091 후유장해보험금 관련 사례의 검토 Ⅰ

후유장해보험금

35회(2012년)

〈계약사항〉

보험종목	피보험자	가입당시나이	보험기간	가입금액(보장내용)	
장기상해보험	K	50세	2010.12.1 ~2030.12.1	상해후유장해 담보	1억원
				교통상해후유장해 담보	1억원

※ 상기의 상해후유장해, 교통상해후유장해 담보는 별도의 특약 보험료를 각각 납입하였음. 장기상해보험은 질병・상해보험 표준약관을 사용함.

〈손해사항〉

피보험자 K는 보험계약 이후에 교통사고를 당하여 다음과 같은 장해로 진단되었다.

가) 신경계장해로 인하여 일상생활기본동작(ADLs) 제한 장해평가표상 장해지급률 20%에 해당함.

나) 신경계손상에서 비롯된 것으로 확인되는 아래의 장해가 함께 관찰됨.
- 우측 귀의 청력에 심한 장해 : 15%
- 우측 눈의 안구에 뚜렷한 조절기능 장해 : 10%
- 씹어 먹는 기능에 뚜렷한 장해 : 20%

다) 약간의 추간판탈출증 : 10%(전문의 소견에 의하면 7년 한시장해에 해당함)

라) 우측 다리의 3대관절중 1관절의 기능에 뚜렷한 장해 : 10%

〈기타사항〉

- 약관상 보상하는 손해이며, 계약 전・후 알릴의무 위반사실은 없음.

〈질문사항〉

1) 보험자가 지급하여야 할 장해보험금을 계산하시오.
2) 이후 피보험자 K씨는 2차 교통사고가 발생하여 우측 귀의 청력을 완전히 잃은 상태(장해지급률 25%)와 우측 팔의 1관절 기능에 심한 장해를 남긴 상태(장해지급률 20%)가 발생하였을 때 장해지급률을 계산하시오. 단, 피보험자는 보험가입 전부터 우측 팔의 1관절 기능에 뚜렷한 장해를 남긴 상태(장해지급률 10%)에 해당하는 기존 장해가 이미 있었다.

I 1차사고의 후유장해보험금 결정

1. 후유장해지급률의 결정 : 47%

1) 신경계장해

신경계장해는 일상생활기본동작(ADLs)의 제한 장해평가표를 따른다. 그러나 신경계 장해로 인하여 발생하는 다른 신체부위의 장해(파생장해)는 해당 장해로도 평가하고 둘 중 높은 지급률을 적용한다.

한편, 50세(기존약관 50세) 이상인 경우에는 눈의 조절기능 장해를 인정하지 않으므로 신경계장해의 최종지급률은 다음과 같다.

max[20%(ADLs), {15%(귀의 청력) + 20%(씹어먹는 기능)}] = 35%

2) 척추의 장해와 우측 하지의 장해

추간판탈출증으로 5년 이상의 한시장해로 평가되었으므로 영구장해의 20%를 후유장해지급률로 인정된다. 그러므로 2%를 척추의 장해로 인정한다. 별도의 부위인 우측 하지에 발생한 10%의 장해도 인정된다.

2. 후유장해보험금의 결정 : 94,000,000

피보험자의 상해사고는 교통상해에 해당하므로 상해후유장해 담보특약과 교통상해후유장해 담보특약에 따라 다음과 같이 지급한다.

{1억원(상해후유) + 1억원(교통상해후유)} × 47% = 94,000,000원

Ⅱ 2차사고로 인한 후유장해보험금

1. 후유장해지급률의 결정 : 20%

1) 우측 귀의 청력장해 : 10%

후유장해가 이미 후유장해보험금을 지급받은 동일한 부위에 가중된 때에는 최종 장해상태에 해당하는 후유장해보험금에서 이미 지급받은 후유장해보험금을 차감하여 지급한다. 그러므로 기존의 15%를 차감한 10%만을 우측 귀의 장해로 인정한다.

2) 우측 팔의 기능장해 : 10%

계약의 보장개시 전의 원인에 의하거나 또는 그 이전에 발생한 후유장해로 후유장해보험금의 지급사유가 되지 않았던 후유장해가 있었던 피보험자에게 그 신체의 동일 부위에 또다시 후유장해상태가 발생하였을 경우에는 기존의 후유장해에 대한 후유장해보험금이 지급된 것으로 보고 최종 후유장해상태에 해당되는 후유장해보험금에서 이미 지급받은 것으로 간주한 후유장해보험금을 차감하여 지급한다.

그러므로 20%에서 기존 장해지급률을 차감한 10%를 우측 팔의 기능장해로 인정한다.

3) 보험금 지급액

피보험자의 2차 사고도 교통사고이므로 일반상해후유장해특약과 교통상해후유장해특약에서 모두 담보하는 사고이다.

- 상해후유장해특약 : 1억원 × 20% = 2,000만원
- 교통상해후유장해특약 : 1억원 × 20% = 2,000만원

092 후유장해보험금 관련 사례의 검토 II

후유장해보험금 장해지급률의 결정

〈사고 및 후유장해〉

A는 여수 엑스포에 관람을 위해 전세버스를 대여하여 타고 가던 중 충돌사고로 다음과 같은 후유장해를 입었다.

① 신경계장해로 인한 귀의 장해 20%, 좌측 다리의 장해 15%가 발생하였고, 신경계장해를 ADLs 기준으로 평가하는 경우에는 30%에 해당한다.

② GAF 80점으로 정신행동에 경미한 장해를 남긴 때인 25%에 해당한다.

〈보험계약사항〉

① A는 甲손해보험사에 가입하였다. 해당 계약당시 교사(1급)였으나 사고발생당시는 택시기사(3급)로 직업을 바꾸었고, 이를 보험사에 알리지 않았다. 상해후유장해특약은 보험가입금액을 1억원으로 가입하였고, 대중교통이용 중 후유장해담보특약을 추가로 1억원 가입하였다.

② 보험요율은 다음과 같다.

위험등급	상해사망	상해후유장해	상해입원일당
1등급	0.00050	0.002	0.55
2등급	0.00065	0.004	0.83
3등급	0.00015	0.006	1.10

I 사안의 분석

이 사안에서는 후유장해지급률을 결정하고, 손해보험의 대중교통이용 중 상해담보특약의 적용 여부, 그리고 손해보험의 직업・직무변경의 효과의 적용 여부에 대하여 검토하겠다.

Ⅱ 후유장해지급률의 결정

손해보험의 후유장해지급률은 다음과 같이 총 35%로 결정된다.

1. 신경계장해 : 35%

신경계장해는 ADLs로 평가하고 신경계장해로 다른 부위에 장해가 있는 경우에는 다른 부위의 장해와 비교하여 그 중 높은 지급률을 인정한다.

- 기존지침 : max[30%(신경계), 20%(귀) + 15%(다리)] = 35%
- 개정예정 : max[30%(신경계), 20%(귀), 15%(다리)] = 30%

2. 정신행동장해 : 25%

GAF기준으로 30점 이하는 극심한 장해, 40점 이하는 심한 장해, 50점 이하는 뚜렷한 장해, 60점 이하는 약간의 장해, 70점 이하는 경미한 장해에 해당한다.

3. 신경계장해와 정신행동장해

신경계와 정신행동장해는 서로 동일한 부위이므로 그 중 높은 지급률만을 인정한다. 따라서 35%가 최종 지급률이 된다.

Ⅲ 특약의 적용 여부 등

1. 대중교통이용 중 상해담보특약

피보험자가 대중교통을 이용하던 도중에 상해사고가 발생한 경우에 이 특약에서 담보한다. 이 경우 대중교통수단에는 버스가 포함되지만, 전세버스는 포함되지 않으므로 특약을 적용하지 않는다.

2. 직업 · 직무 통지의무

보험가입 이후에 직업·직무가 변경된 경우에는 이를 통지하여야 한다. 만일 통지하지 않은 경우에는 보험금액을 보험요율의 비율에 따라 삭감한다. 그러나 이 경우 통지위반과 사고발생 사이에 인과관계가 있어야 한다. 이 사고는 통지위반과 사고 사이의 인과관계가 없으므로 결정된 보험금을 전액 지급한다.

IV 보험금 지급액의 결정 : 3,500만원

보험가입금액 1억원에 후유장해지급률 35%를 적용하여 최종 보험금을 보험수익자에게 지급한다. 따라서 총 3,500만원을 보험금으로 지급한다.

093 후유장해보험금 관련 사례의 검토 Ⅲ

손해사정사 **기출문제**

피보험자 김대한(만 51세)은 2016년 8월 9일 등산 중 추락사로를 상해를 입고 47일간 의식불명 상태로 있다가, 2016년 9월 25일 의식을 찾았고, 2017년 8월 12일 장해보험금을 청구하였다. 아래의 제 조건을 읽고 질문에 답하시오. (20점)

(보험계약은 정상유지 중이며, 보상과정에 면책사항은 없음)

〈계약사항〉

보험종목	피보험자	보험기간	보장내용(가입금액)
장기상해보험	김대한	2014.1.1~2044.1.1	일반상해 후유장애 2억원

〈장해진단서〉

성명	김대한	남	주민번호	660111-1******	병록번호	********
수상일	2016.8.9		초진일	2016.8.10	장해진단일	2017.8.10

상병명(※상병명이 많을 때는 장해와 관계있는 주요 상병명을 기재)

가. 안와골절(우측)
나. 외상성 뇌실내 출혈, 뇌좌상(개두술 시행)
다. 양 슬괄절 십자인대파열(수술후 상태)
라. 코의 1/3 결손(후각감퇴 상태)
마. 요추 방출성 골절(2개의 척추체 고정술)

슬괄절의 운동범위 등

슬관절(우) : 스트레스 엑스선상 3mm 동요
슬관절(좌) : 스트레스 엑스선상 18mm 동요

장해진단사항

가. 한 눈의(우측) 안구에 뚜렷한 조절기능 장해를 남긴 때에 해당
나. 정신행동에 뚜렷한 장해가 남아 대중교통을 이용한 이동, 장보기 등의 기본적 사회활동을 혼자서 할 수 없을 때에 해당
다. 슬관절(우, 좌)측의 장해상태는 위(슬관절의 운동범위 등)와 같음
라. (㉠)에 해당
마. 척추(등뼈)에 약간의 운동장해를 남긴 때에 해당

비고(장해부위의 그림표시 등) ※ 영구장해에 해당	상기와 같이 진단함. 진단서발행일 : 2017.8.11 병의원 명칭 : **병원

※ 위 장해진단서의 "상병명"과 "장해진단사항"의 각 항목은 일치함.

〈질문사항〉

(1) 위 장해진단서의 "장해진단사항" 가~마 항목에서

① 장해진단일 현재 장해판정을 유보하는 항목과 그 이유를 쓰시오. (4점)

② 장해분류별 판정기준상 장해에 해당하지 않는 항목 2가지와 그 이유를 쓰시오. (6점)

(2) 위 장해진단서의 괄호 ㉠에 해당하는 장해의 분류와 지급률을 쓰시오. (5점)

(3) 2017년 8월 12일 청구한 장해에 대하여 보험회사가 지급하여야 할 장해보험금을 구하고 산출 근거를 기술하시오. (5점)

Ⅰ 장해로 판단하지 않는 항목

정신행동장해는 사고일로 18개월이 지나지 않았으므로 현재 청구시점에서는 장해를 유보한다. 그리고 피보험자의 실제 만나이는 49세이므로 조절기능장해에 대해서는 장해로 인정하지 않는다. 피보험자의 우측 슬관절 동요는 5mm 이하의 동요를 나타내고 있으므로 후유장해로 인정하지 않는다.

Ⅱ 지급할 보험금의 산출

피보험자의 좌측 슬관절은 심한 장해(20%)에 해당하며, 코의 장해는 약간의 추상(5%)으로 인정된다. 척추는 약간의 운동장해(10%)로 인정되므로 피보험자의 장해지급률은 35%로 산정된다. 그러므로 일반상해후유장해 특별약관 2억원의 35%인 7,000만원을 보험금으로 지급한다.

손해사정사 **기출문제** 41회(2018년)

아래의 제 조건을 참고하여 물음에 답하시오. (30점)

〈계약사항〉

보험종목	피보험자	보험기간	가입금액(담보내용)	
장기상해보험	김정상 (1969.3.1)	2018.4.10 ~ 2038.4.10	일반상해후유장해	2억원
			교통상해후유장해	1억원

※ 장기상해보험은 질병 · 상해보험 표준약관(2018.3.2 개정) 적용, 정상유지 계약임.

※ 알릴의무 위반사항은 없으며, 각 담보는 별도 특약보험료를 각각 납입함.

〈사고 및 장해진단 내용〉

(가) 1차사고 : 2009년 1월 15일 낙상사고 발생

> ▶ 후유장해 진단 : 2009년 8월 10일
> • 요추 제2번 압박골절(압박률 20%, 척추후만증 10° 변형

(나) 2차사고 : 2018년 7월 1일

• 피보험자는 P회사에서 새로 개발한 자동차의 엔진성능 시험을 위해 용인소재 공용도로 상에서 자동차 시운전을 하던 중 교통사고 발생

> ▶ 후유장해 진단 : 2019년 5월 10일
> • 좌측 안구 조절력이 정상의 1/2 이하 감소
> • 얼굴(길이 3cm)과 머리(길이 4cm)에 걸쳐있는 추상 반흔
> • 흉추 제12번 압박골절(압박률 50%)
> • 미골 골절로 방사선검사상 각 변형 70° 남은 상태
> • 우측 고관절 인공관절 삽입술 시행
> • 우측 슬관절 근전도검사상 완전 손상 소견이며 도수근력검사상 근력이 1등급(trace)
> • 우측 족관절 근전도검사상 불완전한 손상 소견이며 도수근력검사상 근력이 4등급(good)

※ 후유장해는 영구장해이며 발생한 것으로 가정함(사고관여도 100%).

〈장해분류표상 장해지급률〉

> ① 한 눈의 안구(눈동자)에 뚜렷한 조절기능장해를 남긴 때(10%)
> ② 외모에 뚜렷한 추상을 남긴 때(15%)
> ③ 외모에 약간의 추상을 남긴 때(5%)
> ④ 어깨뼈나 골반뼈에 뚜렷한 기형을 남긴 때(15%)
> ⑤ 빗장뼈, 가슴뼈, 갈비뼈에 뚜렷한 기형을 남긴 때(10%)
> ⑥ 척추에 심한 기형을 남긴 때(50%)

⑦ 척추에 뚜렷한 기형을 남긴 때(30%)
⑧ 척추에 약간의 기형을 남긴 때(15%)
⑨ 한 다리에 3대 관절 중 관절 하나의 기능을 완전히 잃었을 때(30%)
⑩ 한 다리에 3대 관절 중 관절 하나의 기능에 심한 장해를 남긴 때(20%)
⑪ 한 다리에 3대 관절 중 관절 하나의 기능에 뚜렷한 장해를 남긴 때(10%)
⑫ 한 다리에 3대 관절 중 관절 하나의 기능에 약간의 장해를 남긴 때(5%)

〈질문사항〉
보험회사가 김정상에게 지급해야 할 후유장해보험금을 담보별로 계산하시오. (20점)
(지급근거 및 산출과정을 명시할 것)

III 1차사고의 후유장해지급률의 결정

1차사고는 보험가입 이전의 사고로서 기왕장해이므로 보험가입 이후에 동일부위 장해가 중첩될 경우에 기왕장해를 차감한다. 척추압박률 20%에 해당하므로 약간의 척추기형 15%의 기왕장해를 감안한다.

IV 2차사고의 후유장해지급률의 결정

1. 눈과 추상장해

피보험자의 실제 만나이가 50세 이상이므로 조절기능장해는 평가하지 않는다. 추상장해는 얼굴과 머리의 길이를 합산하여 평가한다. 얼굴 3cm와 머리 4cm의 1/2인 2cm를 추가로 인정하여 얼굴 5cm 이상인 약간의 추상 5%를 인정한다.

2. 척추와 체간골의 장해

척추 압박골절 50%는 뚜렷한 기형에 해당하지만 약간의 기형장해가 기왕장해로 있었으므로 이를 반영한다. 그러므로 30% 장해지급률에서 15%를 차감한 15%를 척추의 장해로 인정한다. 후유장해약관이 개정되면서 미추의 장해는 체간골의 장해로 본다. 미골 각변형 70% 이상은 체간골의 뚜렷한 기형장해 15%로 인정한다.

3. 우(右) 하지의 장해

후유장해약관의 개정으로 인하여 인공관절삽입술의 지급률은 관절의 심한 기능장해 20%에 해당한다. 도수근력검사 1등급은 관절의 심한 기능장해 20%에 해당하며, 도수근력검사 4등급은 장해로 인정하지 않는다. 다리관절의 기능장해는 합산하므로 총합 40% 장해로 인정된다.

V 2차사고의 지급보험금의 결정

1. 일반상해후유장해 특별약관

급격하고도 우연한 사고에 해당하므로 2억원의 75%인 1억 5,000만원을 후유장해보험금으로 지급한다.

2. 교통상해후유장해 특별약관

자동차사고는 상해사고에 해당하지만 자동차의 시운전 중 발생한 사고는 교통상해보험의 면책사유이다. 그러나 공용도로상에서의 시운전은 담보하는 사유에 해당하므로 2억원의 75%인 7,500만원을 후유장해보험금으로 지급한다.

094 후유장해보험금 관련 사례 : 1차 · 2차 진단

I 사례(1)

손해사정사 기출문제 36회(2013년)

피보험자 김민국 씨는 아래와 같이 2건의 상해보험을 가입하고 유지해오던 중 교통사고로 장해진단을 받았다. 그 후 경제사정으로 인해 보험계약을 해지하였으나 교통사고로 인한 후유증의 악화로 추가 장해진단을 받은 상태이다. 아래 계약사항 및 장해진단상태를 읽고 다음 질문에 답하시오. (15점)

〈계약사항〉

보험회사	피보험자	보험종목	가입금액(보장내용)	보험기간
A손해보험	김민국	상해후유장해 특약	교통상해후유장해담보 : 2억원	2010.7.15 ~2015.7.15(5년)
B생명보험	김민국	재해장해보장 특약	재해후유장해담보 : 1억원	2011.5.10 ~2031.5.10(20년)

〈교통사고 및 장해진단일〉

교통사고일	장해진단확정일(1차)	해지처리일(계약소멸)	추가 장해진단확정일(2차)
2011.6.20	2012.1.10	2012.10.25	2013.2.12

〈장해상태〉

1차 후유장해진단	2차 후유장해진단
① 우측팔의 팔꿈치관절기능에 약간의 장해 ② 오른쪽 눈동자 적출로 의안을 삽입한 상태	① 우측팔의 어깨관절기능에 뚜렷한 장해 ② 우측팔의 팔꿈치관절기능에 뚜렷한 장해 ③ 우측팔의 손목뼈의 변형으로 기형장해

〈장해분류별 장해지급률〉

① 한 눈이 멀었을 때 : 50%
② 외모에 뚜렷한 추상장해 : 15%
③ 외모에 약간의 추상장해 : 5%
④ 한 팔의 1관절의 기능에 뚜렷한 장해 : 10%
⑤ 한 팔의 1관절의 기능에 약간의 장해 : 5%

⑥ 한 팔의 뼈에 기형 장해 : 5%

〈질문사항〉

(1) A손해보험회사가 지급하여야 할 장해보험금을 계산하시오. (7점)

(2) B생명보험회사가 지급하여야 할 장해보험금을 계산하시오. (8점)

1. 문제의 쟁점

보험계약이 유효한 동안에는 보험사고가 발생한 이후 추가적인 후유장해진단에 대한 기간의 제한이 없으나 보험계약이 종료한 경우에는 사고일로 1년(보험기간 10년 미만) 또는 2년(보험기간 10년 이상)으로 후유장해의 추가진단에 대한 기간의 제한이 적용된다.

2. A보험사의 지급책임액

1) 1차 진단시 후유장해지급률의 결정 : 60%

오른쪽 팔의 기능장해 5%와 눈의 기능상실 50%를 인정하며, 안구의 적출의 경우에는 의안삽입이 가능한 때에 약간의 추상 5%를 가산하여 인정한다.

2) 2차 진단시 후유장해지급률의 결정 : 0%

사고일로부터 1년이 경과하여 후유장해의 추가진단이 있었으므로 별도의 후유장해를 인정하지 않는다.

3) 보험금액의 결정

피보험자의 사고는 교통사고에 해당하므로 교통상해후유장해특약의 담보대상이다. 그러므로 보험가입금액 2억원의 60%인 120,000,000원을 보험금으로 지급한다.

3. B보험사의 지급책임액

1) 1차 진단시 후유장해지급률의 결정 : 60%

오른쪽 팔의 기능장해 5%와 눈의 기능상실 50%를 인정하며, 안구의 적출의 경우에는 의안삽입이 가능한 때에 약간의 추상 5%를 가산하여 인정한다.

2) 2차 진단시 후유장해지급률의 결정 : 15%

추가적인 후유장해의 진단이 사고일로 2년 이내에 있었으므로 다음과 같이 후유장해를 인정한다. 즉, 팔의 기능장해는 합산한다. 그러나 기존의 팔꿈치 장해가 있었으므로 팔꿈치 부위는 5%만을 인정하며, 기형장해는 동일한 부위이므로 기형장해 5%와 비교하여 더 큰 장해를 인정한다. 또한 1상지 장해의 합은 60%를 초과할 수 없다.

min{60%, max[기능장해 : (10% + 10% − 5%), 가관절장해 : 5%]} = 15%

3) 보험금액의 결정

피보험자의 교통사고는 우발적인 외래사고로서 재해분류표에서 정한 S00 − Y84에 해당하므로 담보하는 사고이다. 그러므로 보험가입금액의 75%인 75,000,000원을 보험금으로 지급한다.

Ⅱ 사례(2)

손해사정사 기출문제 38회(2015년)

김갑동 씨는 사무직으로 근무시 아래의 보험을 가입하고 2014년 5월 3일자에 엘리베이터 정비원으로 직무가 변경되었으나 사고일까지 통보하지 않았다. 아래의 제 조건을 참고하여 질문에 답하시오. (20점)

〈계약사항〉

보험종목	피보험자	보험기간	보장내용(가입금액)	
장기상해보험	김갑동	2013.4.1 ~ 2033.4.1	일반상해후유장해 담보	1억원
			교통상해후유장해 담보	2억원
			신주말일반상해후유장해 담보	1억원
			일반상해80%이상후유장해 담보	1억원

※ 상기 각 담보는 별도의 특약보험료를 각각 납입함. 질병 · 상해보험 표준약관 사용함.

※ 일반상해80%이상후유장해는 상해사고로 장해지급률 80% 이상에 해당하는 장해상태가 되었을 때 보험수익자에게 가입금액을 전액 지급함.

※ 보험요율 : 1급 요율(0.2%), 2급 요율(0.3%), 3급 요율(0.4%)

※ 직업급수 : 사무직(1급), 엘리베이터 정비원(3급)

〈사고사항〉

피보험자는 2014년 8월 22일(금요일) 쇼핑몰의 엘리베이터 고장으로 본인이 직접 수선작업을 하는 동안 발생한 사고로 상해를 입고 1차 장해진단을 받아 2015년 2월 18일 보험금을 청구하였다. 이에 보험회사가 알릴의무 위반으로 2015년 3월 5일 계약해지 처리하였으며, 그 후 장해상태가 악화되어 2차 장해진단 받았음.

〈장해상태〉

(가) 1차 장해진단[진단일자 : 2015.2.17(화요일)]

- 우)슬관절 동요관절 8mm(건측대비 환측)
- 코의 1/4 이상 결손
- 한쪽 코의 후각기능을 완전히 잃음
- 좌)고관절 인공골두 삽입

(나) 2차 장해진단 : 〈후유장해진단서〉 참조

〈후유장해진단서〉

<table>
<tr><td>성명</td><td>김갑동</td><td>남</td><td>주민번호</td><td colspan="2">****** — *******</td><td>병 록 번 호</td><td colspan="2">******</td></tr>
<tr><td>수상일</td><td colspan="2">2014년 8월 22일</td><td>초진일</td><td colspan="2">2014년 8월 22일</td><td>장해 진단일</td><td colspan="2">2015년 7월 30일</td></tr>
<tr><td colspan="9">□ 상명병(※상병명이 많을 때는 장해와 관계있는 주요 상병명을 기재하여 주십시오.
1) 우측 안와부 골절
2) 좌측 족관절 골절
3) 양측 슬관절 후방 십자인대파열 및 대퇴골 골절</td></tr>
<tr><td colspan="9">□ 주요 치료경과 현증 및 기왕증 주요검사소견 등
상기 환자는 엘리베이터 수선작업 중 발생한 사고로 본원 내원하여 상병으로 치료 후 1차 후유장해 진단받았으나, 그 후 장해상태 악화되어 2차 후유장해 진단받음.</td></tr>
<tr><td colspan="9">□ 상하지, 수, 족 척추관절의 운동범위 등
• 우)슬관절 – 스트레스 엑스선상 12mm 이상의 동요관절(건측대비 환측)
• 좌)슬관절 – 근전도검사상 심한 마비 소견이 있고 근력검사에서 근력 "1등급(Trace)"
• 좌)족관절 – 굴곡 : 5(40), 신전 : 5(20), 외반 : 10(20), 내반 : 5(30)
※ (　) : 정상운동범위(AMA 5판 의거)</td></tr>
<tr><td rowspan="2">시력</td><td colspan="2">라안시력 : (좌)　(우)
교정시력 : (좌)　(우)</td><td colspan="2">※정상시력에 대비한　(좌)　%
시각장해율
(정상100을 기준)　(우)　%</td><td rowspan="2">청력</td><td colspan="2">적용기준
ASA
ISO</td><td>(좌)　db
(우)　db</td></tr>
<tr><td colspan="4">복시유무 : 정면시에서 복시유무 – (유)</td><td colspan="3">보통대화청취거리 :　m</td></tr>
<tr><td colspan="9">□ 장해진단(AMA장해평가)
• 우측 안구의 뚜렷한 운동장해(정면 양안시에서 복시를 남긴 때)
• 우측 슬관절 장해상태는 위와 같음
• 좌측 슬관절 및 족관절 장해상태는 위와 같음</td></tr>
<tr><td colspan="5">비고 (장해부위의 그림표시 등)
※ 영구장해로 사료됨</td><td colspan="4">상기와 같이 진단함.
진단서발행일 : 2015년 7월 30일
병의원 명칭 : **대학교병원</td></tr>
</table>

〈장해분류별 장해지급률〉
① 코의 기능 완전히 잃었을 때(15%)
② 외모에 약간의 추상을 남긴 때(5%)
③ 외모에 뚜렷한 추상을 남긴 때(15%)
④ 한 눈의 안구에 뚜렷한 운동장해(10%)
⑤ 한 다리 1관절 기능 완전히 잃었을 때(30%)
⑥ 한 다리 1관절 기능 심한 장해(20%)
⑦ 한 다리 1관절 기능 뚜렷한 장해(10%)
⑧ 한 다리 1관절 기능 약간의 장해(5%)

〈질문사항〉
(1) 1차 장해진단으로 지급하여야 할 보험금을 계산하시오. (10점) (지급근거 및 계산과정 명시)
(2) 2차 장해진단으로 지급하여야 할 보험금을 계산하시오. (10점) (지급근거 및 계산과정 명시)

1. 1차 진단시 지급보험금

1) 후유장해지급률 : 40%

(1) 우측 슬관절

다리의 3대 관절의 기능장해 평가시 동요관절은 15mm 이상(심한 장해), 10mm 이상(뚜렷한 장해), 5mm 이상(약간의 장해)으로 구분한다. 본 사례는 8mm 이상의 동요장해가 있으므로 약간의 장해 5%에 해당한다.

(2) 코의 장해

코의 장해는 양쪽 코의 호흡곤란 또는 양쪽 코의 후각기능을 완전히 잃은 경우만을 인정하며 추상장해가 함께 있는 때에는 추상의 장해를 합산한다. 그러므로 한쪽 코의 기능상실은 인정하지 않고 약간의 추상장해 5%만을 인정한다.

(3) 좌측 고관절기능 장해

인공관절삽입술은 실제 관절의 기능 여부와는 상관없이 완전기능상실로 인정한다. 그러므로 30%에 해당한다.

2) 지급책임액

(1) 가입후 알릴의무 위반

피보험자의 직업 · 직무가 변경되었음에도 변경사실을 통지하지 않았으므로 가입후 알릴의무 위반에 해당한다. 본 사례의 사고는 엘리베이터 정비중의 사고에 해당하므로 알릴의무 위반과 인과관계 있는 사고에 해당하여 보험가입 전후의 보험요율인 0.2/0.4에 비례하여 보험금을 감액한다.

(2) 일반상해후유장해특약

보험가입금액 1억원× 40% × 0.2/0.4 = 20,000,000원

(3) 교통상해후유장해특약

교통상해보험은 교통승용구의 탑승중, 비탑승중 그리고 도로통행중 사고를 담보하지만, 설치 · 점검 · 청소중 사고는 보상하지 않는 손해로 정하고 있다. 본 사례의 사고는 교통승용구인 엘리베이터의 정비중 사고이므로 면책이다.

(4) 신주말상해후유장해특약

신주말상해특약에 의하면 토, 일요일 그리고 법정공휴일뿐만 아니라 금요일도 신주말에 해당한다. 피보험자의 사고는 금요일에 발생하였으므로 이 특약에서 보상하는 손해에 해당한다. 그러므로 보험가입금액 1억원 × 40% × 0.2/0.4 = 20,000,000원을 보험금으로 지급한다.

(5) 80% 이상 후유장해특약

이 특약은 하나의 사고로 80% 이상의 장해상태가 되는 경우에 담보하므로 1차사고로 지급할 보험금은 없다.

2. 2차 진단시 후유장해보험금

1) 후유장해지급률 : 35%

(1) 우측 하지장해 : 5%

10mm 이상의 동요관절이므로 10% 해당함. 그러나 동일부위 기존장해 5%를 이미 인정하였으므로 이를 감안하여 나머지 5%만 이번 사고로 인한 후유장해 지급률에 해당

한다.

(2) 좌측 하지장해의 평가

관절장해 평가시 근전도검사 기준상 근력의 0등급은 "기능을 완전히 잃었을 때"에 해당하며, 1등급은 "심한 장해"에 해당한다. 그러므로 슬관절 장해는 20%에 해당한다.

관절의 운동범위를 기준으로 기능장해를 평가할 때에는 정상범위의 1/4 이하(심한 장해), 1/2 이하(뚜렷한 장해), 그리고 3/4 이하(약간의 장해)로 평가한다. 정상운동범위는 110(40 + 20 + 20 + 30)이고 실제운동범위는 25(5 + 5 + 10 + 5)로써 1/4 이하(25/110)로 제한되므로 심한 장해 20%에 해당한다.

(3) 좌측 하지장해의 한도고려 : 30%

1하지의 장해의 합은 60%를 초과할 수 없고, 1차 진단 당시에 이미 고관절 기능장해 30%를 지급하였으므로 동일부위 기존장해를 차감한 후의 이번 2차 진단의 후유장해지급률은 다음과 같다.

$$\min[(60\% - 30\%),\ (20\% + 20\%)] = 30\%$$

(4) 눈의 장해

안구의 운동장해는 사고일로 1년(위 사례의 경우 2015년 8월 22일)이 경과한 경우에 한하여 인정하므로 피보험자의 2차 진단시점에는 안구의 운동장해를 인정하지 않는다.

2) 지급책임액

(1) 만기후 장해진단

후유장해의 경우에는 보험기간이 만료되더라도 사고일로 2년(10년 미만계약은 1년)까지 인정한다.

(2) 가입후 알릴의무 위반 적용

직업 · 직무변경사실이 불통지되었고 변경된 직업과 인과관계 있는 사고이므로 위의 1차 진단과 마찬가지로 비례삭감을 적용한다.

(3) 일반상해·교통상해·신주말상해특약의 지급보험금

- 일반상해 : 1억원 × 35% × 0.2/0.4 = 17,500,000원
- 교통상해 : 해당없음(설치·점검·청소중 사고는 면책이다)
- 신주말상해(금요일은 신주말) : 1억원 × 35% × 0.2/0.4 = 17,500,000원

(4) 80% 이상 후유장해특약의 지급보험금

이 특약에 의하면 하나의 사고로 80% 이상인 경우 담보한다. 그러나 1차 진단시 40%, 2차 진단시 35%로서 합계 75% 지급률에 불과하므로 이 특약의 보험금지급대상이 되지 않는다.

다만, 2017년 3월 5일(계약해지일로 2년) 이내에 피보험자가 안구의 운동장해진단으로 재청구하거나 다른 부위에 추가의 장해가 있어서 5% 이상의 추가장해가 인정되는 경우에 보험금을 지급하게 될 것이다.

095 후유장해보험금 관련 사례 : 1차 · 2차사고

I 사례(1)

손해사정사 기출문제 31회(2008년)

아래의 경우 보험자가 지급하여야 할 장해보험금을 계산하시오. (15점)

〈계약사항〉

보험종목	계약일	가입금액
장기상해보험	2005.7.20	후유장해보장 1억원 사망보장 1억원

〈사고경위〉

피보험자 김철수 씨는 자신의 승용차를 운전하여 지방으로 출장가던 중 두 차례에 걸쳐 피로에 의한 졸음운전으로 앞차량과의 추돌사고로 장기간 입원치료 후 아래와 같은 장해를 진단받았음.

〈후유장해진단 및 장해분류표상 지급률〉

[1차사고 : 2007.1.10]

① 우측 발목관절기능 완전상실 : 30%

② 좌측 다리 1cm 이상 짧아진 상태 : 5%

[2차사고 : 2007.10.10]

① 척추(등뼈)에 심한 운동장해 : 40%(사고관여도 50% 인정)

② 척추(등뼈)에 약간의 기형을 남긴 상태 : 15%

③ 흉복부 장기 또는 비뇨생식기기능에 약간의 장해를 남긴 상태 : 20%

④ 흉복부 장기 또는 비뇨생식기장해로 인하여 일상생활기본동작(ADLs) 제한 장해평가표상 배뇨 · 배변장해 : 10%

⑤ 좌측 어깨관절 기능에 뚜렷한 장해 : 10%

⑥ 좌측 팔꿈치관절 기능에 심한 장해 : 20%

1. 문제의 쟁점

1) 졸음운전의 중과실 해당 및 담보 여부

졸음운전의 중과실 사고 및 고의사고 여부에 있어서 졸음운전을 고의로 사고를 유발하기 위한 행위로 볼 수 없으므로 피보험자의 주의해태에 의한 중과실사고로 판단된다. 상법상 인보험은 중과실사고를 담보하고 현행 상해보험에서 중과실사고를 담보하므로 금번 사고는 담보하는 사고이다.

2) 보험금의 지급과 계약의 소멸

상해사고로 후유장해보험금 지급 후에 이와 다른 사고로 후유장해가 2회 이상 발생되는 경우에는 보험금액은 자동복원되며, 각각 보험금을 지급한다.[44]

2. 지급률 결정

1) 1차사고

하나의 부위에 둘 이상의 장해가 있을 때에는 둘 중 높은 지급률만을 인정한다. 그러나 우측·좌측의 다리는 서로 다른 부위이므로 합산한다.

- 1억원 × 35% = 3,500만원

2) 2차사고

척추, 흉복부장기 그리고 좌측 팔을 각각 하나의 부위로 보고 그 중에 큰 지급률을 인정한다. 다만, 팔의 기능장해만은 합산하여 인정한다.

- 지급률 : max[40 × 0.5, 15] + max[20, 10] + [20 + 10] = 70%
- 1억원 × 70% = 7,000만원

[44] 약관조항 : 다른 상해로 인하여 후유장해가 2회 이상 발생하였을 경우에는 그때마다 이에 해당하는 후유장해지급률을 결정한다. 그러나 그 후유장해가 이미 후유장해보험금을 지급받은 동일 부위에 가중된 때에는 최종 장해상태에 해당하는 후유장해보험금에서 이미 지급받은 후유장해보험금을 차감하여 지급한다. 다만, 장해분류표의 각 신체부위별 판정기준에서 별도로 정한 경우에는 그 기준을 따른다.

동일사고의 경우 합산하지만 각각 다른 사고이므로 보험금을 지급한다. 즉, 2차 사고 시에 기존의 후유장해지급률까지 합산하여 105% 장해로 보고 보험가입금액 1억원을 지급하는 것이 아니다.45)

Ⅱ 사례(2)

손해사정사 기출문제 34회(2011년)

피보험자 홍길동은 아래와 같이 보험을 가입하고 보험기간 중 2회의 상해사고로 인하여 후유장해 진단을 받고 장해보험금을 청구하였다. 보험자가 지급하여야 할 각 사고별 해당 후유장해보험금을 산출하시오. (15점)

〈계약사항〉

보험종목	피보험자	가입당시 나이	보험기간	보장내용	
상해보험	홍길동	40세	2009.11.1 ~2012.11.1	사망	2억원
				후유장해	2억원

〈손해사항〉

1) 1차사고(사고일시 : 2009.12.15)
   - 좌측 발의 5개 발가락을 모두 잃음 : 30%
   - 좌측 무릎관절기능을 완전히 잃음 : 30%
   - 좌측 고관절기능에 약간의 장해 : 5%
   - 심한 추간판탈출증 : 20%(5년 한시장해)
2) 2차사고(사고일시 : 2011.1.5)
   - 신경계장해(음식물 섭취 장해) : 5%
   - 말하는 기능에 뚜렷한 장해 : 20%
   - 치아에 5개의 결손장해 : 5%
   - 왼쪽 눈의 안구에 뚜렷한 조절기능장해 : 10%

45) 한편, 해석상에 문제가 되는 것은 "보험기간 중에 상해의 직접결과로서 장해지급률이 80% 이상에 해당하는 장해상태가 되었을 때에는 보험가입금액 전액을 지급한다"는 조항이다. 즉, 서로 다른 사고인 경우에 각각 보험금을 지급하는 조항과 보험기간 중에 80% 이상이 되면 보험금액을 지급하는 조항이 병존하므로 "2차 사고로 인하여 누적된 장해가 80% 이상의 후유장해상태가 되므로 80% 이상의 후유장해보험금(보험가입금액 전액 : 1억원)을 지급한다"라고 해석할 수도 있다. 그러나 약관의 취지와 판례 그리고 손해보험 실무상으로는 80% 이상을 판단할 때에는 하나의 사고를 기준으로 하는 것으로 보고 있으므로 이 사례의 2차 사고의 경우 7,000만원을 지급한다.

1. 문제의 쟁점

보험사고가 다른 경우에는 각각의 사고별로 후유장해지급률을 산정한다. 다만, 2차 사고의 장해지급률을 판정할 때에는 기존의 사고로 동일부위에 기존장해가 있었다면 이를 감안하여야 한다.

2. 1차사고 후유장해보험금

1) 후유장해지급률의 결정

1상지 또는 1하지의 장해의 합은 60%를 한도로 하고 척추의 장해는 5년 이상의 한시장해로서 영구장해일 경우의 20%만을 인정한다.

1하지 : min[60%, (30% + 30% + 5%)] + 척추체 : 20% × 20% = 64%

2) 보험금액의 결정

상해후유장해특약의 보험가입금액 2억원의 64%인 128,000,000원을 보험금으로 지급한다.

3. 2차사고 후유장해보험금

1) 후유장해지급률의 결정

신경계장해는 10% 미만의 ADLs를 인정하지 않으며, 씹어먹거나 말하는 장해가 둘 이상인 경우에는 그 중 큰 지급률을 인정한다. 한편, 조절기능장해는 사고당시 50세(문제의 계약일 기준으로는 45세) 이상인 경우에 적용하지 않는데, 본 사례의 사고는 피보험자가 40세일 때 발생하였으므로 후유장해를 인정한다.

씹어먹거나 말하는 장해 : max[20%, 5%] + 눈 : 10% = 30%

2) 보험금액의 결정

상해후유장해특약의 보험가입금액 2억원의 30%인 60,000,000원을 보험금으로 지급한다.

096 후유장해보험금과 사망보험금 관련 사례

손해사정사 **기출문제** 37회(2014년)

다음 보험금 청구 사례를 읽고 주어진 문제에 대하여 답하시오.

〈계약사항〉

보험종목	피보험자	보험기간	가입금액(보장내용)		수익자
장기상해보험	A	2012.12.1 ~ 2022.12.1	일반상해사망 담보	2,500만원	법정상속인
			교통상해사망 담보	5,000만원	
			일반상해후유장해 담보	1억원	
			일반상해 80% 이상 후유장해재활자금	5,000만원	

※ 상기의 일반상해사망, 교통상해사망, 일반상해후유장해, 일반상해 80% 이상 후유장해재활자금 담보는 별도의 특약 보험료를 각각 납입하였음.

※ 일반상해 80% 이상 후유장해재활자금은 일반상해 사고로 장해지급률이 80% 이상에 해당하는 장해상태가 되었을 때 보험수익자에게 일시금으로 가입금액을 지급함.

※ 장기상해보험은 질병・상해보험 표준약관을 사용함.

〈사고사항〉

피보험자 A(51세)는 2013년 8월 1일 건축공사 현장을 지나던 중 철골구조물이 낙하하여 부상을 입고 치료 후 후유장해가 남아 2014년 2월 25일 후유장해를 진단받았으나 보험금을 청구하지 않고 지내다가 교통사고로 2014년 6월 28일 현장 사망함.

〈장해진단 사항〉

- 경추에 약간의 추간판탈출증 : 10%
- 우측 눈의 안구에 뚜렷한 조절기능장해 : 10%
- 우측 손의 5개 손가락을 모두 잃었을 때 : 55%
- 우측 손목관절의 기능에 뚜렷한 장해를 남긴 때 : 10%
- 요추에 심한 추간판탈출증 : 20%(5년 한시장해)
- 좌측 어깨관절의 기능에 약간의 장해를 남긴 때 : 5%

〈가족사항〉

- 피보험자(A) : 사망당시 부친(B)과 모친(C)이 생존해 있음.
- 피보험자(A) : 배우자와 자녀가 없음.
- 피보험자(A) : 형제자매로 성년의 동생(D)과 방계혈족으로 4촌 형(E)이 있음.

〈기타사항〉
• 가족 중에 심신상실 및 심신박약자, 금치산자 · 한정치산자는 없음.
• 부친(B)은 피보험자(A)의 사망 이후인 2014년 7월 21일 사망함.

〈질문사항〉
상기의 조건에서 유가족이 2014년 8월 5일 보험회사에 보험금을 청구하였을 때 지급보험금을 ① 후유장해보험금, ② 일반상해 80% 이상 후유장해재활자금, ③ 사망보험금으로 구분하여 산출하고, ④ 모친(C)이 수령할 보험금을 계산하시오(각각 계산과정 명시). (20점)

I 후유장해보험금 : 75%

1. 척추체장해

척추체는 경추 이하 모두 동일한 부위이므로 경추와 요추의 추간판탈출증 중에서 더 큰 장해를 인정한다. 다만, 요추는 5년 이상의 한시장해이므로 영구장해의 20%만을 인정한다.

max[경추 : 10%, 요추 : 20% × 20%] = 10%

2. 조절기능장해

조절기능장해는 피보험자의 사고당시 만 나이가 50세(문제의 계약일 기준으로는 45세) 이상일 경우에는 인정하지 않는다. 본 사례에서 피보험자의 사고당시 나이는 51세이므로 별도로 후유장해를 인정하지 않는다.

3. 1상지의 장해

우측 팔의 장해와 손가락의 장해는 합산하여 60%를 초과할 수 없다.

min[한도 : 60%, (손가락 : 55% + 손목기능 : 10%)] = 60%

4. 좌(左) 팔의 장해

어깨관절의 기능장해 5%를 인정한다.

5. 지급보험금

일반상해후유장해특약의 보험가입금액 1억원의 75%인 75,000,000원을 피보험자의 법정상속인에게 보험금으로 지급한다.

Ⅱ 80% 이상 후유장해보험금

1. 후유장해지급률 : 75%

위와 같이 후유장해지급률은 75%에 해당한다.

2. 지급보험금

하나의 사고로 80% 이상의 후유장해로 진단되지 않았으므로 보험금을 지급하지 않는다.

Ⅲ 사망보험금

1. 일반상해사망 해당 여부

일반상해사망특약은 급격하고도 우연한 외래의 사고인 경우에 대해 모두 상해로 인정하므로 피보험자의 교통사고로 일반상해사망특약 2,500만원을 보험수익자에게 보험금으로 지급한다.

2. 교통상해사망 해당 여부

피보험자는 교통사고로 사망하였으므로 교통상해사망특약 5,000만원을 보험수익자에게 보험금으로 지급한다.

3. 수익자의 결정

피보험자의 사망당시 보험수익자는 1순위 상속인 B와 C이다. B와 C는 사망보험금 7,500만원에 대해 균일하게 분할하여 보험금청구권을 갖는다. 다만, 본 사례에서는 보험금청구권이 확정된 후에 보험수익자 중 일부인 B가 사망하였으므로 B의 상속인인 C와 D가 B의 보험금청구권을 상속하여 행사한다.

- C : 7,500만원 × 1/2 = 37,500,000원
- B의 상속인 C : 7,500만원 × 1/2 × 1.5/2.5 = 22,500,000원
- B의 상속인 D : 7,500만원 × 1/2 × 1/2.5 = 15,000,000원

Ⅳ C가 수령할 보험금

1. 후유장해보험금

75,000만원 × 1/2 + 7,500만원 × 1/2 × 1.5/2.5 = 60,000,000원

2. 사망보험금

75,000만원 × 1/2 + 7,500만원 × 1/2 × 1.5/2.5 = 60,000,000원

4 편

실손의료보험, 간병보험, 그 외의 보험들

| 제4편 실손의료보험, 간병보험, 그 외의 보험들 |

097 실손의료보험의 개요

I 실손의료보험

실손의료보험은 보험가입자의 상해 또는 질병의 치료를 위한 의료서비스 이용에 따른 비용을 담보하는 보험으로서 제3보험에서 가장 대표적인 실비변상적 성격의 보험이다. 이 보험은 기존의 손해보험회사에서 다양한 형태로 판매하고 있었으나 2009년 10월 1일 생명보험과 손해보험에서 공통적으로 적용하는 「실손의료보험 표준약관」이 제정되면서 현재에 이르게 되었다.

실손의료보험은 우리나라의 고령화(기대수명의 증가) 현상, 건강보험공단 재정상태의 악화 등의 영향으로 그 중요성이 더욱 증대되고 있다.

II 국민건강보험과의 관계

1. 국민건강보험의 보충형 보험

우리나라의 실손의료보험은 국가에서 전국민을 대상으로 의무적으로 시행하는 국민건강보험제도에서 보장하지 않는 부분의 비용(건강보험의 급여대상 진료비 중 본인부담분, 비급여 진료비)에 대하여만 보상하는 보험이다(보충형).[1]

[1] 주요 의료선진국의 실손의료보험은 정부의 의료정책과 환경에 따라 다양한 형태로 운영된다. 미국의 경우 공보험으로 경제적 부조가 필요한 계층을 보장하고, 그 외 국민은 공보험을 대체하는 형태로 운영되고(대체형), 일본의 경우 공보험으로 전국민을 100% 가깝게 보장하며, 민영의료보험은 보충형 개념의 의료비용보험이 정액형으로 판매되고 있다(보충형). 독일은 공보험으로 국민의 90%가 관리되고, 고소득자 10%는 공보험과 민간의료보험 중 선택(대체형) 가입이 가능하다. 또한 비급여대상인 상급병실, 특진료, 본인부담금 등을 보완하는 민영의료보험에 국민의 20% 정도가 가입하고 있다(중복형).

국민건강보험의 급여대상 진료비	급여비대상 진료비
건보공단부담(급여비)[2]	보험회사 보장 (비급여 본인부담금)[3]
보험회사 보장(법정본인부담금)[4][5]	

2. 국민건강보험제도의 영향

실손의료보험은 국민건강보험제도를 기초로 하고 있으므로 국민건강보험제도가 변경되면 실손의료보험에도 영향을 미친다. 예를 들어 행위별수가제가 포괄수가제로 장기적으로 확대되게 되면 실손의료보험을 판매하는 보험회사의 보험금 지급액이 일시적으로 감소하면서 그 영향으로 보험료가 감소할 수 있으며, 장기적으로는 실손의료보험시장이 축소되면서 해외의료서비스의 담보수요가 증대될 수 있다.[6]

손해사정사 기출문제 31회(2008년)

현행 국민건강보험에 있어서 진료비를 둘러싼 마찰 감소 및 투명성 제고를 위해 운용되고 있는 포괄수가제 적용대상 질병군을 열거하시오.[7] (5점)

III 2009년 10월 표준화 이후의 실손의료보험 특징

1. 표준화 이후의 실손의료보험

현행 실손의료보험은 금융감독원 「실손의료보험 표준화 방안」에 의하여 손해보험과 생명보험에서 공통적으로 적용되어 보험회사별 보상수준의 차이를 해소하고 가입자의 중복가입문제를 해결할 수 있게 되었다.

표준화 이후의 실손의료보험이 기존의 실손의료보험과 크게 다른 점은 보험회사의 참여비율(보장비율)이 100% 수준에서 90%로 축소되었다는 점이다. 민영의료보험이 확대되

2) 급여비는 법정급여와 임의급여로 구분하는데, 법정급여는 진료비 중 요양급여, 현금급여를 말하고 임의급여는 장제비 및 본인부담금 보상금을 말한다.
3) 비급여 본인부담금에는 지정진료비(특진비), 상급병실차액, 한방첩약, 치과보철료, 일부의 MRI, 초음파, 미용성형비 등이 있다.
4) 일반적으로 법정 본인부담금은 입원의 경우 20%(암 등 중증질환의 경우 10%, 6세 미만 0%) 수준이며, 외래비용의 경우에는 진료기관별로 요양급여 총액의 일정비율로 차등화(30~50%)되어 있다.
5) 진료비영수증 서식과 실손의료보험에서 보장하는 부분(음영처리)

[ ]외래 [ ]입원 ([ ]퇴원[ ]중간) 진료비 계산서 · 영수증

환자등록번호	환자성명	진료기간	야간(공휴일)진료
		...부터...까지	[ ] 야간[ ] 공휴일

진료과목	질병군(DRG)번호	병실	환자구분	영수증번호(연월-일련번호)

항목		급여: 일부 본인부담 – 본인부담금	급여: 일부 본인부담 – 공단부담금	급여: 전액 본인부담	비급여: 선택 진료료	비급여: 선택진료료 이외
기본항목	진찰료					
	입원료					
	식대					
	투약 및 조제료 – 행위료					
	투약 및 조제료 – 약품비					
	주사료 – 행위료					
	주사료 – 약품비					
	마취료					
	처치 및 수술료					
	검사료					
	영상진단료					
	방사선치료료					
	치료재료대					
	재활 및 물리치료료					
	정신요법료					
	전혈 · 혈액성분제제료					
선택항목	CT 진단료					
	MRI 진단료					
	PET 진단료					
	초음파진단료					
	보철 · 교정료					
65세 이상 등 정액						
정액수가(요양병원)						
포괄수가진료비						
합계		①	②	③	④	⑤
상한액 초과금		⑥	-			

금액산정내용		
⑦ 진료비 총액 (① + ② + ③ + ④ + ⑤)		
⑧ 환자부담 총액 (①-⑥) + ③ + ④ + ⑤		
⑨ 이미 납부한 금액		
⑩ 납부할 금액 (⑧-⑨)		
⑪ 납부한 금액	카드	
	현금영수증	
	현금	
	합계	
납부하지 않은 금액 (⑩-⑪)		
현금영수증( )		
신분확인번호		
현금승인번호		
* 요양기관 임의활용공간		
선택진료 신청	[ ] 유 [ ] 무	

요양기관 종류	[ ] 의원급 · 보건기관	[ ] 병원급	[ ] 종합병원	[ ] 상급종합병원
사업자등록번호		상호		전화번호
사업장 소재지			대표자	[인]

년 월 일

■ 국민건강보험 요양급여의 기준에 관한 규칙 [별지 제6호서식] 〈개정 2011.8.23〉

항목별 설명

1. 일부 본인부담 : 일반적으로 다음과 같이 본인부담률을 적용하나, 요양기관 지역, 요양기관의 종별, 환자 자격 등에 따라 달라질 수 있습니다.
- 외래 본인부담률 : 요양기관 종별에 따라 30%~60%(의료급여는 수급권자 종별 및 의료급여기관 유형 등에 따라 0원~2500원, 0%~15%) 등
- 입원 본인부담률 : 20%(의료급여는 수급권자 종별 및 의료급여기관 유형 등에 따라 0%~10%) 등

※ 식대 : 50%(의료급여는 20%)
CT · MRI · PET : 외래 본인부담률(의료급여는입원 본인부담률과 동일)

2. 전액 본인부담 : 「국민건강보험법 시행규칙」 별표 5 또는 「의료급여법 시행규칙」 별표 1의2에 따라 적용되는 항목으로 건강보험(의료급여)에서 금액을 정하고 있으나 진료비 전액을 환자 본인이 부담합니다.
3. 상한액 초과금 : 본인부담액 상한제에 따라 같은 의료기관에서 연간 400만원(환자 자격 등에 따라 다를 수 있음) 이상 본인부담금이 발생한 경우 공단이 부담하는 초과분 중 사전 정산하는 금액을 말합니다.

일반사항 안내

1. 이 계산서 · 영수증에 대한 세부내용은 요양기관에 요구하여 제공받을 수 있습니다.
2. 「국민건강보험법」 제43조의2 또는 「의료급여법」 제11조의3에 따라 환자가 전액 부담한 비용과 비급여로 부담한 비용의 타당성 여부를 건강보험심사평가원(☎1644-2000, 홈페이지 : www.hira.or.kr)에 확인 요청하실 수 있습니다.
3. 계산서 · 영수증은 「소득세법」에 따른 의료비 공제신청 또는 「조세특례제한법」에 따른 현금영수증 공제신청(현금영수증 승인번호가 적힌 경우만 해당합니다)에 사용할 수 있습니다. 다만, 지출증빙용으로 발급된 "현금영수증(지출증빙)" 은 공제신청에 사용할 수 없습니다. (현금영수증 문의 126 인터넷 홈페이지 : http : //현금영수증.kr)

주(註) : 진료항목 중 선택항목은 요양기관의 특성에 따라 추가 또는 생략할 수 있습니다.

210㎜ × 297㎜[보존용지(2종) 70g/㎡]

면서 건강보험공단의 재정악화를 초래하는 것을 방지하기 위한 장치이다. 그 외 표준화 이후의 실손의료보험의 특징은 ① 직장 항문 질환(치질, 급여에 한함) 및 치매를 보장하고 비만을 면책으로 하는 점, ② 상해·질병의 입통원형 또는 종합형으로 구분하는 점, ③ 해외발생 진료비를 면책으로 하는 점(별도의 특약으로 담보가능) 등이다.

2. 기존 실손의료보험과의 비교[8]

구분	내용	현행		표준안
		손보	생보	
유형분류	▸상품유형 ① 상해·질병·입원·통원 ② 질병형·상해형·종합형 ③ 입원형·통원형 ▸상해등급 적용 여부	• 상해입원·상해통원·질병입원·질병통원 • 상해의료비 • 질병입원의료비 • 적용	• 질병형(입·통원), • 종합형(질병+상해 입·통원) • 해당사항 없음	• ① 상해(입원·통원)형 • ② 질병(입원·통원)형 • ③ 종합(입원·통원)형 • 적용
입원통원	▸상품구성 ▸입원한도 ▸입원한도 산출방식 ▸상급병실차액(개인) ▸통원(외래약제비) 한도 ▸통원한도 산출방식 ▸갱신주기 ▸병원급별 공제금액	• 입원+통원 • 천만원~1억 한도 • 사고당 입원 한도 • 50%(상해의료비 100% 가능) • 10만원~50만원 • 일당 통원한도 • 3년/5년, 歲만기 • 해당사항 없음	• 입원+외래+약제비 • 3천만원~5천만원 한도 • 연간 입원한도 • 50%(1일평균 8만원 한도) • 15만원/20만원 • 회당 외래·약제비 한도 • 3년 자동갱신 • 적용	• 입원+외래+약제비 • 5천만원 한도 • 사고당 입원한도 • 50%(1일평균 10만원 한도) • 30만원 한도 • 회당 외래·약제비 한도 • ~~자율운용~~ • 적용

6) 행위별수가제와 포괄수가제 : 현재 국민건강보험이 일반적으로 적용하는 의료비 지급보상체계는 행위별수가제(free for service)로서 의사의 진료행위 각각에 대하여 그에 해당하는 의료수가를 사후에 지급하는 체계이다. 그러나 이 방식은 의료공급자(의료행위자)의 청구내용의 적정성을 판단하기가 어렵고, 보험자의 의료비 예측이 힘든 방식이다. 이에 비하여 포괄수가제(diagnosis related groups)는 의료공급자가 제공한 의료서비스에 대하여 정액을 지급하기 때문에 의료비의 예측성이 증대되는 반면 의료서비스의 질과 관계없이 정액으로 보상되기 때문에 의료공급자는 상대적으로 낮은 질의 의료서비스 제공을 통해 의료서비스 비용을 줄이려는 유인이 존재한다. 이 제도는 2012년부터 장기적으로 확대 적용될 예정이다. 정부가 이 제도를 도입한 취지는 행위별수가제에서 비롯되는 것으로 보이는 의료서비스의 공급과잉을 방지하고, 의료비 비용발생을 줄이려는 취지이다. 그러나 의료공급자는 환자 진료비용의 비용절감을 위하여 의료서비스의 질이 떨어질 우려가 있다고 주장하고 있으며 정부는 이미 포괄수가제에 자발적으로 참여하는 "전문병원"의 의료서비스 질저하는 없다고 주장한다. 보험회사가 포괄수가제에 대응하기 위해서는 담보범위를 변경하는 새로운 실손의료비 상품을 출시하거나 해외의료비를 담보하는 추가적인 실손의료비 상품을 출시할 수 있다. 또한 현행 실손의료비가 특약으로 부가되기 때문에 부가적인 보험에 어쩔 수 없이 가입되는 불합리함을 변경하여 단독 실손의료비 상품을 출시함으로써 시장확대를 꾀할 수 있다.

7) 2015년 12월 현재 포괄수가제 적용대상 질병군은 ① 안과 : 백내장수술(수정체수술), ② 이비인후과 : 편도수술 및 아데노이드수술, ③ 외과 : 항문수술(치질 등), 탈장수술(서혜 및 대퇴부), 맹장수술(충수절제술), ④ 산부인과 : 제왕절개분만, 자궁 및 자궁부속기(난소, 난관 등) 수술(악성종양 제외)이다.

8) 금융감독원 「실손의료보험 표준화」 참고 2. 2009.9.2.

보장범위	▸용어(상해/재해) ▸재해분류표 적용 ▸해외진료비 보장 여부 ▸국민건강보험 미적용시 ▸면책사항(치매, 한방, 치과, 비뇨기과, 산과, 선천성질환, 치질 등)	• "상해" 용어 사용 • 해당사항 없음 • 40% 보장 • 40% 보장(회사별 의료비 기준) • 회사별 면책범위 상이 (포괄적 열거주의)	• "재해" 용어 사용 • 적용 • 해당사항 없음 • 본인부담의료비의 32% • 회사별 면책범위 상이 (구체적 열거주의)	• "상해"로 통일 • 적용 안함 • 보장 안함 • 40% 보장 • 보장 : 치매, 한방(급여), 치과(급여), 치질(급여)
운영방식	▸주계약/특약 운용 여부 ▸보장기간 ▸공시방법 ▸상품명 ▸특정 담보 의료비 보장 ▸적립금 대체납입 방식	• 특약형(방카는 주계약) • 최대 100세 • 별도 공시기준 없음 • 일부 '의료보험' 사용 • 교통, 화재상해 등 다수 • 운용 중	• 특약형(일부는 주계약) • 80세/100세(일부 종신형) • 별도 공시기준 없음 • "의료" / "의료비" 사용 • 선천이상 입원 등 소수 • 해당사항 없음	• 자율운용 • 자율운용 • 별도 공시기준 마련(협회) • "실손의료비" 명기 • 면책사항만 담보가능 • 자율운용
요율	▸요율산출	• 자사율(회사별 경험통계 적용)	• 자사율(국민건강보험통계 적용, 일부는 경험통계 적용)	• 자율운용

손해사정사 기출문제 28회(2005년)

乙은 A보험사와 B보험사에 보험을 가입한 후 집 앞의 계단에서 부주의로 넘어져 병원에서 입원치료를 받고 완쾌된 몸으로 퇴원을 하였다. 아래의 계약 및 손해사항을 참고하여 A사와 B사가 乙에게 지급할 보험금을 각각 산출하시오. (10점)

〈계약사항〉

A사
- 보험종목 : 상해보험
- 보험기간 : 2005.4.1~2006.4.1
- 사망후유장해 가입금액 : 1억원
- 의료비 가입금액 : 1백만원

B사
- 보험종목 : 상해보험
- 보험기간 : 2005.2.5~2006.2.5
- 사망후유장해 가입금액 : 3억원
- 의료비 가입금액 : 3백만원

〈손해사항〉
- 사고 발생일자 : 2005.4.30
- 입원치료기간 : 2005.5.1~2005.5.10
- 총발생치료비 : 5백만원

• 의료보험적용 후 본인부담치료비 : 150만원(약관상 "보상하지 아니하는 손해"에 해당하는 비용항목은 불포함)

Ⅳ 담보 여부의 결정

2003년 10월 1일부터 2009년 9월 30일에 판매된 상해의료비보험은 국민건강보험 적용 의료비 중 본인부담 의료비만을 보상하도록 하고 있으며, 사고일로 180일 이내에 발생한 의료비를 담보한다. 만일 의료실비를 보장하는 중복보험이 있는 경우 각 보험사의 독립책임액 합계가 손해액을 초과하는 경우에 한하여 독립책임액 기준으로 비례보상(안분)한다.

Ⅴ 실손의료비 안분

1. 손해액의 산정

본인부담 치료비 150만원 전액이 지급대상 손해액이 된다. 입원의료비는 A와 B사에서 모두 담보하므로 중복보험 여부를 판단하여야 한다.

2. 독립책임액 산정

각 보험사의 보험가입금액 한도 내에서 실손해액을 보상한다.

• A사 : min[100만원(가입금액), 150만원(손해액)] = 100만원
• B사 : min[300만원(가입금액), 150만원(손해액)] = 150만원

각 보험사의 독립책임액의 합계(250만원)가 실제손해액(150만원)을 초과하므로 독립책임액 기준으로 비례보상하겠다.

3. 독립책임액 비례보상 후 지급보험금

- A사 : 150 × 10/(10 + 15) = 60만원
- B사 : 150 × 15/(10 + 15) = 90만원

VI 보험사별 최종 지급보험금

A와 B보험사 모두 의료비 담보 외에 다른 담보가 없으므로 독립책임액 비례보상금액이 그대로 각 보험사의 지급보험금이 된다.

098 실손의료보험의 운영과 개정사항

I 보험업감독업무시행세칙

다른 제3보험상품과 마찬가지로 실손의료보험도 보험업감독업무시행세칙에서 표준사업방법서와 표준약관을 두고 있다. 개정된 보험업감독업무시행세칙(2014.2.19)에서는 실손의료보험에 대한 몇 가지 개선사항을 두고 있으며, 표준사업방법서상 「실손의료보험의 운영」에서는 보험회사가 실손의료보험을 판매할 때에 지켜야 할 사항들을 규정하고 있다.

II 「실손의료보험의 운영」의 주요 내용

1. 상품의 구성

회사는 하나의 실손의료보험상품을 상해입원형, 상해통원형, 질병입원형, 질병통원형 등 총 4개 이내의 담보종목으로 구성한다. 또한 회사는 실손의료보험을 특약의 형태로 판매하는 경우, 특약과 동일한 형태(자기부담금, 보장금액, 보장내용 등)의 실손의료보험을 주계약으로 하는 상품(다른 위험보장특약을 부가할 수 없음)을 병행하여 판매하여야 한다.

2. 실손의료비 문구의 사용

회사는 각 담보종목의 약관의 명칭에 "실손의료비" 문구를 포함하여 사용한다. 다만, 회사는 담보종목 중 일부가 계약내용 중 주계약이 되거나 주계약에 의무적으로 부가되는 특약이 되는 경우에는 상품의 명칭에 "실손의료비" 문구를 포함하여 사용한다.

3. 다수보험의 비례보상

회사는 각 계약의 보상책임 합계액이 각 계약의 보상대상의료비 중 최고액을 초과한 다수보험의 경우 각 계약의 보상책임액을 비례분담한다. 2009년 10월 1일 이후에 신규로 체결된 다수보험의 경우 수익자는 보험금 전부 또는 일부의 지급을 다수계약이 체결되어 있는 회사 중 한 회사에 청구할 수 있고 청구를 받은 회사는 해당 보험금을 계약의 보험가입금액 한도 내에서 지급한다.

4. 계약체결시 정보제공 및 안내사항

계약체결시 회사는 계약자에게 매년 납입하는 보험료의 변동가능성 및 예상수준을 고지하고 매년 계약해당일 도래 전 변경보험료, 해지권 행사방법 등의 정보를 제공해야 한다.

회사는 실손의료보험 계약체결시 보험계약자에게 보험만기(1년 자동갱신의 경우, 최대 갱신만료일) 이후 재가입시 인수조건(재가입가능 최고연령 등)을 설명하고, 보장범위 및 자기부담금 등이 재가입 시점의 관련 법령, 금융위원회의 명령, 표준약관 등에 따라 변경될 수 있음을 안내하여야 한다.

5. 재가입 거절의 금지

재가입을 원하는 보험계약자가 재가입 인수조건을 충족할 경우 종전계약의 보험사는 재가입을 거절할 수 없다.

III 표준약관 및 표준사업방법서 개정에 따른 개선사항(2016.1.1)

1. 2016년 개선사항의 개요

금융감독원은 금융소비자 권익제고를 위해 "국민체감 20大 금융관행 개혁"을 추진 중이며, 그에 따라 「실손의료보험 가입자 권익제고방안」을 운영하여 표준약관 및 사업방법서를 개정하였다.

2. 일부 정신질환을 보장대상에 포함

기존의 약관은 정신질환 중에서 치매(F00－F03)만을 보장대상으로 하였으나 개정약관은 치매 외에 증상이 비교적 명확하고 치료목적의 확인이 가능한 일부 정신질환[9]에 대해서는 국민건강보험의 요양급여부분에 한하여 보장의 대상이 되도록 하였다.

3. 입원의료비 보장기간 확대

기존의 약관은 최초입원일로부터 365일이 경과하면 90일간의 보장제외기간을 두고 있었으나 개정약관은 입원의료비로 지급한 보험금이 보장한도(e.g. 5천만원)에 도달할 때까지는 기간에 관계없이 계속보장하도록 하였다. 다만, 보장한도에 도달하면 90일의 보장제외기간을 적용하는 것은 동일하다.

4. 산재보험에서 보장받지 못한 의료비의 보장한도 확대

기존의 약관은 산재보험법이 적용된 경우에 산재보험에서 보장하지 않는 본인부담의료비에 한하여 보험회사가 40%를 부담하도록 정하고 있었으나 개정약관은 산재보험에서 보장받지 못한 의료비에 대해서도 국민건강보험법이 적용된 경우와 동일한 수준(의료비의 90% 또는 80%)으로 보장받을 수 있도록 하였다.

5. 퇴원시 처방받은 의료비를 입원의료비에 포함

기존의 약관은 입원환자가 퇴원하면서 의사로부터 처방받은 약제비가 입원의료비에 해당하는지 여부에 대해서 불명확하게 정하고 있어 분쟁이 발생하였다. 그러므로 개정약관은 퇴원과정에서 의사로부터 질병의 치료를 목적으로 처방받은 약제비를 입원의료비에 해당하는 것으로 명확하게 규정하였다.

9) 뇌손상, 뇌기능 이상에 의한 인격 및 행동장애 등(F04－F09), 정신분열병, 분열형 및 망상성 장애(F20－F29), 기분장애(F30－F39), 신경성, 스트레스성 신체형 장애(F40－F48), 소아 및 청소년기의 행동 및 정서장애(F90－F98)

6. 소비자가 쉽게 알 수 있도록 보장이 되는 항목을 표시

기존의 약관에서도 구강, 혀, 턱 질환과 관련한 치과치료, 진성 성조숙증 치료를 위한 호르몬 투여 그리고 요실금을 제외한 비뇨기계질환의 보장이 가능하지만 약관에 명확히 기재되어 있지 않아서 계약자가 보험금 청구를 포기하는 경우가 발생한다는 주장이 제기되어 개정약관에서는 치과치료, 호르몬 투여 그리고 비뇨기계 질환 중 보장이 되는 항목을 약관에 명확하게 기재하도록 하였다.

손해사정사 기출문제 39회(2016년)

실손의료보험 표준약관 「질병입원의료비의 보상하지 않는 사항」 중 면책사항으로 오인되거나 보험가입자가 놓치기 쉬운 보장내용을 2016년 1월 1일 개정 이후 약관에는 명확히 기재하고 있다. "이에 해당하는 약관조항"을 5가지 이상 기술하시오.[10] (10점)

7. 자의적인 입원에 대한 통제장치 마련

기존의 약관은 도덕적 위험을 방지하기 위하여 "피보험자가 의사의 지시를 따르지 않아 증상이 악화된 경우"만을 보장제외사유로 두고 있었으나, 개정약관은 증상악화 여부를 불문하고 의사의 소견과는 무관하게 자의적으로 입원하는 경우에는 보장이 되지 않는다는 사실을 명확하게 규정하였다.

8. 비응급환자의 응급실 보장 제외

기존의 약관은 응급환자가 아닌 자가 상급종합병원의 응급실을 이용하는 경우에 발생한 응급의료관리료(6만원 내외)에 대해서도 해석상 보장이 가능하였으나, 개정약관은 응급환자가 아닌 자가 상급종합병원의 응급실을 이용함에 따라 발생하는 비용을 보장하지 않는 것으로 명확하게 정하고 있다.

10) 치과치료 중 턱관절 치료, 요실금 외의 비뇨기계 질환, 진성 성조숙증 치료를 위한 호르몬 투여, 오타성 모반의 치료, 건강보험이 적용되는 백내장 수술비

9. 불완전판매로 인한 중복가입시 계약자의 피해구제수단 마련

기존의 실손의료비 표준약관은 보험회사가 보험판매의 과정에서 중복계약 확인 및 비례보상 설명을 제대로 이행하지 않더라도 계약일부터 3개월에 한하여 취소권을 부여하고 있었다. 그러나 개정약관은 중복계약 확인 또는 비례보상 설명을 미이행으로 인한 불완전 판매로 실손의료보험에 중복가입한 경우에 계약자에게 기간의 제한이 없이 계약을 취소하도록 하였다(기납입보험료에 연체이자를 더하여 환급받는다).

10. 해외 장기체류자에 대한 실손의료보험 중지제도 도입

기존의 표준사업방법서는 피보험자가 해외에 체류하는 경우에도 보험료를 계속납입하도록 하였으나 개정된 표준사업방법서는 실손의료보험의 가입자가 해외에 장기간 체류하는 기간 동안의 실손의료보험료의 납입을 중지하는 제도를 도입하였다.[11]

Ⅳ 표준약관 및 표준사업방법서 개정에 따른 개선사항(2017.3.31)

2017년 4월 1일부터 판매되는 실손의료보험은 기본형 실손의료보험과 기본형에서 보장하지 않는 사항에 대해 보장하는 특별약관으로 구성된다. 기본형 실손의료보험은 이전과 마찬가지로 상해입원형, 상해통원형, 질병입원형, 질병통원형의 4개의 보장종목으로 구성되며, 실손의료비를 보장하는 계약이 주계약이 되거나 주계약에 의무적으로 부가되는 특약일 경우에는 상품명칭에 "실손의료비" 문구를 포함하여 사용하여야 한다.

11) 보험기간이 3개월 이상인 해외실손의료비에 가입하는 경우에 국내실손의료보험의 보험료 납입을 중지하거나 연속하여 3개월 이상의 해외체류 사실이 확인되는 경우에 사후에 실손의료보험료를 환급하도록 정하고 있다.

V 최신 개정사항(2019.1.1)

사회보험을 보완하는 실손의료보험의 성격을 고려하여 장기이식비용과 여성형 유방증, 비기질성 수면장애를 보상대상 의료비에 포함하였다. 그러므로 장기수혜자가 부담하게 되는 장기이식 관련비용이 급여항목인지 비급여항목인지 구분하지 않고 보상하며, 장기이송비(인건비 포함), 장기기증 상담 및 코디네이터관리비, 뇌사판정비, 장기공여 적합성 검사비 등의 관련비용도 모두 보상한다. 중등도 이상의 여성형 유방증[12]의 수술시의 지방흡입술 비용도 통합치료목적의 일부로 보고 보상한다. 그리고 몽유병 등 정신적인 수면장애의 일종인 비기질적 수면장애(F51)에 대해서도 급여항목에 대해서는 보상하는 의료비에 포함하였다.

12) 여성형 유방증은 사이먼분류법(Simon Classification of gynecomastia)에 따라 크기나 피부처짐 등을 기준으로 4단계(Ⅰ·Ⅱa·Ⅱb·Ⅲ)로 분류한다. 그 중에서 중등도 유방비대는 Ⅱa 이상을 의미한다. 현행 건강보험은 Ⅰ단계(피부남은 없이 조금 커진 유방)에 대해서는 비급여로 분류하고 그 이상에 대해서는 요양급여로 분류하고 있다.

099 실손의료보험 표준약관(기본형)의 일반사항

I 보장종목

보험자가 판매하는 실손의료보험상품은 상해입원형, 상해통원형, 질병입원형 및 질병통원형의 총 4개 이내의 담보종목으로 구성되어 있다. 2013년 1월 1일 이후 계약은 표준형(보험계약자 자기부담비율 20%)과 선택형(보험계약자 자기부담비율 10%) 중 어느 하나의 형태로 체결된다.

보장종목		보상하는 내용
상해	입원	피보험자(보험대상자)가 상해로 인하여 병원에 입원하여 치료를 받은 경우에 보상
	통원	피보험자(보험대상자)가 상해로 인하여 병원에 통원하여 치료를 받거나 처방조제를 받은 경우에 보상
질병	입원	피보험자(보험대상자)가 질병으로 인하여 병원에 입원하여 치료를 받은 경우에 보상
	통원	피보험자(보험대상자)가 질병으로 인하여 병원에 통원하여 치료를 받거나 처방조제를 받은 경우에 보상

II 약관의 명칭

보험자는 이 약관의 명칭에 "실손의료비" 문구를 포함하여 사용한다. 기존의 실손의료보험 상품명칭의 통일이 이루어지지 않아서 소비자의 혼란이 생길 수 있으므로 보험업감독업무시행세칙에 따라 약관의 명칭을 표준화한 것이다.

III 용어의 정의

이 약관에서 사용하는 용어의 정의는 다음과 같으며, 해당 용어는 이 약관에서 밑줄을 그어 표시한다.

용어	정의
계약	보험계약
계약자	보험회사와 계약을 체결하고 보험료를 납입하는 사람
피보험자	보험금 지급사유 또는 보험사고 발생의 대상(객체)이 되는 사람
수익자	보험금을 수령하는 사람
보험기간	회사가 계약에서 정한 보상책임을 지는 기간
회사	보험회사
상해	보험기간 중 발생한 급격하고 우연한 외래의 사고
상해보험계약	상해를 보장하는 계약
의사	의료법 제2조(의료인)에서 정한 의사, 한의사 및 치과의사의 자격을 가진 사람
약사	약사법 제2조(정의)에서 정한 약사 및 한약사의 자격을 가진 사람
의료기관	의료법 제3조(의료기관) 제2항에서 정하는 의료기관이며 종합병원·병원·치과병원·한방병원·요양병원·의원·치과의원·한의원 및 조산원으로 구분됨
약국	약사법 제2조 제3항 규정에 의한 장소로서, 약사가 수여할 목적으로 의약품 조제업무를 하는 장소를 말하며, 의료기관의 조제실은 제외
병원	국민건강보험법 제40조(요양기관)에서 정하는 국내의 병원 또는 의원(조산원은 제외)
입원	의사가 보험대상자의 질병 또는 상해로 인하여 치료가 필요하다고 인정한 경우로서 자택 등에서 치료가 곤란하여 병원, 의료기관 또는 이와 동등하다고 인정되는 의료기관에 입실하여 의사의 관리를 받으며 치료에 전념하는 것
입원의 정의 중 이와 동등하다고 인정되는 의료기관	보건소, 보건의료원 및 보건지소 등 의료법 제3조(의료기관) 제2항에서 정한 의료기관에 준하는 의료기관으로서 군의무대, 치매요양원, 노인요양원 등에 속해 있는 요양원, 요양시설, 복지시설 등과 같이 의료기관이 아닌 곳은 이에 해당되지 않음
기준병실	병원에서 국민건강보험 환자의 입원시 병실료 산정에 적용하는 기준이 되는 병실
입원실료	입원치료 중 발생한 기준병실 사용료, 환자관리료, 식대 등을 말함
입원제비용	입원치료 중 발생한 진찰료, 검사료, 방사선료, 투약 및 처방료(퇴원시 의사로부터 치료목적으로 처방받은 약제비 포함),[13] 주사료, 이학요법(물리치료, 재활치료)료, 정신요법료, 처치료, 재료대, 석고붕대료(cast), 지정진료비 등을 말함

입원수술비	입원치료 중 발생한 수술료, 마취료, 수술재료비 등을 말함
입원의료비	입원실료, 입원제비용, 입원수술비, 상급병실료 차액으로 구성됨
보상한도 종료일	회사가 보험가입금액 한도까지 입원의료비를 보상한 기준 입원일자
통원	의사가 피보험자(보험대상자)의 질병 또는 상해로 인하여 치료가 필요하다고 인정하는 경우로서, 병원에 입원하지 않고 병원을 방문하여 의사의 관리하에 치료에 전념하는 것
처방조제	의사 및 약사가 피보험자(보험대상자)의 질병 또는 상해로 인하여 치료가 필요하다고 인정하는 경우로서, 통원으로 인하여 발행된 의사의 처방전으로 약국의 약사가 조제하는 것을 말함(국민건강보험법 제40조 제1항 제3호에 의한 한국희귀의약품센터에서의 처방조제 및 의약분업예외지역에서 약사의 직접조제 포함)
외래제비용	통원치료 중 발생한 진찰료, 검사료, 방사선료, 투약 및 처방료, 주사료, 이학요법(물리치료, 재활치료)료, 정신요법료, 처치료, 재료대, 캐스트료, 지정진료비 등을 말함
외래수술비	통원치료 중 발생한 수술료, 마취료, 수술재료비 등을 말함
처방조제비	병원 의사의 처방전에 따라 조제되는 약국의 처방조제비 및 약사의 직접조제비를 말함
통원의료비	외래제비용, 외래수술비, 처방조제비로 구성됨
요양급여	국민건강보험법 제39조(요양급여)에 의한 가입자 및 피부양자의 질병·부상 등에 대한 다음 각호의 요양급여를 말함 1. 진찰·검사 2. 약제·치료재료의 지급 3. 처치·수술 기타의 치료 4. 예방·재활 5. 입원 6. 간호 7. 이송
의료급여	의료급여법 제7조(의료급여의 내용 등)에 의한 가입자 및 피부양자의 질병·부상 등에 대한 다음 각호의 의료급여를 말함 1. 진찰·검사 2. 약제·치료재료의 지급 3. 처치·수술 기타의 치료 4. 예방·재활 5. 입원 6. 간호 7. 이송과 그 밖의 의료목적의 달성을 위한 조치
국민건강보험법상 본인부담금 상한제	국민건강보험법상 요양급여 중 연간 본인부담금 총액이 국민건강보험법시행령 별표3에서 정하는 금액을 넘는 경우에 그 초과한 금액을 공단에서 부담하고 있는 제도를 말하며, 국민건강보험 관련 법령의 변경에 따라 환급기준이 변경될 경우에는 회사는 변경되는 기준에 따름

의료급여법상 본인부담금 보상제 및 본인부담금 상한제	의료급여법상 의료급여 중 본인부담금이 의료급여법시행령 제13조(급여비용의 부담)에서 정하는 금액을 넘는 경우에 그 초과한 금액을 의료급여기금 등에서 부담하고 있는 제도를 말하며, 의료급여 관련법령의 변경에 따라 환급기준이 변경될 경우에는 회사는 변경된 기준에 따름
보상대상 의료비	실제 부담액 – 보상제외금액* * 제3관 회사가 보장하지 않는 사항에 따른 금액 및 실제 사용병실과 기준 병실과의 병실료 차액 중 회사가 보장하지 않는 금액
보상책임액	(보상대상의료비 – 피보험자부담 공제금액)과 보험가입금액 중 작은 금액[14]
다수보험	실손 의료보험계약(우체국보험, 각종 공제, 상해・질병・간병보험 등 제3보험, 개인연금・퇴직보험 등 의료비를 실손으로 보상하는 보험・공제계약을 포함)이 동시에 또는 순차적으로 2개 이상 체결되었고, 그 계약이 동일한 보험사고에 대하여 각 계약별 보상책임액이 있는 다수의 실손 의료보험계약을 말함

Ⅳ 실손의료보험 필수 정보제공사항(2016년 이후)

구분	필수 안내사항
Ⅰ. 보험금청구 내용	① 상품명, ② 계약자/피보험자, ③ 사고일시/유형/내용, ④ 구비서류 접수내역
Ⅱ. 보험금청구 진행현황	① 청구건 진행상태, ② 처리일, ③ 담당자(연락처)
Ⅲ. 보험금 지급현황	각 담보별 지급금액(① 면책 여부, ② 공제내역 등 세부 산출내역)
Ⅳ. 비례분담액(중복가입시)	보험회사, 상품명, 회사별 지급대상금액

13) 기존약관은 퇴원시 약제비를 입통원 중에 어느 비용의 항목으로 할지 명확히 정하지 않고 있었다(실무상 입원비용으로 처리). 이와 관련한 분쟁을 해소하기 위하여 이번에 개정된 약관은 표적항암제 등 고가 약제비에 대한 가입자의 부담을 경감시키고, 약제비의 보험금 지급과 관련한 분쟁을 감소시키기 위하여 퇴원시 약제비를 입원비용으로 명시하였다.

14) 개정이전의 약관은 보상책임액을 (실제 부담액 – 보상제외금액) × 회사부담비율로 정하고 있었으나 다수계약의 비례보상과 관련한 분쟁이 잦아지면서 위와 같이 개정하였다.

100 기본형 상해 입원 담보의 보상하는 사항

I 보상한도

보험자는 하나의 상해당(per accident) 보험가입금액을 한도로 하여 입원의료비를 보상한다. 동일한 상해로 2회 이상 치료를 받는 경우에도 하나의 상해로 간주한다. 이와 같이 계속된 입원의료비는 기간의 제한이 없이 보상한도액이 종료할 때까지 보상하며[15] 보상한도액이 종료된 때부터 90일의 보상제외기간을 적용한다. 다만, 275일 이내에 보상한도액이 종료한 경우에는 최초입원일부터 365일이 경과하는 때부터 새로운 보상한도 내에서 보상한다.

피보험자가 입원치료 도중에 보험기간이 만료하는 경우에 계속 중인 입원에 대하여는 보험기간 종료일(종료일을 제외)로부터 180일까지 보상한다. 손해보험의 이재설을 적용한 것이다.

II 표준형과 선택형 그리고 선택형(II) 입원담보

2013년 1월 1일 이후의 실손의료보험계약은 표준형과 선택형으로 구분하여 판매된다. 표준형과 선택형 입원담보는 국민건강보험법이 적용되는 입원비용(입원실료, 제비용, 수술비)의 경우에 보험회사의 보상수준이 서로 다르다. 표준형은 피보험자 본인이 부담한 금액의 80% 해당액을 보험회사가 보상하며, 선택형은 피보험자 본인의 부담금액 중에서

15) 2016년 1월 개정 이전에는 1사고당 5,000만원 한도 외에도 최초 입원일(최초 입원일을 포함)로부터 365일을 보상한도기간으로 함께 정하고 있었다. 그러므로 기존약관은 보상한도가 남았다고 해도 365일이 경과하면 90일의 보장제외기간에 해당하여 보험자가 보험금지급책임을 부담하지 않는다. 고의적인 장기입원과 같은 도덕적 위험을 막기 위해서였다. 그러나 보장제외기간을 일률적으로 정하는 것이 선의의 계약자에게 피해가 될 수 있다는 주장이 제기되면서 2016년 개정약관은 피보험자가 입원 중인 경우에는 보장한도에 도달할 때까지 기간에 관계없이 보상책임을 지도록 변경하였다.

90% 해당액을 보험회사가 보상한다.[16] 그 외에 상급병실료 차액, 국민건강보험법이 미적용되는 경우에는 서로 차이가 없다.

2015년 9월 이후부터 선택형을 대체하여 판매되는 선택형 Ⅱ는 피보험자 본인의 부담금액 중에서 급여항목의 90%와 비급여항목의 80%를 보험회사가 보상한다.

Ⅲ 비율참여조항

1. 비율참여조항의 개요

비율참여조항(percentage participation clause, fixed percentage deductible)은 미국의 건강보험, 특히 의료보험(medical policy)에서 사용하는 방식으로서 공동보험의 한 형태이다. 이 조항에 의하면 공제액(deductible)을 초과한 의료비 중에서 일정비율에 대해서는 피보험자에게 부담하게 한다. 우리나라, 미국 등은 비율참여조항과 함께 연간기준공제액(fixed dollar deductible per calendar year)을 규정하고 있다. 이 조항에 의하면 사고당이 아닌 연간기준으로 공제액을 적용한다.

2. 실손의료보험 표준약관의 비율참여조항 적용

실손의료보험 표준약관은 20%(표준형) 또는 10%(선택형)의 공제액(피보험자의 비율참여액)을 두면서 매년 계약일로부터 연간기준 200만원을 공제액 한도로 정하고 있다. 예를 들어 표준형 실손의료보험(상해입원담보)에 가입한 피보험자가 연간 하나의 상해로 7,000,000원의 의료비(국민건강보험적용)와 다른 하나의 상해로 6,000,000원의 의료비를 자기가 부담하게 되었다면 보험자는 11,000,000원(10,000,000원×80%+3,000,0000원)을 보상한다.

16) 피보험자 본인의 부담액이 20,000,000원을 초과하는 경우에는 그 초과금액에 대하여는 보험회사가 모두 보상한다. 해당 초과금액에 대해서는 표준형과 선택형의 차이가 발생하지 않는 것이다. 특히 표준형 실손의료보험의 경우에는 피보험자 본인의 부담액이 10,000,000원을 초과하는 금액부터 보험회사가 전액을 보상하게 되는데, 연간 10,000,000원을 초과하는 의료비를 지출하는 자인 경우에는 보험료가 더 저렴한 표준형 상품에 가입하였음에도 불구하고 선택형과 동일한 혜택을 받을 수 있으므로 형평성의 문제가 생길 수 있다. 이러한 문제는 표준형과 선택형 상품의 피보험자 본인 참여(부담)한도가 모두 2,000,000원으로 동일하게 정해진 점에서 비롯된다.

Ⅳ 상급병실료 차액

환자(피보험자)가 기준병실(예를 들어 대학병원 기준으로 6인실)이 아닌 상급병실을 이용하게 되었을 때 추가적으로 부담하는 비용을 상급병실료 차액이라고 하며, 국민건강보험에서 보상하지 않는 비급여 항목이다. 실손의료보험은 상급병실료 차액을 입원의료비 등과 별도로 구분하여 상급병실료 차액의 50%를 1일 평균금액 10만원 한도로 하여 보상하고 있으며, 구체적으로는 다음과 같이 산정할 수 있다.

min[(상급병실료 차액 총액 × 50%), 총입원일수 × 10만원]

한편, 국민건강보험법과 의료급여법을 적용받지 못하는 경우에 발생하는 병실료 차액은 피보험자 본인이 부담한 입원비용 등에 포함하여 40% 해당액을 보상한다.

Ⅴ 국민건강보험법 미적용의료비

국민건강보험법과 의료급여법이 적용되지 않는 의료비는 피보험자 본인이 부담한 금액의 40% 해당액을 하나의 상해당 보험가입금액 한도로 보상한다. 이 조항은 건강보험 미가입자, 건강보험 체납자 등을 위한 조항이다.[17][18]

---

17) **국민건강보험법 제53조 【급여의 제한】** ① 공단은 보험급여를 받을 수 있는 사람이 다음 각 호의 어느 하나에 해당하면 보험급여를 하지 아니한다.
1. 고의 또는 중대한 과실로 인한 범죄행위에 그 원인이 있거나 고의로 사고를 일으킨 경우
2. 고의 또는 중대한 과실로 공단이나 요양기관의 요양에 관한 지시에 따르지 아니한 경우
3. 고의 또는 중대한 과실로 제55조에 따른 문서와 그 밖의 물건의 제출을 거부하거나 질문 또는 진단을 기피한 경우
4 업무 또는 공무로 생긴 질병·부상·재해로 다른 법령에 따른 보험급여나 보상(報償) 또는 보상(補償)을 받게 되는 경우

② 공단은 보험급여를 받을 수 있는 사람이 다른 법령에 따라 국가나 지방자치단체로부터 보험급여에 상당하는 급여를 받거나 보험급여에 상당하는 비용을 지급받게 되는 경우에는 그 한도에서 보험급여를 하지 아니한다.

③ 공단은 가입자가 대통령령으로 정하는 기간 이상 다음 각 호의 보험료를 체납한 경우 그 체납한 보험료를 완납할 때까지 그 가입자 및 피부양자에 대하여 보험급여를 실시하지 아니할 수 있다. 다만, 보험료의 체납기간에 관계없이 월별 보험료의 총체납횟수(이미 납부된 체납보험료는 총체납횟수에서 제외한다)가 대통령령으로 정하는 횟수 미만인 경우에는 그러하지 아니하다.
1. 제69조 제4항 제2호에 따른 소득월액보험료
2. 제69조 제5항에 따른 세대단위의 보험료

④ 공단은 제77조 제1항 제1호에 따라 납부의무를 부담하는 사용자가 제69조 제4항 제1호에 따른 보수월액보험료를 체납한 경우에는 그 체납에 대하여 직장가입자 본인에게 귀책사유가 있는 경우에 한하여 제3항의 규정을 적용

기존약관은 산업재해보상보험법에 의하여 요양을 받거나 자동차보험에 의하여 보상받는 경우에도 40% 수준을 보상하고 있었으나[19] 개정된 약관은 산재 및 자동차보험처리시에도 국민건강보험적용과 동일한 수준으로 보상한다.

한편, 건강보험법상 요양급여절차를 거쳤지만 진료비 영수증에 비급여 사항만 발생하여 병원에서 건강보험공단에 대하여 청구하지 않은 경우에는 이 조항을 확대하여 적용할 수 없다. 치료방법상 비급여 해당치료만 발생한 것이므로 건강보험법을 적용받는 것으로 보아야 하기 때문이다(이러한 견해를 2016년 약관에 반영). 다만, 건강보험법상 요양급여 절차를 거치지 아니하고 상급 병원을 방문한 경우(예를 들어 1차 요양기관을 거치지 않고 2차 요양기관

한다. 이 경우 당해 직장가입자의 피부양자에게도 제3항의 규정을 적용한다.

⑤ 제3항 및 제4항에도 불구하고 제82조에 따라 공단으로부터 분할납부 승인을 받고 그 승인된 보험료를 1회 이상 낸 경우에는 보험급여를 할 수 있다. 다만, 제82조에 따른 분할납부 승인을 받은 사람이 정당한 사유 없이 2회 이상 그 승인된 보험료를 내지 아니한 경우에는 그러하지 아니하다.

⑥ 제3항 및 제4항에 따라 보험급여를 하지 아니하는 기간(이하 이 항에서 "급여제한기간"이라 한다)에 받은 보험급여는 다음 각 호의 어느 하나에 해당하는 경우에만 보험급여로 인정한다.

1. 공단이 급여제한기간에 보험급여를 받은 사실이 있음을 가입자에게 통지한 날부터 2개월이 지난 날이 속한 달의 납부기한 이내에 체납된 보험료를 완납한 경우
2. 공단이 급여제한기간에 보험급여를 받은 사실이 있음을 가입자에게 통지한 날부터 2개월이 지난 날이 속한 달의 납부기한 이내에 제82조에 따라 분할납부 승인을 받은 체납보험료를 1회 이상 낸 경우. 다만, 제82조에 따른 분할납부 승인을 받은 사람이 정당한 사유 없이 2회 이상 그 승인된 보험료를 내지 아니한 경우에는 그러하지 아니하다.

18) **국민건강보험법 제54조 【급여의 정지】** 보험급여를 받을 수 있는 사람이 다음 각 호의 어느 하나에 해당하면 그 기간에는 보험급여를 하지 아니한다. 다만, 제3호 및 제4호의 경우에는 제60조에 따른 요양급여를 실시한다.

1. 국외에 여행 중인 경우
2. 국외에서 업무에 종사하고 있는 경우
3. 제6조 제2항 제2호에 해당하게 된 경우
4. 교도소, 그 밖에 이에 준하는 시설에 수용되어 있는 경우

19) **[기존약관에서의 민원 사례 : 산재보험 처리시 국민건강보험 처리시보다 보험금이 적은 것은 불합리(금감원. 실손의료보험 가입자 권익제고방안2)]**

아래의 사례의 경우에 피보험자가 국민건강보험으로 처리되었다면 보험회사로부터 684만원(760만원 × 90%)을 보상받지만, 산재보험처리한 경우에는 산재관련 공단으로부터 125만원(760만원－635만원), 보험회사로부터 254만원(635만원×40%)만을 보상받게 되어 305만원의 차이가 발생한다.

① 산재발생

작업 중 재해로 척추고정 수술·입원

➤

② 국민건강보험 처리

피보험자는 먼저 본인부담 의료비 760만원 납부

구분		의료비
공단부담금		167만원
본인부담의료비	급여	48만원
	비급여	712만원
	소계	760만원

➤

③ 산재보험 처리(정산)

피보험자는 근로복지공단으로부터 760만원중 125만원 수령

구분		의료비	근로공단
공단부담금		167만원	전액지급
본인부담의료비	급여	48만원	125만원 지급 (635만원 부지급*)
	비급여	712만원	

➤

④ 실손보험금 청구

보험회사는 피보험자에게 254만원 지급 (635만원×40%)

* 산업재해와 직접 관련이 없는 치료비용 등은 산재공단에서 지급하지 않음.

을 방문, 의료급여 절차위반(의료급여법 시행규칙 제3조에 해당))는 정상적인 의료체계를 벗어날 수 있으므로 40%만 지급하도록 하였다(2014년 4월 개정).

Ⅵ 갱신계약의 효력

법원은 갱신계약의 법적 성질에 대하여 새로운 계약으로 보는 견해와 기존 계약의 기간을 연장한 것으로 보는 견해가 있으나 우리 제3보험 약관은 갱신계약에 대하여 기간의 연장으로 처리하고 있다. 이러한 점을 반영하여 2013년 1월 개정된 실손의료 표준약관은 "다만, 동일회사 계약의 자동갱신 또는 재가입의 경우 종전계약의 보험기간 연장으로 간주하여 제4항을 적용합니다"라는 내용을 추가하였다.

Ⅶ 직원의 복리후생제도

실손의료보험은 피보험자가 실제로 부담한 의료비를 보상하는 실비변상적 성격의 보험이므로 실손보상(indemnity)의 원칙에 충실하다. 그러나 피보험자가 직원으로서 병원비를 감면받은 경우에도 보험자가 실제 부담액만을 보상하게 된다면 일반 가입자와 동일한 보험료를 내면서도 보험금액이 부당하게 감소하게 되는 문제가 생기므로 실손의료보험 약관은 "감면 전 의료비"를 기준으로 보상하도록 정하고 있다.

기존의 표준약관은 감면 전 의료비를 기준으로 하는 사유에 대하여 "병원의 직원복리후생제도"만을 언급하고 있으나 약관의 취지상 "병원 직원의 가족으로서 받는 감면" 또는 "교직원으로서 받는 감면(예를 들어 연세대 교직원의 세브란스병원 이용시 감면)" 등도 모두 포함되어야 할 것이다. 그러므로 2016년 개정된 보험업감독업무시행세칙에 의하면 "피보험자가 납부할 의료비를 근로소득으로 처리[20]되는 직원복리후생제도에 의하여 감면받은 경우"에도 감면 전 의료비를 기준으로 보상하도록 하고 있다.

---

20) 복리후생제도에는 각종 수당 외에도 출산・육아, 교육(학자보조금), 주거, 교통, 경조, 동호회 그리고 선택적 복리후생제도 등이 있다. 그 중에서 회사가 지원한 직원의 치료비지원금은 근로소득으로 처리된다(근로소득 원천과세 처리된다).

Ⅶ 장기기증

기존의 약관에서는 장기기증과 관련하여 명확한 언급이 없었으나 개정된 실손의료비 약관에서는 장기기증으로 인하여 발생한 비용에 대하여 장기수혜자가 비용을 부담하도록 하면서 관련된 의료비를 보상하도록 정하고 있다. 장기이식과 관련되어 보상하는 비용에는 장기적출, 이식비용뿐만 아니라 공여적합성 여부를 확인하기 위한 검사비, 뇌사장기기증자 관리료 등에 속하는 비용항목까지도 포함한다.

101 기본형 상해 통원 담보의 보상하는 사항

I 보상한도

보험자는 상해로 인한 통원치료비에 대하여 외래비와 처방조제비를 구분하여 각각 방문 1회, 처방 1건당 총액 30만원을 최고한도로 보상한다. 예를 들어 외래비의 보험가입한도 25만원, 처방조제비의 보험가입한도 5만원을 한도로 하여 보상한다.

총보상한도는 매년 계약해당일로부터 1년간 180회 또는 180건을 한도로 하며, 피보험자가 통원치료 중에 보험기간이 만료되는 경우에는 계속 중인 통원에 대하여 보험기간 만료일(만료일을 포함하지 않음)로부터 180일 이내에 발생한 외래비와 처방조제비를 각각 방문 90회, 처방 90건을 한도로 보상한다. 다만, 하나의 상해로 인하여 하루에 같은 치료를 목적으로 의료기관에 2회 이상 통원(하나의 상해로 약국을 통한 2회 이상의 처방조제를 포함)을 한 경우 1회의 외래 또는 1건의 처방으로 간주한다.

II 국민건강보험법 적용 의료비

1. 보상기준

국민건강보험법 또는 의료급여법이 적용되는 의료비의 경우에 피보험자 본인이 실제로 부담한 금액에서 공제액을 차감한 금액을 1회 또는 1건당 보상한도 내에서 보상한다. 구체적으로는 다음과 같이 산정된다.

- 외래비 : min[피보험자 실제부담금액 − 공제액, 보상한도(e.g. 25만원)]
- 처방조제비 : min[피보험자 실제부담금액 − 공제액, 보상한도(e.g. 5만원)]

다만, 표준형과 선택형에 따라서 공제액이 달라진다. 표준형은 「Ⅱ. 외래・처방조제

항목별 공제액」에서 정하는 항목별 공제액과 보상대상의료비(피보험자 실제부담금액－보상제외 금액을 말함) 중에서 큰 금액을 공제하며, 선택형은 항목별 공제액만을 기준으로 하여 공제한다. 2015년 9월 이후의 선택형 Ⅱ는 보상대상의료비 중에서 급여 10%, 비급여 20%를 공제한다.

- 표준형 공제액 : max[항목별 공제액(e.g. 의원 : 1만원), 보상대상의료비 × 20%]
- 선택형 공제액 : max[항목별 공제액(e.g. 의원 : 1만원)]
- 선택형Ⅱ 공제액 : max[항목별 공제액, (의료비 중 급여10% + 비급여 20%)]

2. 항목별 공제금액

구분		항목	공제금액
표준형	외래 (외래제비용 및 외래수술비 합계)	의원, 조산원, 보건소	1만원과 보상대상 의료비의 20% 중 큰 금액
		종합병원, 병원, 요양병원	1만 5천원과 보상대상 의료비의 20% 중 큰 금액
		종합전문요양기관 또는 상급종합병원	2만원과 보상대상 의료비의 20% 중 큰 금액
	처방조제비	한국희귀약품센터, 약국	8천원과 보상대상 의료비의 20% 중 큰 금액
선택형	외래 (외래제비용 및 외래수술비 합계)	표준형과 동일	1만원
			1만 5천원
			2만원
	처방조제비	표준형과 동일	8천원
선택형Ⅱ	외래 (외래제비용 및 외래수술비 합계)	표준형과 동일	1만원과 공제기준금액 중 큰 금액
			1만 5천원과 공제기준금액 중 큰 금액
			2만원과 공제기준금액 중 큰 금액
	처방조제비	표준형과 동일	8천원과 공제기준금액 중 큰 금액

※ 표준약관 규정에도 불구하고 2015년 9월 1일 이후에는 표준형과 선택형 Ⅱ 상품만을 판매하고 있다. 선택형 Ⅱ의 공제기준금액이란 보상대상의료비의 급여항목의 10% 해당액과 비급여항목의 20% 해당액을 합산한 금액을 말한다.

Ⅲ 국민건강보험법 미적용 의료비

국민건강보험법 또는 의료급여법이 적용되는 의료비의 경우에는 피보험자 본인이 실제로 부담한 금액에서 공제액을 차감한 금액의 40% 해당액을 1회 또는 1건당 보상한도 내에서 보상한다. 구체적으로는 다음과 같이 산정된다.

- 외래비 : min[(피보험자 실제부담금액 − 공제액) × 40%, 보상한도]
- 처방조제비 : min[(피보험자 실제부담금액 − 공제액) × 40%, 보상한도]

표준형과 선택형에 따라서 공제액이 달라지는 것은 국민건강보험법 적용 의료비의 경우와 같다.

한편, 입원의료비의 경우와 마찬가지로 2016년에 개정된 약관은 산재・자동차보험으로 처리한 경우에 국민건강보험 적용의료비와 동일한 수준으로 보상하며, 건강보험법 및 의료급여법상 요양급여절차를 거치지 않아 발생한 의료비에 대해서는 건강보험미적용의료비로 보고 40%만 보상하도록 정하였다.

Ⅳ 직원복리후생제도

앞에서 설명한 바와 같이 피보험자가 병원 또는 약국의 직원복리후생제도에 의하여 의료비를 감면받은 경우에는 감면 전 의료비를 기준으로 통원의료비를 보상한다.

102 기본형 상해 입·통원 담보의 보상하지 않는 사항

I 일반면책사항과 손해방지·경감의무조항

실손의료보험 표준약관의 경우에도 질병·상해보험 표준약관과 마찬가지의 공통적인 면책사항을 규정하고 있다. 그러므로 계약자 측의 고의사고, 피보험자의 임신·출산, 전쟁 등을 보상하지 않는 사항으로 정하는 것은 동일하다.

다만, 실손의료보험은 손해보험의 성격이 있으므로 표준약관에서 "피보험자가 정당한 이유없이 입원(통원)기간 중 의사의 지시를 따르지 아니한 때에 회사는 그로 인하여 악화된 부분에 대하여는 보상하여 드리지 아니합니다"라고 정하면서 상법 손해보험편의 "손해방지·경감의무(상법 제680조)"를 반영한 조항을 두고 있다.

이와 더불어 개정약관은 실손의료보험의 악용을 방지하기 위하여 "의사가 통원치료가 가능하다고 인정함에도 피보험자의 자의적인 입원으로 발생한 입원의료비"에 대해서도 면책을 규정하고 있다.

II 상대적 면책사항

상해를 담보하는 실손의료보험은 질병·상해보험 표준약관과 마찬가지로 열거행위 면책사유(또는 상대적 면책사유)를 두고 있다. 기존에는 실손의료보험과 질병·상해보험에서 열거하는 위험한 행위에 차이가 있었으나 현행 약관(2014.4.1 이후)은 차이가 없다.[21]

---

21) 2013년 1월 1일에 실손의료보험 표준약관이 개정되면서 열거위험에 "수상보트"와 "패러글라이딩"이 추가되었으나 질병·상해보험 표준약관에는 별다른 추가사항이 없었다. 그러나 2014년 4월 1일에 질병·상해보험 표준약관이 개정되면서 동일한 사항이 추가되었다.

III 실손의료보험 표준약관의 주요 고유면책사항[22)]

1. 치과 · 한방치료 관련 의료비

표준화 이전의 실손의료비는 치과·한방치료 관련한 의료비를 일괄적으로 면책으로 정하고 있었다. 치과·한방치료의 특성상 보험가입 이전에 누적적으로 발생한 질병(예를 들어 치아우식증) 등의 영향이 보험가입 이후에 영향을 미치거나 치료목적으로 보기 힘든 경우(예를 들어 보약)가 있기 때문이다.

---

22) ③ 회사는 아래의 입원(통원)의료비에 대하여는 보상하여 드리지 아니합니다.

1. 치과치료(다만, 안면부 골절로 발생한 의료비는 치아 관련 치료를 제외하고 보상합니다)·한방치료(다만, 의료법 제2조에 따른 한의사를 제외한 "의사"의 의료행위에 의해서 발생한 의료비는 보상합니다)에서 발생한 국민건강보험법상 요양급여에 해당하지 않는 비급여 의료비
2. 국민건강보험법상 요양급여 중 본인부담금의 경우 국민건강보험 관련 법령에 의해 국민건강보험공단으로부터 사전 또는 사후 환급이 가능한 금액(본인부담금 상한제)
3. 의료급여법상 의료급여 중 본인부담금의 경우 의료급여 관련 법령에 의해 의료급여기금 등으로부터 사전 또는 사후 환급이 가능한 금액(의료급여법상 본인부담금 보상제 및 본인부담금 상한제)
4. 건강검진(단, 검사결과 이상소견에 따라 건강검진센터 등에서 발생한 추가 의료비용은 보상합니다), 예방접종, 인공유산에 든 비용. 다만, 회사가 보상하는 상해 치료를 목적으로 하는 경우에는 보상하여 드립니다.
5. 영양제, 비타민제, 호르몬 투여, 보신용 투약, 친자 확인을 위한 진단, 불임검사, 불임수술, 불임복원술, 보조생식술(체내, 체외 인공수정을 포함합니다), 성장촉진, 의약외품과 관련하여 소요된 비용. 다만, 회사가 보상하는 상해 치료를 목적으로 하는 경우에는 보상하여 드립니다.
6. 의치, 의수족, 의안, 안경, 콘택트렌즈, 보청기, 목발, 팔걸이(Arm Sling), 보조기 등 진료재료의 구입 및 대체비용. 다만, 인공장기 등 신체에 이식되어 그 기능을 대신할 경우는 제외합니다.
7. 아래에 열거된 국민건강보험비급여 대상으로 신체의 필수 기능개선 목적이 아닌 외모개선 목적의 치료로 인하여 발생한 의료비
   가. 쌍꺼풀수술(이중검수술. 다만, 안검하수, 안검내반 등을 치료하기 위한 시력개선 목적의 이중검수술은 보상합니다), 코성형수술(융비술), 유방확대(다만, 유방암 환자의 유방재건술은 보상합니다)·축소술, 지방흡입술, 주름살제거술 등
   나. 사시교정, 안와격리증(양쪽 눈을 감싸고 있는 뼈와 뼈 사이의 거리가 넓은 증상)의 교정 등 시각계 수술로서 시력개선 목적이 아닌 외모개선 목적의 수술
   다. 안경, 콘택트렌즈 등을 대체하기 위한 시력교정술(국민건강보험 요양급여 대상 수술방법 또는 치료재료가 사용되지 않은 부분은 시력교정술로 봅니다)
   라. 외모개선 목적의 다리정맥류 수술(국민건강보험 요양급여 대상 수술방법 또는 치료재료가 사용되지 않은 부분은 외모개선목적으로 봅니다)
   마. 그 밖에 외모개선 목적의 치료로 국민건강보험 비급여대상에 해당하는 치료
8. 진료와 무관한 각종비용(TV시청료, 전화료, 각종 증명료 등), 의사의 임상적 소견과 관련이 없는 검사비용, 간병비
9. 자동차보험(공제를 포함합니다) 또는 산재보험에서 보상받는 의료비. 다만, 본인부담의료비는 ① 입원 - 제3조(담보종목별 보장내용) (1) 상해입원 제1항, 제2항 및 제4항부터 제6항에 따라 ② 통원 - 제3조(보장 종목별 보상내용) (2) 상해통원 제1항부터 제4항 및 제6항에 따라 보상합니다.
10. 국민건강보험법 제40조의 요양기관이 아닌 외국에 있는 의료기관에서 발생한 의료비
11. [통원]. 응급의료에 관한 법률 시행규칙」에서 정한 응급환자에 해당하지 않는 자가 「의료법」 제3조의4에 따른 상급종합병원 응급실을 이용하면서 발생한 비용

그러나 표준화 이후의 실손의료비는 치아·한방치료 중에서 국민건강보험법상 요양급여에 한하여는 보상하며 요양급여에 해당하지 않는 비급여 의료비에 대하여는 면책으로 정하고 있다. 최근 개정약관(2016년)은 그동안의 약관해석상의 분쟁을 반영하고자 안면부골절시 치아 관련 치료를 제외한 치과치료[23]와 한의사가 아닌 의사의 의료행위로 발생한 한방치료를 보상하도록 명시하고 있다.

2. 본인부담금상한제

1) 본인부담액 사전·사후급여의 면책

국민건강보험법에 의하여 요양급여(총의료비에서 비급여의료비를 제외한 금액) 중 본인부담금 총액이 가입소득에 따른 본인부담상한액을 넘는 경우에 그 넘는 금액에 대하여 사전·사후환급이 가능한 금액(이와 유사한 의료급여법에 의한 본인부담금 보상제도에서도 적용)에 대하여는 보상하지 않는다.

2) 국민건강보험법시행령 제19조에 따른 본인부담액상한제[24]

본인부담액상한제란 고액 중증질환자의 의료비 부담을 줄이기 위하여 환자가 부담한 연간 본인부담금 총액이 가입자 소득수준에 따른 본인부담 상한액을 넘는 경우, 그 넘는 금액을 전액 환자에게 돌려주는 제도이다. 다만, 건강보험이 적용되지 않은 MRI비용, 선택진료비, 상급병실료 차액, 본인부담금 전액을 환자가 부담하는 진료비, 기타 비급여 진료비, 보험료 체납 후 진료, 선별급여 대상인 본인부담액은 본인부담상한제 산정시 연간 본인부담금 총액에서 제외되며, 진료를 받은 사람의 고의 또는 중대한 과실로 인한 사고로 진료를 받은 경우, 제3자의 행위로 인한 진료, 병원의 착오 청구 등이 확인될 경우 이미 지급한 금액의 전부 또는 일부 금액에 대하여 환수 고지를 할 수 있다.

본인부담상한액은 소득수준을 7단계로 구분하여 적용하며, 사전급여 또는 사후급여의 형태로 지급된다. 사전급여는 동일 병·의원에 입원하여 발생한 당해 연도 본인부담액 총액이 506만원을 넘는 경우 환자는 506만원까지만 부담하고, 그 넘는 금액은 병·의원에서 공단으로 청구하는 형식이며, 사후급여는 당해 연도에 환자가 여러 병·의원(약국

23) 한편, 개정약관의 문구에 의하면 "안면부 골절"의 경우에만 치과치료 외에 다른 치료를 보상하도록 되어 있으므로 상해사고로 안면부 골절 외의 다른 손상이 생겨서 치과에서 치과치료 외의 치료를 받았다면 어떻게 처리할지에 대해서는 언급하지 않고 있다. 이러한 점은 향후 분쟁의 소지가 될 수 있다.

24) 국민건강보험공단 「본인부담액상한제」 참고

포함)에서 진료를 받고 부담한 연간 본인부담액을 다음해에 최종 합산하여 보험료 수준에 따른 본인부담상한액을 넘는 경우에는 그 넘는 금액을 공단이 환자에게 반환하는 형식으로 운영된다.25)

3) 관련 내용

보험자는 본인부담금상한제와 관련하여 계약자, 피보험자 또는 보험수익자에게 관련한 확인요청을 할 수 있다(2016년 개정신설).

손해사정사 기출문제 39회(2016년)

〈건강보험 기준보험료〉

분위	본인부담 상한액	보험료수준	월별 직장보험료구간	월별 지역보험료구간
1분위	120만원	10% 이하	30,440원 이하	9,380원 이하
2분위~3분위	150만원	10% 초과 ~ 30% 이하	34,440원 초과 ~ 45,640원 이하	9,380원 초과 ~ 25,050원 이하
4분위~5분위	200만원	30% 초과 ~ 50% 이하	45,640원 초과 ~ 67,410원 이하	25,050원 초과 ~ 54,450원 이하
6분위~7분위	250만원	50% 초과 ~ 70% 이하	67,410원 초과 ~ 103,010원 이하	54,450원 초과 ~ 105,000원 이하
8분위	300만원	70% 초과 ~ 80% 이하	103,010원 초과 ~ 132,770원 이하	105,000원 초과 ~ 141,000원 이하
9분위	400만원	80% 초과 ~ 90% 이하	132,770원 초과 ~ 179,700원 이하	141,000원 초과 ~ 190,870원 이하
10분위	500만원	90% 초과	179,700원 초과	190,870원 초과

25) 본인부담상한액 기준(2015년 1월 기준)

소득수준	1분위	2~3분위	4~5분위	6~7분위	8분위	9분위	10분위
본인부담상한액	121만원	151만원	202만원	253만원	303만원	405만원	506만원

예시1) 가입자가 2016.1.1~12.31까지 여러 병원에서 건강보험 본인부담금 550만원(A병원 : 400만원, B병원 : 100만원, C약국 : 50만원)을 부담하고 가입자의 보험료 수준이 하위 50%에 해당되는 경우 상한액사후환급금은?
550만원(본인부담금) − 202만원(본인부담상한액) = 348만원(사후환급금)

예시2) 가입자가 2016.1.1~12.31까지 여러 병원에서 건강보험 본인부담금 550만원(A병원 : 400만원, B병원 : 100만원, C약국 : 50만원)을 부담하고 가입자의 보험료 수준이 하위 10%에 해당되는 경우 상한액사후환급금은?
550만원(본인부담금) − 121만원(본인부담상한액) = 429만원(사후환급금)

26) 지역보험가입자이므로 6-7분위에 해당한다. 본인부담상한액은 250만원이므로 350만원을 환급받을 수 있다.

※ 건강보험 기준보험료 : 2015년과 2016년은 동일하며, 매년 1월 1일부터 12월 31일까지 적용한다고 가정함.
※ 김행복은 국민건강보험법 적용 대상자이며, 2014년 퇴직 이후 건강보험 가입자 및 피부양자로 건강보험료 전액을 납입해왔음.
※ 갑보험사로부터 2016년 지급받지 못한 실손보험금은 2017년 국민건강보험공단에서 환급받을 수 있음.

실손의료보험 표준약관상 「본인부담금상한제」를 기술하고, 김행복이 2015년부터 2016년 8월까지 매월 58,000원의 건강보험료를 납입해 온 경우에 2016년 동안 국민건강보험 급여항목 중 본인부담액으로 총 600만원을 의료비로 지출하였다면, 2017년에 국민건강보험공단으로부터 환급받을 수 있는 금액은 얼마인가.[26] (5점, 문제수정)

3. 외모개선 목적의 치료로 발생한 의료비

외모개선 목적의 치료는 상해로 인한 손해로 볼 수 없으므로 면책으로 정하고 있다. 또한 현행약관(2013.1.1 이후)은 "그 외 외모개선 목적의 치료로 건강보험 비급여대상에 대항하는 치료" 문구를 추가하여 분쟁을 방지할 수 있도록 하였다.

2016 개정약관은 그동안의 분쟁을 반영하여 면책의 대상이 되는 시력교정술의 범위에 "국민건강보험 요양급여 대상 수술방법 또는 치료재료가 사용되지 않은 부분은 시력교정술로 봅니다"라는 문구를 삽입하였다. 예를 들어 상해사고의 결과 눈의 손상이 생겼으나 건강보험법상 급여항목이 아닌 비급여항목의 수술을 받았다면 면책의 대상이 된다.

4. 자동차보험 또는 산재보험에서 보상받는 의료비

1) 기존약관의 내용

실손의료보험 표준약관은 중복보상을 방지하기 위하여 자동차보험 또는 산재보험에서 보상하는 의료비에 대해서는 면책으로 정하고 있다. 그러나 피보험자의 본인부담 의료비가 발생한 경우에는 "담보종목별 보장내용"에 따라 보상한다.

자동차보험 또는 산재보험으로 처리된 경우에는 "국민건강보험법 또는 의료급여법을 적용받지 못하는 경우"에 해당하므로 피보험자 본인이 실제로 부담한 금액의 40% 해당액을 보상한다.

2) 2016년 개정약관의 내용

기존약관은 자동차보험과 산재보험처리받은 경우의 본인부담의료비의 40%만 보상하도록 정하고 있었으나, 산재처리시 국민건강보험으로 처리한 경우보다 보험금이 적게 산출되면 불합리하다는 견해에 따라 개정약관은 산재보험 등의 처리시에도 본인부담의료비에 한하여 국민건강보험 적용된 경우와 동일한 수준(의료비의 90% 또는 80%)의 보험금을 지급하도록 변경하였다.

5. 해외 소재 의료기관에서 발생한 의료비

실손의료보험 표준약관은 해외의 의료기관에서 발생한 의료비는 면책으로 한다. 실손의료보험은 국내 의료기관을 대상으로 한 국민건강보험 통계를 적용하여 보험료를 산출하였기 때문이다. 다만, 「국내사고 해외치료입원의료비 특별약관」을 가입하는 경우에는 해외의료비를 일부 보상하며, 「해외여행 실손의료보험 표준약관」이 적용되는 해외여행 실손의료보험의 경우에는 해외 소재 의료기관에서 발생한 의료비도 보상의 대상이 된다.

「국내사고 해외치료입원의료비(본인부담금 40% 실손보상) 특별약관」에서는 피보험자가 국내에서 입은 상해 또는 국내에서 발생한 질병으로 인하여 해외의료기관(해외소재의료기관을 말함)에 입원하여 의사(치료를 받는 국가의 법에서 정한 병원 및 의사의 자격을 가진 자에 한함)의 치료를 받은 경우에는 입원의료비 중 본인이 실제로 부담한 금액의 40% 해당액을 하나의 상해당 또는 하나의 질병당 보험가입금액을 한도로 하여 보상한다. 다만, 척추지압술(chiroparactic, 추나요법 등)이나 침술(부황, 뜸 포함) 치료로 인한 의료비는 치료받는 국가의 법에서 정한 병원 및 의사의 자격을 가진 자에 의하여 치료를 받은 경우에 한하며, 하나의 상해 또는 질병당 US$1,000 한도로 보상한다.

6. 응급의료관리비

「응급의료에 관한 법률」 및 동 시행규칙에서 정한 응급환자에 해당하지 않는 자가 「의료법」 제3조의4에 따른 상급종합병원 응급실을 이용하면서 발생한 응급의료관리료는 보상하지 않는다. 응급의료관리료는 통상적인 의료비용이 아니라고 보고 있기 때문이다.

7. 특별약관에서 담보하는 의료비(2017.4.1 이후)

도수치료, 비급여주사료 및 자기공명영상진단과 관련한 다음의 의료비는 기본형 실손의료보험에서는 담보하지 않고 특별약관을 통해 별도로 담보한다. 다만, 2017년 4월 1일 이전에 판매된 실손의료보험에는 이 면책조항이 적용되지 않는다.

1. 도수치료·체외충격파치료·증식치료로 인하여 발생한 비급여의료비
2. 비급여 주사료[다만, 항암제, 항생제(항진균제 포함), 희귀의약품은 보상한다]
3. 자기공명영상진단(MRI/MRA)으로 인하여 발생한 비급여의료비(조영제, 판독료를 포함한다)
4. 제1호, 제2호, 제3호와 관련하여 자동차보험(공제를 포함한다) 또는 산재보험에서 발생한 본인부담의료비

만일, 위에서 면책사항으로 정한 의료비와 다른 의료비가 함께 청구되어 각 항목별 의료비가 구분되지 않는 경우에 보험회사는 보험금 지급금액 결정을 위해 계약자, 피보험자 또는 보험수익자에게 각각의 의료비에 대한 확인을 요청할 수 있다.

103 기본형 질병 입·통원 담보의 보상하는 사항

I 상해 입·통원 담보와 공통적인 사항

질병입원 담보와 질병통원 담보의 경우에도 상해 입·통원 담보의 보상하는 사항에서 정한 내용과 대부분 같다. 그러므로 질병입원 담보의 보상한도, 건강보험 적용 여부에 따른 보상방법, 복리후생제도 감면 전 의료비를 보상대상으로 하는 내용 등은 모두 상해 입원 담보에서 설명한 바와 같다. 질병입원 담보는 "하나의 질병"을 기준으로 보상한다는 차이가 있을 뿐이다. 질병통원 담보의 보상한도, 보상방법 등도 상해통원 담보와 마찬가지이다. 상해가 아닌 질병이 보험사고가 된다는 차이가 있을 뿐이다.

II 질병입원 담보에서 "동일한 질병 또는 하나의 질병"

보험자는 동일한 질병 또는 하나의 질병(의학상 관련이 있다고 의사가 인정하는 질병은 동일한 질병으로 간주하며, 동일한 질병으로 2회 이상 치료를 받는 경우에는 이를 하나의 질병으로 본다)으로 인한 의료비는 275일 이후에 보상한도액이 종료한 경우에는 보상한도액이 종료할 때까지 보상하며[27] 보상한도액이 종료한 이후부터 90일의 보상제외기간을 적용한다. 만일 275일 이내에 보상한도액이 종료한 경우에는 최초입원일부터 365일이 경과하는 때부터 새로운 보상한도 내에서 보상한다.

동일한 질병이란 발생 원인이 동일한 질병(의학상 중요한 관련이 있는 질병을 포함한다)을 말하며, 질병의 치료 중에 발생된 합병증 또는 새로이 발견된 질병의 치료가 병행되거나 의학상 관련이 없는 여러 종류의 질병을 갖고 있는 상태에서 입원한 때에는 동일한 질병

---

[27] 2016년 1월 개정 이전에는 최초 입원일(최초 입원일을 포함)로부터 365일을 입원의료비의 보상한도로 하고 있었다. 그러므로 기존약관은 365일과 5,000만원의 보상한도를 함께 고려했으나 개정 이후의 약관은 보상한도액이 될 때까지는 365일의 제한이 없이 보상한다.

으로 간주한다. 예를 들어 암으로 인한 입원치료 도중에 암의 합병증이 발병한 경우에는 동일한 질병으로 인한 입원으로 본다.

III 「질병보험금 지급에 관한 세부규정」 준용

실손의료보험의 질병 입·통원 담보에서도 「질병·상해보험 표준약관」에서 정하고 있는 "질병보험금 지급에 관한 세부규정"과 동일한 내용을 규정하고 있다.

그러므로 청약서상 "계약 전 알릴의무(중요한 사항에 한한다)"에 해당하는 질병으로 인하여 과거(청약서상 당해 질병의 고지대상 기간을 말한다)에 진단 또는 치료를 받은 경우에 해당 질병에 대하여 보상하지 않으며, 청약일 이전에 진단확정된 질병이라 하더라도 청약일 이후 5년이 지나는 동안(계약이 자동갱신되어 5년을 지나는 경우를 포함) 그 질병으로 인하여 추가적인 진단(단순 건강검진 제외) 또는 치료사실이 없을 경우 청약일로부터 5년이 지난 이후에는 보상한다.

다만, 보험료의 납입연체로 계약의 해지가 발생하고 해지계약을 부활한 경우에는 부활일로부터 5년을 적용한다.

IV 질병통원 담보의 보상액 결정

1. 통원 담보 보상액의 결정

국민건강보험법 또는 의료급여법이 적용되는 의료비의 경우에 피보험자 본인이 실제로 부담한 금액에서 공제액을 차감한 금액을 1회 또는 1건당 보상한도 내에서 보상한다. 구체적으로는 다음과 같이 산정된다.

- 외래비 : min[피보험자 실제부담금액 − 공제액, 보상한도(e.g. 25만원)]
- 처방조제비 : min[피보험자 실제부담금액 − 공제액, 보상한도(e.g. 5만원)]

다만, 표준형과 선택형(또는 기존 2009.10.1 ~ 2012.12.31의 통원담보) 그리고 선택형 II에 따라서 공제액이 달라진다. 표준형은 「Ⅱ. 외래 · 처방조제 항목별 공제액」에서 정하는 항목별 공제액과 보상대상의료비(피보험자 실제부담금액 – 보상제외금액을 말함) 중에서 큰 금액을 공제하며, 선택형은 항목별 공제액만을 기준으로 하여 공제한다. 2015년 9월 이후의 선택형 Ⅱ는 보상대상의료비 중에서 급여 10%, 비급여 20%를 공제한다.

- 선택형 통원담보 공제액 : 항목별 공제액(종합 2만, 병원 1.5만, 의원 1만)
- 선택형 Ⅱ 공제액 : max[항목별 공제액, (의료비 중 급여10% + 비급여 20%)]
- 표준형 통원담보 공제액 : max[항목별 공제액, 보상대상의료비 × 20%]

2. 선택형 통원 담보의 사례

손해사정사 기출문제 33회(2010년)

피보험자 L씨는 2010년 1월 20일 A보험회사에 실손의료보험을 가입하고 유지해 오던 중 아래와 같이 병 · 의원에서 외래통원 치료를 받고 실손의료비를 청구하였다. 해당 보험회사가 지급해야 할 통원의료비 보험금을 산출하시오. (10점)

가. 계약사항(가입금액)
- 종합입원형 5,000만원, 종합통원형(외래 : 회당 20만원, 처방조제비 : 건당 10만원)

나. 손해사항 (단위 : 원)

통원일	병 · 의원명	진료과목	병명	진료비		
				급여		비급여
				본인부담	공단부담	
2010.5.3	S의원	내과	고혈압, 당뇨	20,000	50,000	
2010.5.3	K대학병원	내과	고혈압, 당뇨	50,000	110,000	50,000
2010.5.4	B한의원	한방내과	고혈압, 당뇨	20,000	50,000	100,000
2010.5.7	C의원	내과	간경화 의증	20,000	50,000	
2010.5.7	K대학병원	내과	당뇨	30,000	70,000	20,000

1) 2010.5.3

동일한 질병으로 하루에 둘 이상의 병원에 통원하였으므로 하나의 의료비로 간주하여 처리한다. 이 경우 둘 중 높은 공제액을 차감한다.

min[한도 : 20만원, (5만원 + 5만원 + 5만원) − Max[2만원, 1.5만원] = 10만원

2) 2010.5.4

한방의료비는 비급여 항목에 대해서는 면책한다. 그러므로 2만원만 보험금 지급의 대상이 된다.

min[한도 : 20만원, 2만원 − 1만원] = 1만원

3) 2010.5.7

하루에 두 병원에 통원하였으나 서로 다른 질병이므로 각각 1회의 한도 내에서 보험금을 지급한다.

- 간경화 : min[한도 : 20만원, 2만원 − 1만원] = 1만원
- 당뇨 : min[한도 : 20만원, (3만원 + 2만원) − 2만원] = 3.5만원
  - 출제자의 의도상 K대학병원은 종합전문요양기관으로 간주하여 2만원을 공제함

3. 표준형 통원담보의 사례

통원담보 **표준형 실손의료비 통원담보 보상액 결정**

1. 보험가입내용 : 2013년 4월 1일 A손해보험회사의 표준형 질병통원의료비에 가입(15년 갱신, 외래비 25만원 한도, 처방조제비 5만원 한도)
2. 손해사항 : 모두 건강보험법에서 정한 요양급여로서 피보험자가 실제로 부담한 의료비용은 다음과 같다.
   ① 2013년 5월 1일, 감기진단으로 ○○의원 통원 : 외래비 10만원, 처방조제비 5만원 부담
   ② 2013년 6월 3일, 장염진단으로 ○○의원 통원 : 외래비 10만원, 처방조제비 5천원 부담
   ③ 2013년 6월 3일, 장염진단으로 ○○병원 통원 : 외래비 10만원, 처방조제비 4만5천원 부담
   ④ 2013년 6월 3일, 천식진단으로 ○○대학병원(종합전문요양기관) 통원 : 외래비 35만원, 조제비 없음
   ⑤ 2013년 10월 1일, 여성불임증(N97) 진단으로 ○○병원 통원 : 외래비 20만원, 처방조제비 1만원

4. 사례의 풀이

① 외래 10만원 − max[1만원, 10만원 × 20%] = 8만원
처방조제 5만원 − max[8천원, 5만원 × 20%] = 4만원

②③ 외래 (10만원 + 10만원) − max[1.5만원, 20만원 × 20%] = 16만원
처방조제 (5천원 + 4만5천원) − max[8천원, 5만원 × 20%] = 4만원

④ 외래 35만원 − max[2만원, 35만원 × 20%] = 28만원, 그러나 25만원 한도로 보상

⑤ 면책질병, 여성생식기의 비염증성장애는 N80~98까지인데, 그 중에서 N96(습관성 유산), N97(여성 불임증), N98(인공수정과 관련한 합병증)은 면책질병으로 분류하므로 면책이다.

104 기본형 질병 입·통원 담보의 보상하지 않는 사항

I 일반면책사항과 손해방지·경감의무조항

실손의료보험 표준약관의 경우에도 질병·상해보험 표준약관과 마찬가지의 공통적인 면책사항을 규정하고 있다. 그러므로 계약자 측의 고의사고, 피보험자의 임신·출산, 전쟁 등을 보상하지 않는 사항으로 정하는 것은 동일하다.

다만, 실손의료보험은 손해보험의 성격이 있으므로 표준약관에서 "피보험자가 정당한 이유없이 입원(통원)기간 중 의사의 지시를 따르지 아니한 때에 회사는 그로 인하여 악화된 부분에 대하여는 보상하여 드리지 아니합니다"라고 정하면서 상법 손해보험편의 "손해방지·경감의무(상법 제680조)"를 반영한 조항을 두고 있다.

II 면책질병[28]

질병을 담보하는 실손의료보험은 질병입원일당 특별약관과 마찬가지로 면책질병을 열거하고 있다. 면책질병 중에서 특이한 점은 치매(F00~F03)를 담보한다는 점과 비만(E66)을 면책으로 한다는 점이다. 질병입원일당 특별약관상 면책질병을 비교하면 다음과 같다.

---

28) ② 회사는 한국표준질병사인분류에 있어서 아래의 입원(통원)의료비에 대하여는 보상하여 드리지 아니합니다.
1. 정신과질환 및 행동장애(F04~F99), (다만, F04~F09, F20~F29, F30~F39, F40~F48, F51, F90~F98과 관련한 치료에서 발생한 「국민건강보험법」상 요양급여에 해당하는 의료비는 보상합니다)
2. 여성생식기의 비염증성 장애로 인한 습관성 유산, 불임 및 인공수정관련 합병증(N96~N98)
3. 피보험자(보험대상자)가 임신, 출산(제왕절개를 포함합니다), 산후기로 입원(통원)한 경우(O00~O99)
4. 선천성 뇌질환(Q00~Q04)
5. 비만(E66)
6. 요실금(N39, R32)
7. 직장 또는 항문질환 중 국민건강보험법상 요양급여에 해당하지 않는 부분(I84, K60~K62, K64)

실손의료보험 질병 담보의 면책질병	질병입원일당특약의 면책질병
1. 정신과질환 및 행동장애(F04~F99, 예외있음) 2. 여성생식기의 비염증성 장애로 인한 습관성 유산, 불임 및 인공수정관련 합병증(N96~N98) 3. 피보험자의 임신, 출산(제왕절개를 포함), 산후기로 입원(통원)한 경우(O00~O99) 4. 선천성 뇌질환(Q00~Q04) 5. 비만(E66) 6. 요실금(N39, R32) 7. 직장 또는 항문질환 중 국민건강보험법상 요양급여에 해당하지 않는 부분(I84, K60~K62, K64)	1. 피보험자의 치매를 제외한 정신적 기능장해, 선천성 뇌질환 및 심신상실 2. 성병 3. 알코올중독, 습관성 약품 또는 환각제의 복용 및 사용 4. 질병을 원인으로 하지 않는 신체검사, 예방접종, 인공유산, 불임시술, 제왕절개수술 5. 피로, 권태, 심신허약 등을 치료하기 위한 안정치료 6. 위생관리, 미모를 위한 성형수술 7. 정상분만, 치과질환

손해사정사 **기출문제** 35회(2012년)

실손의료보험 표준약관상 질병입원의료비와 질병통원의료비에서 공통적으로 보상하지 않는 한국표준질병사인분류상 7개의 질환군(질병명)을 기술하시오. (10점)

Ⅲ 실손의료보험 표준약관의 주요 고유면책사항

1. 상해 입·통원 담보의 보상하지 않는 사항의 준용

질병 입·통원 담보에서도 상해 입·통원 담보에서 정한 보상하지 않는 사항을 준용한다. 그러므로 본인부담금상한제 환급액, 건강검진, 영양제·보신용 투약, 의수·보조기 등, 외모개선 목적의 치료비, 진료무관 제비용, 해외소재 의료비와 관련해서 발생한 의료비 등은 보상하지 않는다.

2. 정신과질환

정신과질환은 주로 환자의 진술과 행동에 의존하여 진단되는 현실과 등에 그 증상도 점진적으로 진행되므로 정확한 발병시점을 확인하기 어렵다는 것을 이유로 치매(F00~F03) 이외에는 실손의료보험 보장대상에서 제외하고 있었다.

그러나 개정약관은 증상이 비교적 명확해서 치료 목적 확인이 가능한 일부 정신과질환(급여부분에 한한다)은 실손의료보험의 보장대상으로 하였다. 예를 들어 뇌손상으로 인격·행동장해가 발생한 경우 실손의료보험의 보상대상이 된다. 그리고 2019년 1월 1일부터는 비기질성 수면장애(F51)와 관련한 요양급여에 해당하는 의료비도 보상의 대상이다.[29)]

3. 치과·한방치료 관련 의료비

표준화 이전의 실손의료비는 치과·한방치료 관련한 의료비를 일괄적으로 면책으로 정하고 있었다. 치과·한방치료의 특성상 보험가입 이전에 누적적으로 발생한 질병(예를 들어 치아우식증) 등의 영향이 보험가입 이후에 영향을 미치거나 치료목적으로 보기 힘든 경우(예를 들어 보약)가 있기 때문이다.

그러나 표준화 이후의 실손의료비는 치아·한방치료 중에서 국민건강보험법상 요양급여에 한하여는 보상하며 요양급여에 해당하지 않는 비급여 의료비에 대하여는 면책으로 정하고 있다.

최근 개정약관(2016년)은 그동안의 약관해석상의 분쟁을 반영하고자 구강, 침샘 및 턱의 질환(K00~14) 중에서 K00~K08과 한방치료로 인하여 발생한 비급여항목을 면책하도록 정하고 있다. 그러므로 K09~14는 보상하며,[30)] 한방병원의 치료라고 해도 한의사가 아닌 의사의 의료행위로 인한 경우에는 보상한다.

29) 치매(F00 F03)의 치료를 위해 발생한 의료비는 모두 보상의 대상이 된다. 그러나 뇌손상, 뇌기능 이상에 의한 인격 및 행동장애 등(F04－F09), 정신분열병, 분열형 및 망상성장애(F20－F29), 기분장애(F30－F39), 신경성, 스트레스성 신체형장애(F40－F48), 비기질성 수면장애(F51), 소아 및 청소년기의 행동 및 정서장애(F90－F98)의 경우에는 국민건강보험 요양급여에 해당하는 의료비가 발생한 경우에 한하여 보상한다.

30) 기존의 약관에서도 충치, 임플란트 외에 구강, 혀, 턱질환 관련 치과치료는 건강보험이 적용되는 의료비로서 급여 및 비급여 의료비가 모두 보장의 대상이었으나 일반소비자는 치과치료를 모두 면책으로 하는 것으로 오해할 수 있으므로 2016년 개정약관은 치과치료 중 보장이 되는 항목을 명시하도록 변경하였다. 여기서 면책으로 규정한 K00~08은 치아와 관련한 것이며, 명시되지 않은 K09~14는 보상의 대상이 되는 것이다. 즉, [K09] 달리 분류되지 않은 구강영역의 낭, [K10] 턱의 기타 질환, [K11] 침샘의 질환, [K12] 구내염 및 관련 병변, [K13] 입술 및 구강점막의 기타 질환, [K14] 혀의 질환은 급여항목에서 발생한 본인부담비용뿐만 아니라 비급여항목에 대해서도 보상한다.

손해사정사 기출문제 39회(2016년)

아래의 제 조건을 읽고 질문에 답하시오.

〈계약사항〉

보험사	보험종목	피보험자	보험기간	보장내용 (가입금액)	자기부담률
갑	실손보험 〈표준형〉	김행복	2016.1.5 ~ 2036.1.4	질병입원의료비 : 5,000만원	20%

※ 고지의무 위반 등 계약상 하자는 없으며, 퇴직 시 연령은 고려하지 않음.
※ 국민건강보험법상 김행복의 본임부담액 상한액은 250만원임.

〈입원의료비 발생내역〉

진료기관	진단명	입원기간	요양급여		비급여의료비
			공단부담	본인부담	
A상급종합병원	위암	2016.3.1~ 2016.3.15	600만원	200만원	400만원
B요양병원	위암	2016.4.1~ 2016.6.15	400만원	100만원	600만원
C한방병원	위암	2016.7.1~ 2016.7.30	350만원	300만원	300만원

※ 비급여비용은 치료관련 비용이고, 상급병실료는 없음.
※ C한방병원은 한의사만 진료하는 병원임.
※ 2016.7.30 이후 추가 치료사항은 없음.

갑보험사가 지급해야 할 실손의료비를 계산하시오. (15점) (풀이과정 명시, 문제수정)

1) **보상대상의료비** : 200 + 400 + 50 + 600 = 1,250만원

(1) A상급종합병원

급여 중 본인부담 200만원 + 비급여 400만원 = 600만원

(2) B요양병원

노인실손의료비가 아닌 이상 요양병원도 담보에 해당한다. 요양병원 비급여는 일반적으로 치료목적이 아닌 경우가 많으나 문제에서 치료목적이라고 명시했으므로 인정한다.

(급여 중 본인부담 100만원 – 본임부담상한액 초과 50만원) + 비급여 600만원 = 650만원

(3) C한방병원

한방병원 비급여항목은 면책한다. 또한 이미 본인부담상한액이 초과하였으므로 급여 중 본인부담액 300만원은 피보험자가 지출한 실제 손해로 인정하지 않는다.

2) **보상책임액 : 1,050만원**

피보험자 부담액의 80%를 보상하며, 실손약관상 연간 자기부담금 한도 200만원을 초과한 금액에 대해서는 전액보상한다.

1,000만원 × 80% + 250 = 1,050만원

4. 치료목적으로 보기 힘든 경우[31]

쌍커풀수술, 코성형수술, 사시교정, 외모개선 목적의 다리정맥류 수술 등은 외모개선 목적의 치료에 해당하므로 질병·상해담보에서 공통적으로 보상하지 않는다. 다만, 질병 담보의 보상하지 않는 사항에서는 치료목적으로 보기 힘든 경우에 대하여 별도로 열거하고 있다.

그러므로 ① 단순한 피로 또는 권태, ② 주근깨, 다모, 무모, 백모증, 딸기코, 점, 사마귀, 여드름, 노화현상으로 인한 탈모 등 피부질환, ③ 발기부전·불감증, 단순 코골음, 단순포경, 국민건강보험 관련 규칙상 업무 또는 일상생활에 지장이 없는 검열반 등 안과질환에 해당하는 경우에는 보상하지 않는다.

한편, 개정약관은 일반적으로 몽고반점, 오타성 모반이라고 부르는 Q82.5의 치료비를 보상하도록 하였다. 태아에게 있어서 Q82.5는 진행하는 형태의 모반(혈관에 발생한 일종의 양성종양)이므로 치료가 필요하기 때문이다. 한편, 이와 관련한 금감원 분쟁사례에서는 "수

31) 아래에 열거된 치료로 인하여 발생한 의료비
가. 단순한 피로 또는 권태
나. 주근깨, 다모, 무모, 백모증, 딸기코(주사비), 점, 모반(피보험자의 가입나이가 태아인 경우 화염상모반 등 선천성 비신생물성 모반(Q82.5)은 보상합니다), 사마귀, 여드름, 노화현상으로 인한 탈모 등 피부질환
다. 발기부전(impotence)·불감증, 단순 코골음(수면무호흡증(G47.3)은 보상합니다), 치료를 동반하지 않는 단순 포경(phimosis), 국민건강보험 요양급여의 기준에 관한 규칙 제9조 제1항([별표2] 비급여대상)에 의한 업무 또는 일상생활에 지장이 없는 검열반 등 안과질환

술"의 정의에도 불구하고 "모반치료를 위한 레이저 수술"을 수술로 인정한 바 있다(분쟁조정 제2010-8호).

5. 외모개선 목적으로 보는 경우[32)]

쌍꺼풀수술, 시력교정술, 다리정맥류 수술 그리고 그 외의 건강보험 비급여 대상인 외모개선 목적의 치료는 보상하지 않는다. 2016 개정약관은 그동안의 분쟁을 반영하여 면책의 대상이 되는 시력교정술의 범위에 "국민건강보험 요양급여 대상 수술방법 또는 치료재료가 사용되지 않은 부분은 시력교정술로 봅니다"라는 문구를 삽입하였다. 예를 들어 백내장을 치료하기 위하여 건강보험이 적용되는 일반적인 백내장 수술(단초점 수술) 외에 건강보험상 비급여인 노안교정 백내장수술(다초점 수술)을 받은 경우에는 시력교정술에 해당하여 보험금을 지급하지 않는다.

유방확대술·축소술이나 지방흡입술의 경우도 외모개선 목적으로 보는 것이 일반적이지만 유방암 환자의 유방재건술은 보상대상의료비로 인정하고 있으며, 요양급여에 해당하는 여성형 유방증[33)]을 수술하면서 시행한 지방흡입술에 대해서도 보상한다.

6. 인간면역바이러스 감염으로 인한 치료비

인간면역바이러스(HIV) 감염으로 인한 치료비는 보상하지 않는다. 인간면역바이러스에 감염되는 경로가 피보험자의 고의 또는 중과실에서 기인하는 경우가 흔할 뿐만 아니라 장기적으로 고액의 치료비가 소요되기 때문이다. 다만, 피보험자에게 귀책사유가 없는 사유, 즉,

32) 8. 아래에 열거된 국민건강보험 비급여 대상으로 신체의 필수 기능개선 목적이 아닌 외모개선 목적의 치료로 인하여 발생한 의료비
가. 쌍꺼풀수술(이중검수술. 다만, 안검하수, 안검내반 등을 치료하기 위한 시력개선 목적의 이중검수술은 보상합니다), 코성형수술(융비술), 유방확대(다만, 유방암 환자의 유방재건술은 보상합니다)·축소술, 지방흡입술, 주름살제거술 등
나. 사시교정, 안와격리증(양쪽 눈을 감싸고 있는 뼈와 뼈 사이의 거리가 넓은 증상)의 교정 등 시각계 수술로서 시력개선 목적이 아닌 외모개선 목적의 수술
다. 안경, 콘택트렌즈 등을 대체하기 위한 시력교정술(국민건강보험 요양급여 대상 수술방법 또는 치료재료가 사용되지 않은 부분은 시력교정술로 봅니다)
라. 외모개선 목적의 다리정맥류 수술(국민건강보험 요양급여 대상 수술방법 또는 치료재료가 사용되지 않은 부분은 외모개선 목적으로 봅니다)
마. 그 밖에 외모개선 목적의 치료로 국민건강보험 비급여대상에 해당하는 치료

33) 건강보험 요양급여 적용이 가능한 여성형 유방은 중등도 이상의 여성형유방으로서 중등도의 유방비대와 현저한 유방비대 및 피부처짐의 경우에 한한다. 그러므로 피부남음없이 조금 커진 유방에 대해서는 비급여 항목에 해당하므로 보상되지 않는다.

의료인의 진료상 또는 치료 중 혈액에 의한 HIV 감염인 경우(진료기록을 통해 객관적으로 확인된 경우)에는 보상한다.

7. 산재보험에서 보상받는 의료비

실손의료보험 표준약관은 중복보상을 방지하기 위하여 산재보험에서 보상하는 의료비에 대해서는 면책으로 정하고 있다. 그러나 피보험자의 본인부담 의료비가 발생한 경우에는 "담보종목별 보장내용(피보험자가 실제로 부담한 금액의 80% 또는 90%)"에 따라 보상한다.

상해 입·통원 담보에서는 자동차보험에서 보상하는 의료비에 대하여도 보상하지 않으나 자동차사고에 의한 것이므로 질병 입·통원 담보에서는 별도로 언급하지 않는다.

8. 응급의료관리비

「응급의료에 관한 법률」 및 동 시행규칙에서 정한 응급환자에 해당하지 않는 자가 「의료법」 제3조의4에 따른 상급종합병원 응급실을 이용하면서 발생한 응급의료관리료는 보상하지 않는다. 응급의료관리료는 통상적인 의료비용이 아니라고 보고 있기 때문이다.

9. 특별약관에서 담보하는 의료비(2017.4.1 이후)

도수치료, 비급여주사료 및 자기공명영상진단과 관련한 다음의 의료비는 기본형 실손의료보험에서는 담보하지 않고 특별약관을 통해 별도로 담보한다. 다만, 2017년 4월 1일 이전에 판매된 실손의료보험에는 이 면책조항이 적용되지 않는다.

① 도수치료·체외충격파치료·증식치료로 인하여 발생한 비급여의료비

② 비급여 주사료[다만, 항암제, 항생제(항진균제 포함), 희귀의약품은 보상한다]

③ 자기공명영상진단(MRI/MRA)으로 인하여 발생한 비급여의료비(조영제, 판독료를 포함한다)

④ 제1호, 제2호, 제3호와 관련하여 자동차보험(공제를 포함한다) 또는 산재보험에서 발생한 본인부담의료비

만일, 위에서 면책사항으로 정한 의료비와 다른 의료비가 함께 청구되어 각 항목별 의료비가 구분되지 않는 경우에 보험회사는 보험금 지급금액 결정을 위해 계약자, 피보험자 또는 보험수익자에게 각각의 의료비에 대한 확인을 요청할 수 있다.

105 기본형 실손의료보험에 부가되는 특별약관

I 특별약관의 개요

2017년 4월 1일 이후에 판매되는 실손의료보험은 그동안의 손해율을 반영하여 비급여에 해당하는 일부 치료에 대해서는 보통약관의 면책사항으로 규정하고 특별약관을 통해서만 담보하도록 하였다. 이에 따라 추가되는 특별약관은 「비급여 도수치료・체외충격파치료・증식치료 실손의료보험 특별약관」과 「비급여 주사료 실손의료보험 특별약관」 그리고 「비급여 자기공명영상진단(MRI/MRA) 실손의료보험 특별약관」이 있다.

II 비급여 도수치료·체외충격파치료·증식치료 특별약관

1. 보상의 대상

피보험자가 상해 또는 질병의 치료목적으로 병원에 입원 또는 통원하여 비급여 도수치료・체외충격파치료・증식치료를 받은 경우에 보상한다. 여기서 비급여란 국민건강보험법 또는 의료급여법에 따른 비급여 대상으로서 국민건강보험법 등에 따른 요양급여(또는 의료급여) 절차를 거쳤으나 급여항목이 발생하지 않은 경우의 비급여 항목이 포함된다.

2. 용어의 정의

용어	정의
도수치료	치료자가 손(정형용 교정장치 장비 등의 도움을 받는 경우를 포함합니다)을 이용해서 환자의 근골격계통(관절, 근육, 연부조직, 림프절 등)의 기능 개선 및 통증감소를 위하여 실시하는 치료행위 * 의사 또는 의사의 지도하에 물리치료사가 도수치료를 하는 경우에 한함

체외충격파 치료	체외에서 충격파를 병변에 가해 혈관 재형성을 돕고 건(힘줄) 및 뼈의 치유 과정을 자극하거나 재활성화시켜 기능개선 및 통증감소를 위하여 실시하는 치료행위(체외충격파쇄석술은 제외)
증식치료	근골격계 통증이 있는 부위의 인대나 건(힘줄), 관절, 연골 등에 증식물질을 주사하여 통증이 소실되거나 완화되는 것을 유도하는 치료행위

3. 보상하는 내용

보험회사는 피보험자가 이 특별약관의 보험기간 중 상해 또는 질병의 치료목적으로 병원에 입원 또는 통원하여 도수치료・체외충격파치료・증식치료를 받은 경우 도수치료・체외충격파치료・증식치료로 인하여 본인이 실제로 부담한 비급여의료비(행위료, 약제비, 치료재료대 포함)에서 공제금액을 뺀 금액을 보상한도 내에서 보상한다. 공제금액은 1회당 2만원과 보상대상의료비의 30% 중에서 큰 금액으로 하며, 보상한도는 계약일(또는 매년 계약해당일)부터 1년 단위로 350만원 내에서 50회까지 보상한다.[34] 여기서 50회란 도수치료, 체외충격파치료, 증식치료의 각 치료횟수를 합산한 것이다.

보상의 한도를 정함에 있어서 1회 입원 또는 통원을 기준으로 하지 않으므로 1회 입원이라고 해도 여러 번의 비급여 대상이 되는 치료를 받은 경우 각각의 치료마다 보상한도를 적용한다.

4. 준용하는 사항

이 특별약관에서 정하지 않은 보험기간, 면책사유 그리고 기타의 사항은 기본형 실손의료보험 보통약관의 내용과 다르지 않다.

34) 그러므로 만일 계약일로 1년이 되지 않아 보험회사가 350만원을 보상한 경우에는 1년이 되기까지는 추가적인 보상이 없다가 다음 계약해당일로부터 보상한도가 복원된다. 마찬가지로 계약일로 1년 내에 50회를 모두 보상하였다면, 1년을 채울 때까지는 추가적인 보상이 없고 다음 계약해당일이 되어야 보상한도가 복원된다.

Ⅲ 비급여 주사료 특별약관

1. 보상의 대상

피보험자가 상해 또는 질병의 치료목적으로 병원에 입원 또는 통원하여 비급여주에 해당하는 주사료를 부담하는 경우에 보상한다. 여기서 비급여란 국민건강보험법 또는 의료급여법에 따른 비급여 대상으로서 국민건강보험법 등에 따른 요양급여(또는 의료급여) 절차를 거쳤으나 급여항목이 발생하지 않은 경우의 비급여 항목이 포함된다.

2. 용어의 정의

용어	정의
주사료	주사치료시 사용된 행위, 약제 및 치료재료대
항암제	식품의약품안전처가 「의약품등 분류번호에 관한 규정」에 따라 지정하는 "조직세포의 기능용 의약품" 중 "종양용약"과 "조직세포의 치료 및 진단 목적제제"* *「의약품등 분류번호에 관한 규정」에 따른 의약품분류표가 변경되는 경우 치료시점의 의약품분류표에 따른다.
항생제 (항진균제 포함)	식품의약품안전처가 「의약품등 분류번호에 관한 규정」에 따라 지정하는 "항병원 생물성 의약품" 중 "항생물질제제", "화학요법제" 및 "기생동물에 대한 의약품 중 항원충제"* *「의약품등 분류번호에 관한 규정」에 따른 의약품분류표가 변경되는 경우 치료시점의 의약품분류표에 따른다.
희귀의약품	식품의약품안전처장이 「희귀의약품 지정에 관한 규정」에 따라 지정하는 의약품* *「희귀의약품 지정에 관한 규정」에 따른 희귀의약품 지정 항목이 변경되는 경우 치료시점의 희귀의약품 지정 항목에 따른다.

3. 보상하는 내용

보험회사는 피보험자가 이 특별약관의 보험기간 중 상해 또는 질병의 치료목적으로 병원에 입원 또는 통원하여 주사치료를 받아 본인이 실제로 부담한 비급여주사료에서 공제금액을 뺀 금액을 보상한도 내에서 보상한다. 공제금액은 입원 또는 통원 1회당 2만원과 보상대상의료비 30% 중 큰 금액으로 하며, 보상한도는 계약일(또는 매년 계약해당일)부터 1년 단위로 250만원 내에서 입원과 통원을 합산하여 50회까지 보상한다.

4. 준용하는 사항

이 특별약관에서 정하지 않은 보험기간, 면책사유 그리고 기타의 사항은 기본형 실손의료보험 보통약관의 내용과 대부분 같다.

Ⅳ 비급여 자기공명영상진단(MRI/MRA) 특별약관

1. 보상의 대상

피보험자가 상해 또는 질병의 치료목적으로 병원에 입원 또는 통원하여 비급여 자기공명영상진단을 받은 경우에 보상한다. 여기서 비급여란 국민건강보험법 또는 의료급여법에 따른 비급여 대상으로서 국민건강보험법 등에 따른 요양급여(또는 의료급여) 절차를 거쳤으나 급여항목이 발생하지 않은 경우의 비급여 항목이 포함된다.

2. 용어의 정의

용어	정의
자기공명 영상진단	자기공명영상 장치를 이용하여 고주파 등을 통한 신호의 차이를 영상화하여 조직의 구조를 분석하는 검사(MRI/MRA) * 자기공명영상진단 결과를 다른 의료기관에서 판독하는 경우 포함 (보건복지부에서 고시하는 「건강보험 행위 급여 · 비급여 목록 및 급여 상대가치점수」상의 MRI 범주에 따름)

3. 보상하는 내용

보험회사는 피보험자가 이 특별약관의 보험기간 중 상해 또는 질병의 치료목적으로 병원에 입원 또는 통원하여 자기공명영상진단을 받아 본인이 실제로 부담한 비급여의료비(조영제, 판독료를 포함합니다)에서 공제금액을 뺀 금액을 보상한도 내에서 보상한다. 공제금액은 1회당 2만원과 보상대상의료비의 30% 중 큰 금액으로 하며, 계약일(또는 매년 계약해당일)부터 1년 단위로 연간 300만원 한도 내에서 보상한다.

보상의 한도를 정함에 있어서 1회 입원 또는 통원을 기준으로 하지 않으므로 1회 입원이라고 해도 여러 번의 자기공명영상진단을 받거나 동일한 부위에 대해서 2회 이상

진단을 받더라도 각각의 치료마다 보상한도를 적용한다. 한편, 이 특별약관에서는 자기공명영상진단의 횟수에 대한 제한을 두지 않고 있다.

4. 준용하는 사항

이 특별약관에서 정하지 않은 보험기간, 면책사유 그리고 기타의 사항은 기본형 실손의료보험 보통약관의 내용과 대부분 같다.

손해사정사 기출문제 40회(2017년)

2017년 4월 1일부터 판매된 실손의료보험 상품은 3개 진료군을 특약으로 분리하여 보장하고 있는데, 「비급여 도수치료・체외충격파・증식치료 실손의료보험 특별약관」에서 보장하는 비급여 치료에 대한 용어와 정의에 대하여 각각 기술하시오. (10점)

손해사정사 예상문제

피보험자 홍길동은 2017년 6월 25일(일) 자택에서 김장을 하던 중에 장독대를 들면서 허리를 다쳐 통원치료를 받았다. 다음의 계약사항을 기초로 보험회사가 각각의 특약(①~④)에서 지급할 보험금을 계산하시오.

〈계약사항〉

보험종목	계/피/수	보험계약	가입금액(보장내용)
C손해보험 실손보험	홍길동	2017.5.13(15년)	① 상해입원(기본형, 표준형) ② 도수치료 등 추가보장특약 ③ 비급여주사료 추가보장특약 ④ 비급여MRI 추가보장특약

〈의료비 지출사항〉 : 종합전문요양기관(건보적용)

입원기간 (30일)	치료명		급여		비급여
			공단부담	환자본인부담	본인부담
2017. 6.26~7.25	입원료		1,000,000원	1,000,000원	300,000원
	도수 치료	6.28			100,000원
		6.29			150,000원
	주사료	6.30	100,000원	50,000원	
		7.1			20,000원
		7.2			20,000원
	체외 충격파	7.2			80,000원
		7.2			90,000원

2017. 6.26~7.25	MRI진단료	7.4 머리			400,000원
		7.5 무릎	100,000원	150,000원	
		7.6 척추			100,000원

* 입원료 중 비급여 전액은 상급병실 차액에 해당함. 입원기간 중 1일간 상급병실에 입원함.

1. 상해입원 기본형 : 1,110,000원

   입원치료비

   (100만+5만+15만)×80%=960,000원

   상급병차

   min[30일×10만원, 30만원×50%]=150,000원

2. 도수치료·체외충격·증식치료특약 : min[350만, 36.4만]=364,000원

   동일한 날에 두 번 치료하더라도 각각의 치료로 간주하여 공제함.

   6.28 도수 : 10만−max(2만, 10만×30%)=70,000원

   6.29 도수 : 15만−max(2만, 15만×30%)=105,000원

   7.2 체외 : 8만−max(2만, 8만×30%)=56,000원

   7.2 체외 : 9만−max(2만, 9만×30%)=63,000원

3. 비급여 주사료특약 : min[250만, 2만]=20,000원

   1회의 입원에서 발생한 주사료를 모두 합산하여 하나의 의료비로 공제함.

   (2만+2만)−max(2만원, 4만×30%)=20,000원

4. 비급여 MRI특약 : min[300만, 35만]=350,000원

   7.4 40만−max(2만원, 40만×30%)=280,000원

   7.6 10만−max(2만원, 10만×30%)=70,000원

106 현행 실손의료보험 표준약관상 다수보험의 처리

I 다수의 실손의료보험계약과 관련된 의무

1. 계약자의 통지의무

다수의 보험자가 동일한 피보험자를 대상으로 하는 실손의료보험계약을 체결한 경우에 보험기간이 중복되는 기간에 대해서는 중복보험이 된다. 보험계약자는 보험계약당시에 중복보험에 해당한다면 보험자에게 다른 실손의료보험계약 체결사실을 알려야 한다(중복보험 통지의무, 상법 제669조). 다만, 보험자는 계약자가 통지의무를 위반(다른 보험가입내역에 대한 계약 전 알릴의무 위반)한 것을 이유로 계약을 해지하거나 보험금 지급을 거절할 수 없다(실손의료보험 표준약관 제24조 ⑥).

2. 보험자의 실손의료비 지급안내

보험자는 보험소비자가 다수의 보험을 가입하게 되면 비례분담내용 등을 계약자 안내자료(상품안내서, 가입설계서, 상품설명 등)를 통하여 구체적으로 안내하여야 한다. 즉, 보험계약자가 실손의료보험을 가입하기 전에 실손의료보험계약의 가입 여부를 확인하고 사전조회한 보허가입내역을 기재하며, 비례분담에 대하여 설명받았는지 여부를 확인하여야 한다.

II 중복보험의 효과

1. 사기로 인한 중복보험

중복보험이 보험계약자의 사기로 인하여 체결된 경우에는 수 개의 보험계약은 전부 무효로 된다(상법 제672조 제3항, 제669조 제4항). 다만, 중복보험이 체결되었거나 통지의무를 위반하였다는 사실만으로는 사기로 추정할 수 없으며(99다50712 판결), 실손보험 관련 실무에서 사기로 인한 중복보험을 적용하게 되는 경우는 흔치 않다.

2. 중복보험과 보험금 지급책임

상법상 중복보험의 보험자들은 계약체결시점과 관계없이 보험금액의 비율에 따라 보상책임을 부담하며 피보험자에 대하여 각자의 보험금액 한도 내에서 연대책임을 진다(상법 제672조 제1항, 임의규정, 2000다30127 판결). 그러나 실손의료보험 표준약관은 보상책임 분담방식에 대하여 "책임한도분담방식(독립책임액 비례안분방식)"을 적용하고 있다.

Ⅲ 다수보험의 처리

1. 용어의 정의

용어	정의
보상대상 의료비	실제부담액 − 보상제외금액* * 제3관 회사가 보장하지 않는 사항에 따른 금액 및 실제 사용병실과 기준 병실과의 병실료 차액 중 회사가 보장하지 않는 금액
보상책임액	(보상대상의료비 − 피보험자부담 공제금액)과 보험가입금액 중 작은 금액[35]
다수보험	실손의료보험계약(우체국보험, 각종 공제, 상해·질병·간병보험 등 제3보험, 개인연금·퇴직보험 등 의료비를 실손으로 보상하는 보험·공제계약을 포함)이 동시에 또는 순차적으로 2개 이상 체결되었고, 그 계약이 동일한 보험사고에 대하여 각 계약별 보상책임액이 있는 다수의 실손 의료보험계약을 말함

2. 다수보험의 보상책임액

다수보험의 경우 각 계약의 보상대상의료비 및 보상책임액에 따라 계산된 각 계약의 비례분담액을 보상책임액으로 지급한다. 비례분담하여 지급된 각 계약의 보상책임액 합계액은 각 계약의 보상대상의료비 중 최고액×회사부담비율을 보상최고한도로 한다.

35) 개정 이전의 약관은 보상책임액을(실제부담액−보상제외금액)×회사부담비율로 정하고 있었으나 다수계약의 비례보상과 관련한 분쟁이 잦아지면서 위와 같이 개정하였다.

그러므로 각 계약의 보상책임액 합계액이 각 계약의 보상대상의료비 중 최고액에서 각 계약의 피보험자부담 공제금액 중 최소액을 차감한 금액을 초과한 다수보험은 아래의 산출방식에 따라 각 계약의 비례분담액을 계산한다. 이 경우 입원, 외래, 처방조제를 각각 구분하여 계산한다.

> 각 계약별 비례분담액
> =(계약의 보상대상의료비 중 최고액 − 각 계약의 공제금액 중 최소액)×
> $\dfrac{\text{각 계약별 보상책임액}}{\text{각 계약별 보상책임액의 합계액}}$

3. 다수계약의 보상기준액과 관련된 논란

실손의료비보험의 구성단계부터 보험실무 및 금융감독당국은 다수계약의 비례분담에서 정하는 "보상기준액"을 "보상책임액((실제부담액－보상제외금액)×(1－자기부담비율))"을 의미하는 것으로 보고 있다. 실손의료보험의 자기부담제도는 국민건강보험공단의 재정악화를 방지하기 위한 것이므로 다수보험의 경우라고 해서 피보험자의 자기부담액을 면제시킬 이유가 없기 때문이다.

그러므로 이번 2016년 개정약관에서는 기존의 약관상 모호한 점을 수정하여 위와 같이 산식을 수정함으로써 다수계약의 경우에도 피보험자가 자기부담금을 부담해야 함을 명확히 하였다.

4. 기존약관(2009.10.1~2015.12.31)의 처리기준

기존의 표준약관상 「용어의 정의」에 의하면, 보상대상의료비란 "피보험자의 실제부담액－보상제외금액"만을 말하고 있으므로 회사부담비율(1－자기부담비율)을 곱한 금액을 기준으로 다수계약의 비례보상을 하는 것은 무리가 있다는 분쟁이 제기되었다. 이에 따라 금융감독원은 약관상 명확하게 자기부담금 10% 공제규정을 두지 않는 기존의 약관(2009.10.1~2015.12.31)에 대해서는 작성자불이익원칙을 적용하여 부담비율을 곱하지 않은 금액을 기준으로 다수계약의 비례보상을 적용하도록 지시하고, 기존에 지급하지 않은 자기부담금 상당액에 대해서는 기존 계약자들에게 모두 반환하도록 지시하였다.

Ⅳ 연대책임

1. 연대비례조항

2009년 10월 1일 이후에 신규로 체결된 수익자가 동일한 다수보험(표준화 이후의 실손의료보험을 말한다)의 경우 수익자는 보험금 전부 또는 일부의 지급을 다수계약이 체결되어 있는 회사 중 한 회사에 청구할 수 있고 청구를 받은 회사는 해당 보험금을 이 계약의 보험가입금액 한도 내에서 지급한다. 중복보험에서 보험자가 각자의 보험금액 한도 내에서 연대책임을 지는 규정(상법 제672조 제1항)을 반영한 것이다.

2. 구상권의 행사

연대비례조항에 의하여 보험금을 지급한 회사는 수익자가 다른 회사에 대하여 가지는 해당 보험금청구권을 취득한다. 다만, 회사가 보상한 금액이 수익자가 다른 회사에 청구할 수 있는 보험금의 일부인 경우에는 해당 수익자의 청구권을 침해하지 않는 범위 내에서 그 권리를 취득한다.

Ⅴ 통원의료비 다수계약의 비례보상

실손의료보험 통원의료비의 다수계약 비례보상. 2016년 1월 1일 기준적용

〈계약사항〉

회사	보험종류	가입금액	보험계약기간
A손해	실손의료보험특약	외래비 : 25만원, 조제비 : 5만원	2013.4.1 ~ 2014.3.31
B손헤	실손의료보험특약	외래비 : 25만원, 조제비 : 5만원	2013.4.1 ~ 2014.3.31

두 계약 모두 [표준형] 실손의료비이며, 피보험자는 갑으로 공통된다.

〈외래비용〉

[단위 : 만원]

날짜	치료기관	병명 및 사유	요양급여		비급여
			공단부담금	본인부담	
2013.5.2	A종합전문요양기관	치매(F03) 치료	10	10	10
2013.5.2	B한방병원	치매(F03) 치료	2	4	30

2013.5.2	C내과의원	선천성 척추기형(Q05) 치료	10	10	10
2013.5.3	D내과의원	여드름(L70.1) 치료	5	5	5

〈처방조제비〉
2013년 5월 2일 C내과의원의 치료로 근처 E약국에서 처방조제비로 3만원을 사용하였다.

1. 외래비용

1) 보상대상의료비 : 35.2만원

5월 2일(치매) : 동일한 질병으로 하루에 2회 이상 통원한 경우 1회의 의료비로 간주하여 보상한다. 다만, 한방병원에서 사용한 의료비는 비급여 해당액을 면책으로 한다.

[(10 + 10) + 4] = 24만원
24 − max[(2, 1.5), 24 × 20%] = 19.2만원

5월 2일(척추기형) : 선천성 질환 중에서 선천선 뇌질환만을 면책으로 한다.

(10 + 10) − max[1, 20 × 20%] = 16만원

5월 3일(여드름) : 여드름 치료는 요양급여와 비급여 모두 면책이다.

2) 다수계약 비례보상

A, B회사의 책임액의 합이 보상대상의료비를 초과하므로 다수계약 비례보상한다.

- A : 35.2 × (35.2/70.4) = 17.6만원
- B : 35.2 × (35.2/70.4) = 17.6만원

2. 처방조제비용

1) 보상대상의료비 : 2.2만원

A, B 동일한 약관이므로 보상대상의료비의 산출방식이 서로 같다.

3 − 0.8 = 2.2.만원

2) 다수계약 비례보상

A, B회사의 책임액의 합이 보상대상의료비를 초과하므로 다수계약 비례보상한다.

- A : 2.2 × (2.2/4.4) = 1.1만원
- B : 2.2 × (2.2/4.4) = 1.1만원

107 실손의료보험의 자동갱신과 재가입에 관한 사항

I 실손의료보험의 갱신과 재가입

기존의 실손의료보험은 3년 자동갱신 조건으로 판매되었으나 2013년 1월 이후에 판매되는 실손의료보험은 갱신보험료의 근거를 명확히 하고 민원을 방지하기 위하여 1년 자동갱신 조건으로 판매되고 있다. 그리고 기존의 실손의료보험은 80세 만기 또는 100세 만기로 판매되었으나, 보험료가 지속적으로 상승하여 현실적으로 계약을 유지할 수 없다는 지적에 따라서 현행 실손의료보험(2013.1.1 이후)은 최대 15년 만기로 판매되고 있다.

II 계약의 자동갱신

1. 갱신안내와 자동갱신

보험자는 이 특별약관의 보험기간이 끝나기 15일 전까지 계약자가 납입하여야 하는 갱신 될 계약(갱신계약)의 보험료 및 계약의 연장 여부를 묻는 통지를 계약자에게 서면으로 안내한다. 계약자가 통지를 받은 날부터 이 특별약관의 보험기간 종료일의 전일까지 별도의 의사표시가 없을 때에는 이 계약을 자동으로 갱신한다.

2. 갱신계약의 보험료 등

갱신계약의 보험료는 갱신일 현재의 보험요율에 관한 제도를 반영하여 계산된 보험료를 적용하며, 그 보험료는 나이의 증가, 보험료산출에 관한 기초율의 변동 등의 사유로 인하여 인상될 수 있다.

갱신계약의 약관은 최초 계약시의 약관을 계속하여 적용하며, 갱신계약의 보험증권(보험가입증서)은 별도로 발행하지 않는다.

Ⅲ 계약의 재가입에 관한 사항

1. 계약의 재가입

계약이 다음 각 호의 조건을 충족하고, 계약자가 보장내용 변경주기 만료일 전까지 재가입 의사를 표시한 때에는 회사가 정한 절차에 따라 계약자는 기존 계약 만료일의 다음날로 재가입할 수 있으며, 이 경우 회사는 기존계약의 가입 이후 발생한 상해 또는 질병을 사유로 가입을 거절할 수 없다.

① 재가입일에 있어서 피보험자의 나이가 회사가 최초가입당시 정한 재가입 나이의 범위 내일 것

② 재가입 전 계약의 보험료가 정상적으로 납입완료 되었을 것

2. 재가입시점의 보험종목

자동갱신 종료 후 재가입하는 경우 계약자는 재가입시점에서 회사가 판매하는 실손의료보험 상품의 보험종목에서 선택하여 가입할 수 있다. 다만, 회사는 재가입시점의 인수기준에 따라 승낙 또는 거절할 수 있으며, 승낙 거절시에도 계약자는 재가입 직전계약과 동일한 가입조건의 보험계약으로 재가입이 가능하다.

3. 재가입에 대한 안내

회사는 계약자에게 보장내용 변경주기 만료일 이전까지 2회 이상 재가입 요건, 보장내용 변경내역, 보험료 수준, 재가입 절차 및 재가입의사 여부를 확인하는 내용 등을 서면(등기우편 등), 전화(음성녹취), 또는 전자문서 등으로 알리고, 재가입일 전일까지 계약자로부터 별도의 의사표시가 없을 때에는 재가입하지 않는 것으로 본다. 다만, 회사의 안내가 계약자에게 도달하지 않은 경우에는 그러하지 아니하다.

안내를 전자문서로 안내하고자 할 경우에는 계약자의 서면에 의한 동의를 얻어 수신확인을 조건으로 전자문서를 송신하여야 하며, 계약자가 전자문서에 대하여 수신을 확인하기 전까지는 그 전자문서는 송신되지 아니한 것으로 본다. 이 경우 서면 또는 전화로 다시 알린다.

Ⅳ 자동갱신 또는 재가입의 효과

동일회사 계약의 자동갱신 또는 재가입의 경우 종전계약의 보험기간 연장으로 간주하여 보상한도 등의 보험금 지급에 관한 규정을 적용한다. 갱신계약 또는 재가입계약의 법적 성질을 보험기간의 연장으로 보는 것이다.

108 노후실손의료보험

I 노후실손의료보험의 의의

기존의 실손의료보험은 노령층에 대한 보험가입을 거절하는 경우가 많았기 때문에 나이가 많은 자들은 민영실손의료보험 서비스를 충분히 이용할 수 없었다. 노후실손의료보험은 노령자들도 실손의료보험계약을 가능하게 하는 정책적 보험의 일종이다.

II 노후실손의료보험의 특징

1. 담보방식의 특징

노후실손의료보험은 나이가 많은 경우(e.g. 50세에서 75세)에도 보험가입이 가능하며, 갱신을 통해 최대 100세까지 상해 · 질병으로 인한 의료비보장을 연간 1억원 한도 내에서 보장한다. 특히 통원검사비용이 많이 소요되는 노인층의 필요를 반영하여 통원 건강 100만원을 한도로 한다.

다만, 보험료 상승의 주된 원인이 되었던 상급병실료 차액에 대해서는 별도의 특별약관으로 보장하고, 요양병원치료에 대해서도 별도의 특별약관을 가입한 경우에만 혜택을 받을 수 있다.

한편, 일반실손의료보험은 365일을 넘어서 입원한 경우에 90일의 보장제외기간이 적용되지만, 노후실손의료보험은 이러한 보장제외기간이 없이 연간 한도액 내에서 보상한다.

2. 저렴한 보험료와 재가입

노후실손의료보험은 자기부담금의 비율이 높은 대신 일반실손의료보험에 비하여 보험료가 20 ~ 30% 정도 저렴한 고액의료비 보장상품이다. 일반실손의료보험과 마찬가지로 1년마다 계약을 갱신하지만, 3년마다 재가입을 해야 한다(일반 실손의료보험은 15년 재가입).

3. 중복계약의 금지

일반실손의료보험은 보험계약자가 원할 경우에 서면동의를 통하여 다수의 보험가입이 가능하지만, 노후실손의료보험은 일반실손의료보험과의 중복보험을 원칙적으로 금지한다.

Ⅲ 노후실손의료보험 상품의 주요 내용

주계약에서 입·통원 합산하여 1억원을 담보하며, 요양병원의료비 특약과 상급병실보장 특약을 선택하여 가입할 수 있다.

<table>
<tr><th colspan="3">구분</th><th>주요 내용</th></tr>
<tr><td rowspan="3">상품구조</td><td colspan="2">만기</td><td>1년 만기 자동갱신형</td></tr>
<tr><td colspan="2">재가입</td><td>3년 후 재가입</td></tr>
<tr><td colspan="2">가입연령</td><td>50~75세</td></tr>
<tr><td rowspan="5">주계약</td><td colspan="2">상품구분</td><td>2개 상품(질병의료비, 상해의료비)</td></tr>
<tr><td rowspan="2">보상한도</td><td>입원</td><td rowspan="2">연간 1억원(입원·통원 합산)
※ 통원은 회당 100만원 한도</td></tr>
<tr><td>통원</td></tr>
<tr><td rowspan="2">공제금액</td><td>입원</td><td rowspan="2">우선공제 : 입원 30만원, 통원 3만원
추가공제 : 비급여 30%, 급여 20%</td></tr>
<tr><td>통원</td></tr>
<tr><td colspan="3">특별약관</td><td>• 요양병원의료비 특약, 상급병실보장 특약</td></tr>
</table>

Ⅳ 노후실손의료비 기본계약의 해설

1. 노후실손의료비 상해

피보험자가 상해로 인하여 병원(요양병원 제외)에 입원 또는 통원하여 치료를 받거나 처방조제를 받은 경우에 보험금을 지급한다.

입원의료비와 통원의료비를 연간(계약일 또는 매년 계약해당일로부터 1년) 1억원 한도에서 보상하며, 통원의 경우 건당 100만원을 한도로 한다.

2. 노후실손의료비 질병

피보험자가 질병으로 인하여 병원(요양병원 제외)에 입원 또는 통원하여 치료를 받거나 처방조제를 받은 경우에 보험금을 지급한다.

입원의료비와 통원의료비를 연간(계약일 또는 매년 계약해당일로부터 1년) 1억원 한도에서 보상하며, 통원의 경우 건당 100만원을 한도로 한다.

3. 보상금액

1) 국민건강보험 적용의료비

노후실손의료비 상해 또는 질병담보는 국민건강보험법 또는 의료급여법에 의하여 피보험자가 부담하는 입원의료비(상급병실료 차액을 제외한 입원실료, 입원제비용, 입원수술비)와 통원의료비(외래제비용, 외래수술비, 처방조제비)에서 공제금액을 차감한 후 보상비율을 곱하여 산출한 금액을 보상하는 금액으로 한다.

여기서 공제금액은 입원당 30만원, 통원당 3만원으로서 비급여 본인부담금에서 우선 공제한 후 급여 본인부담금에서 공제한다. 보상비율은 급여해당액 중 본인부담금 80%, 비급여해당액 본인부담금 70%이다.

2) 국민건강보험 미적용 의료비

피보험자가 국민건강보험법 또는 의료급여법을 적용받지 못하는 경우에는 의료비 중 본인이 실제로 부담한 금액에서 공제금액(입원당 30만원, 통원당 3만원)을 차감한 후 40% 해당액을 계약일 또는 매년 계약해당일로부터 연간 보험가입금액 한도로 보상한다.

3) 공제금액의 적용

피보험자가 상해와 질병을 복합적으로 치료하고 하나의 영수증으로 보험금을 청구할 경우 공제금액은 1회만 적용한다. 또한 응급상황 중 피보험자가 입원 후 불가피하게 전원한 경우 이를 하나의 입원으로 보고 공제금액을 1회만 적용한다.

V 노후실손의료비 선택계약의 해설

노후실손의료비 선택계약은 기본계약인 상해실손의료비와 질병의료비를 모두 가입한 경우에만 선택하여 부가할 수 있다.

1. 요양병원실손의료비 특별약관

피보험자가 상해 또는 질병으로 인하여 요양병원에 입원 또는 통원하여 치료를 받거나 처방조제를 받은 경우에 보험금을 지급한다. 연간 5,000만원을 한도로 하며 통원의 경우 건당 100만원을 한도로 한다.

국민건강보험법 또는 의료급여법에 의하여 피보험자가 부담하는 입원의료비와 통원의료비에서 공제금을 차감한 후 보상비율을 곱하여 산출된 금액을 보험금 지급액으로 한다. 여기서 공제금액은 입원당 30만원, 통원당 30만원이며, 보상비율은 급여 본인부담금 80%, 비급여 본인부담금 50%이다.

2. 상급병실료 차액 특별약관

피보험자가 상해 또는 질병으로 인하여 상급병실에 입원하여 치료를 받은 경우에 연간 2,000만원 한도로 보상한다.

실제사용병실과 기준병실과의 병실료 차액 중 50%를 공제한 후의 금액을 보상한다. 다만, 1일 평균금액(상급병실료 차액 전체를 총입원일수로 나눈 금액) 10만원을 한도로 한다.

109 유병력자 실손의료보험

Ⅰ 유병력자 실손의료보험의 의의

2018년 4월부터 판매되는 유병력자 실손의료보험은 기존의 실손의료보험에서 인수거절사유에 해당하는 유병력자에 대해서도 상품의 구조를 달리하여 실손보험의 혜택을 누릴 수 있도록 신설된 보험이다. 노후실손의료보험과 마찬가지로 정책적 보험에 해당한다.

Ⅱ 유병력자 실손의료보험의 특징

1. 가입심사 요건의 완화

유병력자(또는 유병자) 실손의료보험은 일반・노후실손의료보험의 18개 심사항목에 비하여 가입심사요건을 6가지로 완화하여 유병력자도 실손보험에 가입할 수 있도록 하였다. 구체적으로 ⅰ) 최근 3개월 이내의 현증, ⅱ) 최근 2년 이내의 병력, ⅲ) 최근 5년 이내의 암진단, ⅳ) 직업, ⅴ) 운전 여부, ⅵ) 월소득만을 심사요건으로 두고 있다.[36]

기존의 심사요건(청약서상의 질문사항)과 큰 차이를 보이는 것은 ⅰ) 약물 상시복용에 대해서는 묻지 않는다는 점, ⅱ) 최근 5년 이내가 아닌 2년 이내의 병력을 묻고 있다는 점, ⅲ) 최근 5년 이내의 10대 질병이 아닌 암의 진단에 대해서만 묻는다는 점, ⅳ) 임신 여부, 장애 여부, 위험한 취미, 음주・흡연에 대해서는 묻지 않는다는 점이다.

36) ⅰ) 최근 3개월 이내에 ① 입원필요소견, ② 수술필요소견, ③ 치료, ④ 추가검사(재검사)필요소견을 받았는지 여부, ⅱ) 최근 2년 이내에 ① 입원, ② 수술(제왕절개 포함), ③ 계속하여 7일 이상 치료 여부, ⅲ) 최근 5년 이내에 암(백혈병 제외)으로 진단받았거나 입원, 수술, 치료를 받은 적이 있는지 여부, ⅳ) 현재의 직업, ⅴ) 현재 운전 여부, ⅵ) 월소득

2. 담보방식의 특징

유병력자 실손의료보험은 상품의 구조를 기본형으로 단일화하고 피보험자의 자기부담률을 30%로 정하면서 최소자기부담금제도를 두고 있다. 특히 최소자기부담금은 일반실손의료보험의 통원의료비에만 병원급별로 차등적용하던 것을 유병력자 실손의료보험에서는 입원(입원당 10만원)과 통원(회당 2만원)의료비에 모두 적용한다는 차이가 있다.

그 외의 담보하는 사항과 면책사유 등은 일반 · 노후실손의료보험과 크게 다르지 않지만, i) 통원의료비 중에서 처방조제비를 보장하지 않는다는 점, ii) 일반 · 노후실손의료보험에서 특약으로 담보하는 ① 도수 · 체외충격파 · 증식치료비, ② 비급여 주사료, ③ 비급여 MRI/MRA에 대하여는 보장하지 않는다는 점에서 차이가 있다.

Ⅲ 유병력자 실손의료보험 상품의 주요 내용

유병력자 실손보험은 일반실손의료보험 기본형 상품과 유사하면서 약간의 차이를 보인다. 대략적인 약관 주요 사항은 다음과 같다.

구분			주요 내용
상품구조	만기		1년 만기 자동갱신형
	재가입		3년 후 재가입(약관변경 가능)
	가입연령		75세까지 가능
주계약	상품구분		기본형 단독상품
	보상한도	입원	동일상해 · 질병당 연간 5천만원
		통원	회당 20만원(연간 180회)
	공제금액	입원	max[보상대상의료비×30%, 10만원]
		통원	max[보상대상의료비×30%, 2만원] * 처방조제비는 보장하지 않음
특별약관			없음

Ⅳ 유병력자 실손의료비 기본계약의 해설

1. 유병력자 실손의료비 상해 · 질병

피보험자가 상해 · 질병으로 인하여 병원에 입원 또는 통원하여 치료를 받은 경우에 보험금을 지급한다. 입원의료비는 하나의 상해 또는 질병당 5천만원을 한도로 하며, 통원의료비(처방조제비 제외)는 하나의 상해 또는 질병당 연간 180회, 회당 20만원을 한도로 한다.

2. 보상금액

1) 국민건강보험 적용의료비

유병력자 실손의료비 상해 또는 질병담보는 국민건강보험법 또는 의료급여법에 의하여 피보험자가 부담하는 입원의료비(상급병실료 차액을 제외한 입원실료, 입원제비용, 입원수술비)와 통원의료비(외래제비용, 외래수술비)에서 자기부담금을 차감한 후에 보상한다.

여기서 입원 자기부담금은 입원당 10만원과 피보험자가 부담한 의료비의 30% 중에서 큰 금액을 공제하고, 통원 자기부담금은 2만원과 피보험자 부담 의료비 30% 중에서 큰 금액을 공제한다.

2) 국민건강보험 미적용 의료비

피보험자가 국민건강보험법 또는 의료급여법을 적용받지 못하는 경우에는 의료비 중 본인이 실제로 부담한 금액에서 자기부담금액을 차감한 후 40% 해당액을 계약일 또는 매년 계약해당일로부터 연간 보험가입금액 한도로 보상한다.

110 실손의료보험 관련 사례의 검토 : 입·통원 I

실손의료보험 입·통원의료비의 결정

〈계약사항〉

회사	보험종류	담보종목	가입금액(보상한도)	보험기간
A손해	실손보험	종합의료비 (표준형)	입원 : 5,000만원 통원 : 외래1회당 20만원, 처방1건당 10만원	2013.6.1 ~2015.5.31

〈입원의료비 발생내역〉

(단위 : 만원)

치료기관	병명 및 사유	치료기간	요양급여		비급여
			공단부담	본인부담	
A한방병원	심허증(U66) : 탕약처방	2013.7.1 ~ 7.31	90	100	100
B한방병원	디스크(M50) : 물리치료	2013.9.1 ~ 12.31	1,000	450	150
C내과의원	선천성심질환(Q20) : 수술	2014.6.1 ~ 7.1	1,000	200	200
D대학병원	취미생활 중에 상해사고를 입어 외상성 뇌출혈(S20)로 장기간 입원 및 수술치료	2015.5.31 ~ 2015.9.28 (120일간)	본인부담금은 총 1,200만원 발생하였으며, 입원 하루당 10만원이 발생하였음.		

※ D대학병원과 관련한 비용은 국민건강보험법이 미적용되어 피보험자 본인이 부담한 의료비이다.

〈통원의료비 발생내역〉

(단위 : 만원)

치료기관	병명	치료기간	본인부담금	
			외래	처방조제비
E내과의원	장염(A20)	2015.5.31	10	2
F동네병원	장염(A20)	2015.5.31	10	5
G종합병원	천식(J44)	2015.5.31	15	4
H산부인과병원	여성불임증(N97)	2015.6.1	20	1
I내과의원	천식(J44)	2015.6.3	20	3

I 입원의료비

표준형의료비는 본인이 부담한 의료비의 80%를 보험사가 부담한다. 단, 나머지 20%에 해당하는 피보험자 부담분이 연간 200만원을 초과한 이후에는 보험자가 본인이 부담한 의료비 전액을 부담한다.

1. A한방병원

한방병원에서 발생한 의료비용은 보상대상의료비에 해당하지 않는다. 다만, 건강보험공단의 요양급여 중에서 피보험자 본인이 부담한 의료비가 있다면 보상한다. 그러므로 100만원 × 80%를 보험자가 보상한다.[37]

2. B한방병원

디스크는 보상대상질병에 해당하며, 비급여에 해당하는 비용은 면책비용이다. 따라서 450만원 × 80%를 보험자의 책임액으로 한다.

3. C내과의원

선천성 질환중에서 선천성 뇌질환만을 면책으로 하므로 선천성 심장질환은 보상대상질병이다. 본인부담비용 200 + 200에서 80%인 320만원이 보험자의 책임액이다.

4. D대학병원

보험기간이 종료하였어도 계속된 의료비에 한하여 보험기간 만료일로 180일을 추가하여 담보한다. 따라서 120일에 해당하는 1,200만원에 대한 책임을 부담한다. 따라서 1200 × 40% = 480만원이 보험자의 책임액이다.

37) 탕약처방의 경우에는 일반적으로 급여항목이 발생하지 않고 전액 비급여항목으로 처리되지만, 과립제 등이 포함되는 경우에는 급여항목이 발생할 수 있다.

Ⅱ 통원의료비

통원의료비는 외래비와 처방조제비를 별도로 하여 총 30만원을 한도로 보상한다. 표준형 약관에서는 공제액에 대하여 본인부담 의료비의 20% 규정을 추가로 두고 있다.

1. 5월 31일(E내과, F동네)

동일한 질병 또는 상해로 하루에 2회 이상 통원한 경우 1회의 통원의료비로 보고 보상한다. 따라서 다음과 같이 지급한다.

- 외래비 : (10 + 10) − max[max(1, 1.5), (10 + 10) × 20%] = 16만원
- 처방조제비 : (2 + 5) − max[0.8, (2 + 5) × 20%] = 5.6만원

2. 5월 31일(천식)

하루에 3회째 통원하였으나 기존 질병이 아닌 다른 질병으로 통원하였으므로 별도의 1회로 보고 보상한다. 따라서 다음과 같이 지급한다.

- 외래비 : 15 − min[2, 15 × 20%] = 12만원
- 처방조제비 : 4 − min[0.8, 4 × 20%] = 3.2만원

3. 6월 1일

여성불임증(n97)은 면책질병에 해당하므로 보상하지 아니한다. 만일 담보질병이라고 해도 보험계약 종료 후에 새롭게 발병한 것이므로 면책이다.

4. 6월 3일

보험기간이 종료하였어도 계속된 의료비에 한하여 보상한다. 피보험자는 보험기간 종료 이전에 천식으로 1회 통원하였고, 현재 치료되지 않은 상태로 보험기간 종료 후에 다시 천식으로 치료하였으므로 보상대상의료비에 해당한다.

- 외래비 : (29) − min[max(1, 1.5), (20) × 20%] = 16만원
- 처방조제비 : 3 − min[0.8, 3 × 20%] = 2.2만원

111 실손의료보험 관련 사례의 검토 : 입·통원 Ⅱ

손해사정사 **기출문제** 34회(2011년)

피보험자 K씨는 H보험사에 실손의료보험을 아래 〈표 1〉과 같은 내용으로 가입하고 〈표 2〉, 〈표 3〉과 같이 입·통원 치료 후 H보험사에 의료비를 청구하였다. H보험사가 지급하여야 할 입원의료비 및 통원의료비를 각각 산출하시오(단, 가입 전 치료력 및 고지의무 위반사항, 상급병실료 차액, 외래진료비 및 처방조제비 중 보상제외 의료비는 없는 것으로 간주함). (15점)

〈표 1〉 계약사항

(단위 : 만원)

담보종목	피보험자	보험기간	보험가입금액(보상한도)	
			입원	통원
종합형	K	2010.5.1 ~ 2020.5.1	5,000	외래 1회당 20 처방조제비 1건당 10

〈표 2〉 입원의료비

(단위 : 만원)

치료기관	병명(질병코드)	치료기간	요양급여		비급여
			공단부담금	본인부담금	
A한방병원	심허증(U66)	2010.6.1~2010.6.10	50	50	50
B여성병원	스트레스성요실금(N39.3)	2010.8.1~2010.8.7	100	50	50
C병원	비만(E66)	2011.1.4~2011.1.14	50	20	20
D병원	항문열구(K60)	2011.5.3~2011.5.10	50	30	20
E의원	요추염좌(S33.5)	2011.7.1~2011.7.7	교통사고(자동차 보험으로 보상) 단, 본인부담금 50만원		

〈표 3〉 통원의료비

(단위 : 만원)

치료기관	병명(질병코드)	치료기간	본인부담금	
			외래	처방조제비
F의원	바이러스간염(B15)	2011.8.2	10	2
G종합전문요양병원	바이러스간염(B15)	2011.8.2	10	5

I 입원의료비

서로 다른 질병으로 입원치료한 경우 각각의 질병당 보험가입금액 한도 내에서 약관에 따라 보상한다. 현행 실손의료비 표준형 담보의 경우 보험자가 80%를 부담하지만 문제 출제당시에 가입된 보험의 경우에는 90%를 담보하고 있으므로 보험가입일을 기준으로 답안을 예시하였다.

1. A한방병원 의료비

건강보험 적용의료비로서 한방의료비이므로 급여 중 본인부담금에 한하여 자기부담비율을 적용하여 보상한다.

그러므로 50만원 × 90% = 45만원을 보상한다.

2. B병원과 C병원의료비

요실금과 비만은 모두 면책질병이므로 의료비 보상의 대상이 아니다.

3. D병원 의료비

치질 등의 항문질환은 비급여항목을 면책으로 하므로 건강보험법 적용의료비 중에서 본인부담부분에 대하여 30만원 × 90% = 27만원을 보상한다.

4. E병원 의료비

상해의료비로서 자동차보험이 적용되었으므로 건강보험 미적용의료비이다. 그러므로 본인부담금의 40%를 보상한다.

그러므로 50만원 × 40% = 20만원을 보상한다.

만일, 이 사례를 2016년 1월 개정된 표준형 실손의료비보험으로 간주한다면 자동차보험 또는 산재보험으로 처리되더라도 자기부담분에 대해서는 건강보험적용한 경우와 동일하게 처리하므로 50만원 × 90% = 45만원을 보상한다.

II 통원의료비

동일한 질병으로 서로 다른 병원을 하루에 2회 통원하였으므로 1회의 의료비로 간주하여 보상한다.

그러므로 다음과 같이 보상한다.

- 외래 : min[한도 : 20만원, (10만원 + 10만원) − max(2만원, 1만원)] = 18만원
- 처방 : min[한도 : 10만원, (2만원 + 5만원 − 0.8만원)] = 6.2만원

112 실손의료보험 관련 사례의 검토 : 입·통원 Ⅲ

손해사정사 **기출문제** 36회(2013년)

피보험자 최만세 씨는 아래와 같이 실손의료비보험을 가입하고 정상유지 중 상해사고로 입원치료 및 통원치료를 받고 보험금을 청구하였다. 아래 제 조건을 읽고 다음 질문에 답하시오. (15점)

〈질문사항〉

(1) 통원의료비 발생내역을 읽고 보험회사가 지급하여야 할 통원의료비(외래 + 처방)를 통원일자별로 구분하여 계산하시오. (8점)

(2) 입원의료비 영수증을 읽고 보험회사가 지급하여야 할 입원의료비를 계산하시오. (7점)

〈조건〉

① 입원료 중 비급여부분은 전액 병실차액임 ② 고지의무 위반 등 특이사항은 없음

〈계약사항〉

보험종류	피보험자	계약일	담보종목	가입금액(보상한도액)	자기부담률
표준형 단독 실손의료비 보험	최만세	2013.4.10	상해·입원통원형 질병·입원통원형	입원 : 5,000만원 통원 : 외래1회당 20만원, 처방1건당 10만원	20%

〈통원의료비 발생내역〉

통원일	진단명(병명)	진료기관	본인부담의료비	
			외래	처방조제비
2013.6.17	좌측 족관절골절 등	C의원	150,000원	90,000원
2013.6.17	좌측 족관절골절 등	D병원	50,000원	40,000원
2013.6.25	좌측 족관절골절 등	D병원	50,000원	50,000원

〈입원의료비 영수증〉

[입원] 진료비 계산서·영수증

등록번호	3977****	진료과	외과	발행번호	1007 − K01*** − 김**
환자성명	최만세	환자구분	국민건강보험공단	진료기간	2013.5.10 ~ 2013.5.15

진료항목		급여		비급여	진료비총액④ (① + ② + ③)	1,300,000
		본인부담금	공단부담금			
필수항목	진찰료	20,000	50,000			
	입원료	30,000	100,000	200,000	환자부담총액⑤ (① + ③)	800,000
	식대	20,000	70,000			
	투약및조제료	20,000	80,000			
	주사료				단체감액(직원복리후생)⑥	100,000
	처치료				외래정산금⑦	
	수술료	70,000	120,000	130,000	입원보증금⑧	
	마취료	20,000	50,000	70,000	이미납부한금액⑨	
	***				납부할금액⑩ ⑤−(⑥+⑦+⑨)	700,000
	***					
	전액본인부담				현금영수금액	
선택항목	재활물리치료료				카드영수금액	
	정신요법료				***	
	CT				***	
	MRI					
	치과병원치료비	20,000	30,000	100,000		
	***				총수납금액 (⑧+⑨+⑩+⑪)	700,000
	제증명료			100,000		
합계		①200,000	②500,000	③600,000	회원서명	
상한액초과금						

*발행일 : 2013년 5월 15일

*H대학교병원

Ⅰ 통원의료비의 계산

1. 6월 17일

하루에 동일한 질병으로 2회 이상의 의료기관을 통원한 경우에는 1회의 의료비로 보고 보험자의 책임액을 결정한다. 병원과 의원을 통원한 경우에는 그 중에서 높은 공제액을 차감한다.

- 외래 : min[20만원, (15만원 + 5만원) − 4만원] = 16만원
- 외래 공제액 : max[(1만원, 1.5만원), (15만원 + 5만원) × 20%] = 4만원
- 처방 : min[10만원, (9만원 + 4만원) − 2.6만원] = 10만원
- 처방 공제액 : max[0.8만원, (9만원 + 4만원) × 20%] = 2.6만원

2. 6월 25일

- 외래 : min[20만원, 5만원 − max[1.5만원, 5만원 × 20%] = 3.5만원
- 처방 : min[10만원, 5만원 − max[0.8만원, 5만원 × 20%] = 4만원

Ⅱ 입원의료비의 계산

1. 입원제비용

건강보험이 적용된 의료비의 경우 면책비용을 차감한 본인부담비용의 80%를 보상한다. 그러므로 급여 중 본인부담금 20만원 전액은 보상의 대상이 되며, 비급여항목 중 병실차액 20만원, 치과 비급여 10만원 그리고 제증명료 10만원을 차감한 30만원이 보상의 대상이다. 즉 40만원 × 80% = 32만원을 보상한다.

한편, 피보험자는 직원복리후생으로 인하여 10만원의 의료비를 할인받았으나 실손의료보험의 보상시에는 할인받기 이전의 금액을 기준으로 보상한다.

2. 상급병실차액

상급병실차액 20만원을 다음과 같이 적용하여 보상한다.

min[6일 × 10만원 한도, 20만원 × 50%] = 10만원

113 실손의료보험 관련 사례의 검토 : 입·통원 Ⅳ

손해사정사 기출문제 37회(2014년)

피보험자 신나라 씨는 실손의료보험을 가입하고 계약을 정상으로 유지 중 의료기관에서 입원 및 통원치료를 받고 보험금을 청구하였다. 아래 제 조건을 읽고, ① 통원의료비(외래), ② 통원의료비(처방조제비), ③ 입원의료비를 계산하시오(각각 계산과정 명시). (20점)

〈계약사항〉

보험종류	피보험자	보험기간	담보종목	가입금액(보상한도액)	자기부담률
실손보험 (표준형)	신나라	2014.5.6 ~ 2017.5.6	질병입원형 질병통원형	입원 : 3,000만원 통원 : 외래1회당 25만원, 처방1건당 5만원	20%

※ 상기 보험은 실손의료보험 표준약관 및 표준사업방법서 개정(2014.2.11)으로 아래의 통원의료비 및 입원의료비는 발생한 것으로 가정함.

※ 동일회사 계약의 자동갱신 또는 재가입은 없는 것으로 가정함.

〈통원의료비 발생내역〉

통원일	진단명(병명)	진료기관	본인부담의료비	
			외래	처방조제비
2017.3.11	위염	A의원	40,000원	10,000원
2017.3.11	위염	B병원	200,000원	50,000원
2017.4.25	비만	B병원	50,000원	100,000원
2017.5.4	위궤양	C상급종합병원	250,000원	70,000원
2017.10.7	위궤양	C상급종합병원	300,000원	50,000원

〈입원의료비 발생내역〉

입원기간	진단명(병명)	진료기관	본인부담의료비	
			요양급여 본인부담	비급여 부담
2014.10.1~ 10.10 (10일)	추간판탈출증	D상급종합병원	100만원	500만원*
2014.11.1~ 11.15 (15일)	추간판탈출증	E한방병원	50만원	300만원

2015.3.1~ 3.30 (30일)	추간판탈출증	B병원	200만원	400만원**
2015.11.15~ 11.30 (16일)	추간판탈출증	D상급종합병원	150만원	50만원

* D상급종합병원 입원기간(2014.10.1 ~ 10.10) 중 비급여의료비 500만원에는 병실료 차액 300만원(상급병실 10일 사용)이 포함됨.

** B병원 입원기간(2015.3.1 ~ 3.30) 중 비급여의료비 400만원에는 보조기 구입비용 50만원, 환자간병비 50만원, 선택진료비 100만원, 보호자식대비 48만원, 진단서발급비용 2만원이 포함됨.

〈기타사항〉

- 계약 전 알릴의무 위반사실은 없음.
- 보험금 계산시 편의상 본인부담금 상한제도와 자기부담금 한도제도는 적용하지 않음.

I 문제의 주된 쟁점

2014년 개정된 약관에 의하면 하나의 상해 또는 질병으로 입원하여 퇴원하고 그 퇴원일로 180일이 경과한 경우 새로운 입원으로 보고 다시 365일 한도를 적용한다.

통원치료 중에 보험계약기간이 종료한 경우에는 기간 종료일로 180일 동안 90건의 통원을 인정한다.

II 통원의료비(외래)

1. 3월 11일 : 위염

동일한 질병으로 하루에 2회 이상 통원치료하였으므로 1회의 의료비로 보고 보상한다.

(4만원 + 20만원) − max[(1만원, 1.5만원), 24만원 × 20%] = 192,000원

2. 4월 25일 : 비만

비만은 실손의료보험의 면책질병에 해당하므로 보험금지급책임을 부담하지 않는다.

3. 5월 4일 : 위궤양

25만원 − max[2만원, 25만원 × 20%] = 200,000원

4. 10월 7일 : 위궤양

보험기간 만료 후 "계속 중인 통원치료"에 대해서는 180일간 90회까지 추가적으로 보상한다.

30만원 − max[2만원, 30만원 × 20%] = 240,000원

Ⅲ 통원의료비(처방조제)

1. 3월 11일 : 위염

1) "1회의 의료비"로 간주하여 의료비를 보상한다.
2) (1만원 + 5만원) − max[8천원, 6만원 × 20%] = 48,000원

2. 4월 25일 : 비만

면책질병이므로 보상하지 않는다.

3. 5월 4일 : 위궤양

• 손해액 : 7만원 − max[8천원, 7만원 × 20%] = 56,000원
• 책임액 : 50,000원(한도)

4. 10월 7일 : 위궤양

보험기간 만료 후 "계속중인 통원치료"이므로 180일 이내에서 90건까지 인정한다.

5만원 − max[8천원, 5만원 × 20%] = 40,000원

Ⅳ 입원의료비

1. 10일간 입원

1) 입원제비용과 상급병실차액을 구분하여 보상한다.

2) **입원제비용** : 300만원 × 80% = 240만원

상급병차 : min[10일 × 10만원, 300만원 × 50%] = 1,500,000원

2. 15일간 입원

1) 한방치료 중에서 비급여항목으로 발생한 의료비는 면책이다.

2) **입원제비용** : 50만원 × 80% = 400,000원

3. 30일간 입원

보조기, 간병비, 보호자식대비, 진단서비용은 치료목적 의료비가 아니므로 면책되는 의료비이다. 다만, 비급여항목의 선택진료비 해당액은 보상대상의료비이다.

450만원 × 80% = 3,600,000원

4. 16일간 입원

2014년 실손의료비 개정사항으로서 "퇴원일로 180일 경과시 새로운 입원"으로 보고 보상한도를 적용한다.

입원제비용 : 200만원 × 80% = 1,600,000원

114 실손의료보험 관련 사례의 검토 : 입·통원 V

손해사정사 **기출문제** 41회(2018년)

피보험자 김소망(女)은 실손의료보험(표준형)을 가입하고 정상유지 중 아래와 같이 입원·통원 치료를 시행하였다. 아래 제 조건을 참고하여 질문에 답하시오. (20점)

〈계약사항〉

피보험자	보험종목	보험기간	가입금액(담보내용)
김소망	실손의료보험 (표준형)	2018.4.5 ~ 2019.4.5	입원 : 5,000만원 통원 : 외래 20만원(1회당) 처방 10만원(1건당)

※ 계약 전 알릴의무 위반사항은 없으며, 본인부담금 상한제도는 적용하지 않음.

※ 김소망은 국민건강보험법 적용 대상자임.

〈입원치료내용〉

(단위 : 만원)

입원기간	진료기간	진단명(병명)	요양급여		비급여
			공단부담	본인부담	
2018.5.1~5.15	A산부인과	요실금(N39.3)	100	40	50
2018.6.15~6.18	B외과의원	치핵(K64)	100	50	40
2018.7.3~7.20	C상급종합병원	척추협착(M48)	300	200	120
2018.7.21~7.31	D한방병원	척추협착(M48)	200	100	80
2018.8.3~8.10	E상급종합병원	심근경색증(I21)	500	200	300

※ C상급종합병원의 비급여항목 중 허리보조기 구입비용 20만원 포함.

※ D한방병원은 「의료법」 제2조에 따른 한의사만 진료

※ E상급종합병원 입원기간(2018.8.3~8.10) 중 비급여 300만원에는 상급병실료차액(상급병실 5일 이용) 200만원 포함.

〈통원치료내용〉 (단위 : 만원)

통원일자	진료기간	진단명(병명)	요양급여		비급여
			공단부담	본인부담	
2018.5.20	F치과의원	치아우식(K02)	10	3	5
	G치과병원	치아우식(K02)	20	10	6
2018.6.20	D한방병원	척추협착(M48)	10	30	10
2018.8.15	E상급종합병원	협심증(I20)	20	10	5
	E상급종합병원	기타 섬망(F05)	10	5	6

※ D한방병원은 「의료법」 제2조에 따른 한의사만 진료

〈기타사항〉

- 비급여 : 「국민건강보험법」에 따라 보건복지부장관이 정한 비급여대상
- 3대 진료군 특약에서 보장하는 비급여 항목은 없음.

〈질문사항〉

(1) 보험회사가 김소망에게 지급하여야 할 입원의료비를 산출하시오. (10점)
(계산과정 명시할 것)

(2) 보험회사가 김소망에게 지급하여야 할 통원의료비를 산출하시오. (10점)
(계산과정 명시할 것)

I 문제의 주된 쟁점

질병입통원 의료비의 면책질병인 요실금, 비급여만 면책하고 있는 치핵, 한방병원, 치아우식증을 구분하고, 기본적인 담보사항에 따라 책임액을 결정하는 문제이다.

II 입원의료비

1. A산부인과, B외과의원

요실금은 면책질병에 해당하므로 담보하지 않으며, 치핵은 비급여 해당액만 면책한다.

B외과의원 : 50만원×80%=40만원

2. C상급종합병원, D한방병원

한방병원에서 발생한 의료비는 급여 해당액만 보상한다.

C상급종합병원 : (200만원 + 120만원) × 80% = 256만원
D한방병원 : 100만원 × 80% = 80만원

3. E상급종합병원

입원관련 비용을 제외한 상급병실차액은 총입원일수당 10만원을 한도로 입원비용과 별도로 구분하여 보상한다.

입원관련 비용 : (200만원 + 100만원) × 80% = 240만원
병실차액 : min[8일 × 10만원, 200만원 × 50%] = 80만원

Ⅲ 통원의료비(외래)

1. 5월 20일 : 치아우식

동일한 질병으로 하루에 2회 이상 통원치료 하였으므로 1회의 의료비로 보고 보상한다. 다만, 치아우식증은 비급여 해당액을 면책으로 한다.

(3만원 + 10만원) − max[(1만원, 1.5만원), 13만원 × 20%] = 104,000원
min[104,000원, 200,000원 한도]=104,000원

2. 6월 20일 : 척추협착

한방의료비는 비급여를 면책으로 하므로 급여 해당액에 대해서만 보상한다.

30만원 − max[1.5만원, 30만원 × 20%] = 240,000원
min[240,000원, 200,000원 한도] = 200,000원

3. 8월 15일 : 협심증

상급종합병원에 해당하는 공제액 2만원을 최저한도로 차감후 보상한다.

15만원 − max[2만원, 15만원 × 20%] = 120,000원
min[120,000원, 200,000원 한도] = 120,000원

4. 8월 15일 : 기타섬망

F04~09에 해당하는 정신질환의 경우에는 비급여 해당액만 면책한다.

5만원 − max[2만원, 5만원 × 20%] = 30,000원
min[30,000원, 200,000원 한도] = 30,000원

115 실손의료보험 관련 사례의 검토 : 입원

실손의료보험 입원의료비, 입원일당특약

〈계약사항〉

	보험종류	담보종목	가입금액(보상한도)	보험기간
A손해	상해사망특약	사망	1억원	2013.6.1 ~2015.5.31
	실손의료보험특약	의료비 (표준형)	입원 : 5,000만원 통원 : 외래1회당 25만원, 처방1건당 5만원	2013.6.1 ~2015.5.31
	질병입원일당특약	입원일당	3일 초과 1일당 3만원, 120일 한도	2013.6.1 ~2015.5.31

〈입원의료비 발생내역〉 [단위 : 만원]

치료기관	병명	치료기간	요양급여		비급여
			공단부담금	본인부담	
A종합병원	성병(A00)	2013.7.1 ~ 7.10(10일)	90	250	250
B병원	비만(E66)	2013.9.1 ~ 11.30(91일)	1000	450	150
C내과의원	뇌경색(I61) (총 365일)	2014.7.1 ~ 2015.5.31	400	400	600
		2015.6.1 ~ 6.30	100	100	100

I 실손의료비특약 : 입원의료비

표준형약관이므로 피보험자의 연간 자기부담금한도가 200만원이 되기 전까지는 피보험자부담의료비의 80%를 보상한다.

1. A종합병원

현행 실손의료비는 성병을 담보하므로 500만원(250, 250)의 80%를 보상한다.

> 500 × 80% = 400만원

2. B병원

비만은 면책질병이므로 보상하지 않는다.

3. C내과의원

뇌경색은 면책질병이 아니므로 1,200만원의 80%를 보상한다. 한편, 피보험자의 자기부담금 한도는 계약일 기준 연간한도이므로 전년도에 A종합병원에서 부담한 자기부담금은 고려하지 않는다. 치료 도중에 계약기간이 종료하였으나 추가적으로 180일을 보상한다. 이 경우에도 자기부담금 한도를 고려한다.

> 1,000만원 × 80% + 200만원 × 80% = 960만원

Ⅱ 입원일당특약

입원일당은 하나의 질병당 120일을 한도로 하며, 120일을 초과한 경우 180일의 보장제외기간을 두고 있다.

1. A종합병원

현행 입원일당특약은 성병을 면책질병으로 두고 있으므로 담보하지 않는다.

2. B병원

비만을 면책질병으로 정한 바 없으므로 질병 치료목적의 입원인 경우에는 입원일당의

담보책임이 발생한다. 다만, 문제에서 언급은 없었으나 이러한 비만치료가 단순한 미용성형목적인 경우에는 담보책임이 발생하지 않는다.

91일 − 3일 = 88일 × 3만원 = 264만원

3. C내과의원

뇌경색은 면책질병이 아니므로 입원일당을 지급한다. 한편, 보상제외기간이 지나도록 계속입원한 경우에는 보장한도일의 다음날을 퇴원일로 간주하여 새로운 입원으로 적용한다.

120일 + 59일 = 179일[38] × 3만원 = 537만원

38) 총 365일 입원 중 − 3 + 120 − 180 − 3 + 59 = 179일

116 실손의료보험 관련 사례의 검토 : 비급여특약

손해사정사 **기출문제**

피보험자 원대한(남, 50세)은 아래 〈표 1〉과 같이 2개 보험사에 실손의료보험을 가입하고, 〈표 2〉와 같이 민국병원에서 총 5회 입원치료 후 각 보험사에 실손의료비를 청구하였다. 각 보험사가 지급하여야 할 실손의료비를 입원기간별로 구분하여 산출하시오(풀이과정을 제시할 것). (30점)

〈표 1〉 계약사항

보험사 (계약일자)	보험종류 (공제유형)	보장종목 (보상한도)	선택 특별약관 (보상한도)
A (2018.4.1) 갱신형	기본형 실손 의료보험 (표준형)	• 질병입원형(2천만원) • 상해입원형(2천만원)	없음
B (2018.5.1) 갱신형	기본형 실손 의료보험 (표준형)	상해입원형(3천만원)	비급여주사료 실손의료보험 (약관상 보상한도)

〈표 2〉 입원의료비 발생내역(국민병원)

구분	입원기간	병명 (병명코드)	요양급여		비급여	
			본인 부담금	공단 부담금		포함된 비용
①	2018.6.1 ~6.30	제4-5요추 추간판탈출증 (M51)	300	1,200	1,200	• 상급병실료 차액 : 300만원 (10일 이용)
②	2018.9.11 ~10.20	우측 경골 미세골철 (S82)	100	400	400	• 보조기구입비 : 100만원 • 주사료(회당 20만원×10회) : 200만원 (항생제 비용 100만원 포함)

③	2019.3.1 ~3.20	제4-5요추 추간판탈출증 (M51)	200	800	700	
④	2019.4.1 ~4.20	제4-5요추 추간판탈출증 (M51)	100	400	400	• 주사료(회당 20만원×15회) :300만원
⑤	2019.7.1 ~7.15	제4-5요추 추간판탈출증 (M51)	200	800	1,100	• 도수치료(회당 10만원×10회) : 100만원

※ 입원의료비는 발생한 것으로 가정, 병명코드M51은 질병, S82는 보상하는 상해임.
※ 피보험자 소득 10분위로 본임부담금상한제 고려하지 않음.

I 입원기간 ① : 질병

1. A보험사

1) 입원치료비

급여 300만원, 비급여 1,200만원에서 상급병실차액 300만원을 차감하여 1,000만원 × 80% + 200만원 = 1,000만원을 한도 내에서 보상한다.

2) 상급병실차액

min{30일 × 10만, 300 × 50%} = 150만원을 한도 내에서 보상한다.

3) 한도의 적용

min{2,000만원 한도, 1,000만원+150만원}=1150만원

2. B보험사

상해만 담보하므로 보험금 지급책임이 발생하지 않는다.

Ⅱ 입원기간 ② : 상해

1. 입원치료비

비급여 항생제는 비급여 특별약관이 아니라 기본담보에서 보상한다.

1) 보상대상의료비

A보험사 : min{100+(400−100−100)}×80%=240만원

B보험사 : min{100+(400−100−100)}×80%=240만원

2) 다수계약 비례보상

독립책임액의 합인 480만원이 보상대상 손해액인 240만원을 초과하므로 독립책임액 방식에 의하여 비례보상한다.

A보험사 : 240×24/48=120만원

B보험사 : 240×24/48=120만원

2. 비급여 주사료

1) B보험사의 비급여특약

{250만원 한도, 100−max[100×30%, 2만원]}=70만원을 보상한다.

Ⅲ 입원기간 ③ : 질병

1. A보험사

연간자기부담 200한도 초과하였으므로 전액 보상한다.

min{(2,000만−1,150만원 한도), (200만원+700만원)}=850만원

2. B보험사

상해만 담보하므로 보험금 지급책임이 발생하지 않는다.

Ⅳ 입원기간 ④ : 질병

1. A보험사

3월 20일에 보상한도가 종료하였으므로 면책기간 90일에 해당하여 보상하지 않는다.

2. B보험사

비급여특약은 상해 또는 질병을 함께 담보하고 있으므로 담보의 대상이 된다. 계약일로부터 1년 이내 지급된 보험금이 250만원을 초과한 경우 151일간 보상에서 제외된다.
{(250만원－70만원 한도), 300－max[300×30%, 2만원]}＝180만원

Ⅴ 입원기간 ⑤ : 질병

1. A보험사

입원치료비에서는 도수치료를 제외한다. 그러므로 200만원＋(1,100만원－100만원)＝1,200만원에 대해서 80%를 적용한다. 즉 1,000×80%＋200＝1,000만원을 보상한다.

2. B보험사

10만원－max{10만원×30%, 2만원}＝7만원을 매 회당 보상한다. 그러므로 총 70만원을 보상한다.

117 실손의료보험 관련 사례의 검토 : 다수계약

실손의료보험 **다수보험의 비례보상**

〈계약사항〉

보험계약	피보험자	계약기간	가입금액
A실손보험(상해입원, 선택형)특약	홍길동	2015.1.1 ~ 2017.1.1	5천만원
B실손보험(상해입원, 표준형)특약	홍길동	2014.4.1 ~ 2016.3.31	

〈의료비지출 : 위 사고로 인한 복합골절 등의 치료〉

- 2015.1.1 ~ 2015.3.31(90일) : 1,400만원
- 2016.1.11 ~ 2016.3.30(80일) : 1,000만원
- 2016.4.1 ~ 2016.7.9(100일) : 1,000만원

* 모두 건강보험이 적용된 본인부담 입원의료비용으로서 상급병실료 차액은 없음.

〈사고내역〉

피보험자 홍길동은 새해맞이 등산 도중에 낙상사고로 대학병원에서 입원치료하였음.

※ 2016년 1월 이후의 다수계약비례보상 기준에 의하여 비례분담액을 구할 것.

I 실손의료보험(선택형)

1. 실손의료보험(선택형)의 보상

A보험은 선택형 실손의료비로서 보상대상의료비의 90%를 보상한다. 2015년 12월 31일까지 체결된 약관은 하나의 사고로 입원 후 퇴원한 경우에 최종 퇴원일로부터 180일이 경과하면 새로운 입원으로 간주하므로 90일, 80일, 100일의 의료비는 모두 보상대상 의료비이다.

2. 실손의료보험금의 결정 : 3,060만원

1) 90일

1,400만원 × 90% = 1,260만원

2) 80일

1,000만원 × 90% = 900만원

3) 100일

1,000만원 × 90% = 900만원

Ⅱ 실손의료보험(표준형)

1. 실손의료보험(표준형)의 보상

A보험은 선택형 실손의료비로서 보상대상의료비의 80%를 보상한다. 개정된 약관은 하나의 사고로 입원 후 퇴원한 경우에 최종 퇴원일로부터 180일이 경과하면 새로운 입원으로 간주하므로 90일, 80일은 모두 보상대상의료비이다.

100일에 해당하는 의료비는 보험기간 만료 후에 발생하였으나 “계속된 치료”에 해당하므로 약관상 180일 이내에 발생한 의료비로서 보상대상의료비이다.

2. 실손의료보험금의 결정 : 2,800만원

1) 90일

연간자기부담금 한도를 고려하면 1,000만원 × 80% + 400만원 = 1,200만원

2) 80일

1,000만원 × 80% = 800만원

3) 100일

1,000만원 × 80% = 800만원

Ⅲ 실손의료보험 다수계약의 비례보상

1. 보상대상의료비 : 3,060만원[39)]

- A보험 : 3,060만원
- B보험 : 2,800만원

A, B보험사가 인식하는 보상대상의료비가 다르므로 약관 및 실무지침에 따라 산출기준이 넓은 의료비인 3,060만원을 보상대상의료비로 한다.

2. 독립책임액

- A보험 : min[5,000만원, 3,060만원] = 3,060만원
- B보험 : min[5,000만원, 2,800만원] = 2,800만원

3. 비례보상 여부의 결정

독립책임액의 합인 5,860만원이 보상대상의료비(기준의료비) 3,060만원을 초과하므로 실손보상원칙에 위배된다. 그러므로 약관에 따른 다수계약 비례보상 조항을 적용한다.

39) 문제에서 단서가 없다면 이 계약은 2009.10.1 ~ 2015.12.31 사이에 체결된 계약이므로 자기부담금을 공제하기 이전의 금액을 보상기준액으로 한다. 그러므로 3,400만원을 기준으로 다음과 같이 비례분담액을 구한다.
- A : 3,400만원 × 3,060/5,860 ≒ 1,775만원
- B : 3,400만원 × 2,800/5,860 ≒ 1,625만원

4. 다수계약의 비례보상

- A : 3,060만원 × 3,060/5,860 ≒ 1,598,000원
- B : 3,060만원 × 2,800/5,860 ≒ 1,462,000원

118 해외여행 실손의료보험

I 해외여행 실손의료보험의 담보종목

해외여행 실손의료보험은 「해외여행 실손의료보험 표준약관」에 의하며, 상해의료비와 질병의료비로 구분하여 판매한다. 상해·질병의료비의 국내담보는 「실손의료보험 표준약관」의 담보사항과 대부분 유사하며, 해외담보는 이 보험에서만 담보하는 사항이다. 구체적인 담보종목은 다음과 같다.

담보종목	세부항목		보상하는 내용
상해 의료비	해외		피보험자(보험대상자)가 해외여행 중에 입은 상해로 인하여 해외의료기관(주)[40]에서 의료비 발생시 보상
	국내	상해입원	피보험자(보험대상자)가 해외여행 중에 입은 상해로 인하여 병원에서 입원의료비 발생시 보상
		상해통원	피보험자(보험대상자)가 해외여행 중에 입은 상해로 인하여 병원에 통원하여 치료를 받거나 처방조제를 받은 경우에 보상
질병 의료비	해외		피보험자(보험대상자)가 해외여행 중에 질병으로 인하여 해외의료기관(주)에서 의료비 발생시 보상
	국내	질병입원	피보험자(보험대상자)가 해외여행 중에 질병으로 인하여 병원에서 입원의료비 발생시 보상
		질병통원	피보험자(보험대상자)가 해외여행 중에 질병으로 인하여 병원에 통원하여 치료를 받거나 처방조제를 받은 경우에 보상

40) 해외의료기관은 해외소재 의료기관을 말하며, 해외소재 약국을 포함한다.

Ⅱ 해외여행 실손의료보험의 해외담보

1. 상해의료비 해외담보

회사는 피보험자가 보험증권(보험가입증서)에 기재된 해외여행 중에 상해[41]를 입고, 이로 인해 해외의료기관에서 의사(치료받는 국가의 법에서 정한 병원 및 의사의 자격을 가진 자에 한함)의 치료를 받은 때에는 보험가입금액을 한도로 피보험자가 실제 부담한 의료비 전액을 보상한다. 그러므로 해외담보에 한해서는 피보험자의 자기부담금이 발생하지 않는다.

해외여행 중에 피보험자가 입은 상해로 인해 치료를 받던 중 보험기간이 만료되었을 경우에는 보험기간 종료일로부터 180일까지(보험기간 종료일은 제외한다) 보상한다. 기존에는 해외여행보험의 단기보험성격을 반영하여 90일을 정하고 있었으나 2014년 개정에 따라 국내실손의료보험과 마찬가지로 180일로 변경하였다.

2. 질병의료비 해외담보

회사는 피보험자가 보험증권(보험가입증서)에 기재된 해외여행 중에 질병[42]으로 인하여 해외의료기관에서 의사(치료받는 국가의 법에서 정한 병원 및 의사의 자격을 가진 자에 한함)의 치료를 받은 때에는 보험가입금액을 한도로 피보험자가 실제 부담한 의료비 전액을 보상한다.

해외여행 중에 피보험자가 해외여행 중의 질병으로 인해 치료를 받던 중 보험기간이 만료되었을 경우에는 국내실손의료보험과 마찬가지로 보험기간 종료일로부터 180일까지(보험기간 종료일은 제외한다) 보상한다.

3. 상해 · 질병의료비 해외담보의 보상하지 않는 사항

해외여행 상해 · 질병의료비 해외담보에서 정하고 있는 "보상하지 않는 사항"은 「실손의료보험 표준약관」에서 정하고 있는 "보상하지 않는 사항"과 대부분 동일하다. 다만, 해외발생의료비를 보상하며, 치과치료 · 한방치료에 대해서도 보상한다는 점이 다르다.

---

41) 상해에는 유독가스 또는 유독물질을 우연하게도 일시에 흡입, 흡수 또는 섭취한 결과로 생긴 중독증상을 포함한다. 그러나 세균성 음식물 중독과 상습적으로 흡입, 흡수 또는 섭취한 결과로 생긴 중독증상은 이에 포함되지 않는다.

42) 질병은 계약 청약서상 "계약 전 알릴의무(중요한 사항에 한함)"에 해당하는 질병으로 인하여 과거(청약서상 당해 질병의 고지대상 기간을 말함)에 진단 또는 치료를 받은 경우에는 제외한다.

만일, 「해외발생 한방의료비 보상제외 추가특별약관」을 부가한 경우 피보험자가 해외의료기관에서 치료받은 상해·질병의료비 중에서 척추지압술(chiroparactic, 추나요법 등)이나 침술(부항, 뜸 포함) 치료로 인한 의료비를 보상하지 않는다. 이러한 한방치료는 치료목적이 아닌 단순한 증상완화 목적인 경우가 흔하고, 객관적인 비용지출을 확인할 수 없는 경우도 있기 때문이다.

Ⅲ 해외여행 실손의료보험의 국내담보

해외여행 실손의료보험의 국내담보는 「실손의료보험 표준약관」과 대부분의 내용이 동일하다. 다만, 해외여행보험이 단기보험이므로 보험기간 만료후의 보장연장일에 일부 차이가 있을 뿐이다.

그러므로 피보험자가 해외여행 중에 상해를 입거나 또는 발생한 질병으로 국내 의료기관·약국에서 치료를 받은 때에 보험기간이 1년 이상인 경우에는 보험기간 종료일로 180일까지 보상하며, 보험기간이 1년 미만인 경우에는 해외여행중에 피보험자가 입은 상해 또는 질병으로 보험기간 종료 후 30일(보험기간 종료일을 제외한다) 이내에 의사의 치료를 받기 시작했을 때에는 의사의 치료를 받기 시작한 날로부터 180일(통원은 180일 동안 외래 90회, 처방 90건)까지만 보상한다.

2014년 개정 이전에는 해외여행 실손의료보험의 국내담보에 대하여 만료일로 90일을 보상하였으나 개정 이후에는 국내실손의료보험과 큰 차이가 없다.

Ⅳ 해외여행 실손의료보험의 보험료 환급

해외여행보험은 일반적으로 단기·소멸성 보험이므로 장기보험인 제3보험 표준약관에는 없는 「보험료의 환급」 조항을 두고 있다. 이 조항에 의하면 보험계약기간 1년을 기준으로 계약의 무효·해지의 환급금액이 달라진다.

119 실손의료보험 관련 사례의 검토 : 해외 I

실손의료보험 다수계약의 비례보상, 해외의료비

〈계약사항〉

회사	보험종류	기간	가입금액	피보험자	수익자
A손해	해외여행보험실손의료비특약 [표준형 입원]	2013.1.1~1.15	해외 1,000만원 국내 3,000만원	甲	미지정
B손해	실손의료비특약 [표준형 입원]	2013.1.1~ 2026.12.31	5,000만원	甲	미지정

〈해외 입원의료비 발생내역〉

(단위 : 만원)

치료기관	치료기간	발생비용
A병원	2013.1.1 ~ 1.15(15일)	1,000만원
B병원	2013.1.16 ~ 1.20(5일)	1,000만원

※ 해외에서 발생한 사고(2013.1.1)로 총의료비 2,000만원이 발생하였으며 해당 의료비는 해당 항공사로부터 A병원 해당치료비 중 800만원, B병원 치료비 중 700만원의 치료비를 감면받은 금액이 포함된 금액이다.

〈국내 입원의료비 발생내역〉

(단위 : 만원)

치료기관	치료기간	요양급여		비급여
		공단부담금	본인부담	
C병원	2013.1.21 ~ 1.30(10일)	1,000	450	150

※ 다수계약비례보상의 기준은 2016년 이후의 약관을 근거로 할 것.

I 담보 여부의 결정

해외여행보험의 경우에는 해외여행 중 발생한 의료비를 국내·국외 불문하고 모두 보상한다. 한편, 실손의료비의 경우에는 국내에서 발생한 의료비만을 보상하고 있으나 사고발생지를 별도로 명시하지 않으므로 해외에서 발생한 사고라고 해도 보험기간 중 사고에 해당하고 그 치료를 목적으로 귀국하여 국내의 의료기관에서 치료받은 의료비가 있다면 해당 의료비에 대하여 국내 실손의료보험에서 보상책임을 부담한다.

Ⅱ 해외발생 의료비 : A손해 단독 담보

1. 보상대상의료비

해외발생의료비는 피보험자가 부담한 금액을 전액 보상한다. 한편, 해외여행보험 실손의료비의 경우에도 피보험자가 실제로 부담한 금액을 보상하므로 500만원에 대하여만 실손의료비 보상책임을 부담한다.

한편, 보험기간이 1월 15일에 만료되었으나 계속되는 치료비에 한하여 보험만기일로 90일을 담보하므로 B병원에서 발생한 비용도 보상대상의료비에 해당한다.

2. 보험금 지급책임액 : 500만원

보험가입금액(1000만원) 한도 내에서 피보험자가 실제 부담한 비용(500만원) 전액을 부담한다.

Ⅲ 국내발생 의료비 : A손해, B손해 공통담보

1. 보상대상의료비 : 480만원[43]

건강보험 적용의료비 중에서 피보험자가 부담한 금액 600만원(450 + 150)을 보상대상의료비로 한다. 한편, 금감원 지침 및 현행 보험회사의 실무에 따라 보상대상의료비는 600만원 × 80% = 480만원이 된다.

43) 문제에서 "2016년 기준"이라는 단서가 없는 경우에는 금융감독원의 수정지침대로 한다. 그러므로 600만원을 보상책임액으로 해서 각 사의 비례분담액을 다음과 같이 산출한다.
A : 600만원 × 480만원/960만원 = 300만원
B : 600만원 × 480만원/960만원 = 300만원

2. 독립책임액

독립책임액의 합이 보상대상의료비를 초과하므로 중복보험 비례보상한다.

- A : min[3,000만원, 480만원] = 480만원
- B : min[5,000만원, 480만원] = 480만원

3. A, B 최종 책임액

- A : 480 × 480/960 = 240만원
- B : 480 × 480/960 = 240만원

Ⅳ 수익자의 결정

제3보험 보통약관 「보험수익자의 지정」에 의하면 후유장해보험금, 진단보험금, 입원보험금, 간병보험금, 실손의료비 등의 경우에는 피보험자를 수익자로 한다.

그러므로 실손의료비의 수익자를 미지정한 경우에는 피보험자인 甲이 보험수익자가 된다.

120 실손의료보험 관련 사례의 검토 : 해외 Ⅱ

손해사정사 **기출문제** 35회(2012년)

계약자 홍길동 씨는 아래와 같이 해외여행 실손의료보험을 가입하고 해외여행 중 발병한 질병으로 현지 병원에서 입원치료 후 귀국하여 국내 병・의원에서 치료를 마친 후 해당 실손의료비를 청구하였다. A보험회사가 지급하여야 할 실손의료비를 ① 해외의료비와 ② 국내의료비로 구분하여 계산하시오. (15점)

〈계약사항〉

회사	보험종류	담보종목	가입금액(보상한도)		보험기간	여행지역
			해외	국내		
A손해보험	해외여행 실손의료 보험	종합 의료비	3,000만원	입원 : 5,000만원 통원(외래/처방) : 외래1회당 20만원, 처방1건당 10만원	2011.8.10 ~ 2012.2.10	전세계

〈해외의료비 발생내역〉

(단위 : 원)

치료기관	구분	치료기간	병명(치료)	본인부담의료비
중국 K대학병원	입원	2012.1.20~2012.2.1	급성간염	700,000
중국 L한방병원	통원	2012.2.5	급성간염, 급성간염에 따른 침 치료	150,000
중국 P약국	처방	2012.2.5	급성간염에 따른 처방	50,000

〈국내의료비 발생내역〉

(단위 : 원)

치료기관	구분	치료기간	병명	요양급여		비급여
				공단	본인	
S한방병원	외래	2012.2.15	급성간염	30,000	25,000	10,000
S한방병원	외래	2012.3.15	급성간염	30,000	25,000	10,000
S한방병원	외래	2012.4.20	급성간염	30,000	25,000	10,000
M의원	외래	2012.5.12	급성간염	30,000	20,000	10,000
M의원	외래	2012.5.30	급성간염	30,000	20,000	10,000

〈조건〉
• 계약 전 알릴의무 위반사실은 없음.
• 해외발생의료비는 모두 지급일 기준 원화로 환산 표시한 것으로 가정하고 지급금 계산시 환율은 무시할 것.

I 해외의료비의 계산

해외여행기간 중 발생한 질병으로 해외소재 의료기관에서 입원 및 통원치료하였으므로 담보의 대상이 된다. 해외여행 실손의료보험의 경우 입·통원을 별도로 구분하지 않고 피보험자가 실제로 부담한 금액 전액을 보상한다.

한편, 해외발생 한방의료비 보상제외 특별약관을 부가한 경우에는 침술, 추나요법 등의 한방치료를 면책으로 한다.

간염입원 70만원 + 간염침치료 15만원 + 약국처방 5만원 = 90만원

II 국내발생의료비와 만료 후 보상기간

1. 보상기간의 연장

해외여행 실손의료보험은 피보험자가 치료 중에 보험기간이 종료하더라도 90일까지 보상기간을 연장하고 있었다. 단기보험의 성격을 반영한 것이다. 그러나 2014년 개정 이후의 해외여행 실손의료보험은 국내실손의료보험과 동일하게 보상기간을 180일로 정하고 있다. 이 문제는 약관 개정 전의 보험계약에서 발생한 사고이므로 기존의 약관을 반영하여 90일을 적용하였다.

2. 사례의 적용

해외여행 실손의료보험의 가입기간이 1년 미만이므로 만일 해외발생사고로 보험기간

만료일로 30일 이내에 치료를 받기 시작했다면 그 치료일로 90일을 보장한다. 그러나 이 문제의 사례는 이미 해외에서 치료를 받고 있으므로 치료일로부터 90일을 기산하는 것이 아니라 만료일로 90일을 기산하여 적용하는 것이 약관의 취지에 부합한다.

그러나 약관규정을 해석할 때에는 이러한 점이 명확하게 표시되지 않으므로 계약자에게 유리하게 해석하여 치료일로부터 90일을 적용하는 것도 가능하다.

III 국내발생의료비의 계산

1. 2월 15일

한방병원 치료이므로 비급여항목 의료비는 보상하지 않는다.

외래 : min[20만원 한도, 2.5만원 − 1.5만원(병원)] = 1만원

2. 3월 15일

한방병원 치료이므로 비급여항목 의료비는 보상하지 않는다.

외래 : min[20만원 한도, 2.5만원 − 1.5만원(병원)] = 1만원

3. 4월 20일

한방병원 치료이므로 비급여 항목 의료비는 보상하지 않는다.

외래 : min[20만원 한도, 2.5만원 − 1.5만원(병원)] = 1만원

4. 5월 12일

5월 12일은 보험기간 종료일로 91일째가 되는 날이므로 보상기간이 종료하여 더 이상 보험금을 지급하지 않는다. 다만, 작성자불이익해석의 원칙에 따르면 “치료를 개시한 날

부터 90일"을 적용하여 보상이 가능할 수 있다. 즉, 다음과 같이 보상한다.

외래 : min[20만원 한도, 3만원 − 1만원(의원)] = 2만원

5. 5월 30일

보험기간 종료일 또는 국내에서 치료를 개시한 날을 적용하더라도 90일이 경과하였으므로 보상하지 않는다.

121 실손의료보험 관련 사례의 검토 : 해외 Ⅲ

손해사정사 기출문제 38회(2015년)

피보험자 김소망 씨는 A, B사에 보험을 가입하고 해외여행 중 발병한 질병으로 현지 병원에서 치료 후 귀국하여 국내 병・의원에서 치료받고 해당 실손의료비를 청구하였다. 아래 질문에 답하시오. (20점)

〈계약사항〉

회사	보험종류	보험기간	담보	가입금액(보상한도액)		비고
A	실손의료보험 (표준형)	2015.5.1~ 2035.5.1	질병	입원 : 5,000만원 통원 : 외래1회당 20만원, 처방1건당 10만원		자기부담 (20%)
B	해외여행 실손의료보험 (표준형)	2015.10.1~ 2015.10.15	질병	해외	1,000만원	여행지역 (전세계) 자기부담 (20%)
				국내	입원 : 5,000만원 통원 : 외래1회당 20만원, 처방1건당 10만원	

※ 상기 보험은 표준약관 개정(2014.12.26)으로 아래의 통원의료비 및 입원의료비는 발생한 것으로 가정함. 계약 전 알릴의무 위반사항 없음.

※ 보험금 계산시 편의상 본인부담금 상한제도와 자기부담금 한도제도는 적용하지 않음.

〈해외의료비 발생내역〉

진료기관	진단명(병명)	치료기간	구분	본인부담의료비
일본 E대학병원	뇌내출혈(I61)	2015.10.3	통원	1,000,000원
일본 F치과의원	치주염(K05)	2015.10.14	통원	300,000원
일본 K약국	치주염(K05)	2015.10.14	처방	30,000원

〈국내 입원의료비 발생내역〉

진료기관	진단명(병명)	입원기간	요양급여		비급여
			공단부담	본인부담	
L상급종합병원	뇌내출혈(I61)	2016.5.7~ 6.5(30일)	700만원	400만원	300만원*

N한방병원	뇌내출혈(I61)	2016.11.25~ 12.22(28일)	200만원	200만원	500만원
O병원	뇌내출혈(I61)	2017.5.15~ 5.24(10일)	150만원	300만원	100만원

* L상급종합병원 입원기간(2016.5.7~6.5) 중 비급여의료비 300만원에는 회사가 보상하는 질병치료를 목적으로 하는 영양제 30만원, TV시청료 10만원, 의사의임상적 소견과 관련이 없는 검사비용 50만원이 포함됨.

〈국내 통원의료비 발생내역〉

진료기관	진단명(병명)	치료기간	구분	본인부담의료비
P상급종합병원	뇌출혈후유증(I69)	2017.5.25	통원	80,000원
Q약국	뇌출혈후유증(I69)	2017.5.25	처방	30,000원
R의원	상세불명 치매(F03)	2017.6.25	통원	150,000원
S약국	상세불명 치매(F03)	2017.6.25	처방	130,000원

〈질문사항〉

(1) 해외의료비 발생내역에 대하여 A, B보험사가 지급하여야 할 실손의료비를 계산하시오(각각 계산과정 명시). (5점)

(2) 국내의료비 발생내역에 대하여 A, B보험사가 지급하여야 할 실손의료비[① 입원의료비, ② 통원의료비(외래), ③ 통원의료비(처방조제비)]를 계산하시오(각각 계산과정 명시). (15점)

I 해외의료비 발생

1. 국내실손의료비(A)

국내실손의료보험은 국외에서 발생한 치료비를 면책손해로 한다.

2. 해외실손의료비(B)

해외실손의료비는 통원과 처방을 구분하지 않고 실제발생한 비용을 보상한다. 별도의 특약으로 보장제외하지 않는 이상 치과・한방치료도 보상하는 점이 국내실손의료비와의 차이점이다.

- 10월 3일 ~ 10월 14일
- 100만원 + 30만원 + 3만원 = 133만원 × 100%

II 국내의료비 발생

1. 국내실손의료비(A)

국외에서 발생한 사고라고 해도 국내의료기관에 치료받은 경우에는 국내실손의료비에서 담보한다.

1) 입원의료비

조건대로 연간자기부담금 한도를 고려하지 않고 다음과 같이 담보한다.

- L종합병원 : {400만원 + (300만원 − 10만원 − 50만원)} × 80% = 512만원
- N한방병원 : 200 × 80% = 160만원(비급여항목은 면책)
- O병원 : 90일 보장제외기간에 해당하므로 면책이다.

2) 통원의료비 : 외래

(1) 5월 25일

min[20만원, 8만원 − max(2만원, 8만원 × 20%)] = 6만원

(2) 6월 25일

치매(F00~F03)는 보상하는 질병이다.

min[20만원, 15만원 − max(1만원, 15만원 × 20%)] = 12만원

3) 통원의료비 : 처방

(1) 5월 25일

min[10만원, 3만원 − max(0.8만원, 3만원 × 20%)] = 2.4만원

(2) 6월 25일

min[10만원, 13만원 − max(0.8만원, 13만원 × 20%)] = 10만원

III 해외실손의료비(B)

해외의료비에 국내실손담보가 있는 경우에는 국내발생의료비에 대해서도 담보한다. 만일 보험기간이 종료하더라도 종료일 이후에도 치료받은 날로부터 180일까지 담보한다. 그러나 본 사례는 종료일(2015.10.15)로부터 180일이 지난 2016년 5월 7일 이후에 발생한 치료이므로 해외실손의료비 국내담보조항이 있어도 담보하지 않는다.

122 간병보험의 개요

Ⅰ 간병보험

간병보험(long term care insurance)이란 피보험자가 상해, 질병 등에 의하여 타인의 간병을 필요로 하는 상태가 되었을 때의 간병비를 보장하는 상품으로서 상해·질병보험과 함께 제3보험의 대표적인 보험이다.

우리나라는 2003년 8월 "장기간병보험"이 판매된 이후에도 고령화가 급속하게 진행하고 사회적으로도 "건강한 노후"에 대한 관심이 증대하면서 간병보험의 수요가 증대하고 있다. 특히 공적 노인장기요양보험(2008년 7월 도입)의 체계가 잡혀가면서 공적보험과 연계되는 민영보험의 상품이 가속화되는 추세이다.

Ⅱ 간병보험의 보장형태

기존의 간병보험은 "중증치매상태(인식불능상태)"와 "일상생활장해상태(활동불능상태)"로 구분하여 보험기간 중 최초 1회에 한하여 진단보험금 형태로 보장하고 있었으나, 최근의 간병보험은 기존의 형태는 물론이고 노인장기요양보험법에 의한 수급대상으로 인정받은 경우를 보험금 지급사유로 하여 1회의 진단금 또는 일정기간의 연금(요양자금)형태로 보장하고 있다.

간병보험은 실손보상형태와 정액보장형태로 운영될 수 있으나 우리나라의 간병보험은 주로 정액보장형태로만 판매되고 있다.

Ⅲ 간병보험과 노인장기요양보험의 비교[44]

구분	간병보험(민영보험)	요양보험(공적보험)
근거법	보험업법	노인장기요양보험법
도입시기	2003년 8월	2008년 7월
운영기관	보험회사	국민건강보험공단
가입의무	없음	있음
가입대상	개별 보험회사의 간병보험 인수기준을 충족하는 자	건강보험가입자 (전국민)
급여대상	보험기간 중 중증치매, 활동불능 진단 등 약관상 지급요건을 충족한 자	65세 이상 노인 또는 65세 미만 노인성질환자(치매, 알츠하이머, 뇌내출혈, 파킨슨증 등)
지급사유	약관상 지급사유 발생시 (주된 지급사유 유형은 3가지) ① 중증치매 또는 활동불능 진단확정 ② 장기요양 1~3등급 판정 ③ 장기요양 1~2등급 판정받고 중증치매 또는 활동불능 진단확정	장기요양 1~3등급 판정*을 받고 요양서비스 수가 발생시 지급
급여종류	약정보험금을 일시금(진단자금) 또는 연금(요양자금)형태로 정액지급	• 시설급여 : 요양서비스(노인복지의료시설 입소) 수가의 80%, 등급별 시설별 월 한도(약 150~96만원) 내 지급 • 재가급여 : 요양서비스(방문간호 및 방문목욕 등) 수가의 85%, 등급별 월 한도(약 114~88만원) 내 지급 • 가족요양비 : 월 15만원

* 일상생활에서 전적으로(1등급), 상당부분(2등급) 또는 부분적으로(3등급) 다른 사람의 도움이 필요한 자로서 장기요양인정점수**를 받은 자

** 1등급 : 95점 이상, 2등급 : 75점 이상, 3등급 : 55점 이상(2012년 7월 1일부터 53점 이상)

44) 금융감독원 「노후대비 간병보험 가입시 유의사항」 2012.7.5.

Ⅳ 간병보험의 특징

1. 장기간병상태를 요구

간병상태는 일시적인 간병을 요하는 경우와 장기간의 간병으로 요하는 경우로 구분할 수 있는데, 간병보험은 장기간의 간병을 요하는 상태를 보험금 지급사유로 한다. 그러므로 질병 및 상해에 대한 보장이 아닌 질병 및 상해에서 더 나아간 "일상생활의 불능상태"를 보장한다. 약관은 노인장기요양보험법에 의한 수급대상이 되는 것을 요건으로 하거나 중증치매·활동불능상태가 일정기간 지속될 것을 요건(주로 90일의 판정기간, Defered Period)으로 한다.

2. 공적보험의 보충형태

노인장기요양보험법에 의한 판정을 보험금 지급사유로 하는 간병보험은 공적보험인 노인장기요양보험의 보완형태의 보험에 해당한다. 다만, 실손의료보험은 국민건강보험의 사각지대를 보충하는 보험이지만 간병보험은 노인장기요양보험의 사각지대를 체계적으로 보완하는 것은 아니다.

3. 위험률 변동제도

우리나라 간병보험은 위험률 산출을 위한 경험데이터가 불충분하므로 약관에서 위험률 변동(non-guarantee)제도를 두고 있다. 이 제도는 보험사의 예상위험률과 실제위험률이 서로 다를 경우에 금융위원회의 승인을 얻어 위험률을 조정하는 제도로서 보험기간 중에도 보험료가 변동될 수 있다.[45]

4. 보장제외기간

중증치매 및 활동불능상태에 대하여 담보하는 간병보험은 중증치매·활동불능상태가 질병에 의한 경우의 보장제외기간을 두고 있다. 중증치매의 보장제외기간은 계약일로부

45) 주로 생명보험회사의 간병보험약관에서는 「법령 등의 개정에 따른 계약 내용의 변경」 조항을 두고 있다. 이 조항에 의하면 노인장기요양보험 관련 법령 및 규정의 개정 등이 보험금 지급사유에 영향을 미칠 경우 회사는 금융위원회의 승인을 얻어 이 계약의 내용 및 적용위험률의 조정에 따른 보험료 등을 변경하여 적용할 수 있다.

터 그 날을 포함하여 만 2년이 지난 날의 다음날이며, 활동불능상태의 보장제외기간은 90일을 기준으로 한다. 상해로 인한 중증치매·활동불능상태의 경우에는 보장제외기간을 두지 않고 있다. 한편, 노인장기요양보험에 의하여 장기요양등급을 판정받은 것을 담보기준으로 하는 간병보험의 경우에도 질병에 의한 장기요양등급 판정에 한하여 90일의 보장제외기간을 두기도 한다.

5. 청약서상의 질문사항

보험계약자가 간병보험을 청약할 경우 보험자는 질문표(청약서상의 계약전 알릴의무사항)에서 "치매로 인한 진료 또는 검사를 받았는지 여부", "휠체어, 산소호흡장비 등의 의료기구·장비를 사용하는지 여부" 등의 질문을 할 수 있다. 간병보험의 특성상 일반상해·질병보험에 비하여 '중요한 사항'이 다를 수 있기 때문이다.

손해사정사 기출문제 35회(2012년)

(신)장기간병(요양)진단비 특별약관에서 정하고 있는 "장기간병상태(장기요양상태)"의 정의(요건)를 기술하시오. (10점)

V 간병보험의 운영

우리나라의 간병보험상품은 LTC보험(long term care), 장기간병보험, 치매특약 등의 이름으로 손해보험과 생명보험회사에서 모두 판매하고 있으며, 판매가 꾸준히 증대되는 추세이다. 생명보험회사는 주계약 또는 특별약관의 형태로 "중증치매상태" 또는 "활동불능상태"로 진단되는 것을 담보기준으로 하는 것이 일반적이며, 손해보험회사는 특별약관의 형태로 노인장기요양보험의 요양등급판정을 담보기준으로 하는 상품을 판매하고 있다.

간병보험의 보장형태는 다음과 같이 크게 세 가지로 분류할 수 있으나 정부의 장기요양등급과 회사의 기준을 함께 요구하는 유형은 간병보험의 취지에 맞지 않고 분쟁이 발생할 수 있으므로 2013년 이후 해당 유형의 보험판매가 중지되었다. 그러므로 현재는 회사기준 또는 공적기준 중에서 어느 한 형태로만 보장하고 있다.

유형	보험금 지급사유
회사기준 적용	중증치매 또는 활동불능상태로 진단확정을 지급사유로 한다.
공적기준 적용	노인장기요양보험 판정기준을 적용, 장기요양 1등급, 2등급 또는 3등급의 판정을 지급사유로 한다.
공적기준과 회사기준 적용	장기요양 1등급 또는 2등급 판정을 받고 활동불능상태 또는 중증치매상태로 진단확정을 지급사유로 한다.

123 생명보험의 간병보험

Ⅰ 생명보험의 간병보험 개요

생명보험회사의 간병보험상품은 "중증치매상태"와 "활동불능상태(일상생활장해상태)"를 담보의 기준(회사기준 적용) 으로 하는 주계약 또는 특약형태의 간병보험을 판매하는 것이 일반적이며, 일부 생명보험회사에서는 노인장기요양보험의 기준을 담보기준으로 하는 주계약 형태의 간병보험을 판매하기도 한다.

Ⅱ 일상생활장해상태의 정의 및 진단확정

1. 보험금의 종류 및 지급사유

이 계약에 있어서 "일상생활장해상태"라 함은 피보험자가 계약일 이후에 발생한 재해 또는 질병으로 인하여 일상생활장해보장개시일 이후에 특별한 보조기구(휠체어, 목발, 의수, 의족 등)를 사용하여도 생명유지에 필요한 일상생활 기본 동작들을 스스로 할 수 없는 상태로서, "'이동하기'를 스스로 할 수 없는 상태"에 해당되고 동시에 다음[46]에 해당되는 상태로서 일상생활장해 보장개시일 이후에 발생하고 발생시점부터 90일 이상 계속되어 장래에 더 이상의 호전을 기대할 수 없는 상태를 말한다. 여기서 "스스로 할 수 없는 상태"라 함은 "일상생활기본동작" 유형 및 "타인의 완전한 도움" 판단기준표[47]에서 정한

46) 여기서 "다음"이라 함은 (가)~(라) 항목 중 한 가지 항목이라도 스스로 할 수 없는 상태를 말한다.
(가) 식사하기
(나) 화장실 사용하기
(다) 목욕하기
(라) 옷입기

47) 일상생활 기본동작 유형 및 타인의 완전한 도움 판단기준표에서 "항상 타인의 완전한 도움"이 반드시 필요한 경우라 함은 다음 각 유형의 판단기준에 해당되는 상태를 말한다.

"항상 타인의 완전한 도움"이 반드시 필요한 경우를 말한다.

2. 일상생활장해상태의 진단

"일상생활장해상태" 발생시의 진단은 피보험자를 진료하고 있는 해당분야 전문의 자격증을 가진 의사에 의해 객관적인 소견을 기초로 내려져야 하며, 그 진단일부터 90일이 지난 이후에 회사가 피보험자의 "일상생활장해상태"가 계속 지속되었음을 확인함으로써 위에서 정한 "일상생활장해상태"로 최종 진단확정된다.

손해사정사 기출문제 28회(2005년)

간병보험에서 담보하는 일상생활장해상태(활동불능상태)를 약술하시오. (10점)

III 중증치매상태의 정의 및 진단확정

1. 보험금의 종류 및 지급사유

이 계약에 있어서 "중증치매상태"라 함은 피보험자가 계약일 이후에 발생한 재해 또는 「한국표준질병사인분류표 중 중증치매분류표에서 정한 질병[48]」으로 인하여 중증치

유형	판단기준
이동하기	특별한 보조기구를 사용함에도 불구하고 다른 사람의 계속적인 도움이 없이는 방 밖을 나올 수 없다(예를 들면, 보조기구를 사용하여도 방 밖으로 나올 수 없어 들것에 실리거나 업혀야만 방 밖으로 나올 수 있다).
식사하기	다른 사람의 계속적인 도움을 받지 않고는 식사를 전혀 할 수 없거나, 현재 계속적으로 튜브나 경정맥수액을 통해 부분적인 혹은 전적인 영양분 공급을 받아야 한다.
화장실 사용하기	대소변 조절하기와 관계없이 다른 사람의 계속적인 도움을 받아야 다음의 ① 또는 ② 또는 ③을 할 수 있다. ① 화장실에 가서 변기 위에 앉는 일 그리고 대소변 후에 화장지로 닦고 옷을 입는 일 ② 실내용 변기(혹은 요강)를 사용하고 비우는 일 ③ 배설을 돕기 위해 설치한 의료장치(예를 들면, 유치(留置), 카테터 등)나 외과적 시술물(예를 들면, 결장루 등)을 사용하는 일
목욕하기	다른 사람의 계속적인 도움을 받지 않고는 샤워·목욕을 전혀 할 수 없다.
옷입기	다른 사람의 계속적인 도움을 받지 않고는 전혀 옷을 챙겨입을 수 없다.

48) 중증치매분류표
약관에 규정하는 중증치매(기질성치매)로 분류되는 질병은 제6차 개정 한국표준질병·사인분류(통계청고시 제2010-246호, 2011.1.1 시행) 중 다음에 적은 질병을 말한다.

매 보장개시일 이후에 "중증치매(organic dementia) 상태"가 되고 이로 인하여 "인지기능의 장애"가 발생한 상태를 말한다.

"인지기능장애"라 함은 CDR척도(Clinical dementia rating scale, 2001)[49] 검사결과가 3점 이상(다만, 이와 동등하다고 국내 의학계에서 일반적으로 인정되는 검사 방법을 사용하여 이와 동등한 정도로 판정되는 경우를 포함한다)에 해당되는 상태로서 그 상태가 중증치매 보장개시일 이후에 발생하고 발생 시점부터 90일 이상 계속되어 장래에 더 이상의 호전을 기대할 수 없는 상태를 말한다.

2. 중증치매상태의 진단

"중증치매상태" 발생시의 진단은 피보험자를 진료하고 있는 해당분야 전문의 자격증을 가진 의사에 의해 객관적인 소견을 기초로 내려져야 하며, 그 진단일부터 90일이 지난 이후에 회사가 피보험자의 "중증치매상태"가 계속 지속되었음을 확인함으로써 위에서 정한 "중증치매상태"로 최종 진단확정된다. 다만, 위 내용에도 불구하고 "정신분열병이나 우울증과 같은 정신질환으로 인한 인지기능의 장애" 및 "알코올중독, 의사의 처방에 의하지 않는 약물의 투여로 인한 인지기능의 장애"는 보장대상에서 제외한다.

3. 지정대리청구제도

치매를 보장하는 상품은 치매로 진단된 피보험자(계약자 = 피보험자인 경우) 본인 스스로 보험금을 청구하기가 어렵기 때문에 치매보장상품을 가입할 때에 향후의 치매발생시의 보험금을 대신 청구하는 자(대리청구인)를 지정할 수 있도록 약관을 개정(2013.10.1)하였다. 현행 약관도 별도의 지정대리청구서비스 특별약관이 있으나 계약자가 이를 인지하기 어렵기 때문이다.

대상질병명	분류코드
Ⅰ. 알츠하이머병에서의 치매	F00
Ⅱ. 혈관성 치매	F01
Ⅲ. 달리 분류된 기타 질환에서의 치매	F02
Ⅳ. 상세불명의 치매	F03
Ⅴ. 치매에 병발된 섬망	F05.1

㈜ 1. 제7차 개정 이후 한국표준질병사인분류에서 상기 질병 이외에 추가로 상기 분류번호에 해당하는 질병이 있는 경우에는 그 질병도 포함하는 것으로 한다.
2. 정신분열병이나 우울증과 같은 정신질환으로 인한 인지기능의 장애 및 알코올중독, 의사의 처방에 의하지 않는 약물의 투여로 인한 인지기능의 장애는 보장대상에서 제외한다.

49) "CDR 척도(2001년)"는 치매관련 전문의가 실시하는 전반적인 인지기능 및 사회기능정도를 측정하는 검사로서 전체점수구성은 0, 0.5, 1, 2, 3, 4, 5로 되어 있으며, 점수가 높을수록 중증(重症)을 의미한다.

그러므로 계약자가 보험금 대리청구인을 보험가입시에 지정하거나 늦더라고 보험가입일로부터 2년 이내에는 지정할 수 있도록 약관에 명시하였고, 계약체결시에 "대리청구인 지정제도"를 반드시 설명하도록 하였다.

Ⅳ 보험금의 종류 및 지급사유

보험자는 피보험자가 일상생활장해상태 또는 중증치매상태로 진단된 경우에 둘 중 최초로 발생한 지급사유에 대하여 1회에 한하여 보험금을 지급한다. 보험금의 유형은 최초 진단당시의 "장기간병일시금"과 최초 진단 이후에 일정기간(120개월) 동안 생존해 있을 경우에 "장기간병연금"과 "장기간병위로금" 유형의 일부 또는 전부를 지급한다.

손해사정사 기출문제 32회(2009년)

생명보험의 간병보험에서 치매상태의 정의와 치매보장 책임개시일을 기술하시오. (10점)

Ⅴ 간병보험약관상 특수한 조항들

1. 보장개시일

"일상생활장해상태"로 인한 보장개시일은 계약일(부활의 경우 부활일)부터 그 날을 포함하여 90일이 지난 날의 다음날(이하 일상생활장해보장개시일이라 한다)로 한다. 다만, 재해를 직접적인 원인으로 "일상생활장해상태"가 발생한 경우에는 1회 보험료를 받은 날을 보장개시일로 한다. "중증치매상태"로 인한 보장개시일은 계약일(부활의 경우 부활일)부터 그날을 포함하여 2년이 지난날의 다음날로 한다. 다만, 한국표준질병사인분류 중 중증치매 분류표에서 정한 질병이 없는 상태에서 재해로 인한 뇌의 손상을 직접적인 원인으로 "중증치매상태"가 발생한 경우에는 1회 보험료를 받은 날을 보장개시일로 한다.

2. 계약의 무효

간병보험은 일반적인 제3보험의 무효뿐만 아니라 일상생활장해상태 또는 중증치매상태의 보장개시일 이전에 위 상태로 진단되는 경우에도 계약을 무효로 한다. 계약이 무효가 되는 경우에 보험자는 납입한 보험료 전액을 보험계약자에게 반환한다.

3. 위험률의 변경에 따른 보험료 및 보험금 등의 변동

보험자는 위험률의 조정이 필요한 경우(일부 약관은 계약체결 후 5년이 지난 때부터)에 금융위원회의 인가(일부 약관은 승인)를 얻어 위험률을 변경하여 적용할 수 있다. 위험률이 변경된 경우에는 변경시점부터 장래에 향하여 변경된 위험률을 기준으로 책임준비금을 계산하며, 보험료 또는 책임준비금이 인상된 경우에 변경 후 인상분은 회사가 정한 방법에 따라 보험금 또는 보험가입금액을 감액하여 적용한다. 다만, 계약자가 보험료 인상분 또는 책임준비금 인상분을 잔여 보험료납입기간 동안 납입하는 경우에는 보험금 또는 보험가입금액을 감액하지 않는다.

124 손해보험의 간병보험

I 손해보험의 간병보험 개요

손해보험은 특별약관의 형태로 간병보험을 판매하는 것이 일반적이다. 또한 회사기준으로 담보하는 "중증치매진단비", "활동불능진단비"를 별도로 판매하는 한편, 노인장기요양보험의 기준에 의하는 "장기요양진단비 특별약관"을 함께 판매하고 있다.

손해보험의 "중증치매진단비 특별약관"이 생명보험의 "중증치매상태"와 다른 점은 보장제외기간이 없다는 점과 MMES－K를 담보기준으로 한다는 점이며, 손해보험의 "활동불능진단비 특별약관"도 보장제외기간이 없다는 점에서 일부 차이가 있다.

II 중증치매진단비 특별약관

1. 보험금의 지급사유

피보험자가 보험기간 중에 진단확정된 질병 또는 상해로 인하여 "중증치매상태"로 진단확정된 경우에는 1회에 한하여 보험가입금액 전액을 진단비로 지급한다. 이 특별약관에서 "중증치매상태"라 함은 치매분류표[50]에서 정한 치매로 진단확정되고, 이로 인하여 "인지기능의 장해"가 발생한 상태를 말한다.

---

50) 치매분류표

"치매로 진단확정되다"라는 것은 다음의 1.과 2.에 모두 해당되는 "치매"임을 의사의 자격을 가진자에 의해서 진단확정 받는 경우를 말한다.

1. 뇌(腦)속에 후천적으로 생긴 기질적인 병으로 인한 변화 또는 뇌속에 손상을 입은 경우
2. 정상적으로 성숙한 뇌가 1.에 의한 기질성장해에 의해서 파괴되었기 때문에 한 번 획득한 지능이 지속적으로 또는 전반적으로 저하되는 경우

여기에서 "치매"란 제6차 한국표준질병사인분류(통계청고시 2010－246호, 2011.1.1 시행) 중 다음에 적은 질병을 말한다.

손해사정사 기출문제 37회(2014년)

장기간병보험의 중증치매진단비 특별약관에서 제6차 개정 한국표준질병사인분류(통계청고시, 2011.1.1 시행) 중 중증치매로 분류되는 질병명 및 질병코드에 관하여 기술하시오. (10점)

2. 중증치매상태의 정의 · 진단확정

"중증치매상태"의 발생시의 진단은 피보험자를 진료하고 있는 해당분야 전문의 자격증을 가진 의사에 의해 객관적인 소견을 기초로 한다. "중증치매상태"의 진단확정은 의료법 제3조에서 정한 병원 또는 이와 동등하다고 인정되는 의료기관의 정신과 또는 신경정신과 전문의사 자격을 가진 자에 의한 진단서에 의한다.

한편, "인지기능의 장애"라 함은 한국형 간이인지기능 검사(MMSE-K, 1989년)의 결과가 19점 이하이고, 동시에 CDR척도(Clinical dementia rating scale, 2001년)의 검사결과가 3점 이상(단, 국내 의학계에서 인정되는 검사방법으로 이와 동등한 정도로 판정되는 경우를 포함한다)에 해당되는 상태로서 그 상태가 발생시점으로부터 90일 이상 계속되어 더 이상의 호전을 기대할 수 없는 상태를 말한다.

3. 보험금 지급에 관한 세부규정

이 특별약관에서도 「질병보험금 지급에 관한 세부규정」이 적용된다. 그러므로 청약서상 계약 전 알릴의무에 해당하는 질병으로 과거에 진단 또는 치료를 받은 경우에 5년 동안 해당 질병과 관련한 보험금은 지급하지 않는다.

한편, 보험자는 피보험자가 보험기간 중 치매로 진단확정되고 보험기간이 만료되더라도 보험기간 중 진단확정된 치매로 인한 "인지기능의 장애"가 발생한 경우에는 중증치매진단비를 보장한다.

분류항목	분류번호
Ⅰ. 알츠하이머병에서의 치매	F00
Ⅱ. 혈관성 치매	F01
Ⅲ. 달리 분류된 기타 질환에서의 치매	F02
Ⅳ. 상세불명의 치매	F03
Ⅴ. 치매에 병발된 섬망	F05.1

4. 보험금을 지급하지 않는 사유

보험자는 보통약관의 「보험금을 지급하지 않는 사유」에도 불구하고 ① 알코올중독, 습관성 약품 또는 환각제의 복용 및 사용, ② 전쟁, 외국의 무력행사, 혁명, 내란, 사변, 폭동의 사유를 원인으로 하여 보험금 지급사유가 발생한 때에는 보험금을 지급하지 않는다.

Ⅲ 활동불능진단비(활동불능간병비) 특별약관

1. 보험금의 지급사유

보험자는 피보험자가 보험기간 중에 진단확정된 질병 또는 상해로 인하여 "활동불능상태"로 진단확정되고 그 날을 포함하여 90일 이상 활동불능상태가 계속되었을 경우에는 이 특별약관의 보험가입금액을 1회에 한하여 진단비로 지급한다.

2. 활동불능상태의 정의 및 진단확정

이 특별약관의 "활동불능상태"라 함은 종일 누워있으면서 다음의 ①을 포함하고 ②의 (가) 내지 (라) 중 어느 하나에 해당하는 상태를 말한다. "활동불능상태"의 진단확정은 의료법 제3조에서 정한 병원 또는 이와 동등하다고 인정되는 의료기관의 의사자격을 가진 자에 의한 진단서에 의한다.

① 보행에 있어 보조기구(의수, 의족, 휠체어 등)를 사용하여도 「일상생활동작장해분류표」[51]의 1.에 규정한 어느 상태 또는 이와 같은 정도의 간병을 필요로 하는 상태에 있기 때문에 항상 타인의 간병이 필요한 경우

② 다음의 어느 행위에 있어서 보조기구를 사용하여도 일상생활동작장해분류표의 2.에서 5.까지[52]에 규정한 어느 상태 또는 이와 같은 정도의 간병을 필요로 하는 상태에 있기 때문에 항상 타인의 간병이 필요한 경우

---

51) 일상생활동작장해분류표

3. 보험금 지급에 관한 세부규정

이 특별약관에서도 「질병보험금 지급에 관한 세부규정」이 적용된다. 그러므로 청약서상 계약 전 알릴의무에 해당하는 질병으로 과거에 진단 또는 치료를 받은 경우에 5년 동안 해당 질병과 관련한 보험금은 지급하지 않는다.

한편, 보험자는 피보험자가 보험기간 중 "활동불능상태"로 진단확정되고 보험기간이 만료되더라도 보험기간 중 진단확정된 날을 포함하여 90일 이상 "활동불능상태"가 계속되는 경우에는 활동불능진단비를 보장한다.

4. 보험금을 지급하지 않는 사유

보험자는 보통약관의 「보험금을 지급하지 않는 사유」에도 불구하고 ① 알코올중독, 습관성 약품 또는 환각제의 복용 및 사용, ② 전쟁, 외국의 무력행사, 혁명, 내란, 사변, 폭동의 사유를 원인으로 하여 보험금 지급사유가 발생한 때에는 보험금을 지급하지 않는다.

---

1. 보행을 스스로 할 수 없음	① 두손 두발로 기거나 무릎 또는 엉덩이를 바닥에 붙이지 않으면 이동할 수 없다. ② 혼자서는 뒤집지 못하거나 침대 위에서 조금 밖에 이동할 수 없다. ③ 혼자서는 전혀 이동할 수 없다.
2. 음식물 섭취를 스스로 할 수 없음	① 혼자서는 식사도구를 사용하여 식사할 수 없다. ② 혼자서는 전혀 식사할 수 없다(신체의 장해에 의해 요양 중이어서 입을 통한 영양섭취 및 식사가 불가능하여 혈관 또는 신체에 튜브를 통해 수액제를 삽입하거나 유동식으로 영양공급이 한정되어 있는 상태를 포함함).
3. 대소변의 배설 후 뒷처리를 스스로 할 수 없음	① 혼자서는 배변을 닦아내는 것이 불가능하다. ② 혼자서는 배변을 위해 앉아 있는 자세를 취할 수 없다. ③ 잦은 실금(失禁)으로 인하여 기저귀 또는 특수용기를 사용하고 있다. ④ 치료를 위한 절대안정으로 침상에서 특수용기를 사용하여 배설행위를 해야 한다.
4. 목욕을 스스로 할 수 없음	① 혼자서는 몸을 씻거나 닦거나 할 수 없다. ② 혼자서는 욕조에 출입을 할 수 없다. ③ 혼자서는 전혀 목욕을 할 수 없다.

52) ㉮ 일상생활동작장해분류표의 2. (음식물 섭취를 스스로 할 수 없음)의 상태 또는 이와 같은 정도의 상태
㉯ 일상생활동작장해분류표의 3. (대소변의 배설 후 뒷처리를 스스로 할 수 없음)의 상태 또는 이와 같은 정도의 상태
㉰ 일상생활동작장해분류표의 4. (목욕을 스스로 할 수 없음)의 상태 또는 이와 같은 정도의 상태
㉱ 일상생활동작장해분류표의 5. (의복을 입고 벗는 일을 스스로 할 수 없음)의 상태 또는 이와 같은 정도의 상태

Ⅳ 장기요양진단비(장기요양간병비) 특별약관

1. 보험금의 종류 및 지급사유

보험자는 피보험자가 이 특별약관의 보험기간 중에 노인장기요양보험 수급대상으로 인정되었을 경우에는 보험수익자에게 최초 1회에 한하여 이 특별약관의 보험가입금액을 진단비(또는 간병비)로 지급한다. 「장기요양간병연금 특별약관」의 형태로 가입된 경우에는 최초 판정일부터 일정기간 동안 연금방식의 보험금을 지급한다.

여기서 "노인장기요양보험 수급대상으로 인정되었을 경우"라 함은 국민건강보험공단 등급판정위원회에 의해 1등급, 1~2등급 또는 1~3등급의 장기요양등급을 판정받은 경우를 말한다.[53)]

2. 보험금 지급에 관한 세부규정

이 특별약관에서도 「질병보험금 지급에 관한 세부규정」이 적용된다. 그러므로 청약서상 계약 전 알릴의무에 해당하는 질병으로 과거에 진단 또는 치료를 받은 경우에 5년 동안 해당 질병과 관련한 보험금은 지급하지 않는다.

3. 보험금을 지급하지 않는 사항

보험자는 보통약관의 「보험금을 지급하지 않는 사유」에도 불구하고 ① 알코올중독, 습관성 약품 또는 환각제의 복용 및 사용, ② 전쟁, 외국의 무력행사, 혁명, 내란, 사변, 폭동의 사유를 원인으로 하여 보험금 지급사유가 발생한 때에는 보험금을 지급하지 않는다.

---

53) 노인장기요양보험제도의 등급판정기준이 변동되는 경우에 손해율이 상승할 수 있으므로 보험회사는 "장기요양진단비(1등급)", "장기요양진단비(1~2등급)", "장기요양진단비(1~3급)" 등으로 등급별로 구분된 보험상품을 판매하고 있다.

V 노인장기요양보험법상 요양등급의 결정

65세 이상의 노인 및 65세 미만의 노인성 질병[54]을 가진 자가 국민건강보험공단에 장기요양인정을 신청한 경우 장기요양등급판정위원회는 신청자가 6개월 이상 동안 일상생활을 혼자서 수행하기 어렵다고 인정되는 경우에 장기요양을 받을 자(수급자)를 결정하고 심신상태 및 장기요양이 필요한 정도에 따라 장기요양등급을 판정한다. 등급판정기준은 다음과 같다(노인장기요양보험법시행령 제7조).

등급	판정기준
장기요양 1등급	심신의 기능상태 장애로 일상생활에서 전적으로 다른 사람의 도움이 필요한 자로서 장기요양인정 점수가 95점 이상인 자
장기요양 2등급	심신의 기능상태 장애로 일상생활에서 상당 부분 다른 사람의 도움이 필요한 자로서 장기요양인정 점수가 75점 이상 95점 미만인 자
장기요양 3등급	심신의 기능상태 장애로 일상생활에서 부분적으로 다른 사람의 도움이 필요한 자로서 장기요양인정 점수가 51점 이상 75점 미만인 자

54) 노인장기요양보험법시행령 제2조 관련 별표, 노인성 질병의 종류에서는 알츠하이머병에서의 치매F00, 혈관성 치매F01, 달리 분류된 기타 질환에서의 치매F02, 상세불명의 치매F03, 알츠하이머병G30, 지주막하출혈I60, 뇌내출혈I61, 기타 비외상성 두개내출혈I62, 뇌경색증I63, 출혈 또는 경색증으로 명시되지 않은 뇌졸중I64, 대뇌경색증을 유발하지 않은 뇌전동맥의 폐쇄 및 협착I65, 뇌경색증을 유발하지 않은 대뇌동맥의 폐쇄 및 협착I66, 기타 뇌혈관질환I67, 달리 분류된 질환에서의 뇌혈관장애I68 뇌혈관질환의 후유증I69, 파킨슨병G20, 이차성 파킨슨증G21, 달리 분류된 질환에서의 파킨슨증G22, 기저핵의 기타 퇴행성 질환G23, 중풍후유증(中風後遺症)U23.4, 진전(振顫)U23.6을 노인성 질병으로 분류하고 있다.

125 간병인지원 특별약관

I 간병인지원 특별약관의 개요

일부 손해보험회사는 상해・질병의 수술 및 입원에 따라 발생하는 간병인비용을 담보하는 특별약관을 판매하고 있다. 이 특별약관은 간병인 비용을 지원한다는 점에서 간병보험의 일종으로 볼 수 있으나 장기간의 간병상태를 보험사고로 하는 간병보험(long-term care insurance)과는 구분되는 단기간호보험(nursing service insurance)이라고 할 수 있다.

이 보험은 실제 발생되는 간병인 비용을 보상하는 실비변상적 성격의 보험이며, 「재택간병인지원서비스 추가 특별약관」을 부가한 경우에는 보험회사에서 간병인서비스를 직접 제공한다는 점에서 현물서비스로 채무를 이행하는 보험이다.

II 간병인지원 상해·질병입원일당 특별약관

1. 보험금의 종류 및 지급사유

이 특별약관의 보험자는 피보험자가 상해(또는 질병)로 입원한 경우에 최초 입원일로부터 입원 1일당 보험가입금액을 입원일당으로 지급한다. 그러나 보험수익자가 간병인[55]을 지원받기를 원할 경우에는 이 특별약관에서 정한 간병인을 지원한다. 다만, 보험자가 부득이한 이유로 간병인을 지원하지 못하거나 보험수익자가 보험자가 지원하는 간병인을 계속적으로 원하지 않을 경우 실제 고객이 선택하여 사용한 간병인 사용비용을 보험자가 정한 간병인지원비용을 한도로 지급한다.

---

55) 간병인이라 함은 피보험자(보험대상자)가 병원 또는 의원에 입원하였을 경우 피보험자를 위하여 신체활동지원, 정서지원, 환경관리, 안전관리, 활동관리 등을 하는 사람을 말한다. 간병인의 주요 업무는 침대높낮이 조정, 화장실 부축, 체위변경, 휠체어를 이용한 환자이동, 기저귀 교환, 피부위생관리, 식사보조, 휴식돕기, 변기사용 보조 등이다.

2. 보험금 지급에 관한 세부규정

입원일당의 지급일수 또는 간병인의 지원일수 합계는 1회 입원당 180일을 최고 한도로 한다. 간병인 지원은 1일을 기준으로 하며 간병인을 지원한 시점을 기준으로 매 24시간을 1일이라 한다. 다만, 피보험자의 사정으로 간병인을 24시간 미만으로 사용한 경우에도 1일로 간주하며, 이때 간병인을 사용하지 아니한 시간에 대한 간병인지원비용 상당액은 지급하지 않는다.

보상한도 최종일(180일째 입원일을 말한다)에 간병인을 지원한 경우라도 24시간을 한도로 보상하며, 동일한 상해의 치료를 직접적인 목적으로 2회 이상 입원한 경우 이를 1회 입원으로 보아 입원일수를 더한다. 한편, 피보험자가 상해에 대한 보장개시일(책임개시일) 이후 입원하여 치료를 받던 중 보험기간이 만료되었을 때에도 퇴원하기 전까지의 계속 중인 입원기간에 대하여는 1회 입원당 한도일까지 입원일당 또는 간병인을 계속 보상한다.[56]

Ⅲ 상해·질병수술 재택간병인지원금 특별약관

이 특별약관의 보험자는 피보험자가 상해(또는 질병)수술을 받은 경우에 수술 1회당 재택간병인지원금을 보험금으로 지급한다. 간병인지원비용이라 함은 피보험자에게 간병인서비스 1회 제공을 위하여 회사가 인터넷 홈페이지 등을 통해 공시한 비용을 말하며, 갱신시 변경될 수 있다.

56) 질병·상해입원일당 지급일수 및 간병인지원일수(예시)

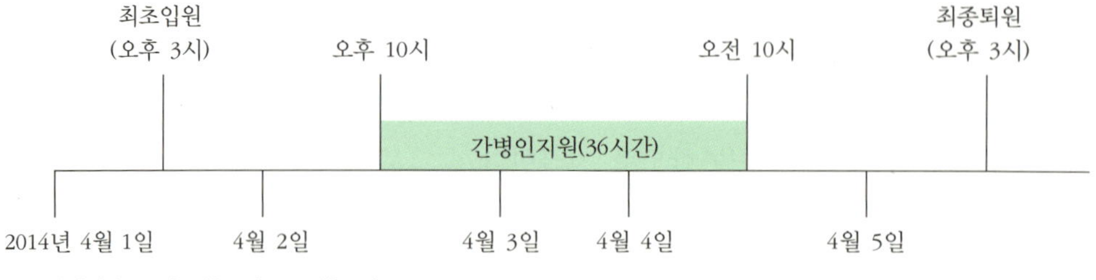

- 총입원일수 : 5일(4월 1일 ~ 4월 5일)
- 간병인사용일수 : 2일(36시간)
- 상해입원일당 지급일수 : 5일 − 2일 = 3일

1. 재택간병인지원금으로 보험가입금액 전액을 지급

보험기간 중에 같은 상해(또는 질병)로 다음 중 모두에 해당하는 경우에는 보험가입금액 전액을 지급한다. "다음 중 모두"란 ① 상해로 생활기능 또는 업무능력에 지장을 가져와(또는 질병의 치료목적으로) 병원 또는 의원(한방병원 또는 한의원을 포함)에 4일 미만 입원(병원 또는 의원 등을 이전하여 입원한 경우에도 동일한 상해(또는 질병)의 치료를 목적으로 2회이상 입원한 경우에는 계속하여 입원한 것으로 보아 각 입원일수를 더한다)하여 퇴원하거나 통원한 경우, ② 상해의 직접적인 결과로써(또는 질병의 치료목적으로) 제6조(수술의 정의와 장소)에서 정한 수술을 받은 경우를 말한다.

2. 재택간병인지원금으로 간병인지원비용 5회 해당액을 지급

보험기간 중에 같은 상해(또는 질병)로 다음 중 모두에 해당하는 경우에는 피보험자에게 간병인지원비용 5회 해당액을 지급한다. "다음 중 모두"란 ① 상해로 생활기능 또는 업무능력에 지장을 가져와(또는 질병의 치료목적으로) 병원 또는 의원에 4일 이상 입원하여 퇴원하는 경우, ② 상해의 직접적인 결과로서(또는 질병의 치료목적으로) 제6조(수술의 정의와 장소)에서 정한 수술을 받은 경우를 말한다.

3. 보험금을 지급하지 않는 사유

이 특별약관은 보통약관의 「보험금을 지급하지 않는 사유」 외에도 「실손의료보험」에서 적용하는 면책사항을 대부분 적용한다.[57][58]

---

57) 상해수술 재택간병인지원금 특별약관

회사는 아래의 목적의 치료를 위한 상해수술에 대하여는 보상하여 드리지 아니합니다.

1. 건강검진, 예방접종, 인공유산
2. 영양제, 종합비타민제, 호르몬 투여, 보신용 투약, 친자 확인을 위한 진단, 불임검사, 불임수술, 불임복원술, 보조생식술(체내, 체외 인공수정을 포함합니다), 성장촉진과 관련된 수술
3. 외모개선 목적의 치료를 위한 수술
   ① 쌍꺼풀수술(이중검수술), 코성형수술(융비술), 유방확대·축소술, 지방흡입술, 주름살제거술 등
   ② 사시교정, 안와격리증의 교정 등 시각계 수술로써 시력개선 목적이 아닌 외모개선 목적의 수술
   ③ 안경, 콘택트렌즈 등을 대체하기 위한 시력교정술
   ④ 외모개선 목적의 다리정맥류 수술
4. 위생관리, 미모를 위한 성형수술(다만, 사고 전 상태로의 회복을 위한 수술을 포함합니다)
5. 선천적 기형 및 이에 근거한 병상

58) 질병수술 재택간병인지원금 특별약관

1. 회사는 다음 중 어느 한 가지의 경우에 의하여 보험금 지급사유가 발생한 때에는 보험금을 드리지 아니합니다.
   ① 질병을 원인으로 하지 않는 신체검사, 예방접종, 인공유산, 불임시술, 제왕절개수술
   ② 피로, 권태, 심신허약 등을 치료하기 위한 안정치료
   ③ 위생관리, 미모를 위한 성형수술

4. 재택간병인지원서비스 추가 특별약관

이 특별약관은 질병수술 또는 상해수술 재택간병인지원금보장 특별약관이 부가된 계약에 한하여 부가한다. 보험자는 이 특별약관에 의하여 재택간병인지원서비스를 제공한다. 간병인서비스의 1회 제공은 1일 기준 8시간을 원칙으로 하며 연속하여 5회 제공된다.[59]

---

④ 정상분만, 치과질환

2. 회사는 제6차 한국표준질병사인분류에 있어서 아래의 질병수술에 대하여는 보상하여 드리지 아니합니다.
① 정신과질환 및 행동장애(F04~F99)
② 여성생식기의 비염증성 장애로 인한 습관성 유산, 불임 및 인공수정관련 합병증(N96~N98)
③ 피보험자(보험대상자)의 임신, 출산(제왕절개를 포함합니다), 산후기로 수술한 경우(O00~O99)
④ 선천성기형, 변형 및 염색체이상(Q00~Q99)
⑤ 비만(E66)
⑥ 비뇨기계 장애(N39, R32)
⑦ 치핵, 비뇨기계장애 및 직장 또는 항문관련질환(I84, K60~K62)
⑧ 치아우식증, 치아 및 치주질환 등의 치과질환(K00~K08)

3. 회사는 아래의 목적의 치료를 위한 질병수술에 대하여는 보상하여 드리지 아니합니다.
① 건강검진, 예방접종, 인공유산
② 영양제, 종합비타민제, 호르몬 투여, 보신용 투약, 친자 확인을 위한 진단, 불임검사, 불임수술, 불임복원술, 보조생식술(체내, 체외 인공수정을 포함합니다), 성장촉진과 관련된 수술
③ 단순한 피로 또는 권태
④ 주근깨, 다모, 무모, 백모증, 딸기코(주사비), 점(모반), 사마귀, 여드름, 노화현상으로 인한 탈모 등 피부질환
⑤ 발기부전(impotence)·불감증, 단순 코골음, 단순포경(phimosis), 국민건강보험 요양급여의 기준에 관한 규칙 제9조 제1항([별표2] 비급여대상)에 의한 업무 또는 일상생활에 지장이 없는 검열반 등 안과질환
⑥ 외모개선 목적의 치료를 위한 수술
㉠ 쌍꺼풀수술(이중검수술), 코성형수술(융비술), 유방확대·축소술, 지방흡입술, 주름살제거술 등
㉡ 사시교정, 안와격리증의 교정 등 시각계 수술로써 시력개선 목적이 아닌 외모개선 목적의 수술
㉢ 안경, 콘택트렌즈 등을 대체하기 위한 시력교정술
㉣ 외모개선 목적의 다리정맥류 수술

59) 재택간병인지원서비스 추가특별약관

제1조 【추가특별약관의 체결】 이 (질병수술)재택간병인지원서비스 추가특별약관(이하 「추가특별약관」이라 합니다)은 갱신형 질병수술 재택간병인지원금보장 특별약관(이하 「재택간병인지원 특별약관」이라 합니다)이 부가된 계약에 한하여 부가할 수 있습니다.

제2조 【재택간병인지원서비스의 내용】 ① 재택간병인지원서비스(이하 「간병인서비스」라 합니다)란 간병인이 피보험자(보험대상자)의 가정을 방문하여 신체활동지원, 정서지원(【별표(재택간병인지원서비스 세부내용)】 참조, 이하 같습니다)을 제공하는 서비스를 말합니다. 【간병인의 주요 업무(예시)】 세면도움, 목욕도움, 식사도움, 이동도움, 화장실 이용하기, 말벗, 의사소통 도움 등
② 간병인서비스의 1회 제공은 1일 기준 8시간을 원칙으로 합니다.
③ 제2항의 간병인서비스는 1일 1회만을 사용할 수 있으며, 연속하여 5회 제공됩니다. 다만, 피보험자(보험대상자)의 사정으로 8시간미만으로 사용한 경우에도 1회 제공으로 간주하며, 이때 간병인을 사용하지 아니한 시간에 대한 간병인지원비용 상당액은 지급하지 아니합니다.
④ 제3항의 간병인지원비용이라 함은 피보험자(보험대상자)에게 간병인서비스 1회 제공을 위하여 재택간병인지원 특별약관에서 정한 비용을 말합니다.

제3조 【재택간병인지원서비스의 제공】 ① 회사는 피보험자(보험대상자)가 보험기간 중에 진단확정된 질병으로 아래 각 호에 모두 해당되는 경우에 한하여, 제2조(재택간병인지원서비스의 내용)에서 정한 간병인서비스

를 피보험자(보험대상자)에게 제공하여 드립니다.

1. 재택간병인지원 특별약관에서 정한 질병의 치료를 직접적인 목적으로 병원 또는 의원(한방병원 또는 한의원을 포함합니다)에 4일 이상 입원(병원 또는 의원 등을 이전하여 입원한 경우에도 동일한 질병의 치료를 목적으로 2회 이상 입원한 경우에는 계속하여 입원한 것으로 보아 각 입원일수를 더합니다. 이하 같습니다)하여 퇴원한 경우
2. 재택간병인지원 특별약관에서 정한 질병의 치료를 직접적인 목적으로 재택간병인지원 특별약관에서 정한 수술을 받은 경우

② 제1항의 간병인서비스 이용시 아래의 사항을 준수하여야 합니다.

1. 간병인서비스 사용을 원하는 일자로부터 48시간 이전에 회사로 신청을 하여야 합니다.
2. 최초 간병인을 지원받은 날부터 5회 연속으로 사용하여야 합니다.

③ 피보험자(보험대상자)가 5회 연속으로 간병인서비스를 사용하지 아니한 경우, 회사는 재택간병인지원 특별약관에서 정한 「간병인지원비용 5회 해당액」에서 피보험자(보험대상자가) 사용한 횟수에 해당하는 금액을 제외한 간병인지원비용을 지급하여 드립니다.

④ 피보험자(보험대상자)는 다음의 사항의 경우 제2조(재택간병인지원서비스의 내용) 제4항에서 정한 간병인지원비용과 피보험자(보험대상자)가 이용한 서비스 비용과의 차액을 별도로 부담하여야 합니다.

1. 피보험자(보험대상자)가 제2조(재택간병인지원서비스의 내용) 제1항에서 정한 간병인서비스이외의 추가 서비스를 이용한 경우
2. 1회 8시간을 초과하여 간병인을 사용하는 경우
3. 회사가 제공하기로 한 간병인서비스 횟수인 5회를 초과하여 사용하는 경우

⑤ 제1항에도 불구하고 아래에 해당하는 경우 회사는 간병인서비스를 제공하여 드리지 아니하고, 재택간병인지원 특별약관에서 정한 「간병인지원비용 5회 해당액」을 지급하여 드립니다.

1. 회사가 부득이한 이유로 간병인을 지원하지 못하는 경우
2. 피보험자(보험대상자)가 간병인서비스 이용을 원하지 아니하고 현금으로 지급받기를 원할 경우

제4조 【추가특별약관의 소멸】 이 추가특별약관은 재택간병인지원 특별약관이 소멸하였을 경우 소멸됩니다.

제5조 【준용규정】 이 추가특별약관에서 정하지 아니한 사항은 재택간병인지원 특별약관을 따릅니다.

126 소득보상보험

I 소득보상보험의 개요

소득보상보험(disable income insurance)은 피보험자가 질병 또는 상해에 의한 신체장해를 입고, 그로 인해 취업불능상태가 되었을 경우에 피보험자의 기존소득의 일정비율을 보험금으로 지급하는 보험이다. 이 보험은 약정된 보험금을 지급하는 일반적인 제3보험상품과는 달리 실제 소득의 일정비율을 지급하는 특징이 있는 손해보상보험이다.

소득보상보험은 피보험자의 소득의 일정비율을 보험금으로 지급하므로 보험회사가 피보험자의 직업이나 소득 등의 재정적인 면을 고려하여 언더라이팅을 해야 하며, 장해등급판정 및 취업불능상태와 관련한 도덕적 위험이 높으므로 보험금 지급심사에 있어서도 보험사기방지를 위한 방안이 필요하다.

II 소득보상보험의 운영

미국, 영국, 독일, 스웨덴 등의 국가들은 공적 소득보상제도를 운영하면서 사적 소득보상보험을 통하여 사각지대를 보완하는 방식이며, 공적 소득보상보험이 미비한 미국의 경우에는 사적 소득보상보험이 활발하게 판매되고 있다.[60]

우리나라는 4대 사회보험을 통하여 비교적 충실하게 소득상실을 대비하고 있으나 여

60) 미국의 경우에는 민영보험사의 소득보상이 크게 네 가지로 나뉜다. 개인소득보상보험(individual disability), 단기소득보상보험(short term disability, STD), 장기소득보상보험(long term disability, LTD), 재해사망 및 수족절단급부(accident and dismemberment)가 그것이다. 협의의 소득보상보험은 개인소득보상보험을 말하며, STD와 LTD는 단체계약으로 체결된다. STD는 주로 26주를 지급기간으로 하고 대기기간은 3~7일을 적용하며, 급부금은 이전 소득의 50~67% 수준으로 결정된다. 또한 제외조항이 없어서 알코올중독이나 임산부, 신경정신적 혼란 등에 대해서도 담보가 가능하다. 한편, LTD는 장기계약으로서 2년에서 65세 또는 평생지급되며, 처음 2년간은 Own/His 기준을 적용한다. 이때 급부금의 한도는 월소득의 50~70%로 결정되는 것이 일반적이다. 이에 비하여 일본의 경우의 소득보상보험은 1년 혹은 3~5년의 기간으로 운영된다.

전히 충분한 소득보상은 이루어지지 않고 있으며, 민영보험회사가 판매하는 소득보상보험 또는 소득보장보험은 일정금액의 보험금을 장기간에 걸쳐서 연금방식으로 지급하는 것에 불과할 뿐 그 명칭만 소득보상보험으로 운영된다. 다만, 손해보험에서 판매하는 "실업특별약관(또는 휴업특별약관)"은 질병·상해를 원인으로 하지 않으며, 고용보험의 보완형태의 소득상실보험으로 운영되고 있다(엄밀히 구분하면 제3보험의 일종이 아니다).

Ⅲ 미국 소득보상보험의 주요 내용

1. 보상하는 손해

피보험자가 상해 또는 질병(이 보험에서는 신체장해라고 한다)에 인하여 취업불능한 상태가 되는 것을 말하며 그 취업불능에 따라 피보험자가 입을 손실에 대해 보험금을 지급한다.

여기서 "취업불능"이라 함은 피보험자가 신체장해를 입었기 때문에 의사의 치료를 요하고, 또한 신체장해의 결과 업무에 전혀 종사할 수 없는 것을 말하며, "전혀 종사할 수 없다"는 것은 종일 휴업 혹은 종일 출근할 수 없는 상태를 말하므로, 일부의 휴업이나 part time 근무 및 업무능력의 저하 등의 경우를 포함하지 않는다. 또한 신체장해가 치료된 이후라면 어떠한 경우에도 취업불능으로 보지 않는다.[61][62]

61) 취업불능상태에 대한 위의 정의는 취업불능 이전의 직업을 포함한 어떠한 직업도 수행할 수 없는 상태에 대한 설명이다. 그러나 미국 약관을 자세히 검토하면 취업불능의 정도에 대하여 엄격히 4단계로 구분하는 것을 알 수 있다. 주로 보험금 지급사유 발생후 초기인 1~2년의 경우에는 "Own/His"기준으로 정의하며, 이후에는 "Any"기준으로 정의한다.
① Own/His Occupation : 취업불능 이전에 수행하던 본래의 직업을 수행할 수 없는 상태를 말한다.
② Any Occupation : 취업불능 이전의 직업을 포함한 어떠한 직업도 수행할 수 없는 상태를 말한다.
③ Any for which suited : 취업불능 이전의 직업은 수행할 수 없으나 통상적인 교육수준 및 기타의 교육후 타직업을 수행할 수 있는 상태를 말한다.
④ Combination : Own과 Any를 포함한 상기 3가지 조건을 병행하여 보험금을 지급하는 것을 말한다.

62) 장해의 종류에 대하여도 4가지로 구분하고 있다.
① 일시적 완전장해(temporary total) : 일시적으로 어떠한 직무도 수행할 수 없는 상태로서 완전보장이 제공된다. 대부분 여기에 해당한다. 이 경우에는 업무에 복귀할 때까지의 급부를 지급한다.
② 영구적 완전장해(permanent total) : 영구적(평생이거나 혹은 10년 이상)으로 정규적인 직업 또는 기타 직업에서의 어떠한 직무도 수행할 수 없는 상태를 말한다. 약관에 따라서는 두 눈의 실명 혹은 손 절단 등의 특정한 장해목록을 명시하기도 한다. 이 경우에는 평생 혹은 10년간 등의 기간 동안 급부를 지급한다.
③ 일시적 부분장해(temporary partial) : 정규직업에서의 일부직무를 수행할 수 있으며 완전히 혹은 영구적인 장해가 아닌 상태이다. 따라서 파트타임 업무의 수행은 가능하다. 이 경우에는 최대액수를 정하여 장해 전후 급여간 차이의 x% 등으로 계산하여 급부를 지급한다.
④ 영구적 부분장해(permanent partial) : 한쪽 눈의 실명 등의 경우처럼 영구적인 상해를 입었지만 정규 직무를 수행할 수 있거나 직업훈련을 통해 재취업이 가능한 상태를 말한다. 이 경우에도 일시적 부분장해와 동일한

2. 보험기간과 보상책임

취업불능이 개시된 때가 보험기간 이내이고, 취업불능의 원인이 된 신체장해를 입은 때가 보험기간 이내인 경우에 한하여 취업불능기간 1개월에 대하여 소득상실[63]에 대한 보험금을 지급한다.

3. 취업불능기간

취업불능기간이라 함은 보상기간 내에 있어서 피보험자의 취업불능일수를 말하며, 취업불능이 시작된 날로부터의 면책기간(대기기간)을 차감한 날부터 기산한다. 면책일수는 STD가 아닌 이상 통상 4주~52주 이내이며, 26주를 적정수준으로 본다.

4. 취업불능과 재발

취업불능이 끝난 다음, 그 취업불능이 원인이 된 신체장해에 의해 재차 취업불능이 발생되었을 때는 면책기간과 보상기간의 적용에 대하여 취업불능의 중단기간이 6개월 미만일 때와 6개월 이상일 때 그 처리방법이 다르다

1) 취업불능의 중단기간이 6개월 미만의 경우

중단하여도 각각 그 취업불능기간은 동일한 기간으로 보여진다. 따라서 면책기간을 최초에 적용하면 재발후에는 적용하지 않는다.

2) 취업불능의 중단이 6개월 이상인 경우

재발부분의 취업불능에 대하여는 새로이 면책기간과 보상기간을 적용한다.

5. 취업불능의 중복

원인 및 때를 달리해서 발생한 신체장해로 인하여 취업불능기간이 중복될 경우 그 중

방식으로 급부를 지급한다. 다만, 일시금으로 지급하는 경우도 있다.

63) 소득상실이라 함은 증권에 기재된 업무를 수행하게 됨으로써 얻어지는 급여소득, 사무소득 또는 잡소득에 관련된 총수입금액에서 취업불능이 일어남에 따라 지출을 면하게 될 금액을 공제한 것을 말하며, 취업불능에도 불구하고 얻어지는 소득은 제외한다. 또한 이때의 소득상실의 기준은 근로수입(earned income)이 아니라 세금 등을 제외한 순근로수입(net earned income)이다. 수입에 따른 보상비중(replacement patio, 대체율)은 저소득자와 고소득자의 경우에 차이가 있다. 예를 들어 저소득자는 수입액에 따른 보상비중이 높고(최고한도 80%), 고소득자로 갈수록 그 보상비중이 점차 적어진다.

복기간에 대하여는 이중으로 보험금을 지급하지 않는다.

6. 보상하지 않는 손해(exclusion)

1) 자해로 인한 상해·장해·질병으로 인한 소득상실
2) 임신, 출산에 따른 소득상실, 단 합병증으로 인한 소득상실은 보장
3) 전쟁, 폭동, 내란 등으로 인한 소득상실
4) 직업적 비행, 위험한 취미수행에 따른 소득상실(할증보험료를 통해 보장가능)
5) 외국거주
6) 범죄적 행위로 인한 상해, 질병의 발병
7) 적절한 치료행위 수행 등을 권고하는 의사의 지시를 무시하는 경우

7. 다수계약 비례보상

이 약관에서 규정한 동일한 위험을 담보하는 다른 보험계약이 있는 경우에는 독립책임액 비례보상방식 등을 적용하여 중복보험에 대비한다.

Ⅳ 우리나라 소득보상보험의 주요 내용

1. 우리나라 소득보상보험의 개요

우리나라는 산업재해보상보험에서 근로자의 업무 중 재해로 인한 소득상실을 보장하고 있으며, 민영보험회사의 근로자재해보장보험에서 부족분을 보충한다. 그러나 업무 이외의 질병 또는 상해로 인한 소득상실을 직접적으로 보상하는 보험은 공적 제도인 국민연금장애연금(장애등급에 따라 연금형태로 보장) 외에는 없다.

민영보험회사는 질병 또는 상해로 고도의 후유장해(50% 또는 80% 이상)로 인정된 경우에 일정기간 동안 연금형식으로 보험금을 지급하는 「소득보상 특별약관」을 판매함으로써 공적 보험의 사각지대를 어느 정도 보완하고 있다. 그러나 엄밀한 의미에서의 소득보상보험은 판매되지 않고 있다.

2. 상해후유장해(50% 이상 또는 80% 이상) 소득보상 특별약관

보험자는 피보험자가 보험기간 중에 상해의 직접결과로 장해지급률이 50%(또는 80%) 이상인 장해상태가 된 경우에는 이 특별약관의 보험가입금액의 10% 해당액을 10년간 매년 지급사유 발생해당일(지급사유 발생해당일이 없을 경우 해당월의 말일을 지급사유 발생해당일로 한다)에 보험수익자에게 "소득보장 급여금"으로 지급한다.

이 특별약관의 보험금 지급에 관한 세부규정, 계약의 소멸 등의 나머지 사항은 「상해후유장해 특별약관」에서 정한 바와 같다.

3. 소득보상보험의 역할을 하는 보험들

우리나라는 피보험자의 실소득을 기준으로 보험금이 지급되는 소득보상보험의 판매는 이루어지지 않고, 소득보상의 성격을 가지는 여러 보험이 판매되고 있다. 예를 들어 CI보험의 보험금은 질병의 치료비뿐만 아니라 생활비로 충당되고, 치매특별약관, 상해·질병후유장해(고도의 후유장해) 특별약관에서 지급되는 일시 보험금도 생활비로 충당되고 있다.

V 실업보험

1. 실업보험의 개요

이 보험은 피보험자가 직업을 잃고 실업급여를 받은 경우에 실업보험금을 지급하는 보험으로서, "직업을 잃은 사유"를 별도로 제한하지 않는다는 점에서 제3보험이 아닌 일반 손해보험(특종보험)으로 볼 수도 있으나 "직업을 잃은 사유"에는 질병 또는 상해가 포함될 수 있으므로 넓은 의미에서 보면 제3보험의 한 형태로도 해석이 가능하다.

2. 보험금을 지급하는 사유

보험자는 피보험자가 보장개시일(보장개시일을 적용할 때의 면책기간은 최대 180일을 한도로 적용한다) 이후에 직업을 잃고, 직업을 잃은 날(퇴직일) 이후에 고용보험법에 의해 신규수급자의 자격을 인정받아 실업급여를 지급받은 경우에는 보험가입금액을 실업보험금으로 피보험자에게 지급한다. 이 특별약관에서 정하는 피보험자는 고용보험에 가입된 근로자를 말한다. "신규수급자"란 실업급여 수급자중에서 최초로 실업급여를 받은 수급자를 말하며, "퇴직일"은 보장개시일 이후에 발생한 최초의 퇴직일을 기준으로 한다.

3. 보상한도

실업보험금은 피보험자가 신규수급자의 자격을 인정받은 때마다 지급한다.

4. 보험금을 지급하지 아니하는 사유

보험자는 피보험자가 아래의 사유로 직업을 잃은 경우에는 실업보험금을 지급하지 않는다. 아래의 사유란, ① 직장을 스스로 그만 두었을 경우, ② 형법·직무관련 법률 위반 또는 불법쟁의행위를 이유로 금고 이상의 형을 받고 해고된 경우, ③ 공금횡령, 회사기밀누설, 기물파괴, 허위서류작성 등으로 고용회사에 막대한 손실을 끼쳐 해고된 경우, ④ 기타 고용보험법에 의해 실업급여를 지급받지 못한 경우를 말한다.

127 상조보험

I 상조보험의 개요

상조보험이란 피보험자가 질병 또는 상해로 사망한 경우에 장례비를 제공하거나 장례용품, 인력(장례지도사, 행사도우미) 등의 상조서비스를 현물로 제공(보험회사와 업무제휴된 상조회사를 통하여 제공)하는 보험을 말하며, 주로 손해보험회사에서 주계약형태로 운영된다.

민영보험회사에서 판매하는 상조보험은 선납한 회비를 걷어 사후에 약정된 상조서비스를 제공하는 상조회사의 상조서비스계약과는 다른 계약이다. 보험업법은 상조서비스계약을 선불식 할부계약이라고 정하면서 보험상품에서 제외하고 있다(보험업법시행령 제1조의2 ①).[64]

64) 상조보험과 상조서비스계약의 주요 차이, 금융감독원(상조보험가입시 유의사항, 2011)

구분	상조보험(보험회사)	상조서비스계약(상조회사)
사업자 규제	보험업법	할부거래에 관한 법률
감독기관	금융위원회/금융감독원	공정거래위원회
사망 이후 미납입 보험료(금액)	납입의무 없음	납입의무 있음
자살 등 고의사망	보장 제외	보장
계약만기	80세, 100세 등 상품별로 상이 (환급형은 만기환급금 지급)	별도 만기없이 사망시 서비스제공
양도	보험회사의 승낙을 얻어 피보험자 변경이 가능하나 상조서비스에 비하여 어렵고 보험료가 변동될 수 있음	회사의 동의를 얻어 회원 양도·명의변경 가능
계약 인수 심사	있음 (가입 전 질병 등으로 가입거절 또는 보장 일부제한 가능)	없음
기타 보장	장기요양비 등을 특약으로 보장가능	불가
보험료(납입금) 예금자보호	가능	불가
보험료(납입금)소득공제	보장성보험의 경우 가능	불가

Ⅱ 상조보험의 특징

1. 질병 · 상해사망보험

상조보험은 현물서비스형태로 보험금을 지급한다는 점만 제외하면 일반적인 상해사망보험, 질병사망보험과 같다. 그러므로 "보험금의 종류 및 지급사유", "보험금을 지급하지 않는 사유", "보험금 지급에 관한 세부규정" 등의 내용은 질병 · 상해사망 특별약관에서 정하는 바와 같다.

2. 현물서비스의 제공

상조보험은 보험계약자들이 납입한 보험료를 기초로 보험회사가 업무제휴된 상조서비스 회사에 상조서비스 대금을 납부하고 해당 상조회사가 보험수익자에게 상조서비스를 제공하는 형식으로 보험급부가 이루어진다. 그러므로 미리 정해진 보험가입금액을 지급하는 일반적인 질병 · 상해사망보험과는 보험금 지급방식이 다르다.

3. 기간에 따른 보험금의 감액

상조보험의 보험회사는 손해율을 관리하고 도덕적 위험을 방지하기 위하여 피보험자가 사망한 시점에 따라 지급되는 보험금을 차등하는 것이 일반적이다. 예를 들어 "상해사망 장례서비스 지원금"은 가입시점 이후 3년마다 보험가입금액의 10%씩 체증한 금액을 지급한다.

Ⅱ 상조보험의 주요 내용

1. 일반상해사망 · 질병사망 장례서비스지원금(특별약관)

보험자는 피보험자가 보험기간 중에 상해를 입고 그 직접결과로써 사망한 경우에는 보험수익자에게 사고일이 속한 경과기간에 따라 최초 계약을 체결할 때 보험가입금액을 기준으로 매 3년마다 최초 보험가입금액의 10%씩 체증한 금액을 일반상해사망 장례서비스지원금으로 지급한다. 일반상해사망 장례서비스지원금은 주계약에서 담보하는 것이 일반적이다.

「질병사망 장례서비스 지원금 특별약관」이 부가된 경우 피보험자가 보험기간 중에 진단확정된 질병으로 인하여 사망한 경우에도 마찬가지이다. 다만, 질병사망 장례서비스 지원금은 사고발생일이 보장개시일 이후 1년 미만인 경우에는 지급대상금액의 50%만을 지급한다.

2. 일반상해사망 · 질병사망 추모비용보장 특별약관

보험자는 피보험자가 보험기간 중에 상해(또는 질병의 확정진단)를 입고 그 직접결과로써 사망한 경우에는 보험수익자에게 일반상해사망(또는 질병사망) 추모비용을 지급한다. 일반상해사망(또는 질병사망) 추모비용은 차년도 사고발생일부터 매년 사고발생일에 보험가입금액을 5년간 확정지급한다(예를 들어 보험금 지급사유 발생해당일이 2012년 2월 29일인 경우 2014년 2월 28일부터 5년간 지급한다).

다만, 질병사망 추모비용은 사고발생일이 보장개시일 이후 1년 미만인 경우에는 보험가입금액의 50%만을 지급한다.

3. 일반상해사망 · 질병사망 장례비용보장 특별약관

보험자는 피보험자가 보험기간 중에 상해를 입고 그 직접결과로써 사망한 경우에는 보험수익자에게 이 특별약관의 보험가입금액 전액을 일반상해사망 장례비용으로 지급한다.

질병으로 사망한 경우에도 마찬가지이다. 그러나 사고발생일이 보장개시일 이후 1년 미만인 경우에는 보험가입금액의 50%만을 지급한다.

4. 상조서비스 특별약관

이 특별약관은 보험수익자에게 보험증권에서 정한 인력서비스, 용품서비스, 차량서비스, 제단, 지원금, 일회용품, 꽃바구니 및 특화서비스를 제공하는 것을 말한다. 다만, 보험수익자가 현금으로 지급받기를 원하는 경우에는 "일반상해사망 · 질병사망 장례서비스 지원금"을 지급하며, 피보험자가 ① 조난 · 실종 등 부득이한 이유로 장례식을 치룰 수 없어 상조서비스를 사용하지 않은 경우, ② 부득이하게 장례식을 마친 후 사망의 사실을 통보한 경우에도 "일반상해사망 · 질병사망 장례서비스지원금"을 지급한다.

128 신용상해보험

I 신용상해보험의 개요

신용상해보험이란 금융기관(흔히 카드회사)이 운영하는 금융상품의 구매자(예를 들어 채무자 또는 카드이용자)를 피보험자로 체결하는 계약으로서, 피보험자가 보험기간 중에 상해의 결과로 사망하거나 고도의 후유장해(80% 이상)상태가 되었을 때에 채무액을 면제하는 것을 주계약으로 하는 보험이다.

신용상해보험의 보험사고는 피보험자의 상해사망 또는 후유장해이므로 제3보험의 일종이지만, 보험료가 금융상품의 이용(카드이용액 등)과 연계되어 납부되고, 채무의 면제(손해보상의 일종)를 보험금으로 한다는 점에서 일반적인 제3보험과 차이점을 보인다.[65]

II 신용상해보험의 주요 내용

1. 보험금의 종류 및 지급사유 등

보험자는 피보험자(채무자)에게 보험기간 중에 발생한 상해의 직접결과로 사망하거나 장해지급률이 80% 이상에 해당하는 장해상태가 되었을 때 피보험자의 채무액 및 그 채무액의 연체이자(연체이자가 있을 경우 사고일로부터 최대 2개월까지의 연체이자)를 수익자에게 보험금으로 지급한다. 이 경우 보험자는 피보험자의 채무액 또는 매월결제금액에 대하여 채권자(대출자)가 작성한 서면의 대금청구서를 채무액을 입증하는 서류로 간주한다.

이 보험의 수익자를 채권자[66]로 지정하는 경우 계약자가 사전에 동의하여야 하며, 대

---

65) 이 보험은 채무자인 피보험자가 계약자가 되어 가입하기도 하지만, 채권자인 금융기관이 계약자가 되어 다수의 피보험자를 대상으로 단체계약을 체결하기도 한다.

66) 이 약관에서 채권자(또는 대출자)는 피보험자가 지정한 신용제공기관을 말하고 피보험자(채무자)는 해당 신용제공기관에 약정한 상환채무의 1차적 상환의무가 있는 자를 말한다.

출자가 보험금을 수령하였을 때에는 지급받은 보험금에 해당하는 피보험자의 채무는 소멸한다.

2. 질병 · 상해보험 보통약관의 준용

이 보험도 상해보험의 일종이므로 「질병・상해보험 표준약관」의 내용이 그대로 적용된다.

3. 손해보상 후의 계약

보험자가 보통약관에 따라 손해를 보상한 경우에는 지급사유의 발생시점으로부터 이 계약은 소멸한다.

III 신용상해보험의 질병특별약관

이 특별약관의 보험자는 피보험자가 질병으로 사망하거나 80% 이상의 후유장해상태가 되었을 때, 특정질병으로 진단확정 또는 특정수술을 시행하게 되었을 때에 피보험자의 채무액 및 연체이자를 수익자에게 지급한다.

이 특별약관에서 특정질병이란 실명, 암, 만성신부전증, 급성심근경색증, 뇌졸중의 진단확정을 말하며, 특정수술이란 관상동맥우회로수술, 주요장기이식수술을 말한다.

129 치아보험

I 치아보험의 개요

치아보험은 질병(충치 및 잇몸질환) 또는 상해로 치아에 보철치료 또는 보존치료 등을 받을 경우에 보험금을 지급하는 상품으로서 신체의 일부인 "치아"의 손상을 보험금 지급사유로 하는 점에서 제3보험의 일종이다.

II 치아보험 특징

1. 국민건강보험의 보충형 보험

국민건강보험은 충전치료(아말감 등), 발치, 파노라마사진, 치료목적의 스케일링, 정기치과검진, 구강검진 등의 치과치료항목에 대하여 국민건강보험공단에서 부담금을 부담하며, 만일 피보험자(환자)가 부담하는 부분이 발생한 경우에도 실손의료보험을 통해서 본인부담금의 90%를 담보받을 수 있다. 그러나 보철치료(임플란트, 브릿지, 틀니), 보존치료(레진 등 충전치료, 크라운) 등의 치과치료항목은 국민건강보험의 비급여 의료비로서 실손의료보험에서도 보상하지 않는 손해에 해당한다.

치아보험은 국민건강보험의 비급여항목에 대해서도 보장하는 보험으로서 국민건강보험 및 실손의료보험의 사각지대를 보충해주는 보험에 해당된다.

2. 언더라이팅 기준

치아보험에서 담보하는 "치아"의 특성상 보험가입 이전의 질병(충치 및 잇몸질환)의 영향이 보험금 지급에 미치는 영향이 크기 때문에 주로 피보험자의 치아상태에 대한 검진결과가 보험회사에서 정한 인수조건에 해당하는 경우에만 가입이 가능하다.

3. 보장기간의 제한

치아보험에서 담보하는 치아위험은 역선택의 위험이 높으므로 질병으로 인한 치과치료를 담보하는 경우에는 90일의 보장제외기간을 두고 있으며, 치아의 손상에 대한 위험은 피보험자의 나이가 증가할 수록 높아지므로 일반적으로 60세까지만 보장하는 상품으로 판매되며, 주로 갱신형으로 운영되므로 갱신보험료가 인상될 가능성도 높다.

Ⅲ 치아보험 운영

치아보험은 진단형 치아보험과 무진단형 치아보험으로 운영된다. 진단형 치아보험이란 보험을 가입할 때에 치아검진이 요구되는 상품으로서 가입 즉시 보장이 가능하고 보장한도에 대한 별도의 제한도 없다. 이와 비교하여 무진단형 치아보험은 치아상태에 대한 진단이 없이 고지사항만을 알리고 가입하는 상품으로서 질병으로 인한 치료만 보장되고 면책 또는 감액기간(50% 감액)이 설정되어 있다.

구분[67]	진단형			무진단형		
	면책기간	감액기간	보장한도	면책기간	감액기간	보장한도
보철치료 (임플란트, 브릿지, 틀니)	없음	없음	무제한	가입 후 1년	가입 후 2년	연간 3개 (틀니 1개)
보존치료 (크라운, 충전) 및 치아발치	없음	없음	무제한	가입 후 180일	가입 후 1~2년	무제한 (발치 3개)
보험료	상대적으로 비싸다			상대적으로 싸다		
보장범위	질병(K02, K04, K05) 및 상해			질병(K02, K04, K05)		

67) 금융감독원 「치아보험 가입시 유의사항」, 2012.4.26.

Ⅳ 치아보험약관의 주요 내용

1. 보험금의 종류 및 지급사유

보험자는 피보험자에게 보장개시일 이후에 상해 또는 진단확정된 질병의 직접결과로서 의료법 제3조에서 정한 대한민국 내의 치과 병・의원에서 보존치료(충전치료)를 받았을 때 보존치료금을 지급하며, 치아를 발치했을 때 발치치료보험금을 지급한다. 그리고 치주질환치료(잇몸질환치료)를 받았을 때 치주질환치료보험금을 지급한다.

질병으로 인한 보존치료, 발치치료, 치주질환치료에 대한 보장개시일은 보험기간 첫 날로부터 그 날을 포함하여 90일이 지난 날의 다음날로 한다. 다만, 보험기간이 종료되고 그 종료일을 포함하여 14일 이내에 재계약을 하는 경우에는 그 재계약에 대한 보장개시일은 재계약일(갱신일)로 한다. 이 특별약관도 질병과 관련한 위험을 담보하므로 「질병보험금 지급에 관한 세부규정」(예를 들어 청약일로 5년 면책조항 등)을 그대로 적용한다.

2. 보험금 지급에 관한 세부규정

1) 보존치료

보험자는 피보험자가 보존치료(충전치료)를 받은 경우 충전 치아 1개당 5만원(아말감 충전은 1만원)을 보험금으로 지급하며, 연간 치아 5개를 한도로 한다. 여기서 "연간"이라 함은 계약일을 시작으로 매 1년 단위의 기간을 의미한다.

2) 발치치료

보험자는 피보험자가 치아발치를 한 경우에는 발치 치아 1개당 1만원을 보험금으로 지급하며 연간 치아 5개를 한도로 한다.

3) 치주질환치료

보험자는 피보험자가 치주질환치료를 한 경우 1/3악당 2만원을 보험금으로 지급하며 연간 20만원을 한도로 한다. 다만, 치석제거(스케일링)의 경우 4만원을 연간 1회를 한도로 지급한다.

4) 보험기간의 만료 후 계속 중인 치료

피보험가 보장개시일 이후 보존치료, 발치치료, 치주질환치료를 받던 중 보험기간이 만료되었을 때에도 그 계속 중인 치료에 대하여는 보험기간 만료일로부터 180일(보험기간 만료일은 제외한다)까지 만료일 직전에 해당하는 연간보상한도 내에서 보상한다.

3. 보험금을 지급하지 않는 사유

이 보험은 「질병·상해보험 표준약관」에서 정하는 면책사유 외에도 치아치료와 관련된 고유의 면책사항을 정하고 있다. 즉, 보험자는 치아치료와 관련하여 다음 중 어느 한 가지의 경우에 의하여 보험금 지급사유가 발생한 때에는 보험금을 지급하지 않는다.

① 상해나 질병이 아닌 심미적인 이유나 기타 다른 원인으로 인한 치과치료
②. 보존치료의 충전재에 대한 수리, 복구, 대체를 하는 경우
③ 매복치 및 매몰치(Embedded and impacted teeth)에 대해 발치하는 경우
④ 부정치열을 교정하기 위해 치아를 발치하는 경우
⑤ 발치의 직접적인 원인이 상해나 질병이 아닌 보철치료를 위한 준비로서 치아를 발치하는 경우의 해당 치아
⑥ 제3대구치(사랑니)를 발치하는 경우

V 치아보험의 주요 용어

1. 보철치료

임플란트(Implant)란 점막 또는 골막층 하방, 그리고 골조직 내부 등의 구강조직에 이물성형재료를 매식한 후 고정성 또는 가철성 보철물을 삽입하는 치료를 말한다.

브릿지(Bridge, 고정성가공의치)란 치아와 치아 사이를 다리처럼 연결하여 보철물을 제작하는 방법으로 하나 또는 둘 이상의 치아가 결손이 되어 있을 때 결손이 된 부분에 대해 인접한 영구치를 지대치로 하고, 가공치를 지대치와 연결하여 구강 내에 영구접착되어지는 보철물을 말한다.

틀니(Denture, 가철성의치)란 가철성의치, 일반적으로 틀니라고 말한다. 영구치와 그와 연관된 조직이 결손이 되었을 때 인공적으로 대치하는 보철물을 장착하는 시술로서 국소

의치와 총의치를 포한다. 국소의치(부분틀니, Partial Denture)는 전체 치아가 아닌 하나 또는 그 이상의 치아와 그 관련조직의 결손을 수복해주는 보철물을 말하며, 금관, 지대치 혹은 다른 고정성 가공의치(Bridge) 및 점막에서 지지를 받는다. 총의치(Complete Denture)는 영구치가 하나도 없는 환자에게 인공적인 방법과 수단으로 여러 가지 재료를 사용하여 제작하는 의치를 말하며, 영구치 또는 인공치의 치열 전체, 보통 상실한 영구치와 주위조직을 대신하는 인공 보철물을 말한다.

2. 보존치료

충전(Filling of teeth)치료란 영구치에 손상이 생기는 경우에 손상된 부위를 원상 회복시켜 형태학적·기능적 복구를 도모하는 치료를 말하며, 치아에 재료를 직접 수복하는 직접충전과 구강 외에서 수복물을 제작하고 접착제를 사용하여 치아에 수복물을 접착하는 간접충전(인레이, 온레이)이 있다.

크라운(Crown)치료란 치관장착(Crown)치료를 말하며 영구치에 손상이 생겨 삭제량이 많은 경우 또는 신경치료로 인해 영구치의 강도가 약해질 것이 예상되는 경우에 영구치의 전체를 금속 등의 재료로 씌우는 치료를 말한다.

3. 영구치발치치료

영구치는 총 28개(앞니 8개, 송곳니 4개, 어금니 8개)로 상·하악의 사랑니(제3대구치) 4개를 포함할 경우 최대 32개이다. 단, 사랑니(제3대구치)발치의 경우 보장하지 않는다.

저자소개

崔詠淏

진주보건대학교 교수
경영학 박사
손해사정사

손해사정 이론과 실무 제3보험

2020년 3월 25일 1판 1쇄 인쇄
2020년 3월 30일 1판 1쇄 발행

저　　자 | 최영호
발 행 인 | 이수영
발 행 처 | 도서출판 청람
서울시 마포구 독막로 288(대흥동, 세양상가 109호)
전　　화 | 02) 3272-2601~2
팩　　스 | 02) 3272-2603
홈페이지 | http://www.crbooks.co.kr
이 메 일 | crbooks@daum.net
등　　록 | 2000년 8월 26일 제6-0509호

ISBN 978-89-5972-755-1 93320　　[정가 30,000원]